AtV

Theodor Fontane wurde am 30. Dezember 1819 in Neuruppin geboren. Nach Lehre und Staatsexamen Approbation als »Apotheker erster Klasse«. 1849 gab Fontane den Beruf auf und arbeitete als Journalist und freier Schriftsteller. 1850 Heirat mit Emilie Rouanet-Kummer. Mitglied der Berliner Schriftstellervereinigungen »Tunnel über der Spree«, »Rütli« und Ellora«. 1855–1858 London-Aufenthalt im Dienst der preußischen Regierung; Aufbau und Leitung einer »Deutsch-englischen Korrespondenz«; erste Erwähnung eines geplanten Standardwerkes über die Mark Brandenburg. Neben seiner umfangreichen publizistischen Tätigkeit und der Veröffentlichung von Gedichtbänden, Kriegsbüchern und Reisefeuilletons war Fontane nahezu zwei Jahrzehnte Theaterkritiker der »Vossischen Zeitung«; seine letzten Besprechungen galten Gerhart Hauptmann. Zwischen 1862 und 1882 erschienen die vier Teile der »Wanderungen durch die Mark Brandenburg«, der Band »Fünf Schlösser« folgte 1889. In seinem 60. Lebensjahr schloß Fontane seinen ersten Roman ab; »Vor dem Sturm« erschien 1878 und eröffnete die Reihe seiner großen Romane und Erzählungen: »Schach von Wuthenow«, »Irrungen, Wirrungen«, »Stine«, »Frau Jenny Treibel«, »Effi Briest«, »Der Stechlin«. Fontane starb am 20. September 1898 in Berlin.

Unmittelbar nach Abschluß des »Oderland«-Buches begann Fontane mit der Arbeit an einem neuen Band. Zur Vorbereitung seiner Mai-Wanderungen – »bevor nicht die Bäume grün sind, verlohnt es sich nicht« – beschäftigte er sich in den Wintermonaten 1863/64 mit den Klöstern Lehnin und Chorin, mit den Zisterziensern in der Mark und der Lehninschen Weissagung und studierte havelländische Familien-Geschichten. Unterbrochen durch zahlreiche andere Arbeiten und durch die Kriegsereignisse des Jahres 1870, zog sich die Fertigstellung des Dritten Teils bis 1872 hin. Zur Einstimmung empfahl Fontane seinem Verleger die Lektüre des »Marquardt«-Kapitels, »da haben Sie alle Züge des Buches vereinigt: Schloß-, Park- und Landschaftsbeschreibung, Historisches, Anekdotisches, Familienkram und Spukgeschichte. Mehr kann man am Ende nicht verlangen.«

# Theodor Fontane

## Wanderungen durch die Mark Brandenburg

Dritter Teil

# Havelland

Die Landschaft um
Spandau, Potsdam, Brandenburg

Herausgegeben von
Gotthard Erler und Rudolf Mingau

Aufbau Taschenbuch Verlag

Wanderungen durch die Mark Brandenburg
Band 3

Mit 9 Abbildungen

ISBN 3-7466-5293-6

2. Auflage 1998
Aufbau Taschenbuch Verlag GmbH, Berlin

Umschlaggestaltung Torsten Lemme
Foto (Sonnenuntegang an der Havel) Rainer Fischer
Satz Graphischer Großbetrieb Pößneck. Ein Mohndruck-Betrieb
Druck Clausen & Bosse, Leck
Printed in Germany

# VORWORT
# ZUR ZWEITEN AUFLAGE

Auch diese neue Auflage des *dritten* Bandes der »Wanderungen« hat eine Umgestaltung erfahren. Wie bei Band I und II ist alles dem Spezialtitel *nicht* Entsprechende fortgelassen und durch ausschließlich Havelländisches oder doch dem Flußgebiet der Havel Angehöriges ersetzt worden. Auf diese Weise kamen hinzu: das Havel-Luch, Oranienburg, Tegel, Fahrland, die Fahrlander Chronik, Sacrow, »Wer war er?«, Falkenrehde, Zwei »heimlich Enthauptete« und Wust, das Geburtsdorf Hans Hermanns von Katte. Daran schließt sich noch Kloster Chorin, das, wiewohl außerhalb des Flußgebietes der Havel gelegen, um Lehnins willen, dessen Tochterkloster es war, mit herangezogen wurde. Wobei zugleich der Wunsch mitwirkte, dem mehrere Kapitel umfassenden Abschnitt von der Kolonisation der Mark durch die Zisterzienser wenigstens annähernd einen Abschluß zu geben.

Das Historische (im Gegensatze zu »Oderland«) tritt im ganzen genommen in diesem dritten Bande zurück, und Landschaft und Genre prävalieren.

An nicht wenigen Stellen entstand für mich die Frage, ob ich nicht, über die bloße Form hinaus, auch *inhaltlich* zu Änderungen zu schreiten und von einem inzwischen erfolgten Wechsel der Dinge Notiz zu nehmen hätte. Um ein paar Beispiele zu geben: das Friedrichsche Ehepaar auf der Pfaueninsel ist gestorben, Etzin ist niedergebrannt, und der in Trümmern liegende Teil der Lehniner Klosterkirche ist neu aufgebaut worden. Ich hab es aber mit Rücksicht darauf, daß alles Umarbeiten und Hinzufügen in der Regel nur Schwerfälligkeiten schafft, schließlich doch vorgezogen, das meiste *so* zu belassen, wie sich's etwa ums Jahr 70 dem Auge präsentierte, und bitte den Leser, wo sich die Benötigung dazu herausstellen sollte, dies freundlichst im Auge behalten zu wollen.

Berlin, 24. April 1880

*Th. F.*

# HAVELLAND

Grüß Gott dich, Heimat! . . . Nach langem Säumen
In deinem Schatten wieder zu träumen,
Erfüllt in dieser Maienlust
Eine tiefe Sehnsucht mir die Brust.
Ade nun, Bilder der letzten Jahre,
Ihr Ufer der Somme, der Seine, Loire,
Nach Kriegs- und fremder Wässer Lauf
Nimm, heimische Havel, mich wieder auf.

Es spiegeln sich in deinem Strome
Wahrzeichen, Burgen, Schlösser, Dome:
Der Julius-Turm, den Märchen und Sagen
Bis Römerzeiten rückwärts tragen,
Das Schildhorn, wo, bezwungen im Streite,
Fürst Jaczko dem Christengott sich weihte,
Der Harlunger Berg, der an oberster Stelle
Weitschauend trug unsre erste Kapelle,
Das Plauer Schloß, wo fröstelnd am Morgen
Hans Quitzow steckte, im Röhricht verborgen,
Die Pfaueninsel, in deren Dunkel
Rubinglas glühte Johannes Kunckel,
Schloß Babelsberg und »Schlößchen Tegel«,
Nymphäen, Schwäne, blinkende Segel –
Ob rote Ziegel, ob steinernes Grau,
Du verklärst es, Havel, in deinem Blau.

Und schönest du alles, was alte Zeiten
Und neue an deinem Bande reihten,
Wie schön erst, was fürsorglich längst
Mit liebendem Arme du umfängst.
Jetzt Wasser, drauf Elsenbüsche schwanken,
Lücher, Brücher, Horste, Lanken,
Nun kommt die Sonne, nun kommt der Mai,
Mit der Wasserherrschaft ist es vorbei.
Wo Sumpf und Lache jüngst gebrodelt,
Ist alles in Teppich umgemodelt,

Ein Riesenteppich, blumengeziert,
Viele Meilen im Geviert.
Tausendschönchen, gelbe Ranunkel,
Zittergräser, hell und dunkel,
Und mitteninne (wie das lacht!)
Des roten Ampfers leuchtende Pracht.
Ziehbrunnen, über die Wiese zerstreut,
Trog um Trog zu trinken beut,
Und zwischen den Trögen und den Halmen,
Unter nährendem Käuen und Zermalmen,
Die stille Herde, . . . das Glöcklein klingt,
Ein Luftzug das Läuten herüberbringt.

Und an dieses Teppichs blühendem Saum
All die lachenden Dörfer, ich zähle sie kaum:
Linow, Lindow,
Rhinow, Glindow,
Beetz und Gatow,
Dreetz und Flatow,
Bamme, Damme, Kriele, Krielow,
Petzow, Retzow, Ferch am Schwielow,
Zachow, Wachow und Groß Behnitz,
Marquardt-Uetz an Wublitz-Schlänitz,
Senzke, Lentzke und Marzahne,
Lietzow, Tietzow und Reckahne,
Und zum Schluß in dem leuchtenden Kranz:
Ketzin, Ketzür und Vehlefanz.

Und an deinen Ufern und an deinen Seen,
Was, stille Havel, sahst all du *geschehn*?!
Aus der Tiefe herauf die Unken klingen –
Hunderttausend Wenden hier untergingen;
In Lüften ein Lärmen, ein Bellen, ein Jagen,
»Das ist Waldemar«, sie flüstern und sagen;
Im Torfmoor, neben dem Kremmer Damme
(Wo Hohenloh fiel), was will die Flamme?
Ist's bloß ein Irrlicht? . . . Nun klärt sich das Wetter,
Sonnenschein, Trompetengeschmetter,
Derfflinger greift an, die Schweden fliehn,
Grüß Gott dich Tag von Fehrbellin.

Grüß Gott dich Tag, du Preußenwiege,
Geburtstag und Ahnherr unsrer Siege,
Und Gruß *dir*, wo die Wiege *stand*,
Geliebte Heimat, Havelland!

Potsdam, im Mai 1872

# DIE WENDEN
# UND DIE KOLONISATION
# DER MARK
# DURCH
# DIE ZISTERZIENSER

# DIE WENDEN IN DER MARK

## 1. Geographisch-Historisches

Lichthelle Götter,
Höret,
Höret unser Flehen um Sieg!
Wir kämpfen für Leben und Freiheit,
Für Weib und Kind.
Notschirmer Radigast,
Krieghelfer Swantewit,
Leidwahrer Triglaw,
O verleihet uns Sieg!

*Karl Seidel*

Am Nordufer der Mittelhavel, den ganzen Havelgau und südlich davon die »Zauche« beherrschend, lag die alte Wendenveste Brennabor. Ihre Eroberung durch Albrecht den Bären (1157) entschied über den Besitz dieses und der benachbarten Landesteile, die von da ab ihrer Christianisierung und, was insonderheit die Havelgegenden angeht, auch ihrer Germanisierung rasch entgegengingen. Diese Germanisierung, soweit sie durch die Klöster erfolgte, soll uns in den nächsten Kapiteln beschäftigen; unsre heutige Aufgabe aber wendet sich ausschließlich der heidnischen Epoche *vor* 1157 zu und versucht, in dieser Vorgeschichte der Mark eine Geschichte der märkischen Wenden zu geben. Dieser Ausdruck ist nicht völlig korrekt. Es soll heißen: Wenden, die, *noch eh es eine »Mark« gab,* in demjenigen Landesteile wohnten, der später Mark Brandenburg hieß.

Zuerst ein Wort über die Wenden überhaupt. Sie bildeten den am meisten nach Westen vorgeschobenen Stamm der großen slawischen Völkerfamilie; hinter ihnen nach Osten und Südosten saßen die Polen, die Südslawen, die Groß- und Kleinrussen.

Die Wenden rückten, etwa um 500, in die halb entvölkerten Lande zwischen Oder und Elbe ein. Sie fanden hier noch die zurückgebliebenen Reste der alten Semnonen, jenes großen germanischen Stammes, der vor ihnen das Land zwischen Elbe und Oder innegehabt und es – entweder einem Drucke von Osten her nachgebend oder aber durch Abenteuerdrang dazu getrieben – im Laufe des fünften Jahrhunderts verlassen hatte. Nur Greise, Weiber, Kinder waren teilweis zurückgeblieben und kamen in Abhängigkeit von den vordringenden Wenden. *Diese* wurden nunmehr der herrschende Stamm und gaben dem Lande sein Gepräge, den Dingen und Ortschaften ihre wendischen Namen. Als nach drei-, vier- und fünfhundert Jahren die Deutschen zum ersten Male wieder mit diesem Lande »zwischen Elbe und Oder« in Berührung kamen, fanden sie, wenige Spuren ehemaligen deutschen Lebens abgerechnet, ein völlig slawisches, das heißt wendisches Land vor.

Das Land war wendisch geworden, ebenso die östlicheren Territorien zwischen Oder und Weichsel. Aber das *westliche* Wendenland war doch die Hauptsache. Hier, zwischen Oder und Elbe, standen die berühmtesten Tempel, hier wohnten die tapfersten und mächtigsten Stämme.

Dieser Stämme, wenn wir von kleineren Gemeinschaften vorläufig absehn, waren drei: die *Obotriten* im heutigen Mecklenburg, die *Liutizen* in Mark und Vorpommern und die *Sorben* oder Serben im Meißnischen und der Lausitz.

Unter diesen drei Hauptstämmen der Westwenden, ja vielleicht der Wenden überhaupt, waren wiederum die *Liutizen*, denen also die märkischen Wenden als wesentlicher Bruchteil zugehörten, die ausgedehntesten und mächtigsten. Mit ihnen stand und fiel die Vormauer des Slawentums, und der beste, zuverlässigste und wichtigste Teil der ganzen Wendengeschichte ist die Geschichte dieses Stammes, die Geschichte der *Liutizen*. Schafarik sagt von ihnen: »Unter den polabischen, das heißt den an der Elbe wohnenden Slawen waren die Liutizen oder Lutizer oder Weleten durch ihre Volksmenge und Streitbarkeit wie durch ihre Ausdauer bei alten Sitten und Gebräuchen die berühmtesten. Ihr Name wird in den deutschen Annalen von Karl dem Großen bis zu ihrer völligen Unterwerfung (1157) öfter denn irgendein anderer Volksname genannt; er herrscht sogar in altdeutschen Sagen und Märchen. In russischen Volkssagen wird er noch heutigentags vom Volke mit Schrecken erwähnt.« Soweit Schafarik. Eh wir indessen zu einer kurzgefaßten Geschichte der Liutizen überhaupt übergehn, schicke ich den Versuch einer politischen Geographie des Liutizierlandes vorauf.

Die Liutizen, wie schon angedeutet, hatten ihre Sitze nicht bloß in der Mark; einige ihrer hervorragendsten Stämme bewohnten Neu-Vorpommern, noch andere das heutige Mecklenburg-Strelitz. Sie lebten innerhalb dieser drei Landesteile: Mark, Strelitz, Vorpommern, in einer nicht genau zu bestimmenden Anzahl von Gauen, von denen folgende die wichtigsten waren oder doch die bekanntesten gewesen sind.

*In der Mark:* die *Brizaner* in der Prignitz; die *Morizaner* in der Gegend von Leitzkau, Grabow, Nedlitz; die *Stodoraner* und Heveller in Havelland und Zauche; die *Spriavaner* im Teltow und Nieder-Barnim, also zu beiden Seiten der Spree; die *Riezaner* in der Nähe von Wriezen, am Rande des Oderbruches hin; die *Ukraner* in der Nähe von Pasewalk.

*In Pommern und Mecklenburg-Strelitz:* die *Kissiner* in der Nähe von Güstrow; die *Circipaner* um Wolgast herum; die *Dolenzer* um Demmin und Stolp; die *Ratarer* oder Redarier zwischen Oberhavel, Peene und Tollense; die *Woliner* auf Wollin und Usedom; die *Rujanen* oder *Ranen* auf Rügen. Kleinere eingestreute Gaue waren: Sitna oder Ziethen; der Murizzi-Gau am Müritz-See; der Dossaner Gau an der Dosse bei Wittstock.

Unter allen diesen Völkerschaften, Stämmen und Stämmchen, man könnte sie Clans nennen, waren wohl die Ranen und die Redarier die wichtigsten, beide als Hüter der zwei heiligsten Tempelstätten Rethra* und Arkona. Die Ranen außerdem noch ausgezeichnet als Seefahrer und siegreich über die Dänen.

Die märkischen Wenden konnten nach dieser Seite hin mit den Wenden in Pommern und Mecklenburg nicht wetteifern, aber andrerseits fiel ihnen die Aufgabe zu, in den jahrhundertelangen Kämpfen mit dem andringenden

* Darüber, wo Rethra oder Ratare stand, schwebt noch immer der Streit. Man nennt folgende Orte: Stargard (Mecklenburg), Malchin, Röbel (am Müritz-See), Rhesa, Strelitz, Prillwitz, Kuhschwanz. Der letztere Ort, unpoetischen Klanges, hat zur Zeit die größten Chancen, als »Rethra« anerkannt zu werden.

Deutschtum beständig auf der Vorhut zu stehn, und in dem Mute, den die Spree- und Havelstämme in diesen Kämpfen entwickelt haben, wurzelt ihre Bedeutung. Wenn die Ranen, und namentlich auch die Redarier, wie ein Stamm Levi, kirchlich vorherrschten, so prävalierten die märkischen Wenden politisch. Brandenburg, das wir wohl nicht mit Unrecht als den wichtigsten Punkt dieses märkischen Wendenlandes ansehn, wurde neunmal erobert und wieder verloren, siebenmal durch Sturm, zweimal durch Verrat. Die Kämpfe drehten sich mehr oder weniger um seinen Besitz.

Die ersten Berührungen mit der wendischen Welt, mit den Volksstämmen zwischen Elbe und Oder, fanden unter Karl dem Großen statt; sie führten zu nichts Erheblichem. Erst unter dem ersten Sachsenkaiser, Heinrich dem Finkler, wurde eine Unterwerfung der Wenden versucht und durchgeführt.

Diese Kämpfe begannen im Jahre 924 durch einen Einfall Heinrichs in das Land der Stodoraner und durch Wegnahme Brennabors. Dieser Wegnahme folgten Aufstände der Redarier, Stodoraner und Ukraner, woran sich dann neue deutsche Siege reihten.

Es war eine endlos ausgesponnene Kette, in der jedes einzelne Glied so Ursach wie Wirkung war. Die deutsche Grausamkeit schuf wendische Aufstände, und den wendischen Aufständen folgten erneute Niederlagen, die, von immer neuen Grausamkeiten des Siegers begleitet, das alte Wechselspiel wiederholten. So war es unter Kaiser Heinrich, und so war es unter Otto dem Großen. Zweimal wurden die Wenden in blutigen Schlachten niedergeworfen, 920 bei Lunkini (Lenzen)* , 935 am Dosa-Fluß (an der Dosse), aber

* Von dieser Schlacht bei Lunkini (Lenzen) findet sich in Widukinds »Sächsischen Geschichten« eine ausführliche Beschreibung. Die Christen belagerten Lunkini, als die Nachricht eintraf, daß ein großes Wendenheer zum Entsatz der bedrängten Festung heranrücke und während der Nacht das Lager der Christen überfallen wolle. Ein furchtbares Unwetter indes, heftige Regengüsse hinderten den Angriff des Feindes. So kam der Morgen, und die Christen schickten sich nun ihrerseits zum Angriff an. Die Zahl der Wenden war so groß, daß, als die Sonne jetzt hell auf die durchnäßten Kleider der hunderttausend Wenden schien, ein Dampf zum Himmel aufstieg, der sie wie in eine Nebelwolke hüllte, während die Christen in hellem Sonnenlicht heranzogen und ob dieser Erscheinung voll Hoffnung und Zuversicht waren. Nach hartem Kampfe flohen die Wenden; da ihnen aber eine Abteilung den Weg verlegt hatte, so stürzten sie einem See zu, in dem Unzählige ertranken. Die Chronisten geben das Wendenheer auf 200000 Mann an. »Die Gefangenen wurden alle, wie ihnen verheißen, an einem Tage geköpft.«

ihre Kraft war ungebrochen, und der Tag kam heran, der bestimmt war, alle Niederlagen quittzumachen. Dies war die Schlacht am Tanger-Fluß 983. Da von dieser Zeit an das schon halb totgeglaubte Wendentum einen neuen Aufschwung nahm und noch einmal in aller Macht und Furchtbarkeit aufblühte, so mag es gestattet sein, bei den Vorgängen einen Augenblick zu verweilen, die zu dieser Schlacht am Tanger führten.

Mistewoi war Obotritenfürst und bereits Christ geworden. Er hielt zum Herzog Bernhard, der damals Markgraf von Nordmark war, und fühlte sich demselben an Macht, Geburt und Ansehen nah genug, um um dessen Nichte anzuhalten. Der Markgraf versprach sie ihm; Mistewoi aber, um ganz in die Reihe christlicher Fürsten einzutreten, zog zunächst mit 1000 wendischen Edelleuten nach Italien und focht an Kaiser Ottos Seite in der großen Schlacht bei Basantello. Als er zurückgekehrt war, erschien er vor Markgraf Bernhard und wiederholte seinen Antrag. Dieser schwankte jetzt aber, und ein anderer deutscher Fürst, der zugegen war, raunte dem Markgrafen zu: »Mitnichten; eines deutschen Herzogs Blutsverwandte gehört nicht an die Seite eines *wendischen Hundes.*« Mistewoi hatte gehört, was der Nebenstehende halblaut vor sich hin gesprochen hatte, und verließ die Halle. Bernhard, der das nun Bevorstehende ahnen mochte, schickte dem tödlich verletzten Wendenfürsten Boten nach, aber dieser ließ nur antworten: »Der Tag kommt, wo die Hunde beißen.« Er ging nun nach Rethra, wo der Haupttempel aller wendischen Stämme stand, und rief – die Obotriten standen selbstverständlich zu ihm – auch alle *liutizischen* Fürsten zusammen und erzählte ihnen die erlittene Schmach. Dann tat er sein Christentum von sich und bekannte sich vor dem Bilde Radegasts aufs neue zu den alten Göttern. Gleich darauf ließ er dem Sachsengrafen sagen: »Nun hab acht, Mistewoi der Hund kommt, um zu bellen, und wird bellen, daß ganz Sachsenland erschrecken soll.« Der Markgraf aber antwortete: »Ich fürchte nicht das Brummen eines Bären, geschweige das Bellen eines Hundes.« Am Tanger-Fluß kam es zur Schlacht, und die Sachsen wurden geschlagen. Das hatte Mistewoi der Hund getan. Die Unterwerfung, die 924 begonnen hatte, hatte 983 wieder ein Ende.

Der Dom zu Brandenburg wurde zerstört, und auf dem Harlunger Berge erhob sich das Bild des Triglaw. Von dort aus sah es noch wieder 150 Jahre lang in *wendische* Lande hinein. Die Liutizen waren frei.

Drei Generationen hindurch hielt sich, nach diesem großen Siege, die Macht der Wenden unerschüttert; Kämpfe fanden statt, sie rüttelten an der wiedererstandenen Wendenmacht, aber sie brachen sie nicht. Erst mit dem Eintritt des zwölften Jahrhunderts gingen die Dinge einer Wandlung entgegen; die Wendenstämme, untereinander in Eifersüchteleien sich aufreibend, zum Teil auch uneins durch die rastlos weiterwirkende Macht des Christentums, waren endlich wie ein unterhöhlter Bau, der bei dem ersten ernsteren Sturme fallen *mußte*. Die Spree- und Havellandschaften waren, so scheint es, die letzten Zufluchtsstätten des alten Wendentums; Brennabor, nachdem rundumher immer weiteres Terrain verlorengegangen war, war mehr und mehr der Punkt geworden, an dessen Besitz sich die Frage knüpfte, wer Herrscher sein solle im Lande, Sachse oder Wende, Christentum oder Heidentum. Das Jahr 1157, wie eingangs schon bemerkt, entschied über diese Frage. Albrecht der Bär erstürmte Brennabor, die letzten Aufstände der Brizaner und Stodoraner wurden niedergeworfen, und mit der Unterwerfung des Spree- und Havellandes empfing das Wendenland zwischen Elbe und Oder überhaupt den Todesstoß. (Rethra war schon vorher gefallen, wenigstens seiner höchsten Macht entkleidet worden. Nur der Swantewit-Tempel auf Arkona hielt sich um zwanzig Jahre länger, bis der Dänenkönig »Waldemar der Sieger« auch diesen zerstörte.)

Soviel in kurzen Zügen von der Geschichte des Wendenlandes zwischen Elbe und Oder. Wir wenden uns jetzt einer mehr kulturhistorischen Untersuchung zu und stellen zusammen, was wir über Charakter, über Sitte, Recht und Kultur des alten Wendentums wissen.

## 2. Lebensweise. Sitten. Tracht

Sie spinnen,
Haben Linnen,
Sie regeln
Den Fluß und das Wehr,
Und mit Schiffen und Segeln
Sind sie zu Hause auf offnem Meer.

Die Frage ist oft aufgeworfen worden, ob die Wenden wirklich auf einer viel niedrigeren Stufe als die vordringenden Deutschen gestanden hätten, und diese Frage ist nicht immer mit einem bestimmten »Ja« beantwortet worden. Sehr wahrscheinlich war die Superiorität der Deutschen, die man schließlich wird zugeben müssen, *weniger* groß, als deutscherseits vielfach behauptet worden ist.

Die Wenden, um mit ihrer Wohnung zu beginnen, hausten keineswegs, wie ein mir vorliegender Stich sie darstellt, in verpalisadierten Erdhöhlen, um sich gleichzeitig gegen Wetter und Wölfe zu schützen; sie hatten vielmehr Bauten mannigfacher Art, die durchaus wirklichen Häusern entsprachen. Daß von ihren Gebäuden, öffentlichen und privaten, kein einziges bestimmt nachweisbar auf uns gekommen ist, könnte dafür sprechen, daß diese Bauten von einer inferioren Beschaffenheit gewesen wären; wir dürfen aber nicht vergessen, daß die siegreichen Deutschen natürlich alle hervorragenden Gebäude, die sämtlich Tempel oder Vesten waren, sei es aus Rache oder sei es zu eigner Sicherheit, zerstörten, während die schlichten Häuser und Hütten im Laufe der Jahrhunderte sich natürlich ebensowenig erhalten konnten wie *deutsche* Häuser und Hütten aus jener Zeit.

Die Wenden, soviel steht fest, hatten verhältnismäßig wohleingerichtete Häuser, und die Frage bleibt zunächst nur, *wie* waren diese Häuser. Wahrscheinlich sehr verschiedener Art. Wie wir noch jetzt, oft bunt durcheinander, noch häufiger nach Distrikten geschieden, Lehmkaten, Fachwerk-, Feldstein- und Backsteinhäuser finden, der Stroh-, Schilf-, Schindel- und Ziegeldächer ganz zu geschweigen, so war es auch in alten Wendenzeiten, nur noch wechselnder, nur noch abhängiger von dem Material, das gerade zur Hand war. In den Fischerdörfern an der Spree und Havel hin, in den Sumpfgegenden, die kein anderes Material kannten als Elsen und Eichen, waren die Dörfer mutmaßlich Blockhäuser, wie man ihnen bis diesen Tag in den Spreewaldgegenden begegnet; auf dem feldsteinübersäten Barnim-Plateau richteten sich, wie noch jetzt vielfach in den dortigen Dörfern geschieht, die Wohnungen höchstwahrscheinlich aus Feldstein auf; in fruchtbaren Gegenden aber, wo der Lehm zutage lag, wuchs das Lehm- und das Ziegelhaus auf, denn die Wenden verstanden sich sehr wohl auf die Nutzung des Lehms und sehr wahrscheinlich auch auf das Ziegelbrennen. Daß sie unter ihrem Gerät nachweisbar auch den *Mauer*hammer hatten, deutet wenigstens darauf hin. Einzelne dieser Dinge sind nicht geradezu zu beweisen, aber sie *müssen* so gewesen sein nach einem Naturgesetz, das fortwirkt bis auf diesen Tag. Armes oder unkultiviertes Volk baut sich seine Wohnungen aus dem, was es zunächst hat: am Vesuv aus Lava, in Irland aus Torf, am Nil aus Nilschlamm, an den Pyramiden aus Trümmern vergangener Herrlichkeit. So war es immer, wird es immer sein. Und so war es auch bei den Wenden.

Die Wenden aber hatten nicht nur Häuser, sie wohnten auch in Städten und Dörfern, die sich zu vielen Hunderten durch das Land zogen. Die wendischen Namen unserer Ortschaften beweisen dies zur Genüge. Manche Gegenden haben nur wendische Namen. Um ein Beispiel statt vieler zu geben, die Dörfer um Ruppin herum heißen: Karwe, Gnewikow, Garz, Wustrau, Bechlin, Stöffin, Kränzlin, Metzelthin, Dabergotz, Ganzer, Lentzke, Manker etc., lauter wendische Namen. Ähnlich ist es überall in der Mark, in Lausitz und Pommern. Selbst viele deutsch klingende Namen, wie Wustrau, Wusterhausen etc., sind nur ein germanisiertes Wendisch.

Wie die Dörfer waren, ob groß oder klein, ob stark bevölkert oder schwach, kann, da jegliche bestimmte Angabe darüber fehlt, nur mittelbar herausgerechnet, nur hypothetisch festgestellt werden. Die große Zahl der Totenurnen, die man findet, außerdem die Mitteilungen Thietmars und anderer, daß bei Lunkini 100 000 Wenden gefallen seien, scheinen darauf hinzudeuten, daß das Land allerdings stark bevölkert war.

Unsicher, wie wir über Art und Größe der wendischen Dörfer sind, sind wir's auch über die *Städte*. Einzelne galten für bedeutend genug, um mit den Schilderungen ihres Glanzes und ihres Unterganges die Welt zu füllen, und wie geneigt wir sein mögen, der poetischen Darstellung an diesem Weltruhme das beste Teil zuzuschreiben, so kann doch das Geschilderte nicht ganz Fiktion gewesen sein, sondern muß in irgend etwas Vorhandenem seine reale Anlehnung gehabt haben. Besonderes Ansehen hatten die *Handelsstädte* am Baltischen Meere. Unter diesen war Jumne, wahrscheinlich am Ausfluß der Swine gelegen, eine der gefeiertsten. Adam von Bremen erzählt von ihr: sie sei eine sehr angesehene Stadt und der größte Ort, den das heidnische Europa aufzuweisen habe. »In ihr« – so fährt er fort – »wohnen Slawen und andere Nationen, Griechen und Barbaren. Und auch den dort ankommenden Sachsen ist, unter gleichem Rechte, mit den übrigen zusammen zu wohnen verstattet, freilich nur, solange sie ihr Christentum nicht öffentlich kundgeben. Übrigens wird, was *Sitte* und *Gastlichkeit* anlangt, kein Volk zu finden sein, das sich ehrenwerter und dienstfertiger bewiese. Jene Stadt besitzt auch alle möglichen Annehmlichkeiten und Seltenheiten. Dort findet sich der Vulkanstopf, den die Eingeborenen das ›griechische Feuer‹ nennen; dort zeigt sich auch Neptun in dreifacher Art, denn von drei Meeren wird jene Insel bespült, deren eines von ganz grünem Aussehen sein soll, das zweite aber von weißlichem; das dritte ist durch ununterbrochene Stürme beständig in wutvoll brausender Bewegung.«

Diese Beschreibungen zeitgenössischer Schriftsteller, wie auch die Beschreibung von Vineta oder Julin (die beide dasselbe sind), beziehen sich auf wendische *Handels-* und Küstenstädte. Es ist indessen wahrscheinlich, daß die Binnenstädte wenig davon verschieden waren, wenn auch vielleicht etwas geringer. An Handel waren sie gewiß unbedeutender, *aber dafür standen sie dem deutschen Leben und seinem Einfluß näher.*

Wenden wir uns nunmehr der Frage zu, wie *lebten* die Wenden in ihren Dörfern und Städten, wie kleideten, wie beschäftigten sie sich, so wird das wenige, was wir bis hierher sagen konnten, auch ein gewisses Licht auf *diese* Dinge werfen. Wie beschäftigten sie sich? Neben der Führung der Waffen, die Sache jedes Freien war, gab es ein mannigfach gegliedertes Leben. Die Ausschmückung der Tempel – Ausschmückungen, wie man ihnen noch jetzt in altrussischen Kirchen begegnet und wie sie in den alten Schriftstellern der Wendenzeit vielfach beschrieben werden – lassen keinen Zweifel darüber, daß die Wenden eine Art von Kunst, wenigstens von Kunsthandwerk, kannten und übten. Sie schnitzten ihre Götzenbilder in Holz oder fertigten sie aus Erz und Gold, sie bemalten ihre Tempel und färbten das Schnitzwerk, das als groteskes Ornament die Tempel zierte. Den Schiffbau kannten sie, wie die kühnen Seeräuberzüge der Ranen zur Genüge beweisen, und ihr Haus- und Kriegsgerät war mannigfacher Art. Sie kannten den Haken zur Beackerung und die Sichel, um das Korn zu schneiden. Die *feineren* Wollenzeuge, so berichten die Chronisten, kamen aus Sachsen; aber eben aus dieser speziellen Anführung geht hervor, daß die minder feinen im Lande selber bereitet wurden. Einheimische Arbeit war auch die Leinewand, in welche die Nation sich kleidete und wovon sie zu Segeln und Zelten große Mengen gebrauchte. Es ist also wohl nicht zu bezweifeln, daß der Webstuhl im Wendenlande bekannt war wie im ganzen Norden bis nach Island und daß die Hände, welche den Flachs und den Hanf dem Erdboden abgewannen, ihn auch zu verarbeiten verstanden. Die Hauptbeschäftigungen blieben freilich Jagd und Fischerei, daneben die *Bienenzucht.* Das Land wies darauf hin. Noch jetzt, in den slawischen Flachlanden Osteuropas, auf den Strecken zwischen Wolga und Ural, wo weite Heiden mit Lindenwäldern wechseln, begegnen wir denselben Erscheinungen, derselben Beschäftigung. Die Honigerträge waren reich und wichtig, weil aus ihnen der Met gewonnen wurde. Bier wurde aus Gerste gebraut. Die Fische wurden frisch oder eingesalzen gegessen, denn man benutzte die Solquellen und wußte das Salz aus ihnen zu gewinnen. Vieles spricht dafür, daß sie selbst Bergbau trieben und das Eisen aus dem Erze zu schmelzen verstanden.

Noch ein Wort über die nationale *Kleidung* der Wenden.

Es liegen nur Andeutungen darüber vor. Daß sie so gewesen sei oder auch nur ähnlich, wie die Wenden sie jetzt noch tragen, ist wohl falsch. Die wendische Tracht entwickelte sich in den wendisch gebliebenen Gegenden unter dem Einfluß wenn nicht der deutschen Mode, so doch des deutschen Stoffs und Materials, und es bedarf wohl keiner Versicherung, daß die alten ursprünglichen Wenden weder Faltenröcke noch Zwickelstrümpfe, weder Manchestermieder noch Überfallkragen gekannt haben. All dies ist ein in *spätern Kulturzeiten* Gewordenes, an dem die Wendenüberreste nolens volens teilnehmen mußten. Giesebrecht beschreibt ihre Kleidung wie folgt: »Zur nationalen Kleidung gehörte ein kleiner Hut, ein Obergewand, Unterkleider und Schuhe oder Stiefel; barfuß gehen wurde als ein Zeichen der äußersten Armut betrachtet. Die Unterkleider konnten gewaschen werden; der Stoff, aus dem sie bestanden, war also vermutlich Leinewand. Das Oberkleid war *wollen.*« Über Schnitt und Kleidung und die bevorzugten Farben wird nichts gesagt, doch dürfen wir wohl annehmen, daß sich eine Vorliebe für das Bunte darin aussprach. Der kleine Hut und die leinenen Unterkleider: Rock, Weste, Beinkleid, finden sich übrigens noch bis diesen Tag bei den Spreewaldswenden vor. Nur die Frauentrachten weichen völlig davon ab.

## 3. Charakter. Begabung. Kultus

In trotzigem Mut,
Gastfrei und gut,
Haben für ihre Götter und Sitten
Sie wie die Märtyrer gelitten.

Nachdem wir bis hierher die *äußere Erscheinung* betont und die Frage zu beantworten gesucht haben: Wie sahen die alten Wenden aus? wie wohnten sie? wie beschäftigten und wie kleideten sie sich?, wenden wir uns in folgendem mehr ihrem geistigen Leben zu, der Frage: Wie war ihr Charakter, ihre geistige Begabung, ihr Rechtssinn, ihre Religiosität?

Die Wenden haben uns leider kein einziges Schriftstück hinterlassen, das uns dazu dienen könnte, die Schilderungen, die uns ihre bittern Feinde, die Deutschen, von ihnen entworfen haben, nötigenfalls zu korrigieren. Wir hören eben nur *eine* Partei sprechen, dennoch sind auch diese Schilderungen ihrer Gegner nicht dazu angetan, uns mit Abneigung gegen den Charakter der Wenden zu erfüllen. Wir begegnen mehr liebenswürdigen als häßlichen Zügen, und wo wir diese häßlichen Züge treffen, ist es gemeinhin unschwer zu erkennen, woraus sie hervorgingen. Meist waren es Repressalien, Regungen der Menschennatur überhaupt, nicht einer spezifisch *bösen* Menschennatur.

Zwei Tugenden werden den Wenden von allen deutschen Chronikenschreibern jener Epoche: Widukind, Thietmar, Adam von Bremen, zuerkannt: sie waren tapfer und gastfrei. Ihre Tapferkeit spricht aus der ganzen Geschichte jener Epoche, und der Umstand, daß sie, trotz Fehden und steter Zersplitterung ihrer Kräfte, dennoch den Kampf gegen das übermächtige Deutschtum zwei Jahrhunderte lang fortsetzen konnten, läßt ihren Mut in allerglänzendstem Lichte erscheinen. Sie waren ausgezeichnete Krieger, zu deren angeborner Tapferkeit sich noch andere kriegerische Gaben, wie sie den Slawen eigentümlich sind, gesellten: Raschheit, Schlauheit, Zähigkeit. Hierin sind alle deutschen Chronisten einig. Ebenso einig sind sie, wie schon hervorgehoben, in Anerkennung der wendischen Gastfreundschaft. »Um Aufnahme zu bitten hatte der Fremde in der Regel nicht nötig; sie wurde ihm wetteifernd angeboten. Jedes Haus hatte seine Gastzimmer und immer offne Tafel. Freigebig wurde vertan, was durch Ackerbau, Fischfang, Jagd und in den größeren Städten auch wohl durch Handel und Gewerbe gewonnen worden war. Je freigebiger der Wende war, für desto vornehmer wurde er gehalten und für desto vornehmer hielt er sich selbst. Wurde – was übrigens äußerst selten vorkam – von diesem oder jenem ruchbar, daß er das Gastrecht versagt habe, so verfiel er allgemeiner Verachtung, und Haus und Hof durften in Brand gesteckt werden.«

Sie waren tapfer und gastfrei, aber sie waren falsch und untreu, so berichten die alten Chronisten weiter. Die alten Chronisten sind indessen ehrlich genug, hinzuzusetzen: »untreu *gegen ihre Feinde*«. Dieser Zusatz legt einem sofort die Frage nahe: Wie waren aber nun diese Feinde? Waren sie, ganz von aller ehrlichen Feindschaft, von offenem Kampfe abgesehen, waren diese Feinde ihrerseits von einer Treue, einem Worthalten, einer Zuverlässigkeit, die den Wenden ein Sporn hätte sein können, Treue mit Treue zu vergelten?

Die Erzählungen der Chronisten machen uns die Antwort auf die Frage leicht; in rühmlicher Unbefangenheit erzählen sie uns die endlosen Perfidien der Deutschen. Dies erklärt sich daraus, daß sie, von Parteigeist erfüllt und blind im Dienst einer großen Idee, die eigenen Perfidien vorweg als gerechtfertigt ansahen. Dagegen war wendischer Verrat einfach Verrat und stand da, ohne allen Glorienschein, in nackter, alltäglicher Häßlichkeit. Der Wende war ein »Hund«, ehrlos, rechtlos, und wenn er sich unerwartet aufrichtete und seinen Gegner biß, so war er untreu. Ein Hund darf nicht beißen, es geschehe ihm, was da wolle. Die Geschichte von Mistewoi haben wir gehört, sie zeigt die schwindelnde Höhe deutschen Undanks und deutscher Überhebung. In noch schlimmerem Lichte erscheint das Deutschtum in der Geschichte von Markgraf Gero. Dieser, wie in Balladen oft erzählt, ließ dreißig wendische Fürsten, also wahrscheinlich die Häupter fast aller Stämme zwischen Elbe und Oder, zu einem Gastmahl laden, machte die Erschienenen trunken und ließ sie dann ermorden. Das war 939. Nicht genug damit. Im selben Jahre vollführte er einen zweiten List- und Gewaltstreich. Den Tugumir, einen flüchtigen Fürsten der Heveller, den er durch Versprechungen auf seine Seite zu ziehen gewußt hatte, ließ er nach Brennabor zurückkehren, wo er Haß gegen die Deutschen heucheln und dadurch die alte Gunst seines Stammes sich wiedererobern mußte. Aber kaum im Besitz dieser Gunst, tötete Tugumir seinen Neffen, der in wirklicher Treue und Aufrichtigkeit an der Sache der Wenden hing, und öffnete dann dem Gero die Tore, dessen bloßes Werkzeug er gewesen war. Das waren die Taten, mit denen die Deutschen – freilich oft unter Hilfe und Zutun der Wenden selbst – voranschritten. Weder die Deutschen noch ihre Chronisten, zum Teil hochkirchliche Männer, ließen sich diese Verfahrungsweise anfechten, klagten aber Mal auf Mal über die »Falschheit der götzendienerischen Wenden«.

Die Wenden waren tapfer und gastfrei und, wie wir uns überzeugt halten, um kein Haar falscher und untreuer als ihre Besieger, die Deutschen; aber in einem waren sie ihnen allerdings unebenbürtig, in jener gestaltenden, große Ziele von Generation zu Generation unerschütterlich im Auge behaltenden Kraft, die zu allen Zeiten der Grundzug der germanischen Race gewesen und noch jetzt die Bürgschaft ihres Lebens ist. *Die Wenden von damals waren wie die Polen von heut.* Ausgerüstet mit liebenswürdigen und blendenden Eigenschaften, an Ritterlichkeit ihren Gegnern mindestens gleich, an Leidenschaft, an Opfermut ihnen vielleicht überlegen, gingen sie dennoch zugrunde, weil sie jener gestaltenden Kraft entbehrten. Immer voll Neigung, ihre Kräfte nach außen hin schweifen zu lassen, statt sie im Zentrum zu einen, fehlte ihnen das Konzentrische, während sie exzentrisch waren in jedem Sinne. Dazu die individuelle Freiheit höher achtend als die staatliche Festigung – wer erkennte in diesem allem nicht polnisch-nationale Züge?

Wir sprechen zuletzt von dem *Kultus* der Wenden. Weil die religiöse Seite der zu bekehrenden Heiden unsere christlichen Missionare selbstverständlich am meisten interessieren mußte, so ist es begreiflich, daß wir über diesen Punkt unserer liutizischen Vorbewohner am besten unterrichtet sind. Die Nachrichten, die uns geworden, beziehen sich in ihren Details zwar überwiegend auf jene zwei Haupttempelstätten des Wendenlandes, die *nicht* innerhalb der Mark, sondern die eine (Rethra) hart an unserer Grenze, die andere (Arkona) auf Rügen gelegen waren; aber wir dürfen fast mit Bestimmtheit annehmen, daß alle diese Beschreibungen auch auf die Tempelstätten unserer märkischen Wenden passen, wenngleich dieselben, selbst Brennabor nicht ausgeschlossen, nur zweiten Ranges waren.

Die wendische Religion kannte drei Arten der Anbetung:
Naturanbetung (Stein, Quelle, Baum, Hain);
Waffenanbetung (Fahne, Schild, Lanze);
Bilderanbetung (eigentlicher Götzendienst).

Die *Natur* war der Boden, aus dem der wendische Kultus aufwuchs; die spätere *Bilder*anbetung war nur *Natur*anbetung in anderer Gestalt. Statt Stein, Quelle, Sonne etc., die ursprünglich Gegenstand der Anbetung gewesen waren, wurden nunmehr Gestalten angebetet, die Stein, Quelle, Sonne etc. bildlich darstellten.

Die Wenden hatten in ihrer Religion einen *Dualismus schwarzer* und *weißer* Götter, einer lichten Welt auf der Erde und eines unterirdischen Reiches der Finsternis. Die Einheit lag im Jenseits, im Himmel.

An und in sich selbst unterschied der Wende Leib und Seele, doch scheint ihm die Menschenseele der Tierseele verwandt erschienen zu sein. Wenigstens glaubte er nicht an persönliche Unsterblichkeit. Die Seele saß im Blut, aber war doch wieder getrennt davon. Strömte das Blut des Sterbenden zu Boden, so flog die Seele aus dem Munde und flatterte zum Schrecken aller Vögel, nur nicht der Eule, so lange von Baum zu Baum, bis die Leiche verbrannt oder begraben war.

Die alten Chronisten haben uns die Namen von vierzehn wendischen Göttern überliefert. Unter diesen waren die folgenden fünf wohl die berühmtesten: Siwa (das Leben); Gerowit (der Frühlingssieger); Swantewit (der heilige oder helle Sieger); Radegast (die Vernunft, die geistige Kraft); Triglaw (der Dreiköpfige. Ohne bestimmte Bedeutung).

Vom Siwa haben wir keine Beschreibung. Gerowit, der Frühlingssieger, war mit kriegerischen Attributen geschmückt, mit Lanzen und Fahnen, auch mit einem großen kunstvollen, mit Goldblech beschlagenen Schild. Radegast war reich vergoldet und hatte ein mit Purpur verziertes Bett. Noch im fünfzehnten Jahrhundert hing in einem Fenster der Kirche zu Gadebusch eine aus Erz gegossene Krone, die angeblich von einem Bilde dieses Gottes herstammte. Swantewit hatte vier Köpfe, zwei nach vorne, zwei nach rückwärts gewandt, die wieder abwechselnd nach rechts und links blickten. Bart und Haupthaar war nach Landessitte geschoren. In der rechten Hand hielt der Götze ein Horn, das mit verschiedenen Arten Metall verziert war und jährlich einmal mit Getränk angefüllt wurde; der linke Arm war bogenförmig in die Seite gesetzt, die Kleidung ein Rock, der bis an die Schienbeine reichte. Diese waren von anderem Holz als die übrige Figur und so künstlich mit den Knien verbunden, daß man nur bei genauer Betrachtung die Fugen wahrnehmen konnte. Die Füße standen auf der Erde und hatten *un-*

*ter* dem Boden ihr Fußgestell. Das Ganze war riesenhaft, weit über menschliche Größe hinaus. Endlich Triglaw hatte drei Köpfe, die versilbert waren. Ein goldener Bund verhüllte ihm Augen und Lippen.

Diese Götter hatten überall im Lande ihre Tempel, nicht nur in Städten und Dörfern, sondern auch in unbewohnten Vesten, sogenannten »Burgwällen«, und zwar auf Hügeln und Klippen, in Seen und Wäldern. Wahrscheinlich hatte jeder »Gau«, deren es im Lande zwischen Elbe und Oder etwa fünfundvierzig gab, einen Haupttempel, ähnlich wie es in späterer christlicher Zeit in jedem größeren Distrikt eine Bischofskirche, einen Dom, ein Kloster gab. Dieser Haupttempel konnte in einer Stadt sein, aber auch ebensogut in einem »Burgwall«, der dann nur den Tempel umschloß und etwa einem Berge mit einer berühmten Wallfahrtskirche entsprach. In Julin, Wolgast, Gützkow, Stettin, Malchow, Plön, Jüterbog und Brandenburg werden solche Städtetempel eigens erwähnt. Unzweifelhaft aber gab es deren an anderen Orten noch als an den vorstehend genannten.

## 4. Rethra. Arkona. »Was ward aus den Wenden?«

Hier dient der Wende seinen Götzenbildern,
Hier baut er seiner Städte festes Tor,
Und drüber blinkt der Tempel Dach hervor:
Julin, Vineta, Rethra, Brennabor.

*Karl Seidel*

Die zwei Haupttempelstätten im ganzen Wendenland waren, wie mehrfach hervorgehoben, Rethra und Arkona. Stettin und Brennabor, ihnen vielleicht am nächsten stehend, hatten doch überwiegend eine *lokale* Bedeutung.

Rethra und Arkona repräsentierten auch die Orakel, bei denen in den großen Landesfragen Rats geholt wurde, und ihr Ansehn war so groß, daß der Besitz dieser Tempel dem ganzen Stamme, dem sie zugehörten, ein gesteigertes Ansehen lieh; die Redarier und die Ranen nahmen eine bevorzugte Stellung ein. Später entspann sich zwischen beiden eine Rivalität, wie zwischen Delphi und Dodona.

Rethra war unter diesen beiden Orakelstätten die ältere, und wir beginnen mit Wiedergabe dessen, was Thietmar, Bischof von Merseburg, über diese sagt. Thietmar berichtet:

»So viele Kreise es im Lande der Liutizier gibt, so viele Tempel gibt es auch und so viele einzelne Götzenbilder werden verehrt; die Stadt Rethra aber behauptet einen ausgezeichneten Vorrang vor allen anderen. Nach Rethra schicken die Wendenfürsten, ehe sie in den Kampf eilen, und sorgfältig wird hier vermittelst der Lose und des Rosses nachgeforscht, welch ein Opfer den Göttern darzubringen sei.«

Stadt und Tempel von Rethra schildert Thietmar nun weiter: »Rethra liegt im Gau der Redarier, ein Ort von dreieckiger Gestalt, den von allen Seiten ein großer, von den Eingeborenen gepflegter und heiliggehaltener Hain umgibt. Der Ort hat drei Tore. Zwei dieser Tore stehen jedem offen; das dritte Tor aber, das kleinste, weist auf das Meer hin und gewährt einen furchtbaren Anblick. An diesem Tor steht nichts als ein künstlich aus Holz gebautes Heiligtum, dessen Dach auf den Hörnern verschiedener Tiere ruht, die es wie Tragsteine emporhalten. Die Außenseiten dieses Heiligtums sind mit verschiedenen Bildern von Göttern und Göttinnen, die, soviel man sehen kann, mit bewundernswerter Kunst in das Holz hineingemeißelt sind, verziert; inwendig aber stehen von Menschenhand gemachte Götzenbilder, mit ihren Namen am Fußgestell, furchtbar anzuschauen. Der vornehmste derselben heißt Radegast oder Zuarasioi und wird von allen Heiden geehrt und angebetet. Hier befinden sich auch ihre Feldzeichen, welche nur, wenn es zum Kampfe geht, von hier fortgenommen und dann von Fußkämpfern getragen werden. Um dies alles sorgfältig zu hüten, sind von den Eingeborenen besondere Priester angestellt, welche, wenn die Leute zusammenkommen, um den Bildern zu opfern und ihren Zorn zu sühnen, allein sitzen bleiben, während die anderen stehen. Indem sie dann heimlich untereinander murmeln, graben sie voll Zornes in die Erde hinein, um vermittelst geworfener Lose nach Gewißheit über zweifelhafte Dinge zu forschen. Nachdem dies beendigt ist, bedecken sie die Lose mit grünem Rasen und führen ein Roß, das als heilig von ihnen verehrt wird, mit demütigem Flehen über die Spitzen zweier sich kreuzenden, in die Erde gesteckten

Speere weg. Dies ist gleichsam der *zweite* Akt, zu dem man schreitet, um die Zukunft zu erforschen, und wenn *beide* Mittel: zuerst das Los, dann das heilige Pferd, auf ein gleiches Vorzeichen hindeuten, so handelt man darnach. Wo nicht, so wird von den betrübten Eingeborenen die ganze Angelegenheit aufgegeben.«

Als Bischof Thietmar diese Schilderung von Rethra entwarf, stand dasselbe noch in höchstem Ansehen bei der Gesamtheit des Wendenvolkes, aber schon wenige Jahre später ging sein Ruhm als *erste* Tempel- und Orakelstätte des Wendenreiches unter. Arkona auf Rügen trat an seine Stelle. Noch 1066 hatten die Wenden, nach einem siegreichen Rachezuge, den Bischof Johann von Mecklenburg nach Rethra geschleppt und dem Radegast das Haupt des Bischofs geopfert; aber dies Ereignis führte zugleich zu jener Niederlage Rethras, von der es sich nicht mehr ganz erholte. Im Winter 1067 auf 1068 erschien Bischof Burkhard von Halberstadt vor Rethra, stürzte das Götzenbild um und *ritt auf dem weißen Rosse des Radegast heim.* Dieser wohlberechnete Hohn blieb auf die Wendenstämme nicht ohne Einfluß, Eifersucht gegen die Redarier kam hinzu, und so wendeten sich die Wendenstämme von dem Radegast zu Rethra, der sich schwach erwiesen hatte, ab und dem Swantewit-Tempel in Arkona zu. Hundert Jahre lang, von jenem Tage der Niederlage ab, glänzte nun Arkona, wie vorher Rethra geglänzt hatte. Auch von Arkona und seinem Swantewit-Tempel besitzen wir eine Beschreibung. Es scheint, daß vier mächtige Holzpfeiler, die auf Tierhörnern ruhten, ihrerseits ein Dach trugen, dessen Inneres dunkelrot getüncht war. Der Raum zwischen den vier Pfeilern war durch Bretterwände ausgefüllt, die allerhand bunt bemaltes Schnitzwerk trugen. Dies alles aber war nur die Außenhülle, und vier mächtige Innenpfeiler, durch Vorhänge geschlossen, teilten den inneren Tempelraum wieder in zwei Hälften, in ein Heiligstes und Allerheiligstes. In dem letzteren erst stand das Bild Swantewits. Arkona hatte besondere Tempeldiener, und mehr und mehr bildete sich hier eine Priesterkaste aus. Sie unterschieden sich schon durch Tracht und Kleidung von dem Rest der Nation und trugen Bart und Haar lang herabwallend, während die übrigen Ranen Bart und Haar geschoren trugen. Sie gehörten zu den *Edlen* des Landes; kriegerische und priesterliche Tätigkeit galt überhaupt den Wenden als wohl vereinbar.

Auch hier in Arkona diente das »weiße Pferd« zur Zeichendeuterei. Alle Poesie knüpfte sich an dasselbe. Nicht selten fand man es des Morgens mit Schaum und Schmutz bedeckt in seinem Stall; dann hieß es, Swantewit selber habe das Pferd geritten und es im Streit gegen seine Feinde getummelt. Die Formen, unter denen das Orakel erteilt oder die Frage »Krieg oder Friede« entschieden wurde, waren denen in Rethra nah verwandt, aber doch nicht voll dieselben. Drei Paar gekreuzte Lanzen wurden in den Boden gesteckt und das Pferd herangeführt. Schritt es nun mit dem rechten Fuß zuerst über die Speere, so war das Zeichen glücklich, unglücklich, wenn das Tier den linken Fuß zuerst aufhob. Entschiedenes Heil aber versprach das Orakel nur, wenn das weiße Pferd über alle *drei* Lanzenpaare mit dem rechten Fuße hingeschritten war.

Der Swantewit-Tempel auf Arkona war das letzte Bollwerk des Heidentums. Es fiel endlich, wie schon hervorgehoben, in den Dänenkämpfen, im Kriege mit »Waldemar dem Sieger«, nachdem es nicht nur den Radegast-Tempel Rethras, wenigstens den Ruhm desselben, um ein Jahrhundert, sondern auch den uns in gewissem Sinne näher angehenden *Triglaw-Tempel* zu Brennabor um zwanzig und einige Jahre überlebt hatte.

Dieser Triglaw-Tempel, wenn auch für die *Gesamtheit* der Wenden nur ein Tempel zweiten Ranges, erheischt noch ein kurzes Verweilen.

Triglaw war eine ursprünglich pommersche Gottheit und wurde, wie es scheint, erst in späterer Zeit, sei es aus *Eifersucht* oder sei es aus *Mißtrauen* gegen den Radegast (in Rethra), von Pommern her in die Havelgegenden eingeführt. In Kürze haben wir ihn schon an anderer Stelle beschrieben. Er hatte *drei* Köpfe, weil er Herr im Himmel, auf Erden und in der Unterwelt war, und sein Gesicht war verhüllt, zum Zeichen, daß er die Sünden der Menschen übersah und verzieh. In seinen Händen hielt er einen gehörnten Mond, ein Symbol, über dessen Bedeutung nur Vermutungen existieren. Seinen Haupttempel hatte er in Stettin, der, den Schilderungen nach, die wir davon besitzen, den aus Holz aufgeführten, mit Bildwerk und Schnitzereien ausgeschmückten Tempeln in Rethra und Arkona sehr verwandt gewesen sein muß. Auch der Triglaw-*Dienst* war dem Dienst des Radegast oder Swantewit mehr oder weniger verwandt. Die Zeichen wurden in ähnlicher Weise gedeutet, das Roß schritt über die gekreuzten Lanzenspitzen hin, und das Berühren dieser oder jener Lanze, mit dem einen oder andern Fuß – alles hatte seine Bedeutung zum Heil oder Unheil. Nur das Roß selbst war nicht weiß, sondern *schwarz*, vielleicht weil Triglaw selbst mehr den finstern als den lichten Göttern zugehörte.

Um 982, unmittelbar nach dem großen Wendenaufstande, war es, daß nunmehr diesem Triglaw zu Ehren auch in Brennabor ein Tempel errichtet wurde. Derselbe erhob sich auf dem Harlunger Berge und sah triumphierend in das dem Heiden- und Wendentum wieder zurückeroberte Land hinein. Es war höchstwahrscheinlich kein Holzbau mehr, wie der Stettiner, sondern ein Steinbau, nach Art der christlichen Steinkapellen*, und M. W. Heffter, in seiner trefflichen »Geschichte Brandenburgs«, stellt sogar die Hypothese auf, daß aus diesem alten heidnischen Tempelbau, zunächst ohne wesentliche Umgestaltung, die später so berühmt gewordene Marienkirche auf dem Harlunger Berge hervorgegangen sei. Wir halten dies für wahrscheinlicher als nicht, finden indessen den Beweis dafür weniger in der eigentümlichen Architektur der Kirche als in dem historisch nachgewiesenen Umstande, daß sich unter den märkischen Wenden der Übergang aus dem Heidentum ins Christentum schließlich in aller

* In einer 1619 zu Wittenberg gedruckten Jubelpredigt eines Jüterboger Geistlichen findet sich folgendes: »Das uralte Templein allhier, welches ungefähr nun vor vierzig und etlichen Jahren ist eingerissen worden, *darinnen der heidnische Götzendienst der wendischen Morgengöttin soll sein geleistet worden*, dies Templein ist in der Länge, Breite und Höhe bis an das Dach recht viereckicht von Mauersteinen aufgeführt gewesen, hat oben ein Kreuzgewölbe und darüber ein viereckicht zugespitztes Dach von hellen Steinen gehabt. Die Tür oder Eingang von abendwärts ist niedrig gewesen, also daß man im Eingehen sich etwas bücken müssen. Es hat auch keine Fenster gehabt, sondern nur ein rundes Loch etc. – – *also habe ich's von mehreren Personen, die noch am Leben sind, beschreiben hören.*« (Allerdings ist diese Angabe, der man wohl einen größeren Wert, als ihr zukommt, hat beilegen wollen, kein Beweis, daß das »Templein« wirklich heidnisch gewesen sei. Das Kreuzgewölbe spricht sogar dagegen. Als man hierlandes Kreuzgewölbe baute, war es mit dem Wendentum schon vorbei.)

Ruhe vollzog, etwa wie 400 Jahre später der Übergang aus dem Katholizismus in den Protestantismus. Der Fürst Pribislaw wurde Christ; das Volk folgte, teilweise widerwillig, aber doch vielfach auch willig und zwanglos. Man hatte sich bereits mit- und nebeneinander eingelebt, und der bloße Umstand, daß das gestürzte Bild des Triglaw *nicht* verbrannt oder zerstört, vielmehr, allen bekannt und allen zugänglich, bis 1526 in einer Seitenkapelle der Marienkirche aufbewahrt wurde (in welchem Jahre Christian II. von Dänemark es unter Zulassung Joachims I. mit fortnehmen durfte), deutet darauf hin, daß die Wandlung der Gemüter sich friedfertig genug vollzogen und der Christengott den Wendengott in aller Stille beiseite gedrängt haben muß. Diese Umwandlung des Triglaw-Tempels in eine Marienkirche erfolgte zwischen 1136 und 1141. 600 Jahre lang hat dann vom Harlunger Berge aus die berühmte Marienkirche ins Land gesehen. Ihre Entstehung drückte das Siegel auf den endlichen Sieg des Christentums über das Heidentum im Lande zwischen Elbe und Oder. Auf der Stätte des Triglaw-Tempels ging ein neues Leben auf, und der dreieinige Gott sprach hinfort statt des dreiköpfigen Gottes zu seinem Volke.

So, wie vorstehend geschildert, waren die Wenden zur Zeit der endgültigen deutschen Eroberung 1157.

Es bleibt uns noch die Beantwortung der Frage übrig: *Was wurde aus den Wenden*? Sie wurden keineswegs mit Stumpf und Stiel ausgerottet, sie wurden auch nicht einfach zurückgedrängt bis zu Gegenden, wo sie Stammesgenossen vorfanden – sie blieben vielmehr alle oder doch sehr überwiegenden Teils im Lande und haben in allen Provinzen jenseits der Elbe unzweifelhaft jene Mischrace hergestellt, die jetzt die preußischen Provinzen bewohnt.

Einzelne Historiker haben dies bestreiten wollen, aber wir glauben, mit Unrecht. Einmal würde eine solche konsequent durchgeführte Racengeschiedenheit gegen die historische Überlieferung aller andern Staaten, bei denen ähnliche Verhältnisse obwalteten, sprechen, andererseits dürfte es, von allen Analogien abgesehen, nicht schwerhalten, in aber hundert Einzelfällen solche Mischung der beiden Racen nachzuweisen. Es ist wahr, die Deutschen brachten den Stolz des Siegers mit, ein Racegefühl, das, auf geraume Zeit hin, eine Schranke gezogen haben mag; wir halten uns aber nichtsdestoweniger überzeugt, daß, noch ehe die Hohenzollern ins Land kamen, jedenfalls aber noch vor Mitte des fünfzehnten Jahrhunderts, *diese Unterschiede so gut wie verwischt waren*. Sie mögen an einzelnen Orten länger bestanden haben, es mag Ortschaften geben, wo sich bis diesen Tag eine Exklusivität findet, die auf jene alte Wendenabneigung zurückzuführen ist, im großen und ganzen aber liegt die Verschmelzung weit zurück. Wir wollen dabei andererseits gern zugeben, daß, wenn innerhalb der seitdem verflossenen Jahrhunderte die Generationen in den Dörfern, säend und erntend, in einem ewigen Wechsel und doch zugleich in einem ewigen Gleichmaß des Friedens aufeinander gefolgt wären, diese Empfindungen und Äußerungen des Racendünkels vielleicht fortgedauert hätten. Aber »die Not gibt wunderliche Schlafgesellen«, und die Konservierung alter Vorurteile wurde durch die Verhältnisse, durch Brand und Krieg, durch die Gemeinschaftlichkeit des Unglücks unmöglich gemacht. Das Aufeinanderangewiesensein riß jene Schranke nieder, die die Fülle selbstbewußten Glücks aufgerichtet hatte. Mehrfach ging der schwarze Tod durch das Land und entvölkerte die Dörfer; was der schwarze Tod nicht tat, das taten, in nie rastenden Kriegen, die Pommern und Polen, und was die Pommern und Polen nicht taten, das taten die Hussiten. Im Barnim befinden sich vielleicht zwanzig oder dreißig Feldmarken, die Namen wie Wüste-Sieversdorf, Wüste-Gielsdorf, Wüste-Büsow etc. führen, Benennungen aus jener Epoche immer neuer Verödungen her. Die wüst gewordenen Dörfer, namentlich solche, wo einzelne bewohnte Häuser und Hütten stehengeblieben waren, wieder neu zu besetzen war die Aufgabe der Landesverwaltung, die in Brandenburg von jeher den Friderizianischen Satz verfolgte: »Menschen; vor allem Menschen.« Man freute sich *jeden* Zuzugs, ohne nach der Racenabstammung zu fragen.

Das deutsche Dorf, in dem vielleicht ein Fritze, ein Hansen, ein Dietrichs wohnte, war froh, einen Kroll, einen Noack, einen Posedin die wüst gewordenen Stätten einnehmen zu sehn, und ebenso die wendischen Dörfer empfingen den deutschen Zuzug mit Freude. Die Namensverzeichnisse im

Landbuch von 1375, wie die Urkunden überhaupt, lassen keinen Zweifel darüber.

Alle diese Anführungen haben selbstverständlich nur die *Regel*, nur die Verhältnisse in ihren großen Zügen schildern sollen, ganz besonders aber die der *Mittelmark*. Die Mittelmark, im Gegensatz zu den mehr oder- und elbwärts gelegenen Landesteilen, war der eigentliche *Mischungsbottich*. Die Verhältnisse forderten dazu auf. Auf dem platten Lande war es die Not, in den *Städten* war es die Gelegenheit, die die Menschen ohne sonderliche Rücksicht auf ihre Abstammung zusammenführte. Die alten Bürgerfamilien freilich beharrten in ihrer Abgeschlossenheit und betrachteten den Wendenkiez um kein Haarbreit besser als ein jüdisches Ghetto, aber dem »Zuzug« gegenüber kamen die alten, alles nach Zunft und Race sondernden städtischen Traditionen wenig oder gar nicht in Betracht, und die »kleinen Leute« taten sich zusammen, unbekümmert um die Frage: wendisch oder deutsch. So lagen die Dinge in der *Mittelmark*, das heißt also in Teltow und Barnim, im Ruppinschen, in Beeskow-Storkow, in der Westhälfte von Lebus, überhaupt in allen Landesteilen, in denen sich Deutschtum und Wendentum einigermaßen die Waage hielten. Anders freilich war es in West und Ost. Je mehr nach der Elbe zu, je exklusiver hielt sich das Deutschtum, weil es ihm leicht gemacht war, sich aus seinen Stammesgenossen jenseits der Elbe zu rekrutieren; umgekehrt, je näher der Oder und den eigentlichen slawischen Landen zu, je länger blieb das Wendentum in Kraft. Jetzt indessen, wenige Stätten abgerechnet, ist es im Leben unsres Volkes verschwunden. Es lebt noch fort in der Mehrzahl unserer Städte- und Dorfnamen, in dunklen Erinnerungen, daß in einzelnen, den Namen eines Wendengottes bis heute festhaltenden Lokalitäten (in Jüterbog, in Jütergotz) ein Tempel stand, vor allem in den Heidengräbern und Wendenkirchhöfen, die sich allerorten in der Mark verbreitet finden.

Aber es ist charakteristisch, daß eben das einzige, was aus der alten Wendenwelt noch zu uns spricht, ein *Begrabenes* ist. Alles geistig Lebendige ist hinüber. Selbst der Aberglauben und die in ihm wurzelnden Gebräuche, Sitten und Volksweisen, die wohl dann und wann für wendische Überreste gehalten worden sind, lassen sich vielfach auf etwas *Ur-*

*germanisches* zurückführen, das, auch *vor* den Wenden schon, hier heimisch war. Mit Sicherheit lebt noch Altdeutsches in den Gemütern, und das Volk erzählt von Wodan und Fricke (Freyja) und von dem Hackelberger Jäger. Aber *Radegast* und *Czernebog sind tot.* Das Wendische ist weggewischt, untergegangen in dem Stärkern, in dem germanischen Leben und Gemüt, und nur am Rande der Oder hin, den polnisch-slawischen Landen zu, zeigt sich je zuweilen, neben dem slawisch Heiteren, auch noch jener auf Hartnäkkigkeit und Verschlossenheit deutende finstere Zug, der an die alte Zeit und ihre Bewohner mahnt.

# DIE ZISTERZIENSER IN DER MARK

Der Morgen graut und lacht der Nacht entgegen,
Im Osten leuchtet schon des Lichtes Segen;
*Die Finsternis entflieht.*

*Bruder Lorenzo (»Romeo und Julia«)*

Die beiden Ereignisse, die über das Wendentum an Havel und Spree entschieden, waren die Erstürmung Brennabors am 11. Juni 1157 und unmittelbar darauf, wenn der halb sagenhaften Überlieferung Glauben zu schenken ist, die »Havelschlacht gegenüber dem Schildhorn«, in der Jaczko, der Neffe Pribislaws, und seine noch einmal zusammengeraffte Wendenmacht entscheidend geschlagen wurde.

Schon zweihundert Jahre früher, unter den ersten Sachsenkaisern, waren die Deutschen bis ebenfalls an die östliche Havel vorgedrungen, und schon damals waren, in ihren ersten Anfängen wenigstens, der Havelberger und Brandenburger Dom gegründet worden, aber Leichtsinn, Unklugheit, Grausamkeit von seiten der Sieger hatten zunächst zu Auflehnung der Besiegten und endlich zu völliger Abschüttelung des Jochs geführt. Das alte Wendentum war auf 150 Jahre hin wieder glänzend aufgeblüht. *Jetzt*, nach der Niederwerfung Jaczkos, war es zum zweiten Mal unterlegen, und es galt nunmehr, die Mittel und Wege ausfindig zu machen, um einer abermaligen Auflehnung vorzubeugen. Albrecht der Bär, von dem es im Volksliede heißt:

Heinrich de Leuw und Albrecht de Bar,
Darto Frederik mit den roden Haar,
Dat waren dree Heeren,
De kunden de Welt verkehren –

dieser Albrecht der Bär war just dazu angetan, diese Mittel ausfindig zu machen und das früher durch Unklugheit Gescheiterte durch Mut und Ausdauer endgültig siegreich hinauszuführen. Es ist bekannt, daß er, nach Plan und System, die Kolonisierung des Landes begann; zu den *Kirchen* und

*Burgen* aber, die schon einmal die Bekehrung und Beherrschung des Landes versucht hatten, gesellte er, als ein Neues, Drittes, *die Vereinigung von Burg und Kirche* — die *Klöster*. Mönche wurden ins Land gerufen, vor allem die Zisterzienser, ein Orden, der eben damals auf seinem europäischen Siegeszuge bis an die Saale und Unstrut vorgedrungen war.

Da diesem überallhin pionierenden Orden die Aufgabe zufiel, auch namentlich für die Kultur und geistige Eroberung der Mark von hervorragender Bedeutung zu werden, so mag es gestattet sein, bei seiner Entstehungs- und Entwickelungsgeschichte einen Augenblick zu verweilen und das Fortschreiten desselben auf seinen großen Etappen von West nach Ost zu begleiten.

Die ersten Klöster, die zumal in Süd- und Westeuropa ins Leben gerufen wurden, waren *Benediktinerklöster*, das heißt Klöster, in denen die Regeln des heiligen Benedikt: Gehorsam, Armut, Keuschheit, die Fundamentalsätze alles Klosterlebens, Geltung hatten. Die Benediktiner übten diese Tugenden jahrhundertelang, aber jene Epoche, die den Kreuzzügen unmittelbar vorausging, war eine Epoche des kirchlichen, mindestens des klösterlichen Verfalls, ganz in ähnlicher Weise, wie derselbe fünf Jahrhunderte später zum zweiten Mal in die Geschichte eintrat, und »sittliche Reform«, worauf zunächst die Reformation gerichtet war, war eine Parole, die, wie vielfach während des Lebens der Kirche, so auch um die Zeit der ersten Kreuzzüge gehört wurde.

Dies Ringen nach Reform, nach Wiederherstellung jener Klosterheiligung, wie sie die ersten Klöster gekannt hatten, gab Veranlassung zur Gründung eines neuen Ordens. Dieser neue Orden war der der *Zisterzienser*. Sein nächster Zweck war nicht *Abzweigung* vom Benediktinertum, aus dem er hervorging, sondern *Wiederherstellung* desselben in seiner Ursprünglichkeit und Lauterkeit. Aber es scheint das Los solcher und ähnlicher Bestrebungen — vielleicht nach jenem Naturgesetz, welches die volle Wiederherstellung von etwas Verschwundenem unmöglich macht —, jedesmal zu einer *Neuschöpfung* zu führen. Zu einer Neuschöpfung, die anfänglich, in aufrichtiger Demut, sich selbst nicht als eine

Neuschöpfung betrachtet sehen will und doch, sich selbst zum Trotz, mit jedem Tage mehr eine solche wird.

So gingen, gegen den Willen des Gründers, die *Zisterzienser* aus den Benediktinern hervor.

Verfolgen wir, nach diesen allgemeinen Bemerkungen, die Entwickelung des neuen Ordens aus dem alten auch an den Trägern dieser Entwickelung, an den *Personen*.

Robert (später der heilige Robert), Abt des Benediktinerklosters zu Molesme an der Grenze von Champagne und Burgund, gab, um der eingerissenen Verderbtheit willen, die er in seinem eigenen Kloster wahrnahm, das Kloster Molesme auf und zog sich in das unwirtliche, nur mit Dornen und Gestrüpp bewachsene, durch ein Flüßchen kümmerlich bewässerte Tal von Cîteaux (Cistercium) in der Nähe von Dijon zurück, um daselbst mit zwanzig anderen Mönchen, die ihm gefolgt waren, getreu nach der ursprünglichen Vorschrift des heiligen Benedikt zu leben. Seine Trennung war eine rein äußerliche und lokale, er hatte sich von seinem *Kloster* getrennt, nicht von der ursprünglichen Kloster*regel*, ja, er kehrte nach einjähriger Abwesenheit in Cîteaux, auf Befehl des Papstes, in das Kloster Molesme zurück. Aber unwissentlich war ein neuer Keim gepflanzt, und der bescheidene Versuch, der, wie schon vorstehend angedeutet, eine alte Schöpfung nur neu gestalten sollte, schuf nicht *in*, sondern *neben* dem Alten ein Neues. In dem Tale von Cisterz ging ein neues Klosterleben auf. Die Träger dieses neuen Lebens aber waren nicht Benediktiner mehr, sie waren Zisterzienser.

Bald zeigte sich die erfolgte Trennung auch in der äußeren Erscheinung, bald auch in den Zwecken und Zielen des Ordens, in der Art, wie er seine Aufgabe faßte. Was die Tracht angeht, so änderte bereits der heilige Alberich, der zweite Abt von Cîteaux, die Kleidung seiner Mönche, und das Kleid, das vorher *schwarz* gewesen war, wurde *weiß* mit einem schwarzen Gürtel und *schwarzem Skapulier*. Nach der schönen Sage des Ordens war seine, des Alberich, schwarze Kleidung unter der Berührung der Heiligen Jungfrau *weiß* geworden.*

* Dies weiße Kleid der Zisterzienser war ihr besonderer Stolz, und unter den zahlreichen Legenden** dieses Ordens bezogen sich viele auf die besondere Gunst, in der,

Wichtiger aber als diese äußeren Abzeichen war die Wandlung, die der neue Zweig der Benediktiner *innerlich* erfuhr. Er wurde eine Spezialität, er wurde der Orden der *Kolonisation.*

Nie hat ein Orden einen rascheren und gewaltigeren Siegeszug über die Welt gehalten. Aus dem Mutterkloster Cisterz, gegründet 1098, waren nach fünfzehn Jahren schon vier mächtige Töchterklöster: La Ferté, Pontigny, Morimad und Clairvaux, hervorgegangen, den Töchtern folgten wieder Töchter und Enkeltöchter, und eh ein halbes Jahrhundert um war, war nicht nur ein Netz von Zisterzienserklöstern über das ganze christliche Europa ausgebreitet, sondern auch tief in heidnische Lande hinein waren die Mönche von Cisterz mit dem Kreuz in der Linken, mit Axt und Spaten in der Rechten, lehrend und Acker bauend, bildend und heiligend vorgedrungen. Es war ein in jenen raschen Proportionen sich mehrendes Anwachsen, wie man es auf alten Stammbäumen veranschaulicht sieht, wo, von Generation zu Generation, aus jedem einzelnen Neuzweig wieder zahllos andere neue Zweige sprießen, anwachsend zu Multiplikationen, die der bekannten Verdoppelung der Schachbrettfelder entsprechen. Fünfzig Jahre nach der Gründung des Ordens gab es 500, hundert Jahre nach der Gründung bereits 2000 Zisterzienserklöster, und Kaspar Jogelinus, ein Deutscher, hat uns allein die *Beschreibung* von 791 Zisterzienserklö-

bei Gott und Menschen, das »weiße Kleid« stand. Im Jahre 1215 starb ein Zisterziensermönch zu Cher in Frankreich und wurde ohne sein Chorkleid begraben. Er kam zurück, um sein Kleid zu holen, weil der heilige Benedikt ihm nicht anders den Himmel aufschließen wollte. Der Prior gab es ihm, und er hatte nun Ruhe und kam nicht wieder.

** Unter den anderweiten Legenden des Ordens ist mir keine schöner erschienen als die folgende: Im Jahre 1167 dachte Mönch Heron in Galizien in der Frühmette über die Worte nach: »Tausend Jahre sind vor dir, Herr, wie der Tag, der gestern vergangen ist.« Er fand dies unbegreiflich und zweifelte. Als er aus der Kirche kam, flatterte ein bunter Vogel über ihm und sang sehr lieblich. Heron, von der Schönheit und dem Gesang des Vogels bezaubert, folgte ihm, wohin er flog, aus dem Kloster in einen benachbarten Wald, der Vogel hüpfte von Zweig zu Zweig und sang immerfort dreihundert Jahr lang. Als nun Heron dreihundert Jahr lang weder gehungert noch gedürstet, sondern allein von dem lieblichen Vogelgesang gelebt hatte, flog der Zaubervogel davon, und die Entzückung hörte auf. Heron kam nun wieder zu sich selbst und besann sich, daß er soeben aus der Frühmette gekommen sei. Er kehrte zurück zum Kloster und klopfte an die Klosterpforte, aber da waren weder Pförtner noch Abt noch Brüder mehr, die ihn kannten. Sie waren alle längst tot; dreihundert Jahre waren verflossen. »Tausend Jahre sind wie ein Tag.«

stern hinterlassen. Von diesen 791 Klöstern waren 209 in Frankreich, 126 in England, Schottland und Irland und 109 in Deutschland.

Die Frage drängt sich auf, was diesem Orden zu so rapidem Wachstum verhalf und ihm, zwei Jahrhunderte lang, in allen Ländern und an allen Höfen ein alles überstrahlendes Ansehen lieh. Es waren wohl drei Ursachen, die zusammenwirkten: die gehobene Stimmung der ganzen christlichen Welt während der Epoche der ersten Kreuzzüge, die wunderbare, mit unwiderstehlicher Gewalt ausgerüstete Erscheinung des heiligen Bernhard, der, aus dem Orden heraus, bald nach Entstehung desselben erwuchs und ihn dann durchleuchtete, und endlich drittens die besondere, schon in aller Kürze angedeutete kolonisatorische Eigenart dieses Ordens, die ihn, in einer Zeit, in der geistig und physisch überall auszuroden und urbar zu machen war, als ein besonders geeignetes Werkzeug sowohl in der Hand der Kirche wie auch des weltlichen Fürstentums erscheinen ließ.

1115 existierten nur fünf Zisterzienserklöster, 1119 bereits vierzehn, aber sämtlich noch innerhalb Frankreichs und auf verhältnismäßig engem Gebiet. Zwanzig Jahre später sehen wir den Orden, in immer rascherem Wachsen, von der Loire an den Rhein, vom Rhein an die Weser und endlich von der Weser bis an und über die Elbe vorgedrungen.

1180 erschienen seine ersten Mönche in der Mark.

An wenigen Orten mochten die Vorzüge dieses Ordens deutlicher hervortreten als in der Mark, weil sie nirgends ein besseres Gebiet für ihre Tätigkeit fanden. Wo die Unkultur zu Hause war, hatten die Kulturbringer ihr natürlichstes Feld. Rechnen wir die Nonnenklöster desselben Ordens mit ein, die, wenigstens was die Bekehrung, Lehre und Unterweisung angeht, die gleichen Ziele wie die Mönchsklöster verfolgten, so haben wir über zwanzig *Zisterzienserklöster* in der Mark und Lausitz zu verzeichnen, von denen die große Mehrzahl vor Ablauf eines Jahrhunderts entstand. Weder die Prämonstratenser und Kartäuser gleichzeitig mit ihnen noch auch später die die Städte suchenden Dominikaner und Franziskaner sind ihnen an Ansehn und rascher Verbreitung gleichgekommen.

Dem Zeitpunkt ihrer Entstehung nach folgen diese märkisch-lausitzischen Zisterzienserklöster wie folgt aufeinander:

Zinna, Mönchskloster, in der Nähe von Jüterbog, 1171.
Lehnin, Mönchskloster, in der Nähe von Brandenburg, 1180.
Dobrilugk, Mönchskloster, in der Lausitz, 1180–1190.
Neuzelle, Mönchskloster, in der Lausitz, 1230.
Marienfließ oder Stepenitz, Nonnenkloster, in der Prignitz, 1230.
Dransee, Mönchskloster, in der Prignitz, 1233.
Paradies, Mönchskloster, im Posenschen (früher Neumark), 1234.
Marienthal, Nonnenkloster, in der Lausitz, 1234.
Zehdenick, Nonnenkloster, in der Uckermark, 1249.
Friedland, Nonnenkloster, im Ober-Barnim, um 1250.
Mariensee, Mönchskloster, auf der Insel Pehlitz im Parsteiner See, zwischen Oderberg und Angermünde (Uckermark), 1258.
Marienstern, Nonnenkloster, in der Lausitz, 1264.
Chorin, Mönchskloster, in der Uckermark, 1273.
Marienwalde, Mönchskloster, in der Neumark, 1286.
Heiligengrabe, Nonnenkloster, in der Prignitz, 1289.
Zehden, Nonnenkloster, in der Neumark, 1290.
Bernstein, Nonnenkloster, in der Neumark, 1290.
Reetz, Nonnenkloster, in der Neumark, 1294.
Himmelpfort, Mönchskloster, in der Uckermark, 1299.
Himmelstädt, Mönchskloster, in der Neumark, 1300.
Seehausen, Nonnenkloster, in der Uckermark, 1300.

Das wichtigste unter den hier aufgezählten märkisch-lausitzischen Klöstern war wohl das Kloster Lehnin. Es wurde das Mutterkloster für diese Gegenden, aus dem Neuzelle, Paradies, Mariensee, Chorin und Himmelpfort hervorgingen.

Alle diese Klöster, mit wenigen Ausnahmen, wurden in der Mitte des sechzehnten Jahrhunderts unter Joachim II. säkularisiert. Viele sind seitdem, namentlich während des Dreißigjährigen Krieges, bis auf die Fundamente oder eine stehengebliebene Giebelwand zerstört worden, andere existieren noch, aber sie dienen der *Kultur* dieser Lande nur noch insoweit, als sie, oft in ziemlich prosaischer Weise, der *Agrikultur* dienstbar gemacht worden sind. Die Abtwohnungen sind zu Amtshäusern, die Refektorien zu Maischräumen und Brennereien geworden. Es ist allen diesen Klöstern ergangen wie ihrer großen, gemeinschaftlichen Mater, dem Kloster zu Cîteaux, selber. Den Verfall, den Niedergang, den hierzulande die Reformation still und allmählich einleitete, schuf dort die Französische Revolution auf einen Schlag. »Auf den Trümmern der Abtei« – so erzählt der Abbé Ratisbonne, der eine »Geschichte des heiligen Bernhard« geschrieben hat und Cîteaux um 1839 besuchte – »erhob sich in dem genannten Jahre eine Runkelrübenzuckerfabrik, die selber wieder in Trümmer zerfallen war, und ein elender *Schauspielsaal* stand an der Stelle der Mönchsbibliothek, vielleicht an der Stelle der Kirche. Die Zelle des heiligen Bernhard, die vor ohngefähr zwanzig Jahren noch existierte, hatte inzwischen einem *Schmelzofen* Platz gemacht. Nur noch der Schutt der Zelle war vorhanden. Aus den bloßen Trümmermassen des Klosters waren drei Dörfer erbaut worden.«

In dieser kurzen Schilderung des Verfalls des Mutterklosters ist zugleich die Geschichte von über hundert Töchterklöstern erzählt. Auch die Geschichte der unsrigen.

Die Klöster selber sind hin. Viele von denen, die hierlands in alten Klostermauern wohnen, wissen kaum, daß es Klostermauern sind, sicherlich nicht, daß es Zisterzienser waren, die vor ihnen die Stätte innehatten. Und hörten sie je das Wort, so wissen sie nicht, was es meint und bedeutet. Und doch waren es die Pioniere, die hundert und tausend andern Kolonisten, die nach ihnen kamen, die Wege bahnten. Das Gedächtnis an sie und an das Schöne, Gute, Dauerbare, das sie geschaffen, ist geschwunden; uns aber mag es geziemen, darauf hinzuweisen, daß noch an vielen hundert Orten ihre Taten und Wohltaten zu uns sprechen. Überall, wo in den Teltow- und Barnim-Dörfern, in der Uckermark und im Ruppinschen alte Feldsteinkirchen aufragen mit kurzem Turm und kleinen niedrigen Fenstern, überall, wo die Ostwand einen chorartigen Ausbau, ein sauber gearbeitetes Sakristeihäuschen, oder das Dach infolge späteren Anbaues eine rechtwinklige Biegung, einen Knick zeigt, überall da mögen wir sicher sein – *hier waren Zisterzienser*, hier haben Zisterzienser gebaut und der Kultur und dem Christentum die erste Stätte bereitet.

# KLOSTER LEHNIN

## 1. Die Gründung des Klosters

Wo das Kloster aus der Mitte
Düstrer Linden sah.

Mit des Jammers stummen Blicken
Fleht sie zu dem harten Mann,
Fleht umsonst, denn loszudrücken
Legt er schon den Bogen an.

*Schiller*

Die erste Gründung der Zisterzienser in der Mark – Zinna war nicht märkisch – war Kloster Lehnin. Es liegt zwei Meilen südlich von Brandenburg, in dem alten Landesteil, der den Namen »die Zauche« trägt. Der Weg dahin, namentlich auf seiner zweiten Hälfte, führt durch alte Klosterdörfer mit prächtigen Baumalleen und pittoresken Häuserfronten, die Landschaft aber, die diese Dörfer umgibt, bietet wenig Besonderes dar und setzt sich aus den üblichen Requisiten märkischer Landschaft zusammen: weite Flächen, Hügelzüge am Horizont, ein See, verstreute Ackerfelder, hier ein Stück Sumpfland, durch das sich Erlenbüsche, und dort ein Stück Sandland, durch das sich Kiefern ziehn. Erst in unmittelbarer Nähe Lehnins, das jetzt ein Städtchen geworden, verschönert sich das Bild, und wir treten in ein Terrain ein, das einer flachen Schale gleicht, in deren Mitte sich das Kloster selber erhebt. Der Anblick ist gefällig, die dichten Kronen einer Baumgruppe scheinen Turm und Dach auf ihrem Zweigwerk zu tragen, während Wiesen- und Gartenland jene Baumgruppe und ein Höhenzug wiederum jenes Wiesen- und Gartenland umspannt. Was jetzt Wiese und Garten ist, das war vor 700 Jahren ein eichenbestandener Sumpf, und inmitten dieses Sumpfes wuchs Kloster Lehnin auf, vielleicht im Einklang mit jenem Ordensgesetz aus der ersten strengen Zeit: daß die Klöster von Cisterz immer in Sümpfen und

Niederungen, das heißt in *ungesunden* Gegenden, gebaut werden sollten, damit die Brüder dieses Ordens jederzeit den Tod vor Augen hätten.*

Die Sage von der Erbauung Kloster Lehnins nimmt jedoch keine solche allgemeine Ordensregel in Aussicht, sondern führt die Gründung desselben auf einen bestimmten Vorgang zurück. Diesen Vorgang erzählt der böhmische Schriftsteller Pulkava (wie er ausdrücklich beifügt, »nach einer brandenburgischen Chronik«) wie folgt: »Otto I., der Sohn Albrecht des Bären, jagte einen Tag lang in den dichten Waldrevieren der Zauche und warf sich endlich müd und matt an ebender Stelle nieder, wo später Kloster Lehnin erbaut wurde. Er schlief ein und hatte eine Vision. Er sah im Traum eine Hirschkuh, die ihn ohne Unterlaß belästigte. Endlich ergriff er Bogen und Pfeil und schoß sie nieder. Als er erwachte und seinen Traum erzählte, drangen die Seinen in ihn, daß er an dieser Stelle eine *Burg* gegen die heidnischen Slawen errichten solle – die andrängende, immer lästiger werdende Hirschkuh erschien ihnen als ein Sinnbild des Heidentums, das in diesen Wäldern und Sümpfen allerdings noch eine Stätte hatte. Der Markgraf erwiderte: ›Eine Burg werde ich gründen, aber eine Burg, von der aus unsere teuflischen Widersacher durch die Stimmen *geistlicher* Männer weit fortgescheucht werden sollen, eine Burg, in der ich ruhig den Jüngsten Tag erwarten will.‹ Und sofort schickte er zum Abt des Zisterzienserklosters Sittichenbach, im Mansfeldischen, und ließ ihn bitten, daß er Brüder aus seinem Konvente, zur Gründung eines neuen Klosters, senden möchte. Die Brüder kamen. Markgraf Otto aber gab dem Kloster den Namen Lehnin, denn Lehnije heißt Hirschkuh im Slawischen.« So der böhmische Geschichtsschreiber.

* Der Orden, ohne geradezu in Askese zu verfallen, war doch in den ersten fünfzig Jahren seines Bestehens überall rigorös und unterschied sich auch dadurch von den Benediktinern, die, gestützt auf die Unterweisungen des heiligen Benedikt selber, diesen Rigorismus vermieden. Schon im zehnten Jahrhundert hieß es deshalb spöttisch: »die Regel des heiligen Benedikt scheine für *schwächliche* Leute geschrieben«. Die Gründer des Zisterzienserordens gingen von einer verwandten Anschauung aus, und aus der ersten Zeit des Ordens her finden sich folgende Vorschriften:

1. Die Unterlage des Bettes ist Stroh. Polster sind untersagt.
2. Als Speise dienen gekochte Gemüse, darunter *Buchenblätter*. Kein Fleisch.
3. In der Kirche soll sich ein offenes Grab befinden, um an die Hinfälligkeit des Daseins zu mahnen.

Das Kloster wurde gebaut, vor allem die Kloster*kirche*. Sie bestand in ihrer ursprünglichen Form bis zum Jahre 1262. In diesem Jahre ließ die rasch wachsende Bedeutung des Klosters das, was da war, nicht länger als ausreichend erscheinen, und ein Anbau wurde beschlossen. Dieser Anbau fiel in die erste Blütezeit der Gotik, und mit der ganzen Unbefangenheit des Mittelalters, das bekanntlich immer baute, wie ihm gerade ums Herz war, und keine Rücksichtnahme auf den Baustil zurückliegender Epochen kannte, wurde nunmehr das *romanische Kurzschiff der ersten Anlage durch ein gotisches Längsschiff erweitert.* Dieser Erweiterungsbau hat der Zeit und sonstigem Wirrsal schlechter zu widerstehen vermocht als der ältere Teil der Kirche; das Alte steht, der Anbau liegt in Trümmern. Unsere Schilderung führt uns später auf ihn zurück.

Unsere nächsten Untersuchungen aber gehören der *Geschichte* des Klosters. Wir knüpfen die Aufzählung seiner Schicksale an eine Geschichte seiner Äbte.

## 2. Die Äbte von Lehnin

Heut sind es grade hundert Jahr,
Seit er gelegen auf der Bahr
Mit seinem Kreuz und Silberstabe.
Die Ew'ge Lamp an seinem Grabe
Hat heute hundert Jahr gebrannt.

Hier war zu Hause kluger Rat,
Hier hat der mächtige Prälat
Des Hauses Chronik einst geschrieben.

*Annette Droste-Hülshoff*

Eh wir dazu übergehen, von den einzelnen leitenden Persönlichkeiten des Klosters, soweit dieselben überhaupt eine Geschichte haben, eingehender zu sprechen, mögen hier einige vorgängige Bemerkungen über die *Lehniner Äbte überhaupt* eine Stelle finden. Wenn dabei einzelne Dinge von mehr oder weniger allgemeinem Charakter mit aufgeführt werden sollten, Dinge, die nicht bloß in Lehnin, sondern überall innerhalb der klösterlichen Welt ihre Gültigkeit hatten, so wolle man dabei in Erwägung ziehen, daß wir eben noch, im Verlauf unserer »Wanderungen«, verschiedene andere Klöster zu besprechen haben werden und daß das *Allgemeingültige in betreff derselben* doch an irgendeiner Stelle wenigstens andeutungsweise gesagt werden muß.

Die Äbte von Lehnin standen an der Spitze ihres »Klosterkonvents«, das heißt ihrer Mönchsbrüderschaft, aus der sie, sobald die Vakanz eintrat, durch freie Wahl hervorgingen. Ihnen zur Seite oder unter ihnen standen der Prior, der Subprior, ein Präzeptor, ein Senior und ein Cellerarius (Kellermeister), der, wie es scheint, im Lehniner Kloster die Stelle des Bursarius (Schatzmeister) vertrat. Daran schlossen sich zwanzig bis dreißig Fratres, teils Mönche, teils Novizen, teils Laienbrüder. Die Tracht der Mönche war die übliche der Zisterziensermönche: weißes Kleid und schwarzes Skapulier.

Das Ansehen und die Gewalt des Abtes waren außerhalb und innerhalb des Klosters von großem Belang. 1450 wurde den Äbten zu Lehnin vom Papste der bischöfliche Ornat zugestanden. Seitdem trugen sie bei feierlichen Gelegenheiten die bischöfliche Mitra, das Pallium und den Krummstab. Auf den Landtagen saßen sie auf der ersten Bank, unmittelbar nach den Bischöfen von Brandenburg und Havelberg. Innerhalb des Klosters war der Abt selbstverständlich der oberste Leiter des Ganzen, kirchlich wie weltlich. Er sah auf strenge Ordnung in dem täglichen Leben und Wandel der Mönche, er beaufsichtigte den Gottesdienst, er kontrollierte die Verwaltung des Klosters, des Vermögens, der Einkünfte desselben, er vertrat das Kloster geistlichen und weltlichen Mächten gegenüber. Er regierte. Aber diese Regierung war weitab davon, eine absolute, verantwortungslose Herrschaft zu sein. Wie er über dem Konvente stand, so stand doch auch der Konvent wieder über ihm, und Klagen über den Abt, wenn sie von Draußenstehenden erhoben wurden, kamen vor den Konvent und wurden von diesem entschieden. Waren die zu erhebenden Klagen jedoch Klagen des Konventes selbst, so konnte letzterer freilich in seiner eignen Angelegenheit nicht Recht sprechen, und ein anderes Tribunal hatte zu entscheiden. Dies Tribunal, der Fälle zu geschweigen, wo es der Landesherr war, war entweder das Mutterkloster oder das große

Kapitel in Cîteaux oder der Magdeburger Erzbischof oder endlich der Papst. Solche Auflehnungen und infolge derselben solche Appellationen an die obere Instanz zählten keineswegs zu den Seltenheiten, wiewohl die Lehniner Verhältnisse, in vielleicht etwas zu optimistischer Auffassung, im allgemeinen als mustergültige geschildert werden. Der Abt Arnold, von dem wir später ausführlicher hören werden, wurde infolge solcher Auflehnung abgesetzt.

Dieser Abt-Arnold-Fall, der durch Beauftragte des Generalkapitels in Cîteaux untersucht und entschieden wurde, führt zu der nicht uninteressanten Frage: ob solche Beziehungen zu Cîteaux, zu dem eigentlichen, ersten und ältesten Ausgangspunkt aller Zisterzienserklöster, etwas Regelmäßiges oder nur etwas Ausnahmsweises waren. Die Ordensregel, die Charta caritatis, das Gesetzbuch der Zisterzienser, schrieb allerdings vor, daß einmal im Jahre alle Zisterzienseräbte in Cîteaux zusammenkommen und beraten sollten, aber diese Anordnung stammte noch aus einer Zeit, wo die räumliche Ausdehnung, die expansive Kraft des Ordens, die halb Europa umfaßte, ebensowenig mit Bestimmtheit vorauszusehen war wie sein intensives Wachstum bis zur Höhe von 2000 Klöstern. Zu welcher Versammlung, bei nur annähernd regelmäßiger und allgemeiner Beschickung, wäre ein solches Generalkapitel notwendig angewachsen! Freilich die Hindernisse, die die bloß räumliche Entfernung schuf, müssen wir uns hüten zu überschätzen. Die Kaiserfahrten, die Kreuzzüge, die Pilgerreisen nach Rom und dem Heiligen Grabe zeigen uns genugsam, daß man damals, sobald nur ein rechter Wille da war, vor den Schrecken und Hindernissen, die der Raum als solcher schafft, nicht erschrak; aber Cîteaux selbst, ganz abgesehen von allen andern leichter oder schwerer zu überwindenden Schwierigkeiten, hätte solche allgemeine Beschickung kaum bewältigen können, wie groß wir auch die bauliche Anlage einerseits und wie klein und bescheiden die Ansprüche der eintreffenden Äbte andererseits annehmen mögen. Wir treffen also wohl das Richtige, wenn wir die Ansicht aussprechen, daß *regelmäßige* Beschickungen des Generalkapitels *nicht* stattfanden, anderweitige Beziehungen aber, wenn auch nicht immer, so doch *vielfach*, unterhalten wurden. Mehrere Urkunden tun solcher Beziehungen direkt Erwähnung, und auch anderes spricht dafür, daß unser märkisches Kloster in Cîteaux einen guten Klang hatte und mit Vorliebe am Bande auszeichnender Abhängigkeit geführt wurde. Schon die Lage Lehnins, an der *Grenze aller Kultur*, kam ihm zustatten. Die näher an Cîteaux gelegenen Klöster waren Klöster wie andere mehr; während allen denjenigen eine gesteigerte Bedeutung beiwohnen mußte, die, als vorgeschobenste Posten, in die kaum bekehrte slawisch-heidnische Welt hineinragten. Ist doch der polnische Zweig immer ein Liebling der römischen Kirche geblieben. Die Analogien ergeben sich von selbst.

Die Lehniner Äbte hatten Bischofsrang, und sie wohnten und lebten demgemäß. Das Lehniner Abthaus, das, an der Westfront der Kirche gelegen, bis diesen Augenblick steht, zeigt zwar keine großen Verhältnisse, aber dies darf uns nicht zu falschen Schlüssen verleiten. Es war überhaupt keine Zeit der großen Häuser. Außerdem hatten die Lehniner Äbte, ebenso wie die Bischöfe von Havelberg und Lebus, ihr »Stadthaus« in Berlin, und es scheint, daß dies letztere von größeren Verhältnissen war. Ursprünglich stand es an einer jetzt schwer zu bestimmenden Stelle der Schloßfreiheit, höchstwahrscheinlich da, wo sich jetzt das große Schlütersche Schloßportal erhebt; der Schloßbau unter Kurfürst Friedrich dem Eisernen aber führte zu einer tauschweisen Ablösung dieses Besitzes, und das Stadthaus für die Lehniner Äbte ward in die Heiligegeiststraße verlegt (jetzt 10 und 11, wo die Kleine Burgstraße torartig in die Heiligegeiststraße einmündet). Das Haus markiert sich noch jetzt als ein alter Bau.

Länger als viertehalbhundert Jahre gab es Äbte von Lehnin, und wir können ihre Namen mit Hülfe zahlreicher Urkunden auf und ab verfolgen. Dennoch hält es schwer, die *Zahl* der Äbte, die Lehnin von 1180 bis 1542 hatte, mit voller Bestimmtheit festzustellen. Durch Jahrzehnte hin begegnen wir vielfach einem und demselben Namen, und die Frage entsteht, haben wir es hier mit ein und demselben Abt, der zufällig sehr alt wurde, oder mit einer ganzen Reihe von Äbten zu tun, die zufällig denselben Namen führten und durch I., II., III. füglich hätten unterschieden werden sollen. Das letztere ist zwar in den meisten Fällen nicht wahrscheinlich, aber doch immerhin möglich, und so bleiben Unsicherheiten. Nehmen wir indes das Wahrscheinliche als Norm, so ergeben sich für einen Zeitraum von 362 Jahren dreißig Äbte, wonach also jeder einzelne zwölf Jahre regiert haben würde, was eine sehr glaubliche Durchschnittszahl darstellt. Von allen dreißig hat es kein einziger zu einer in Staat oder Kirche glänzend hervorragenden Stellung gebracht; nur Mönch Kagelwit, der aber nie *Abt* von Lehnin war, wurde später Erzbischof von Magdeburg. Einige indessen haben wenigstens an der Geschichte unseres Landes, oft freilich mehr passiv als aktiv, teilgenommen, und bei diesen, wie auch beim Abte Arnold, dessen privates Schicksal uns ein gewisses Interesse einflößt, werden wir in nachstehendem länger oder kürzer zu verweilen haben.

Wir beginnen mit Johann Sibold, dem ersten Abt, von etwa 1180 bis 1190.

### *Abt Sibold, von 1180 bis 1190*

Abt Sibold oder Siboldus war der erste Abt von Lehnin, und in derselben Weise, wie der älteste Teil des Klosters am besten erhalten geblieben ist, so wird auch von dem ersten und ältesten Abt desselben am meisten und am eingehendsten erzählt. Die Erinnerung an ihn lebt noch im Volke fort. Freilich gehören alle diese Erinnerungen der Sage und Legende an. Historisch verbürgt ist wenig oder nichts. Aber ob Sage oder Geschichte, darf gleichgültig für uns sein, die wir der einen so gerne nachforschen wie der andern.

Abt Sibold, so erzählen sich die Lehniner bis diesen Tag, wurde von den umwohnenden Wenden erschlagen, und im Einklange damit lesen wir auf einem alten, halb verwitterten Bilde im Querschiff der Kirche: »Seboldus, primus abbas in Lenyn, a slavica gente occisus.«

Abt Sibold wurde also erschlagen. Gewiß eine sehr ernsthafte Sache. Die Geschichte seines Todes indessen wiederzugeben ist nicht ohne eigentümliche Schwierigkeiten, da sich, neben dem Ernsten und Tragischen, auch Tragikomisches und selbst Zweideutiges mit hineinmischt. Und doch ist über diese bedenklichen Partien nicht hinwegzukommen; sie gehören mit dazu. Es sei also gewagt.

Abt Sibold und seine Mönche gingen oft über Land, um in den umliegenden Dörfern zu predigen und die wendischen Fischerleute, die zäh und störrisch an ihren alten Götzen festhielten, zum Christentum zu bekehren. Einstmals, in Begleitung eines einzigen Klosterbruders, hatte Abt Sibold in dem Klosterdorfe Prützke gepredigt, und über Mittag, bei schwerer Hitze heimkehrend, beschlossen Abt und Mönch, in dem nahe beim Kloster gelegenen Dorfe Nahmitz zu rasten, das sie eben matt und müde passierten. Der Abt trat in eines der ärmlichen Häuser ein; die Scheu aber, die hier sein Erscheinen einflößte, machte, daß alles auseinanderstob; die Kinder versteckten sich in Küche und Kammer, während die Frau, die ihren Mann samt den andern Fischern am See beschäftigt wußte, ängstlich unter den Backtrog kroch, der nach damaliger Sitte nichts als ein ausgehöhlter Eichenstamm war. Abt Sibold, nichts Arges ahnend, setzte sich auf den umgestülpten Trog, die Kinder aber, nachdem sie aus ihren Schlupfwinkeln allmählich hervorgekommen waren, liefen jetzt an den See und riefen dem Vater und den übrigen Fischersleuten zu: »Der Abt ist da«, zugleich erzählend, in welch eigentümlicher Situation sie die Mutter und den Abt verlassen hatten. Die versammelten Fischersleute gaben dieser Erzählung die schlimmste Deutung, und der bittre Groll, den das Wendentum gegen die deutschen Eindringlinge unterhielt, brach jetzt in helle Flammen aus. Mit wildem Geschrei stürzten alle ins Dorf, umstellten das Haus und drangen auf den Abt ein, der sich, als er wahrnahm, daß ihm dieser Angriff gelte, samt seinem Begleiter durch die Flucht zu retten suchte. Der nahe Wald bot vorläufig Schutz, aber die verfolgenden Dörfler waren ausdauernder als der ältliche und wohlbeleibte Abt, der es endlich vorzog, einen Baum zu erklettern, um, gedeckt durch das dichte Laubgebüsch desselben, seinen Verfolgern zu entgehen. Der Mönchsbruder eilte inzwischen vorauf, um Hülfe aus dem Kloster herbeizuholen. Abt Sibold schien gerettet, aber ein Schlüsselbund, das er beim Erklettern des Baumes verloren hatte, verriet sein Versteck und brachte ihn ins Verderben. Wohl kamen endlich die Mönche und beschworen den tobenden Volkshaufen, von seinem Vorhaben abzulassen. Der Säckelmeister bot Geld, der

Abt selbst, aus seinem Versteck heraus, versprach ihnen Erlaß des Zehnten, dazu Feld und Heide – aber die wilden Bursche bestanden auf ihrer Rache. Sie hieben, da der Abt sich weigerte herabzusteigen, die Eiche um und erschlugen endlich den am Boden Liegenden. Die Mönche, die den Mord nicht hindern konnten, kehrten unter Mißhandlungen von seiten der Fischersleute in ihr Kloster zurück und standen bereits auf dem Punkt, wenige Tage später die Mauern desselben auf immer zu verlassen, als ihnen, so erzählt die Sage, die Jungfrau Maria erschien und ihnen zurief: »Redeatis! Nihil deerit vobis« (Kehret zurück; es soll euch an nichts fehlen), Worte, die allen ein neues Gottvertrauen einflößten und sie zu mutigem Ausharren vermochten. So die Tradition, von der ich bekenne, daß ich ihr anfangs mißtraute. Sie schien mir nicht den Charakter des zwölften Jahrhunderts zu tragen, in welchem das Mönchtum, gehoben und miterfüllt von den großen Ideen jener Zeit, auch seinerseits ideeller, geheiligter, reiner dastand als zu irgendeiner anderen Epoche kirchlichen Lebens. Auch jetzt noch setze ich Zweifel in die volle Echtheit und Glaubwürdigkeit der Überlieferung und neige mich mehr der Ansicht zu, daß wir es hier mit einer im Laufe der Zeit, je nach dem Bedürfnis der Erzähler und Hörer, mannigfach gemodelten Sage zu tun haben, der, namentlich im fünfzehnten Jahrhundert, wo der Verfall des Mönchstums längst begonnen hatte, ein Liebesabenteuer oder doch der Verdacht eines solchen, statt des ursprünglichen Motivs, nämlich des *Racenhasses*, untergeschoben wurde.

Soweit meine Zweifel.

Auf der andern Seite deutet freilich (von der Backtrogepisode und andern nebensächlichen Zügen abgesehn) alles auf ein Faktum hin, das in seinem ganzen äußerlichen Verlauf, durch fast 700 Jahre, mit großer Treue überliefert worden ist. Eine Menge kleiner Züge vereinigen sich, um es mindestens höchst glaubhaft zu machen, daß Siboldus der erste Abt war, daß er wirklich von den Wenden erschlagen wurde, daß sein Eintritt in ein Nahmitzer Fischerhaus das Signal zum Aufstande gab und daß er, auf der Flucht einen Baum erkletternd, auf diesem Baume sein Versteck und endlich unter demselben seinen Tod fand. Die Überlieferungen nun, die sich sämtlich auf diese Punkte hin vereinigen, sind folgende:

Im Querschiff der Lehniner Kirche hängt bis diesen Tag ein altes Bild von etwa drei Fuß Höhe und fünf Fuß Länge, auf dem wir in zwei Längsschichten oben die Ermordung des Abtes, unten den Auszug der Mönche und die Erscheinung der Jungfrau Maria dargestellt finden. Vor dem Munde der Maria schwebt der bekannte weiße Zettel, auf dem wir die schon oben zitierten Worte lesen: »Redeatis, nihil deerit vobis.« Rechts in der Ecke des Bildes bemerken wir eine zweite lateinische, längere Inschrift, die da lautet:

Anno milleno centeno bis minus uno
Sub patre Roberto coepit Cistertius ordo.
Annus millenus centenus et octuagenus
Quando fuit Christi, Lenyn, fundata fuisti
Sub patre Seboldo, quam Marchio contulit Otto
Brandenburgensis; Aprilis erat quoque mensis.
Hic iacet ille bonus marchravius Otto, patronus
Huius ecclesiae. Sit, precor, in requie.
Hic iacet occisus prior abbas, cui paradisus
Iure patet, slavica quem stravit gens inimica.

Zu deutsch etwa:

Im Jahre 1098 begann, unter dem Pater Robert, der Zisterzienserorden. Als das Jahr Christi 1180 war, bist du, Lehnin, gegründet worden unter dem Pater Seboldus, welches der Markgraf Otto von Brandenburg dotiert hat; es war auch der Monat April. Hier ruhet jener gute Markgraf Otto, der Schützer dieser Kirche. Er möge in Frieden schlafen. Hier ruht auch der erste, gemordete Abt, dem das Paradies mit Recht offensteht, den das feindselig gesinnte Slawenvolk ermordet hat.

Diese Inschrift ist die Hauptsache, besonders durch die Form ihrer Buchstaben. Das Bild selbst nämlich ist eine Pinselei, wie sie von ungeschickten Händen in jedem Jahrhundert (auch jetzt noch) gemalt werden kann, die Inschrift aber gehört einem ganz bestimmten Jahrhundert an. Der Form der Buchstaben nach ist das Bild zu Anfang des fünfzehnten Jahrhunderts gemalt, und so ersehen wir denn mit ziemlicher Gewißheit aus diesem Bilde, wie man sich etwa ums Jahr 1400, oder wenig später, im Kloster selbst die Ermordung des Abtes Sibold vorstellte. 200 Jahre nach seinem Tode konnte diese Tradition, zumal bei den Mönchen selbst, durchaus noch lebendig und zuverlässig sein. Die Sagen unterstützen den Inhalt dieses Bildes bis diesen Tag.

Ich sprach eingangs schon von einem Stücklein Poesie, das mit dem Tode des Abtes verknüpft sei, und diese poetische Seite ist wirklich da. Aber sie zeigt sich viel mehr in den gespenstigen Folgen der Untat als in dieser selbst.

In dem mehrgenannten Dorfe Nahmitz bezeichnet die Überlieferung auch heut noch das Gehöft, in das damals der Abt eintrat. Das Haus selbst hat natürlich längst einem anderen Platz gemacht, doch ist ein Unsegen an der Stelle haftengeblieben. Die Besitzer wechseln, und mit ihnen wechselt die Gestalt des Mißgeschicks. Aber das Mißgeschick selber bleibt. Das Feuer verzehrt die vollen Scheunen, böse Leidenschaften nehmen den Frieden, oder der Tod nimmt das liebste Kind. So wechseln die Geschicke des Hauses. Jetzt ist Siechtum heimisch darin. Die Menschen trocknen aus, und blut- und farblos, jeder Freude bar, gehen sie matt und müd ihrer Arbeit nach.

Und wie die Tradition im Dorfe Nahmitz das Haus bezeichnet, so bezeichnet sie auch in dem schönen Eichenwalde zwischen Nahmitz und Lehnin die Stelle, wo der Baum stand, unter dem die Untat geschah. Der Stumpf war jahrhundertelang zu sehen; daneben lag der abgehauene Stamm, über den keine Verwesung kam und den niemand berühren mochte, weder der Förster noch die ärmsten Dorfleute, die Reisig im Walde suchten. Der Baum lag da wie ein herrenloses Eigentum, sicher durch die Scheu, die er einflößte. Erst im vorigen Jahrhundert kam ein Müller, der lud den Stamm auf und sagte zu den Umstehenden: »Wind und Teufel mahlen gut.« Aus dem Stamm aber ließ er eine neue Mühlenwelle machen und setzte die vier Flügel daran. Es schien auch alles nach Wunsch gehen zu sollen, und die Mühle drehte sich lustig im Winde, aber der Wind wurde immer stärker, und in der Nacht, als der Müller fest schlief, schlugen plötzlich die hellen Flammen auf. Die Mühlwelle, in immer rascherem Drehen, hatte Feuer an sich selber gelegt, und alles brannte nieder.

»Wind und Teufel mahlen gut«, raunten sich anderen Tags die Leute zu.

### *Abt Hermann, von 1330 bis 1340*

Abt Sibold wurde etwa um 1190 oder etwas später von den umwohnenden Wenden ermordet. Die Urkunden erwähnen dieses Mordes nicht, wie denn überhaupt die ziemlich zahlreichen Pergamente aus der askanischen Epoche lediglich Schenkungsurkunden sind. Es vergehen beinah anderthalbhundert Jahre, bevor wieder ein Lehniner Abt mit mehr als seinem bloßen Namen vor uns hintritt. Dieser Abt ist Hermann von Pritzwalk. Zwei Urkunden von 1335 und 1337 erwähnen seiner; erst eine dritte indes, vom Jahre 1339, gibt uns ein bestimmtes Bild des Mannes, freilich kein schmeichelhaftes. Wieweit wir dieser Schilderung zu trauen haben, das wollen wir nach Mitteilung des Hauptinhaltes der Urkunde, die sich als ein Erlaß des Papstes, Benedikts XII., an die Äbte von Kolbatz, Stolp und Neukampen gibt, festzustellen suchen.

Dieser Urkunde nach, die also nichts anders ist als ein päpstliches Schreiben (Breve), erschien der Mönch Dietrich von Ruppin, ein Mitglied des Lehniner Klosters, im Jahre 1339 vor Papst Benedikt XII. in Avignon und teilte demselben in Gegenwart des Konsistoriums mit, daß durch »Anschürung des alten Feindes des Menschengeschlechts« seit etwa fünfzehn Jahren im Kloster Lehnin eine Trennung und Scheidung der Mönche stattgefunden habe, dergestalt, daß die mächtigere Partei, die sich die Loburgsche nenne, einen Terrorismus gegen die schwächere übe und dieselbe weder zu Wort noch am wenigsten zu ihrem Rechte kommen lasse. An der Spitze dieser stärkeren Partei (der Loburgschen) hätten, bei Bildung derselben, die drei Mönche Theodorich von Harstorp, Nikolaus von Lützow und Hermann von Pritzwalk gestanden, die denn auch, durch ihre und ihrer Partei Übergriffe und Machinationen, ohne den kanonisch festgestellten Wahlmodus irgendwie innezuhalten, sich nacheinander zu Äbten des Klosters aufgeworfen hätten.

Unter der Regierung dieser drei Eindringlingsäbte seien alsdann, von den Anhängern der Loburgschen Partei, sowohl innerhalb wie außerhalb des Klosters, die größten Verbrechen begangen worden. So sei unter andern ein Adliger aus der Nachbarschaft, mit Namen Falko, der zur Zeit des Abtes Nikolaus von Lützow im Kloster ein Nachtlager bezogen habe, von verschiedenen Laienbrüdern des Klosters, darunter namentlich der Anhang des damaligen Mönches, *jetzigen* Abtes Hermann, überfallen und samt seiner Begleitung ermordet worden. Als am andern Morgen das Gerücht von diesem Morde die Klosterzellen erreicht habe, sei Hermann (genannt von Pritzwalk) mit seinem Anhang an den Ort der Tat geeilt und habe denn auch den Ritter Falko sowie drei seiner Begleiter bereits erschlagen, zwei andre Dienstmannen aber schwer verwundet, im Bettstroh versteckt, vorgefunden. Mönch Hermann habe nunmehr Befehl gegeben, auch diese Verwundeten zu töten. Die Waffen Falkos aber hab er als Beute an sich genommen und späterhin vielfach gebraucht.

Dieser Mord, so heißt es in der Urkunde weiter, habe alsbald eine mehr als zehnjährige Fehde hervorgerufen, in der durch die Anhänger des Ritters Falko nicht nur drei Laienbrüder und viele Knechte und Schutzbefohlene des Klosters getötet, sondern auch die Güter desselben durch Raub, Brand und Plünderei verwüstet worden seien, so daß man den Schaden auf über 60 000 Goldgulden geschätzt habe. Während dieser Fehden und Kriegszüge hätten die Mönche zu Schutz und Trutz beständig Waffen geführt, so daß sie, ganz gegen die Ordensregel, im Schlafsaal und Refektorium immer gewaffnet erschienen wären. An den Kämpfen selbst hätten viele der Fratres teilgenommen, andre, namentlich von den Laienbrüdern, hätten das Kloster verlassen und ein anderes Obdach gesucht.

Auch von den Hintersassen des Klosters seien Mord und Brand und Untaten aller Art verübt worden, als deren moralische Urheber das umwohnende Volk längst gewohnt sei die Klosterbrüder anzusehen, weshalb denn auch all die Zeit über der Notschrei zugenommen habe, daß die Lehninschen Mönche vertrieben und durch Ordensbrüder von besserem Lebenswandel ersetzt werden möchten. Bei Gelegenheit dieser Fehden und Kämpfe seien übrigens die beweglichen und unbeweglichen Güter des Klosters vielfach veräußert und verpfändet worden.

Die Urkunde berichtet ferner, daß ein Laienbruder, der bei der Ermordung Falkos mit zugegen war und hinterher den Mut hatte auszusprechen: »daß dieser Mord auf Befehl des Abts und seiner Partei stattgefunden«, ins Gefängnis geworfen und innerhalb zehn Tagen von den Mönchen der Loburgschen Partei ermordet worden sei. Das päpstliche Schreiben meldet endlich, daß, nach den Aussagen Dietrichs von Ruppin, der an der Ermordung Falkos und der Seinen vorzugsweise beteiligte Mönch Hermann jetzt Abt des Klosters sei, wobei die herrschende Mönchspartei von dem vorgeschriebenen Wahlmodus abermals Umgang genommen und die gesetzlich geregelte Einführung unterlassen habe. Abt Hermann, dessen Wahl jeder Gesetzlichkeit und Gültigkeit entbehre, habe, wie sein Vorgänger, das Vermögen des Klosters verschleudert, die Ordensregeln mißachtet und ein dissolutes Leben geführt, und als besagter Abt endlich willens gewesen sei, ihn, den »Dietrich von Ruppin«, wegen Dispenses und wegen Absolution für die oben geschilderten Verbrechen an die päpstliche Kurie abzusenden, habe er ihn – lediglich weil er zuvor Rücksprache mit dem Abte eines *anderen vorgesetzten* Klosters genommen habe – durch einige Mönche und Konversen gefangennehmen, in Eisen legen und neun Monate lang in den Kerker werfen lassen, alles mit der ausgesprochenen Absicht, ihn durch schwere Peinigungen vom Leben zum Tode zu bringen. Einen andern Konversen des Klosters aber, mit Namen Geraldus, habe Abt Hermann wirklich töten lassen.

Die Urkunde schließt dann mit einer Aufforderung an die obengenannten Äbte von Kolbatz, Stolp und Neukampen, den Fall zu untersuchen und darüber zu befinden, damit die Angeklagten, wenn ihre Schuld sich herausstellen sollte, vor dem Päpstlichen Stuhle erscheinen und daselbst ihren Urteilsspruch gewärtigen möchten.

Soweit der Inhalt der Urkunde von 1339. Ob die Äbte sich des mißlichen Auftrags entledigt und, wenn so geschehen, welche Entscheidung sie getroffen oder welchen Bericht sie an Papst Benedikt gerichtet haben, darüber erfahren wir nichts. Übrigens dürfen wir vermuten, daß, gleichviel, ob die Untersuchung stattfand oder nicht, die Dinge unverändert ihren Fortgang genommen haben werden. Und wahrscheinlich mit Recht. Wir setzen nämlich in die Mitteilungen des Mönches Dietrich von Ruppin keineswegs ein unbedingtes Vertrauen und vermuten darin vielmehr eine jener halbwahren Darstellungen, die meist da Platz greifen, wo die Dinge von einem gewissen Parteistandpunkt aus angesehen oder, wie hier, Anklagen in zum Teil eigner Angelegenheit erhoben werden. Abt Hermann scheint uns weit mehr ein *leidenschaftlicher Parteimann* als ein Verbrecher gewesen zu sein.

Stellen wir alle Punkte von Belang zusammen, die sich aus den Aussagen Dietrichs von Ruppin ergeben, so finden wir

1. daß im Kloster zwei Parteien waren, von denen die stärkere die schwächere terrorisierte und die Äbte aus ihrer, der Majorität, Mitte wählte;
2. daß Ritter Falko von der stärkeren oder Loburgschen Partei ermordet wurde;
3. daß das Kloster nach Dispens und Absolution von seiten des Papstes verlangte und
4. daß Dietrich von Ruppin abgeordnet wurde, um die Absolution einzuholen, wegen vorgängiger Plauderei aber ins Gefängnis geworfen wurde.

Unter diesen vier Punkten involviert der zweite, die Ermordung Falkos, ein schweres und unbestreitbares Verbrechen. Der Umstand indessen, daß Abt Hermann für sich und sein Kloster nach der Absolution des Papstes verlangte, deutet darauf hin, daß das Geschehene mehr den Charakter einer sühnefähigen Schuld als den einer schamlosen Missetat hatte. Denn sollte die Gnade des Papstes angerufen werden, so mußten notwendig Umstände vorauf- oder nebenhergegangen sein, die imstande waren, eine Brücke zu bauen und für die Schuld bei der Gnade zu plädieren. Solche entschuldigenden Umstände waren denn wohl auch wirklich da und lagen, wie wir mehr oder weniger aus der Anklage selbst entnehmen können, in dem Parteihaß, der eben damals die ganze Mark in zwei Lager teilte. Es war die *bayerische Zeit.* Dies sagt alles. Es waren die Tage, wo die Berliner den Propst von Bernau erschlugen und die Frankfurter den Bischof von Lebus verjagten; es waren die Tage des Bannes und des Interdikts, Tage, die *dreißig Jahre* währten und in denen sich das Volk der Kirche so entfremdete, daß es verwundert aufhorchte, als zum ersten Male wieder die Glocken durchs Land klangen. Der alte Kampfesruf »Hie Welf, hie Waibling!« schallte wieder allerorten, und »bayrisch oder päpstlich« klang es vor allem auch in der Mark Brandenburg. Lehnin, gehegt und gepflegt vom Kaiser und seiner Partei, war *bayrisch*, der märkische Adel, vielfach zurückgesetzt, war *antibayrisch*. Aus diesem Zustande ergaben sich Konflikte zwischen dem Kloster und dem benachbarten Adel fast wie von selbst, und die Ermordung Falkos, die nach den Aussagen Dietrichs von Ruppin einfach als ein brutaler Bruch der Gastfreundschaft erscheint, war möglicherweise nur blutige Abwehr, nur ein Rachenehmen an einem Eindringling, der sich stark genug geglaubt hatte, den Klosterfrieden brechen zu dürfen. Ritter Falko und die Seinen, wenn sie wirklich Gäste des Klosters waren, waren vielleicht sehr *ungebetene Gäste*, *Gäste*, die sich nach eigenem Dafürhalten im Kloster einquartiert hatten, vielleicht im Komplott mit der *Minorität*, die höchstwahrscheinlich zum Papste hielt.*

Dies alles sind freilich nur Hypothesen. Aber wenn sie auch nicht absolut das Richtige treffen, so lehnen sie sich doch an Richtiges an und schweifen wohl nicht völlig in die Irre.

Was immer indes das Motiv dieses Mordes gewesen sein möge, entschuldbarer Parteihaß oder niedrigste Ruchlosigkeit, soviel erhellt aus dieser Überlieferung, daß die Kloster-Lehninschen Tage nicht immer interesselos verliefen und daß, wenn wir dennoch im großen und ganzen einer gewissen Farblosigkeit begegnen, der Grund dafür nicht darin zu suchen ist, daß überhaupt nichts geschah, sondern lediglich

* Daß die Majorität des Klosters und dadurch das Kloster selbst entschieden bayrisch war, ergibt sich unter anderm daraus, daß Papst Clemens in seiner Bannbulle vom 14. Mai 1350 eigens Veranlassung nahm, dem *Kloster seine Hinneigung zur Sache des bayrischen Hauses vorzuwerfen*. Auch das Erscheinen des Klage führenden Mönchs vor dem *Papst*, während ihm doch andere Tribunale, weltliche wie geistliche, soviel näher gelegen hätten, spricht dafür, daß der zu verklagende Abt Hermann, samt der Majorität des Klosters (der Loburg-Partei), *antipäpstlich*, das heißt also *bayrisch* war.

darin, daß das Geschehene nicht aufgezeichnet, nicht überliefert wurde.

Mönch Hermann, der mit seinem Anhang an die Stätte des Mordes vordringt, die Verwundeten in ihren Strohverstecken tötet oder töten läßt, dann selber, während zehnjähriger Fehde, in Schlafsaal und Refektorium die Waffenrüstung Falkos trägt – das gibt schon Einzelbilder, denen es keineswegs an Farbe fehlt, auch nicht an jenem Rot, das nun mal die Haupt- und Grundfarbe aller Geschichte ist.

Über den Ausgang des Abtes Hermann erfahren wir nichts; sehr wahrscheinlich, daß er noch eine Reihe von Jahren dem Kloster vorstand. Erst 1352 finden wir den Namen eines Nachfolgers verzeichnet.

### *Abt Heinrich Stich (etwa von 1399 bis 1430)*

Heinrich Stich, vor seiner Abtwahl Kellermeister (cellerarius) des Klosters, wurde sehr wahrscheinlich im Jahre 1399 zum Abt gewählt. Seine Regierung fällt in die sogenannte »*Quitzow-Zeit*«, und wir werden in nachstehendem zu berichten haben, wie vielfach gefährdet Kloster Lehnin damals war und wie glücklich es, großenteils durch die umsichtige Leitung seines Abtes, aus allen diesen Gefahren hervorging. Die Geschichte jener Epoche, soweit sie das Kloster berührt, entnehmen wir den Aufzeichnungen Heinrich Stichs selber, der im Jahre 1419 ein Gedenkbuch anzulegen begann, in welchem er, zurückgehend bis auf das Jahr 1401, über die Streitigkeiten des Klosters mit seinen Nachbarn berichtet. Einiges ergänzen wir aus einer andern, ziemlich gleichzeitigen Chronik.

Das Kloster hielt es all die Zeit über, seinen Traditionen getreu, mit der *Landesobrigkeit*, das heißt also, Abt und Mönche waren im allgemeinen *gegen die Quitzows*. Da indessen die Landesobrigkeit damals sehr schwankend und eine Zeitlang, halb angemaßt, halb zugestanden, *bei den Quitzows* selber war, so entstanden daraus sehr verwickelte, zum Teil widerspruchsvolle Verhältnisse, deren Gefahren und Schwierigkeiten nur durch große Klugheit zu überwinden waren. Die schwankenden Verhältnisse nötigten auch zu einer schwankenden Politik. Die Grundstimmung des Klosters blieb *gegen die Quitzows* gerichtet, wiewohl wir einer, indes jedenfalls nur kurzen Epoche zu erwähnen haben werden, wo das Kloster *mit den Quitzows* ging.

Zwischen 1401 und 1403, so scheint es, sammelten die Quitzows Material gegen das Kloster. Inwieweit sie dabei bona fide handelten, ist schwer zu sagen; doch macht ihr Vorgehen allerdings den Eindruck, als hätten sie, voll übermütigen Machtbewußtseins, die Dinge nur einfach daraufhin angesehen, wie sie ihnen paßten, unbekümmert um den Wortlaut entgegenstehender Urkunden und Verträge. Sie stellten sich zunächst, als machten sie einen Unterschied zwischen dem *Abt des Klosters* und dem *Kloster selbst*, und sich das Ansehen gebend, als sei die Persönlichkeit oder der Eigensinn des Abtes an allem schuld, verklagten sie ihn beim Konvent seines eigenen Klosters. Als diese Klage, wie sich denken läßt, ohne Einfluß blieb, schritten sie zu einer förmlichen Anklageschrift, in der sie dem Kloster all seine vorgeblichen Vergehen und Eingriffe entgegenhielten. Diese Anklageschrift enthielt, unter vielen andern Paragraphen, drei Hauptpunkte:

1. Das Kloster habe ihnen, den Quitzows, zweimal den *Landschoß* verweigert, wiewohl sie doch die »Statthalter in Mark Brandenburg« wären.

2. Das Kloster habe den Quitzowschen Knechten auf seinen, des Klosters, Gütern jedes Einlager verweigert und die Zuwiderhandelnden mit Mord bedroht.

3. Endlich, das Kloster habe dabei beharrt, die Havel bei Schloß Plaue als sein Eigentum anzusehen, während sie doch ihnen, den Quitzows, als den zeitigen Besitzern von Schloß Plaue gehöre, denn weil das Wasser bei dem Schlosse sei, so müßte es auch zu dem Schlosse gehören, und führe das Schloß nicht umsonst den Namen »Schloß Plaue *an der Havel*«.

Abt Heinrich erwiderte auf alle Anklagepunkte in würdiger Weise, alle seine Aussagen urkundlich belegend. Er wies aus den Schenkungsurkunden und verbrieften Gerechtsamen des Klosters nach, daß sie, Abt und Mönche, erstens ihre Güter »in aller Freiheit« besäßen und niemals *Landschoß* zu zahlen gehabt hätten, daß es zweitens zu ihren vielfach verbrieften Gerechtsamen gehöre, keine Herren, keine

Lehnsträger, Ritter oder Knechte, wider Willen aufnehmen zu müssen, und daß sie drittens die Havel bei Plaue seit so langer Zeit als Eigentum besäßen, »daß niemand dessen anders gedenken möge«.

Dieser dritte Punkt, weil es sich dabei um eine *Eigentumsfrage* handelte, die den praktischen Leuten des Mittelalters immer die Hauptsache war, bekümmerte den Abt nun ganz besonders. Da man sich nicht einigen konnte, wurden Schiedsrichter vorgeschlagen, wobei Hennig von Stechow und Hennig von Gröben als Abgesandte oder Mandatare der Quitzows auftraten. Das Recht des Klosters indessen war zu klar, als daß die eigenen Vertrauensmänner (Stechow und Gröben) der Gegenpartei es hätten übersehen oder umdeuten können, und so beschworen sie den Hans von Quitzow, »daß er um Gottes und seiner eigenen Seligkeit willen mit dem Abte nicht hadern und das Kloster samt seinen Gütern und Besitzungen nicht anfechten möge«. Aber die Quitzows — die vielleicht aus politisch-strategischen Gründen in dieser Frage besonders hartnäckig waren — beharrten auf ihrer Forderung, und das Kloster mußte schließlich nicht nur auf sein Flußrecht Verzicht leisten, sondern auch noch weitere 100 Mark Silber zahlen, um sich guter Nachbarschaft und der Wohlgewogenheit der mächtigen Familie zu versichern.

Diese Nachgiebigkeit und die damit verknüpften Schädigungen mögen dem Kloster schwer genug angekommen sein; nachdem die Opfer aber einmal gebracht und mittelst derselben die Freundschaft und die guten Dienste der alles vermögenden *Quitzow-Sippe* gewonnen waren, lag es nun auch in der Politik des Klosters, diese Freundschaft zu pflegen und dadurch den eignen *Vorteil nach Möglichkeit zu fördern.* Die Niederlage blieb unvergessen, aber solange kein Stärkerer da war, um diese Niederlage zu rächen, wurde das Joch in Klugheit und Ergebenheit getragen.

*Aber dieser Stärkere kam endlich,* und ob es nun wieder nur die alte Klosterklugheit war, die in dem Nürnberger Burggrafen sofort den Stärkeren erkannte, oder ob in diesem Falle der heimliche Groll mitwirkte, der all die Jahre über, unter der Maske guter Freundschaft, gegen die Quitzows unterhalten worden war — gleichviel, kaum daß der erste Hohenzoller ernstlich Miene machte, eine eigene Macht zu etablieren und den Übermut seiner Widersacher zu demütigen, so sehen wir auch schon Kloster Lehnin unter den Hülfstruppen des neuen Landesherrn, der, anders eingreifend als wie all die Statthalter und Hauptleute vor ihm, in acht Tagen die vier Quitzow-Burgen und mit ihren Burgen auch ihr Ansehen brach. Die Klosterleute von Lehnin lagen, samt den Bürgern von Beelitz, Jüterbog und Treuenbrietzen, vor Schloß Beuthen und warteten, wie berichtet wird, die Ankunft »der großen Büchse«, der sogenannten Faulen Grete, ab. Ihr kriegerisches Verdienst scheint also, dieser Andeutung nach zu schließen, kein besonders hervorragendes gewesen zu sein und lediglich in einem geduldigen und möglichst gesicherten Davorstehen bestanden zu haben.

Schwerlich empfanden Abt und Konvent einen Gram darüber. Es lag ihnen nicht an Kriegsruhm, sondern, wie immer, lediglich an Mehrung und Förderung der Klosterinteressen, an wachsendem Besitz und — *guter Nachbarschaft.* Diese gute Nachbarschaft hatte Lehnin, das mit den Rochows grenzte, ein halbes Jahrhundert schmerzlich vermissen müssen. Jetzt traf es sich, daß der Ausgang des *Quitzow-Streits* unserm Kloster erwünschte Gelegenheit bot, sich auch dieser »guten Nachbarschaft« auf lange Zeit hin zu versichern. In Burg Golzow (dem alten Rochow-Sitz, in der Nähe Lehnins) war Wichard von Rochow, der treue Anhänger der Quitzows, gefangengenommen worden. Durch Vermittelung des Abtes, der allen Groll zur rechten Zeit zu vergessen wußte, ward ihm jetzt, dem Wichard, allerdings erst nach Abtretung Potsdams an den Kurfürsten, die Freiheit und — Schloß Golzow zurückgegeben. Beide Teile, der Kurfürst und die Rochows, wußten es dem Vermittler Dank, und dem Kloster waren zwei Freunde gewonnen.

Abt Heinrich Stich starb wahrscheinlich um 1430.

### *Abt Arnold (etwa von 1456 bis 1467)*

Die Amtsführung des Abtes Heinrich von 1399 bis etwa um 1430 war in eine unruhige Zeit gefallen, und wir sehen all die Zeit über das Kloster in seinen Verwickelungen nach *außen*; die Regierung des Abtes Arnold fällt in friedlichere Tage, und die Urkunden, aus jener Zeit her, gönnen uns ausschließlich wieder einen Einblick in *innere Streitigkeiten*. Sie berichten über Zerwürfnisse, die an die Zustände unter Abt Hermann erinnern, wie wir dieselben, in vorstehendem, nach den Aussagen »Dietrichs von Ruppin« geschildert haben. Hier wie dort begegnen wir Parteiungen und einem siegreichen Auftreten der Majorität, nur mit dem Unterschiede, daß sich Abt Hermann, in seinem Terrorismus, auf die Majorität des Konventes stützte, während Abt Arnold gegen diese Majorität ankämpfte und in diesem Kampfe unterlag.

Die Urkunden aus der etwa zehnjährigen Zeit seiner Verwaltung sind ziemlich zahlreich und sprechen nicht gegen den Abt. Streitigkeiten werden geschlichtet, Vergleiche getroffen, Ländereien empfangen oder ausgegeben – nirgends erhellt aus ihnen ein Zerwürfnis zwischen Abt und Konvent. So verlaufen anscheinend die Dinge, bis wir, gleich aus den ersten Urkunden, die in die Regierungszeit seines Nachfolgers fallen, in Erfahrung bringen, daß Abt Arnold »wegen unstatthafter Veräußerung von Klostergütern« abgesetzt und Prior Gallus an seiner Statt ernannt worden sei. Wir erfahren ferner, daß inzwischen das Kloster Altenberg den Arnoldus zum Abte gewählt und dieser letztere, von seinem *jetzigen*, dem Altenberger Kloster aus, eine heftige Schmähschrift (libellum infamiae) gegen den Prior und die Mönche von Kloster Lehnin gerichtet, diese Schmähschrift auch zugleich als Anklageschrift beim Generalkapitel in Cîteaux eingereicht habe.

Diese Anklageschrift nun, von dem ehemaligen Abte des angeklagten Klosters ausgehend, scheint, wie begreiflich, ihre Wirkung auf das Generalkapitel nicht verfehlt zu haben, und so sehen wir denn im März 1469 die Äbte von Heilsbronn und Erbach als ernannte Untersuchungskommissarien in Lehnin eintreffen. Aber gleichzeitig mit ihnen treffen auch, als Zeugen in der Sache zur Begutachtung vorgeladen, die Äbte dreier *märkischer* Klöster, von Zinna, Chorin und Himmelpfort, ein und bezeugen durch ihre Aussage, daß Abt Arnold in der Tat willkürlich das Klostergut veräußert und somit die Absetzung seitens des Klosterkonvents (der sich dabei lediglich innerhalb seiner Befugnisse gehalten) durchaus verdient habe. »Was seine Schmähungen aber gegen die sittliche Führung des Klosters angehe, dem er so lange vorgestanden, so treffe ihn – selbst wenn diese Schmähungen begründet sein sollten – die Hauptverantwortlichkeit, da es in zehnjähriger Führung *seine* Aufgabe gewesen sein würde, diesem Verfall der Sitte zu steuern.« Auch der Kurfürst Friedrich der Eiserne, in einem an die Kommissarien gerichteten Briefe, nimmt Partei *für* den Konvent, *gegen* den abgesetzten Abt, und so sehen wir denn, ohne daß ein urkundliches Urteil der Kommissare in dieser Streitsache vorläge, den neuen Abt in seinem Amte verbleiben – eine Tatsache, die genugsam spricht. Über den *Inhalt* der Schmähschrift, des »libellum infamiae«, erfahren wir nichts; es wird ein Verzeichnis der alten Klostersünden gewesen sein, wie sie entweder überall vorkamen oder doch überall berichtet wurden.

Wenn nun einerseits diese Absetzung Abt Arnolds und seine darauf geschriebene Schmähschrift abermals dartun, daß die Tage Kloster Lehnins durchaus nicht so still-idyllisch verliefen, wie wohl je zuweilen berichtet worden ist, so gewähren uns andrerseits die betreffenden Urkunden noch ein besondres Interesse dadurch, daß sie die Frage in uns anregen: Wer war dieser Abt Arnold? welchen Charakters? war er im Recht oder im Unrecht? Freilich nur wenige Anhaltepunkte sind uns gegeben, aber sie rechtfertigen die Vermutung, daß er ebensosehr ein Opfer seiner geistigen *Überlegenheit* wie seiner Übergriffe war. Wahrscheinlich gingen diese Übergriffe zum Teil erst aus dem Bewußtsein seiner Überlegenheit hervor. Er war, so schließen wir aus einer Reihe kleiner Züge, das, was wir heutzutage einen genialischen, aber querköpfigen Gelehrten nennen würden, sehr gescheit, sehr selbstbewußt, sehr eigensinnig, dabei lauteren Wandels, aber launenhaft und despotisch von Gemüt. Wem schwebten, aus eigener Erfahrung, nicht Beispiele dabei vor! Die Gelehrtenwelt, in ihren besten und energischsten Elementen, war immer reich an derartigen Charakteren. Was speziell unsren Abt Arnold angeht, so scheint es, das Kloster *wollte* ihn los sein, weil er geistig und moralisch einen unbequemen Druck auf den Konvent ausübte. Daß er, um seines Wissens wie um seines Wandels willen, eines nicht gewöhnlichen Ansehens genoß, dafür spricht nicht nur der

Umstand, daß ihn die Urkunden einen professor sacrae theologiae nennen, sondern mehr noch die Tatsache, daß er unmittelbar nach seinem Austritt aus dem Lehniner Kloster zum Abt von Altenberg erwählt wurde. Altenberg, seinerzeit ein berühmtes Kloster, liegt in der *Rheinprovinz*, in der Nähe von Koblenz. Wir möchten daraus beinahe schließen, daß er ein *Rheinländer*, jedenfalls ein Fremder war und an der märkischen Art ebensosehr Anstoß *nahm*, als Anstoß erregte.

### *Abt Valentin (etwa von 1509 bis 1542)*

Valentin war der letzte Abt des Klosters. Die Erscheinung, die sich so oft wiederholt, daß ersterbende Geschlechter und Institutionen vor ihrem völligen Erlöschen noch einmal in altem Glanze aufblühen, wiederholte sich auch hier, und die mehr denn dreißigjährige Regierung des Abtes Valentin bezeichnet sehr wahrscheinlich den Höhenpunkt im Leben des Klosters überhaupt. Freilich haben wir dabei die glänzende fünfundzwanzigjährige Epoche bis 1535 von der darauf folgenden kurzen Epoche bis 1542, die schon den Niedergang bedeutet, zu trennen.

Wir sprechen von der Glanzepoche zuerst. Der Besitz – nach den kurzen Gefährdungen während der Quitzow-Zeit – war von Jahrzehnt zu Jahrzehnt gewachsen und umfaßte in den Jahren, die der Reformation unmittelbar vorausgingen, zwei Marktflecken, vierundsechzig Dörfer, vierundfünfzig Fischereien, sechs Wasser- und neun Windmühlen, vierzehn große Forsten, dazu weite Äcker, Wiesen und Weinberge. Jeder Zweig des Betriebs stand in Blüte; die Wolle der reichen Schafherden wurde im Kloster selbst verarbeitet, und die treffliche Wasserverbindung, mittelst der Seen in die Havel und mittelst der Havel in die Elbe, sicherte dem Kloster Markt und Absatzplätze.

Reich und angesehen wie das Kloster, so angesehen und verehrt war sein Abt. Das Volk hing ihm an, und der Kurfürst Joachim I. – der ihn seinen »Gevatter« nannte, seit Abt Valentin bei der Taufe des zweiten kurfürstlichen Prinzen, des späteren Markgrafen Johann von Küstrin, als Taufzeuge zugegen gewesen war – war dem Abt zu Willen in vielen Stücken. 1509 sprach Joachim die Befreiung des Klosters von kurfürstlichem Jagdeingelage »auf Lebenszeit des Abtes« aus, und 1515 ging er weiter und machte aus der zeitweiligen Befreiung eine Befreiung auf *immer*. Daß das Kloster selber den Tod Valentins nicht überleben würde, entzog sich damals, 1515, noch jeder Berechnung und Voraussage. Die Wirren und Kämpfe, die bald folgten, ketteten den Kurfürsten, so scheint es, nur fester an unseren Lehniner Abt, und wir dürfen wohl annehmen, daß die Ratschläge dieses seines »Rates und Gevatters« nicht ohne Einfluß auf die Entschlüsse waren, die ihn, der Strömung der Zeit und den Verschwörungen der Kurfürstin gegenüber, bei der alten Lehre beharren ließen. Dies einfach als Hartnäckigkeit zu deuten wäre Torheit; es war das Wirken einer festen Überzeugung, was ihn das Schwerere wählen und – gegen den Strom schwimmen ließ. Joachim, fest, wie er in seinem Glauben war, war auch fest in seiner Liebe zu Kloster Lehnin, und wiewohl er sich mit keiner Idee lieber und herzlicher getragen hatte als mit der Gründung eines großen Domstiftes zu Cölln an der Spree (wie es später unter Joachim II. auch wirklich ins Leben trat), so wollte er doch in Lehnin begraben sein, an der Seite seines Vaters, in der Gruft, die schon die alten Askanier ihrem Geschlecht erbaut hatten.

Und unser Lehniner Abt, wie er all die Zeit über der Vertraute seines Fürsten war, so war er auch der Vertrauensmann der Geistlichkeit und der zunächst Auserwählte, als es galt, den »mönchischen Lärmen« zu beschwichtigen, der in dem benachbarten Wittenberg immer lauter zu werden drohte. Unser Abt schien in der Tat vor jedem andern berufen, durch die Art seines Auftretens, durch Festigkeit und Milde, dem »Umsichgreifen der Irrlehre«, wie es damals hieß, zu steuern, und als Beauftragter des Brandenburger Bischofs Hieronymus Scultetus erschien er in Wittenberg, um den Augustinermönch zu warnen. Sein Erscheinen scheint nicht ohne Einfluß auf Luther geblieben zu sein, der nicht nur seinem Freunde Spalatinus bemerkte: »wie er ganz beschämt gewesen sei, daß ein so hoher Geistlicher (der Bischof) einen so *hohen Abt* so demütig an ihn abgesandt habe«, sondern auch am 22. Mai 1518 dem Bischof von Brandenburg schrieb: »Ich erkläre hiermit ausdrücklich und mit klaren Worten, daß ich in der Sache des Ablasses nur *disputiere*, aber nichts feststelle.«

Abt Valentin, wie wir annehmen dürfen, ging viel zu Hofe, aber wennschon er häufiger in dem Abthause zu *Berlin* als in dem Abthause des Klosters selber anwesend sein mochte, so war er doch nicht gewillt, um Hof und Politik willen den unmittelbaren Obliegenheiten seines Amtes, der Fürsorge für das Kloster selber, aus dem Wege zu gehen. Wir sehen ihn, wie er sich das Wachstum, die Gerechtsame, vor allem auch die Schönheit und die Ausschmückung seines Klosters angelegen sein läßt; er schenkt Glocken, er errichtet Altäre, vor allem zieht er die unter Dürer, Cranach, Holbein eben erst geborene deutsche Kunst in seinen Dienst und ziert die Kirche mit jenem prächtigen Altarschrein*, der, bis auf diesen Tag, wenn auch an anderem Ort, als ein Kunstwerk ersten Ranges erhalten, damals der Stolz des Klosters, die Bewundrung der Fremden war. Die wohlerhaltene Unterschrift: »Anno dom. 1518 sub d. Valentino abbate«, hat in aller Sichtlichkeit den Namen Abt Valentins bewahrt.

Über fünfundzwanzig Jahre waren die Wirren der Zeit an Abt Valentin vorübergegangen, das Ausharren seines kurfürstlichen Herrn hatte ihn vor den schwersten Kümmernis-

* Dieser Altarschrein, der jetzt eine Zierde und Sehenswürdigkeit des schönen Brandenburger Domes bildet, hat eine Höhe von etwa neun Fuß bei zirka zwölf Fuß Breite. Die Einrichtung ist die herkömmliche: ein Mittelstück mit zwei Flügel- oder Klapptüren, die je nach Gefallen geöffnet oder geschlossen werden können. Das Mittelstück zeigt in seiner schreinartigen Vertiefung die Gestalt der Heiligen Jungfrau; rechts neben ihr Paulus mit dem Schwert, zur Linken Petrus mit dem Schlüssel. Diese drei Figuren sind Holzschnitzwerk, bunt bemalt, mehr derb charakteristisch als schön. Der hohe Kunstwert des Schreins besteht lediglich in der Schönheit der Malereien, die sich auf beiden Flügeln, und zwar auf der Vorder- wie auf der Rückseite derselben, befinden. Sind diese Flügel, wie gewöhnlich, geöffnet, so erblicken wir die beiden besonderen Schutzheiligen der Zisterzienser, den heiligen Benedikt, aus dessen Orden sie hervorgingen, und den heiligen Bernhard, der den Orden zu höchstem Glanz und Ansehen führte. (Die Zisterzienser werden deshalb auch oft *Bernhardiner* genannt.) Neben den beiden Heiligen stehen die Gestalten der Maria Magdalena und der heiligen Ursula. Auf der Rückseite befinden sich: der heilige Gregorius, Sankt Ambrosius, Sankt Augustinus und der heilige Hieronymus, lauter Kirchenväter, die zu dem Klosterleben der katholischen Kirche in besonderer Beziehung stehn. Die Köpfe aller dieser Gestalten, besonders der des Sankt Benedikt und des heiligen Bernhard (die Frauenköpfe sind weniger vollendet), haben immer für Meisterwerke gegolten, und man hat sie, ebenso um ihrer Ausführung wie um ihrer Charakteristik willen, abwechselnd dem Albrecht Dürer, dem Lucas Cranach und endlich dem Grünewald, einem der besten Schüler Dürers, zugeschrieben. Der letzteren Ansicht ist Ernst Förster in München. Grünewald war allerdings speziell durch seine Charakterisierung der Köpfe ausgezeichnet.

sen bewahrt, da kam, fast unmittelbar nach dem Regierungsantritt Joachims II., die sogenannte »Kirchenvisitation«, und auch Lehnin wurde ihr unterworfen. Man verfuhr nicht ohne Milde, nicht ohne Rücksicht in der Form, aber in Wahrheit erschienen die Visitatoren zu keinem andern Behuf, als um dem Kloster den Totenschein zu schreiben. *Draußenstehende* fingen an, es in ihre »Obhut« zu nehmen, man stellte es unter Kuratel. Es wurde dieses »Inobhutnehmen« von Abt und Kloster auch durchaus als das empfunden, was es war, und ein schwacher Versuch der Auflehnung, ein passiver Widerstand, wurde geübt. Als es sich darum handelte, einem der Klosterdörfer einen neuen Geistlichen zu geben, wurde der alte Abt Valentin aufgefordert, die übliche Präsentation, die Einführung des Geistlichen in die Gemeinde, zu übernehmen. Abt Valentin lehnte dies ab, weil er es verschmähte, der Beauftragte, der Abgesandte protestantischer Kirchenvisitatoren zu sein. Darüber hinaus aber ging er nicht. Zu hofmännisch geschult, um dem Sohn und Nachfolger seines heimgegangenen Kurfürsten eine ernste Gegnerschaft zu bereiten, zu schwach für den Kampf selbst, wenn er ihn hätte kämpfen wollen, unterwarf er sich dem neuen Regiment, und schon zu Neujahr 1542 bittet er den Kurfürsten nicht nur: »ihm und seinem Kloster auch bei *veränderten* Zeitläuften allezeit ein gnädigster Herre zu sein«, sondern fügt auch den Wunsch bei, »daß Seine Kurfürstliche Durchlaucht ihm und seinen Fratribus, wie bisher, *etzliches Wildpret* verehren möge«.

So verläuft der Widerstreit fast in Gemütlichkeit, bis im Laufe desselben Jahres der alte Abt das Zeitliche segnet. Sein Tod macht den Strich unter die Rechnung des Klosters. Keine Rücksichten auf den »alten Gevatter des Vaters« hemmen länger die Aktion des Sohnes, und der Befehl ergeht an die Mönche: *keinen neuen Abt* zu wählen. Den Mönchen selber wird freigestellt, ob sie »bleiben oder wandern« wollen, und die Mehrzahl, alles was jung, gescheit oder tatkräftig ist, wählt das letztere und wandert aus.*

* Eine Urkunde vom 8. Dezember 1542 hat uns die Namen von zehn Klosterbrüdern aufbewahrt, die, mit Geld und Kleidung (»mehr, als wir verhofft«) ausgerüstet, Lehnin verließen und in die Welt gingen. Es waren: Kaspar Welle, Christoph Brun, Martin Uchtenhagen, Joachim Kersten, Joachim Sandmann, Gregorius Kock, Wipertus Schulte, Heinrich Forten, Maternus Meier, Valentin Vissow. Dazu kamen später: Stef-

Die Alten blieben. Ob sie im Kloster selber ruhig weiterlebten oder aber, wie andrerseits versichert wird, in dem dritthalb Meilen entfernten, dicht bei Paretz gelegenen Klosterdorfe Neu Töplitz sich häuslich niederließen, ist nicht mehr mit voller Gewißheit festzustellen gewesen. Gleichviel aber, wo sie den Rest ihrer Tage beschlossen, sie beschlossen sie ruhig, friedfertig, ergeben, ohne jede Spur von Märtyrerschaft, ohne den kleinsten Schimmer von jenem Goldglanz um ihr Haupt, den zu allen Zeiten das Einstehn für eine Idee verliehen hat.

Die letzten Lehniner standen für nichts ein als für sich selbst, und das letzte Lebenszeichen, das wir, überliefert von ihnen, besitzen, ist eine Bitte des »Priors, Subpriors und Seniors, so zu Lehnin verharren«, worin sie ihren gnädigsten Herrn und Kurfürsten ersuchen, unter vielen andern Dingen jedem einzelnen auch folgendes zu gewähren:

Mittagessen: vier Gerichte; Abendessen: drei Gerichte; Bier: eine Tonne wöchentlich; Wein: acht Tonnen jährlich; außerdem zu Neujahr und zu Mitfasten einen *Pfefferkuchen.*

So erlosch Lehnin. Das vierhundertjährige Klosterleben, das mit der Ermordung Abt Sibolds begonnen hatte, schrieb zum Schluß einen Bitt- und Speisezettel, es den Räten ihres gnädigsten Kurfürsten überlassend, »an den obgemeldeten Artikeln zu reformieren nach ihrem Gefallen«.

fen Lindstedt und Johannes Nagel, beide aus Stendal, ferner Gerhard Berchsow und Hieronymus Teuffel. Einige von diesen Namen: Uchtenhagen, Lindstedt, Teuffel, waren Adelsnamen, doch ist nicht zu ersehn, ob die obengenannten drei von adliger oder bürgerlicher Abkunft waren. Im allgemeinen traten hierlands fast nur Bürgerliche in den Zisterzienserorden ein, während sich in den *Nonnen*klöstern desselben Ordens fast nur die Töchter adeliger Familien befanden.

## 3. Kloster Lehnin, wie es war und wie es ist

Kapellen
Das Schiff umstellen;
In engen
Gängen
Die Lampen hängen
Und werfen ihre düstren Lichter
Auf grabstein-geschnittene Mönchsgesichter.

Nach Waltham-Abtei hierher alsdann
Sollt ihr die Leiche bringen,
Damit wir christlich bestatten den Leib
Und für die Seele singen.

*H. Heine*

Lehnin war nicht nur das älteste Kloster in der Mark, es war auch, wie schon hervorgehoben, das reichste, das begütertste, und demgemäß war seine Erscheinung. Nicht daß es sich durch architektonische Schönheit vor allen andern ausgezeichnet hätte – nach dieser Seite hin wurd es von Kloster Chorin übertroffen –, aber die Fülle der Baulichkeiten, die sich innerhalb seiner weitgespannten Klostermauern vorfand, die Gast- und Empfangs- und Wirtschaftsgebäude, die Schulen, die Handwerks- und Siechenhäuser, die nach allen Seiten hin das eigentliche Kloster umstanden, alle diese Schöpfungen, eine gotische Stadt im kleinen, deuteten auf die Ausgedehntheit und Solidität des Besitzes.

Der stattliche Mittelpunkt des Ganzen, die zahlreichen Giebel überragend, war und blieb die hohe Klosterkirche, deren mit Kupfer gedeckter Mittelturm dunkel bronzefarben in der Sonne glänzte. Diese Kirche selbst war ihrer Anlage nach eher schlicht als schön, mehr geräumig als prächtig, aber das Leben und Sterben der Geschlechter, Hoffnung und Bangen, Dank und Reue hatten die weiten Räume im Lauf der Jahrhunderte belebt, und die ursprünglich kahlen Wände und Pfeiler waren unter der Buntheit der Dekoration, unter dem wachsenden Einfluß von Licht und Farbe, von Reichtum und Schmuck zu einem immer schöneren und immer imposanteren Ganzen geworden. Seitenaltäre mit Bildern und Kruzifixen, Nischen mit Marienbildern und Ewigen Lampen (oft gestiftet, um schwere Untat zu sühnen) zogen sich an Wand und Pfeiler hin, in den langen Seitenschiffen aber lagen die Leichensteine der Äbte, ihr Bild mit Mütze und Krummstab tief in den Stein geschnitten, während an der gewölbten Decke hin, schlanken Leibs und lächelnden Gesichts, die reichvergoldeten Gestalten der Heiligen und Märtyrer schwebten. In einer der Seitenkapellen lag der Grabstein Abt Sibolds, den die Nahmitzer erschlagen hatten.

Einem reichen Schmuck an Bildwerken, an Erinnerungszeichen aller Art begegnete der Besucher, wenn er vom Mittelpunkt der Kirche aus in das Längsschiff und die Seitengänge desselben niederblickte, aber die eigentliche Bedeutung von Kloster Lehnin erschloß sich ihm erst, wenn er, den Blick nach Westen hin aufgebend, sich wandte, um, statt in das Längsschiff hernieder-, in den *hohen Chor hinauf*zusehn. Unmittelbar vor ihm, in den Fußboden eingelassen, sah er dann, schlicht und unscheinbar, den Stumpf der Eiche, unter der Markgraf Otto, der Gründer des Klosters, seinen Traum gehabt hatte; zwischen dem Stumpf und dem Altar aber lagen die Grabsteine der Askanier, elf an der Zahl, die hier innerhalb des Klosters, das ihr Ahnherr ins Leben gerufen, ihre letzte Ruhestatt gesucht und gefunden hatten.

Elf Askanier lagen hier und einträchtig neben ihnen *drei* aus dem Hause der Hohenzollern, Friedrich mit dem Eisenzahn, Johann Cicero und Joachim I. Dieser stand nur ein einzig Jahr in der Gruft (von 1535 bis 1536), dann wurde sein Sarg, wie der Sarg seines Vaters und Großoheims, nach Berlin hin übergeführt, wo ihnen im Dom eine Stätte bereitet war. Jener Tag der Überführung der drei Särge von Lehnin nach dem Dom in Cölln an der Spree war recht eigentlich der Todestag Lehnins. Die Güter wurden eingezogen, und innerhalb zwanzig Jahren war die Umwandlung vollzogen — der Klosterhof war ein Amtshof geworden. Der Krieg kam und begann sein Werk der Zerstörung, aber schlimmer als die Hand der Schweden und Kaiserlichen, die hier abwechselnd ihr Kriegswesen trieben, griffen in Zeiten tiefsten Friedens die Hände derer ein, die am ehsten die Pflicht gehabt hätten, diese alte Stätte zu schützen und zu wahren: die Um-

und Anwohner selbst. Freilich waren diese Um- und Anwohner zumeist nur solche, die weder selbst noch auch ihre Väter und Vorväter das alte Lehnin gekannt hatten. 1691 waren Landleute aus der Schweiz nach *Amt* Lehnin berufen worden, um bessere Viehzucht daselbst einzuführen. Kloster Lehnin wurde nun ein Steinbruch für Büdner und Kossäten, und Haue und Pickaxt schlugen Wände und Pfeiler nieder. Die Regierungen selbst, namentlich unter Friedrich Wilhelm I., nahmen an diesem Vandalismus teil, und weil die ganze Zeit eine die Vergangenheit schonende Pietät nicht kannte, so geziemt es sich auch nicht, dem einzelnen einen Vorwurf daraus zu machen, daß er die Anschauungsweise teilte, die damals die gültige war. Kloster Lehnin, wär es nach dem guten Willen seiner Schädiger gegangen, würde nur noch eine Trümmerstätte sein, aber das alte Mauerwerk erwies sich als fester und ausdauernder als alle Zerstörungslust, und so hat sich ein Teil des Baues, durch seine eigene Macht und Widerstandskraft, bis in unsere Tage hinein gerettet.

Werfen wir einen Blick auf das, was noch vorhanden ist, von der Kirche sowohl wie von der ganzen Klosteranlage überhaupt! Der älteste Teil, der romanische, steht; der gotische Teil liegt in Trümmern. Da, wo diese Trümmer an den noch intakt erhaltenen Teil der Kirche sich lehnen, hat man jetzt eine Quermauer gezogen und mit Hülfe dieser das Zerfallene von dem noch Erhaltenen geschieden. Das lange gotische Schiff hat dadurch freilich aufgehört, ein Längsschiff zu sein, und ist ein Kurzschiff geworden; die Seitenschiffe fehlen ganz, und die Pfeilerarkaden, die früher die Verbindung zwischen dem Hauptschiff und den zwei Seitenschiffen vermittelten, bilden jetzt, nach Vermauerung ihrer Rundbogen, die Seitenwände jenes *einen* kurzen Schiffes, das überhaupt noch vorhanden ist. An die Stelle frischer Farben ist die leblose weiße Tünche getreten, und reparaturbedürftige Kirchenstühle, über denen sich, an einer Seite des Schiffs, eine ebenfalls hinfällige Empore mit vergilbten Brautkronen und Totenkränzen entlangzieht, steigern eher die Dürftigkeit des Anblicks, als daß sie sie minderten. Den Fußboden entlang, abgetreten und ausgehöhlt, liegen rote Fliesen; die Grabsteine sind fort, ebenso die schwebenden Heiligen mit roten Bändern und Goldschein hoch oben an der Decke. Alles, was einst glänzte und leuchtete, ist hin. Der schon erwähnte Altarschrein mit Schnitzwerk und Bilderpracht hat seine Stelle gewechselt, und statt des Purpurs und Brokats ist die übliche schwarzwollene Decke, die mehr zu einem Trauer- als zu einem Freudenmahle paßt, über den schlichten Altartisch gebreitet. Nur der alte, halb zu Stein gewordene Eichenstumpf, einstens die lebendige Wurzel, aus der dieses Kloster erwuchs, ist ihm geblieben und hat alles überdauert, seinen Glanz und seinen Verfall. Nichts mehr von Nischen und Marienbildern, von Kapellen und askanischen Grabsteinen; nur Otto VI., auch Ottoken genannt, Schwiegersohn Kaiser Rudolfs von Habsburg, der als Akoluth des Klosters verstarb, behauptet — auch in künstlerischer Beziehung ein interessantes Überbleibsel aus geschwundener Zeit — seinen Ehrenplatz an alter Stelle. Sein Grabstein liegt mitten im hohen Chor. Die Erinnerungszeichen an Abt Sibold sind zerstört; seine Begräbniskammer, die noch im vorigen Jahrhundert existierte, ist niedergerissen, und statt des Grabsteins des Ermordeten, der fünf Jahrhunderte lang seinen Namen und die Daten seines Lebens bewahrt hatte, erzählen nur noch die beiden alten Bilder im Querschiff die Geschichte seines Todes. Diese Bilder, wichtig wie sie sind, sind alles andre eher als ein Schmuck. Zu dem Grauen über die Tat gesellt sich ein Unbehagen über die Häßlichkeit der Darstellung, die diese Tat gefunden. Das ursprünglich bessere Bild ist kaum noch erkennbar.

Es ist ein trister Aufenthalt, diese Klosterkirche von Lehnin, aber ein Bild anheimelnder Schönheit tut sich vor uns auf, sobald wir aus der öden, freudlosen Kirche mit ihren hohen, weißgetünchten Pfeilern ins Freie treten und nun die Szenerie der unmittelbaren Umgebung: Altes und Neues, Kunst und Natur, auf uns wirken lassen. Innen hatten wir die nackte, nur kümmerlich bei Leben erhaltene Existenz, die trister ist als Tod und Zerstörung, draußen haben wir die ganze Poesie des Verfalls, den alten Zauber, der überall da waltet, wo die ewig junge Natur das zerbröckelte Menschenwerk liebevoll in ihren Arm nimmt. Hohe Park- und Gartenbäume, Kastanien, Pappeln, Linden, haben den ganzen Bau wie in eine grüne Riesenlaube eingesponnen, und was die Bäume am Ganzen tun, das tun hundert Sträucher an hundert einzelnen Teilen. Himbeerbüsche, von Efeuranken wunderbar durchflochten, sitzen wie ein grotesker Kopfputz auf Säulen und Pfeilerresten, Weinspaliere ziehn sich an der Südseite des Hauptschiffs entlang, und überall in die zerbröckelten Fundamente nestelt sich jenes bunte, rankenziehende Gestrüpp ein, das die Mitte hält zwischen Unkraut und Blumen. So ist es hier sommerlang. Dann kommt der Herbst, der Spätherbst, und das Bild wird farbenreicher denn zuvor. Auf den hohen Pfeilertrümmern wachsen Ebereschen und Berberitzensträucher, jeder Zweig steht in Frucht, und die Schuljugend jagt und klettert umher und lacht mit roten Gesichtern aus den roten Beeren heraus. Aber wenn die Sonne unter ist, geben sie das Spiel in den Trümmern auf, und wer dann das Ohr an die Erde legt, der hört tief unten die Mönche singen. Dabei wird es kalt und kälter; das Abendrot streift die Kirchenfenster, und mitunter ist es, als stünde eine weiße Gestalt inmitten der roten Scheiben. Das ist das Weiße Fräulein, das umgeht, treppauf, treppab, und den Mönch sucht, den sie liebte. Um Mitternacht tritt sie aus der Mauerwand, rasch, als habe sie ihn gesehn, und breitet die Arme nach ihm aus. Aber umsonst. Und dann setzt sie sich in den Pfeilerschatten und weint.

Und unter den Altangesessenen, deren Vorfahren noch unter dem Kloster gelebt, ist keiner, der das Weiße Fräulein nicht gesehn hätte. Nur die reformierten Schweizer und alle die, die nach ihnen kamen, sehen nichts und starren ins Leere. Die Alt-Lehninschen aber sind stolz auf diese ihre Gabe des Gesichts, und sie haben ein Sprüchwort, das diesem Stolz einen Ausdruck gibt. Wenn sie einen Fremden bezeichnen wollen oder einen später Zugezogenen, der nichts gemein hat mit *Alt*-Lehnin, so sagen sie nicht: »Er ist ein Fremder oder ein Neuer«, sie sagen nur: »Er kann das Weiße Fräulein nicht sehn.«

# DIE LEHNINSCHE WEISSAGUNG

Jetzo will ich, Lehnin, dir sorgsam singen die Zukunft,
Die mir gewiesen der Herr, der einstens alles geschaffen.

»*Vaticinium Lehninense*«

Zu Anfang des vorigen Jahrhunderts, während der Regierungsjahre Friedrich Wilhelms I., erschienen an verschiedenen Druckorten, teils selbständig, teils umfangreicheren Arbeiten einverleibt, 100 gereimte lateinische Hexameter, sogenannte Leoninische Verse, die in dunklem Prophetenton über die Schicksale der Mark und ihrer Fürsten sprachen und die Überschrift führten: »Weissagung des seligen Bruders Hermann, weiland Lehniner Mönches, der ums Jahr 1300 lebte und blühte«.

Diese Verse, die sich gleich selbst, in ihren ersten Zeilen, als eine Weissagung ankündigen: »Jetzt weissage ich dir, Lehnin, dein künftiges Schicksal«, machten großes Aufsehen, da in denselben mit bemerkenswertem Geschick und jedenfalls mit ungewöhnlicher poetischer Begabung das Aussterben der Hohenzollern in der elften Generation nach Joachim I. und die gleichzeitige Rückkehr der Mark in den Schoß der katholischen Kirche prophezeit wurde. Eine solche Prophezeiung war durchaus dazu angetan, Aufsehn zu erregen, da es auch damals (1721) in Deutschland nicht an Parteien fehlte, die freudig aufhorchten, wenn der Untergang der Hohenzollern in nähere oder fernere Aussicht gestellt wurde. In Berlin selbst, wie sich annehmen läßt, war das Interesse nicht geringer, und man begann nachzuforschen, nach welchem *Manuskript* die Veröffentlichung dieser Weissagung erfolgt sein könne. Diese Nachforschungen führten zuletzt auf eine mehr oder weniger alte Handschrift, die etwa um 1693 in der nachgelassenen Bibliothek des in dem genannten Jahre verstorbenen Kammergerichtsrat Seidel aufgefunden worden war.

Diese älteste Handschrift, die übrigens nie die Prätension erhob, das rätselvolle *Original* aus dem Jahre 1300 sein zu wollen, existierte bis 1796 im Staatsarchiv. In ebendiesem Jahre wurde sie durch Friedrich Wilhelm II. nach Charlottenburg gefordert und *von dort nicht wieder remittiert.* Man muß annehmen, daß sie verlorengegangen ist. Die vier ältesten Abschriften, die *jetzt noch* in der Königlichen Bibliothek vorhanden sind, gehören, ihrer Schrift nach, dem Anfange des vorigen Jahrhunderts an. *Jedenfalls also fehlt nicht nur das wirkliche Original,* sondern auch alles, was sich, wohl oder übel, als Original ausgeben könnte! Hiermit fällt selbstverständlich die Möglichkeit fort, aus allerlei *äußerlichen* Anzeichen, wie Handschrift, Initialen, Pergament etc., irgend etwas für die Echtheit oder Unechtheit beweisen zu wollen, und wir haben die Beweise pro und contra eben woanders zu suchen. Solche Untersuchungen sind denn nun auch, gleich vom ersten Erscheinen der »Weissagung« an, vielfach angestellt worden und haben im Lauf von anderthalbhundert Jahren zu einer ganzen Literatur geführt. Katholischer- und seit einem Vierteljahrhundert auch demokratischerseits hat man ebenso beharrlich die Echtheit der Weissagung wie protestantisch-preußischerseits die Unechtheit zu beweisen getrachtet. Nur wenige Ausnahmen von dieser Regel kommen vor. Die demokratischen Paraphrasen und Deutungen, die an die Weissagung anknüpfen, sind sämtlich *tendenziöser* Natur, bloße Pamphlete und haben keinen Anspruch, hier ernstlicher in Erwägung gezogen zu werden; sie rühren aus den Jahren 1848 und 1849 her und sind eigentlich nichts andres als damals gern geglaubte Versicherungen, der Stern der Hohenzollern sei im Erlöschen. Was die katholischen Arbeiten angeht, die alle für die Echtheit eintreten, so sind sicherlich viele derselben bona fide geschrieben, dennoch haben sie samt und sonders wenig Wert für die Entscheidung der Frage, da sie, ohne mit der Grundempfindung, aus der sie hervorgingen, rechten zu wollen, doch schließlich aller eigentlichen *Kritik* entbehren.

Unter den protestantischen Gelehrten, die sich mit dieser Frage beschäftigt haben, begegnen wir sehr bewährten, zum Teil sogar hervorragenden Namen: Oberbibliothekar Wilcken, Dr. C. L. Gieseler, Professor Giesebrecht, Schulrat Otto Schulz, vor allem Professor Guhrauer in Breslau, meist Historiker, die mit einem großen Aufwand von Studium, Gelehrsamkeit und Scharfsinn die Unechtheit darzutun getrachtet haben. Sie haben indessen, meinem Ermessen nach, den Fehler gemacht, daß sie zu viel und manches an der unrechten Stelle haben beweisen wollen. Anstatt einen entscheidenden Schlag zu tun, haben sie *viele* Schläge getan, und wie es immer in solchen Fällen geht, sind die Schläge nicht nur vielfach nebenbei, sondern gelegentlich auch zurückgefallen. Man schadet einem einzigen, aber *ganzen* Beweise jedesmal dadurch, daß man zur Anfügung vieler Halbbeweise schreitet, namentlich dann aber, wenn man bei der Anwendung unkünstlerisch verfährt und, statt aus dem Halben zum Ganzen *fort*zuschreiten, aus dem Ganzen zum Halben hin die Dinge *zurück*entwickelt.

Ich sagte schon, die Angreifer hätten vielfach an unrechter Stelle angegriffen; ich muß hinzusetzen, nicht bloß an unrechter Stelle, sondern gelegentlich just an dem allerstärksten Punkte der feindlichen Position. Dieser stärkste Punkt der Lehniner Weissagung aber ist meinem Dafürhalten nach ihr *Inhalt*, ihr *Geist*, ihr *Ton*.

Sehen wir, wogegen die protestantischen Kritiker sich richteten. Sie haben zunächst als Verdacht erweckende Punkte hervorgehoben, erstens, daß der Prophet, wenn er denn nun mal durchaus ein solcher sein solle, vielfach *falsch* prophezeit, zweitens aber, daß er in vorhohenzollernscher Zeit bereits antihohenzollersch gesprochen habe. Dies deute auf spätere Zeiten, wo es bereits Sympathien und Antipathien in betreff der Hohenzollern gegeben. Auf beide Einwände ist die Antwort leicht.

Was die Irrtümer des Propheten Hermann angeht, so hat es sich ja niemals darum gehandelt, endgültig festzustellen, ob Mönch Hermann richtig prophezeit habe oder falsch, es hat sich bei dieser Kontroverse immer nur darum gehandelt, *ob er überhaupt geweissagt habe.* Wenn nun aber einerseits die Prophetie keine Garantie übernimmt, daß alles Prophezeite zutreffen muß, so übernimmt sie noch viel weniger – und hiermit fassen wir den zweiten Punkt ins Auge – die Verpflichtung, kommenden Herrschergeschlechtern, gleichsam in antizipierter Loyalität, angenehme Dinge zu sagen. Der Prophet sagt die Dinge so, *wie er sie sieht*, und kümmert sich nicht darum, wie kommende Zeiten sich zu den Menschen und Taten stellen werden, die er, lediglich kraft seiner Kraft, *vorweg* hat in die Erscheinung treten sehn. Nehmen wir einen Augenblick an, die Prophezeiung sei echt, so liegt doch für einen gläubigen Zisterziensermönch, der plötzlich, inmitten seiner Visionen, die Gestalt Joachims II. vor sich hintreten sieht, nicht der geringste Grund vor, warum er nicht gegen den Schädiger seiner Kirche und seines Klosters vorweg die heftigsten Invektiven schleudern sollte. Er weiß nicht, daß er Joachim heißen, er weiß auch nicht, daß er einem bestimmten Geschlecht, das den Namen der Hohenzollern führt, zugehören wird, er sieht ihn nur, ihn und die Tat, die er vorhat — das genügt, ihn zu verwerfen. Dies sagen wir nicht, wie schon angedeutet, zur Rechtfertigung dieser speziellen Prophezeiung oder als Beweis für ihre Echtheit, sondern nur zur Charakterisierung aller Prophetie überhaupt.

Wenn nun weder die Irrtümer, die mit drunterlaufen, noch der antihohenzollernsche Geist, der aus dieser sogenannten Weissagung spricht, etwas Erhebliches gegen die Echtheit beibringen können, so ist doch ein dritter Punkt allerdings ernster in Erwägung zu ziehn. Alle protestantischen Angreifer der Weissagung (mit Ausnahme W. Meinholds) sind dahin übereingekommen, daß die sogenannte Lehninsche Weissagung in ersichtlich zwei Teile zerfalle, in eine größere Hälfte, in der es der, nach Annahme der Gegner, um 1690 lebende Verfasser *leicht* gehabt habe, über die rückliegenden Ereignisse von 1290 bis 1690 zutreffend zu prophezeien, und in eine kleinere Hälfte von 1690 an, in der denn auch den vorgeblichen Mönch Hermann seine Prophetengabe durchaus im Stich gelassen habe. Hätten die Angreifer hierin unbedingt recht, so wäre der Streit dadurch gewissermaßen entschieden. Indessen existiert meiner Meinung nach eine solche Scheidelinie *nicht*. Es zieht sich vielmehr umgekehrt ein *vieldeutig-orakelhafter Ton durch das Ganze hindurch*, eine Sprache, die *überall* der mannigfachsten Auslegungen fähig ist und in der zweiten Hälfte, in rätselvoll anklingenden Worten, ebenso das Richtige trifft wie in der ersten Hälfte. Es ist kein essentieller Unterschied zwischen Anfang und Ende: beide Teile treffen's, und beide Teile treffen es nicht; beide Teile ergehen sich in Irrtümern und Dunkelheiten, und beide Teile blenden durch Lichtblitze, die, hier wie dort, gelegentlich einen völlig visionären Charakter haben.

Beschäftigen wir uns, unter Heranziehung einiger Beispiele, zuerst mit der *ersten* Hälfte. Wir bemerken hier eine Verquickung jener drei Hauptelemente, die nirgends in dieser sogenannten Weissagung fehlen: Falsches, Dunkles, Zutreffendes. Frappant zutreffend vom katholischen Standpunkt aus sind die acht Zeilen in der Mitte des Gedichts, die sich auf Joachim I. und II. beziehen. Sie lauten:

Seine (Johann Ciceros) Söhne werden beglückt durch gleichmäßiges Los;
Allein, dann wird ein Weib dem Vaterlande trauriges Verderben bringen,
Ein Weib, angesteckt vom Gift einer neuen Schlange,
Dieses Gift wird auch währen bis ins elfte Glied.

Und dann:

Und nun kommt der, welcher dich, Lehnin, nur allzusehr haßt,
Wie ein Messer dich zerteilt, ein Gottesleugner, ein Ehebrecher,
Er macht wüste die Kirche, verschleudert die Kirchengüter.
Geh, mein Volk: du hast keinen Beschützer mehr,
Bis die Stunde kommen wird, wo die Wiederherstellung (restitutio) kommt.

Die Vorgänge in der Mark in dem zweiten Viertel des sechzehnten Jahrhunderts, der Übertritt Elisabeths zur neuen Lehre und die Aufhebung der Klöster durch Joachim II., der die Axt an den Stamm legte, konnten, wir wiederholen es, vom katholischen Standpunkt aus, nicht zutreffender und in nicht besserem Prophetenton geschildert werden. Aber zugegeben, daß — wie die Angreifer erwidern — der Verfasser im Jahre 1690 gut phrophezeien hatte in betreff von Vorgängen, die 150 Jahre zurücklagen, warum, so fragen wir, prophezeite er teils falsch, teils dunkel in betreff so vieler anderer Vorgänge, die, wenn 1690 die Scheidelinie ziehen soll, ebenfalls der Vergangenheit angehörten. Nehmen wir *ein* Beispiel statt vieler – die Verse, die sich auf George Wilhelm, also auf die Epoche während des Dreißigjährigen Krieges beziehen. Es sind die folgenden:

Nach dem Vater ist der Sohn Herr des Markgrafentums.
*Er läßt nicht viele leben nach ihrem Sinne, ohne sie zu strafen.*
*Indem er zu stark vertrauet, frißt der Wolf das arme Vieh,*
Und es folgt in kurzem der Diener dem Herrn im Tode.

Die vierte Zeile ist auf den Tod Adam Schwarzenbergs gedeutet worden, wogegen sich nichts sagen läßt. Der Inhalt dieser Zeile träfe also zu. Aber die zweite und dritte geben, wenn man das auch hier vorhandene Dunkel durchdringt, eine Charakteristik der Zeit sowohl wie des Mannes, wie sie nicht leicht falscher gedacht werden kann. Wenn es umgekehrt hieße: »Er ließ alle leben nach ihrem Sinne, ohne sie zu strafen«, und »er vertraute (da er bekanntlich immer schwankte) *nicht stark genug*« – so würden *diese* Sätze um vieles richtiger sein als die, die jetzt dastehen. Wo bleibt da das bequeme Prophezeien nach rückwärts?*

Vergleichen wir nun damit die Prophezeiungen der *zweiten Hälfte*, der Epoche *nach* 1690, wo also der Dichter, selbst wenn er um 1690 schrieb, jedenfalls gezwungen war, in die Zukunft zu blicken.

Über Friedrich den Großen** heißt es, wie nicht geleugnet

* Aus der Epoche von vor 1690 sind auch (aus einem andern Grunde noch als aus dem eben bei George Wilhelm angeführten) die vier Zeilen merkwürdig, die sich auf Kurfürst Friedrich I., den ersten Hohenzoller, beziehn. Sie lauten:

Wahrheit sprech ich: Dein Stamm, der zu langem Alter bestimmt ist,
Wird einst mit schwacher Gewalt die heimischen Gauen beherrschen,
Bis zu Boden gestreckt, die einst in Ehre gewandelt,
Städte verwüstet und frech beschränkt die Herrschaft der Fürsten.

In diesen vier Zeilen, wenn wir eine Post-fact-Prophezeiung annehmen wollen (was wir, schon hier sei es gesagt, wirklich tun), erschwert sich der Dichter seine Aufgabe *freiwillig*, und anstatt im Prophetenton Dinge über die Regierungszeit Friedrichs I. zu sagen, die er 1690 allerdings wissen konnte, *ohne* ein Prophet zu sein, verschmäht er diese bequeme Aushülfe völlig und knüpft vielmehr Betrachtungen an die Erscheinung des ersten Hohenzollern, die, selbst von 1690 ab gerechnet, noch in der Zukunft lagen. Er machte sich's also nicht leicht, hatte vielmehr immer das Ganze im Auge und prophezeite auch da noch *wirklich* und aus eigenstem Antrieb (man könnte sagen: »seine Mittel erlaubten es ihm«), wo das Prophezeien post fact einem Stümper in der Prophetie das bequemere und sicherre Auskunftsmittel gewesen sein würde.

** Die Prophezeiung geht von König Friedrich I. gleich auf Friedrich II. über und werden soll, mehr dunkel und anklingend als scharf zutreffend:

In kurzem toset ein Jüngling daher, während die große Gebärerin seufzt;
Aber wer wird vermögen, den zerrütteten Staat wiederherzustellen?

Er wird das Banner erfassen, allein grausame Geschicke zu beklagen haben,
Er will beim Wehen der Südwinde sein Leben den Festungen vertraun.

oder (nach anderer Übersetzung):

Weht es von Süden herauf, will Leben er borgen den Klöstern.

Dann (Friedrich Wilhelm II.):

Welcher ihm folgt, ahmt nach die bösen Sitten der Väter,
Hat nicht Kraft im Gemüt, noch eine Gottheit im Volke.
Wessen Hülf' er begehrt, der wird entgegen ihm stehen,
Und er im Wasser sterben, das Oberste kehrend zuunterst.

Dann (Friedrich Wilhelm III.):

Der Sohn wird blühen; was er nicht gehofft, wird er besitzen.
Allein das Volk wird in diesen Zeiten traurig weinen;
Denn es scheinen Geschicke zu kommen sonderbarer Art,
Und der Fürst *ahnet nicht, daß eine neue Macht im Wachsen ist.*

überspringt also Friedrich Wilhelm I. Man hat daraus einen Beweis für die Unechtheit herleiten wollen, *aber ganz mit Unrecht.* Der Prophet (so nehmen wir zunächst an) blickte in die Zukunft, er sah wechselnde Gestalten, und den Soldatenkönig sah er *nicht.* Das geistige Auge – dies müssen wir festhalten – kann Gegenstände ebensogut übersehen wie das leibliche. Ja, es läßt sich aus dem Fehlen König Friedrich Wilhelms I. viel eher, wenigstens mittelbar, ein Beweis *für* den wirklich prophetischen Gehalt der Weissagung herleiten. Versucht man nämlich, wie einige getan haben, das, was sich auf Friedrich den Großen bezieht, auf Friedrich Wilhelm I. zu deuten, so entsteht ein völliger Nonsens, und werden dadurch alle diejenigen schlagend widerlegt,

Niemand, der vorurteilslos an diese Dinge herantritt, wird in Abrede stellen können, daß ganz speziell in den letzten acht Zeilen Wendungen anzutreffen sind, die von einer frappierenden Zutreffendheit sind, so zutreffend, daß in der ganzen Weissagung nur eine einzige Stelle ist: jene acht Zeilen, die sich auf Joachim I. und II. beziehen, die an Charakterisierung von Zeit und Personen damit verglichen werden können. Wenn auch hier ausweichend geantwortet ist, es handle sich in allen dreien um bloße Allgemeinheiten, so ist das teils nicht richtig, teils bezeichnet es den Charakter der ganzen Dichtung überhaupt, gleichviel, ob dieselbe Nahes oder Zurückliegendes in Worte faßt.

Es ist nach dem allem nicht zu verwundern, daß der Streit über die Echtheit nach wie vor schwebt und daß die Weissagung, selbst unter den Protestanten, die verschiedensten Urteile erfahren hat. Küster nennt das Vaticinium einfach ein »Spiel des Witzes« (lusus ingenii); Guhrauer bezeichnet es als eine lakonisch-orakelmäßige Darstellung, die, mit Rücksicht auf die einmal befolgte Tendenz, nicht ohne Geschick angelegt und durchgeführt worden sei. Schulrat Otto Schulz geht in seinem Unmut schon weiter und ist der festen Überzeugung, »daß der gesunde Sinn des preußischen Volkes diese Weissagung als die Ausgeburt eines hämischen Fanatikers zu würdigen wissen werde«. Professor Trahndorff denkt noch schlimmer darüber, indem er sie geradezu für Teufelswerk ausgibt; hält sie aber andererseits für eine wirkliche, wenn auch diabolische Prophezeiung. »Diese 100 Verse«, so sagt er, »sind als eine *echte Prophezeiung* anzusehn, aber zugleich wegen des darin waltenden unevangelischen Geistes als das Werk des Lügengeistes zu verwerfen.« Von Trahndorff zu Meinhold, dem Verfasser der »Bernsteinhexe«, ist nur noch ein Schritt. Wenn jener die wirkliche Prophezeiung zugegeben hat, so fragt es sich nur noch, ob nicht der Lügengeist, den der eine darin findet, durch den andern ohne viel Mühe in einen Geist der Wahrheit verkehrt werden kann. Meinhold vollzieht

die beweisen möchten, daß diese Sätze überhaupt dunkle Allgemeinheiten seien, die schließlich, bei einiger Interpretationskunst, auf *jeden* paßten. Man kann aber leicht die Probe machen, daß dies durchaus nicht zutrifft und daß bestimmte Verse auch nur auf bestimmte Personen passen.

denn auch diese Umwandlung und versichert, »daß er beim Lesen dieser Lehninschen Weissagung die Schauer der Ewigkeit gefühlt habe«.

So weichen selbst *protestantische* Beurteiler im einzelnen und gelegentlich auch im ganzen voneinander ab.

Es wird also schwerlich jemals glücken, aus dem *Geist und Inhalt* der Prophezeiung, wie so vielfach versucht worden ist, ihre Unechtheit zu beweisen. Diese Dinge appellieren an das Gefühl, und bei dem poetischen Geschick, das aus dem Vaticinium unverkennbar spricht, empfängt dieser Appell keine ungünstige Antwort. Es ist nicht zu leugnen, daß, wenn man Geist und Ton der Dichtung durchaus betonen *will*, beide mehr *für* die Echtheit als gegen dieselbe sprechen. Beispielsweise die Schlußzeilen:

Endlich führet das Zepter, der der Letzte seines Stammes sein wird,
Israel wagt eine unnennbare, nur durch den Tod zu sühnende Tat,
Und der Hirt empfängt die Herde, Deutschland einen König wieder.
Die Mark vergißt gänzlich aller ihrer Leiden
Und wagt die Ihrigen allein zu hegen, und kein Fremdling darf mehr frohlocken,
Und die alten Mauern von Lehnin und Chorin werden wieder erstehen,
Und die Geistlichkeit steht wieder da nach alter Weise in Ehren,
Und kein Wolf stellt mehr dem edlen Schafstalle nach.

Selbst diese matte Übersetzung der volltönenden Verse des Originals hat noch etwas von prophetischem Klang.

Die Frage wird nicht aus dem Inhalt, sondern umgekehrt einzig und allein aus der *Form* und aus äußerlich Einzelnem heraus entschieden werden.

Guhrauer hat zuerst darauf aufmerksam gemacht, daß sich in der Weissagung (Zeile 63) das Wort »Jehova« vorfinde, und hat daran die Bemerkung geknüpft, daß dieser Ausdruck »Jehova«, anstelle des bis dahin üblichen »Adonai«, überhaupt erst zu Anfang des sechzehnten Jahrhunderts gebräuchlich geworden sei. Bis dahin habe man den Ausdruck oder die Lesart »Jehova« gar nicht gekannt. Ist diese Bemerkung richtig, so ist sie mehr wert als alle andern Halbbeweise zusammengenommen. Gleichviel indes, ob richtig oder nicht, der *Weg*, der in dieser Guhrauerschen Bemerkung vorgezeichnet liegt, ist der einzige, der zum Ziele führen kann. Nur Sprachforscher, Philologen, die, ausgerüstet mit einer gründlichen Kenntnis aller Nuancen mittelalterlichen Lateins, nachzuweisen imstande sind: »dies Wort, diese Wendung waren im dreizehnten Jahrhundert unmöglich«, nur *sie* allein werden den Streit endgültig entscheiden.

Das Resultat einer solchen Untersuchung, wenn sie stattfände, würde lauten: »unecht«. Darüber unterhalte ich, sowenig ich mich mit den *bisherigen* Verwerfungsbeweisen habe befreunden können, nicht den geringsten Zweifel. Aber auch der gegenteilige Beweis würde das alte Interesse an dieser Streitfrage nicht wiederbeleben können. Denn die Ereignisse haben mittlerweile die Prophezeiung überholt. Seit der Thronbesteigung Friedrich Wilhelms IV. ist sie *falsch* geworden, gleichviel ob sie *echt* ist oder nicht. Diesen Unterschied zwischen »unecht« und »falsch« ziemt es sich durchaus zu betonen. Schon Guhrauer hat sehr richtig darauf aufmerksam gemacht, daß der *Text* der Prophezeiung *echt* und die Prophezeiung selber doch eine *falsche*, das heißt eine unerfüllt gebliebene sein könne. »Eine unerfüllt gebliebene« – so fügt er hinzu –, »gleich so vielen anderen falschen Prophezeiungen, deren *Authentizität* von niemand bezweifelt worden ist.«

Friedrich Wilhelm III. war bereits der elfte Hohenzoller nach Joachim I.; der Zeiger an der Uhr ist über die verhängnisvolle Stunde ruhig hinweggegangen, die Hohenzollern leben, und nur die Weissagung, echt oder nicht, ist tot.

# KLOSTER CHORIN

> Den Leib des Fürsten hüllt der Rauch
> Von Ampeln und von Weihrauchschwelen,
> Und ringsum steigt ein Trauerchor,
> Und ein Tedeum steigt empor
> Aus hundert und aus tausend Kehlen.

Unter den Töchtern Lehnins war Chorin die bedeutendste, ja, eine Zeitlang schien es, als ob das Tochterkloster den Vorrang über die Mater gewinnen würde. Das war unter den letzten Askaniern. Diese machten Chorin zum Gegenstand ihrer besonderen Gunst und Gnade und beschenkten es nicht nur reich, sondern wählten es auch zu ihrer Begräbnisstätte. Unter den sechs Markgrafen, die hier beigesetzt wurden, ist der letzte zugleich der hervorragendste: Markgraf Waldemar, gestorben 1319. Nach dem Erlöschen der Askanier trat Chorin wieder hinter Lehnin zurück.

Chorin erreicht man am bequemsten von der benachbarten Eisenbahnstation Chorinchen aus, die ziemlich halben Weges zwischen Neustadt-Eberswalde und Angermünde gelegen ist. Ein kurzer Spaziergang führt von der Station aus zum Kloster. Empfehlenswerter aber ist es, in Neustadt bereits die Eisenbahn zu verlassen und in einem offenen Wagen, an Kapellen, Seen und Laubholz vorbei, über ein leicht gewelltes Terrain hin, den Rest des Weges zu machen. Dies Wellenterrain wird auch Ursache, daß Chorin, wenn es endlich vor unseren Blicken auftaucht, völlig wie eine Überraschung wirkt. Erst in dem Augenblicke, wo wir den letzten Höhenzug passiert haben, steigt der prächtige Bau, den die Hügelwand bis dahin deckte, aus der Erde auf und steht nun so frei, so bis zur Sohle sichtbar vor uns wie eine korkgeschnitzte Kirche auf einer Tischplatte. Es kommt dies der *architektonischen* Wirkung, wie gleich hier hervorgehoben werden mag, sehr zustatten, weniger der *malerischen*, die für eine Ruine meist wichtiger ist als jene. Wir kommen am Schlusse unseres Aufsatzes auf diesen Punkt zurück.

## Kloster Mariensee

Kloster Chorin trat nicht gleich *als es selbst* ins Dasein, sondern ging vielmehr aus einer früheren, an anderem Orte gelegenen Anlage hervor. Es scheint geboten, auch bei dieser Vorgeschichte, die wenig bekannt ist, zu verweilen.

Kloster Chorin, ehe es diesen seinen Namen annahm, war Kloster Mariensee. Die Stelle, wo letzteres stand, war lange zweifelhaft. Die Urkunden sagten freilich deutlich genug: »auf der Ziegeninsel im Parsteiner See«; aber der Parsteiner See hatte *zwei* Inseln, von denen – wenigstens in den Nachschlagebüchern – keine mehr den Namen »Ziegeninsel« führte. Die eine hieß, in ebendiesen Büchern, der »Parsteiner Werder«, die andere der »Pehlitzer Werder«.

Nachfragen am Parsteiner See selbst indes, die ich anstellen durfte, haben die Streitfrage schnell entschieden. Der »Pehlitzer Werder« heißt im Volksmund an Ort und Stelle noch immer die *Ziegeninsel*, und wenn dennoch ein leiser Zweifel bliebe, so würde derselbe durch die Kirchentrümmer beseitigt werden, die, unverkennbar auf eine Klosteranlage deutend, bis diesen Augenblick noch auf dem »Pehlitzer Werder« – in alten Urkunden Insula Caprarum – angetroffen werden.

Diese Ziegeninsel liegt am Südende des Sees und ist Privateigentum, etwa wie ein eingezäuntes Stück Grasland, weshalb man auch nur vom gegenüberliegenden Amtshof aus die Überfahrt nach derselben bewerkstelligen kann. Die Erlaubnis dazu wird gern gewährt.

Früher, wenn die Tradition recht berichtet, war das Terrain zwischen dem Amtshof und der Insel mehr *Sumpf* als See, so daß ein Steindamm, eine Art Mole, existierte, die hinüberführte; der Parsteiner See aber, im Gegensatz zu anderen Gewässern der Mark, wuchs konstant an Wassermenge, so daß allmählich der Sumpf in der wachsenden Wassermenge ertrank und mit dem Sumpf natürlich auch der Steindamm. Die Tradition hat nichts Unwahrscheinliches; auch erkennt man noch jetzt, bei klarem Wasser, lange Steinfundamente, die in gerader Linie vom Ufer zur Insel führen.

Die Insel selbst, an deren Südwestseite man landet, hat

die Form eines verschobenen Vierecks, dessen vier Spitzen ziemlich genau die vier Himmelsgegenden bezeichnen. Der Umfang der Insel mag einige Morgen betragen.

An der Landungsstelle, in ziemlicher Ausdehnung, erhebt sich eine aus mächtigen Blöcken aufgetürmte Wand: Roll- und Feldsteine, von denen es schwer zu sagen ist, ob die Fluten hier vor Jahrtausenden sie ablagerten oder ob erst unsere Freunde, die Mönche, sie zu Schutz und Trutz hier aufschichteten.

Die Insel zeigt im übrigen auf den ersten Blick nichts Besonderes; sie macht den Eindruck eines vernachlässigten Parks, in dem die Natur längst wieder über die Kunst hinausgewachsen ist. Es vergeht eine Zeit, ehe man die Trümmer entdeckt und überhaupt in dem bunten Durcheinander sich zurechtfindet; dann aber wirkt alles mit einem immer wachsenden Reiz. Die Überreste des Klosters liegen nach Osten zu, fast entgegengesetzt der Stelle, wo man landet. Was noch vorhanden ist, ragt etwa zwei Fuß hoch über den Boden und reicht in seinen charakteristischen Formen völlig aus, einem ein Bild des Baues zu geben, der hier stand.* An der Profilierung der Steine erkennen wir, daß wir es mit einem romanischen Bau zu tun haben, der wahrscheinlich drei Schiffe (eher schmal als breit) hatte; an einzelnen Stellen glaubt man noch Pfeilerfundamente des Mittelschiffs zu erkennen. Weitere Nachgrabungen würden gewiß mancherlei Auskunft Ge-

* Eine Bauautorität gibt folgende Details: »Auf dem höchsten Punkte der Insel fand ich einen Gebäuderest, der mich, abgesehn von allem andern, schon durch das vortrefflich ausgeführte Mauerwerk interessierte. Ungefähr zweieinhalb Fuß aus der Erde hervorragend, zeigt es die eine *ganze* Frontmauer eines rechteckigen Bauwerks sowie die Ansätze der beiden daranstoßenden andern Seiten. Erstere hat eine Länge von 75' und ist durch zwei von den Ecken des Gebäudes 18' entfernte Strebepfeiler verstärkt, die eine Breite von 6' haben und ebensoviel nach außen wie nach innen aus der Mauer hervortreten. In dem südlich gelegenen Pfeiler ist deutlich der Zugang zu einer Treppe zu erkennen, während sich nördlich von dem andern Strebepfeiler ein Eingang von außen in den wahrscheinlich durch mehrere Türen zugänglichen Raum befindet. Wenn schon die Sauberkeit der Arbeitsausführung auf ein monumentales Bauwerk schließen läßt, so gestattet der Formencharakter der vornehm gebildeten Fußglieder an den innern Strebepfeilern keinen Zweifel darüber, daß wir es mit einem Gebäude aus dem zwölften Jahrhundert zu tun haben, das entweder eine Kirche war oder einem Kloster zugehörte. Für die erstere Annahme spricht die Form der Ruine, die wohl am richtigsten als Überbleibsel der östlichen Giebelseite einer dreischiffigen Kirche angesehen wird. Es wäre interessant, diese Ansicht durch eine Aufgrabung des Terrains in der Richtung der nach innen vorspringenden Strebepfeiler vielleicht bestätigt zu finden.«

bendes zutage fördern, wobei bemerkt werden mag, daß auch das, was jetzt dem Auge sich bietet, erst infolge von Erdarbeiten, die der Pehlitzer Amtmann anordnete, vor kurzer Zeit zutage getreten ist.

Was die Trümmer selbst angeht, so gehören sie sehr wahrscheinlich der Ostseite der ehemaligen Klosterkirche an, woraus sich ergeben würde, daß das Längsschiff derselben sich nicht *parallel* mit dem Ufer, sondern senkrecht auf dasselbe, also *inseleinwärts*, hingezogen haben muß. In dieser Richtung hätten also auch weitere Nachgrabungen zu erfolgen.

Wie die eigentlichen Klostergebäude, die Mönchswohnungen, zu dieser Klosterkirche standen, wird um so schwerer nachzuweisen sein, als die ganze Anlage nur von bescheidenen Dimensionen war, einzelnes auch leicht möglicherweise in dem heraufsteigenden See versunken ist. Zwischen diesem und der Klosterkirche bemerken wir noch ein niedriges Feldsteinfundament, über dessen Zugehörigkeit und frühere Bestimmung die Ansichten abweichen. Ich bin indes der Meinung, daß alle diese *außerhalb* und doch zugleich in nächster *Nähe* gelegenen, dabei durch eine eigentümliche *Schräg*stellung markierten Feldsteinbauten nichts anderes waren als die Siechenhäuser, in denen die Mönche den Hospitaldienst übten.

In der Mitte der Insel erhebt sich der sogenannte Mühlberg, der beste Punkt, um einen Überblick zu gewinnen. Wir erkennen von hier aus unter den Zweigen der Bäume hindurch die Kirchenstelle und die Hospitalstelle, wir sehen die prächtige alte Lindenallee, die am Nordufer der Insel entlang den dahinter liegenden breiten Schilfgürtel halb verdeckt, und sehen durch die offenen Stellen hindurch die blaue Fläche des Sees, die sich wie ein Haff jenseit des Schilfgürtels dehnt. Dieser weitgedehnte See, überall eingefaßt durch prächtig geschwungene Uferlinien, gewährt ein Landschaftsbild voll imponierender Schönheit; aber dieser Schönheit vermählt sich eine Sterilität, wie sie an märkischen Seen nur selten getroffen wird. Die Ufer, wenn sie Basalt wären, könnten nicht unfruchtbarer sein. Keine Spur von Grün bedeckt die sandgelben, in ihren Formen nicht unmalerischen Abhänge, kein Saatfeld läuft wie ein grünes Band von den Hügeln zum See hernieder, kein Laubholz, kein Tannicht, keine Decke grünen Mooses. Diese absolute Öde, nur einmal zur Rechten durch eine Turmspitze unterbrochen, ist an sich nicht ohne einen gewissen Zauber, aber das Gefühl, daß hier die Grundelemente zu einem märkischen Landschaftsbilde ersten Ranges nur geboten wurden, um von seiten der Kultur unbenutzt zu bleiben, verkümmert die Freude an dem, was wirklich vorhanden ist.

Freilich, ständen diese Ufer auch in Grün und lachten auch die Wohnungen der Menschen daraus hervor, hier rote Dächer mit Tauben auf dem First, dort Wassermühlen, von niederstürzenden Gewässern getrieben – doch würde niemand dasein, um sich von dieser Inselstelle aus des schönen Landschaftsbildes zu freuen. Der »Pehlitzer Werder« (Insula Caprarum), einst in regem Verkehr mit den Bewohnern dieser Landesteile, eine Zufluchtsstätte für Verfolgte, eine Pflegestätte für Kranke und Verwundete, ist jetzt nichts mehr als Koppel- und Grasplatz für den Amtshof. Im Monat Mai schwingen sich Knechte und Hütejungen auf die Rücken der Pferde, und wie zur Tränke reitend, schwimmen sie mit ihnen zur Insel hinüber. Diese gehört nun sommerlang den Pferden und Füllen. Am Ufer hin, in der alten Lindenallee grasen sie auf und ab und horchen nur auf, wenn bei untergehender Sonne drüben der Parsteiner Kirchturm zu Abend läutet. Eines der halbwachsenen Füllen tritt dann auch wohl in das Klostergemäuer, um die Disteln abzugrasen, die über dem alten Mönchsgrabe stehen; aber plötzlich, als sei eine Flamme aus der Erde gefahren, dreht sich das Jungtier im Kreise herum und starrt und prustet, und mit Schüttelmähne und gehobenem Schweif flieht es die Stätte und jagt zitternd, rastlos an der Uferlinie der Insel hin.

## Kloster Chorin von 1272 bis 1542

Bis 1272 bestand Kloster Mariensee auf der Ziegeninsel im Parsteiner See. In diesem Jahre, so scheint es, kam man überein, »wegen mehrerer Unbequemlichkeit, die sich aus der Lage des Klosters ergäbe«, dasselbe weiter westwärts, und zwar an den Choriner See, zu verlegen, richtiger wohl, es mit einer neuen klösterlichen Pflanzung, die sich bereits am Choriner See befinden mochte, zu *vereinigen.* Eine solche neue Pflanzung muß nämlich, wenn auch nur in kleinen Anfängen, um 1272 schon existiert haben, wie nicht nur aus einzelnen, allerdings so oder so zu deutenden urkundlichen Angaben, ganz besonders aber aus einer Steintafelinschrift hervorgeht, die noch bis zum Jahre 1769 im Kloster vorhanden war.* Die ersten Zeilen derselben lauteten:

»Anno 1254 ist der Markgraf Johannes (I.), Kurfürst zu Brandenburg, der dieses Kloster Chorin Zisterzienserordens gestiftet, allhier begraben.«

Wenn nun bereits um 1254 Markgraf Johann I. hier beigesetzt werden konnte, so mußte wenigstens ein Klosteranfang und in ihm eine Grabkapelle vorhanden sein. Wir werden nicht irregehen, wenn wir die Anfänge von Kloster Chorin gerade um die Mitte des dreizehnten Jahrhunderts setzen.

Wie immer aber dem sein möge, jedenfalls haben wir von 1272 an ein Kloster Chorin und dürfen annehmen, daß sich die bauliche Vollendung desselben, trotz einer unverkennba-

* Diese Steintafel befand sich an der Stelle, wo das später sogenannte »Invalidenhaus« an die Klosterkirche stieß, und gab in ihrer Inschrift die Namen aller in Chorin begrabenen Markgrafen. Diese Inschrift, wie jetzt nur noch aus den Choriner Amtsakten zu ersehen ist, lautete:

»Anno 1254 ist der Markgraf Johannes (I.), Kurfürst zu Brandenburg, der dieses Kloster Chorin Zisterzienserordens gestiftet, allhier begraben.

Anno 1267 ist Johannes (III.), Markgraf, welcher zu Merseburg auf seiner Schwester Hochzeit im Scharfrennen mit einem Klitz (Pfeil oder kleinen Lanze) verwundet worden und davon gestorben, allhier begraben.

Anno 1285 ist Markgraf Johannes (V.), Kurfürst zu Brandenburg, gestorben und allhier begraben.

Anno 1298 starb zu Beerwalde Markgraf Otto Sagittarius (der Pfeilschütze), des Kurfürsten Johannes zu Brandenburg Sohn, und ist allhier begraben.

Anno 1304 ist zu Sched(?) gestorben Markgraf Konrad (I.), Kurfürst zu Brandenburg, und ist allhier begraben.

Anno 1307 bestätigte Markgraf Hermann von Brandenburg, Markgraf Otten des Langen Sohn, dieses Kloster Chorin.

Anno 1319 starb Markgraf Waldemar (I.) zu Beerwalde und ist allhier begraben.

Tu mater Lehnin et filia tua Chorin,
Ex te est orta Nova Cella et Coeli Porta.«

(Diese Inschriften, wie schon im Text hervorgehoben, waren 1769 sicherlich noch vorhanden. 1823 suchte sie Konsistorialrat Bellermann, Direktor des Grauen Klosters, vergeblich. Er vermutet, daß sie 1772 bei einer Reparatur übertüncht oder beseitigt worden sind.)

ren Großartigkeit der Anlage, in verhältnismäßig kurzer Zeit vollzogen haben muß. Es sprechen dafür die zum Teil vortrefflich erhaltenen Überbleibsel des Klosters, die ihrem Baustil nach in die Wendezeit des dreizehnten und vierzehnten Jahrhunderts gehören. Die Zeit war einem solchen raschen Aufblühen besonders günstig; das Ansehen des Ordens stand auf seiner Höhe, und die Askanier, wie bereits hervorgehoben, waren unermüdlich, dem Kloster ihre besondere Gnade zu bestätigen. Keiner mehr als Markgraf Waldemar, der letzte des Geschlechts. Fast alles Land zwischen Neustadt und Oderberg im Süden und ebenso zwischen Neustadt und Angermünde im Norden gehörte dem Kloster. Der Parsteiner See war so ziemlich der Mittelpunkt der reichen Stiftung, die bei der Säkularfeier des Klosters zweiundsechzig Dörfer zählte.

Diese Dörfer deuten auf einen Totalbesitz, der dem Reichtum Lehnins (zwei Flecken und vierundsechzig Güter) nahekam, vielleicht auch diesen Reichtum übertraf, da die Dörfer der Odergegenden im allgemeinen für reicher und ergiebiger gelten als die Dörfer der Zauche und selbst des Havellandes; doch mochte das damals, wo der Reichtum, der in den Sümpfen und Brüchen des Oderlandes steckte, noch nicht erschlossen war, anders sein als jetzt. Ist es doch noch nicht lange her, daß *jedes* Sanddorf vor dem Sumpfdorfe den Vorrang behauptete; der Sand gab wenig, aber der Sumpf gab nichts.

Lassen wir aber die Frage nach dem größeren oder geringeren Besitz beiseite, so müssen wir bei Betrachtung beider Klöster sofort durch die Tatsache überrascht werden, daß wir von der Geschichte des einen, trotz aller Lücken und Mängel, verhältnismäßig viel, von der Geschichte des andern verhältnismäßig wenig wissen. Ohne die urkundlichen Überlieferungen, die Sagen und Traditionen, die sich an Lehnin knüpfen, überschätzen zu wollen, so muß doch schließlich zugestanden werden, daß etwas da ist und daß wir Gestalten und Ereignisse von größerem oder geringerem Interesse an uns vorüberziehen sehen. Nichts Derartiges aber, oder doch fast nichts, bietet Chorin.

Ob diese Armut der Überlieferung einfach darin liegt, daß das Kloster Chorin in der Tat nichts anderes war als ein klösterlicher Amtshof, mit vielen Gütern und Vorwerken, oder ob uns die Glanzseiten der Geschichte, wenn solche da waren, einfach verlorengegangen sind, ist nachträglich schwer zu entscheiden, doch spricht manches dafür, daß das erstere der Fall war und daß Kloster Chorin nicht viel etwas anders zu bedeuten hatte als eine große mönchische Ökonomie, in der es auf Erhaltung und Mehrung des Wirtschaftsbestandes, aber wenig auf die Heilighaltung ideeller Güter ankam. Was indessen mehr besagen will als die Dürre dieser urkundlichen Überlieferungen, das ist der Umstand, daß das Kloster auch bei seinen Um- und Anwohnern nicht die geringste Spur seiner Existenz zurückgelassen zu haben scheint.

Da sind keine Traditionen, die an die Lehniner Sagen von Abt Sibold erinnerten, da ist kein See, kein Haus, kein Baum, die als Zeugen blutiger Vorgänge mit in irgendeine alte Klosterlegende verflochten wären; da ist keine »Weiße Frau«, die abends in den Trümmern erscheint und nach dem Mönche sucht, den sie liebte; alles ist tot hier, alles schweigt.

Ein einziger kurzer Abschnitt klingt an die Historie wenigstens an. Es bezieht sich dies auf das *bayerische Interregnum* in unsrer Geschichte, spezieller auf die Epoche, die zwischen dem Tode des echten und dem Auftauchen und Wiederverschwinden des Falschen Waldemar liegt, also auf die Zeit zwischen 1319 und 1349. Man hat dem Kloster nachgesagt, daß es in dieser Zeit sich durch Intrigue, Schweigekunst und feines politisches Spiel hervorgetan und wenigstens um seiner Klugheit willen einen gewissen Anspruch auf unseren Respekt erworben habe. Ich habe indes nichts finden können, was einen Anhaltepunkt für die Annahme einer solchen Superiorität böte. Von scharfer Vorausberechnung, von raschem Hervortreten im rechten Moment oder wohl gar von dem Blitzenden eines genialen Coups nirgends eine Spur; überall nur die Betätigung allertrivialster Lebensklugheit, eine Politik von heute auf morgen, von der Hand in den Mund.

Verfolgen wir, wie zur Beweisführung für die vorstehenden Sätze, die Haltung des Klosters während der vorgenannten Epoche, so werden wir es einfach immer »bei der Macht« finden. Hielt die Macht aus, so hielt Chorin auch aus, schwankte die Macht, so schwankte auch Chorin. In zweifelhaften Fällen hielt sich's zurück und wartete ab. Wenn dies »Diplomatie« ist, so ist nichts billiger als die diplomatische Kunst.

Von 1319 bis 1323 waren für die Mark drei Prätendenten da: Herzog Rudolf von Sachsen, Herzog Heinrich von Mecklenburg und Herzog Wratislaw von Pommern-Wolgast. Die besten Ansprüche hatte unbedingt Rudolf von Sachsen; das Kloster sagte sich aber: »Herzog Heinrich und Herzog Wratislaw sind uns näher, und weil sie uns näher sind, sind sie wichtiger für uns.« Diese Erwägung genügte, um sich – im Gegensatze zur Mittelmark, die nach Sachsen hinneigte – auf die Seite von Pommern und Mecklenburg zu stellen.

So lagen die Sachen noch im Juni 1320. Aber das Ansehen Rudolfs von Sachsen wuchs; zu seinem größeren Rechte gesellte sich mehr und mehr auch die größere Macht, und sobald das Kloster diese Wahrnehmung machte, war es rasch zu einer Wandlung entschlossen. Im November 1320 begegnen wir bereits einer Urkunde, worin »Herzog Rudolf das Kloster Chorin in seinen Schutz nimmt, ihm *seine Ungnade erläßt*« und dabei natürlich seinen Besitz ihm bestätigt. Wir sehen, das Kloster hatte es für gut befunden, seine erste Schwenkung zu machen.

Indessen, die Dinge gingen nicht lange so. Kaiser Ludwig hielt es um diese Zeit für angetan, die Mark als ein verwaistes Reichslehn einzuziehen und seinen ältesten Sohn damit zu begnaden. Dieser kam als Markgraf ins Land. Die Rechnung, die von seiten Chorins nunmehr angestellt wurde, war einfach die folgende: »Rudolf von Sachsen ist stärker gewesen als Mecklenburg oder Pommern, Kaiser Ludwig aber ist wiederum stärker als der Sachsenherzog.« So wurde unser Kloster denn, nachdem es drei oder vier Jahre lang sächsisch gewesen war, ohne Zögern *bayrisch.* Dies war die *zweite* Schwenkung. Aber noch andere standen bevor.

1345 tauchte der sogenannte »Falsche Waldemar« auf; wir lassen dahingestellt sein, ob er der falsche oder der echte war. Sein Anhang mehrte sich, aber die größere Macht stand zunächst noch auf bayrischer Seite. Was tat nun Chorin? Es hielt aus bei den Bayern, solange Bayern der stärkere Teil war, und dies Ausharren führt den besten Beweis, daß man dem Kloster viel zuviel Ehre antut, wenn man ihm, wie geschehen ist, nachredet, daß es all die Zeit über (von 1319 bis 1345) gut askanisch gewesen wäre oder gar an der Rückkehr und Restituierung Waldemars, nötigenfalls *irgendeines* Waldemars, gearbeitet habe. Nichts davon. Das Kloster Chorin hatte weder die Treue, auf die Wiedereinsetzung eines »echten Waldemar«, wenn es an einen solchen glaubte, zu dringen, noch hatte es andererseits den Mut einer politisch-patriotischen Intrigue, das heißt den Mut, nötigenfalls auf jede Gefahr hin und bloß dem askanischen Namen zuliebe, den unechten Waldemar zu einem *echten zu machen.* Chorin tat nichts, als wartete ab. Waldemar, gleichviel, ob der falsche oder der richtige, zog schon zwei Jahre durchs Land, und die Uckermark, darin unser Kloster gelegen war, hatte ihn bereits anerkannt; nur gerade Abt und Konvent von Chorin zögerten immer noch, ein Wort zu sprechen und die alten askanischen Sympathien zu bezeigen. Warum? Die *bayrische Herrschaft,* wenn auch mannigfach bedroht, erschien noch unerschüttert, jedenfalls dem Eindringling überlegen. Chorin blieb also gut bayrisch, solange es das *Klügste* war, gut bayrisch zu sein.

Aber der Herbst 1348 änderte plötzlich die Machtstellung der Parteien, und mit der veränderten Machtstellung änderte sich natürlich auch die Stellung Chorins. Kaiser Karl IV., der Luxemburger, der dem bayrischen Kaiser, dem Vater des bayrischen Markgrafen von Brandenburg, auf dem Kaiserthron gefolgt war, trat auf die Seite des Falschen Waldemar und ließ ihn für echt erklären.

Jetzt wäre die Stunde für Chorin dagewesen, endlich Treue zu zeigen, wenn auch nur Treue gegen Bayern; aber es kannte nichts als Unterwerfung unter die Macht. Mit dieser Anerkennung des Falschen Waldemar durch den Kaiser war der bayrische Markgraf von Brandenburg auf einen Schlag der schwächere Teil geworden; die natürliche Folge davon war, daß Chorin aufhörte, bayrisch zu sein, um sofort kaiserlich und Waldemarisch zu werden.*

* Wenn man hier einwenden wollte, daß das Land im wesentlichen diese Schwankungen und Wandlungen mitmachte und daß deshalb kein Grund vorliege, für Chorin einen besonderen Vorwurf daraus herzuleiten, so darf man drei Dinge nicht übersehen: 1. daß Chorin besser wissen konnte, ob echt oder unecht, und wahrscheinlich es *wirklich* wußte; 2. daß Chorin sich mit Vorliebe bayrisch gezeigt und deshalb eine grö-

Dies war ein böser Fleck, eine häßliche Wandlung; aber das Häßlichere kam noch nach. Die Sache währte nicht lange; der Kaiser dachte bald anders und ließ den Waldemar im Frühjahr 1350 ebenso leicht wieder fallen, wie er ihn achtzehn Monate früher erhoben hatte. Die Häuser Luxemburg und Bayern söhnten sich aus. Waldemar war nun wieder nichts oder doch nicht viel; nur die askanische Partei stand noch zu ihm. Einzelne treue unter den Städten suchten ihn auch jetzt noch zu halten, *nur nicht Chorin.* Die Machthaber hatten ihn fallenlassen, und das Kloster tat selbstverständlich dasselbe. Von einem Einstehen, einem Zeugnisablegen, von dem, was wir heute Charakter und Gesinnung nennen würden, keine Spur. Nach halbjähriger Teilnahme an der Waldemar-Komödie war Chorin wieder so gut bayrisch, wie es vorher gewesen war. Die bayrischen Markgrafen ihrerseits waren auch zufrieden damit und machten aus dem flüchtigen Abfall nicht allzuviel. Sie drückten zwar in einer Urkunde ihren Unmut und ihre Trauer darüber aus, das Kloster nicht fest befunden zu haben; aber das war wenig mehr als eine Formalität, die Sache war beigelegt und Chorin wieder angesehen, vielleicht angesehener als zuvor. Es hielt nun auch aus, solange die Bayern im Lande waren; aber wir dürfen wohl annehmen, nicht aus Treue, sondern einfach deshalb, weil das Ausbleiben jeder neuen Versuchung ein neues Ausgleiten unmöglich machte.

Die angebliche »politische Glanzzeit« Chorins war das natürliche Resultat gegebener Verhältnisse, nicht mehr und nicht weniger, und die Quitzow-Zeit wird dem Kloster zu einem ähnlich abwartenden politischen Verfahren Veranlassung gegeben haben. Doch sind die Aufzeichnungen darüber lückenhafter. Chorin hatte keinen Heinrich Stich (siehe Seite 60), entbehrte vielmehr eines Abtes, der sich gemüßigt gesehen hätte, die Verwicklungen einer verwicklungsreichen Epoche niederzuschreiben. Die letzten anderthalbhundert Jahre des Klosters unter der sich befestigenden Macht der Hohenzollern scheinen ohne jede Gefährdung hingegangen zu sein; Schenkungsbrief reiht sich an Schenkungsbrief, bis

ßere Pflicht hatte, Farbe zu halten, und 3. daß andere Plätze, die zum Teil dieselbe Wandlung durchmachten, doch wenigstens länger ausdauerten und etwas schamhafter verfuhren.

endlich die Reformation dazwischentritt und den Faden durchschneidet.

Die Vorgänge, die die Säkularisierung Chorins begleiteten, waren wohl dieselben wie bei Einziehung der brandenburgischen Klöster überhaupt. Chorin wurde freilich zunächst aus freier Hand verkauft, aber dies hatte keinen Bestand, und binnen kurzem wurde auch hier der Klosterhof ein Amtshof, eine Domaine. Er ist es noch.

## Kloster Chorin, wie es ist

Von den alten Baulichkeiten, wenn dieselben auch Umwandlungen unterworfen wurden, ist noch vieles erhalten; lange einstöckige Fronten, die den Mönchen als Wohnung und Arbeitsstätten dienen mochten, dazu Abthaus, Refektorium, Küche, Speisesaal, ein Teil des Kreuzganges, vor allem die Kirche. Diese, wennschon eine Ruine, richtiger eine ausgeleerte Stätte, gibt doch ein volles Bild von dem, was diese reiche Klosteranlage einst war. Schon die Maße, die Dimensionen deuten darauf hin; das Schiff ist vierundvierzig Fuß länger als die Berliner Nikolaikirche und bei verhältnismäßiger Breite um siebzehn Fuß höher. Im Mittelschiff stehen auf jeder Seite elf viereckige Pfeiler (einige zur Linken sind neuerdings verschwunden); der zwölfte Pfeiler, rechts wie links, steckt in der Mauer. Die Konsolen oder Kapitälornamente sind verschieden gestaltet und stellen abwechselnd Akanthus-, Klee- und Eichenblätter dar. Das Blattwerk zeigt hier und da noch Spuren von grüner Farbe, während der Grund rot und gelb gemalt war. Freskoartige Malereien finden sich noch in letzten Überresten im Kreuzgang; an einer stehengebliebenen Kappe zeigt sich Zweig- und Blattwerk, das ein Walnußgesträuch darzustellen scheint. Das hohe Gewölbe, welches von den Pfeilern des Mittelschiffes getragen wurde, ist seit einem Jahrhundert eingestürzt. Anstelle desselben wurde im Jahre 1772 ein Dachstuhl aufgerichtet, der seitdem das neue Dach trägt. Dies neue Dach ist niedriger, als das alte war, was sich an den Giebelwänden, besonders an dem Frontispice im Westen, noch deutlich markiert. Von den Seitenschiffen ist nur noch eins vorhanden, das nördliche; über dem niedrigen Dach desselben ragen die elf Spitzbogenfenster des Hauptschiffes auf, deren obere Steinverzierungen noch beinahe unversehrt erhalten sind.

Leider geht dieser *baulich* schönen Ruine, wie gesagt, das eigentlich *Malerische* ab. Ruinen, wenn sie nicht bloß, als nähme man ein Inventarium auf, nach Pfeiler- und Fensterzahl beschrieben werden sollen, müssen zugleich ein *Landschafts*- oder auch ein *Genrebild* sein. In einem oder im andern, am besten in der Zusammenwirkung beider wurzelt ihre Poesie. Chorin aber hat wenig oder nichts von dem allen; es gibt sich fast ausschließlich als Architekturbild. Alles fehlt, selbst das eigentlich Ruinenhafte der Erscheinung, so daß, von gewisser Entfernung her gesehen, das Ganze nicht anders wirkt wie jede andere gotische Kirche, die sich auf irgendeinem Marktplatz irgendeiner mittelalterlichen Stadt erhebt. Nur fehlt leider der Marktplatz und die Stadt. Und treten wir nun in die öden und doch wiederum nicht malerisch zerfallenen Innenräume ein, so fehlt uns eines mehr als alles andere. Wer immer auch unser Führer sein mag, und wäre er der beste, wir vermissen die stille Führerschaft von Sage und Geschichte. Alles läßt uns im Stich, und wir schreiten auf dem harten Schuttboden hin wie auf einer Tenne, über die der Wind fegte. Alles leer.

Kloster Chorin ist keine jener lieblichen Ruinen, darin sich's träumt wie auf einem Frühlingskirchhof, wenn die Gräber in Blumen stehen; es gestattet kein Verweilen in ihm, und es wirkt am besten, wenn es wie ein Schattenbild flüchtig an uns vorüberzieht. Wer hier in der Dämmerstunde des Weges kommt und plötzlich zwischen den Pappeln hindurch diesen still einsamen Prachtbau halb märchenhaft, halb gespenstisch auftauchen sieht, dem ist das Beste zuteil geworden, das diese Trümmer, die kaum Trümmer sind, ihm bieten können. Die Poesie dieser Stätte ist dann wie ein Traum, wie ein romantisches Bild an ihm vorübergezogen, und die sang- und klanglose Öde des Innern hat nicht Zeit gehabt, den Zauber wieder zu zerstören, den die flüchtige Begegnung schuf.

# SPANDAU UND UMGEBUNG

# SANKT NIKOLAI ZU SPANDAU

Wie Spukgestalten die Nebel sich drehn,
's ist schaurig, über das Moor zu gehn,
Die Ranke häkelt am Strauche.

*Annette Droste-Hülshoff*

Ein klarer Dezembertag; die Erde gefroren, die Dächer bereift. Aber schon mischt sich ein leises Grau in die heitere Himmelsbläue, es weht leise herüber von Westen her, und jenes Frösteln läuft über uns hin, das uns ankündigt: Schnee in der Luft.

Schnee in der Luft; vielleicht morgen schon, daß er in Flocken niederfällt! So seien denn die Stunden genutzt, die noch einen freien Blick in die Landschaft gestatten.

Das Spreetal hinunter, an dem Charlottenburger Schloß vorbei (dessen vergoldete Kuppelfiguren nicht recht wissen, ob sie in dem spärlichen Tageslicht noch blitzen sollen oder nicht), über Brücken hin, zwischen Schwanenrudeln hindurch, geht der Zug, bis die Havelveste vor uns aufsteigt, mit Brücken und Gräben, mit Torwarten und Mauern, und über dem allen: Sankt Nikolai, die erinnerungsreiche Kirche dieser Stadt.

Der Zug hält. Ohne Aufenthalt, mit den Minuten geizend, steuern wir durch ein Gewirr immer enger werdender Gassen auf den alten gotischen Bau zu, der sich, auf engem und kahlem Platze, über den Dächerkleinkram hinweg, in die stahlfarbene Luft erhebt. Kein Bau ersten Ranges, aber doch an *dieser* Stelle.

Das Innere, ein seltner Fall bei renovierten Kirchen, bietet mehr, als das Äußere verspricht. Emporen, wie Brückenbogen geschwungen, ziehen sich zwischen den grauweißen Pfeilern hin und wirken hier, in dem sonst schmucklosen Gange, fast wie ein Ornament des Mittelschiffes.

Die Kirche selbst, bei aller Schönheit, ist kahl; im Chor aber drängen sich die Erinnerungsstücke, die der Kirche noch aus alter Zeit her geblieben sind. Hier, an der Rundung des Gemäuers hin, hängen die Wappenschilde der Quaste, Ribbeck und Nostitz, hier richtet sich das prächtige Denkmal der Gebrüder Röbel auf, hier begegnen wir dem berühmten Steinaltar, den Rochus von Lynar der Kirche stiftete, und hier endlich, in Front ebendieses Altars, erhebt sich das dreifußartige, schönste Kunstform zeigende Taufbecken, das zugleich die Stelle angibt, wo unter dem Estrich die Überreste Adam Schwarzenbergs ruhn. Zur Rechten die eigene Wappentafel des Grafen: der Rabe mit dem Türkenkopf.

Alle diese Dinge indes sind es nicht, die uns heute nach Sankt Nikolai in Spandau geführt haben, unser Besuch gilt vielmehr dem alten Turme, zu dessen Höhe ein Dutzend Treppenstiegen hinanführen. Viele dieser Stiegen liegen im Dunkel, andre empfangen einen Schimmer durch eingeschnittene Öffnungen, alle aber sind bedrohlich durch ihre Steile und Gradlinigkeit und machen einem die Weisheit der alten Baumeister wieder gegenwärtig, die ihre Treppen spiralförmig durch die dicke Wandung der Türme zogen und dadurch die Gefahr beseitigten, funfzig Fuß und mehr erbarmungslos hinabzustürzen.

Die Treppe frei und gradlinig. Und doch ist es ein Ersteigen mit Hindernissen: die Schlüssel versagen den Dienst in den rostigen Schlössern, und man merkt, daß die Höhe von Sankt Nikolai zu Spandau keine täglichen Gäste hat, wie Sankt Stephan in Wien oder Sankt Paul in London. Endlich sind wir an Uhr und Glockenwerken vorbei, haben das Schlüsselbund, im Kampf mit Großschlössern und Vorlegeschlössern, siegreich durchprobiert und steigen nun, durch eine letzte Klappenöffnung, in die luftige Laterne hinein, die den steinernen Turmbau krönt. Keine Fenster und Blenden sind zu öffnen, frei bläst der Wind durch das gebrechliche Holzwerk. Das ist die Stelle, die wir suchten. Ein Luginsland.

Zu Füßen uns, in scharfer Zeichnung, als läge eine Karte vor uns ausgebreitet, die Zickzackwälle der Festung; ostwärts im grauen Dämmer die Türme von Berlin; nördlich, südlich die bucht- und seenreiche Havel, inselbetupfelt, mit Flößen und Kähnen überdeckt; nach Westen hin aber ein breites, kaum hier und da von einer Hügelwelle unterbrochenes Flachland, das *Havelland.*

Wer hier an einem Junitage stände, der würde hinausblikken in üppig grüne Wiesen, durchwirkt von Raps- und Weizenfeldern, gesprenkelt mit Büschen und roten Dächern, ein Bild moderner Kultur; an diesem frostigen Dezembertage aber liegt das schöne Havelland brachfeldartig vor uns ausgebreitet, eine graubraune, heideartige Fläche, durch welche sich in breiten blanken Spiegeln, wie Seeflächen, die Grundwasser und übergetretenen Gräben dieser Niederungen ziehen. Wir haben diesen Tag gewählt, um den flußumspannten Streifen Landes, der uns auf diesen und den folgenden Seiten beschäftigen soll, in *der* Gestalt zu sehen, in der er sich in alten, fast ein Jahrtausend zurückliegenden Zeiten darstellte. Ein grauer Himmel über grauem Land, nur ein Krähenvolk aufsteigend aus dem Weidenwege, der sich an den Wasserlachen entlangzieht, so war das Land von Anfang an: öde, still, Wasser, Weide, Wald.

Freilich, auch dieses Dezembertages winterliche Hand hat das Leben nicht völlig abstreifen können, das hier langsam, aber siegreich nach Herrschaft gerungen hat. Dort zwischen Wasser und Weiden hin läuft ein Damm, im ersten Augenblicke nur wie eine braune Linie von unserem Turm aus bemerkbar; aber jetzt gewinnt die Linie mehr und mehr Gestalt; denn zischend, brausend, dampfend, dazwischen einen Funkenregen ausstreuend, rasseln jetzt von zwei Seiten her die langen Wagenreihen zweier Züge heran und fliegen – an derselben Stelle vielleicht, wo einst Jaczko und Albrecht der Bär sich trafen – aneinander vorüber. Das Ganze wie ein Blitz!

Der Tag neigt sich; der Sonnenball lugt nur noch blutrot aus dem Grau des Horizonts hervor. Ein roter Schein läuft über die grauen Wasserflächen hin. Nun ist die Sonne unter, die Nebel steigen auf und wälzen sich von Westen her auf die Stadt und unsere Turmstelle zu. Noch sehen wir, wie aus dem nächsten Röhricht ein Volk Enten aufsteigt; aber ehe es in die nächste Lache niederfällt, ist das schwarze Geflatter in dem allgemeinen Grau verschwunden.

Das Havelland träumt wieder von alter Zeit.

# DAS HAVELLÄNDISCHE LUCH

Es schien das Abendrot
Auf diese sumpfgewordne Urwaldstätte,
Wo ungestört das Leben mit dem Tod
Jahrtausendlang gekämpfet um die Wette.

*Lenau*

Das Havelland, oder, mit andern Worten, jene nach drei Seiten hin von der Havel*, nach der vierten aber vom Rhin-Flüßchen eingeschlossene Havelinsel, bestand in alter Zeit aus großen, nur hier und dort von Sand- oder Lehmplateaus unterbrochenen Sumpfstrecken, die sich, trotz der mannigfachsten Veränderungen und Umbildungen, bis diesen Tag unter dem Sondernamen »*das Havelländische Luch*« oder auch bloß »*das Luch*« erhalten haben. Und sie haben in der Tat Anspruch auf eine unterscheidende Bezeichnung, da sie in Form und Art von den fruchtbaren Flußniederungen anderer Gegenden vielfach abweichen und zum Beispiel statt des Weizens und der Gerste nur ein mittelmäßiges Heu produzieren. Im großen und ganzen darf man vom »Luche« sagen, daß es weniger seine Produkte als vielmehr *sich selbst* zu Markte bringt – *den Torf.* Denn das Luch besteht großenteils aus Torf. Seitdem es aufgehört hat, ein bloßer Sumpf zu sein, ist es ein großes Gras- und Torfland geworden. Linum, der Hauptsitz der Torfgräbereien, ist das Newcastle unserer Residenz.

Wie das Havelland den Mittelpunkt Alt-Brandenburgs bildet, so bildet das Luch wiederum den Mittelpunkt des Havellandes. Das letztere (das heißt also der west- und osthavelländische Kreis) ist ohngefähr fünfzig Quadratmeilen groß; in diesen fünfzig Quadratmeilen stecken die zweiundzwanzig Quadratmeilen des Luchs wie ein Kern in der

* Zu den vielen Eigentümlichkeiten der Havel gehört auch die, daß sie, von Norden kommend, auf dem letzten Drittel ihres Laufes wieder nach Norden fließt. Sie beschreibt also einen Halbbogen und umfängt mit ihrem gekrümmten Arm ein fünfzig Quadratmeilen großes Stück Land, das »Havelland«.

Schale. Die Form dieses Kerns ist aber nicht rund, auch nicht oval oder elliptisch, sondern *pilzförmig*. Ich werde gleich näher beschreiben, wie diese etwas ungewöhnliche Bezeichnung zu verstehen ist. Jeder meiner Leser kennt jene Pilzarten mit kurzem dicken Stengel, die ein breites schirmförmiges Dach und eine große kugelförmige Wurzel haben. Man nehme den Längsdurchschnitt eines solchen Pilzes und klebe ihn auf ein kleines Quartblatt Papier, so wird man ein ziemlich deutliches Bild gewinnen, welche Form »das Luch« innerhalb des Havellandes einnimmt. Gleich der erste Blick wird dem Beschauer zeigen, daß das Luch aus *zwei Hälften*, aus einer schirmförmig-nördlichen und einer kugelförmig-südlichen, besteht, die beide da, wo der kurze Strunk des Pilzes läuft, nah zusammentreffen. Die schirmförmige Hälfte heißt das *Rhin-Luch*, die kugelförmige das *Havelländische Luch*. Das Verbindungsstück zwischen beiden hat keinen besonderen Namen. Dies verhältnismäßig schmale, dem Strunk des Pilzes entsprechende Verbindungsstück ist dadurch entstanden, daß sich von rechts und links her Sandplateaus in den Luchgrund hineingeschoben haben. Diese Sandplateaus führen wohlgekannte Namen; das östliche ist das zu besondrem historischen Ansehn gelangte »Ländchen Bellin«, das westliche heißt »Ländchen Friesack«. Diese beiden »Ländchen« sind alte Sitze der Kultur, und ihre Hauptstädte, Fehrbellin und Friesack, wurden schon genannt, als beide Luche, das Rhin-Luch wie das Havelländische, noch einem See glichen, der in der Sommerzeit zu einem ungesunden, unsicheren Sumpfland zusammentrocknete.

Klöden hat den früheren Zustand der Luchgegenden sehr schön und mit poetischer Anschaulichkeit geschildert. Er schreibt: »Es war eine wilde Urgegend, wie die Hand der Natur sie gebildet hatte, ein Seitenstück zu den Urwäldern Südamerikas, nur kleiner und nicht Wald, sondern Luch. Es zeigte damals in großer Ausdehnung, was kleinere Bruchflächen der Mark noch jetzt zeigen. Weit und breit bedeckte ein Rasen aus zusammengefilzter Wurzeldecke von bräunlichgrüner Farbe die wassergleiche Ebene, deren kurze Grashalme besonders den Riedgräsern angehörten. In jedem Frühjahr quoll der Boden durch das hervordringende Grundwasser auf, die Rasendecke hob sich in die Höhe, bildete eine schwimmende, elastische Fläche, welche bei jedem Schritt unter den Füßen einsank, während sich ringsum ein flach trichterförmig ansteigender Abhang bildete. Andere Stellen, die sich nicht in die Höhe heben konnten, sogenannte *Lanken*, wurden überschwemmt, und so glich das Luch in jedem Frühjahr einem weiten See, über welchen jene Rasenstellen wie grüne, schwimmende Inseln hervorragten, während an anderen Stellen Weiden, Erlen und Birkengebüsch sich im Wasser spiegelten oder da, wo sie auf einzelnen Sandhügeln, den sogenannten *Horsten*, gewachsen waren, kleine Waldeilande darstellten. Solcher Horsten gab es mehrere, von denen einige mitten im Havelländischen Luche lagen. Die umliegenden Ortschaften versuchten es, dem Luche dadurch einigen Nutzen abzugewinnen, daß sie ihre Kühe darin weiden ließen und das freilich schlechte und saure Gras, so gut es ging, mähten. Beides war nur mit großer Mühseligkeit zu erreichen. Das Vieh mußte häufig durch die Lanken schwimmen, um Grasstellen zu finden, oder es sank in die weiche Decke tief ein, zertrat dieselbe, daß bei jedem Fußtritt der braune Moderschlamm hervorquoll, ja daß es sich oft nur mit großer Mühe wieder herausarbeitete. Oft blieb eine Kuh im Moraste stecken und ward nach unsäglicher Mühe kalt, kraftlos und krank wieder herausgebracht oder, wenn dies zu schwerhielt, an dem Orte, wo sie versunken war, geschlachtet und zerstückt herausgetragen. Nur im hohen Sommer und bei trockener Witterung war der größte Teil des Luchs zu passieren; dann mähte man das Gras, allein nur an wenigen Stellen konnte es mittels Wagen herausgebracht werden; an den meisten mußte man es bis in den Winter in Haufen stehenlassen, um bei gefrornem Boden es einzufahren. Unter allen Umständen war das Gras schlecht und eine kümmerliche Nahrung. Sowenig nutzbar dieses Bruch für den Menschen und sein Hausvieh war, so vortrefflich war es für das *Wild* geeignet. In früheren Zeiten hausten hier selbst Tiere, welche jetzt in der Mark nicht mehr vorkommen, wie Luchse, Bären und Wölfe. Besonders aber waren es die Sumpfvögel, Kraniche und Störche, welche hochbeinig in diesem Paradiese der Frösche einherstolzierten, und mit ihnen bewohnte die Wasser ein unendliches Heer von Enten aller Art, nebst einer Unzahl anderer Wasservögel. Kiebitze, Rohrsänger, Birkhähne, alles war da, und in den Flüssen fanden sich Schildkröten, wie allerhand Schlangen in dem mitten im Luch gelegenen Zotzenwald.«

Im *Rhin*-Luch änderten sich diese Dinge schon zu Anfang des sechzehnten Jahrhunderts; Gräben wurden gezogen, das Wasser floß ab, und die Herstellung eines Dammes quer durchs Luch hindurch wurde möglich. Wo sonst die Fehrbelliner *Fähre*, über Sumpf und See hin, auf- und abgefahren war, erstreckte sich jetzt der Fehrbelliner *Damm*. Das Jahr genau zu bestimmen, wann dieser Damm gebaut wurde, ist nicht mehr möglich; doch existiert schon aus dem Jahre 1582 eine Verordnung, in der von seiten des Kurfürsten Johann Georg »dem Capitul zu Cölln an der Spree, den von Bredows zu Kremmen und Friesack, den Bellins zu Bellin und allen Zietens zu Dechtow und Brunne kund und zu wissen getan wird, daß der *Bellinsche Fährdamm sehr böse sei und zu mehrerer Beständigkeit mit Steinen belegt werden solle*«.

Das große *Havelländische* Luch blieb in seinem Urzustand bis 1718, wo unter Friedrich Wilhelm I. die *Entwässerung* begann. Vorstellungen von seiten der zunächst Beteiligten, die ihren eigenen Vorteil, wie so oft, nicht einzusehen vermochten, wurden ignoriert oder abgewiesen, und im Sommer desselben Jahres begannen die Arbeiten. Im Mai 1719 waren schon über 1000 Arbeiter beschäftigt, und der König betrieb die Kanalisierung des Luchs mit solchem Eifer, daß ihm selbst seine vielgeliebten Soldaten nicht zu gut dünkten, um mit Hand anzulegen. 200 Grenadiere, unter Leitung von zwanzig Unteroffizieren, waren hier in der glücklichen Lage, ihren Sold durch Tagelohn erhöhen zu können. Im Jahre 1720 war die Hauptarbeit bereits getan, aber noch fünf Jahre lang wurde an der völligen *Trockenlegung* des Luchs gearbeitet. Nebengräben wurden gezogen. Brücken und Stauschleusen angelegt, Dämme gebaut und an allen trockengelegten Stellen das Holz- und Strauchwerk ausgerodet. Die Arbeiten waren zum großen Teil unter Anleitung holländischer Werkführer und nach holländischen Plänen vor sich gegangen. Dies mochte den Wunsch in dem König anregen, mit Hülfe der mal vorhandenen Arbeitskräfte aus dem ehemaligen Sumpf- und Seelande überhaupt eine reiche, fruchtbare Kolonie zu machen. Der Plan wurde ausgeführt, und das »Amt Königshorst« entstand an dem Nordrande des kreisförmigen Havelländischen Luchs, ohngefähr da, wo das vom Rhin-Luch abzweigende Verbindungsstück in das Havelländische Luch einmündet. Die Fruchtbarkeit freilich, die dem eben gewonnenen Grund und Boden von Natur aus abging, hat kein königlicher Erlaß ihm geben können; aber in allem andern hat der »Soldatenkönig« seinen Willen glücklich durchgeführt, und Königshorst mit seinen platten, unabsehbaren Grasflächen, seinen Gräben, Deichen und Alleen erinnert durchaus an die holländischen Landschaften des Rhein-Delta. Hier wie dort ist die grüne Ebene der Wiesen und Weiden belebt von Viehherden, die hier gemischter Race sind: Schweizer, Holländer, Oldenburger und Holsteiner.

Die Gewinnung guter Milch und Butter war von Anfang an ein Hauptzweck gewesen, und es wurde demgemäß eine förmliche Lehranstalt für die Kunst des Butterns und Käsemachens eingerichtet, wohin die Beamten der kurmärkischen Ämter eine Anzahl von Bauertöchtern, für deren gute Führung sie verantwortlich waren, als Mägde zu schicken hatten. Diese Mägde wurden während eines zweijährigen Dienstes in allem Nötigen unterwiesen. Dann mußten sie ohne Hülfe der Holländerin eine Probe guter Butter bereiten, die der König selbst zu prüfen nicht verschmähte. Fiel die Prüfung zugunsten der betreffenden Magd aus, so verlieh ihr der König einen Brautschatz im Betrage von 100 Talern. Diese Einrichtung hat bis zum Tode des Königs bestanden und zu ihrer Zeit reiche Früchte getragen, die noch heutzutage nachwirkend sind. Auch Friedrich II. widmete dem Amte Königshorst eine besondere persönliche Aufmerksamkeit. Anfänglich ließ er den größten Teil der dortigen Ländereien zu Fettweiden benutzen, um die Einfuhr von ausländischem Schlachtvieh für den Berliner Markt entbehrlich zu machen; in späteren Regierungsjahren aber kehrte er ganz zu dem Benutzungsplan des Gründers von Königshorst zurück und stellte das von seinem Vater begründete Lehrinstitut als »eine« – wie der König in einem Erlaß vom 13. Mai 1780 sich ausdrückte – »ordentliche Akademie des Buttermachens« wieder her. Bis diesen Tag gilt die

Königshorster Butter (Horstbutter) in Berlin als die beste. Eins fehlt ihr vielleicht – das *Aroma*. Das Luchgras, was immer auch die Kultur zu seiner Verbesserung getan haben mag, kann nicht wetteifern mit dem süßen, saftigen, kräuterreichen Gras der Nordsee-Marschen. Noch weniger ist es geglückt, das Sandland der alten *Horsten* (Sandstellen im Sumpf) zu einem fruchtbaren Boden umzugestalten; nur mühsam wird das Getreide gewonnen, das zum Unterhalt des Viehstandes nötig ist. Von der Bedeutung jener Entwässerungsarbeiten aber, die durch König Friedrich Wilhelm I. eingeleitet wurden, wird man sich am ehesten eine Vorstellung machen können, wenn man erfährt, daß die Gesamtlänge der im Luche befindlichen Gräben und Kanäle über einundsiebzig Meilen beträgt.

# DER BRIESELANG

Balsamisch wogten die Düfte
Über das feuchte Revier,
Die alten Störche bezogen
Freudig das alte Quartier.
In all den Luchen und Lanken
Waren die Wasser erwacht,
Die Kiefern lauschten und tauschten
Ihre Grüße sacht.

*G. Hesekiel*

Eine der ältesten Waldpartien des Havellandes ist der *Brieselang*, anderthalb Meilen westlich von Spandau. Die Hamburger Eisenbahn schneidet an seinem Südrande hart vorbei und bildet, wenn man auf die Karte blickt, den Fuß, auf dem er steht. Wer ihn besuchen will und die Jahre des Turnerenthusiasmus hinter sich hat, pflegt deshalb auch die genannte Bahn zu benutzen, die ihn wochentags bis an die östlichen Vorlande des Waldes (Station Segefeld) oder sonntags in Extrazügen direkt bis an seine Eingänge führt.

Der Brieselang ist nicht mehr, was er war. In alten Tagen ging er über Quadratmeilen hin und füllte das ganze Territorium, das man damals als Alt-Bredow-Land bezeichnen konnte. Das Nauensche Luch, die Falkenhagenschen Wiesen, der Bredowsche Forst, das Pausinsche Bruch, alles war Brieselang, ein Elsbruch im großen Stil: im Frühjahr ein Sumpf oder See, im Sommer eine Prairie, zu allen Jahreszeiten aber von mächtigen Eichen, den »Brieselang-Eichen«, überragt, die um einen Schuh höher waren als alle anderen im Lande. Das ist nun anders geworden. In allen Teilen des alten Gebiets, zumal auch auf jener Strecke, die noch den alten Namen führt, haben sich die Elemente geschieden, aus weiten Sumpfstrecken, denen man die Elsen und Eichen *nahm*, sind weite Wiesenstrecken geworden, und aus anderen, denen man Elsen und Eichen *hinzutat*, sind regelrechte Waldreviere geworden. Nur da, wo Wald und Wiese miteinander grenzen und der Wald aus seinem Heerlager einzelne

Posten in die weite Wiese hinausstellt, nur an *diesen* Stellen zeigt der Brieselang noch seinen alten Charakter, zumal im Frühjahr, wenn das Sumpfwasser steigt und sich wieder in Lachen und Lanken um die Elsenbüsche sammelt.

Der Brieselang ist eine schwindende Macht, an Terrain verlierend wie an Charakter, aber auch noch im Schwinden ehrwürdig, voll Zeichen alter Berühmtheit und alten Glanzes. Er besteht zur Zeit noch aus zwei Hälften, aus dem eigentlichen Brieselang und aus der Butenheide, von denen jener, mit dem Hauptpunkt »Finkenkrug«, die südliche, diese, die Butenheide, mit dem Hauptpunkt »Königseiche«, die nördliche Hälfte bildet. Da aber, wo beide Hälften zusammentreffen, inmitten einer Lichtung, erhebt sich die »Försterei Brieselang«, die als Zentralpunkt mit Recht den Namen des ganzen Waldes trägt.

In den Brieselang also!

## 1. Finkenkrug

Es sauset und brauset
Das Tamburin,
Es rasseln und prasseln
Die Schellen darin.

*Clemens Brentano*

In Tagen sommerlicher Lust:
Mai, Juni, Juli und August,

vergeht kein Sonntag, wo nicht Scharen von Besuchern den Brieselang umschwärmten. Aber die Tausende, die kommen und gehn, begnügen sich damit, den Zipfel seines Gewandes zu fassen; die Parole lautet nicht »Brieselang«, sondern »Finkenkrug«. Und doch ist der Finkenkrug, an der südlichsten Stelle der Südhälfte gelegen, ein bloßes Portal, durch das man hindurch muß, um in die eigentliche Schönheit des Waldes einzutreten; nicht diesseits liegt die Herrlichkeit, sondern jenseits, und alles, was den Brieselang ausmacht, seinen Charakter, seine Erinnerungen, seine Schätze, alles liegt drüber hinaus. Der Finkenkrug ist nur erste Etappe. Wer den Brieselang kennenlernen will, der muß auch, rüstigen Fußes, die beiden andern Staffeln zu erreichen wissen: die *Försterei* und die *Eiche.* Nur erst, wer bei der »Königseiche« steht, der hat den Brieselang hinter sich und kann mitsprechen.

Wir tun's. Der geneigte Leser wolle uns folgen.

Es ist Sonntag vor Pfingsten. Wir haben den Elf-Uhr-Zug benutzt, und die Sonne steht bereits in Mittag, als wir landen. Wir sind zu drei: mein Reisebegleiter, ein pommersch Blut, ich selbst und als dritter unser Führer, ein Autochthone dieser Gegenden. Das Dreieck Spandau—Nauen—Kremmen umschließt seine Welt. Er ist hager und ausdauernd wie ein Trapper, erfahren und lederfarben wie »Pfadfinder«. Er versteht auch zu sprechen.

»Können Sie's glauben«, so hebt er an, »daß ich diese Straße seit zwanzig Jahren nicht gekommen bin. Ich fasse den Brieselang immer von Norden her, hier unten bin ich ein Fremder ... Ja, vor zwanzig Jahren! Das war ein Tag, geradeso kalt, wie der heutige warm ist, und wir hatten Wahl in Finkenkrug.«

»Im Finkenkrug?«

»Ja, in Finkenkrug. Er mag dadurch poetisch verlieren, *mehr* verlieren, als er politisch gewinnt, aber ich kann es nicht ändern. Es war in Finkenkrug, und ich kam mit dem Falkenhagener Oberförster hier des Wegs. Die Pferde waren ganz weiß, der Wald glitzerte; ich habe kein Rotkehlchen gesehn, so tot war der Wald.«

»Und Sie kamen an und stießen aufs leere Nest. Jeder war zu Hause geblieben.«

»Fehlgeschossen. Viele Hunderte waren da, immer neue Schlitten fuhren an, und ehe eine halbe Stunde um war, war es nicht mehr möglich, die Ankommenden und Hereindrängenden in den Stuben unterzubringen. Da rief Oberförster Brandt: ›Wir machen ein Feuer und tagen *draußen.*‹ Allgemeiner Jubel. Er war *Oberförster,* und die paar Klafter Holz, die nun bald lichterloh und mit Geprassel an zu brennen fingen, wird er wohl nach oben hin verdefendieret haben. Es war ein entzückendes Bild. Der glitzernde Wald, das verschneite Haus, auf dessen weißes Dach die roten Lichter fielen, und um das Feuer herum, in Pelze gewickelt, all die havelländischen Bredows, die Ribbecks, die Hünekens, Erxleben von Selbelang, Risselmann von Schönwalde, dazwischen die Pastoren in ihren Filial-Reisemänteln, endlich die Kutscher und Knechte mit ihren Pferdedecken. Jede Stimme galt. Der alte Landrat von Hobe präsidierte und versicherte uns einmal über das andere, daß von Patow-Potsdam gewählt werden müsse.«

»Und was wurde?«

»Nun, er *wurde* gewählt. Aber nicht ohne Zwischenfälle. Es muß wahr sein, nie habe ich solche Vertilgung von Grog und Glühwein gesehen. In solchem Momente höchster Hitze sprang der Oberprediger aus Kremmen, ein scharfer Liberaler, auf die Tribüne und schrie: ›Was wollt ihr jungen Most in alte Schläuche fassen; weg mit Patow, ich stelle mich zur Wahl.‹ Und sein Anhang rief ihm bravo zu. Aber ein Pächter aus Pressentin, der schon völlig unter Grog stand, schrie in die Versammlung hinein: ›Runter mit ihm und hinein ins Feuer.‹ Allgemeines Gelächter. Aber der Oberprediger, der klugerweise nicht abwarten wollte, wieviel hier Ernst oder Spaß war (denn einige faßten bereits zu), rettete sich durch einen Sprung und verschwand im Unterholze des Brieselang. Er hat den Tag nicht vergessen können.«

So ging das Gespräch.

Es war inzwischen heiß geworden, so heiß, daß unsere Phantasie mit einem gewissen Neid an dem Winterbilde hing, das unser Führer eben vor uns entrollt hatte, und schon dämmerte die Frage herauf, ob nicht ein flüchtiges »Ausspannen«, eine Lagerung an schattiger Stelle gestattet sei, als wir deutlich eine Art Janitscharenmusik vernahmen, belebende Klänge, die, immer lauter werdend, unsern Füßen ihre Elastizität wiedergaben. Wir waren am Ziel, wenigstens an einem vorläufigen. Der Finkenkrug blitzte durchs Gezweig, und in guter Haltung rückten wir auf einen kastanienumschatteten Platz, zu dem sich der Waldweg hier verbreitert. Eine Alternative, vor die wir uns plötzlich und gegen Erwarten gestellt sahen, gebot uns, mitten im Wege haltzumachen. Der Finkenkrug umfaßt nämlich eine Doppelwirtschaft: *links* ist Kaffee und Kegelbahn, *rechts* ist Bier und Büchsenstand. Dies hielt sich die Waage. Aber was zuletzt unserem Schwanken ein Ende machte, war, daß nach rechts hin, wo freilich das verlockende Seidel blühte, doch zugleich auch die minder verlockende Janitscharenmusik ihren Platz genommen hatte, die, in die Waldesferne hinein unbedingt segensreich wirkend, in nächster Nähe ihr entschieden Bedenkliches hatte.

Also *links*.

Da hatten wir's denn wirklich mal getroffen. Es war auch die *Damen*seite, die Seite der jungen Paare, und ich kann mich nicht entsinnen, von meinen Landsmänninnen, honni soit qui mal y pense, jemals einen so ungestört guten Eindruck empfangen zu haben. Schlank, hübsch, wohlgekleidet, munter ohne Lärm, neckisch ohne Frivolität, frei ohne »Freiheiten«, schritten sie paarweise auf und ab, spielten zwischen den Bäumen oder flogen in der Schaukel durch die Luft. Fremde, die sich auf vergleichende Völkerkunde verstehen, würden die günstigsten Urteile von dieser Stelle mit hinweggenommen haben, wenn man ihnen, die Paare vorstellend, hätte sagen können: dies ist die Schwester eines Steinmetzen, die Braut eines Büchsenmachers, die junge Frau eines Schiffszimmermanns oder Kahnbauers.

Eine kurze Rast wurde genommen, das Seidel »von gegenüber« geprobt; dann brachen wir wieder auf, mit einem Gruß gegen das graziöse Paar, das eben jetzt im Versteckspiel hinter den Bäumen sich neckte, und traten dann in jenen schon erwähnten, an der Grenzlinie von Wald und Wiese sich hinschlängelnden Weg ein, der, zumal in Apriltagen, wenn alles wieder See und Sumpf ist und jedes Elsengebüsch zu einer Insel wird, die alten Brieselang-Zeiten heraufbeschwört. Heute bot die Szenerie nichts von den Bildern jener Zeit. Links zwitscherten die Vögel im Wald, nach rechts hin dehnte sich die Wiese, mit Tausendschön, Ranunkel und rotem Ampfer gesprenkelt. Alles war Heiterkeit und Friede. Unser »Pfadfinder«, der während unsers kurzen Aufenthalts im Finkenkrug sich mehr meinem Reisegefährten als mir zu attachieren gewußt hatte, brach hier die rasch angeknüpften Beziehungen ebenso rasch wieder ab, gesellte sich mir aufs neue und antwortete eingehend und immer bereit auf meine hundert Fragen, die alsbald kreuz und quer gingen wie der Weg, den er uns führte.

»Sie fragen nach Wildstand und Wilddieben. Nun, der Wilddiebe hat der Brieselang wohl nicht allzuviel, aber der

Walddiebe desto mehr. Sie glauben gar nicht, was in solchem Walde alles steckt und wie viele Hunderte von Menschen daraus ihre Nahrung oder doch einen Teil ihres Erwerbes ziehen. Es mag wohl zwanzig Arten von ›Jägern‹ geben, die hier im Brieselang zu Hause sind. Vielleicht noch viel mehr.«

»Und das wären?«

»Ich will Ihnen nur ein halbes Dutzend nennen. Da sind die Kräuterjäger, die Käfer-, Fliegen- und Insektenjäger, die Eier- und Vogeljäger, die Laubfroschjäger, die Schlangenjäger, die Ameisenjäger. Auf dem Schwanenkruge versammeln sich im Juni allerlei Gestalten, jung und alt, die Jagd auf wilde Rosenstämme, auf ›Hagebuttensträucher‹ machen, während andere, etwas früher schon, aber mit derselben Pertinazität, dem jungen Faulbaum nachstellen.«

»Dem Faulbaum?«

»Ja! das Faulbaumholz gibt eine allerbeste Kohle für die Pulverfabrikation. Selbst Pappeln und Linden kommen gegen den Faulbaum nicht auf. Da ist denn immer Nachfrage, und so macht sich der Handel. Nun werden Sie fragen: Ist das legal? Und die Frage ist nur allzu berechtigt. Aber wer will in der Kohle noch nach der Legalität des Holzes spüren? Wer kauft Pottasche und verlangt Ausweis über den eingeäscherten Wald?«

»Ich versteh. Aber Sie sprachen auch von Schlangenjägern. Das klingt ja bedenklich. Sind wir hier auf Reptilienterrain?«

»Nicht gerade hier. Aber weiter rechts, nach dem Spandauer Forst hinüber, da sind die Schlangen zu Hause.«

»Blindschleichen, Kolumbellen.«

»Nicht so harmlos. Die echte Kreuzotter. Es sind dort Stellen, wo sie so dicht wie Regenwürmer liegen. Diese Stellen kennen die Schlangenjäger ganz genau. Ihre ganze Waffe besteht in einem Stock, der vorn gegabelt ist. Nun lüften sie das halbverfaulte Gebälk, darunter die Kreuzotter liegt, und im nächsten Moment fahren sie mit dem Stock derart in die Erde, daß die Gabel sich wie ein Halsring um die Schlange legt. Nun ist sie wehrlos und wird durch eine zweite Manipulation in einem Behälter, meist einer Flasche, untergebracht.«

»Ist dies nun wissenschaftliche Passion?«

»Unter Umständen ja. Aber zumeist Erwerb. Solche Kreuzotter hat ihren Wert. Da sind Händler, auf deren Preiscouranten die Rubrik ›Schlange‹ eine halbe Spalte füllt.«

»Aber wer kauft dergleichen?«

»Hunderte von Personen. Da sind zuerst die Zoologen und Toxikologen von Fach, da sind die unerbittlichen Männer der Vivisektion, die von dem harmlosen Kaninchen mal gern auf ein kleineres Ungetüm mit Giftzahn und Giftblase überspringen (ein höherer Sport, weil gefährlich), und da sind endlich die chemisch-physikalischen Oberlehrer dieses oder jenes Progymnasiums, die das Naturaliencabinet in Pritzwalk oder Pasewalk auf der ›Höhe der Wissenschaft‹ zu erhalten, das heißt mit allerhand Reptilien in Glasflaschen auszustaffieren wünschen.«

»Auch mit Kreuzottern?«

»Gewiß. Die Herren von der Feder glauben immer, daß sich die Welt bloß aus Autographen- und, wenn es hoch kommt, aus Kupferstichsammlern zusammensetzt. Sie glauben gar nicht, was alles gesammelt wird.«

In diesem Augenblick, als ob uns der Beweis, »was alles gesammelt würde«, auf der Stelle geführt werden sollte, trat aus einem wilden Elsbuschbosquet eine sonnenverbrannte Gestalt hervor, deren Kostüm (eine Art Jagdtasche, aus der drei oder vier aufrecht stehende Zigarrenkisten hervorragten; dazu ein Stock mit flatterndem Gazebeutel) keinen Zweifel darüber lassen konnte, welcher Kategorie von Sammlern er zugehörte. Es war ein Musterexemplar.

Er trat mit rascher Wendung an uns heran, machte mit seinem Kescherstock eine Bewegung wie ein Tambourmajor, wenn die Musik aufhören oder wieder anfangen soll, und sagte dann im Berliner Dialekt: »Erlauben Sie, daß ich mich Ihnen vorstelle, mein Name ist Lampe, Kalittenjäger.«

Bei diesem Schlußwort wiederholte er die Bewegung mit dem Stock. Im ersten Augenblick, als er so jäh und plötzlich, wie die bekannten drei auf der schottischen Heide, vor uns hintrat, erschrak ich ein wenig. Und zunächst mit Recht. Die Klasse von Jägern nämlich, der er, auch wenn er sich nicht dazu bekannt hätte, ganz unverkennbar angehörte, zählt keineswegs zu den angenehmen, am allerwenigsten zu den harmlosen Erscheinungen, wie man, ihrem Namen nach, ohne weiteres schließen sollte. Sie vereinigen den Hochmut des Turners, des Dauerläufers und des Gelehrten in sich; jeder »steht und fällt mit der Wissenschaft«.

Zu dieser Gruppe gehörte Lampe nun glücklicherweise *nicht*. Das Berlinertum wirkte hier als Gegengift. Seine Selbstironie brachte wieder alles ins Gleichgewicht und ließ noch einen gefälligen Überschuß. Er bat, wie gesagt, sich uns anschließen und »seine Fahne hochhalten zu dürfen«. Unsere Herzen fielen ihm gleich zu, und so ging es weiter.

»Herr Lampe, Sie sind gewiß auch Kräuterjäger?«

»Nicht doch. Wer seinen Kescher mit Ehren tragen will, muß die grüne Trommel zu Hause lassen. Fauna apart und Flora apart. Sie glauben gar nicht, welche profunde Wissenschaft die Käferei ist. 120 Bockkäfer bloß im Brieselang. Das will gemacht sein.«

»Gewiß. Aber ich habe mir sagen lassen, daß die Dinge doch Hand in Hand gehen und daß die ›Käferei‹, wie Sie sagen, ohne ›Kräuterei‹ gar nicht recht bestehen kann. Beispielsweise wenn Sie eine Weißdornhecke sehen, so wissen Sie auch schon, was in dieser Hecke vorkommen kann, ebenso gewiß wir wissen, wo die Kretins und die Kröpfe zu suchen sind. Ursach und Wirkung, Theorie von der Ernährung. Bergwasser.«

»Ich danke Ihnen für Ihre Vergleiche. Aber Sie haben recht. Das Land und die Leute, die Kräuter und die Insekten stehen in allernächster Beziehung zueinander, und obwohl ich für strenge Scheidung bin und die Mengerei in der Wissenschaft nicht leiden kann, so kann man doch nicht käfern in absoluter Ignorierung der grünen Trommel. Rundheraus, ich kenne dies und das. Aber das ist nicht Wissenschaft.«

»Ich höre, daß der Brieselang eine eigene Flora haben soll, daß hier Dinge vorkommen, die sonst in der ganzen Mark nicht mehr zu finden sind. Hat das seine Richtigkeit?«

»Gewiß. Der Brieselang hat seine eigenen Pflanzen und seine eigenen Insekten, er ist unser Gelobtes Land, und selbst die Rudower Wiese, in ›all dem Ruhm ihrer Orchideen‹, muß sich gegen den Brieselang verstecken.«

»Was kommt denn wohl so vor? Ich meine zunächst von Pflanzen.«

»Da haben wir zunächst das Wanzenknabenkraut. Da haben wir ferner Neottia nidus avis, das Vogelnest. Noch seltener ist Coptolanthera rubra, der rote Rundbeutel. Die Krone von allem aber ist vielleicht Dicranum montanum, der gebirgliebende Gabelzahn. Wie der speziell in den Brieselang kommt, wo die Maulwurfshügel für alles, was Berglinie heißt, aufkommen müssen, ist mir unerfindlich.«

»Und nun die Käfer.«

»Nun, wissen Sie, da gibt's kein Ende. Aber ich will es gnädig machen. Da ist der Widderkäfer, der Bastkäfer, der Feuerkäfer; dies sind die leichten Truppen. Dann kommt die Garde: der Schwarzkäfer, der Panzerkäfer. Aber das eigentlich schwere Geschütz, das den Ausschlag gibt, das ist doch Procrustes coriaceus und Saperda Seydlii. Besonders Saperda. Sie lächeln; aber glauben Sie mir, wie unsereinem zumute wird, wenn man bloß das Wort Saperda aussprechen hört, davon können Sie sich keine Vorstellung machen. Ich hatte einen legitimistisch-historischen Freund, dessen Gesicht sich immer verklärte, wenn er ›Montmorency‹ sagte; sehen Sie, so geht es mir mit Saperda. Und sagen Sie selbst, klingt es nicht schön, apart, dies Doppel-a und das r in der Mitte! Oh, wir haben auch ein Herz.«

»Ist denn nun Saperda im ganzen Brieselang verbreitet?«

»Verbreitet? Ich weiß nicht, was Sie verbreitet nennen. Wenn eine Sache verbreitet ist, nun, so ist es mit ihr vorbei, so ist sie entzaubert. Es gibt keine verbreitete Schönheit. Schönheit ist immer rar. Saperda findet sich auf einem einzigen Baum, an der Segefelder Straße.«

»Davon hab ich gehört.«

»Nicht mehr wie billig. Manche Messerklinge ist da zerbrochen worden. Der Baum sieht aus wie ein Scheibenpfahl, den hundert Kugeln gestreift, durchbohrt, zersplittert haben. Es gibt keinen unter uns, der den Baum nicht kennte. Bei Segefeld liegt der Sand wie eine Sahara. Aber wir durchwaten ihn mit Freudigkeit – der Weg zu den großen Pilgerstätten hat noch immer durch die Wüste geführt.«

## 2. Försterei Brieselang

Lesen konnt ich in seinen festen Zügen
Seinen lang und treu bewahrten Entschluß:
Auch mit keinem Fingerdrucke zu lügen;
Sicher und wohl ward mir bei seinem Gruß.

*Nik. Lenau*

Unter solchem Geplauder hatten wir eine Stelle erreicht, wo der Weg, die bis dahin innegehaltene Scheidelinie zwischen Wald und Wiese aufgebend, nach links hin scharf einbiegt. Hier schlug sich Lampe in die Tiefen des Waldes, während wir, den Weg weiter verfolgend, alsbald auf eine große Lichtung mit Gärten, Häusern und Stallgebäuden hinaustraten. Wir hatten den Zentralpunkt dieser Waldregionen erreicht: *Försterei Brieselang*. Daneben das »Remontedepot« gleiches Namens. Die Lichtung, die diese beiden Häuserkomplexe einschließt, hat den Charakter einer großen Waldwiese. Ein Wasserlauf, »der Neue Graben«, der in früheren Jahren das Sumpfland entwässert hat und nun zum Holzflößen dient, zieht sich quer durch die ganze Breite; eine Brücke führt darüberhin. Jenseits des Wasserlaufes aber steigt der Wald (»die Butenheide«) aufs neue an und schließt gegen Norden hin das Bild. Am jenseitigen Rande des Waldes: die Königseiche und Dorf Pausin.

Ein Hirschgeweih über der Tür ließ uns nicht lange in Zweifel, wo wir die Försterei, für die wir einen Gruß mitbrachten, zu suchen hätten. Wir traten ein. Es war um die dritte Stunde. Der Förster, ein Mann von nah an siebzig, fuhr aus seinem Nachmittagsschlaf auf, strich sich die momentane Runzel von der Stirn und stand grüßend vor uns. Wer in *solchen* Momenten Haltung bewahrt, ist allemal eine liebenswürdige Natur.

Wenn dies je zutraf, so hier. Wir setzten uns zunächst in eine Geißblattlaube, die den Eingang umrankte, als aber die Nachmittagsschwüle zu drücken begann, rückten wir – ein paar Forsteleven hatten sich uns zugesellt – weiter vor und stellten die Bänke ins Freie. Und nun die ganze Waldwiese samt Graben, Brücke und Remontedepot (das zur Hälfte eine Brandstelle war) vor uns, begann das Geplauder.

Der alte Förster verstand es. »Ich darf wohl sagen«, so hob er an, »der liebe Gott hat es gut mit mir gemeint. Mein Großvater war Förster, mein Vater war Förster, ich bin Förster und meine drei Jungens sind auch Förster, oder sollen's werden. Wir haben alle Waldblut in den Adern, Brieselang-Blut. Ein Jahr bin ich einmal in einer Kiefernheide gewesen, aber mir wurde erst wieder wohl, als ich wieder Elsen und Eichen um mich her hatte.«

»Ist der Brieselang Ihre Heimat?«

»Nicht so ganz, aber doch beinah. Wir sind auf dem Glien zu Hause. Mein Vater war in Diensten beim alten Blücher, der dazumal Groß Ziethen hatte. Ich habe oft auf des alten Feldmarschalls Knie geritten. ›Willst du auch ein Förster werden?‹ – ›Das will ich.‹ – ›Na, denn werd ein so braver Kerl wie dein Vater.‹ Das hab ich nicht vergessen. Es war doch ein gnädiger alter Herr. Als es Anno 15 wieder losging, sagte er zu meinem Vater: ›Grothe, denk dir, der Deubelskerl ist wieder da; wir müssen ihm noch mal eins geben; aber diesmal ordentlich, daß er genug hat un nich wiederkommt.‹ Und dabei sah er ganz ernsthaft aus, gar nicht so schabernackisch wie sonst wohl; es mocht ihm wohl schwanen, daß er am Ende selber nicht wiederkommen könne. Und hören Sie, es war auch dichte dran, als er da bei Ligny unter seinem Schimmel lag!«

Wir nickten alle. Vom Wald her aber schmetterte Finken- und Drosselschlag immer frischer zu uns herüber, und mit dem Daumen rückwärts deutend, sagte der alte Förster: »Ja, das klingt ins Herz.«

»Das tut's«, erwiderte jetzt mein Reisegefährte (den es nachgerade wohl Zeit ist aus seiner stummen Rolle zu erlösen, in der er bisher eigensinnig beharrte), »aber wollen Sie glauben, Herr Förster, daß es Gegenden gibt, wo die Vögel denn doch noch anders singen, so melodisch, so tief erschütternd, daß man aufhorcht, als habe man den Klang einer Menschenstimme, die ersten Töne einer wehmütigen Volksweise gehört.«

»Der Tausend auch«, sagte der Förster, »Sie machen mich neugierig.«

»Und diese Vögel, von denen ich spreche, die singen *da*, wo wir's am wenigsten glauben möchten, in Australien bei den Antipoden. Ein Engländer ist dort gereist, hat die Waldstimmen belauscht, hat die Töne in Noten festgehalten und zuletzt eine Art Melodienbuch herausgegeben, aus dem wir nun genau erfahren können, wie die australischen Vögel singen.«

»Ist es möglich!«

»Es ist sogar gewiß. Ich habe das Buch. Und unter all diesen Stimmen ist eine, die es mir besonders angetan hat, das ist die Stimme des Leather-head. Leather-head heißt Lederkopf, ein Name, den dieser Vogel führt, weil er einen völlig kahlen Kopf hat. Ich will Ihnen die Melodie pfeifen; sie geht leise; Sie müssen scharf aufhorchen.«

Unser Reisegefährte pfiff nun in langgezogenen Tönen die Klagemelodie des Leather-head. Selbst im Walde war es still geworden. Es war, als ob die Vögel drinnen mit zu Rate säßen.

»Das ist schön«, sagte der Förster, »aber Ihr Engländer kann sich die Melodie erfunden haben.«

»Ich gestehe«, fuhr unser Reisegefährte fort, »daß ich dann und wann denselben Verdacht hatte. Aber denken Sie, wo mir plötzlich die Gewißheit kam! Sie haben vom Aquarium gehört. Nun, in dem Aquarium befindet sich auch eine Vogelhecke, die mir das Liebste vom Ganzen ist. Jeder hat so seinen Geschmack. Und wie ich nun den Gang entlangkomme und das Gezwitscher der anderen Vögel einen Augenblick schweigt, was höre ich da plötzlich aus der Volière heraus? Die leisen, langgezogenen Töne meines Leatherhead, einmal, zweimal, dreimal. Mir war, als ob ich einen alten Bekannten wiedersähe. Da saß er und starrte mich lange an, wie wenn er gefühlt hätte: der hat dich verstanden.«

Alles schwieg. Der Erzähler pfiff die Melodie noch einmal. Dann knipste der Förster mit den Fingern und sagte: »Nichts für ungut, aber ich bin doch für eine richtige Brieselang-Drossel; ihr Leather-head hat mich ganz melancholisch gemacht. Ich bin fürs Fidele.«

»Ich auch, ich auch«, riefen die anderen. Der Lederkopf war abvotiert.

Inzwischen begann sich Gewölk am Himmel zu sammeln. Dann brach die Sonne wieder durch, aber die

Schwüle wuchs. »Haben Sie viel Gewitter im Brieselang?« fragte ich.

»Oft nicht, aber wenn sie kommen, kommen sie gut. Im vorigen Juli ging's hier eine Stunde toll her. Sehen Sie dort die Brandstelle« (er zeigte nach rechts); »da stand vor Jahresfrist noch das Remontedepot, 180 Pferde, alle schwarz.«

»Und es schlug ein?«

»Es schlug ein, und es gab ein Wetter, wie ich's hier nicht wieder haben möchte, und doch war es zugleich eine Stunde, daß mir das Herz im Leibe lacht, wenn ich daran denke. Da habe ich gesehen, was ein preußischer Futtermeister ist.«

»Ein Futtermeister?«

»Ja, solch Remontedepot, müssen Sie wissen, hat einen Wachtmeister von altem Schrot und Korn, der regiert das Ganze; er ist wie ein kleiner König. Und ich sage Ihnen, dieser Futtermeister, ... nun, der verstand's. Das Remontedepot hatte acht Türen. Als nun das Wetter über uns stand und die ersten Blitze herunterfuhren, stellte er seine acht Knechte an die acht Eingänge, sich selber aber mitten auf diesen Platz da.

Da stand er wie ein Feldherr, während das Feuer in breiten Scheiben niederfiel. ›Kerls‹, schrie er, ›wenn ich rufe: »Vorwärts, Türen auf!«, dann ist's Zeit, dann hat's eingeschlagen.‹ So vergingen wohl zehn Minuten; die Blitze ließen nach, ein Hagelwetter kam, Körner wie die Taubeneier. Mit einemmal schwieg auch das; der Hagel war wie abgeschnitten. Aber im nächsten Augenblick ›Krach!‹, und der Blitz lief über den First hin. ›Vorwärts!‹ Alle Türen flogen auf; die Schloßen fielen nieder wie ausgeschüttet, und im nächsten Moment jagten die 180 schwarzen Pferde an mir vorbei, hier über die Brücke hin, in die Butenheide hinein, auf Pausin zu. Zwölf Minuten später hatten wir die Spritzen hier; denn als die 180 schwarzen Pferde wie die Wilde Jagd durchs Dorf jagten, da wußten die Pausiner, was los war. ›Das Remontedepot brennt‹, und heidi ging's in den Wald hinein, auf das Depot zu. Solch Wettfahren hat die alte Butenheide ihr Lebtag nicht gesehen. Ein schöner Tag war's, aber ich mag ihn nicht wieder erleben.«

## 3. Die Königseiche

Man sieht noch am zerhaunen Stumpf,
Wie mächtig war die Eiche.

*Uhland*

Diese Erzählung konnte nicht umhin, uns leise daran zu mahnen, daß wir noch einen Teil unserer Wanderung vor uns hätten, ein letztes Drittel, einen Schlußabschnitt, den es auf alle Fälle gut sei hinter sich zu haben, um so mehr, als das sich ansammelnde, grell durchleuchtete Gewölk am Himmel das Einbrechen eines Brieselang-Gewitters nicht geradezu unwahrscheinlich machte.

Ein Wind machte sich auf, das Gewölk zerstreute sich wieder, die Schwüle ließ nach; so ging es vorwärts. Als wir den entgegengesetzten Waldrand nahezu erreicht hatten, nahm unser Führer die Tête und brach mit dem Kommando »halb rechts« in das Unterholz der Butenheide ein. Es schien undurchdringliches Gestrüpp, bald aber lichtete sich's wieder, und in eine breite, durch den Forst gehauene Avenue tretend, hatten wir die Königseiche auf etwa 300 Schritte vor uns. Wir ließen sie zunächst als ein Ganzes auf uns wirken. Sie steht da wie ein Riesenskelett mit gen Himmel gehobenen Händen. Die Avenue hat ganz den Charakter eines feierlichen Aufgangs, einer Trauerallee, die zu einem Denkmal oder Mausoleum führt. Erst ein Weißbuchen-, dann, immer schmaler werdend, ein Weißdornspalier, bis die Avenue in einen tannenumstellten Kreis mündet, aus dessen Mitte die »Königseiche« aufsteigt.

Sie führt ihren Namen mit Recht. Es ist ein majestätischer Baum, acht Fuß Durchmesser, achtzig bis hundert Fuß hoch; man braucht zwanzig Schritt, ihn zu umschreiten. Sein Holzinhalt wird auf fünfundzwanzig Klafter und sein Alter auf tausend Jahre berechnet. Bis vor kurzem lebte er noch; seit etwa drei Jahren indes ist er völlig tot, nirgends ein grünes Blatt, die Rinde halb abgefallen. Aber noch im Tode ist er gesund. Alles Kernholz. Die Forstleute sagen: er steht noch hundert Jahr. Dem wird jeder zustimmen, der die »Königseiche« sieht. Auf einen Laien macht sie den Eindruck, als halte sie nur einen langen Winterschlaf, als brauche sie dazu mehr Zeit als junge Bäume und müsse deshalb ein paar Sommer überschlagen, aber als sei ihr Erwachen unter allen Umständen gewiß und als würd es binnen kurzem im ganzen Brieselang heißen: sie lebt wieder.

Eine Welt von Getier bewohnt die alte Eiche. Der Bockkäfer in wahren Riesenexemplaren hat sich zu Hunderten darin eingenistet; am ersten großen Ast schwärmen Waldbienen um ihren Stock, und im kahlen Geäst, höher hinauf, haben zahllose Spechte ihre Nestlöcher.

In den Tagen sich regenden deutschen Geistes, in den Tagen Jahns und der Turnerei, wurde die Eiche Wanderziel und Symbol. Dies war ihre historische Zeit. Damals vereinigte man sich hier, gelobte sich Treue und Ausharren und befestigte in Mittelhöhe des Stammes die Inschrifttafel, die bis diese Stunde dem Baum erhalten worden ist. Die Inschrift selbst aber, die um des *Kaisergedankens* willen, den sie ausspricht, in diesem Augenblicke wieder ein besonderes Interesse gewährt, ist die folgende:

Sinnbild alter deutscher Treue,
Das des Reiches Glanz gesehn,
*Eiche*, hehre, stolze, freie,
Sieh, dein Volk wird auferstehn.
Brüder, alle, die da wallen,
Her zu diesem heil'gen Baum,
Laßt ein deutsches Lied erschallen
Auf dem altgeweihten Raum:
Wie in Sturmeswehn die Eiche,
Stehet fest bei Treu und Recht,
Einend schirme alle Zweige
*Einer* Krone Laubgeflecht.*

* Diese Verse, wie ich nachträglich erfahre, rühren *nicht* aus der Jahnschen Zeit her, sondern sind erst vor kaum zwanzig Jahren niedergeschrieben und an der Brieselang-Eiche befestigt worden. Das geschah an einem heißen Augustnachmittage 1862 durch zwei Mitglieder des kurz zuvor gegründeten Nauener Turnvereins. Der eine dieser beiden Turner hatte die Verse verfaßt, der andere die technische Niederschrift geliefert. Beide Turner blieben seitdem vereint; sie dienten in demselben Truppenteil der Garde; sie fochten am 3. Juli bei Königgrätz; und abermals an einem heißen Augusttage, heißer als jener Wandertag, der sie acht Jahre vorher zur Königseiche geführt hatte, *stürmten sie gemeinschaftlich gegen St-Privat.* Beide fielen schwerverwundet, der eine durch den Schenkel, der andere durch die Brust geschossen; beide sind genesen.

Außer diesen Turnerfahrten scheint die Eiche, vorher und nachher, nicht allzuviel gesehen und erlebt zu haben. Sie lebte wie so mancher Alte, still und abgeschieden. Ein beständiges Gleichmaß in beständigem Wechsel. Auf Sommerdürre folgten die Stürme, dann fiel Schnee, dann war alles Sumpf und Bruch, dann *wieder* Sommerdürre – so kamen die Jahre, so gingen sie. Nichts geschah. Es gibt Holunderbäume in Pfarrgärten, die in fünfzig Jahren mehr gesehen haben als die große Eiche in fünfhundert. Nur die letzten Jahrzehnte schufen einen Wandel: Landpartien und Berliner kamen.

Es handelte sich jetzt für uns darum, ihr ein besonderes Zeichen unserer Huldigung zu geben. Ein dreimaliges Hurra erschien uns für unsere zivilen Verhältnisse teils zu prätentiös, teils unausreichend. Aus dieser Verlegenheit indes sollten wir alsbald gerissen werden – unser Reisegefährte hatte alles bereits sinnig erwogen. Er nahm seine umsponnene Flasche, füllte ein Glas mit rotgoldenem Kap-Constantia-Wein, trat vor und sprach: »Eiche, tausendjährige, sei uns gegrüßt! Hier hat der Wende gelagert und der Berliner, und allerlei Wein, fränkischer und deutscher, nicht minder die ›gebrannten Wässer‹ beider Indien, Jamaikas und Goas sind *dir* zu Ehren an dieser Stelle verschüttet worden. Aber ob Südafrika, ob Mohrenland von jenseit der Linie dir je gehuldigt, das ist mindestens fraglich. Empfange denn die Gabe aus Gegenden, in denen nur Freiligrath und der Kaffer ›einsam schweift durch die Karroo‹, empfange diesen Tropfen Kap Constantia – die Hänge des Tafelberges grüßen dich und den Brieselang!« Damit goß er den Kapwein ihr zu Füßen. Wir schwenkten die Hüte, stimmten Lieder an von Arndt und Körner und machten uns auf den Rückweg.

Im Fluge. Denn immer bedrohlicher zog sich's über uns zusammen, und kein Wind machte sich mehr auf, das Gewölk zu zerstreuen. So ging es an den alten Stätten vorbei, am Forsthaus, am Remontedepot, an dem Elsbusch, aus dem uns Lampe, der »Jäger«, so bedrohlich entgegengetreten war. Als wir Finkenkrug erreichten, war es die höchste Zeit, wenn uns daran lag, mit den Extrazüglern, die eben in Sektionen formiert aufbrachen, den Rettungshafen der Eisenbahn zu gewinnen. Musik vorauf, so ging es durch die letzte

Waldstrecke. Die Pauke tat wieder ihr Äußerstes, als plötzlich einer rief: »Pauke still!« Und sie schwieg wirklich. Über das weite Himmelsgewölbe hin rollte der erste Donner. In den Wipfeln begann ein unheimliches Wehen, die obersten Spitzen brachen fast. »Rasch, rasch«, hieß es, »Laufschritt«; alles drängte durcheinander, »sauve qui peut«, und der Zug, der schon hielt, wurde im Sturm genommen. In demselben Augenblick aber brach es los; die Blitze fuhren nieder, das Gekrach überdröhnte das Gerassel des Zuges; wie ein Wolkenbruch fiel der Regen.

Als wir eine Stunde später, im klapperigen Gefährt, über die Alsenbrücke fuhren, auf den Tiergarten zu, stand das Wasser in Lachen und Lanken. Wer um diese Stunde vom Finkenkrug bis zur »Königseiche« gewandert wäre, der hätte wohl den *Brieselang* gesehen wie vor tausend Jahren!

# DER EIBENBAUM IM PARKGARTEN DES HERRENHAUSES

Die Eibe
Schlägt an die Scheibe.
Ein Funkeln
Im Dunkeln.
Wie Götzenzeit, wie Heidentraum
Blickt ins Fenster der Eibenbaum.

Nicht voll so alt wie die Brieselang-Eiche, von der ich im letzten Kapitel erzählt habe, aber doch auch ein alter oder *sehr* alter Baum ist die *Eibe*, die in dem Parkgarten hinter dem Herrenhause steht. Von ihr will ich, einschaltend, an dieser Stelle erzählen.

Der Stamm dieses Baumes, wie es *seiner Art** in den Marken keinen zweiten gibt, ist etwa mannsdick, und die Spannung seiner fast den Boden berührenden Zweige wird dreißig Fuß sein. Die Höhe beträgt wenig mehr. Aus der Dicke des Stammes hat man das Alter des Baumes berechnet. Man kennt Taxusbäume, die nachweisbar 200 bis 300 Jahre alt sind; diese sind wesentlich kleiner und schwächer als der Baum, von dem ich hier spreche. Man kennt ferner *einen* Taxusbaum (bei Fürstenstein in Schlesien), der nachweisbar 1 000 Jahr alt ist, und dieser *eine* ist um ein gut Teil höher und stärker als der unsrige. Dies läßt für diesen auf ein Alter von 500 bis 700 Jahren schließen, und das wird wohl richtig sein.

Dieser unser Taxusbaum war vor hundert oder hundertzwanzig Jahren eine Zierde unseres *Tiergartens*, der damals bis an die Mauerstraße ging. Als später die Stadt in den Tiergarten hineinwuchs, ließ man in den Gartenstücken der nach und nach entstehenden Häuser einige der schönsten Bäume stehen, ganz in derselben Weise, wie man auch heute noch verfahren ist, wo man die alten Elsen und Eichen von »Kemperhof« wenigstens teilweise den Villen und Gärten der Viktoriastraße belassen hat.

* Die schönste *Zeder* (eigentlich ein Taxodium) steht im Schloßpark zu Gusow, der größte *Birnbaum* im Predigergarten zu Werneuchen.

Unser Taxusbaum, jahrhundertelang ein *Tiergarten*baum, wurde, ohne daß er sich vom Fleck gerührt hätte, in der zweiten Hälfte des vorigen Jahrhunderts ein *Garten*baum. Und noch etwa zwanzig Jahre später tritt er aus seiner bis dahin dunklen Vergangenheit in die Geschichte ein.

Zu Anfang dieses Jahrhunderts gehörten Haus und Garten dem Generalintendanten von der Recke, der öfters von den königlichen Kindern, zumal vom Kronprinzen, dem späteren König Friedrich Wilhelm IV., Besuch empfing. Der Kronprinz liebte diesen von der Reckeschen Garten ganz ungemein; es wurde ein bevorzugter Spielplatz von ihm, und der alte Taxusbaum mußte herhalten zu seinen ersten Kletterkünsten. Der Prinz vergaß das dem alten Eibenbaume nie. Wer überhaupt dankbar ist, ist es gegen alles, Mensch oder Baum. Vielleicht regte sich in dem phantastischen Gemüte des Knaben auch noch ein anderes; vielleicht sah er in dem schönen, fremdartigen Baume einen Fremdling, der unter märkischen Kiefern Wurzel gefaßt; vielleicht war er mit den Hohenzollern selbst ins Land gekommen, und es wob sich ein geheimnisvolles Lebensband zwischen diesem Baum und seinem eignen fränkischen Geschlecht. War es doch selbst an dieser Stelle erschienen wie eine hohe Tanne unter den Kiefern.

Das von der Reckesche Haus wurde verkauft (ich weiß nicht, wann), und die Mendelssohns kauften es. Sie besaßen es erst kurze Zeit, da gab es eine hohe Feier hier: die Freiwilligen zogen aus, und ein Abschiedsfest versammelte viele derselben in diesem Garten. Eine lange Tafel war gedeckt, und aus der Mitte der Tafel wuchs der alte Eibenbaum auf, wie ein Weihnachtsbaum, ungeschmückt – nur die *Hoffnung* sah goldne Früchte in seinem Grün.

Und diese Hoffnung hatte nicht gelogen. Der Friede kam, und die heitern Künste scharten sich jetzt um den Eibenbaum, der ernst wie immer, aber nicht unwirsch dreinschaute. Felix Mendelssohn, halb ein Knabe noch, hörte unter seinem mondlichtdurchglitzerten Dach die Musik tanzender Elfen.

Doch wieder andere Zeiten kamen. Vieles war begraben, Menschen und Dinge; da zog sich auch über dem Eibenbaum ein ernstes Wetter zusammen. Wer weiß, was geschehen wäre, wenn nicht des Eibenbaumes bester Freund noch gelebt hätte. Der lenkte den Strahl ab.

1852 brannte die damals in der Oberwallstraße gelegene »Erste Kammer« nieder; das Mendelssohnsche Haus, samt Garten und Eibenbaum, wurde gekauft, und das preußische Oberhaus hielt seinen Einzug an neuer Stelle. Niemand ahnte Böses. Da ergab sich's, daß die Räumlichkeiten nicht ausreichten, und ein großes, neu zu errichtendes Hintergebäude sollte den fehlenden Raum schaffen. Soweit war alles klipp. und klar, wenn nur der Eibenbaum nicht gewesen wäre. Der bereitete Schwierigkeiten, der »beherrschte die Situation«. Einige, mutmaßlich die Baumeister, wollten zwar kurzen Prozeß mit ihm machen und ihm einfach den Kopf vor die Füße legen. Aber die hatten es sehr versehen. Sie erfuhren bald zu ihrem Leidwesen, welch hohen Fürsprecher der Baum an entscheidender Stelle hatte.

Was war zu tun? Der Baum stand just da, wo das neue Gebäude seinen Platz finden sollte. 1851 in London hatte man über zwei alte Hydeparkbäume die Kuppel des Glaspalastes ruhig weggeführt und die Einweihungsfeier unter grünem Dach und zwitschernden Vögeln gehalten; aber der alte Eibenbaum im Sitzungssaale des Herrenhauses — das ging doch nicht. Man kam also auf die Idee einer *Verpflanzung*. Der König bot Sanssouci, der Prinz von Preußen Babelsberg zu diesem Behufe an. Wer wäre nicht bereit gewesen, dem Alten eine Stätte zu bereiten! Konsultationen wurden abgehalten und die Frage aufgeworfen, »ob es wohl ginge«. Aber selbst die geschicktesten Operateure der Gartenkunst mochten keine Garantie des Gelingens übernehmen. So wurde denn der Plan einer »Verpflanzung im großen« aufgegeben und statt dessen die Idee einer *Verschiebung*, einer Verpflanzung im kleinen aufgenommen. Man wollte den Baum loslösen, den Garten abschrägen und nun den losgelösten Baum, mit Hülfe der Schrägung, bis mitten in den Garten hineinschieben. Aber auch diese Prozedur wurde, als zu bedenklich, ad acta gelegt und endlich beschlossen, den Baum am alten Platze zu lassen. Da unser Freund nicht in der Lage war, sich den Baumeistern zu bequemen, so blieb diesen nichts übrig, als ihrerseits nachzugeben und die Mauer des zu bauenden Hauses an dem

Baume entlang zu ziehen. Man hat ihm die Mauer empfindlich nahe gerückt, aber der Alte, über Ärger und Verstimmung längst weg, reicht ruhig seine Zweige zum Fenster hinein. Ein Gruß, keine Drohung.

Seine Erlebnisse indes, auch seine Gefährdungen während der Bauzeit, sind hiermit noch nicht zu Ende erzählt. Während des Baues (so hatte es der hohe Fürsprecher gewollt) war der Baum mit einem Brettergerüst umkleidet worden, in dem er ziemlich geborgen stand, eine Art Verschlag, der die hübsche Summe von 300 Talern gekostet hatte. Der Freund in Sanssouci gab es gern für seinen Freund im Rekschen Garten. Der Verschlag war gut gemeint und tat auch seine Dienste. Aber er tat sie doch nicht ganz. Mauerstaub und Berliner Staub dringen überall hin und finden jeden feinsten Spalt aus, wie Luft und Licht. Als endlich das Haus stand und mit dem Baugerüst zugleich auch der Verschlag des Baumes fiel, da ging ein Schrecken durch alle Herzen – der *Eibenbaum war weiß geworden.* Wie Puder lag der Mauerstaub auf allen Ästen und Zweigen. Was war zu tun? Gefahr war im Verzuge; der Besuch des Königs stand nahe bevor. Da trat ein leuchtender Gedanke auf die Lippe des einen der Geängstigten, und er sprach: »*Feuerwehr!*« Sie kam, ganz still, ohne Geklingel, und mit kunstvoll gemäßigtem Strahl wusch sie jetzt den Staub von dem schönen Baume ab, der nun bald schöner und frischer dastand als je zuvor. Er trieb neue Zweige, als ob er sagen wollte: »Wir leben noch.«

Frisch und grün, wie der jüngsten einer, so steht er wieder da, schön im Sommer, aber am schönsten in Dezembernächten, wenn seine obere Hälfte sich unter dem Schnee beugt, während unten die Zweige wie unter einem Dache weitergrünen. Dies Schneedach ist sein Schmuck und – sein Schutz. Das zeigte sich vor einigen Jahren. Der Schnee lag so dicht auf ihm, daß es schien, seine Oberzweige würden brechen. Mißverstandene Sorgfalt fegte und kehrte den Schnee herunter; da gingen im nächsten Sommer einige jener Zweige aus, denen man mit dem Schneedach ihr warmes Winterkleid genommen hatte.

Aber er hat's überwunden und grünt in Frische weiter, und wenn ihm wieder Gefahren drohen, so oder so, möge unser Eibenbaum immer einen treuen Freund haben, wie in alter Zeit.

Dies Vorstehende wurde im Herbst 1862 geschrieben; in den Jahren, die seitdem vergangen sind, sammelte ich Material über allerhand »alte Bäume«, insonderheit auch über *Eibenbäume*, und ich lasse zunächst folgen, was ich darüber in Erfahrung brachte.

Die *Eibe*, so scheint es, steht auf dem Aussterbeetat der Schöpfung. Wie bekanntlich im Laufe der Jahrtausende ganze Tiergeschlechter von der Erde vertilgt worden sind, so werden auch *Baumarten* ausgerottet oder doch nahezu bis zum Erlöschen gebracht. Unter diesen steht die *Eibe* (Taxus baccata) mit in erster Reihe. Einst in den Wäldern von ganz Europa, Nord und Süd, so häufig wie der Auerochs, das Elentier, begegnet man ihr in unseren Tagen nur noch ausnahmsweise. In Hecken und Spalieren trifft man kleinere Exemplare allerdings noch an, am häufigsten in Anlagen nach französischem Geschmack, aber große, imponierende Exemplare sind selten. Vor der waldvernichtenden Axt älterer Ansiedler und neuer Industrieller haben sich nur einzelne knorrige Taxusbäume retten können, die jetzt, wo wir ihnen begegnen, ein ähnliches Gefühl wecken wie die Ruinen auf unseren Bergesgipfeln. Zeugen, Überbleibsel einer längst geschwundenen Zeit.

In Mitteldeutschland ist dieser Baum jetzt schon recht selten, obwohl es bekannt ist, daß er hier, wie in ganz Europa, noch vor einem halben Jahrtausend allgemein vorkam. Zu Cäsars Zeiten war er, wie uns dieser gelehrte Feldherr selbst erzählt, sowohl in Gallien als in Germanien in großer Menge überall anzutreffen. Man findet in Thüringen nur noch einzelne verkrüppelte und verstümmelte Bäume. An einem einzigen Orte jedoch haben sie sich zahlreicher erhalten, nämlich am Veronikaberge bei Martinroda, unweit Ilmenau, wo noch zwanzig bis dreißig Fuß hohe Individuen mit einem Stammdurchmesser von ein bis eineinviertel Fuß stehen. Daß die Eibe in Thüringen ehemals einen wesentlichen Bestandteil der Wälder ausgemacht habe, ergibt sich aus den Ortsnamen »Ibenhain«, »Taxberg«, »Eiba« und anderen.

Die ältesten und schönsten Exemplare dieses einst auch in Griechenland und Italien häufig gewesenen Nadelbaumes trifft man heutzutage noch in *England* an, besonders auf Friedhöfen, wo einzelne auf mehr als 2000 Jahre geschätzte Stücke von prachtvollem Ansehen sich finden.* Der Taxus ist in England der Baum der Trauer, wie die Zypresse in den Mittelmeerländern und die Trauerweide in Deutschland. »Albero della morte« nennen ihn übrigens auch die heutigen Italiener.

Eine große, zum Teil noch nicht völlig aufgeklärte Rolle spielte die Eibe in dem Mythus der germanischen und keltischen Völker, von der sich Nachklänge noch in manchen bis heute üblichen Gebräuchen erhalten haben. Wie der deutsche Name Eibe von dem gotischen aiw (ivi), ewig, herrührt, weil der Baum immer grün ist, und das keltische Wort yw (eiddew) dieselbe Wurzel hat, so war dieser während des langen und schneereichen nordischen Winters im frischen Blattschmuck prangende Baum in Britannien und Skandinavien den ewigen Göttern geweiht. Die Druiden hatten bei ihren Heiligtümern ganze Haine davon, und manche in Cäsars Zeiten hinaufragende alte Eiben Englands mögen ehrwürdige Reste aus solchen heiligen Hainen sein. In der Nähe des berühmten heidnischen Tempels bei Upsala in Schweden stand ebenfalls, wie A. Krantz erzählt, »ein gewaltiger Baum mit dicht belaubten Zweigen, ebenso grün im Winter wie im Sommer; niemand kannte seine Art«. Sehr wahrscheinlich war es eine Eibe.

Daß dieser Baum in alter Zeit für heilig und geheimnisvoll gehalten wurde, ergibt sich aus gar vielen noch jetzt fortlebenden Bräuchen. In den östlichen Schären Skandinaviens wird die Eibe allgemein zu Maschenbrettern beim Netzstrikken benutzt, weil man glaubt, daß alle Netze, welche über Bretter aus diesem Holze gestrickt worden sind, Glück beim Fischfang bringen.

* England, wie bekannt, ist überhaupt das Land schöner alter Bäume und einer entsprechend sorglichen Kultur. So befindet sich beispielsweise in der Nähe von Cumberlandlodge im Windsor-Park ein Leviathan-Weinstock, welcher ein einzelnes Haus von 138 Fuß Länge und 20 Fuß Breite gänzlich ausfüllt. Er bedeckt gegen 2870 Quadratfuß Glas und bringt jedes Jahr durchschnittlich 2000 Trauben hervor. Der mehr bekannte Weinstock in Hampton Court trug vor einigen Jahren 1400 Trauben, deren Wert man auf mehr als 100 Pfund Sterling veranschlagte.

Aber nicht bloß für glückbringend und heilig, auch für geeignet zu geheimnisvollem Zauber und selbst zu teuflischem Beginnen galt und gilt noch der Eibenbaum. Daher fehlen in der Macbethschen Hexenküche neben dem Auge des Wassermolchs, dem Fledermaushaar, Eidechsbein und Käuzchenflügel und der gegabelten Natterzunge auch nicht

»Eibenzweige, abgerissen
In des Mondes Finsternissen«.

In Thüringen heißt es, daß die »Ife« (Eibe) gegen Viehbezauberung schütze. Die Hälfte der Bewohner des Dorfes Angelroda bei Arnstadt, in dessen Nähe Eibensträuche noch ziemlich häufig sind, zieht an einem bestimmten Tage des Jahres hinaus und bricht sich Taxuszweige ab, um sie in die Viehställe zu stecken. Im Spessart meint man, daß ein Stück Eibenholz, am Körper getragen, allen Zauber vertreibe. Das Volk sagt dort: »Vor der Euwe ka Zauber bleibe.«

Im Altertume wurde die Eibe ihres elastischen und festen Holzes wegen vorzüglich zu Bogen verwendet. Ebenso machte man Pfeile aus deren zähem Kernholz. Während des ganzen Mittelalters gab so der Eibenbaum den Stoff für die vorzüglichsten Kriegswaffen ab, besonders in England und Schweden. Auch Uller, der nordische Jagdgott, hatte nach der »Edda« einen Eibenbogen (altnordisch ybogi). Heutzutage wird das rote oder purpurbraune Kernholz der Eibe zu viel friedlicheren und prosaischeren Gegenständen verarbeitet, namentlich zu Faßpipen. Besonders in Ungarn werden aus dem dort sogenannten »Theißholz« (»tisza-fa«, welcher Name aber nicht auf die Theiß bezogen werden sollte, sondern slawischen Ursprungs ist, da die Eibe slawisch tis heißt) viele Haus- und Wirtschaftsgegenstände verfertigt und zahlreiche Pipen aus Eibenholz in den Handel gebracht.

In modernem Englisch heißt die Eibe yew, der Efeu ivy; dieses deutsch, jenes keltisch. Beide Wörter (vergleiche oben) bedeuten »immergrün«.

Ich kehre, nach dieser Exkursion in die Eibenwelt im allgemeinen, zu unserer Eibe im besonderen, im Herrenhausgarten, zurück.

Auch an ihr gingen die letzten Ruhmesjahre preußischer Geschichte nicht unbeachtet vorüber, ja einen der schönsten Tage feierte sie mit. Noch wichtiger, sie bereitete der Feier die Stätte. Unter ihrem Dache gab am 20. September 1866 das Herrenhaus dem siegreich heimkehrenden Heere ein Festmahl. Der König saß unmittelbar rechts neben dem Eibenstamm und sah den Mittelgang des Gartens hinunter. Das Schrägdach des Leinwandzeltes war in geschickten Verschlingungen, streifenweise, durch das Gezweig der Eibe gezogen; ringsumher brannte das Gas in Sonnen und Sternen, ein Anblick, von dem der alte Baum in seinen Jugendtagen schwerlich geträumt haben mochte. Als das Fest auf seiner Höhe war, erhob sich Graf Eberhard Stolberg zu einer Ansprache, begrüßte den König und schloß dann prophetisch fast: »Und sollten Euer Majestät *noch einmal* zu den Waffen rufen, so wird Ihr Volk, wie es jetzt für seinen König geblutet und gesiegt hat, *neue Taten* mit eisernem Griffel in das Buch unserer glorreichen Geschichte schreiben.« Der König antwortete: »... Sie wissen nicht, wie schwer es einem Fürsten wird, das Wort ›Krieg‹ auszusprechen. Es war ein gewagter Krieg ... Die Armee hat alle meine Erwartungen übertroffen ... Ich nehme gern die Gelegenheit wahr, derselben meinen Dank zu sagen; zuerst meinem Sohne, hier zu meiner Rechten, meinem Neffen Friedrich Karl, den kommandierenden Generalen, unter denen ich *einen* schmerzlich vermisse. (Wahrscheinlich Hiller von Gärtringen.) Auch *Ihnen*, Graf Stolberg.«

Das war im Herbst 1866. Dem siegreichen Kriege, als eigentlichste Schöpfung desselben, folgte, das Jahr darauf, der »*Norddeutsche Reichstag*«, der, von 1867 bis 1870 in den Räumen des Herrenhauses tagend, auch nun seinerseits in Beziehungen zu unserem alten Eibenbaume trat. In die heitersten. Die Debattenflüchtlinge, sooft es das Wetter erlaubte, pflegten hier zu tagen, und während drinnen im Saale der Redner noch nach Beifall rang, unterlag er hier draußen bereits einer zersetzenden Kritik. Der Witz goß seine Lauge unter dem Eibenbaume aus.

Aber er, der Alte, an dem so viele Zeiten ihre Eigenart versucht hatten, überdauerte auch *das*, und eben jetzt (15. Mai 1872) haben alle seine Zweige neue Schößlinge getrieben, die, hellgelblich schimmernd, fast wie Holunderdolden auf dem dunklen Untergrunde liegen und den schönen Baum schöner und frischer erscheinen lassen denn je zuvor.

# SCHLOSS ORANIENBURG

Noch ragt der Bau, doch auf den breiten Treppen
Kein Leben mehr, kein Rauschen seidner Schleppen,
Die alten Mauern stehen öd und leer,
's sind noch die alten, und — sie sind's nicht mehr.

Die prächtige Havel, mit jener Fülle von Seen, die sie, namentlich um Potsdam herum, an ihrem blauen Bande aufreiht, ist, auf weite Strecken hin, wie ein Spiegel unsrer königlichen Schlösser, deren Schönheit sie verdoppelt.

Aber nicht überall zeigt sie diese breite Pracht. Schlicht, schmal, ein Wässerchen nur, tritt sie aus dem Mecklenburgischen in die Mark, um dann, auf ihrem ganzen Oberlaufe, ein Flüßchen zu bleiben, das nicht Inseln leicht und frei wie schwimmende Blätter trägt, sondern sich teilen muß, um hier und dort ein Stückchen Land mit dünnem Arm zu umspannen. Nicht das Wasser der Herr und Sieger, sondern das Land.

So gibt sich die Havel bei Oranienburg, dem unsere heutige Wanderung gilt. Der Weg dahin führt uns, an Tegel vorbei, zunächst bis an den romantischen *Sandkrug*, wo die Stehkrippen von unseren zwei Braunen mit lebhaftem Prusten begrüßt werden. Der Sandkrug verdient den Beinamen »romantisch«, den wir ihm soeben gegeben, denn die Forsten, die ihn einfassen, sind fast der einzige Punkt noch in der Umgegend Berlins, darin sich ein Stückchen mittelalterlicher Wegelagerei erhalten hat, freilich von jener unpoetischeren Art, die statt des lauten Angriffs in Stahl und Eisen die Schoßkelle leise beschleicht und sich damit begnügt, statt der Hälse die Koffer abzuschneiden.

Sandkrug ist halber Weg. Noch eine anderthalbstündige Fahrt an Tannenholz und Dörfern vorbei, und wir halten auf einem großstädtisch angelegten Platz, über dem sich eben der prächtigste Regenbogen wölbt. Das ist der Schloßplatz von Oranienburg. Das Wetter klärt sich auf; die Sonne ist da. Das Haus, das uns aufnehmen soll, verbirgt sich fast hinter den Lindenbäumen, die es umstehen, und erweckt, neben manchem anderen, unsere günstigsten Vorurteile auch dadurch, daß wir vernehmen, es sei Rathaus und Gasthaus zugleich. Wo Justiz und Gastlichkeit so nahe zusammen wohnen, da ist es gut sein. In alten Zeiten war das häufiger. Unsere Altvordern verstanden sich besser auf Gemütlichkeit als wir.

Die Luft ist warm und weich und ladet uns ein, unsern Nachmittagskaffee im Freien zu nehmen. Da sitzen wir denn auf der Treppe des Hauses, die sich nach rechts und links hin zu einer Art Veranda erweitert, und freuen uns der Stille und der balsamischen Luft, die uns umgeben. Die Kronen der Lindenbäume sind unmittelbar über uns, und sooft ein Luftzug über den Platz weht, schüttelt er aus dem dichten Blattwerk einzelne Regentropfen auf uns nieder. Zu unserer Linken, ziemlich in der Mitte des Platzes, ragt die Statue der hohen Frau auf, die dieser Stadt den Namen und, über einen allerengsten Kreis hinaus, ein Ansehen in der Geschichte unseres Landes gab. Dahinter, zwischen den Stäben eines Gittertors, schimmern die Bäume des Parks hervor, unmittelbar vor uns aber, nur durch die Breite des Platzes von uns getrennt, ragt der alte Schloßbau selbst auf, dessen Bild und dessen Geschichte uns heut beschäftigen soll.

Wir haben die Front des Schlosses in aller Klarheit vor uns, aber doch ist es nur die kleinere Hälfte, deren wir von unserem Platz aus ansichtig werden. Die Form des Oranienburger Schlosses in seiner Blütezeit war die eines lateinischen H, oder, mit anderen Worten, es bestand aus einem Haupt- oder Mittelstück (corps de logis), an das sich zwei Vorder- und zwei Hinterflügel lehnten. Die beiden Hinterflügel existieren noch, entziehen sich aber unserem Blick; von den Vorderflügeln wurde der eine (der rechts gelegene) durch Feuer zerstört.

Schloß Oranienburg, wenn wir diese Bezeichnung zunächst unterschiedlos und mit einer Art rückwirkender Kraft festhalten wollen, ist ein alter Schloß- und Burgbau, der sich an derselben Stelle, das heißt also auf der kleinen, vor uns gelegenen Havelinsel, seit nah an 700 Jahren erhebt. Wir haben hier, wie bei verschiedenen andern Hohenzollerschen Schlössern, drei Epochen zu unterscheiden, drei Epochen, die sich in aller Kürze durch drei bestimmte Worte bezeichnen lassen: *Burg, Jagdhaus, Schloß.* Erst das »Schloß« (wir werden bald sehen, aus welcher Veranlassung) empfing den Namen Oranienburg, während Burg und Jagdhaus den Namen Bötzow, das heißt den Namen jenes uralten wendischen Dorfes führten, den die vordringenden Deutschen bei ihrer Eroberung des Landes bereits vorfanden. Die Geschichte kennt also bis in die Mitte des siebzehnten Jahrhunderts hinein nur eine »Burg Bötzow« respektive ein »Jagdhaus zu Bötzow«; erst von den Tagen der *Oranierin* an, die hier ein »*Schloß*«, einen verhältnismäßig prächtigen Neubau, an alter Stelle erstehen ließ, existiert ein *Oranienburg.*

## Burg und Jagdhaus Bötzow von 1200 bis 1650

Wann Burg Bötzow gegründet wurde, ist nicht genau ersichtlich, wahrscheinlich zwischen 1170 und 1200 von einem der unmittelbaren Nachfolger Albrecht des Bären. 1217 ist urkundlich von einer *Feldmark* zu Bötzow die Rede, aber freilich erst 1288 von einer *Burg* zu Bötzow. Nichtsdestoweniger ist der Schluß berechtigt, daß sie schon volle hundert Jahre früher existierte. Öfter genannt wird die Burg zu den Zeiten des Markgrafen Waldemar; Leben und Farbe jedoch erhalten die Überlieferungen erst zu Anfang des fünfzehnten Jahrhunderts während der *Quitzow*-Zeit.

Versuch ich es, in kurzen Zügen ein Bild jener Epoche zu geben.

1402 war Bötzow eine markgräfliche oder kurfürstliche Burg, die durch einen Burgvogt im Namen des Markgrafen Jobst von Mähren, oder vielleicht auch seines Statthalters, Günther von Schwarzburg, gehalten wurde. Das Elend des Landes stand damals auf seiner Höhe; wie ein hingeworfener Fetzen lag es da, von dem jeder Nachbar, ja jeder ehrgeizige Vasall im Lande selbst glaubte nehmen zu dürfen, was ihm gut erschien. Sie hatten es samt und sonders leicht genug; um aber noch sicherer und bequemer zu gehen, vereinigten sie sich zu gemeinschaftlichen Angriffen, nachdem die Verteilung der Beute zuvor festgesetzt worden war. Im genannten Jahre (1402) kam es zu einer Art von nordischem

Bündnis gegen die offen daliegende Mark, zu einer Ligue, die aus den Herzögen von Mecklenburg und Pommern sowie aus den ruppinschen Grafen bestand, deren Seele jedoch die Quitzows waren. Die letztern, wiewohl selber Lehnsträger des Markgrafen, verfolgten, *politisch* genommen, den richtigen und gutzuheißenden Plan, sich in dem immer herrenloser werdenden Lande schließlich selber zum Herrn zu machen, und die Bündnisse, die sie schlossen, dienten ihnen nur als Mittel zum Zweck. Die Völker dieser Ligue fielen endlich in die Mark ein, sengten und plünderten, wohin sie kamen, erstürmten Burg Bötzow und legten anstelle der märkischen nunmehr eine *pommersche* Besatzung in die Burg. Die Mark, nachdem die kurfürstliche Autorität durch diese Vorgänge, besonders aber infolge der Gefangennahme des Statthalters Günther von Schwarzburg (durch die Quitzows 1404) einen Schlag nach dem andern erfahren hatte, suchte endlich eine Aussöhnung mit ihren gefährlichsten Gegnern, den Quitzows, herbeizuführen und war in ihren Verhandlungen – vielleicht ebendeshalb, weil die beiden Brüder ein ebenso feines wie kühnes Spiel spielten – glücklich genug, diese selbst und ihren nächsten Anhang auf ihre Seite zu ziehen. Burg Bötzow wurde nun abermals gestürmt, diesmal von den *Märkern*, und die gefangenen Pommern im Triumph nach Berlin geführt. Eine *Quitzowsche* Besatzung aber, keine kurfürstliche, ward in die Burg gelegt.

Von da ab, auf fast zehn Jahre hin, blieb Bötzow eine Quitzowsche Burg, bis zum endlichen Untergang der Familie. In dieser Zeit wird die Burg vielfach genannt. Nach Burg Bötzow war es, wohin die Quitzows den Herzog Johann von Mecklenburg-Stargard (1407) als Gefangenen abführten, nachdem er zuvor in ihrer Burg Plaue gesessen hatte. In denselben Turm setzten sie vierzehn Monate später den Berliner Ratsherrn Nikolaus Wins, den sie, mit andern Berliner Bürgern, bei der *Tegeler Mühle* (3. September 1410) geschlagen hatten, und noch 1414, als der Stern des Hauses bereits im Niedergange stand, geschah es, daß ihr Hauptmann, Werner von Holzendorff, dem sie die Verteidigung der Burg anvertraut hatten, den Boten Kurfürst Friedrichs I., der die Aufforderung zur Übergabe brachte, in den Turm werfen und mit

Ruten streichen ließ. Aber das war das letzte Aufflackern, und das kecke, kriegerische Leben ging seinem Ende rasch entgegen. Klugheit und Politik traten an die Stelle der Sturmleitern, und ohne Schwertstreich hielten alsbald die Hohenzollern ihren Einzug. An die Zeit der Quitzows aber erinnert der »Quitzen-Steig«, der bei dem nahe gelegenen Havelhausen vorüberführt.

Von da ab ist die Geschichte Burg Bötzows stumm. Verpfändungen und Einlösungen folgten einander, bis endlich um 1550 die Burg selbst verschwindet und ein »Jagdhaus« an seine Stelle tritt. Aber auch über diesem Jagdhaus liegen Dunkel und Schweigen. Wir irren wohl nicht, wenn wir uns einen Bau mit Ecktürmen und gotischem Dache denken.* Im übrigen ist kein Bild des alten kurfürstlichen Hauses auf uns gekommen, noch weniger ein Bericht von Vorgängen innerhalb seiner Mauern. Kurfürst Joachim gab den Spreeforsten den Vorzug, und das Jagdhaus zu Bötzow kam, dem Favorit-Jagdschloß zu Köpenick gegenüber, nur noch ausnahmsweise zu Ehren, wenn sich, zu dem Reize der Jagd überhaupt, auch noch der der Abwechselung gesellen sollte. Burg und Jagdhaus Bötzow sind spurlos verschwunden. Nur bei dem Umbau, dem, in jüngster Zeit erst, Schloß Oranienburg unterworfen wurde, stieß man auf gewölbte Feldsteinfundamente, die zweifellos wohl der alten Zeit von Burg Bötzow angehörten und bei weiterer Nachforschung (die sich leider nicht ermöglichte) vielleicht einigen Aufschluß über die Vorgeschichte der Burg gegeben haben würden.

## SCHLOSS ORANIENBURG

So kam das Jahr 1650. Die Kurfürstin Luise Henriette, geborene Prinzessin von Oranien, seit dem 7. Dezember 1646 dem Großen Kurfürsten vermählt, pflegte ihren Gemahl auf seinen Jagdausflügen zu begleiten. Einer dieser Ausflüge führte das junge Paar im Laufe des Sommers 1650 auch in

* Dagegen spräche nur, daß es in der Lebensbeschreibung des berühmten Grafen Rochus von Lynar heißt: »Zu gleicher Zeit (etwa 1578 oder 1580) gab der Graf allerhand Verbesserungen an dem kurfürstlichen Schloß oder Jagdhaus zu Bötzow an.« Diese Verbesserungen waren schwerlich im gotischen Stil.

die Nähe von Bötzow, und hier war es, wo die junge Fürstin beim Anblick der lachenden Wiesen, die den Lauf der Havel einfaßten, sich lebhaft in die fruchtbaren Niederungen ihrer holländischen Heimat zurückversetzt fühlte und der Freude darüber den unverkennbarsten Ausdruck gab. Der Kurfürst, dessen Herz voller Liebe und Verehrung gegen die schöne, an Gaben des Geistes und Gemütes gleich ausgezeichnete Frau war, ergriff mit Eifer die Gelegenheit, ihr ein erneutes Zeichen dieser Liebe zu geben, und schenkte ihr das »Amt Bötzow mit allen dazu gehörigen Dörfern und Mühlen, Triften und Weiden, Seen und Teichen«. Die Schenkung wurde dankbar angenommen, und an die Stelle des alten Jagdhauses aus der Zeit Joachims II. trat jetzt ein *Schloß*, das im Jahre 1652, in Huldigung gegen die *Oranierin*, deren Eigentum und Lieblingssitz es inzwischen geworden war, den Namen »die Oranienburg« erhielt. In kürzester Frist tat auch die zu Füßen des Schlosses gelegene *Stadt* ihren alten Namen Bötzow beiseit und nahm den Namen Oranienburg an. Das Jahr 1650 (eigentlich 1652) bezeichnet also einen Wendepunkt. Bis *dahin* Burg und Stadt Bötzow, von *da ab* Schloß und Stadt Oranienburg.

Auch die Geschichte von Schloß Oranienburg, der wir uns jetzt zuwenden, sondert sich in drei Hauptepochen, und zwar in die Zeit der Kurfürstin Luise Henriette, von 1650 bis 1667, in die Zeit ihres Sohnes, des ersten Königs, von 1688 bis 1713, und in die Zeit des Prinzen August Wilhelm, von 1744 bis 1758. Alles andere wird nur in Kürze zu erwähnen sein.

### *Die Zeit Luise Henriettens, von 1650 bis 1667*

Kaum war die Schenkungsurkunde ausgestellt, so begann auch die Tätigkeit der hohen Frau, die durch den Anblick frischer Wiesen nicht nur an die Bilder ihrer Heimat erinnert sein, die vor allem auch einen *Wohlstand*, wie ihn die Niederlande seit lange kannten, hier ins Dasein rufen und nach Möglichkeit die Wunden heilen wollte, die der Dreißigjährige Krieg diesen schwer geprüften Landesteilen geschlagen hatte. Kolonisten wurden ins Land gezogen, Häuser gebaut,

Vorwerke angelegt und alle zur Landwirtschaft gehörigen Einzelheiten alsbald mit Emsigkeit betrieben. Eine Meierei entstand, und Gärten und Anlagen faßten alsbald das Schloß ein, in denen der Gemüsebau, die Baum- und Blumenzucht ebenso das Interesse der Kurfürstin wie die Arbeit der Kolonisten in Anspruch nahmen. Sie war eine sehr fromme Frau (ihr Leben und ihre Lieder zeugen in gleicher Weise dafür), aber ihre Frömmigkeit war nicht von der bloß beschaulichen Art, und neben dem »bete« stand ihr das »arbeite«. Mild und wohlwollend, wie sie war, duldete sie doch keine Nachlässigkeit, und in diesem Sinne schrieb sie zum Beispiel am 27. April 1657 nach Oranienburg, daß es schimpflich für alle Beamten und geradezu unverantwortlich sei, daß in allen Gärten nicht so viel Hopfen gewonnen werde, wie zum Brauen erforderlich, und könne daran nichts als eine schändliche Faulheit die Schuld sein.

Eine Musterwirtschaft nach holländischem Vorbild sollte hier entstehn, aber die Hauptaufmerksamkeit der hohen Frau war doch dem Schloßbau, der Gründung eines Waisenhauses und der Aufführung einer Kirche zugewendet. Von dem Schloßbau werden wir ausführlicher zu sprechen haben; nur die Kirche sei schon hier in aller Kürze erwähnt. Mit großer Munifizenz ausgestattet, war sie nur wenig über hundert Jahr eine Zierde der Stadt. Im Jahre 1788 brannte sie nieder, und nichts blieb übrig oder wurde aus dem Trümmerhaufen gerettet als ein kleiner Sandstein, der als einzige Inschrift die Buchstaben trägt: »L. C. Z. B. G. P. V. O., MDCLVIII.« (Luise, Kurfürstin zu Brandenburg, geborene Prinzessin von Oranien, 1658.) Diesen Sandstein hat man bei Aufführung des kümmerlichen Neubaues, der seitdem an die Stelle der alten Kirche getreten ist, in die Außenwand, nahe dem Eingang, eingefügt. Insoweit gewiß mit Unrecht, als er nunmehr die irrige Vorstellung weckt, daß *dieser* Bau es sei, den die fromme Werktätigkeit der Kurfürstin habe entstehen lassen.

Waisenhaus und Kirche entstanden unter der christlichen Fürsorge Luise Henriettens, aber früher als beide entstand ihr Wohnsitz, das Schloß selber. Die Frage drängt sich uns auf: *Wie war dies Schloß?* Es war, nach allgemeiner Annahme, ein drei Stock hohes, fünf Fenster breites Gebäude von Würfelform, das nur mittelst eines stattlichen Frontispices den Charakter eines Schlosses erhielt. Dies Frontispice war drei Fenster breit und vier Stock hoch, so daß es nicht nur das Hauptstück der ganzen Front bildete, sondern auch den übrigen Teil des Gebäudes turmartig überragte. Auf dem flachen Dache befand sich ein mit einer Galerie umgebener Altan, auf dem sich in der Mitte ein hoher und an jeder der vier Ecken ein kleinerer Turm erhob. Der Schloßhof war mit einem bedeckten Gange umgeben, auf dessen Plattform zur Sommerzeit zahlreiche Orangenbäume standen. So war Schloß Oranienburg in den Jahren, die seiner Gründung unmittelbar folgten. Nichts davon ist der Gegenwart geblieben, und wir würden, da keine gleichzeitigen Pläne und Beschreibungen existieren, darauf verzichten müssen, uns eine Vorstellung von dem damaligen Schlosse zu machen, wenn nicht in dem Waisenhause ein großes, für die Lokalgeschichte Oranienburgs höchst wertvolles Gemälde existierte, das, früher den Prachtzimmern des Schlosses angehörig, jetzt dazu dient, uns, in Ermangelung jedes andern Anhaltepunkts, über die Gestalt der damaligen Oranienburg einen mutmaßlichen, wenn auch freilich immer noch sehr disputablen Aufschluß zu geben. Dies wandgroße Bild (etwa elf Fuß im Quadrat), von dem sich eine gleichzeitige Kopie als Plafondgemälde in einem der Säle des Schlosses befand, stellt, unter Benutzung der alten Dido-Sage, die Gründung Oranienburgs dar.

In der Mitte des Bildes erkennen wir das kurfürstliche Paar, angetan mit allen Abzeichen seiner Würde. Luise Henriette als *Dido.* Hinter dem Kurfüsten, den Speer in der Hand, steht der Oberst La Cave, während die Gräfin von Blumenthal, eine schöne, stattliche Dame, die Schleppe der Kurfürstin trägt. Weiter zurück, der Gräfin Blumenthal zunächst, erblicken wir den Oberjägermeister von Hertefeld und einen von Rochow. Die Angaben fehlen, welchen. Alle die Genannten füllen die linke Seite des Bildes, während zur Rechten des Kurfürsten der Geheimrat Otto von Schwerin steht, in wenig schmeichelhafter Weise mit zurückgeschlagenen Hemdsärmeln und im günstigsten Fall in der Rolle eines behäbigen Gerbermeisters. Er hält eine Kuhhaut mit der Inschrift »plus outre«, »immer weiter«, in der Linken, während er mit der Rechten bemüht ist, die Haut in Streifen zu schneiden. Diese Streifen werden von drei oder vier geschäftigen Dienern zur Absteckung einer weiten, sich im Hintergrund markierenden Feldfläche benutzt, aus deren Mitte sich in grauweißer Farbe ein Schloß erhebt, nur skizziert, aber doch deutlich genug erkennbar, um ein verständliches, anschauliches Bild zu geben.*

Schloß Oranienburg, wie es *jetzt* vor uns liegt, zeigt nichts mehr von dem Bau, den ich vorstehend (Seite 143) beschrieben habe. Weder Frontispice noch Säulengänge, weder Altan noch Türme bieten sich zur Zeit dem Auge dar, und die Umwandlung, die im Laufe von zwei Jahrhunderten erfolgt ist, ist eine so vollständige gewesen, daß es zweifelhaft bleibt, ob auch nur eine einzige Außenwand des oranischen Schlosses stehengeblieben und dem Neubau, der 1688 begann, zugute gekommen ist. Ein ähnliches Schicksal hat über allem gewaltet, was die fromme Kurfürstin hier entstehen ließ. Jegliches ging zugrunde, meist durch Feuer, und existiert nur noch dem *Wort* und *Wesen, aber nicht mehr seiner ursprünglichen Form nach.* Das Schloß, die Kirche, das Waisenhaus von heute sind nicht mehr das Schloß, die Kirche, das Waisenhaus von damals, und wenn wir von einem, übri-

* Pastor Ballhorn, in seiner trefflichen »Geschichte Oranienburgs«, hat dieser architektonischen Skizze des großen Bildes eine Beweiskraft beigelegt, die sie schließlich doch kaum besitzen dürfte. Pastor B. vermutet, daß das Bild zwischen 1653 und 1654 gemalt worden sei, was aber unmöglich ist, da der holländische Maler, Augustin Terwesten, von dem es herrührt, erst 1649 geboren wurde. Augustin Terwesten (von 1696 ab Direktor der Akademie der Künste) kam 1690 nach Berlin, wohin er, vierzig Jahre nach der Gründung Schloß Oranienburgs, durch Kurfürst Friedrich III. gerufen wurde. Er begann damit, die kurfürstlichen Lustschlösser mit großen Tableaux zu schmücken, und da um 1690 Schloß Köpenick bereits beendet und Schloß Charlottenburg noch nicht angefangen war, so ist es wohl möglich, daß er in den Sälen von Schloß Oranienburg debütierte, das eben damals einem Umbau im großen Stil unterworfen wurde. Da dieser Umbau jedoch im Jahre 1688 bereits seinen Anfang nahm, so ist es mindestens fraglich, ob Terwesten das ursprüngliche Schloß, wie es die Kurfürstin hier entstehen ließ, noch gesehen hat. Dennoch möcht ich auf *diesen* Umstand kein allzu bedeutendes Gewicht legen, da es, zwei Jahre nach dem Neu- und Umbau des Schlosses, allerdings nicht schwerhalten konnte, bei Malern und Architekten Auskunft darüber zu erhalten, wie denn eigentlich das Schloß der Oranierin gewesen sei, *immer vorausgesetzt, daß dem Künstler daran gelegen war, über diesen Punkt Zuverlässiges zu erfahren.* Es ist aber sehr zweifelhaft, *daß* ihm daran lag. Denn wir dürfen nicht vergessen, daß er den Moment der Landesschenkung (1650) bildlich darzustellen hatte, also einen Moment, der dem Schloßbau um vier, mindestens aber um zwei Jahre vorausging. Er konnte sich also in seinem künstlerischen Gewissen nicht im geringsten gedrungen fühlen, ein Schloß in *historischer Treue* darzustellen, das 1650 noch gar nicht existierte, sondern erst 1654 fertig aus der Hand des Baumeisters hervorging.

gens in seiner Echtheit ebenfalls anfechtbaren Portrait absehen, so findet sich an Ort und Stelle nichts mehr, was sich mit Bestimmtheit auf die Zeit der Oranierin zurückführen ließe. Das ihr seitens der Stadt errichtete Denkmal, eine Neuschöpfung, stammt erst aus dem Jahre 1858. Es ist ein überlebensgroßes Bildnis in Erz, aus der Hand Wilhelm Wolffs hervorgegangen, und führt die Inschrift: »Der hohen Wiederbegründerin dieser Stadt, Luise Henriette, Kurfürstin von Brandenburg, gebornen Prinzessin von Oranien, zum dauernden Gedächtnis die dankbare Bürgerschaft Oranienburgs.«

Und dieser Dank war Pflicht. Was Luise Henriette schuf, es hat das Kleid gewechselt, aber die Dinge blieben, und der Segen lebt fort.

## *Die Zeit Friedrichs III., von 1688 bis 1713*

Schloß Oranienburg war, wie wir es geschildert haben, ein Bau von mäßigen Dimensionen (nur fünf Fenster breit), als 1688, nach dem Tode des Großen Kurfürsten, der prachtliebende Friedrich III. zur Regierung kam. Es war eine Zeit für die bildenden Künste in unserem Lande wie vielleicht keine zweite*, zumal wenn man die verhältnismäßig bescheidenen Mittel in Anschlag bringt, die dem fürstlichen Bauherrn zur Verfügung standen. Schloß Köpenick, wo der Kurfürst die letzten Jahre vor seiner Thronbesteigung zugebracht hatte, wurde zuerst beendet; dann folgte, mit einer Munifizenz, die noch weit über das hinausging, was in Köpenick geleistet worden war, der Ausbau des Oranienburger Schlosses. Ob der Kurfürst damals die Absicht hatte, das Schloß an der Oberhavel zu seinem bevorzugten Aufenthalt zu machen, oder ob er seiner Stiefmutter, der holsteinschen Dorothea, in nicht mißzuverstehender Weise zeigen wollte, wie heilig, wie wert ihm die Schöpfung und Hinterlassenschaft seiner *rechten* Mutter sei, gleichviel, Schloß Oranienburg wuchs alsbald aus seiner engen Umgrenzung heraus, und ein Prachtbau stieg empor, wie die Marken damals, mit alleiniger Aus-

* Die Zahl der Baumeister, Bildhauer und Maler belief sich damals im Brandenburgischen auf 143.

nahme des Schlosses zu Cölln an der Spree, keinen zweiten aufzuweisen hatten. Von 1688 bis 1704 dauerte der Bau, und das Schloß nahm im wesentlichen die Gestalt und Dimensionen an, worin wir es noch jetzt erblicken. An ein reich ornamentiertes Mittelstück (corps de logis) lehnten sich zwei Vorder- und zwei Hinterflügel, zwischen denen ein nach einer Seite hin geöffneter Hofraum lag. Ganz wie jetzt. Am Ende jedes der vier Flügel erhob sich ein Pavillon, und das corps de logis trug zwischen dem Dach und den Fenstern des dritten Stockes die Frontalinschrift: »A Ludovica princip. Auriac. matre optima exstruct. et nom. gentis insignit. aedes Friedericus Tertius Elector in memoriam parentis piissimae ampliavit, ornavit, auxit MDCXC.« (Dies von der besten Mutter, der Prinzessin von Oranien, Luise, gebaute und durch den Namen ihres Geschlechts ausgezeichnete Schloß hat der Kurfürst Friedrich III. zum Gedächtnis der frömmsten Mutter erweitert und geschmückt im Jahre 1690.) Diese Inschrift existiert noch.

Es kann nicht Zweck dieser Zeilen sein, mit Hülfe noch vorhandener Aufzeichnungen den Leser durch eine lange Reihe von Prachtzimmern und Galerien, von Sälen und Porzellancabinetten zu führen, von denen, mit Ausnahme weniger Zimmer, die ich gegen den Schluß des Aufsatzes hin zu beschreiben gedenke, auch jede Spur verlorengegangen ist; nur einiges werde ich hervorzuheben haben, um wenigstens eine Andeutung von dem Reichtum zu geben, der innerhalb dieser Mauern heimisch war. In dem Treppenhaus, das fast die halbe Breite des corps de logis einnahm, sprang eine Fontaine und trieb den Wasserstrahl bis in das dritte Stock hinauf; die Treppe selbst aber war unten mit vier Jaspis- und weiter oben mit vier Marmorsäulen geschmückt. An der gewölbten Decke waren die vier Laster des Hofes: Gleisnerei, Verleumdung, Neid und Habsucht, dargestellt, wie sie von ebenso vielen Engeln aus dem Himmel gestürzt werden. Deckengemälde, zum Teil ähnlichen symbolischen Inhalts, zeigten sich in fast allen größeren Sälen. Im Vorzimmer des Königs befand sich, an den Plafond gemalt, wie schon erwähnt, eine *Kopie* des großen Terwestenschen Bildes, während im sogenannten »Orangesaal« ein anderes großes Deckengemälde die Verherrlichung des oranischen Hauses symbolisch darstellte. In der Mitte desselben erblickte man eine weibliche Figur mit dem oranischen Wappen und einem Orangebouquet im Haar, während sie zugleich eine Schnur mit Medaillons in Händen hielt, wodurch die Geschlechtsfolge des Hauses Oranien veranschaulicht werden sollte. Neid und Verräterei mühen sich, die Schnur zu zerreißen, aber ein Blitzstrahl aus den Wolken fährt zwischen sie.

In demselben Saale befanden sich die Bildnisse der Fürsten von Oranien von 1382 ab, daneben aber das Portrait König Friedrichs I. selbst, mit dem bekannten Distichon als Unterschrift, durch das einst der Königsberger Dichter Bödecker die Geburt Friedrichs verherrlicht und seine künftige Königschaft vorhergesagt hatte:

Nascitur in Regis Friedericus Monte; quid istud?
Praedicunt musae: Rex Friedericus erit.

(Königsberg heißt die Geburtsstadt des Prinzen Friedrich; was folgt draus? Musen, kündet es laut: *König wird Friedrich uns sein.*)

So waren Säle und Treppenhaus. Fast noch prächtiger war die Kapelle: die Wände waren mit Marmor bekleidet und die Decke mit Kirchenbildern geziert, während der Altartisch auf vier vergoldeten Adlern ruhte. Bischof Ursinus hielt hier 1704 die Einweihungsrede. Nun ist alles hin, alles verweht und zerstoben. Nur Orgel, Kanzel und königliche Loge existieren noch, sind aber nach Französisch-Buchholz hin verpflanzt worden und zieren dort die Kirche bis diesen Tag.

So war Schloß Oranienburg in den Tagen, die der oranischen Prinzessin unmittelbar folgten. Wir fragen weiter: *Wie war das Leben in diesen Räumen?* Darüber liegen leider wenige Aufzeichnungen vor, und wir müssen auf Umwegen und durch Schlüsse zu einem Resultat zu gelangen suchen. Daß der Kurfürst häufig hier verweilte, geht weniger aus der Reichtumsfülle hervor, mit der er das Schloß ausstattete (eine prächtige Ausstattung verrät noch keine persönliche Teilnahme, keine Herzensbeziehungen), als aus dem Eifer, mit dem er die Herrschaft Oranienburg zu erweitern und einige der im Umkreis gelegenen Dörfer in einen gewissen *Einklang mit dem Schlosse selbst zu bringen suchte.* Diese sorgliche *Fassung*, die er dem Edelsteine gab, bewies am besten, wie sehr er an demselben hing. So wurden Grabsdorf und Lehnitz, Cossebant und Perwenitz, vier in der Nähe befindliche Güter, angekauft und in Vorwerke oder Koloniedörfer umgewandelt. Grabsdorf erhielt ein Jagdschloß, das innerhalb seiner schmucklosen Mauern bis diesen Augenblick noch die eiförmigen Zimmer zeigt, die, nach damaliger Mode, ihm gegeben wurden. Dabei wurde der Name Grabsdorf, der an unbequeme Dinge erinnern mochte, beiseite getan und in »Friedrichsthal« umgewandelt, unter welcher Bezeichnung Dorf und Jagdschloß bis diesen Tag noch vorhanden sind. Auch Cossebant verlor seinen alten Namen und trat die Erbschaft des vakant gewordenen Namens »Bötzow« an. Das *heutige* Bötzow hat also nichts gemein mit Burg und Stadt Bötzow, die bis 1650 anstelle des jetzigen Oranienburg zu finden waren, sondern ist ein in der Nähe gelegenes Dorf, das bis 1694 den Namen Cossebant führte.

Diese Neuschöpfungen, mit denen der Kurfürst Schloß Oranienburg umgab, beweisen genugsam, daß dies Havelschloß, dies Vermächtnis von der Mutter her, ein bevorzugter Aufenthalt des Kurfürsten und spätern Königs war, aber auch einzelne Berichte sind uns zur Hand, die uns, trotz einer gewissen Dürftigkeit der Details, den Kurfürsten (damals schon König) direkt an dieser Stelle zeigen. »Im Sommer 1708«, so erzählt Pöllnitz, »rieten die Ärzte dem Könige, das Karlsbad in Böhmen zu gebrauchen, wohin er sich im Laufe des Sommers auch wirklich begab. Vorher war er in Oranienburg und hatte auf dem dortigen Schlosse eine Zusammenkunft mit dem regierenden Herzog von Mecklenburg-Schwerin. Diese Zusammenkunft der beiden Fürsten war nicht ohne Bedeutung: sie hatte zunächst nur eine Erneuerung und Bestätigung des alten *Erbfolgevergleichs* im Auge, der im Jahre 1442, zu Wittstock, zwischen Friedrich II., dem Eisernen, und den Herzögen von Mecklenburg geschlossen worden war, mußte aber natürlich, da man Gefallen aneinander fand, einige Monate später die Schritte wesentlich erleichtern, die, im November 1708, zu einer *dritten* Vermählung des Königs, und zwar mit Luisa Dorothee, der Schwester des regierenden Herzogs von Mecklenburg, führten. – Am 24. November«, so fährt unsere Quelle fort, »traf die neue Königin in Oranienburg ein und wurde daselbst vom Könige und dem ganzen Hofe empfangen. Nachdem die Vorstellung aller Prinzen und Prinzessinnen stattgefunden hatte, verließ man das Schloß und begab sich nach Berlin, wo am 27. desselben Monats die Königin ihren feierlichen Einzug hielt.« Der König, trotz seiner Jahre, war anfänglich von der Königin bezaubert; keine Ahnung beschlich sein Herz, daß, vier Jahre später, dieselbe Prinzessin geistesgestört und wie eine Mahnung des Todes an ihn herantreten werde. Das war im Berliner Schloß, in den Januartagen 1713. Der König, krank schon, ruhte auf einem Armstuhl und war eben eingeschlummert, als er sich plötzlich angefaßt und aus dem Schlaf gerüttelt fühlte. Die geisteskranke Königin, die eine Glastür erbrochen hatte, stand weißgekleidet und mit blutenden Händen vor ihm. Der König versuchte sich aufzurichten, aber er sank in seinen Stuhl zurück. »Ich habe die Weiße Frau gesehen.« Wenige Wochen später hatte sich die alte Prophezeiung seines Hauses an ihm erfüllt. Nicht zu seinem Glück hatte die mecklenburgische Prinzessin das Land und, als erste Stufe zum Thron, die Marmortreppe von *Schloß Oranienburg* betreten.

### *Die Zeit des Prinzen August Wilhelm,*<br>*von 1744 bis 1758*

Der Tod König Friedrichs I. traf keinen Punkt des Landes härter als Oranienburg; bis dahin ein Lieblingssitz, wurde es jetzt von der Liste der Residenzen so gut wie gestrichen. Dem Soldatenkönige, dessen Sinn auf andere Dinge gerichtet war als auf Springbrunnen und künstliche Grotten, genügte es nicht, die Schöpfung seines Vaters sich selbst zu überlassen, er griff auch festen und praktischen Sinnes ein, um die in seinen Augen halb nutzlose, halb kostspielige Hinterlassenschaft nach Möglichkeit zu verwerten. Bauten wurden abgebrochen und die Materialien verkauft; die Fasanerie, das einzige, woran er als Jäger ein Interesse hatte, kam nach Potsdam; die 1 029 Stück eiserne Röhren aber, die der Wasserkunst im Schlosse das Wasser zugeführt hatten, wurden auf neun Oderkähnen nach Stettin geschafft.

Schloß und Park verwilderten. Wie das Schloß im Märchen, eingesponnen in undurchdringliches Grün, lag Oranienburg da, als einunddreißig Jahre nach dem Tode des ersten Königs sein Name wieder genannt wurde. Im Jahre 1744 war es, wo Friedrich II., in betreff seiner Brüder, allerhand Ernennungen und Entscheidungen traf. Prinz Heinrich erhielt Rheinsberg, Prinz Ferdinand das Palais und den Garten in Neuruppin, der älteste Bruder August Wilhelm aber, unter gleichzeitiger Erhebung zum Prinzen von Preußen, wurde mit Schloß Oranienburg belehnt.

Über die baulichen Veränderungen, die in diese Epoche von 1744 bis 1758 fallen, wissen wir nichts, mutmaßlich waren sie allergeringfügigster Natur, aber einzelne Berichte von Bielefeld und namentlich von Pöllnitz sind auf uns gekommen, die uns zum erstenmal Gelegenheit geben, die bis hierher nur äußerlich beschriebenen Prachträume auch mit Gestalten und Szenen zu beleben. Der Prinz bewohnte nur einen einzigen Flügel, also ungefähr den fünften Teil des Schlosses, aber die entsprechenden Zimmer genügten vollständig, zumal zur Sommerzeit, wo der Park mit seinen Laubgängen aushelfen konnte. Bielefeld entwirft von diesem Park folgende ansprechende Schilderung: »Den großen, nach Le Nôtres Plan angelegten Garten fand ich, durch die Verwilderung, zu der die lange Zeit von 1713 bis 1744 vollauf Gelegenheit gegeben hatte, wunderbarerweise verschönt. Die seit 1713 nicht mehr verschnittenen Buchenhekken haben sich verwachsen und verschlungen und bilden einen Gang, der so dicht jetzt ist, daß weder Sonne noch Wind hindurchdringen kann. In der größten Mittagshitze gewährt er Kühlung und Schatten, und abends speist man darin, ohne daß die Luft die Kerzen auslöscht. Ein geschickter Gärtner, der die Verwilderung benutzte, hat viele geschmackvolle Gartenhäuser aus der Erde wachsen lassen.« Diese Schilderung paßt noch heute; nur die Gartenhäuser sind seitdem wieder verschwunden.

Prinz August Wilhelm lebte nur zeitweilig in Oranienburg; sein Regiment stand zu Spandau in Garnison, und die Pflichten des Dienstes fesselten ihn an den Standort desselben. Aber die Sommermonate führten ihn oft und so lange wie möglich nach dem benachbarten, durch Stille und Schönheit einladenden Oranienburg, und hier war es auch, wo er im April 1745 den Besuch seiner Mutter, der verwitweten Königin Sophie Dorothee, empfing. Über diesen Besuch liegt uns die Schilderung eines Augenzeugen vor – unverkennbar Pöllnitz selber, wenn sein Name auch nicht ausdrücklich genannt ist.

»Am 14. April«, so heißt es darin, »brach die Königinmutter von Berlin auf und traf am Nachmittag desselben Tages in Oranienburg ein. Ihr Hofstaat folgte ihr in einer langen Reihe von Karossen, wohl dreißig an der Zahl. Die Prinzessin Amalie saß im Wagen der Königin. Sobald dem Prinzen August Wilhelm das Herannahen des Zuges gemeldet war, eilte er die große Allee hinauf, dem Zuge entgegen, sprang angesichts des Wagens der Königinmutter vom Pferde und begrüßte sie, indem er entblößten Hauptes an den Schlag des Wagens trat. Dann schwang er sich rasch wieder in den Sattel und eilte dem Zuge in gestrecktem Galopp vorauf, um vor dem Eingang des Schlosses die Honneurs wiederholen zu können. Ihm zur Seite standen seine Gemahlin, die Prinzessin von Preußen (eine geborne Prinzessin von Braunschweig), die Prinzen Heinrich und Ferdinand, außerdem die Hofdamen von Wollden, von Henckel, von Wartensleben, von Kamecke, von Hacke, von Pannewitz und von Kannenberg. Die Königin umarmte ihre Söhne aufs zärtlichste, begrüßte die Umstehenden und wurde dann die große Treppe hinauf in das für sie bestimmte Schlafgemach geführt, dasselbe, das König Friedrich I. bei seinen Besuchen in Schloß Oranienburg zu bewohnen pflegte. Die Königin fand in diesem Zimmer ein Staatsbett von rotem Damast vor, ebenso einen Fauteuil, einen Ofenschirm und vier Tabourets von demselben Stoff und derselben Farbe. Bald nachdem die hohe Frau sich eingerichtet und an dem Anblick von Park und Landschaft erfreut hatte, erschien der Prinz, um ihr drei schöne Figuren von Dresdner Porzellan zu überreichen, an denen die Königinmutter, wie der Prinz wußte, eine besondere Freude zu haben pflegte. Aber die Königinmutter war es nicht allein, an die sich die Aufmerksamkeiten dieses liebenswürdigen Prinzen richteten, auch Baron von Pöllnitz wurde einer ähnlichen Aufmerksamkeit gewürdigt. Seine Königliche Hoheit kannten sehr wohl die Vorliebe des alten Barons (von Pöllnitz) für alle Antiquitäten und Kuriositäten aus der Zeit König Friedrichs I. her, der ihm immer ein guter und gnädiger Herr gewesen war, und eingedenk dieser Vorliebe überreichten Seine Königliche Hoheit dem alten Baron eine reich mit Gold gestickte Morgenmütze und ein Paar Pantoffeln, deren sich König Friedrich I. bei seinen Besuchen in Oranienburg zu bedienen pflegte und die nun seit über zweiunddreißig Jahren unbeachtet und ungewürdigt in einer halbvergessenen Truhe gesteckt hatten. Nach Sonnenuntergang folgten Promenaden in den Park; dann wurden Spieltische arrangiert, bis gegen zehn die willkommene Nachricht, daß das Souper angerichtet sei, das Spiel unterbrach. Welche Feinheiten und Überraschungen aus dem Bereich der Küche, welche hochqualifizierten Weine, welch Frohsinn, welche Heiterkeit der Gäste! Und doch zuletzt vollzog sich das Unvermeidliche, was schon König Dagobert seinerzeit so bitter beklagt hat, daß auch die beste Gesellschaft ihr Ende habe und sich trennen müsse.

Das war am 14. April. Früh am andern Morgen und früher fast, als uns lieb war, weckten uns ungewohnte Klänge; der Hirt trieb seine Herde, am Schloß vorbei, auf die frischen Felder hinaus. Den Beschluß machte ein Stier von so extraeleganter Schönheit, daß er kein anderer als der wohlbekannte glückliche Liebhaber der Jungfrau Europa sein konnte, ja die Art, wie er sich trug, dazu die Kraft seiner Brusttöne schienen andeuten zu wollen, daß er ein Erscheinen unserer Damen an den verschiedenen Fenstern des Schlosses erwartet habe. Aber er sah sich getäuscht, unsere Damen, die die Geschichte gelesen haben mochten, fürchteten sich und hielten sich zurück, um sich und ihre Reize nicht ähnlichen Gefahren auszusetzen. Wie dem immer sei, der Morgenschlummer war gestört, und an die Stelle des Schlafs, der nicht wieder kommen wollte, traten Promenaden in leichtem, flatterndem Morgenkostüm und, nach eingenommenem Frühstück, die gegenseitigen Besuche. Die Prinzessin Amalie empfing die Huldigungen, die ihrer Schönheit dargebracht wurden; sie trug ein Corset von schwarzem Atlas, das mit weißer Seide gesteppt war, und darunter ein silbergesticktes Kleid, mit natürlichen Blumen aufgenommen. In diesem Kostüm stand sie da und übte sich im Flötenspiel: Euterpe selbst hätte sie beneiden können.

Nach Tisch empfing die Königinmutter alle anwesenden Damen in ihrem Bettzimmer; diejenigen, die eine Handarbeit dem Kartenspiel vorzogen, setzten sich auf Tabourets um die Königin her, während Baron Pöllnitz seinen Platz als Vorleser einnahm und in der Lektüre von ›La Mouche oder Die Abenteuer des Mr. Bigand‹ fortfuhr. Die Königin folgte der Vorlesung und zog Goldfäden aus (se mit à effiler de l'or). Den Beschluß des Tages machte ein Ball in dem hell erleuchteten Tanzsaal, woran sich ein Souper in dem Staatszimmer, am Ausgange der Porzellangalerie, anschloß. Als die Königin eben in das Staatszimmer eintrat, bemerkte sie durch die hohen, gegenübergelegenen Fensterflügel, wie es plötzlich, inmitten des dunklen Parks, wie ein Flammenbaum aus der Erde wuchs. Immer deutlicher gestaltete sich das Bild, bis es endlich wie ein feuriger Laubengang dastand, der an höchster Stelle eine Krone und darunter die Worte ›Vivat Sophia Dorothea‹ trug.«

So lebte man 1745 in Oranienburg. Sechs Wochen später wurde die Schlacht bei Hohenfriedberg geschlagen, an welcher Prinz August Wilhelm, der eben noch Zeit zu Geplauder und Feuerwerk gehabt hatte, einen rühmlichen Anteil nahm.

Die Beziehungen der drei jüngern Prinzen: August Wilhelm, Heinrich und Ferdinand, zu ihrem älteren Bruder, dem Könige, waren damals noch kaum getrübt. Es ist wahr, sie lebten, zumal wenn sie in Potsdam, also in unmittelbarer Nähe Friedrichs waren, unter einem gewissen Drucke, aber man fand diesen Druck gleichsam in der Ordnung; er war der älteste, der begabteste und – der König. Dabei ließ er es seinerseits, um strengen Forderungen ein Gegengewicht zu geben, an Huldigungen nicht fehlen, und besonders war es der Prinz von Preußen, für den er die zartesten Aufmerksamkeiten hatte. Er widmete ihm sein großes Gedicht »Die Kriegskunst«, er widmete ihm ferner »die Geschichte seines Hauses« und sprach es in der meisterhaften Einleitung dieses Werkes vor der ganzen Welt und vor der Zukunft aus, *warum* er diesen seinen Bruder, der ihn einst beerben solle, *als Freund und Fürsten besonders liebe.* »Die Milde, die Humanität Ihres Charakters ist es, die ich so hoch schätze; ein Herz, das der Freundschaft offen ist, ist über niedern Ehrgeiz erhaben; Sie kennen kein anderes Gebot als das der Gerechtigkeit und keinen andern Willen als den Wunsch, die Hochschätzung der Weisen zu verdienen.«

So war das Verhältnis zwischen den beiden Brüdern, als die schweren Tage, die dem Unglückstage von Kolin folgten, diesem schönen Einvernehmen plötzlich ein Ziel setzten. Prinz August Wilhelm erhielt bekanntlich den Oberbefehl über diejenigen Truppen, die ihren Rückzug nach der Lausitz nehmen sollten; Winterfeldt wurde ihm beigegeben. Die Sachen gingen schlecht, und bei endlicher Wiederbegegnung der beiden Brüder fand jene furchtbare Szene statt, die Graf Schwerin, der Adjutant Winterfeldts, mit folgenden Worten beschrieben hat: »Ein Parolekreis wurde geschlossen, in dem der Prinz und alle seine Generale standen. Nicht der König trat in den Kreis, sondern *Winterfeldt statt seiner.* Im *Auftrage* des Königs mußte er sagen: ›Sie hätten alle verdient, daß über ihr Betragen ein Kriegsrat gehalten würde, wo sie dann dem Spruch nicht entgehen könnten, die Köpfe zu verlieren; indes wolle der König es nicht so weit treiben, weil er im General auch den Bruder nicht vergesse.‹ Der König stand unweit des Kreises«, so fährt Graf Schwerin fort, »und horchte, ob Winterfeldt sich auch strikte der ihm anbefohlenen Ausdrücke bediene. *Winterfeldt tat es, aber mit Schaudern,* und er konnte den Eindruck seiner Worte sogleich sehen, denn der Prinz trat augenblicklich aus dem Kreise und ritt, ohne den König zu sprechen, nach Bautzen.«

Im Spätherbst desselben Jahres finden wir den Prinzen wieder in Oranienburg, an selbiger Stelle, wo er uns zuerst als liebenswürdiger und aufmerksamer Sohn und geübt in der Kunst sinniger Überraschungen entgegentrat. Aber wir finden ihn jetzt in Einsamkeit und gebrochenen Herzens. Ob er sich in seiner Liebe zum König oder in seiner eignen Ehre schwerer getroffen fühlte, ist schwer zu sagen. Gleichviel, unheilbare Krankheit hatte sich seiner bemächtigt, und er litt an Leib und Seele. Über die letzten Momente seines Lebens ist nichts Bestimmtes aufgezeichnet, doch verdank ich den Mitteilungen einer Dame, die noch den Hof des Prinzen Heinrich und diesen selbst gekannt hat, allerlei Züge und Andeutungen, aus denen genugsam erhellt, daß der Ausgang so erschütternd wie möglich war. Die Gemütskrankheit hatte schließlich die Form eines nervösen Fiebers angenommen, und die Bilder von Personen und Szenen, die seine Seele seit jenem Unglückstage nicht losgeworden war, traten jetzt aus seiner Seele heraus, nahmen Gestalt an und stellten sich wie faßbar und leibhaftig an sein Lager. Den Schatten Winterfeldts rief er an, und als sich die Gestalt nicht bannen ließ, sprang er auf, um vor dem Gehaßten und Gefürchteten zu fliehen. Das waren die letzten Momente Prinz August Wilhelms; er starb im Fieber, am 12. Juni 1758, im Schlosse zu Oranienburg. Der König war bei der Nachricht von seinem Tode tiefgebeugt; im Volke hieß es, er sei vor Gram gestorben. 1790 errichtete ihm sein jüngerer Bruder Heinrich den oft beschriebenen Obelisken, gegenüber dem Rheinsberger Schloß, nachdem die sterblichen Überreste des Prinzen schon früher im Rheinsberger Parke beigesetzt worden waren. Dieser Punkt ist in Dunkel gehüllt, weshalb ich hier – damit Eingeweihtere es lichten mögen – die alte Version und meine eignen Aufzeichnungen aus dem Rheinsberger Park zusammenstelle. Prediger Ballhorn in seiner mehrzitierten »Geschichte« schreibt: »Seine Leiche wurde zuerst in einem Gewölbe der Oranienburger Kirche aufbewahrt, dann aber am 10. Juli von seinem Regimente nach Berlin abgeführt. Prinz Heinrich widmete ihm zu Rheinsberg ein prachtvolles Monument, *das zugleich die Urne umschließt, in welcher sein Herz aufbewahrt wird.*« Zwei Dinge erscheinen hierin unrichtig: erstlich stand das Regiment des Prinzen von Preußen damals im Felde (Friedrich der Große schreibt eigens: »Der Anblick des prinzlichen Regiments erneuert mir jedesmal den Schmerz um ihn«), und zweitens befindet sich die Urne nicht eingeschlossen im Monument, sondern steht frei und offen an einer ganz andern Stelle des Parks. Diese Stelle, in unmittelbarer Nähe des »bekannten Theaters im Grünen« gelegen, zeigt unter einer Baumgruppe zwei Marmorarbeiten: eine große Urne auf einem Piedestal und zweitens eine Art Herme, die die trefflich ausgeführte Büste des Prinzen August Wilhelm trägt. Beide Arbeiten stehen sich, in Entfernung von etwa sechs Schritt, einander gegenüber. Das Piedestal der Urne trägt die Inschrift: »Hic cineres marmor exhibit«, und darunter: »August Gullielm, Princeps Prussiae, Natus Erat IX Die

Mens. Aug. Ann. 1722. Obiit Die XII Mens. Jun. Anno 1758.« Die Inschrift unter der Büste aber lautet: »Hic venustum os viri, veritatis, virtutis, patriae amantissimi.« (Hier das freundliche Antlitz des Lieblings der Wahrheit, der Tugend, des Vaterlands.)

Die *erste* dieser Inschriften: »Hic cineres marmor exhibit«, also: »Diese Urne umschließt seine Asche«, schafft die eigentliche Streitfrage. Ruht der Prinz August Wilhelm im Dom zu Berlin oder ruht er (laut vorstehender Inschrift) im Rheinsberger Park? Vielleicht müßte die Inschrift lauten: »Diese Urne umschließt die Asche seines *Herzens*«. Dann hätte Pastor Ballhorn in der Hauptsache recht, nur nicht hinsichtlich der *Aufstellung* der Urne.

An jenem Tage, als der Prinz August Wilhelm aus dem Schloßportal getragen wurde und fünfzig Bürger dem Sarge folgten, um ihm bis Havelhausen das Geleit zu geben, an jenem Tage schloß das Leben in Schloß Oranienburg überhaupt. Auf ein Jahrhundert voll Glanz und lachender Farben folgte ein anderes voll Öde und Verwahrlosung. Andere Zeiten kamen; der Geschmack ging andere Wege – Schloß Oranienburg war vergessen.

1802 wurde der prächtige alte Bau, dessen zahlreiche Deckengemälde allein ein bedeutendes, wenn auch freilich totes Kapital repräsentierten, für 12 000 Taler mit all und jeglichem Zubehör verkauft und der Käufer nur zur Herausgabe der eingangs erwähnten vier Jaspis- und vier Marmorsäulen (im Treppenhause) verpflichtet. Schloß Oranienburg wurde eine *Kattunmanufaktur*. Wo die Edeldamen auf Tabourets von rotem Damast gesessen und der Vorlesung des alten Pöllnitz gelauscht hatten, während die Königinmutter Goldfäden aus alten Brokaten zog, klapperten jetzt die Webstühle und lärmte der alltägliche Betrieb. Aber noch tristere Tage kamen, Krieg und Feuer, bis endlich in den zwanziger Jahren ein chemisches Laboratorium, eine *Schwefelsäurefabrik*, hier einzog. Die Schwefeldämpfe ätzten und beizten den letzten Rest alter Herrlichkeit hinweg. Ich entsinne mich der Jahre, wo ich als Kind dieses Weges kam und von Platz und Brücke aus ängstlich nach dem unheimlichen alten Bau herüberblickte, der, grau und verkommen, in Qualm und Rauch dalag wie ein Gefängnis oder Landarmenhaus, aber nicht wie der Lieblingssitz Friedrichs I.

Nun ist das alte Schloß der Kolben und Retorten wieder los und ledig, und frisch und neu, beinahe sonntäglich, blickt es drein. Aber es ist das moderne Allerweltskleid, das es trägt; die Borten und Kanten sind abgetrennt, und der Königsmantel ist ein Bürgerrock geworden. Noch wenige Wochen, und das alte Schloß von ehedem wird neue Gäste empfangen: wie Schloß Köpenick ist es bestimmt, als *Schullehrerseminar* in sein drittes Jahrhundert einzutreten. Sei es. In den neuen Bewohnern wird wenigstens ein Bewußtsein davon zu wecken sein, welcher Stelle sie angehören, und leise berührt von der Macht und dem Zauber historischer Erinnerungen, werden sie später den Namen und die Geschichte Schloß Oranienburgs in ihre Berufskreise mit hinübernehmen.

Unter den Linden des Gasthofes, während der Sommerwind die Tropfen von den Bäumen schüttelte, hab ich dem Leser die Geschichte des alten Schlosses erzählt, die Bilder aufgerollt seines Glanzes und seines Verfalls. Die Frage bleibt noch übrig: Haben die letzten hundert Jahre alles zerstört? Haben Krieg und Feuer, Retorte und Siedepfanne von dem alten Glanze kein Restchen übriggelassen? Ist alles hin, bis auf die letzte Spur? Der Pietät des hohen Herrn, der nun vorm Altar seiner Friedenskirche in Frieden ruht, der Pietät Friedrich Wilhelms IV., dem es so oft zum Verbrechen angerechnet wurde, daß er das wahren wollte, was des Wahrens wert war, diesem hohen Liebessinne, der auf das *Erhalten* gerichtet war, haben wir allein es zu danken, daß wir der aufgeworfenen Frage mit einem »Nein« entgegentreten können – es ist *nicht* alles hin, es existieren noch Spuren, gerettete Überbleibsel aus alter Zeit her, und ihnen gilt zum Schluß unser Besuch.

Wir verweilen nicht bei zerstreuten Einzelheiten, die da, wo sie zufällig verlorengingen, auch zufällig aufgelesen und in die Wand oder den Fußboden, als wär es ein Relief- oder Mosaikstück, eingelegt wurden – wir gehen an diesen Einzelheiten ohne Aufenthalt vorüber und treten in den nach West und Norden zu gelegenen Hinterflügel ein, wo wir noch einer zusammenhängenden Zimmerreihe aus der Zeit König Friedrichs I. begegnen. Daraus, daß das vorzüglichste dieser Zimmer an den vier Ecken des Plafonds mit ebenso vielen Sternen des *Hosenbandordens* geschmückt ist, auf dessen Besitz König Friedrich I. einen ganz besonders hohen Wert legte, würde sich mit einiger Bestimmtheit ableiten lassen, wann dieser Teil des Schlosses ausgebaut wurde. Es sind sechs Zimmer, von denen zunächst zwei durch ihre Ausschmückung unser Interesse in Anspruch nehmen. Sie bilden die beiden Grenzpunkte der ganzen Reihe, so daß das eine (das kleinere) dem corps de logis, also dem Mittelpunkte des Schlosses zu gelegen ist, während das andere am äußersten Ende des Flügels liegt und den Blick ins Freie auf Fluß und Wiesen hat. Das kleinere Zimmer bildete entweder einen Teil der seinerzeit vielberühmten und von Touristen jener Epoche oft beschriebenen Porzellangalerie oder war ein Empfangs- und Gesellschaftszimmer, wo die fürstlichen Personen unter Herzuziehung ihres Hofstaats den Tee einzunehmen pflegten. Das Deckengemälde, das ich gleich näher beschreiben werde, scheint mit seinen vielen Porzellangerätschaften für die erstere Annahme zu sprechen; ein schärferes Eingehen aber macht es beinahe zweifellos, daß es das *Teezimmer* war. In der Mitte des Deckenbildes erblicken wir nämlich eine starke, blühend aussehende Frauensperson mit roten Rosen im Haar; in ihrer ganzen Erscheinung einer holländischen Teeschenkerin sehr ähnlich. Mit der linken Hand drückt sie eine blau und weiß gemusterte Teebüchse fest ans Herz, während sie mit der Rechten einen ebenso gemusterten porzellanenen Teetopf einer gleichfalls wohlbeleibten, blonden, hochrot gekleideten Dame entgegenstreckt. Diese, ihrerseits durch die Schlange, die sich um ihren weißen Arm ringelt, als Hygieia charakterisiert, hält der Teeschenkerin einen *Spiegel* entgegen, als ob sie ihr zurufen wolle: »Erkenne dich selbst und schrick zurück, wenn du dich als Lügnerin, das heißt deinen Tee als *schlecht und unecht* erkennst.«

Die Malerei ist vortrefflich, man erkennt durchaus die gute holländische Schule, und viele unserer Maler werden von Glück sagen können, wenn ihre Deckengemälde sich nach 150 Jahren und länger in ähnlich guter Weise präsentieren. Auch die diesen Bildern zugrunde liegenden Ideen, denen es an Humor und Selbstpersiflage nicht fehlt, sind leichter zu verspotten als besser zu machen. Es sind doch immerhin Ideen, mit denen total gebrochen zu haben wir häufig zur Unzeit stolz sind.

Das am entgegengesetzten Ende liegende Zimmer ist aller Wahrscheinlichkeit nach das ehemalige Wohn- und Lieblingszimmer Friedrichs I., dasselbe, in das, wie ich Seite 151 beschrieben habe, am 15. April 1745 die Königin Sophie Dorothea eintrat und am Abend durch das prächtige Feuerwerk überrascht wurde, das wie eine Flammenlaube mitten aus dem Dunkel des Parks emporwuchs. Dies Zimmer, das nach drei Seiten hin Balkone hat, von denen aus man nach Gefallen den Park, das offene Feld oder den Hofraum überblickt, ist sehr geräumig, dreißig Fuß im Quadrat, und mit acht marmorierten Säulen derart umstellt, daß sie, an den vier Wänden entlang, einen deutlich markierten Gang oder Rahmen bilden, der nun das kleiner gewordene Viereck des Saales umspannt. Der Zweck dieser Einrichtung ist schwer abzusehen. Vielleicht diente das Zimmer auch als Tanzsaal, und die Tänzer und Tänzerinnen hatten den innern Raum für sich, während die plaudernden oder sich ausruhenden Paare wohlgeborgen unter dem Säulengange standen. Das Wichtigste ist auch hier das Deckengemälde. Ich schicke zunächst die bloße Beschreibung vorauf. In der Mitte des Bildes befindet sich eine weiße, hochbusige Schönheit mit pechschwarzem Haar, welches von Perlenschnüren durchzogen ist; in der Linken hält sie eine Art Zauberlaterne, in der Rechten einen kleinen Ölkrug. Allerhand pausbackige Genien halten Tafelgerät und Kannen empor, andere entschweben mit leeren Schüsseln, noch andre kommen mit Teegeschirr herbei und gießen den Tee in kleine Schälchen. Diese Szenen füllen zwei Drittel des Bildes. Links in der Ecke hält Apoll mit seinen Sonnenrossen, vor ihm her schwebt bereits Aurora, das Haupt des Sonnengottes selbst aber strahlt nicht, sondern ist noch von einer dunklen Scheibe umhüllt.

Neben diesem Staatszimmer, demselben, das den Stern des Hosenbandordens in seinen vier Ecken zeigt, befindet sich ein sehr kleines Gemach, nicht viel größer als ein altmodisches Himmelbett. Dies ist das Sterbezimmer des Prinzen

August Wilhelm. Die Wände sind schmucklos, ebenso die Decke, nur an der Hohlkante zwischen beiden zieht sich eine schmale Borte von *schwarzem* Holz entlang. Sie ist wie ein Trauerrand, der dieses Zimmer einfaßt, und mahnt deutlich an die letzten, in Dunkel gehüllten Stunden eines liebenswürdigen und unglücklichen Prinzen.

Aus diesem engen Raume, der so trübe Bilder weckt, treten wir, da die übrigen Zimmer unserer Betrachtung nichts mehr bieten, wieder in den Korridor und über den noch immer imposanten Vorflur endlich ins Freie hinaus.

Der Ball der untergehenden Sonne hängt am Horizont, leise Schleier liegen über dem Park, und die Abendkühle weht von Fluß und Wiesen her zu uns herüber. Wir sitzen wieder auf der Treppe des Gasthofs und blicken durch die Umrahmung der Bäume in das Bild abendlichen Friedens hinein. Musikanten ziehen eben am Hause vorüber, auf die Havelbrücke zu und in die Vorstadt hinein; hinter den Musikanten allerlei Volk. Was ist es? »Das Theater fängt an; die Stadtkapelle macht sich auf den Weg, um mit dabeizusein.« Und wir lesen jetzt erst den Theaterzettel, der, in gleicher Höhe mit uns, an einen der Baumstämme geklebt ist. »Das Testament des Großen Kurfürsten, Schauspiel in fünf Aufzügen.« Wir lieben das Stück, aber wir kennen es, und während die Sonne hinter Schloß und Park versinkt, ziehen wir es vor, in Bilder und Träume gewiegt, auf »Schloß Oranienburg« zu blicken, eine jener *wirklichen* Schaubühnen, auf der die Gestalten jenes Stücks mit ihrem Haß und ihrer Liebe heimisch waren.

# TEGEL

Die *Hoffnung* –
Sie wird mit dem Greis nicht begraben.

Havelabwärts von Oranienburg, schon in Nähe Spandaus, liegt das Dorf Tegel, gleich bevorzugt durch seine reizende Lage wie durch seine historischen Erinnerungen. Jeder kennt es als das Besitztum der Familie Humboldt. Das berühmte Brüderpaar, das diesem Fleckchen märkischen Sandes auf Jahrhunderte hin eine Bedeutung leihen und es zur Pilgerstätte für Tausende machen sollte, ruht dort gemeinschaftlich zu Füßen einer granitenen Säule, von deren Höhe die Gestalt der »Hoffnung« auf die Gräber beider herniederblickt.

Wer seinen Füßen einigermaßen vertrauen kann, tut gut, Berlin als Ausgangspunkt genommen, die ganze Tour zu Fuß zu machen. Die erste Hälfte führt durch die volkreichste und vielleicht interessanteste der Berliner Vorstädte, durch die sogenannte *Oranienburger* Vorstadt, die sich, weite Strecken Landes bedeckend, aus Bahnhöfen und Kasernen, aus Kirchhöfen und Eisengießereien zusammensetzt. Diese vier heterogenen Elemente drücken dem ganzen Stadtteil ihren Stempel auf; das Privathaus ist eigentlich nur insoweit gelitten, als es jenen vier Machthabern dient. Leichenzüge und Bataillone mit Sang und Klang folgen sich in raschem Wechsel oder begegnen einander; dazwischen gellt der Pfiff der Lokomotive, und über den Schloten und Schornsteinen weht die bekannte schwarze Fahne. Hier befinden sich, neben der Königlichen Eisengießerei, die großen Etablissements von Egells und Borsig, und während dem Vorübergehenden die endlose Menge der zugehörigen Bauten imponiert, verweilt er mit Staunen und Freude zugleich bei dem feinen Geschmack, bei dem Sinn für das Schöne, der es nicht verschmäht hat, hier in den Dienst des Nützlichen zu treten.

So zieht sich die Oranienburger Vorstadt bis zur Pankenbrücke; jenseits derselben aber ändert sie Namen und Charakter. Der sogenannte »Wedding« beginnt, und an die Stelle der Fülle, des Reichtums, des Unternehmungsgeistes treten die Bilder jener prosaischen Dürftigkeit, wie sie dem märkischen Sande ursprünglich eigen sind. Kunst, Wissenschaft, Bildung haben in diesem armen Lande einen schwereren Kampf gegen die widerstrebende Natur zu führen gehabt als vielleicht irgendwo anders, und in gesteigerter Dankbarkeit gedenkt man jener Reihenfolge organisatorischer Fürsten, die seit anderthalb Jahrhunderten Land und Leute umgeschaffen, den Sumpf und den Sand in ein Fruchtland verwandelt und die Roheit und den Ungeschmack zu Sitte und Bildung herangezogen haben. Aber die alten, ursprünglichen Elemente leben noch überall, grenzen noch an die Neuzeit oder drängen sich in die Schöpfungen derselben ein, und wenige Punkte möchten sich hierlandes finden, die so völlig dazu geeignet wären, den Unterschied zwischen dem Sonst und Jetzt, zwischen dem Ursprünglichen und dem Gewordenen zu zeigen, als die Stadtteile diesseits und jenseits des Panke-Flüßchens, das wir soeben überschritten haben.

Die Oranienburger Vorstadt in ihrer jetzigen Gestalt ist das Kind einer neuen Zeit und eines neuen Geistes; der »Wedding« aber, der nun vor und neben uns liegt, ist noch im Einklang mit dem alten nationalen Bedürfnis, mit den bescheideneren Anforderungen einer früheren Epoche gebaut. Was auf fast eine halbe Meile hin diesen ganzen Stadtteil charakterisiert, das ist die völlige Abwesenheit alles dessen, was wohltut, was gefällt. In erschreckender Weise fehlt der Sinn für das *Malerische*. Die Häuser sind meist in gutem Stand; nirgends die Zeichen schlechter Wirtschaft oder des Verfalls; die Dachziegel weisen keine Lücke auf, und keine angeklebten Streifen Papier verkürzen dem Glaser sein Recht und seinen Verdienst; das Holzgitter, das das Haupt- und Nebengebäude umzieht, ist wohlerhalten, und der junge Baum, der in der Nähe der Haustür steht, hat seinen Pfosten, daran er sich lehnt, und seinen Bast, der ihn hält. Überall ein Geist mäßiger Ordnung, mäßiger Sauberkeit, überall das Bestreben, sich nach der Decke zu strecken und durch Fleiß und Sparsamkeit sich weiterzubringen, aber nirgends das Bedürfnis, das Schöne, das erhebt und erfreut, in etwas anderem zu suchen als in der Neuheit eines Anstrichs oder in der Geradlinigkeit eines Zauns. Man will keine Schwalbe am Sims — sie bringen Ungeziefer; man will keinen Efeu am Haus — er schädigt das Mauerwerk; man will keine Zierbäume in Hof und Garten — sie machen feucht und halten das Licht ab; man will nicht Laube, nicht Veranda — was sollte man damit? Nützlichkeit und Nüchternheit herrschen souverän und nehmen der Erscheinung des Lebens allen Reiz und alle Farbe. Grün und gelb und rot wechseln die Häuser und liegen doch da wie eingetaucht in ein allgemeines, trostloses Grau.

Den kläglichsten Anblick aber gewähren die sogenannten Vergnügungsörter. Man erschrickt bei dem Gedanken, daß es möglich sein soll, an solchen Plätzen das Herz zu erlaben und zu neuer Wochenarbeit zu stärken. Wie Ironie tragen einige die Inschrift: »Zum freundlichen Wirt«. Man glaubt solcher Inschrift nicht. Wer könnte freundlich sein in solcher Behausung und Umgebung? An der Eingangstür hängen zwei Wirtshausschildereien, bekannte Genrebildszenen, die mehr an die Götzen und Kunstzustände der Sandwichs-Inseln als an die Nachbarschaft Berlins erinnern, und als einziger Anklang an Spiel und Heiterkeit zieht sich am Holzgitter des Hauses eine Kegelbahn entlang, deren kümmerliches und ausgebleichtes Lattenwerk dasteht wie das Skelett eines Vergnügens.

Auf halbem Wege nach Tegel sind wir endlich bis an die letzten Ausläufer der Stadt gelangt, und eine Tannenheide beginnt, die uns, ziemlich ununterbrochen, bis an den Ort unserer Bestimmung führt. Noch ein weiter freier Platz, der nach links hin einen Blick auf den See und das Dörfchen Tegel gestattet, dann eine Wassermühle, hübsch, wie alle Wassermühlen, und eine Ahorn- und Ulmenallee liegt südlich vor uns, an deren entgegengesetztem Ende wir bereits die hellen Wände von *Schloß* Tegel schimmern sehen.

Schloß Tegel, ursprünglich ein Jagdschloß des Großen Kurfürsten, kam, wenige Jahre nach dem Hubertusburger Frieden, in Besitz der Familie Humboldt. Alexander Georg von Humboldt, einem adeligen pommerschen Geschlechte angehörig, das im Fürstentum Cammin und im Neustettiner Kreise seine Besitzungen hatte, brachte es im Jahr 1765 durch Kauf an sich.* 1767 wurde Wilhelm, 1769 Alexander von Humboldt geboren, aber *nicht* in Tegel, sondern in Berlin, wo der Vater aller Wahrscheinlichkeit nach in Garnison stand. Nach dem Tode der Eltern wurde Schloß und Rittergut Tegel gemeinschaftliches Eigentum der beiden Brüder und blieb es, bis es im Jahr 1802 in den alleinigen Besitz Wilhelms von Humboldt, der damals Gesandter in Rom war, überging. Alexander von Humboldt hat sich immer nur besuchsweise in Schloß Tegel aufgehalten, und die historische Bedeutung des Orts wurzelt überwiegend in der vieljährigen Anwesenheit *Wilhelms* von Humboldt daselbst, der die letzten fünfzehn Jahre seines Lebens (von 1820 bis 1835), zurückgezogen von Hof und Politik, aber in immer wachsender Vertrautheit mit der Muse und den Wissenschaften, auf dieser seiner Besitzung zubrachte.

Die Kunstschätze, die Schloß Tegel bis diesen Augenblick umschließt, gehören, wie ich bei Aufzählung derselben noch weiter hervorheben werde, nicht unwesentlichen Teils in das Gebiet des Familienportraits. Wilhelm von Humboldt selbst, seine Gemahlin, seine drei Töchter (jüngerer, in Rom verstorbener Kinder zu geschweigen) haben alle, sei es in Stein oder Farbe, eine so mannigfache Darstellung gefunden, daß es nötig sein wird, behufs besserer Orientierung, dem Leser einen kurzen Überblick über die Familienverhältnisse Wilhelms von Humboldt zu geben.

Wilhelm von Humboldt war mit Karoline Friederike von Dacheröden (geboren am 23. Februar 1766, gestorben am 26. März 1829) vermählt. Aus dieser Ehe wurden ihm, mit Ausschluß der früh verstorbenen Kinder, drei Töchter und

* Es scheint zweifelhaft, ob Tegel 1765 durch *Kauf* oder 1766 als *Frauengut* an den Major von Humboldt kam. Ich finde nämlich anderen Orts, aus ersichtlich guter Quelle, folgendes: »1766 vermählte sich der Obristwachtmeister (Major) von Humboldt mit Marie Elisabeth, geborne Colomb, verwitwete Frau von Hollwede. Aus dieser Ehe wurden Wilhelm und Alexander von Humboldt geboren. Die Mutter der beiden Brüder war, als *Erbtochter* des Direktors Johann Heinrich Colomb, Besitzerin von Ringenwalde in der Neumark, Tegel und Falkenberg (anderthalb Meilen von Berlin). In der Falkenberger Kirche ließ Frau von Humboldt 1795 ein Erbbegräbnis bauen, in dem sowohl sie selbst wie ihre beiden Ehemänner: Hauptmann von Hollwede, gestorben 1765, und Obristwachtmeister von Humboldt, gestorben 1779, beigesetzt wurden. Frau von Humboldt starb 1796.«

zwei Söhne geboren. Die beiden Söhne erhielten die großen oberschlesischen Güter, die Töchter Tegel. Die älteste Tochter, Karoline von Humboldt, blieb unverheiratet und überlebte ihren Vater um kaum zwei Jahre. Die zweite Tochter, Adelheid von Humboldt, war mit dem Generallieutenant von Hedemann vermählt und besaß Schloß Tegel als väterliches Erbteil von 1835 bis zu ihrem Tode 1856. Nach ihrem Tode (sie starb kinderlos) ging Tegel nunmehr auf die dritte Schwester, Gabriele von Humboldt, Witwe des ehemaligen Gesandten in London und Staatsministers von Bülow, über. Das schöne Gut wird aber nicht im Besitz ihrer Deszendenz verbleiben, sondern fällt, nach dem Ableben der Frau von Bülow, an die ältere männliche Linie, will sagen an den Besitzer der schlesischen Herrschaft Ottmachau zurück.

Wir haben inzwischen die Ahorn- und Ulmenallee durchschritten und stehen nunmehr, rechts einbiegend, unmittelbar vor dem alten Schloß. Die räumlichen Verhältnisse sind so klein und die hellgelben Wände, zumal an der Frontseite, von solcher Schmucklosigkeit, daß man dem Volksmunde recht geben muß, der sich weigert, von »*Schloß Tegel*« zu sprechen, und diesen Diminutivbau beharrlich »das Schlößchen« nennt. Man erkennt deutlich noch die bescheidenen Umrisse des alten Jagdschlosses, dessen einzig charakteristischer Zug, neben einem größeren Seitenturm, in zwei erkerartig vorspringenden Türmchen oder Ausbuchtungen bestand. Diese Erkertürmchen sind dem Neubau, der 1822 unter Schinkels Leitung begonnen wurde, verblieben, während der große Seitenturm das hübsche Motiv zur Restaurierung des Ganzen abgegeben hat. An den vier Ecken des alten Hauses erheben sich jetzt vier Türme von mäßiger Höhe, die derart eingefügt und untereinander verbunden sind, daß sie im Innern nach allen Seiten hin die Zimmerreihen erweitern, während sie nach außen hin dem Ganzen zu einer Stattlichkeit verhelfen, die es bis dahin nicht besaß.

Wir treten nun ein und befinden uns auf dem niedrigen, aber ziemlich geräumigen Hausflur, der ganz im Charakter eines Atriums gehalten ist. Kurze dorische Säulen tragen Decke und Gebälke, eine einfach gemusterte Steinmosaik füllt den Fußboden, und Basreliefs aller Art und Größe schmücken zu beiden Seiten die Wand. Ziemlich in der

Mitte des Atriums erhebt sich, auf einem Sockel oder Fußgestell, die eigentliche Sehenswürdigkeit desselben: eine antike, mit bacchischen Reliefs verzierte Brunnenmündung, die sich vormals in der Kirche St. Calisto in Trastevere zu Rom befand. Der Sage nach soll der heilige Calixtus in dieser marmornen Brunnenmündung ertränkt worden sein, weshalb das Wasser, das aus derselben geschöpft wurde, lange Zeit für wundertätig galt. Wilhelm von Humboldt, während seines langjährigen Aufenthalts in Rom, brachte dieses interessante Kuriosum käuflich an sich und schmückte dasselbe mit folgender lateinischer Inschrift: »Puteal, sacra bacchica exhibens, idem illud, in quo, ad martyrium patiendum, circa A. CCXXIII, S. Calistus immersus traditur, ex eiusdem S. Calisti aede Romana Transtiberina emptionis iure huc devectum.« (Also etwa: »Diese Brunnenmündung, einen Bacchuszug auf ihrer Außenseite darstellend, ist dieselbe, in welcher, einer Sage nach, der heilige Calixtus ertränkt wurde und das Martyrium erduldete, etwa 223 nach Christus. In der Kirche des heiligen Calixtus zu Trastevere bei Rom käuflich erstanden, wurde sie [die Brunnenmündung] hierher gebracht.«)

Zu beiden Seiten des Atriums befinden sich verschiedene Räumlichkeiten, die alle ohne Bedeutung sind, mit Ausnahme des nach rechts hin gelegenen Studierzimmers Wilhelms von Humboldt. Vieles darin erinnert noch an seinen ehemaligen Bewohner, der hier die reifsten seiner Arbeiten überdachte und niederschrieb. Hier entstanden, seiner Familie selbst ein Geheimnis und nach seinem Tode erst aufgefunden, jene Sonette, die Alexander von Humboldt gewiß mit Recht »die Selbstbiographie, die Charakteristik des teuren Bruders« genannt hat. Hier traten, in mitternächtiger Stunde, jene stillen Klagen und Bekenntnisse ans Licht, zu deren sorglicher Konzipierung und Gestaltung ihm die Arbeit des Tages keine Muße gegönnt hatte; hier schrieb er in Dankbarkeit gegen die Stille und Verschwiegenheit der Nacht:

Das Leben ist an Möglichkeit gebunden,
Und ihre Grenzen sind oft eng gezogen;
Der Freude Maß wird spärlich zugewogen,
Des Leidens Knäuel langsam abgewunden.

Allein der Mitternacht geheime Stunden
Sind günstiger dem Sterblichen gewogen;
Wer um des Tages Glück sich fühlt betrogen,
Der heilt im süßen Traum des Wachens Wunden;

stille, durch poetische Innigkeit ausgezeichnete Bekenntnisse, an denen sich glücklicherweise die bescheidene Hoffnung des Dichters:

Vielleicht geschieht's, daß freundliches Gefallen
Vom Untergange kleine Anzahl rette,

und nicht die Resignation der zwei folgenden Zeilen erfüllt hat:

Sonst in des Zeitenstromes breitem Bette
Ist ihr natürlich Los, schnell zu verhallen.

In der Nähe der Fensterwand steht der Schreibtisch, kein elegantes Tischchen, sondern ein schwerer, massiver Bau aus Mahagoniholz, ersichtlich »ein Krieger für den Werkeltag«. Auf ihm, und zwar in der Mitte desselben, erhebt sich eine antike Doppelherme, rechts daneben ein Torso, links aber die berühmte, vom Maler Asmus Carstens herrührende Statuette einer Parze, die am Sockel die Namensinschrift des Künstlers und die Jahreszahl 1795 trägt. An der gegenüberliegenden Wand, so daß das Auge des Schreibers, sooft er aufblickte, darauf fallen mußte, befinden sich die Statuen der Kapitolinischen Venus und der Venus von Milo, zwischen beiden ein Panorama von Rom und die Konstantins-Schlacht, nach dem berühmten Raffaelischen Bilde. Die Gesamtheit der in diesem Zimmer vorhandenen Kunstschätze aufzählen zu wollen hieße den Leser ermüden; nur einer Kreidezeichnung Thorwaldsens, »Bacchus, welcher dem Amor zu trinken gibt«, sei noch, ihrer besonderen Lieblichkeit und Grazie halber, erwähnt.

Von den Bildern und Statuen hinweg treten wir jetzt an die Glas- und Bücherschränke heran, die ihrem Inhalte nach, wenigstens teilweise, der Humboldtschen Zeit angehören und uns somit Gelegenheit geben, einen Einblick in die privateren Studien, selbst in die Unterhaltungslektüre des Gelehrten zu tun. Da haben wir Byrons »Life and Works« in siebzehn und Adam Smiths »Wealth of Nations« in drei Bänden; Loudons »Encyclopaedia of Gardening« und Cooks Reisen um die Welt; Schleiermachers Predigten in acht und die Schriften der Rahel in drei Bänden; Voltaire und Rousseau in zusammen vierundsiebzig Halbfranzbänden friedlich nebeneinander; Goethe in einer Ausgabe von 1817; Bulwers »Eugen Aram« und »Rienzi« in großem Originalformat und Adelungs Wörterbuch in vier mächtigen Schweinslederbänden. Bescheiden in einer Ecke lehnen zwei der berühmtesten Werke Wilhelms von Humboldt selbst und führen, in Goldbuchstaben auf Dunkelblau, ihre wohlbekannten Titel: »Über die Kawi-Sprache auf der Insel Java« und »Über die Verschiedenheit des menschlichen Sprachbaus«.

Neben dem Arbeitszimmer befindet sich das ehemalige Schlafcabinet Wilhelms von Humboldt, in dem er am 8. April 1835 starb. Der überaus kleine Raum ist gegenwärtig unbenutzt und dient nur zur Aufstellung zweier weiblicher Torsen aus parischem Marmor, die zur Zeit des ägyptischen Feldzugs (1799) durch einen französischen Offizier von Athen nach Rom gebracht und an den Kunsthändler Antonini daselbst verkauft wurden. Von diesem erstand sie Wilhelm von Humboldt. Nach dem einmütigen Urteil aller Sachverständigen gehören diese Torsen zu dem Schönsten, was wir an weiblichen Körpern von griechischer Kunst besitzen. Professor Waagen ist der Meinung, daß beide einer Gruppe von Grazien angehören, deren dritten Torso er in der Skulpturensammlung des Herrn Blundell Weld in der Nähe von Liverpool entdeckt zu haben glaubt.

Wir verlassen nun die untern Räume und steigen vom Atrium aus treppauf, um den obern Zimmern unsern Besuch zu machen. Die Treppe selbst indes, vor allem die Art und Weise, wie Schinkel, der auch hier den Umbau leitete, alle entgegenstehenden Schwierigkeiten glücklich überwunden hat, fesselt uns noch auf Augenblicke. Die Enge des Raums schrieb ihm Verhältnisse vor, die etwas Kleines und Puppenstubenhaftes nicht vermeiden konnten, und doch glückte es ihm, durch Wölbungen hier, durch Mauereinschnitte dort, dem Ganzen den Eindruck einer lichthellen Heiterkeit zu leihen und endlich durch Farbe und Ornamentik diesen Eindruck bis zum Schönen und Gefälligen zu steigern. Die einzelnen Decken und Rundbögen, deren Dimensionen mehr an das *Modell* eines Hauses als an ein wirkliches Haus erinnern, sind mit Sternchen auf dunkelblauem Grunde geschmückt, und zwei in die Wandfläche des Treppenabsatzes gemalte Kandelaber (es war kein Raum da, um wirkliche aufzustellen) gelten für Meisterstücke guten Geschmacks und korrekter Zeichnung.

Die oberen Räume, ein Empfangszimmer, ein Saal, ein Wohnzimmer und zwei Turmgemächer, bilden ein völliges Museum und sind zu reich ausgestattet mit Kunstschätzen und Sehenswürdigkeiten aller Art, als daß mehr wie eine bloße Aufzählung des Vorhandenen an dieser Stelle gestattet sein könnte. Und selbst diese Aufzählung werde ich auf die Hauptsehenswürdigkeiten, das heißt also auf Originalwerke, zu beschränken haben. Es sind das, soweit die Plastik in Betracht kommt, neben Werken der Antike, Arbeiten von Thorwaldsen, Rauch und Friedrich Tieck. Aus der Reihe der Maler aber begegnen wir: Gottlieb Schick, Karl Philipp Fohr, Karl Steuben und Wilhelm Wach.

*Antiken.* Die Statue der Nymphe Anchyrrhoe mit einem Wassergefäß, gefunden vor Ponte Molle bei der Osteria la Finocchia. Ihren Namen (Anchyrrhoe) hat diese Statue nach einer Bezeichnung, welche Ennio Quirino Visconti auf einem andern, lebensgroßen, jetzt im Louvre befindlichen Exemplar derselben Statue, von übrigens viel geringerer Arbeit, gefunden hat. *Diese* Statue hingegen zeichnet sich ebensosehr durch das graziöse Motiv wie durch die vortreffliche Arbeit aus.

Die Statuette einer tanzenden Bacchantin mit dem Thyrsus (der Kopf modern). – Das Fragment einer antiken Sarkophagskulptur, welche den Raub der Proserpina darstellt. – Der thronende Jupiter, ein Relief aus dem Palast Rondanini. – Vulkan, ein Relief, ebendaher. – Ein Rund, auf dessen einer Seite sich der Kopf des Jupiter Ammon, auf der andern eine opfernde Bacchantin befindet. – Die antike Statue des Bacchus aus pentelischem Marmor. Der Kopf, nach Angaben von Rauch, ergänzt. – Die drei Parzen, ein antikes Basrelief in Marmor. Dieses Relief ist besonders durch die Art der Auffassung merkwürdig. Die sitzende Klotho spinnt, und die in der Mitte stehende Atropos schneidet den Lebensfaden ab; die Lachesis aber steht an einem Globus und bezeichnet an demselben das menschliche Geschick.

Hieran schließen sich, bevor wir zu den Arbeiten neuer Meister übergehen, jene wertvollen, wenigstens zum Teil der Antike angehörigen Geschenke, die von seiten Pius' VII., als Zeichen des Danks für wichtige, auf dem Wiener Kongreß und später in Paris ihm geleistete Dienste, an Wilhelm von Humboldt überreicht wurden. Diese Geschenke sind folgende: Eine Säule von orientalischem Granit, die eine moderne Kopie, in grünem Porphyr, von dem berühmten Kopfe der Medusa aus dem Hause Rondanini trägt, deren Original sich in der Glyptothek zu München befindet. — Zwei andere Säulen aus rosso antico von großer Schönheit, die zwei zierliche Vasen aus jener Marmorart tragen, die den Namen giallo antico führt. — Alle drei Säulen tragen, aufgehängt an einem Kettchen, das in Erz gegossene und vergoldete Wappen Pius' VII. Es besteht aus drei Feldern, in deren größerem sich das päpstliche Doppelkreuz und die Inschrift »Pax« befindet, während die zwei kleineren Felder drei Sternchen und drei Köpfe zeigen. Über jedem einzelnen Wappen kreuzen sich die Schlüssel Petri. Diese wertvollen Geschenke wurden an Wilhelm von Humboldt mit folgendem Schreiben überreicht:

»An den Herrn Baron von Humboldt der Papst Pius VII.

Der so nachdrückliche Beistand, welchen Sie dem Ritter Canova* zu dem glücklichen Ausgang seines Auftrags haben angedeihen lassen, hat Uns nicht überrascht, denn da Wir Sie zur Genüge kennen, versahen Wir Uns mit Gewißheit, daß Sie sich der Sache Roms und Unserer Person mit Nachdruck annehmen würden. Nichtsdestoweniger fühlen Wir Uns, nachdem Wir vernommen, wieviel Sie zu der Rückkehr der antiken Denkmale, Handschriften und anderer kostbarer Gegenstände beigetragen haben, verpflichtet, Ihnen in eigener Person Unsern Dank zu erkennen zu geben. Rom hatte sicherlich Ursache, Sie nicht zu vergessen, der Sie sich, während Ihres Aufenthaltes daselbst, so viel Liebe und Achtung

* Der berühmte Bildhauer Canova war im Jahr 1815 Kommissarius für die Zurückforderung der aus den päpstlichen Staaten nach Paris entführten Kunstdenkmäler.

erworben, es wird aber fortan noch einen andern gewichtigen Grund haben, Ihrer als des wohlverdienten Freundes des Sitzes der schönen Künste zu gedenken.

Wir werden Ihnen ein dankbares Andenken für dasjenige bewahren, was Sie in dieser bedeutenden Angelegenheit gewirkt haben, wie Wir Ihnen ein Gleiches für alles dasjenige bewahren, welches Sie zu Unserm Frommen in Wien getan, wie der Kardinal Consalvi Uns berichtet hat.

Wir werden mit der größten Freude jede Gelegenheit ergreifen, um Ihnen Unser besonderes Wohlwollen und Unsere Achtung zu bezeugen, und werden den Höchsten bitten, daß es ihm gefallen möge, über Sie seine Gaben und seine himmlische Erleuchtung in Fülle auszugießen und Ihnen die vollkommenste Glückseligkeit zu bescheren.

Gegeben zu Castel Gandolfo, den 26. Oktober 1815, im sechzehnten Jahre Unseres Pontifikats. Pius P. P. VII.«

Ich fahre nun fort in der Aufzählung der in Tegel vorhandenen Originalwerke der Skulptur sowohl wie der Malerei.

Zunächst von *Thorwaldsen*. Die Statue der »Hoffnung« im Stil der altgriechischen Kunst, mit der Lotosblume in der Rechten. Eine Kopie dieser Statue, von Friedrich Tieck herrührend, krönt die Säule auf dem mehrgenannten Begräbnisplatz der Familie. — Die Marmorbüste der Frau von Humboldt. — Die Marmorbüste Wilhelms von Humboldt. — Zwei Kreidezeichnungen: Maria mit dem Kinde und dem kleinen Johannes, und Maria und das Christuskind, welche sich liebkosen. Die erste Zeichnung trägt die Unterschrift: »Albertus Thorwaldsen in. et del.«; die zweite: »Roma, 23 Febbrajo 1818, A. Thorwaldsen f.«

Von *Rauch*. Venus, welche dem Mars ihre vom Diomedes verwundete Hand zeigt. Marmorrelief, in einem Rund ausgeführt. Eine der frühesten und reizendsten Arbeiten des Meisters. — Die sitzende Statue eines jungen Mädchens, durch den Schmetterling in ihrer Rechten als Psyche bezeichnet (zu gleicher Zeit Portraitstatue der damals, 1810, zehnjährigen Adelheid von Humboldt). — Die Marmorbüste Alexanders von Humboldt. — Die Büsten der als Kinder verstorbenen Gustav und Luise von Humboldt.

Von *Friedrich Tieck.* Die Statuen des Odysseus, des Achill, der Omphale und Iphigenie. – Reliefbild Alexanders von Humboldt. – Reliefbild des Grafen Gustav von Schlabrendorf.

Von *Gottlieb Schick.* Adelheid und Gabriele von Humboldt als Kinder, Ölportraits auf *einem* Bilde, eines der vorzüglichsten Werke dieses leider so früh verstorbenen Künstlers. Durch das offene, weinumrankte Fenster sieht man auf Berg und See einer still heitern italienischen Landschaft hinaus. Die schlichten, einfachen Kleidchen verhüllen nur eben die jugendlichen Körper der beiden Mädchen, von denen die jüngere träumerisch mit Blumen spielt. – Das Bildnis Karolinas von Humboldt, der älteren Schwester der beiden eben genannten. In Größe, Farbe und Auffassung dem vorigen Bilde sehr ähnlich, aber nicht ganz von demselben Reiz.

Von *Karl Philipp Fohr* (1818 in Rom ertrunken). Hagen im Gespräch mit den Donaunixen (Federzeichnung).

Von *Karl Steuben.* Das Bildnis Alexanders von Humboldt, damals (1812) zweiundvierzig Jahre alt, in lebensgroßer Figur. Vorn Basaltsäulen, im Hintergrunde der Chimborasso. Höchst brillant gemacht, aber nicht ohne Anflug von Manier.

Vielleicht verlohnt es sich, und zwar speziell im Hinblick auf die zuletzt genannten Portraits, die ganze reiche Sammlung noch ein zweites Mal kurz an uns vorüberziehen zu lassen, lediglich um uns mit der Tatsache vertraut zu machen, daß neben einem Kultus der Schönheit, der unbestritten hier stattfand, zu gleicher Zeit ein *Familiensinn, ein alle Glieder umschlingendes Liebesband hier anzutreffen war,* das, wie in manchem andern, so auch namentlich in der reichen Ansammlung von *Familienportraits* einen sprechenden Ausdruck gefunden hat. Die Zahl dieser Portraits, mit Umgehung geringfügiger Arbeiten, ist siebzehn.

*Alexander von Humboldt:* Zwei große Ölbilder von Steuben und einem Ungenannten, vielleicht Wach oder Krüger; eine Portraitbüste von Rauch; ein Reliefportrait von Friedrich Tieck.

*Wilhelm von Humboldt:* Eine Büste von Thorwaldsen; ein Relief von Martin Klauer in Rom; ein Kreideportrait von Franz Krüger.

*Frau von Humboldt:* Ein Ölportrait von Schick; eine Marmorbüste von Thorwaldsen; ein Kreideportrait von Wilhelm Wach.

*Karoline von Humboldt:* Ölbild von Schick.

*Adelheid von Humboldt:* Ölbild von Schick; Marmorstatue (als Psyche) von Rauch.

*Gabriele von Humboldt:* Ölbild von Schick.

*Gustav und Luise von Humboldt:* Zwei Büsten von Rauch.

*Therese von Bülow:* Büste von Rauch.

Außer den fünf Zimmern, die alle diese Kunstschätze von Meisterhand enthalten, befinden sich im obern Stockwerk noch einige andere Räume, die nicht eigentlich zu den Sehenswürdigkeiten des Schlosses gehören, aber, unter dem Einfluß des Kontrastes, bei jedem, der zu ihrem Besuch zugelassen wird, ein lebhaftes Interesse wecken werden. Hier in den Zimmern, die nach außen hin nichts zu bedeuten, nichts zu repräsentieren haben, hängen die ersten Anfänge kurbrandenburgischer Malerkunst wie ebenso viele grob getuschte Bilderbogen an Wand und Pfeiler und zwingen selbst dem preußenstolzesten Herzen ein mitleidiges Lächeln ab. Sinn und Seele noch tief erfüllt vom Anblick idealer Schönheit, die in hundert Gestalten, und doch immer als dieselbe *eine*, eben erst zu uns sprach, werden wir, angesichts dieser blauroten Soldateska, irre an allem, was uns bis dahin als Aufgabe einer neuen Zeit, als Ziel einer neuen Richtung gegolten hat, und verlegen treten wir seitwärts, um des Anblicks von Dreimaster und Bortenrock nach Möglichkeit überhoben zu sein. Mit Unrecht. Nicht die *Richtung* ist es, die uns verdrießt, nur das niedrige Kunstmaß innerhalb derselben. Ein Modell der Rauchschen Friedrichs-Statue, eine Menzelsche Hochkirch-Schlacht würden uns auch vielleicht frappiert, aber doch noch im Augenblicke der Überraschung, durch ihren Eindruck auf unser Gemüt, uns ihre Ebenbürtigkeit bewiesen haben.

Wir verlassen nun das Haus und seine bildgeschmückten Zimmerreihen, um der vielleicht eigentümlichsten und fesselndsten Stätte dieser an Besonderem und Abweichendem so reichen Besitzung zuzuschreiten – der *Begräbnisstätte*. Der Geschmack der Humboldtschen Familie, vielleicht auch ein Höheres noch als das, hat es verschmäht, in langen Reihen eichener Särge den Tod gleichsam überdauern und die Asche der Erde vorenthalten zu wollen. Des Fortlebens im Geiste sicher, durfte ihr Wahlspruch sein: »Erde zu Erde.« Kein Mausoleum, keine Kirchenkrypta nimmt hier die irdischen Überreste auf; ein Hain von Edeltannen friedigt die Begräbnisstätte ein, und in märkisch-tegelschem Sande ruhen die Mitglieder einer Familie, die, wie kaum eine zweite, diesen Sand zu Ruhm und Ansehen gebracht.

Zwei Wege führen vom Schloß aus zu diesem inmitten eines Hügelabhangs gelegenen Friedhof hin. Wir wählen die Lindenallee, die geradlinig durch den Park läuft und zuletzt in leiser Biegung zum Tannenwäldchen hinansteigt. Unmerklich haben uns die Bäume des Weges bergan geführt, und ehe uns noch die Frage gekommen, ob und wo wir den Friedhof finden werden, stehen wir bereits inmitten seiner Einfriedigung, von dicht und wandartig sich erhebenden Tannen nach allen vier Seiten hin überragt. Das Ganze berührt uns mit jenem stillen Zauber, den wir empfinden, wenn wir plötzlich aus dem Dunkel des Waldes auf eine Waldwiese treten, über die abwechselnd die Schatten und Lichter des Himmels ziehen. Die Bergwand, die den Platz gegen Norden und Osten hin umlehnt, schützt ihn gegen den Wind und schafft eine selten unterbrochene Stille. Die Form des Ganzen ist ein Oblong, etwa dreißig bis vierzig Schritte lang und halb so breit. Der ganze Raum teilt sich in zwei Hälften, in eine Gartenanlage und in den eigentlichen Friedhof. Dieser besteht aus einem eingegitterten Viereck, an dessen äußerstem Ende sich eine dreißig Fuß hohe Granitsäule auf Quaderstufen erhebt. Von dem ionischen Kapitäl der Säule blickt die Marmorstatue der »Hoffnung« auf die Gräber herab. Blumenbeete schließen das Eisengitter ein.

Die Zahl der Gräber, wenn ich richtig gezählt, beläuft sich auf zwölf, und wenig Raum ist gelassen für neu hinzukommende. Die Grabsteine, die sich der Säule zunächst befinden, darunter die Wilhelms von Humboldt, seiner Gemahlin und der ältesten Tochter Karoline, haben keine Inschriften, sondern Name, Geburts- und Todesjahr der Heimgegangenen sind in die Quadern des Postaments eingegraben. Die mehr am andern Ende des Gitters gelegenen Hügel aber weisen kleine Marmortäfelchen auf, die einfach den Namen und die Daten tragen und in ihrer Schlichtheit an die Stäbchen erinnern, die der Gärtner dort in die Erde steckt, wo er um die Herbstzeit ein Samenkorn für den Frühling eingelegt hat. Alle Gräber sind mit Efeu dicht überwachsen; nur eines, der Gittertür und dem Beschauer zunächst, entbehrt noch des frischen, dunkelgrünen Kleides. Fahl gewordene Tannenreiser bedecken die Stätte, aber auf den Reisern liegen Lorbeer- und Eichenkränze und verraten leicht, wer unter ihnen schläft.

Wenn ich den Eindruck bezeichnen soll, mit dem ich von dieser Begräbnisstätte schied, so war es der, einer entschiedenen *Vornehmheit* begegnet zu sein. Ein Lächeln spricht aus allem und das resignierte Bekenntnis: Wir wissen nicht, was kommen wird, und müssen's – erwarten. Deutungsreich blickt die Gestalt der Hoffnung auf die Gräber hernieder. Im Herzen dessen, der diesen Friedhof schuf, war eine *unbestimmte Hoffnung* lebendig, *aber kein bestimmter siegesgewisser Glaube.* Ein Geist der Liebe und Humanität schwebt über dem Ganzen, aber nirgends eine Hindeutung auf das Kreuz, nirgends der Ausdruck eines unerschütterlichen Vertrauens. Das sollen nicht Splitterrichter-Worte sein, am wenigsten Worte der Anklage; sie würden *dem* nicht ziemen, der selbst lebendiger ist in der Hoffnung als im Glauben. Aber ich durfte den *einen* Punkt nicht unberührt und ungenannt lassen, der, unter allen märkischen Edelsitzen, *dieses* Schloß und *diesen* Friedhof zu einem Unikum macht. Die märkischen Schlösser, wenn nicht ausschließlich *feste Burgen* altlutherischer Konfession, haben abwechselnd den Glauben und den Unglauben in ihren Mauern gesehen; straffe Kirchlichkeit und laxe Freigeisterei haben sich innerhalb derselben abgelöst. Nur Schloß Tegel hat ein *drittes* Element in seinen Mauern beherbergt, *jenen* Geist, der, gleich weit entfernt von Orthodoxie wie von Frivolität, sich inmitten der klassischen Antike langsam, aber sicher auszubilden pflegt und, lächelnd über die Kämpfe und Befehdungen beider Extreme, das Diesseits genießt und auf das rätselvolle Jenseits *hofft.*

# DIE SEESCHLACHT IN DER MALCHE

Of Nelson and the north
Sing the glorious day's renown.

*Thomas Campbell*

Die Mittelhavel, wie schon hervorgehoben, ist eine lange Kette von Seen, Buchten und Becken.

Eins dieser Becken, unmittelbar nördlich von Spandau, ist die »*Malche*«, die so ziemlich den ganzen Raum zwischen dem Eiswerder und der Zitadelle füllt. Eine prächtige Breite, die zunächst einen Wiesenplan und, daran anschließend, den »Saatwinkel« und die Jungfernheide in Flanke und Rükken hat, während sich die Bastionen und der Rundturm der Festung in der blauen Tiefe spiegeln.

Die Havelbuchtung nun, samt ihren Ufern, war in der Joachimischen Zeit, und zwar im Jahre 1567, der Schauplatz eines »Wasser- und Landgefechts«, über das Leuthinger in seiner Topographia marchica ausführlich berichtet. Diesem Berichte entnehmen wir das Folgende:

Kurfürst Joachim II., unser allergnädigster Herr, nachdem er abends spät mit seinem Hofstaate auf der Festung Spandow angekommen war, sandte, um den Bewohnern einen Schrecken zu bereiten, des Morgens ganz früh einige seiner Trabanten nach der *Stadt* Spandow, zum Hause des damaligen Bürgermeisters Bartholomäus Bier, welchen sie, da noch alles schlief, mit starkem Pochen an seiner Haustür erweckten. Da derselbe beim Öffnen der Tür die Trabanten des Kurfürsten erblickte und sogleich den Befehl erhielt, sich anzukleiden und die Trabanten zum Kurfürsten nach der Festung zu begleiten, erschrak er sehr und konnte sich nicht darin finden, wie er dazu käme, unter militärischer Gewalt nach der Veste abgeführt zu werden. Seine Frau, welche ebenfalls hinzugekommen war, war noch mehr erschrocken und fing schon ein gewaltiges Klagen an. Zugleich gab ihm der Anführer der Trabanten eine an die ganze Bürgerschaft gerichtete kurfürstliche Ordre. Der Herr Bürgermeister sandte eine Magd eiligst nach dem Stadtdiener Strohband. Dieser, in gleicher Aufregung wie sein Herr, kam halb angekleidet und in Pantoffeln herbei. Er erhielt den Auftrag, sogleich zu allen Viertelmeistern zu gehen, um ihnen den kurfürstlichen Befehl, der ebenfalls auf ein Erscheinen vor dem hohen Herrn hinauslief, bekanntzumachen.

Während nun Strohband lief, um die Bürger zu bestellen, und der Herr Bürgermeister sich in aller Eile angekleidet hatte, mäßigte sich sein Schrecken, weil ihm sein gutes Gewissen sagte, daß der Kurfürst sowenig mit ihm wie mit der Bürgerschaft etwas Schlimmes im Sinne haben könne, da seines Wissens keine Sache vorlag, welche den Unwillen des hohen Herrn verdiente. Nachdem er seine Frau damit getröstet und beruhigt hatte, ging er getrosten Mutes mit den Trabanten ab. Einige alte Frauen und Mägde, welche früh aufgestanden waren, um die Kühe vor den Hirten zu treiben, als sie sahen, daß der gestrenge Herr Bürgermeister in der Mitte von Trabanten des Kurfürsten zur Veste geleitet wurde, kreuzten und segneten sich und liefen schnell, um die Neuigkeit zu hinterbringen. Jeder zerbrach sich den Kopf. Endlich kam denn auch der Krummstock, der allen Bürgern den uns schon bekannten Befehl brachte. Die Neugierde wuchs, und die Frauen vergaßen ihre Morgensuppe; aber schon um sechs Uhr morgens zog die ganze löbliche Bürgerschaft, Viertelmeister und Ratmänner voran, zum Tore hinaus der Festung zu.

Als der Herr Bürgermeister Bier auf der Festung angekommen war, wurde er alsbald dem gnädigen Kurfürsten vorgestellt, und als dieser ihm freundlichst entgegenkam, fiel ihm ein schwerer Stein vom Herzen, und er vernahm nun vom Kurfürsten, daß er sich über den kleinen Schrecken, welchen ihm sein Spaß vielleicht verursacht hätte, beruhigen möchte; indessen wünsche er, daß die Bürgerschaft zu dem Vergnügen, welches er sich heute vorgesetzt habe, ihm willig die Hand bieten möge; er habe nämlich ebenfalls die Berliner und Cöllner Bürger dazu beordert, daß sie auf *Schiffen mit den Spandauern ein Gefecht bestehen möchten*, und selbige hätten sich dazu bereit erklärt und würden wohl bereits dazu unterwegs sein; ein Gleiches wünsche er von ihnen; Waffen habe er mitgebracht, Schiffe möchten sie nehmen, wo sie solche fänden; die Anordnung überließe er dem Bürgermeister, und er mache ihn heut zugleich zum *Admiral der Flotte.*

Der Zug der Bürger kam indessen auf der Festung an. Der Kurfürst trat ihnen mit seinem Gefolge, den Herrn Bürgermeister in der Mitte, entgegen und sagte ihnen:

»Lieben Kinder, Spandower! Ihr habt wohl wer weiß was gedacht, daß ich euren Bürgermeister entführt und überhaupt euch so in Alarm gebracht habe. Indessen ist es so schlimm nicht. Es ist nichts weiter, als daß ihr euch heute mit den Berlinern zu Wasser und vielleicht auch zu Lande schlagen sollt. Waffen liegen dort, und Brustharnische und Helmhauben auch; diese nehmt. Der Herr Bürgermeister wird alles weiter anordnen, und wehrt euch tapfer!«

Nun wurden ihnen hölzerne Spieße, alle von einerlei Länge und Stärke, Helme und Harnische zugeteilt, damit sie sich zum Streit bewaffnen sollten. Jetzt zurückgekehrt zur Stadt, verwandelte sich der Schrecken in Jubel, und alles beeiferte sich, das Seinige beizutragen, um den Spaß vollkommen zu machen.

Da der neue Spandower Großadmiral wußte, daß die feindliche Berliner Flotte aus dreißig Segeln bestehen würde, so suchte er in der Eile aus den stets hier beiliegenden Stromschiffen ebenfalls einige zwanzig zusammenzubringen und solche zu bemannen; geübte Steuerleute waren auch bald gefunden, und jedes Schiff wurde mit einigen zwanzig Streitern unter einem Anführer besetzt.

Auf das Admiralschiff wurde der Stadtmusikus bestellt, und so wohlgerüstet und -geordnet erwarteten sie den Feind.

Die Flotte hatte sich bei der Festung links, vor dem Platze an der hiesigen Schleuse, vor Anker gelegt. Auch hatte der Herr Bürgermeister die Vorsicht gebraucht, die Fischer vom Kiez zu beordern, daß sie mit ihren Kähnen bei der Hand sein und, wenn einer der Schiffer und Streiter über Bord fiele, denselben sogleich retten möchten.

Die Anführer auf den Schiffen waren folgendermaßen verteilt:

| | |
|---|---|
| Bürgermeister Bartholomäus Bier | |
| Burghard Margert<br>Otto Ruttnitz<br>Bastian Rucken<br>Jakob Marzahn | Ratmannen |
| Jonas Backe, Viertelmeister | |
| Paul Schober, | do. |
| Klaus Strohband, | do. |
| Hermann Doering, | do. |
| Jürgen Wardenberg, | do. |

Die übrigen Anführer waren die Bürger: Martin Krokow, Klaus Marreligs, Peter Damitz, Andreas Raschan, Matthis Rürmundt, Sebastian Reinicke, Veit Wenzlow, Klaus Schumann, Jürgen Rohrschneider, Kurt Kiepert, Traugott Kühnert, Gottfried Schönicke, Jonas Müller, Ignatz Rasenack, an der Zahl vierundzwanzig.

Um neun Uhr endlich sah man die vereinte Berliner und Cöllner Flotte, die sich am Tegelschen See armiert und formiert hatte, die Havel heruntergesteuert kommen; sie steuerten, den Eiswerder rechts lassend, nach der Kleinen Malche und legten sich dort vor Anker, um sich zum Streit noch besser anzuschicken und dann das Signal zu erwarten. Voran lag das Admiralschiff mit dem Berliner Wappen, einem Bären im weißen Felde, am Vorderteil. Alle Schiffe waren mit prächtigen Flaggen und die Segelbäume und Stangen mit bunten Bändern geschmückt, die Steuerleute und Ruderer trugen runde Hüte, mit roten Bändern umwunden, und grüne Federbüsche.

Die meisten Schiffe waren mit Zelten von buntbemalter Leinwand überspannt, doch so, daß die Streiter, welche mit denselben Waffen wie die Spandower versehen waren, sich auf den Schiffen verteilt befanden. Alles gewährte einen prächtigen, imposanten Anblick. Freude und Jubel waren unter Begünstigung des schönsten Wetters allgemein.

Endlich wurde von dem Bastion der Festung, auf welchem sich der Kurfürst mit seinem Hofstaate eingefunden hatte und von welchem aus er das Ganze übersehen konnte, das Zeichen zum Angriff durch einen Kanonenschuß und durch den Schall der Trompeten gegeben. Im Nu war jetzt die ganze Wasserfläche, welche den *Großen und Kleinen Malche-See* zwischen der Festung und dem Eiswerder bildet, mit Schiffen bedeckt. Unter dem Donner der Kanonen und dem Schalle der Trompeten, welche unaufhörlich vom Walle der Festung ertönten, bemühten sich beide Parteien, einander so viele Schläge und Stöße zu erteilen, um womöglich eine die andere zum Weichen zu bringen. Und wie es denn gewöhnlich zu gehen pflegt, so ging es auch hier, die Gemüter erhitzten sich zu sehr, so daß das Spandower Admiralschiff zwei von den Berliner Schiffen dergestalt überfuhr, daß deren Steuermänner ins Wasser gestoßen wurden und auch einige Streiter durch den Stoß über Bord fielen. Durch das Herbeieilen der Fischer wurden diese glücklich wieder herausgefischt.

Nachdem das Gefecht zwei Stunden gedauert hatte und es, trotz der Brustharnische und der Helme, manchen blauen Fleck und Beulen gegeben hatte, auch auf keiner Seite nur ein Haarbreit der Sieg gewichen war, wurde das Zeichen zum Abbruch des Gefechts gegeben, und die Schiffe zogen sich unter gegenseitigen Drohungen und Neckereien (Leuthinger: »Spottereien«) der Mannschaften in ihre vorigen Stellungen zurück. Zugleich kam der Befehl, daß der Sieg auf dem Nachmittage zu *Lande* entschieden werden sollte. Die Berliner verließen ihre Schiffe und lagerten sich dort auf dem Felde, »*der Plan*« genannt; die Spandower gingen, um sich ihre Beulen zu besehen, einstweilen nach Hause, und die Anführer, um sich zu beraten, wie sie den Nachmittagskampf mit Ehren bestünden. Denn sie verhehlten sich nicht, daß sie, bei ihrer geringeren Zahl, es nur der großen Geschicklichkeit ihrer Steuerleute und Ruderer zu verdanken gehabt hätten, daß sie nicht besiegt worden wären. Auch war gewiß, daß sich die Zahl der Streiter ihrer Feinde aus der Zahl der Schaulustigen aus Berlin noch erheblich vermehren würde. Sie entschlossen sich also, einen Sukkurs aus dem städtischen Kämmereidorfe Staaken nebst den zur Stadt gehörigen Weinbergen, und was sie sonst noch aufzutreiben wußten, herbeiholen zu lassen.

Die Anzahl der Berliner war, wie Leuthinger versichert, über 1500 Mann. Die Spandower dagegen waren höchstens 800 Mann.

Der Gottfried Schönicke wurde demnach in aller Stille beordert, ein Pferd zu nehmen und damit nach Staaken zu reiten, um dort die Bauern und Knechte, so viel wie anwesend wären und einen guten Knüppel führen könnten, zusammenzunehmen, solche quer übers Feld und nach der Gegend der Valentins-Insel zu führen, um von dort auf Kähnen nach dem Saatwinkel geführt zu werden. Dann sollte Schönicke während des Gefechts, unter Begünstigung der vielen Gebüsche, durch die *Haselhorst* den Berlinern in den Rücken fallen.

Der Schönicke führte seine Sache, da er die Kähne dort richtig vorfand, so gut aus, daß er sich schon nachmittags um drei Uhr an Ort und Stelle befand, ohne daß die Berliner etwas davon ahnten. Nachmittags um zwei Uhr fing die Anordnung zur Feldbataille an. Es wurden zwei Schlachtordnungen formiert; die erste hatte auf ihrem rechten Flügel die Bürger von Berlin, auf dem linken Flügel standen die Cöllnischen, zum Hinterhalt waren die übrigen Berliner aufgestellt. In der Mitte hielt der Kurfürst mit einem kleinen Teile seiner Trabanten; auf der einen Seite hatten sie die Festung und den Graben, auf dem linken Flügel die Spree, hinter sich aber den Wald.

Die Berlin-Cöllner nun, welche so gut postiert waren, glaubten schon den Sieg in Händen zu haben und triumphierten laut, forderten dabei immer die Spandower auf, herauszukommen. Die Spandower hingegen erkannten ihre Schwäche und das Unvorteilhafte ihrer Lage, doch munterten sie sich einander auf und erwarteten nur die Zeit, von der sie glaubten, daß ihr angeordneter Hinterhalt angekommen sein könnte. Sie zogen nun getrost, in kleinere Haufen geteilt, dem Feinde entgegen, und der Streit begann. Man hielt sich wacker hüben und drüben. Der Sieg schien nicht zu wissen, wohin er sich neigen solle. Dennoch würden die Spandower schließlich überwunden worden sein, wenn nicht Gottfried Schönicke mit seinen leichten Truppen angekommen wäre. Dieser kam plötzlich von der *Haselhorst* den Berlinern in den Rücken, der Hinterhalt derselben war bald in die Flucht geschlagen, und nun ging's über die Hauptarmee los. Diese sah ihre Gefahr, hielt sich mit Erbitterung noch eine Weile, aber die »Staakenschen« unter Gottfried Schönicke gaben auch hier den Ausschlag und trieben endlich die vereinte Berlin-Cöllnische Armee in die Flucht.

Der Streit war so heftig geworden, daß selbst das Pferd des Kurfürsten von einem Spieße getroffen wurde. Die Nacht brach herein, und der Kurfürst ließ nun durch Herolde das Ende des Streites ausrufen. Dies war ein Glück; die Erbitterung war groß, und ohne diesen Abbruch des Gefechts würde Blut geflossen sein.

Die Berliner zogen sich darauf durch den Wald, die Jungfernheide, nach Berlin zurück, und die Spandower hatten die Freude, daß ihnen der Kurfürst sagte: »*Kinder, ihr habt euch brav geschlagen!*«

## DAS BELVEDÈRE IM SCHLOSSGARTEN ZU CHARLOTTENBURG

Verschlossene Fenster,
Nichts ein noch aus,
Nur Spinnen und Gespenster
Sind hier zu Haus.

Es regnet. Auf den Plüschbänken des Charlottenburger Omnibus sitzt ein halbes Dutzend fröstelnde Gestalten, gleichgiltig oder verstimmt, jeder einen abtröpfelnden Alpaka in Händen. Keiner spricht. Ein Dunst, wie wenn Wäsche trocknet, nebelt um uns her, und ein Kautschukmantel neben mir ist nicht angetan, die klimatischen Verhältnisse zu bessern.

Es regnet, und am Ende mit Recht. Schreiben wir doch den 19. November! Wer mag da Sonnenschein fordern, wenn es ihn lüstet, den Charlottenburger Schloßgarten zu besuchen. Was von den Menschen gilt, gilt auch von den Tagen; man muß sie nehmen, wie sie sind.

Da ist das »Knie«. Seine Rundung ist heute völlig reizlos. Das »Türkische Zelt« sieht noch untürkischer aus als gewöhnlich, und bei Morellis hocken drei Sperlinge auf dem schräg gestellten Gartentisch, ziehen die Köpfe ein und schütteln die Federn. Nur die grüne Kuppel des Schlosses hat gewonnen; sie sieht blau aus, frischer als sonst.

An den leeren Gewehrpfosten vorüber, tret ich an das halboffene Parkgitter; der Türhüter schüttelt den Kopf. An *solchem* Tage Besuch! Er scheint die Frage ergründen zu wollen, ob ich Untat gegen mich oder gegen andere sinne. Ein Unglücklicher oder ...

»Ich möchte nach dem Belvedère. Erst durch die Orangerie, dann gradaus; nicht wahr?« So Lokalkenntnis und Unbefangenheit heuchelnd, schreit ich an dem Bediensteten vorüber, der sich schließlich, seinem Mienenspiele nach, damit beruhigt: Freitag ist Besuchstag.

Asternbeete, Balsaminen; dann vorüber an den Kübeln des Gewächshauses; noch ein Fliesengang, und die Breite des eigentlichen Parkes liegt vor mir. An der Rückseite des einen Schloßflügels hin stehen die Büsten römischer Kaiser, Nero, Titus, Trajan; mir zunächst Tiberius. An seiner Nase hängt ein Regentropfen, fällt ab und erneut sich wieder. Es sieht so gemütlich, so einfach-menschlich aus, daß man glauben könnte, seine »Wiederhersteller« hätten recht.

Weithin sichtbar laufen die Gänge des Schloßgartens bis zum Flusse nieder, parallel mit ihnen ein Wasserbecken, halb Graben, halb Teich. Die Alleen sind kahl. Nur einzelne Bäume, die windgeschützter standen, halten noch das je nach der Art in allen Herbstesfarben spielende Laub fest: die Eiche goldbraun, die Birke orangefarben, der Ahorn gelb; aber die meisten Blätter fielen ab und liegen an tieferen Stellen zusammengeweht oder schwimmen auf dem Wasser, das uns bis in die Mitte des Parks begleitet.

Hier biegt das Wasser (der Teichgraben) plötzlich rechtwinklig ab und durchschneidet den Weg. Eine Brücke führt darüberhin und unterhält den Verkehr zwischen den beiden Ufern. Diesseits stand ein Alter und harkte das Laub zusammen.

»Ist dies die Brücke mit der Klingel?«

»Ja. Aber es kommt keiner mehr.«

»Ich weiß, Papa. Die alten Mooskopfe sind tot.«

Er nickte und harkte weiter.

In der Tat befand ich mich an der vielgenannten »Klingelbrücke«, einer ehemaligen Besuchsstation des Gartens, die viele Jahre hindurch neben dem Mausoleum ihren Platz behauptet hatte. Der ernsten Erhebung gab man hier ein heitres Nachspiel. Alles drängte herzu; wurde dann die Klingel gezogen, so erschienen langsam und gravitätisch, aber immer hungrig, die berühmten *Mooskarpfen* des Charlottenburger Parkes an der Oberfläche. Uralte Bursche, wenn ich nicht irre, durch König Friedrich Wilhelm I. eigenhändig an dieser Stelle eingesetzt. Ein eigentümlicher Sport, der darauf hinauslief, Hellinge, Milchbrote, Kringel in die immer geöffneten Karpfenmäuler zu werfen, nahm dann seinen Anfang. Er erinnerte an Ähnliches im Zoologischen Garten, und man darf sagen: wie sich die Schrippe zum Elefanten verhält, so verhielt sich die Semmel zum Karpfen. Alte Frauen, nicht viel jünger wie die krokodilartigen Ungeheuer der Tiefe, saßen hier sommerlang mit ihrem Backwerk und sahen aus, als gehörten sie mit dazu. Es hatte etwas Spukhaftes, diese Altersanhäufung und die Kinderwelt dazwischen.

Dieser Sport indessen sollte plötzlich ein Ende haben. Der Winter 64 kam, das Wasser fror bis auf den Boden, die Karpfen suchten zu retirieren, immer tiefer, aber das Eis kam ihnen nach, und eingemauert in ihrem Moorgrund, wasser- und luftlos, mußten sie ersticken. Als im April das Eis aufging, stiegen sie wieder an die Oberfläche, aber tot. Noch am selben Tage wurden sie am Ufer begraben. Es waren sechsunddreißig Stück, keiner unter 150 Jahre, keiner unter vier Fuß; alle trugen sie die Karpfenkrone. »Wir haben nun neue eingesetzt«, brummelte der Alte, »aber was will das sagen; sie sind wie Steckerlinge.«

Dieser wohlgemeinte Satz hatte mir Mut gegeben. »Ich will nach dem Belvedère, Papa.«

»Nach 's Belfedehr. Ja, ja, da müssen Sie bis auf die Insel. Immer gradaus. Die Fähre geht nicht mehr. Aber rechts weg, wo der rote Werft steht, da is 'n Steg. Nehmen S' sich in acht; is alles frisch gestrichen mit Teer. Da drüberweg.«

»Dank schön, Papa.« Damit stapfte ich weiter, durch Laub und aufgeweichte Gänge hin, dem Rande des Parkes zu, voll wachsenden Dankes gegen den Erfinder der Gummischuhe. Endlich stand ich an einem schmalen, von der Spree her abgezweigten Wassergraben; zwei Pfosten hüben und drüben und ein Tau dazwischen zeigten mir, daß dies die Fährstelle sei. Nach rechts hin also mußte die Brücke sein. Richtig. Der frische Teergeruch ließ keinen Zweifel. Ich schritt über die schmale Bohlenlage hin.

Der Regen ließ einen Augenblick nach und gestattete einen Umblick. Ich stand ersichtlich auf einer Insel, der magre Boden mit dünnem Gras überzogen, die Ufer von blutrotem Werft eingefaßt. Nach Westen hin Wiesenland, von Spreearmen und Eisenbahnbrücken durchzogen; am Horizonte grau in grau der Spandauer Turm; unmittelbar vor mir aber ein seltsamer, jalousienreicher Bau, rund, mit vier angeklebten flachen Balkonhäusern und einem kupfernen Dachhelm, auf dessen Spitze drei Genien mit Genhimmelhaltung eines goldenen Fruchtkorbes beschäftigt waren. Rokoko durch und durch. Im Grundriß ein kurzes Kreuz, mit rundem Mittelstück. Dies war das *Belvedère.* Die drei Genien mit dem Blumenkorb unverkennbar an das Marmorpalais erinnernd. Die Tage der Lichtenau standen wie auf einen Schlag vor mir: Sentimentalität und Sinnlichkeit, Schäferspiele und kurze Röckchen, Antonius und Kleopatra. Nur alles trivialisiert. Statt des Pharaonenkindes eine Stabstrompetertochter.

Ein Gartenarbeiter, wie ich bald wahrnahm, hatte in einem der angeklebten Häuschen ein Unterkommen gefunden; es fand sich ein Schlüssel, der eine der Haupttüren öffnete. Das Erdgeschoß, einst als Küchen- und Wirtschaftsraum benutzt, war interesselos; eine schlank gewundene, von einem sauberen Eisengitter eingefaßte Treppe führte in den ersten und zweiten Stock. Wir stiegen hinauf. Ich hatte dieselbe Empfindung, als ging es hinunter in eine Gruft. Abgestorbenes ringsum. Nur mumienhaft erhalten.

Die Einrichtung beider Stockwerke ist dieselbe: ein einziges saalartiges Rundzimmer.

Der Saal des ersten Stockwerkes ist der reichere; der Fußboden parkettiert, die Wände rhombisch getäfelt mit rotbraunem Pflaumbaumholz. An der weißen Decke kristallne Leuchter. Reliefdarstellungen aus dem Apollo-und-Diana-Mythus umziehen, halb fries-, halb supraportenartig, die obere Rundung, während Ottomanen und Polsterstühle, in ihren Lehnen selbst wieder geschweift, dem Rund der unteren Boisierung folgen. Zahlreiche Bilder, meist englische Stiche nach den Dramen Shakespeares, stehen gruppenweis, die Rückseite nach vorn, an den Wänden umher. Die dunkle Täflung, dazu der blaue Moiréstoff, der alle Polster überzieht, geben dem Zimmer einen festlichen, beinah ernsten Charakter.

Anders der Rundsaal des zweiten Stockes. Hier ist dieselbe Art der Ausschmückung, aber ins Heitere übertragen. Wie dort Braun und ein tieferes Blau den Ton angeben, so lacht hier alles in Weiß und Rot und Gold. Konsolen, mit Tongefäßen in gefälliger Form, laufen guirlandenartig um die Rundung her, und die scharlachnen Seidenüberzüge, als sei es an ihrer leuchtenden Pracht nicht genug, haben ihr Rot noch mit bunten Malereien, mit Blumen und Bouquets geschmückt. Wie im Zimmer des ersten Stocks, so lehnen sich auch hier zwei Balkons und ein Cabinet an den Rundbau an;

das Cabinet marmoriert und mit Wandleuchtern von Goldbronze reich verziert.

In diesem Cabinette nun, nur durch zwei halb zurückgeschlagene Gardinen von dem Rundsaal getrennt, saß König Friedrich Wilhelm II. Es war in den ersten Jahren seiner Regierung. Eine Aufführung schien sich, mit einer Art von Feierlichkeit, vorzubereiten. Und so war es. In den goldbronzenen Wandleuchtern brannten ein paar Kerzen, aber ihr Licht, durch die schweren Gardinen zurückgehalten, fiel nur in einzelnen Streifen nach vorn hin in den Saal.

In diesem herrschte Dämmer. Der König hatte den Wunsch ausgesprochen, die Geister Marc Aurels, des Großen Kurfürsten und des Philosophen Leibniz erscheinen zu sehen. Und sie erschienen. Wie man dabei verfuhr, darüber bericht ich an anderer Stelle. Nur dies noch. Dem Könige war gestattet worden, Fragen an die Abgeschiedenen zu richten; er machte den Versuch, aber umsonst. Es gelang ihm nicht, auch nur einen Laut über die bebenden Lippen zu bringen. Dagegen vernahm er nun seinerseits von den heraufbeschworenen Geistern strenge Worte, drohende Strafreden und die Ermahnung, auf den Pfad der Tugend zurückzukehren. Er rief mit banger Stimme nach seinen Freunden; er bat inständig, den Zauber zu lösen und ihn von seiner Todesangst zu befreien. Nach einigem Zögern trat Bischofswerder in das Cabinet und führte den zum Tod Erschöpften nach seinem Wagen. Er verlangte, zur Lichtenau zurückgebracht zu werden, ein Wunsch, dem nicht nachgegeben wurde. So kehrte er noch während derselben Nacht nach Potsdam zurück.

Das war, wie schon angedeutet, mutmaßlich Anfang der neunziger Jahre. Bestimmte Zeitangaben fehlen.

Von jenem Abend an stand das *Belvedère* fünfzig Jahre lang leer. Es war, als wär es an dieser Stelle nur aus der Erde gewachsen, um als Rokokoschaubühne für eine Geisterkomödie, hinterher aber, um als Wahrzeichen *dafür* zu dienen, daß das alles einmal wirklich war.

Durch ein halbes Jahrhundert hin waren diese Plätze wie verfemt. Marmorpalais, Belvedère, Marquardt, das Eckardtsteinsche Haus, auch andre noch; man mied sie, man nannte sie kaum. Erst Friedrich Wilhelm IV., innerlich freier, machte einen Versuch, den Bann der neunziger Jahre zu durchbrechen. Das *Marmorpalais* sah wieder Gondeln an seiner Treppe; die Miniaturbüste der Lichtenau, ein chef-d'œuvre, wurde an altem Platze aufgestellt; was einst Abneigung erweckt hatte, weckte wieder Interesse. Auch das *Belvedère* schien wieder zu Ehren kommen zu sollen. Von seinem Balkone aus sah der heitere König, dessen eigene sittliche Integrität ihm die Milde, auch nach *dieser* Seite hin, zum Bedürfnis machte, in Dämmerstunden, beim Teegeplauder, das Spreetal hinunter, freute sich der Segelkähne, die kamen und gingen, der langen Züge, die rasselnd, dampfend vorübersausten, der dunklen Flächen des Grunewaldes hier, der Jungfernheide dort, endlich des roten Spandauer Turms, der die Zickzack-Festungswerke drüben am westlichen Horizont hoch überragte.

Das waren die Wiederbelebungsversuche für das Charlottenburger Belvedère. Aber sie kamen und gingen wie bloße Träume. Bald schlief der Bau mit seinen drei Rokokogenien weiter. Er schläft noch.

Etwas Unheimliches ist drumher, das nicht abzutun ist. Was ist es? Ist es, weil es ein Spukhaus war, weil Gespenster hier umgingen?

Nein, denn man *spielte* hier nur Gespenst.

Aber fast scheint es, als ob ein doppeltes Grauen ebendaraus erwuchs, daß die Geister, die hier auftraten, nur ein Schein, eine Lüge waren.

# POTSDAM UND UMGEBUNG

# DIE HAVELSCHWÄNE

Da geht's an ein Picken,
An ein Schlürfen, an ein Hacken;
Sie stürzen einander über die Nacken,
Schieben sich, drängen sich, reißen sich,
Jagen sich, ängsten sich, beißen sich,
Und das all' um ein Stückchen Brot.

*»Lilis Park«*

Die Havel, um es noch einmal zu sagen, ist ein aparter Fluß; man könnte ihn seiner Form nach den norddeutschen oder den Flachlands-Neckar nennen. Er beschreibt einen Halbkreis, kommt von Norden und geht schließlich wieder gen Norden, und wer sich aus Kindertagen jener primitiven Schaukeln entsinnt, die aus einem Strick zwischen zwei Äpfelbäumen bestanden, der hat die geschwungene Linie vor sich, in der sich die Havel auf unseren Karten präsentiert. Das Blau ihres Wassers und ihre zahllosen Buchten (sie ist tatsächlich eine Aneinanderreihung von Seen) machen sie in ihrer Art zu einem Unikum. Das Stückchen Erde, das sie umspannt, eben unser Havelland, ist, wie ich in den voraufgehenden Kapiteln gezeigt habe, die Stätte ältester Kultur in diesen Landen. Hier entstanden, hart am Ufer des Flusses hin, die alten Bistümer Brandenburg und Havelberg. Und wie die älteste Kultur hier geboren wurde, so auch die neueste. Von Potsdam aus wurde Preußen aufgebaut, von Sanssouci aus durchleuchtet. Die Havel darf sich einreihen in die Zahl deutscher Kulturströme.

Aber nicht von ihren Großtaten gedenke ich heute zu erzählen, nur von einer ihrer Zierden, von den *Schwänen.*

Diese Schwäne sind auf dem ganzen Mittellauf der Havel zu Hause. Die zahlreichen großen Wasserbecken, die sich hier finden: der Tegler See, der Wannsee, der Schwielow, die Schlänitz, die Wublitz, sind ihre Lieblingsplätze. Ihre Gesamtzahl beträgt 2000. In früheren Jahren war es nicht möglich, diese hohe Zahl zu erreichen. Während der Franzosenzeit waren sie, als ein bequemes Jagdobjekt, zu Hunderten getötet worden; später wurden die großstädtischen Eiersammler ihrer Vermehrung gefährlich. Erst die Festsetzung strenger Strafen machte diesem Übelstande ein Ende. Seitdem ist ihre Zahl in einem steten Wachsen begriffen. Wie mächtige weiße Blumen blühen sie über die blaue Fläche hin; ein Bild stolzer Freiheit.

Ein Bild der Freiheit. Und doch stehen sie unter Contrôle, in Sommertagen zu der Menschen, in Wintertagen zu ihrem eigenen Besten. Im Sommer werden sie eingefangen, um gerupft, im Winter, um gefüttert zu werden. So bringt der Hofstaat oder vielleicht der Fiskus, dem sie zugehören, seine sommerliche Untat durch winterliche Guttat wieder in Balance. Auf die Prozedur des Einfangens kommen wir weiterhin zurück.

Die 2000 Schwäne zerfallen in Schwäne der Ober- und Unterhavel; das Gebiet der einen reicht von Tegel bis Potsdam, das der andern von Potsdam bis Brandenburg. Die Glienicker Brücke zieht die Grenze. Die Schwäne der oberen Havel stehen unter der Herrschaft der Spandauer, die Schwäne der unteren Havel unter der der Potsdamer Fischer. Man könnte dies die Einteilung der »Provinz Havelschwan« in zwei Regierungsbezirke nennen. Diese großen Bezirke aber zerfallen wieder in ebenso viele Kreise, als es Haveldörfer gibt, besonders auf der Strecke von Potsdam bis Brandenburg. Die Uetzer Fischer beherrschen die Wublitz, die Marquardter Fischer den Schlänitz-See, die Fischer von Caputh den Schwielow usw. Auf der Unterhavel allein befinden sich gewiß zwanzig solcher Arrondissements, alle mit gewissen Rechten und Pflichten ausgerüstet, aber alle den beiden Hauptstädten dienstbar, alle in Abhängigkeit von Potsdam und Spandau.

Wir wenden uns nun dem Sommerfang der Schwäne zu. Er erfolgt zweimal und hat den doppelten Zweck: den Jungschwan zu lähmen und den Altschwan zu rupfen. Über die Lähmung ist nicht viel zu sagen; ein Flügelglied wird weggeschnitten, damit ist es getan. – Desto komplizierter ist der Prozeß des Rupfens. Er geschieht an zwei verschiedenen Stellen. Die Schwäne der Oberhavel werden auf dem Pichelswerder, die Schwäne der Unterhavel auf dem »Depothof« bei Potsdam gerupft. Das Verfahren ist an beiden

Orten dasselbe. Wir geben es, wie wir es auf dem Depothof sahen.

Der »Schwanenmeister«, Gesamtbeherrscher des ganzen Volkes cygnus zwischen Tegel und Brandenburg, gibt die Ordre: »Am 20. Mai (der Tag wechselt) wird gerupft.« Nun beginnt das Einfangen. Die Fischer der verschiedenen Haveldörfer machen sich auf, treiben die auf ihrem Revier schwimmenden Schwäne in eine Bucht oder Ecke zusammen, fahren dann mit einem zehn Fuß langen Hakenstock in die Schwanenmassen hinein, legen den Haken, der wie bei dem Schäferstock eine halboffene Öse bildet, geschickt um den Hals des Schwanes, ziehen ihn heran und in ihr Fahrzeug hinein. Dies geschieht mit großer Schnelligkeit, so daß binnen ganz kurzer Zeit das Boot mit dicht nebeneinander hockenden Schwänen besetzt ist, und zwar derart, daß die langen Hälse der Schwäne, über die Bootkante fort, nach außen blicken. Ein sehr eigentümlicher, grotesker Anblick.

In dieser Ausrüstung treffen nun die Boote aus wenigstens zwanzig Dörfern auf dem Depothof ein und liefern ihre Schwanenfracht in die dort befindlichen Hürden ab, von wo sie nach und nach zur Rupfbank geschleppt werden.

Diese Rupfbank ist ein langer Tisch, der in einem mächtigen Schuppen steht. An der einen Seite des Tisches entlang, mit scharfem Auge und flinker Hand, sitzen die Rupfweiber, meist Kiezfischer-Frauen. Ein Schwanenknecht trägt nun Stück auf Stück die Schwäne herein, reicht sie über den Tisch, die Frauen packen zu und klemmen den Hals zwischen die Beine ein, während der Knecht den auf dem Tische liegenden Schwan festhält. Nun beginnt das Rupfen mit ebensoviel Vorsicht als Virtuosität. Erst die Federn, dann die Daunen; kein Fleck von Fleisch darf sichtbar werden. Nach Beendigung der Prozedur aber nimmt der Schwanenknecht den Schwan wieder in seinen Arm, trägt ihn zurück und wirft ihn mit Macht in die Havel. Der Schwan taucht nieder und segelt nun mit aller Gewalt quer über den Fluß, um seinen Quälern zu entfliehen. Bald aber friert ihn, und zunächst sonnige Ufer- und Inselstellen aufsuchend, eilt er erst den zweiten oder dritten Tag wieder seinen Heimatplätzen im Schwielow oder Schlänitz zu.

Einen ganz anderen Zweck, wie schon angedeutet, verfolgt das Einfangen im Winter, wenn die Havel zugeht. Die schönen Tiere würden im Eise umkommen. Sie werden also abermals zusammengetrieben und eingesammelt, um an solche Havelstellen gebracht zu werden, die nie zufrieren oder doch fast nie zufrieren. Der Prozeß des Einfangens ist derselbe wie im Sommer, aber nicht der Transport an die eisfreien Stellen, welche letzteren sich glücklicherweise bei Potsdam selbst, fast mitten in der Stadt, befinden. Die Überführung in Booten ist jetzt unmöglich, da schon ganze Partien des Flusses durch Eis geschlossen sind; so treffen sie denn in allerhand Gefährt, in Bauer- und Möbelwagen, selbst in Eisenbahnwaggons, in ihrem Potsdamer Winterhafen ein.

Sie haben nun wieder sicheres Wasser unter den Füßen, die Gefahr des Erfrierens ist beseitigt, aber die Gefahr des Verhungerns — 2000 Schwäne auf allerkleinstem Terrain — würde jetzt um so drohender an sie herantreten, wenn nicht durch Fütterung für sie gesorgt würde. Diese erfolgt in den Wintermonaten täglich zweimal, morgens um acht und nachmittags um drei Uhr, immer an derselben Stelle, und zwar in der Nähe des Stadtschlosses.

Unmittelbar hinter der Eisenbahnbrücke, am Ende des Lustgartens, ist eine Stelle, welche wegen des starken Stromes nur selten zufriert. Diese ist Rendezvous. Wir geben die Drei-Uhr-Fütterung.

Schon um Mittag ziehen sich die Schwäne von allen noch offenen Stellen der Havel und aus den Kanälen der Stadt in der Nähe der Eisenbahnbrücke zusammen. Unruhig ziehen sie, nicht einzeln, sondern zu Hunderten, neben- und hintereinander, am Ufer hin und her, die alten und erfahreneren aber unter dem letzten Bogen der Eisenbahnbrücke hindurch, auf eine Stelle zu, von wo sie mit hochaufgerecktem Halse über die Uferbrüstung hinweg den langen Wallweg hinuntersehen können, auf dem der Schwanenmeister mit seinem Kornkarren heranfahren muß. Sie kennen ihn auch schon in weitester Entfernung, und kaum taucht seine Mütze zwischen den Bäumen auf, so fährt eine ganz besondere Unruhe in das zahlreiche Rudel. In höchster Anstrengung rudern sie sofort unter der Eisenbahnbrücke hindurch, nach dem Futterplatze, und, wenn sie ihn dort noch nicht angekommen sehen, wieder zurück zu der Stelle, wo sie seine Annäherung beobachten können. Diese unruhige Wanderung wiederholt sich so lange, bis der Schwanenmeister mit Karre und Gerstensack an der Brücke angekommen ist. Nun entsteht ein wahrer Tumult unter den Tieren. Alles stürzt übereinander und nebeneinander hin und reckt die Hälse, um nur ja keine Bewegung ihres Hüters zu übersehen und den ersten Schaufelwurf nicht zu versäumen. Noch ist es indessen nicht soweit. Der Schwanenmeister geht erst auf die Brücke, um in langgezogenen Tönen sein »Hans! Hans!« zu rufen, auf welchen Ruf die etwa noch Verspäteten von allen Seiten herbeischwimmen. Solange dies Rufen dauert, halten sich die Schwäne in der Nähe der Brücke. Hört es aber auf und wendet der Rufende sich zu dem eigentlichen Fütterungsplatze, so rauscht das ganze Schwanenheer in einer großen, blendend weißen Masse, drängend wie ein Keil und gewaltsam wie die Räder eines Dampfschiffs, im Wasser neben dem am Ufer gehenden Schwanenmeister her. Während der Sack aufgebunden wird, schroten sich einige der Gierigsten über die Eisschollen und Ränder am Ufer auf das feste Land, watscheln unbehülflich zum Karren, um womöglich die ersten zu sein, die etwas erhalten. Ihre Berechnung wird aber jedesmal getäuscht, denn wenn recht viele aus dem Wasser heraus und andere im Begriff sind, ihnen zu folgen, wird der Gerstenkarren rasch auf die entfernteste Stelle des Futterplatzes geschoben. Kaum sehen die ans Land gekommenen Schwäne, daß ihnen ihre Eile nichts hilft, so stürzen sie sich so rasch wie möglich in das Wasser zurück; aber es hält schwer, in der dichtgedrängten Masse der schwimmenden Schwäne ein Fleckchen zu finden, wo sie noch Platz hätten. Mit einer unglaublichen Gewaltsamkeit drängen die Hintersten gegen das Ufer. Nun erfolgt der erste Wurf weit ins Wasser hinein, und wo die Gerste das Wasser berühren kann, verschwinden im Nu alle Hälse, und man sieht plötzlich Hunderte von Zuckerhüten auf dem Wasser schwimmen. Unmittelbar am Ufer aber gelangt die Gerste gar nicht ins Wasser, sondern bleibt auf den dicht aneinandergedrängten Rücken der Schwäne liegen. Um sie aufzulesen, verschlingen die langen Hälse sich hin und wieder zu Knoten, so daß es oft den Anschein hat, als könnten sie kaum wieder auseinanderkommen. Soweit jeder Wurf reicht, tritt für einige Augenblicke eine gewisse Ruhe ein; desto unruhiger und drängender geht es ringsumher zu. Mit Bissen und Flügelschlägen suchen sich die Entferntesten Bahn in den dichten Haufen zu brechen; aber vergebens, denn es kann keines der Tiere Platz machen, wenn es auch wollte, aber es will auch nicht, sondern beißt und schlägt abwehrend auf seinen Angreifer los. Wieder kommt ein Wurf, und wieder beruhigt sich eine Gruppe; ein dritter, ein vierter – der letzte ist aber noch nicht geschehen, und schon kommen die, welche zuerst gefressen, wieder herbeigerauscht und drängen die Fressenden zu einem dichten Knäuel zusammen. Wild treibende Eisschollen, vom Föhn durcheinandergewälzte Schneemassen können kein seltsameres Bild geben als diese blendend weißen, belebten Körper auf dem dunklen Wasser der Havel, rings von Eis und Schnee umgeben, so daß man kaum unterscheiden kann, wo das Eis des Ufers aufhört und der Schwanenknäuel anfängt.

Täglich werden auf diese Weise drei Scheffel Gerste verfüttert. Vergleicht man indessen das Volumen all dieser herzudrängenden Schwäne mit den anderthalb Scheffeln, die ihnen morgens und ebensoviel nachmittags zugeworfen werden, so begreift man, daß die Tiere beim Weggehen ihres Pflegers noch ziemlich ebenso lange Hälse machen wie bei seinem Kommen. Eine Zeitlang verweilen sie noch; erst wenn sie Gewißheit haben, daß alles Warten nicht mehr fruchtet, schwimmen sie langsam fort. Zurück bleiben nur noch die Kranken, die jetzt einen Versuch machen, eine kümmerliche Nachlese zu halten und die letzten Körnchen zu entdecken.

Zu der Havelschönheit tragen die Schwäne ein sehr Erhebliches bei. Sie geben dem Strom auf seiner breiten Fläche eine königliche Pracht, und eine schönere Einfassung aller dieser Schlösser und Residenzen ist kaum denkbar. In neuerer Zeit hat man diesen Zauber dadurch noch gesteigert, daß man, durch Unterlassung der Flügellähmung, den Wildschwan wiederhergestellt hat. Man wurde dazu durch verschiedene Rücksichten bestimmt. Das Nächstbestimmende war die größere Schönheit des wilden Schwans; er ziert die Fläche mehr, die er durchschwimmt, und sein Flug durch die Luft, den er wenigstens gelegentlich macht, gewährt einen imposanten Anblick. Was aber mehr als diese Schönheitsrücksicht den Ausschlag gab, war der Wunsch, einen neuen jagdbaren Vogel, einen neuen Sport zu schaffen. Es werden jetzt von Zeit zu Zeit Wildschwanenjagden abgehalten.

Anfangs, wo man diese Jagden in unmittelbarer Nähe Potsdams abhielt, scheiterten sie. Die Tiere, zu den zahmen Schwänen sich haltend, waren zahm und vertraulich wie diese und entzogen sich kaum der Büchse des Schützen, wenn auch einzelne von ihnen schon dem Blei des letzteren erlegen waren — das war keine Jagd, das war bloßes Totschießen, und man stand auf dem Punkt, die Sache wieder aufzugeben. Da entdeckte man indessen plötzlich, daß der Wildschwan bei Potsdam und der Wildschwan flußabwärts auf den weiten, einsamen Flächen des Schwielow, der Schlänitz und der Wublitz ein ander Ding sei, und eine erste Jagd auf den großen Seen wurde abgehalten. Sie schlug ein. Hier war der Schwan noch scheu, und speziell auf der stillen, abgelegenen Wublitz, auf der bloß die gelben Mummeln und die weißen Schwäne zu Hause sind, bot er ein treffliches Jagdrevier. Sooft das Boot durch Schilf und Rohr heranschlich, horchte der Wildschwan auf, hier hatte er noch den Instinkt der Gefahr, und wenn der erste Schuß fiel, erhoben sich fünfzig der majestätischen Vögel und rauschten mit schwerem Flügelschlage durch die Luft.

Die Schönheit und Poesie dieses Tieres aber, vor allem die mächtige Schußfläche, die es bietet, werden sehr wahrscheinlich immer ein Hindernis bleiben, die Schwanenjagd in Jägeraugen zu etwas besonders Wünschenswertem zu machen. Es unterbricht nur mal den gewöhnlichen Lauf der Dinge. Ein Zwischengericht, das willkommen ist.

Die Schwäne der Havel bilden auch einen Versandartikel. Viele, von näher gelegenen Punkten zu schweigen, gehen bis Petersburg und nach den großen Städten der Union. Mannigfach sind die Versuche, ihn auch an andern Stellen einzubürgern. Es mag indessen lange dauern, ehe der Havelschwan übertroffen wird.

Der Limfjord, auf jenen weiten Wasserbassins, wo Tausende von Möwen wie weiße Nymphäen schwimmen, bietet ein ähnliches Bild. Aber doch nur ein ähnliches. Die Möwe ist eben kein Schwan.

Noch ist die Havel mit ihren 2000 Schwänen unerreicht.

# DIE PFAUENINSEL

## 1. Die Pfaueninsel bis 1685

Pfaueninsel! Wie ein Märchen steigt ein Bild aus meinen Kindertagen vor mir auf: ein Schloß, Palmen und Känguruhs; Papageien kreischen; Pfauen sitzen auf hoher Stange oder schlagen ein Rad, Volièren, Springbrunnen, überschattete Wiesen; Schlängelpfade, die überall hinführen und nirgends; ein rätselvolles Eiland, eine Oase, ein Blumenteppich inmitten der Mark.

Aber so war es nicht immer hier. All das zählt erst nach Jahrzehnten, und noch zu Ende der neunziger Jahre war diese Havelinsel eine bloße romantische Wildnis, die sich aus Eichen, Unterholz und allerhand Schlinggewächs zusammensetzte. An manchen Stellen urwaldartig, undurchdringlich. Um das ganze 2000 Schritt lange und über 500 Schritt breite Eiland zog sich ein Gürtel von Uferschilf, darin wildes Geflügel zu Tausenden nistete. Dann und wann, wenn im Grunewald die Jagd tobte, schwamm ein geängsteter Hirsch über die Schmalung an der Südwestspitze und suchte Schutz bei der Einsamkeit der Insel.

So war es unter den Joachims, auch noch unter dem Großen Kurfürsten. Wer nicht ein Jäger war oder das Schilf am Ufer schnitt, der wußte kaum von einer solchen Insel im Havelstrom, die durch alle Jahrhunderte hin namenlos geblieben war.

Erst 1683, also während der letzten Jahre des Großen Kurfürsten, trat die namenlose Insel, die inzwischen ein »Kaninchengehege« empfangen hatte, als *Kaninchenwerder* in die Geschichte ein, freilich ohne dadurch irgend etwas anders als einen Namen gewonnen zu haben. Das Eiland blieb vielmehr bis zu der eingangs erwähnten Zeit eine absolute Wildnis, an deren Bestand auch ein der Kaninchenherrschaft unmittelbar folgendes Prospero-Zwischenspiel nicht das geringste zu ändern vermochte. Im Gegenteil, zu dem Wilden gesellte sich noch das Grusliche, ohne daß von einem Caliban berichtet wird.

Der Prospero war Johann Kunckel, der Alchimist. Er erhielt die Insel 1685 aus der Hand des Kurfürsten. Bei diesem Zeitabschnitt verweilen wir zunächst.

## 2. Die Pfaueninsel von 1685 bis 1692
## Johann Kunckel

»He, holla, halt«, schreit's hinter ihm, »wir kennen Euch, nicht von der Stelle!
Hoch Euer Galgenmännlein, hoch der kleine rauchige Geselle!
Und wieder hoch! und dreimal hoch! Alräunchen, Hütchen meinetwegen,
Mag's ferner goldne Eier Euch und andern tote Bälge legen.«

*Annette Droste-Hülshoff*

Johann Kunckel, zu Hütten bei Rendsburg, und zwar wahrscheinlich 1630, geboren, hatte sich von Jugend auf der Alchimie befleißigt, den Stein der Weisen gesucht, den *Phosphor* entdeckt und war 1677 in kursächsische Dienste getreten, wo ihm das für damalige Zeit außerordentlich hohe Gehalt von 1000 Talern, nebst Vergütung für alle Materialien, Instrumente, Gläser und Kohlen, zugesagt worden war. Er erhielt aber schließlich diese Summe nicht ausgezahlt und auf seine desfallsige Beschwerde einfach den Bescheid: »Kann Kunckel Gold machen, so bedarf er kein Geld; kann er solches aber nicht, warum sollte man ihm Geld geben?«

Die Verlegenheiten, die ihm daraus erwuchsen, veranlaßten ihn, einen Ruf an den brandenburgischen Hof anzunehmen, freilich unter bescheideneren Bedingungen, die aber das Gute hatten, daß sie gehalten wurden. Der Große Kurfürst sagte ihm in einer ersten Unterredung, in der diese Dinge zur Sprache kamen: »Ich kann Euch 1000 Taler nicht geben, denn ich gebe meinen Geheimen Räten nicht mehr; um keine Jalousie zu machen, so will ich Euch geben, was ich meinen Geheimen Kammerdienern gebe.« So erhielt Kunckel ein Jahresgehalt von 500 Talern. Er nahm erst die Drewitzer Glashütte in Pacht, wurde dann Compagnon der

Glashütte auf dem Hakendamm bei Potsdam, erfand hier das *Rubinglas*, das zu schönen Pokalen verarbeitet wurde, und erhielt endlich, da es ihm um ein möglichst abgelegenes, schwer zugängliches Plätzchen für seine Arbeiten zu tun war, in dem schon genannten Jahre 1685 den ganzen Kaninchenwerder (Pfaueninsel) zum Geschenk. Die Schenkungsurkunde besagte, daß ihm, unter Befreiung von allen Abgaben, die ganze Insel erb- und eigentümlich übereignet, das Recht des freien Brauens, Backens und Branntweinbrennens zuerkannt und der Bau einer *Windmühle* gestattet werden solle, »damit seine Leute nicht gezwungen seien, des Backens und Brauens, des Mahlens und Schrotens halber, die Insel zu verlassen«. Gleichzeitig wurde er in seiner Rubinglas-Fabrikation durch ein Privilegium geschützt, wogegen er es übernahm, »alljährlich für fünfzig Taler Kristallgläser an die Kurfürstliche Kellerei abzuliefern und seine Glaskorallen nur an die Guineasche Compagnie zu verkaufen«.

Die Errichtung der Glashütte erfolgte bald darauf an der nordöstlichen Seite der Insel dicht am Ufer. Er erbaute besondere Öfen, um die beste Art der Kondensierung des Feuers zu ermitteln; kein Fremder durfte die Insel betreten, nur der Kurfürst besuchte ihn wiederholt, um die Anlage des Ganzen sowie den Kunstbetrieb kennenzulernen. Dabei wurde, über die Glasfabrikation hinaus, viel experimentiert.

Worauf diese Bemühungen gerichtet waren, ist nicht mit Sicherheit festzustellen. Daß es sich um Goldmachekunst und um Entdeckung des Steins der Weisen gehandelt habe, ist sehr unwahrscheinlich. Nachweisbar verhielt sich Kunckel gegen solche Versuche, wenigstens wenn sie von andern ausgingen, sehr ablehnend.

So entzog ihm denn auch der Große Kurfürst nie seine Gnade, wiewohl die Erfolglosigkeit, auch die wissenschaftliche, aller der damals unternommenen Experimente so ziemlich feststeht. Friedrich Wilhelm rechnete, wie Kunckel ihn selbst sagen läßt, die daran gewendeten Summen zu solchen, die er verspielt oder im Feuerwerk verpufft habe. Da er jetzt weniger spiele, so dürfe er das dadurch Gesparte an Forschungen in der Wissenschaft setzen.

Mit dem Hinscheiden des Kurfürsten schied aber auch Kunckels Ansehen, wenigstens innerhalb der Mark Brandenburg. Man machte ihm den Prozeß auf Veruntreuung und Unterschleif, und wenn auch nichts bewiesen werden konnte, weil eben nichts zu beweisen *war**, so mochte er dennoch von Glück sagen, durch eine Aufforderung König Karls XI. von Schweden seiner alten Umgebung entrissen zu werden. Dies war 1692. Er ging nach Stockholm, wurde schwedischer Bergrat und unter dem Namen Kunckel von Löwenstern in den Adelsstand erhoben. Er starb wahrscheinlich 1702.

Sein Laboratorium auf dem Kaninchenwerder hatte nur allerkürzesten Bestand gehabt. Noch vor seiner Übersiedelung nach Schweden brannten die Baulichkeiten nieder – am östlichen Ufer der Insel finden sich bis heute einzelne verstreute Schlackenreste, die ungefähr die Stelle angeben, wo die alchimistische »Hütte« stand. Mehr als ein Jahrhundert verging, bevor die Zaubererinsel zu einer Zauberinsel wurde.

## 3. Die Pfaueninsel unter Friedrich Wilhelm III. 1797–1840

Mein Herr ist König im Land,
Ich herrsch im Garten der Rosen.

*Uhland*

Die Anfänge dazu (zur Zauberinsel) fallen bereits in die Regierungszeit Friedrich Wilhelms II. Der Schilfgürtel, der die Insel vor jedem Zutritt zu bergen schien, wurde mittelbar die Ursach, daß sich ihre Schönheit zu erschließen begann. In diesem Schilfe nisteten nämlich, wie schon angedeutet, Tau-

* Der Prozeß lief im wesentlichen auf bloße Schikanen hinaus und kann einem keine besonders hohe Meinung von der Rechtspflege jener Epoche beibringen. Der Beklagte sollte eingeschüchtert, abgeschreckt werden. Als ihm Unterschleife nicht nachgewiesen werden konnten, richtete man schließlich die Frage an ihn: was denn bei all dem Laborieren und Experimentieren in einer Reihe von Jahren herausgekommen sei. Das ist nun in der Tat eine Frage, die schließlich jeden Menschen in Verlegenheit setzen kann, und Kunckel gab die beste Antwort, die er unter so bewandten Umständen geben konnte. Er sagte: »Der hochselige Herr Kurfürst war ein Liebhaber von seltenen und kuriosen Dingen und freute sich, wenn etwas zustande gebracht wurde, *was schön und zierlich war.* Was dies *genutzt* hat, diese Frage kann ich nicht beantworten.«

sende von Schnepfen und Enten, die den jagdlustigen König, als er davon vernommen, erst bis an den Rand der Insel, dann auf diese selber führten. Einmal bekannt geworden mit dieser Waldesstille, die ihm bald wohler tat als die Aufregungen der Jagd, lockte es ihn öfter, vom nahen Marmorpalais, zu Kahn herüber. Aus dem Heiligen See in die Havel, an Sacrow vorüber, steuerte er an heiteren Nachmittagen, umgeben von den Damen seines Hofes, der ihm lieb gewordenen Insel zu, auf deren schönster Waldwiese die reichen orientalischen Zelte, die ihm irgendein Selim oder Mahmud geschenkt hatte, bereits vorher ausgespannt worden waren. Die Musik schmetterte; Tänze und ländliche Spiele wechselten ab; so vergingen die Stunden. Erst mit der sinkenden Sonne kehrte man nach dem Marmorpalais zurück.

Solche Lust gewährten dem Könige diese Fahrten nach der stillen, nahe gelegenen Waldinsel, daß er sich im Jahre 1793 entschloß, dieselbe vom Potsdamer Waisenhause, dem sie durch eine Schenkung Friedrich Wilhelms I. zugefallen war, zu kaufen. Dies geschah, und schon vor Ablauf von drei Jahren war das Eiland zu einem gefälligen Park umgeschaffen, mit Gartenhaus und Meierei, mit Jagdschirm und Federviehhaus und einem Lustschloß an der Nordwestspitze. Die Zeichnung zu diesem Lustschloß, so wird erzählt, rührte von der Gräfin Lichtenau her, die das Motiv dazu, während ihrer Reise in Italien, einem verfallenen Schloß entnahm, das zwei, oben mit einer Brücke verbundene Türme, unten aber, zwischen den beiden Türmen, ein großes Bogentor zeigte. Wir halten diese Erzählung für glaubhaft, trotzdem Kopisch sie bezweifelt. Die Lichtenau dilettierte in Kunstsachen, und nicht ganz ohne Talent. Esprit und Geschmack zählen bekanntlich zu den Vorrechten aller Damen aus der Schule der Laïs.

Der Bau des Schlosses begann; aber noch eh dieses und anderes seinen Abschluß gefunden hatte, starb der König, und die Annahme lag nahe, daß auch die nun zurückliegenden zehn Jahre unter Friedrich Wilhelm II., genau wie die sieben Jahre unter Kunckel, zu einer bloßen Episode im Leben der Pfaueninsel werden würden. Es kam indessen anders. Friedrich Wilhelm III., in allem gegensätzlich gegen seinen Vorgänger und diesen Gegensatz *betonend*, machte doch mit Rücksicht auf die Pfaueninsel eine Ausnahme und wandte ihr von Anfang an eine Gunst zu, die, bis zur Katastrophe von 1806, alles daselbst Vorhandene liebevoll pflegte, nach dem Niedergange der Napoleonischen Herrschaft aber diesen Fleck Erde zu einem ganz besonders bevorzugten machte. Ohnehin zu einem kontemplativen Leben geneigt, fand der König, aus den Stürmen des Krieges heimgekehrt, die Einsamkeit dieser Insel anziehender denn zuvor. Was ihm Paretz zu Anfang seiner Regierung gewesen war, das wurde ihm die Pfaueninsel gegen den Schluß hin. Man schritt zu neuen Anlagen und war bemüht, den Aufenthalt immer behaglicher zu gestalten. Viele Anpflanzungen von Gesträuchen und Bäumen, darunter Rottannen und Laubhölzer aller Art, fanden statt. Wildfliegende Fasanen machten sich heimisch auf der Insel; neue Bauten wurden aufgeführt. Eine mit Kupfer beschlagene »Fregatte« traf ein, die der Prinzregent dem Könige Friedrich Wilhelm III. zum Geschenk gemacht hatte*; ein russischer »Rollberg« entstand, eine sogenannte Rutschbahn, und russische Schaukeln setzten sich in Bewegung. 1821 wurde ein Rosensortiment aus der Nachlassenschaft des Dr. Böhm für eine erhebliche Summe Geldes gekauft und in vier Spreekähnen von Berlin aus nach der Pfaueninsel geschafft. Die Überführung dieser Sammlung gab Anlaß zur Anlage eines *Rosengartens*, der alsbald 140 Quadratruten bedeckte und 3000 hoch- und halbstämmige Rosen, dazwischen ungezählte Sträucher von Zentifolien, Noisetten und indischen Rosenarten, umschloß.

Ziemlich um dieselbe Zeit wurde ein *Wasserwerk* mit einer Dampfmaschine errichtet, lediglich um ein großes Reservoir zu speisen, aus dem nun der sandige Teil der Insel bewässert werden konnte. *Damit war Lebensblut für alle darauf folgenden Verschönerungen gegeben.*

1828, nachdem viele Geschenke und Ankäufe vorausgegangen, ward auch eine reizende, alle Tierarten umfassende »*Menagerie*« erworben. Sie wurde hier wie von selbst zu einem *zoologischen Garten*, da Lenné, feinen Sinnes und verständnisvoll, von Anfang an bemüht gewesen war, den

* Sie zerfiel bald. 1832 wurde deshalb eine zweite, als Ersatz, durch Lord Fitz Clarence überbracht. Diese existiert noch, ist aber auch schon wieder defekt.

einzelnen Käfigen und Tiergruppen immer die passendste landschaftliche Umgebung zu geben. 1830 wurde auch das *Palmenhaus* errichtet.

Das kleine Eiland stand damals auf seiner Höhe. »Eine Fahrt nach der Pfaueninsel«, so durfte Kopisch wohl schreiben, »galt den Berlinern als das schönste Familienfest des Jahres, und die Jugend fühlte sich überaus glücklich, die munteren Sprünge der Affen, die drollige Plumpheit der Bären, das seltsame Hüpfen der Känguruhs hier zu sehn. Die tropischen Gewächse wurden mit manchem Ach! des Entzückens bewundert. Man träumte, in Indien zu sein, und sah mit einer Mischung von Lust und Grauen die südliche Tierwelt: Alligatoren und Schlangen, ja das wunderbare Chamäleon, das opalisierend oft alle Farben der blühenden Umgebung widerzuspiegeln schien.«

Meine eigenen Kindheitserinnerungen, wie ich sie eingangs ausgesprochen, finden in dieser Schilderung ihre Bestätigung.

## 4. Die Pfaueninsel 15. Juli 1852

Und Stille, wie des Todes Schweigen,
Liegt überm ganzen Hause schwer.

»*Die Kraniche des Ibykus*«

Mit 1840 schied die Pfaueninsel aus der Reihe der herrschenden Lieblingsplätze aus; Friedrich Wilhelm IV. griff auf die Friderizianische Zeit zurück, und Sanssouci samt seinen Dependenzien belebte sich wieder. Das Rokokoschloß, das der Lichtenau ihre Entstehung verdankte, verfiel nicht, aber es kam außer Mode, und wie man die Jahrzehnte vorher gewallfahrtet war, um den Rosengarten der Pfaueninsel zu sehn, so führte jetzt die Eisenbahn viele Tausende hinüber, um, zu Füßen von Sanssouci, die Rosenblüte in Charlottenhof zu bewundern. Die Pfaueninsel kam außer Mode, so sagt ich, aber wenn sie auch nicht Sommerresidenz mehr war, so zählte sie doch noch immer zu jenen bevorzugten Havelplätzen, wo Friedrich Wilhelm IV. an Sommerabenden zu landen und in Stille, bei untergehender Sonne, seinen

Tee zu nehmen liebte. Ein solcher Sommerabend war auch der 15. Juli 1852. Wir berichten näher über ihn.

Kaiser Nikolaus war am preußischen Hofe zu Besuch eingetroffen. Ein oder zwei Tage später erschien Demoiselle Rachel in Berlin, um daselbst ihr schon 1850 begonnenes Gastspiel zu wiederholen. Friedrich Wilhelm IV., mit seinem kaiserlichen Gaste in Potsdam verweilend, gab, als er von dem Eintreffen der berühmten Tragödin hörte, dem Hofrat Schneider Auftrag, dieselbe für eine Pfaueninsel-Vorstellung zu engagieren. Über diesen allgemein gehaltenen Auftrag hinaus wurde nichts angeordnet. Die nötigen Schritte geschahen; die Rachel, die natürlich ein Auftreten im Neuen Palais oder doch mindestens im Stadttheater erwartete, sagte zu.

Am Nachmittage des festgesetzten Tages traf die Künstlerin, in Begleitung ihres Bruders Raphael, auf dem Bahnhofe zu Potsdam ein. Hofrat Schneider empfing sie.

Die Situation dieses letzteren, der, trotz aller Bemühungen nicht imstande gewesen war, bestimmtere Ordres, eine Art Festprogramm, zu extrahieren, war inzwischen eine ziemlich peinliche geworden. Die Tragödin verlangte Auskunft über alles, während solche über nichts zu geben war. Als ihr schließlich, auf immer direkter gestellte Fragen, gesagt werden mußte, daß es an all und jeder Vorbereitung fehle, daß alles in die *Macht ihrer Erscheinung und ihres Genius gegeben sei*, geriet sie in die höchste Aufregung, fast in Zorn, und drohte, mit einem mehrfach wiederholten »jamais«, die Unterhandlungen abzubrechen. Ihr Bruder Raphael bestärkte sie in ihrem Widerstande. »Eine Bänkelsängerin, eine Seiltänzerin, nie, nie!« Sie schickte sich an, mit dem nächsten Zuge nach Berlin zurückzufahren.

Was tun? Eine Niederlage ohnegleichen schien sich vorbereiten zu sollen. Aber die diplomatische Beredsamkeit des Unterhändlers wußte sie zu vermeiden. Er erinnerte die Tragödin zunächst daran, daß Molière in ähnlicher Situation vor dem Hofe Ludwigs XIV. gespielt und seine größten Triumphe gefeiert habe, was Eindruck zu machen schien; als aber die Zuflüsterungen des »linken Reiters« (Bruder Raphael) dennoch wieder die Oberhand erlangen zu wollen schienen, als das Wort »Bänkelsängerin« immer von neuem fiel, griff Hofrat Schneider endlich zu einem letzten Mittel.

Er wußte, daß der berühmten Tragödin ungemein daran lag, in Petersburg — das ihr seit 1848, wo sie, von der Bühne herab, als »Göttin der Freiheit« die Marseillaise gesungen hatte, verschlossen war — wieder Zutritt zu gewinnen, und dieser Köder wurde jetzt nicht vergeblich an die Angel gesteckt. Der diplomatische Plénipotentiaire schilderte ihr mit lebhaftesten Farben, welch einen Eindruck es auf den Kaiser machen müsse, wenn er, heute abend auf der Pfaueninsel landend, erfahren würde, »Demoiselle Rachel habe es abgelehnt zu erscheinen«, wie sich ihr aber umgekehrt eine glänzende, vielleicht nie wiederkehrende Gelegenheit biete, den Kaiser zu versöhnen, hinzureißen, wenn sie ihrer Zusage getreu bleibe. Dies schlug durch. »Je jouerai.«

Bedenken, die auch jetzt noch von Viertelstunde zu Viertelstunde auftauchten, waren nur wie Wetterleuchten nach dem Gewitter und wurden mit verhältnismäßiger Leichtigkeit beseitigt. Unter diesen kleinen Bedenken war das erste, das laut wurde, die Kostümfrage. Nichts war zur Hand, nichts zu beschaffen. Ihre eigne Gesellschaftsrobe half indessen über diese Verlegenheit am ehsten hinweg. Sie trug ein schwarzes Spitzenkleid. Dies wurde ohne Mühe zu einem spanischen Kostüm hergerichtet. Ein Teil der kostbaren Alençons, zu einem aufrecht stehenden Kopfputze arrangiert, barg eine blutrote Rose; ein schwarzer Schleier, ein irischer Kragen vollendeten die Toilette. So traf man, nach kurzem Aufenthalte in der Stadt, auf der Pfaueninsel ein.

Die Sonne war eben im Untergehn. Noch einmal ein flüchtiges Stutzen, als auf die Frage: »Où jouerai-je?« stumm auf den Rasenfleck hingedeutet wurde, der von rechts her bis dicht an das Schloß herantritt — es war indessen die Möglichkeit eines »Nein«, nachdem man bereits bis hierher gediehen war, so gut wie abgeschnitten, und zwar um so mehr, als eben jetzt der Hof, in seiner Mitte der Kaiser, erschien und, Kreis schließend, links auf dem Kieswege und rechts auf dem Rasenplatze Aufstellung nahm. Nach rechts hin, unter den Ministern und Generälen, stand auch die Rachel.

Es war inzwischen dunkel geworden, so dunkel, daß ihr Bruder ein in einer Glasglocke steckendes Licht ergriff und an die Seite der Schwester trat; späterhin, inmitten der Deklamation, reichte auch das nicht aus, und die berühmte Tragödin nahm dem Bruder das Windlicht aus der Hand, um sich selber die Beleuchtung zu geben. Ihr Mienenspiel war ihre Größe. Sie hatte eine Stelle aus der »Athalie« gewählt, jene, fünfter Akt, fünfte Szene, wo sie dem Hohenpriester das Kind abfordert:

Ce que tu m'as promis, songe à l'exécuter:
Cet enfant, ce trésor, qu'il faut qu'on me remette,
Où sont-ils?

Sie spielte groß, gewaltig; es war, als ob das Fehlen alles Apparats die Wirkung steigere. Der Genius, ungehindert durch Flitter und Dekorationen, wirkte ganz als er selbst. Dabei brachen die Schatten des Abends immer mehr herein; die Luft war lau, und aus der Ferne her klang das Plätschern der Fontainen.

Alles war hingerissen. Zumeist der König. Kaum minder sein Gast, der Kaiser. Er trat an die Tragödin heran:

»J'espère de vous voir à Pétersbourg.«

»Mille remercîments; mais ... Votre Majesté ...«

»Je vous invite, *moi*.«

Die kaiserliche Einladung war ausgesprochen, das Ziel erreicht, der große Preis des Abends gewonnen.

Eine Viertelstunde später, in lampiongeschmückten Gondeln, kehrte der Hof, der auf eine kurze Stunde die Pfaueninselstille belebt hatte, wieder in die jenseit der breiten Havelfläche gelegenen Schlösser zurück, nach Glienicke, nach Sanssouci, nach dem Neuen Palais. An der Stelle aber, an der an jenem Abend die Rachel gesprochen und einen ihrer größten Triumphe gefeiert hatte, erhebt sich jetzt, auf schlankem Postament, eine Statuette der Künstlerin, einfach die Inschrift tragend: »den 15. Juli 1852«.

## 5. Frau Friedrich

Herr Friedrich saß auf Sanssouci,
Den Krückstock, den vergaß er nie;
Frau Friedrich findet's à propos
Und sagt: »Ich mach es ebenso.«

Demoiselle Rachel ist hinüber, Frau Friedrich lebt noch. Ihre goldene Hochzeit liegt hinter ihr, sie steht vor ihrer diamantnen. Funfzig Jahre Inselherrschaft haben ihren Namen an den Namen dieses stillen Eilands gekettet. Und *welche* Herrschaft! Das absoluteste »Car tel est notre plaisir«, *hier* hat es seine Stätte.

Aber wer ist Frau Friedrich? In Potsdam kennt sie jeder; jeder hat ihr gehuldigt, jeder, wenn er auf der Insel landete, hat ihr einen allerfreundlichsten Guten Tag geboten und nach ihren Mienen gesehn, um zu wissen, ob gutes oder schlechtes Wetter sei. Das Schicksal ganzer Landpartien hing an dem Zwinkern dieser Augen; ein heitres Blinzeln bedeutete den besten Kaffee, eine einzige Krähenpfote strich einen Nachmittag aus dem Leben harmloser Mitmenschen und warf sie der Enttäuschung, unter Umständen dem Hunger in die Arme. Frau Friedrich war eine Macht. Sie ist es noch. Aber noch einmal, wer *ist* Frau Friedrich?

Sie ist die Frau des gleichnamigen *Maschinenmeisters.* In einem früheren Abschnitt dieses Pfaueninsel-Kapitels haben wir erzählt, daß um 1822 ein *Wasserwerk* angelegt wurde, das, zunächst ein großes Reservoir speisend, mit Hülfe dieses die Aufgabe hatte, die sandigen Stellen der Insel zu bewässern und fruchtbar zu machen. Dieses Wasserwerk nun bedurfte einer Maschine und die Maschine wiederum eines Maschinenmeisters, wozu ein junger Straßburger Mechaniker, ein Düftelgenie, einer aus der großen Familie der Perpetuum-mobile-Erfinder, ausersehen wurde. Er hieß Friedrich und bekleidete bis zu seiner Ernennung zum Pfaueninsel-Maschinenmeister das Amt eines Maschinisten und Versenkungskünstlers am Königstädtischen Theater. Wie er zu diesem Amt gekommen, was ihn überhaupt an Spree und Havel gekettet und seinem »o Straßburg« ungetreu gemacht hatte, darüber sind nur noch Vermutungen gestattet, die aber schwerlich weit vom Ziele treffen, wenn sie die Lösung des Rätsels in einer quicken, von Lenzen oder Havelberg nach Berlin verzogenen Prignitzerin suchen, die schon damals die wenigstens partielle Eroberung des Elsaß anstrebte. Und, wie sich von selbst versteht, *mit Erfolg*. Die märkischen Mädchen setzen durch, was sie wollen, und halten fest, was sie haben. Zumal die Fremden erliegen ihrer Zauberkunst. Los ist noch keiner gekommen. Ein neues Kapitel für die Dämonologie.

Wenn es nun je einen Elsasser gab, der einer Prignitzerin von allem Anbeginn an rettungslos verfallen war, so war es unser Freund Friedrich; in kürzester Frist waren die bindenden Worte gesprochen, die Ringe getauscht, und nachdem er noch eine kurze Zeit lang am Königstädtischen Theater gedonnert und geblitzt hatte, intervenierte plötzlich die mehrerwähnte Dampfmaschine und hob eines Tages nicht nur 6000 Tonnen Wasser in das Reservoir hinein, sondern auch noch unsern Theatermaschinisten samt Frau in das Maschinenmeisterhaus auf der Pfaueninsel. Da setzte sie beide nieder, und da sitzen sie noch. Da sitzen sie in einem gelben Hause, am Hügelabhang, unter Pfeifenkraut und Geißblattlauben, da sitzen sie seit nahezu fünfzig Jahren, erst mit Kindern, dann mit Enkeln, zuletzt mit Urenkeln gesegnet, und wiewohl als echte Inselbewohner unbekümmert um die Vorgänge des Kontinents, haben sie doch die Potentaten des Festlandes, die großen und die kleinen, *ihrerseits* empfangen und in langer Reihe an ihrem Hause und ihrer Gartenbank vorüberziehen sehn. Gute, glückliche Leute, loyal und frei. Da liegt's. Auf einer ganz eminenten Freiheit, die sich sonderbarerweise auf dem Beschränkungsparagraphen: »Wirts- und Kaffeehäuser sind unzulässig an dieser Stelle«, aufbaute, gründete Frau Friedrich ihre Pfaueninsel-Herrschaft. Alles, was hier landete, wenn es seinen Schloßgang hinter sich hatte, hatte das dem norddeutschen Menschen tief innewohnende Bedürfnis des Nachmittagskaffee, und da kein Platz da war, wo dies Bedürfnis regelrecht, nach den alten Traditionen von Angebot und Nachfrage befriedigt werden konnte, so blieb den Durstigen nichts übrig, als um Dinge zu *bitten*, die nun mal nach Lage der Sache nicht befohlen werden konnten. So wurde das Maschinenmeisterhaus ein Kaffeehaus von *Frau Friedrichs Gnaden*, und aus dieser eigentümlichen Machtstellung entwickelte sich schließlich jener Absolutismus, der wohl gelegentlich, wie alle unumschränkte Herrschergewalt, ein wenig bedrücklich empfunden worden ist. Um keinen Louisquatorze ist fünfzig Jahre lang so andauernd geworben worden wie um *diesen* »L'État c'est moi«. Die weibliche Trägerin dieses Satzes verkaufte nicht, sie spendete nur. Ein kleinster Verstoß, ein zu sicheres Auftreten, eine zu früh gezeigte Börse, eine Krawatte, deren Farbe mißfiel, und – die Gnade konnte entzogen werden. Man trank hier seinen Kaffee immer mit Augen links, immer lächelnd, immer die Hand am Hut, und vielleicht schmeckte er nur deshalb so vorzüglich, weil er wirklich teuer erkauft und errungen war.

Dies alles traf nun aber bloß den Namenlosen, den Unbekannten, der, führerlos an diese Küste verschlagen, des Vorzugs entbehren mußte, der Frau Friedrich vorgestellt oder irgendwie empfohlen zu sein. Über alle diese Hasardeurs brach es gelegentlich herein. Die Kugel rollte, rot oder schwarz, und wer wollte sagen, wohin sie fiel. Aber die Billigkeit erzwingt doch gleicherzeit das Anerkenntnis, daß das Gesetz des Introduziertseins nicht mit Strenge gehandhabt wurde und daß im großen und ganzen *jeder* ein Empfohlener war, der sich – nach den Traditionen des *alten* Preußens – durch Epaulette oder Orden beglaubigen konnte. Waren es nun gar Personen, die dem Königshause »verwandt oder zugetan« waren, so brach die Loyalität in hellen Flammen siegreich durch. Die Liebenswürdigkeit der Frau Friedrich wetteiferte an solchem Tage mit ihrer Kochkunst, und ihr märkisch-schlagfertiger Witz tat das Weitere, um das Maschinenmeisterhaus bei den hohen Besuchern in gutem Andenken zu erhalten. Traditionell pflanzte sich alsbald die Sitte fort, diesem Andenken einen ganz bestimmten Ausdruck zu leihn: ein *Milch-* oder *Sahnentopf* wurde »zur Erinnerung an eine froh verlebte Kaffeestunde« bei Frau Friedrich abgegeben. Daraus entstand denn im Laufe eines Menschenalters ein Porzellancabinet, wie es die Welt wohl nicht zum zweiten Male gesehen hat, eine Topfkollektion, neben der die berühmtesten Pfeifensammlungen verschwinden. Das Aufstellungslokal war und ist natürlich die in ihrer

Sauberkeit ein Schmuckkästchen bildende Küche, und an allen Borden und Realen hin, in Schränken und Ständern, als Garnierung von Wand und Rauchfang hängen an Nägeln und Häkchen an 200 Töpfe und Töpfchen. *Alle ein Souvenir.* Jede Form und Farbe, jedes denkbare Material, jede Art der Verzierung ist vertreten. Endlos wechseln Weiß und Blau, und Grün und Gold; Glas, Biscuit, Chausseestaub gesellen sich dem Gros des eigentlichen Porzellans, das wiederum seinerseits zwischen China und Frankreich, zwischen Meißen und Sèvres hin und her schwankt. Hautrelief und Basrelief, bemalt und gekratzt, so präsentieren sich die Ornamente. Zahlreich sind die *Portraits*, noch zahlreicher die *Schlösser* vertreten, und zwischen Prinzen und Prinzessinnen, zwischen Marmor- und Neuem Palais erscheinen Vater Wrangel und Minister von der Heydt; der letztere sogar in Begleitung eines Pfauenpaares. Schon in den fünfziger Jahren war die Zahl der Bildnisse so groß, daß König Friedrich Wilhelm IV., als er in neckischem Geplauder um einen Portraitkopf gebeten wurde, replizieren konnte: »Sie haben hier meine Minister und Generale aufgehängt, nun soll mir dasselbe passieren. Ich werde mich hüten.« Aber die Ablehnung selbst involvierte bereits eine anderweite Zusage, und zwei Tage später hatten zwei Souvenirs von Sanssouci die Sammlung vermehrt.

Diese Küche, wie wir nur wiederholen können, ist einzig in ihrer Art, und es verlohnt sich, eine Viertelstunde lang in dieser eigentümlichsten aller barocken Portraitgalerien zu verweilen.

Aber so unterhaltlich ein Aufenthalt an dieser Stelle ist, zumal wenn Frau Friedrich sich herabläßt, einiges aus der Fülle ihres Erinnerungs- und Anekdotenschatzes auszustreuen und die ganze Stätte zu beleben, der *eigentlichste* Zauber dieses glücklichen Fleckchens Erde liegt doch *draußen*, auf dem schmalen Gartenstreifen zwischen Haus und Fluß. Ulmen und Linden stellen sich zu natürlichen Lauben zusammen, und zwischen Apfelbäumen und Blumenbeeten hin führt ein schmaler Gang zu einer weinumlaubten Wassertreppe. Hier sitzt man, während der Wind über die Levkojenbeete fährt, und genießt die Stunde des Sonnenunterganges, dessen reflektiertes Licht eben jetzt die Spitzen der gegenübergelegenen Kiefern rötet. Das Haveltreiben zieht beinah geräuschlos an uns vorüber; Dampfschiffe, unter glückverheißendem Namen: Fortuna und Viktoria, schießen auf und ab; Segelschiffe, schwer und langsam, dazwischen. Und nun Gondeln mit Musik, und drüben schweigend der Wald, aus dem die Hirsche treten.

Der Abend kommt, die Nebel steigen, die Kühle mahnt zur Rückfahrt, und unser Boot schiebt sich durch das Rohr hin und in die freie Wasserfläche hinaus. Hinter uns, die verschleierte Mondsichel über den Bäumen, versinkt das Eiland. Mehr eine Feen- als eine Pfaueninsel jetzt!

# GROSS GLIENICKE

In dunkler Gruft
Das Gebein;
In Licht und Luft
Der aufgerichtete Marmelstein.
Was ungemessen
Vielleicht gestrebt,
Es ist vergessen –
Nur das Bild noch lebt.

Die Havelufer links und rechts des Flusses weisen strichweise einen guten Lehmboden (im Wendischen: *Glin*, der Lehm) auf, weshalb wir in allen hier in Betracht kommenden Landesteilen, also in Havelland, Zauche, Teltow, vielfach den Ortsbezeichnungen: Glien, Glindow, Glienicke begegnen. In unmittelbarer Nähe von Potsdam, zu Füßen von Babelsberg, liegt Klein Glienicke mit seinen Schlössern und seiner Brücke; weiter nördlich, halben Wegs zwischen Potsdam und Spandau, treffen wir Groß Glienicke, Rittergut, Filiale von Kladow, 279 Einwohner. Darunter, wie die Nachschlagebücher gewissenhaft bemerken, zwei Katholiken. Diese werden es schwer haben, sich paritätisch zu behaupten.

Groß Glienicke wird 1300 zuerst genannt. Um die Mitte des fünfzehnten Jahrhunderts finden wir die Bammes hier, eine alte, westhavelländische Familie. In Groß Glienicke saßen sie nicht allzulange. Schon 1572 erscheinen die Ribbecks, zuerst Oberhofmeister Jürgen von Ribbeck; dann folgen zweihundert Jahre später die Winnings. Jetzt gehört das Gut der Familie Berger.

Es soll hier manches erlebt worden sein, namentlich unter den Winnings. Die Kirche aber erzählt nur von den Ribbecks.

Beim Eintreten in dieselbe überrascht die verhältnismäßig große Zahl von Bildwerken, namentlich in Stein.

An der Wand uns gegenüber bemerken wir, dicht nebeneinander, die Epitaphien *zweier* Hans Georg von Ribbeck, Vater und Sohn. Der Vater noch der Schwedenzeit angehörig, der Sohn aus der höfischen, französierten Zeit Friedrichs I. Ebendiesen Unterschied zeigen auch die hautreliefartigen Steinbilder. Der ältere Hans Georg, in Brustharnisch und Beinschienen, wie ein Derfflingerscher Reiterführer; der jüngere in einem Roquelaure mit mächtigen Aufschlägen und Seitentaschen, auf dem Haupt eine ziemlich seltsame Kappe, fast in Form einer Bischofsmütze. Das Ganze in einem bestimmten, künstlich gegebenen Farbenton: die Kappe rot gemalt. Dieser jüngere Hans Georg war ein brandenburgischer Domherr, vielleicht auch – wenn ich das Bild richtig interpretiere – ein Mann der Wissenschaft. Er tritt, einen Vorhang zurückschlagend, aus diesem hervor und legt seine Rechte auf einen Schädel. Das Ganze eine vortreffliche Arbeit und in Auffassung wie technischer Durchführung an das berühmte Sparr-Denkmal in unsrer Berliner Marienkirche erinnernd.

*Beide* Hans Georg von Ribbeck finden wir auch in der Gruft der Kirche wieder. Wie sie im Schiff, in bildlicher Darstellung, nebeneinander stehen, so liegen sie hier nebeneinander. Wohlerhalten. Denn die Groß-Glienicker Gruft gehört zu den vielen in der Mark, in denen die beigesetzten Leichen zu Mumien werden. Wir steigen hinab. Der Sargdeckel des zuvorderst stehenden Hans Georg (des Domherrn) ließ sich ohne Mühe aufheben. Da lag er, in Roquelaure und roter Samtkappe, in allem Äußerlichen von beinahe gespenstischer Ähnlichkeit mit dem Hautreliefbilde, das ich eben im Schiff der Kirche gesehen hatte. Ganz ersichtlich hat man, bei einer erst kürzlich stattgehabten Übermalung, die Gruft zu Rate gezogen und das *Mumienbild*, wenn dieser Ausdruck gestattet ist, bei Restaurierung des Steinbildes benutzt.

Kirche und Gruft enthalten übrigens der Epitaphien und Särge mehr, beispielsweise einer Frau von Ribbeck, gebornen Brand von Lindau, einer Frau von Lattorff, gebornen von Grävenitz, die alle dem vorigen Jahrhundert angehören, aber weder künstlerisch noch historisch eine besondere Aufmerksamkeit verdienen.

Ein Interesse erweckt nur noch das Altarbild, richtiger die Predelle desselben, die, wie so oft, ein Abendmahl darstellt. Christus in der Mitte, Johannes neben ihm; neben diesem aber, statt des Petrus, der *Große Kurfürst*. Er trägt Allongenperücke, dunkles, enganschließendes Samtkleid, Spitzenmanschetten und Feldbinde. Die wunderlichste Art von Huldigung, die mir der Art vorgekommen ist. Was wollen die anbetenden Donatoren auf den Madonnenbildern des Mittelalters daneben sagen! Sie knien doch immer zu Füßen der Madonna oder verdrängen wenigstens niemand; *hier* aber wird Petrus, wie eine Schildwacht, einfach abgelöst, und der Große Kurfürst zieht statt seiner auf.

# FAHRLAND

Oh, wie warst du so schön, wenn die Fliegen der Stub im September
Starben und rot die Eb'reschen am Hause des Jägers sich färbten;
Wenn die Reiher zur Flucht, im einsam schwirrenden Seerohr,
Ahnend den Sturm, sich versammelten.

*Aus Schmidt von Werneuchens* »Fahrland«

Von Potsdam bis Fahrland ist eine gute Meile. Der Weg läuft in gerader Linie nordwärts und wendet sich erst ganz zuletzt gegen Westen. Die erste halbe Meile, wenn man nicht das Glück hat, auf dem linkshin sich dehnenden Exerzierfelde die Potsdamer Garden in Übung zu sehen, ist interesselos; in Höhe des Dorfes Nedlitz aber ändert sich die Szene, und wir treten, auf eine ganze Strecke hin, in ein durch Landschaft und Geschichte gleich bemerkenswertes Terrain ein. Nur schade, daß die Geschichte an der Grenze sagenhafter Vorzeit liegt und nur Vermutungen gestattet.

## Die Nedlitzer Fähre

In Höhe von Nedlitz geben sich an einer Schmalung drei Seen ein Rendezvous; die Krampnitz, der Fahrlandsche und der Jungfernsee treffen an einer Schmalung zusammen, und ein viaduktartiger Bau, mit Brückentoren und Brückenhaus, führt von einem Ufer zum andern.

Ein so stattliches Bild präsentierte sich hier nicht immer. Dies war vordem die bescheidene Wirkungsstätte der *Nedlitzer Fähre.* Jahrhundertelang fuhr hier ein schlichter Kahn über die Schmalung, erst von Vater und Sohn, dann vom Enkel und zuletzt vom Ur-Urenkel geführt. Immer desselben Namens. Die Nedlitzer Fährstelle war eine Erbstelle geworden. Schon im vorigen Säculo war die Familie so angesehen, daß sich ihre Töchter nach Sanssouci hin mit Hofgärtnern und Hofbauräten vermählten. Die Fähr-Müllers von Nedlitz waren reiche Leute; in Bornstedt hatten sie ein Erbbegräbnis, das größte, was der Kirchhof bis diese Stunde noch aufzuweisen hat.

Die Fähre ist nicht mehr. An ihre Stelle ist die imposante Bogenbrücke getreten; aber noch im Ausscheiden aus ihrer alten dynastischen Herrlichkeit hielt das Glück bei den Müllers aus. Die Ablösungssumme entsprach nicht nur der Fähreinnahme, die sie aufgaben, sondern vielmehr noch der historischen Macht, die sie niederlegten. An das Haus Müller kamen liegende Gründe, Geld, zuletzt auch der Brückenpalast, der auf ihrem alten Territorium, wie als Wahrzeichen ihrer früheren Herrlichkeit, ihnen errichtet worden ist. Selten wohl hat eine Fährstelle im Leben und Sterben so gute Tage gesehen.

## Der Königswall

Von der Mitte der Brücke aus hat man ein ansprechendes Bild in die genannten drei Wasserflächen und die zwischenliegende Landschaft hinein.

Nach rechts hin, wo die Krampnitz und der Jungfernsee ein Eck bilden, zieht sich dammartig ein Erdwerk zwischen Wald und Wasser. Dieses Erdwerk ist der *Königswall*, im Munde des Volks, wie all dergleichen primitive Festungswerke, die Römer- oder Räuber- oder Schwedenschanze geheißen. Ausdrücke, die historisch gar keinen Anhalt geben. Die Bezeichnung »Königswall« ist übrigens kaum besser. Drei Seiten der Umwallung, welche sich zwanzig Fuß vom Boden erheben, sind mit geräumigen Eingängen versehen, von denen zwei dem Wasser, der dritte dem Lande zugewandt liegen. Die vierte Seite des Walles – wahrscheinlich eine von der Natur gebildete Hügelwand – fällt aus einer Höhe von mindestens fünfzig Fuß steil zum Seeufer ab und scheint auch darum keinen Zugang zu haben. Die ganze Umwallung, soweit sie künstlich ist, mißt 700 Schritt und muß viel Hände und viel Zeit erfordert haben. Es ist wohl unzweifelhaft ein alter Camp, ein wendischer Lager- oder Verteidigungsplatz aus jenem Jahrhundert her, wo sich Christen- und Heidentum hier bekämpften. Die Deutschen hatten das Westhavelland inne; hier in dem Waldterrain des Osthavellandes, auf der »Insel Potsdam«, von allen Seiten her durch Fluß und See und Sumpf geschützt, saßen noch die Wenden. Hier hatten sie ihre letzten Stätten, ihre ausgedehntesten Begräbnisplätze; einzelne Striche sind mit Waffen und Totenurnen wie besäet.

## Das Hainholz und der Kirchberg

Eine kaum minder interessante Wegstrecke bildet das *Gehölz*, in das die Fahrlander Straße, unmittelbar nach Passierung der Brücke, einmündet. Dies Wäldchen führt den Namen des »*Hainholzes*«, und aus seiner Mitte hervor steigt der höchste Berg dieser Gegenden, der »*Kirchberg*«. Es verlohnt sich durchaus, ihn zu besteigen. Seine Höhe ist 270 Fuß. Das landschaftliche Bild, das sich von seiner Kuppe aus dem Auge darstellt, ist sehr schön und würde noch schöner sein, wenn nicht die Bäume, die den oberen *Abhang* umstehen, mit ihren Kronen allmählich über die *Kuppe* des Berges hinausgewachsen und dadurch einem Umblick hinderlich geworden wären. Wo er sich indessen bietet, ist er von großem Reiz und dem Wald- und Wasserpanorama nah verwandt, das ein Blick von den Müggelbergen gewährt.

Wie der »Königswall« unten, so ist die »Kirchbergskuppe« hier oben ein ergiebiges Feld für die Konjekturalhistorie; wie jener als ein Camp der Wenden, so wird dieser als eine Opferstätte bezeichnet. Sehr leicht möglich, aber sehr schwer nachweisbar! Was man *jetzt* noch auf der Kuppe des Kirchberges findet, deutet auf viel spätere Zeiten hin. Man begegnet Feldsteinfundamenten, dazu zerkrümelten Ziegel- und Mörtelresten, die, so gering sie sind, doch keinen Zweifel darüber lassen, daß hier ein *Backsteinbau* gestanden habe. Auch ist es noch keine dreißig Jahre, daß hier, zehn Fuß hoch, ein Mauerwerk aufragte, das unverkennbar einem *christlichen* Gotteshause zugehörte. Es befand sich also hier, ganz wie auf dem Kapellenberge bei Blankensee, dessen Bautrümmer überhaupt sehr lehrreich sind, eine jener weit ins Land hinausschauenden, zugleich als Wegweiser dienenden *kirchlichen Warten*, die symbolisch von allem Umherliegenden Besitz nahmen und der Bevölkerung verkündeten: »So weit diese Kapelle blickt, ist alles dem Christengotte untertan.« So war es unmittelbar nach der Christianisierung. Später wurden Pilgerstationen und Wallfahrtskapellen daraus, die, in der Spätgotik, die sie unverkennbar zeigen, einer verhältnismäßig neuen Zeit, oft erst, wie die Blankenseer Kapelle, dem Schluß des fünfzehnten Jahrhunderts angehören mögen. Denn die gotische Bauweise hielt sich in der Mark bis in die Mitte des sechzehnten Jahrhunderts hinein.

## DORF FAHRLAND, SEIN AMTSHAUS, SEINE KIRCHE UND PFARRE

Drüben Fahrlands Turm, aus dessen Luke
Hörbar kaum die Abendglocke singt!
Sieh die Hirtenfrau, die Napf und Kruke
Ihrem Mann nach jener Hutung bringt;
Sieh den Waldrand, wo trotz härnen Schleifen
Unbesorgt die Sommerdrosseln pfeifen –
Rings Wacholdersträuche, bunt zerstreut,
Deren Frucht die Julisonne bläut.

*Schmidt von Werneuchen*

Eine offene Stelle, wo nur Hagebutten und verzwergte wilde Kirschen stehn, gestattet uns auf der sonst in ihrer Aussicht beschränkten Kuppe einen vollen Blick nach Nordwesten zu. Der nächste Punkt ist Fahrland. Wir steigen, um uns den Weg zu kürzen, den steileren Abhang des Berges hinunter, und nach zehn Minuten haben wir rechts und links, flach wie die Tenne, die Fahrlander Feldmark. Pappeln und Elsen fassen die zahlreichen Wege ein; Schlickmühlen stehen an den Gräben hin, bereit, um die Regenzeit, wenn alle Felder zu Inseln geworden sind, ihre Tätigkeit zu beginnen. Im ganzen eine reizlose Landschaft, gleich arm an charakteristischen wie an Schönheitspunkten.

Nicht viel günstiger wirkt Fahrland selbst. Von dem dichterischen Reiz, mit dem unser märkischer Poet par excellence dasselbe zu umkleiden wußte, ist wenig zu entdecken. Wir passieren es also, um jenseits desselben den »Sipunt«

kennenzulernen, der, in einem gleichnamigen Gedichte, »*Der Sipunt bei Fahrland*«, noch über die Dorfesherrlichkeit hinaus, eine poetische Glorifikation gefunden hat. Dieser Schilderung nach mußten wir eine Wolfsschlucht oder irgendeine Lieblingsstätte des Wilden Jägers erwarten*, aber eine mit Kropfweiden bepflanzte Niederung, die im Sommer den Charakter einer Wiese, im Herbst und Frühjahr den eines Luches hat, war alles, was sich unsrem Auge bot. Prosaische Tristheit anstelle poetischer Gruslichkeit. Wir wählten deshalb von zwei Übeln das kleinere und kehrten in das Dorf zurück, das immerhin drei bemerkenswerte Stätten hat: das *Amtshaus*, die *Kirche* und die *Pfarre*.

*Das Amtshaus*, ein relativ moderner Bau, auf dessen Entstehung wir zurückkommen, wirkt so nüchtern wie möglich. Die Stelle, auf der es steht, ist aber alter historischer Boden. Hier ging die Grenzscheide, hier stand das feste Schloß »Vorland«, ein Name, der sich erst um die Mitte des fünfzehnten Jahrhunderts in Fahrland umwandelte.

Um ebendiese Zeit, nachdem »Schloß Vorland« bis dahin landesherrliche Vogtei gewesen war, saßen hier die Stechows, die damals in verschiedenen Zweigen blühten und im Havellande reich begütert waren. Sie besaßen zunächst Stechow selbst, dann Satzkorn, Dyrotz, Groß Glienicke, Hainholz und Fahrland. Hier in Fahrland hatten sie *drei* Rittergüter.

Im allgemeinen wird wenig von ihnen gemeldet, doch erfahren wir aus den Kirchenbüchern, daß um die Mitte des

* Es heißt in dem genannten Gedichte, das allerdings mehr den Charakter einer Romanze als eines Idylls hat, wörtlich:

Wir sind da! Faßt dich ein süßer Schrecken
Zwischen diesen Bergen hier von Kalk,
Wo der Blutfink baut in Kreuzdornhecken,
In der Eiche Kranz der Lerchenfalk?
Witterst du der wilden Erdbeer Würze
Und des wilden Wermuts bittren Duft?
Mahnt dich an des Herbstes Regenstürze
Des zerrißnen Berghangs tiefe Schlucht?

So geht es weiter im Stile von »Spinneweb, mit Blut betaut«, ohne daß von Blutfink und Lerchenfalk das geringste zu bemerken wäre. Überhaupt ist es charakteristisch für die ganze Dichtungsweise Schmidts von Werneuchen, daß er sich in allen Gattungen der *beschreibenden* Poesie der höchsten Korrektheit, die dann sein Stolz war, befleißigt, sofort aber in Unnatur verfällt, wenn er den Boden des äußerlich Gegebenen verläßt und aus sich selbst zu schöpfen beginnt.

sechzehnten Jahrhunderts einer von der Familie lutherischer Prediger zu Fahrland war. Er hieß Hans von Stechow und starb 1558.* Beinahe hundert Jahre später erfolgte dann ein Rückschlag, und wir finden um das Jahr 1646 folgende Aufzeichnung: »Christoph von Stechow bekennt sich zur römisch-katholischen Lehre. Seine Mutter hält noch lutherisch aus. Gott kräftige sie.« Es ist also ersichtlich, daß ein Zweig der Stechows, ebenso wie der Rochows und andrer märkischer Familien, während des Dreißigjährigen Krieges wieder *katholisch* wurde. Es wäre gewiß interessant, zu erforschen, was diese Wandlung herbeiführte. War es einfach ein religiöser Zug, der in der einen Kirche keine Befriedigung fand und sie bei der andern suchte, oder war es deutsch-nationales Gefühl, Hinneigung zum Kaiser und Haß gegen Schweden, dessen bloß ehrgeizige Absichten damals bereits klar zutage lagen?

Die Fahrlander Stechows waren sehr wahrscheinlich noch 1699 katholisch, wenigstens einige von ihnen, wie aus folgendem Schreiben hervorgeht, das 1788 in Fahrland eintraf und den Kirchenakten einverleibt wurde. Das Schreiben lautete: »Herr Christoph von Stechow besaß mit seinem Bruder Johann Wolfgang von Stechow, Domherrn und nachherigem Domdechant zu Halberstadt, das Lehngut Fahrland in der Mittelmark und verkaufte solches für 50000 Taler an den damaligen Kurfürsten zu Brandenburg, nachherigen König von Preußen, Friedrich I., Anno 1699. Herr Christoph von Stechow zog darauf nach Schlesien, kaufte daselbst Güter und ward vom Kaiser Leopold nebst seiner männlichen und weiblichen Deszendenz in den alten Freiherrnstand des Königreichs Böhmen erhoben. Seine Gemahlin war Thekla Margaretha von Moenster, mit welcher er in Fahrland zwei

* Eine spätere Notiz des Kirchenbuchs ist nicht gut auf diesen Hans von Stechow, der der *erste lutherische* Prediger in Fahrland war, zu sprechen. Es wird darin gleichsam Protest gegen die Ernennung von Junkern zu Pfarrherren eingelegt, wenn die betreffende Pfarre auf dem Grund und Boden derselben adligen Familie, der der Junker angehört, gelegen ist. Die Notiz lautet kurz und barsch: »War Hans von Stechow des Gutsherrn Vetter oder Sohn? etwa Cadet des Hauses? Warum ward die Einrichtung des Dorfes und der Pfarre damals nicht *besser* gemacht? Etwa darum, weil der Junker seinen Auszug aus dem Gute bekam und also doch leben konnte. *Das wäre nichts, wenn nur die gnädigen Junker gnädigst geruhen würden, Landprediger zu werden!* Kurz, wir freuen uns unseres Ahnherrn *nicht*, da er die zukünftigen Zeiten nicht besser beherziget hat. Aus der Hölle ist keine Erlösung. Und der Schlendrian herrscht nirgends ärger als im heiligen statu ecclesiastico.«

Kinder erzeugt hat: Maria Josepha von Stechow, welche 1690, und Franz Wolfgang von Stechow, welcher 1694 geboren wurde. Da diese Kinder in Fahrland das Licht der Welt erblickten und vermutlich in der dortigen Kirche getauft wurden, so wird um deren Taufschein ergebenst gebeten.« (Diesem Wunsche konnte willfahrt werden. Man fand beide Kinder im alten Kirchenbuch verzeichnet, und ihre Taufscheine wurden ausgestellt.)

Von 1699 ab war Fahrland kurfürstlich beziehungsweise königlich. Kurfürst Friedrich III. ließ das alte Schloß abtragen und dafür »ein neues Schloß oder Lusthaus von zwei Etagen mit sieben Logamenten«, welches zugleich als Amtshaus dienen sollte, erbauen. Bei Herstellung desselben wurde die alte Kirche auf dem Kirchberg als Steinbruch benutzt, und die schönen Gewölbe und Spitzbogen fielen, um als »Amtshaus im Kasernenstil« wieder aufzustehn.

*Die Kirche* in Fahrland wirkt nicht besser. Sie präsentiert sich als ein schmuckloser Bau, in dem direkte Überreste alter Gotik so geschickt bekalkt und bemörtelt sind, daß nichts übriggeblieben ist als Wand und Fenster und der Unterbau eines Turms. Auch das Innere wirkt nüchtern. Aber der Kirchhof ist nicht ohne Interesse, besonders an der schattigen Stelle, wo er seinen Rasen in einen durch Kirche und Sakristei gebildeten Winkel einschiebt. Hier wurden die Geistlichen bestattet; die Grabsteine erzählen davon. In Dörfern, in denen die adligen Geschlechter wegsterben, treten die Pfarrherren in gewissem Sinne an die Stelle derselben; *sie* werden die Herren, jedenfalls die Repräsentanten des Dorfs, alle entsprechenden Ehren fallen *ihnen* zu, und *ihre* Grabsteine fangen an, die bevorzugten Stellen innerhalb und außerhalb der Kirche einzunehmen. So auch hier.

*Das Pfarrhaus.* Einer der Grabsteine, hochaufgemauert, gönnt, wie ein kleines Kastell, einen Überblick, und zwischen schrägstehenden, dickstämmigen Maulbeerbäumen hindurch, über die alte Kirchhofsmauer hinweg, trifft unser Auge auf das still und abgelegen daliegende Predigerhaus. Ein märkisches Haus, so einfach wie möglich, einstöckig, zwei mächtige Linden vor der Tür, die Front des Hauses von wildem Wein umrankt; die Fensterpfeiler so schmal, daß das Ganze wie ein Glashaus aussieht oder wie die Predigerhäuser auf alten holländischen Bildern. Über der Tür ein kurzes: »Friede sei mit euch.«

Wir treten ein. Es ist ein historisches Haus. An ebendieser Stelle, wenn auch nicht unter diesem Dach, wurde Schmidt von Werneuchen geboren. Es entspricht in nichts dem reizenden Bilde, das unser viel und gern zitierter Freund in seinem besten Gedichte (»Fahrland«) von dem zu *seiner* Zeit hier stehenden Predigerhause entworfen hat:

Ach, ich kenne dich *noch*, als hätt ich dich gestern verlassen,
Kenne das hangende *Pfarrhaus* noch mit verwittertem *Rohrdach*,
Kenne die Balken des Giebels, wo längst der Regen den Kalk schon
Losgewaschen, die Tür, mit *großen Nägeln* beschlagen.
Kenne das Gärtchen vorn mit dem spitzen *Staket* und die *Laube*,
Schräg mit Latten benagelt und rings vom Samen der dicken
*Ulme* des Nachbars umstreut, den gierig die Hühner sich pickten.

Von all dem ist nichts mehr wahrzunehmen, das Haus ist hinüber wie die Menschen, die damals ihre Stätte in ihm hatten. Selbst die vorerwähnten Grabsteine, drüben zwischen Kirche und Sakristei, gehören einer anderen Epoche an, und nur einer ist da, der an jene Schmidtschen Tage mahnt. Er ist in die Kirchenwand eingelassen, und seine Inschrift lautet: »Vor diesem Stein ruht Mutter und Kind. Jene war die wohlgeborene und tugendbegabte Frau, Frau Sophie Schmidtin, älteste Tochter des königlich preußischen Stallmeisters in Potsdam, Herrn Ludwig Samson. Sie war geboren den 25. Februar 1724, ward verheiratet an Herrn Bernhard Daniel Schmidt, Prediger in dieser Gemeinde, den 13. Juli 1751 und starb den 7. Juli 1752, nachdem sie drei Tage vorher von einem toten Söhnlein entbunden worden, das ihr zur linken Seite liegt.«

Der Grabstein Bernhard Daniel Schmidts selbst fehlt, ebenso der seiner *zweiten* Frau, der Mutter unseres »Schmidt von Werneuchen«.

Aber während sie an dieser Stelle vergessen scheinen, leben sie doch recht eigentlich hier, und zwar mit Hilfe eines jeweilig geführten »Tagebuches«, das seit etwa hundert Jahren einen Schatz der Fahrlander Pfarre bildet. Wie zerstreute Blätter eines Romans einen Lebenslauf vor uns auftun, vielfach lückenhaft zwar, aber doch auch wieder vollständig genug, um die Personen in aller Anschaulichkeit vor uns schreiten zu sehen, so auch die Blätter dieses Tagebuches, das den Namen führt: die »*Fahrlander Chronik*«.

Von diesem Tagebuch, das uns vielfach auch von der Familie Schmidt unterhält, in dem folgenden Kapitel.

## DIE FAHRLANDER CHRONIK

Und eintrug er, was geschah,
In sein »Buch der Chronika«.

In der Pfarre zu Fahrland befindet sich ein Schatz: die *Fahrlander Chronik.* Auf unsern vielen Hinundherzügen in der Mark sind wir keinen handschriftlichen Aufzeichnungen begegnet, selbst die Kirchenbuchnotizen aus der Schwedenzeit nicht ausgenommen, die an Interesse dieser »Fahrlander Chronik« gleichkämen. Sie bildet einen starken Quartband, hat festes Papier und einen blaugemaserten Deckel und führt die Aufschrift: »Die Pfarre Fahrland; Nachrichten und Tagebuch seit 1774«. Diese Aufschrift ist aber halb verwischt, und man findet in dicken Buchstaben darübergeschrieben: »*Fahrland*; Chronik des Pastor Moritz«. Man nennt es gemeinhin: die Fahrlander Chronik. Vor kurzem hat man dem Buche einen neuen Rücken gegeben und diese Rückseite mit drei Streifen Goldpapier ornamentiert, was sehr sonderbar aussieht.

Der Verfasser dieser Chronik, wie die vorstehenden Zeilen bereits andeuteten, ist Pastor Moritz. Er begann seine Arbeit 1787 und führte sie fort bis 1794. Gleich auf dem ersten Blatte begegnen wir, nach Art einer Vorrede, folgendem:

»Es ist kläglich, wenn man eine Pfarre bezieht und findet nicht einen geschriebenen Bogen von Nachricht. So ging es mir in Geltow. In Fahrland fand ich einige Blätter, aber von dem Orte und der Pfarre enthalten sie nichts. Überdies gehen einige Bogen leicht verloren, sonderlich im Vakanzjahr und beim Abzug. Die geistlichen Frauen verstehen's nicht. Der Bogen wird als Makulatur verbraucht.

So ließ ich denn dies Buch binden, und heute, den 1. August 1787, schreibe ich dieses. Ich bezeuge hiermit vor dem Allwissenden, daß ich nur Wahrheit schreiben will, es betreffe meine Zeit, oder es betreffe die alten einzelnen Papiere.

Moritz«

Nun beginnt er.

Sich in seinen Aufzeichnungen zurechtzufinden ist nicht leicht, da er Zurückliegendes und Gegenwärtiges, Biographisches und Kritisch-Betrachtendes, Allgemeines und Persönliches, Kirchliches und Wissenschaftliches, Fahrlander Vorkommnisse und Vorkommnisse in den Filialen, oft ohne Scheidung und Übergänge, hintereinander fort folgen läßt. Liest man aber liebevoll und wiederholentlich, so klärt sich zuletzt das Bild, die ganze Gegend: Fahrland und Satzkorn, Sacrow und Marquardt, Uetz und Döberitz, die Gutsherrschaften und Amtmänner, die Pastoren und Küster, die Beziehungen zu Potsdam und Sanssouci – alles tritt einem entgegen, und es wird einem zu einer eigentümlichen Freude, eine Zeit, die doch beinahe hundert Jahre zurückliegt, so bis in die *kleinsten Züge* hinein aus dem Grabe steigen zu sehen. Neben dem Inhaltlichen ist die »Chronik« auch sprachlich interessant. Es kommen Wendungen darin vor, die man für ganz modern halten möchte, beispielsweise wie »légère« oder »fidèle« oder »Schmu machen«. Dann wieder heißt es: »der Graf hatte viel nach mich gefragt«, und gleich darauf: »nach mich hatte er nicht gefragt«. Dies ist aber nicht als ein Zeichen mangelnder Bildung zu nehmen; Pastor Moritz war sehr gescheit, ein Gelehrter, ohne Pedant zu sein.

Über den Gang seines Lebens wird seine Autobiographie, die wir ebenfalls der »Chronik« entnehmen, Auskunft geben. Hier nur einige Vorbemerkungen.

1774 erhielt er die Pfarre. Das Jahr vorher war Pastor Schmidt, sein Amtsvorgänger, gestorben. Er traf die Witwe (die Mutter Schmidts von Werneuchen) noch im Pfarrhause an. Es war eine hübsche Frau, in der Mitte der Dreißiger, mit viel Familienanhang und Freundschaft. Diese ganze »Schmidtsche Coterie« hatte Pastor Moritz, den man einfach als einen »armen Teufel« und zugleich als einen bloßen Eindringling ansah, von Anfang an gegen sich. Die Coterie hoffte ihn stürzen zu können. Man hatte sich aber sehr in ihm verrechnet. Er war sittenstreng, tapfer, gescheit, voll moralischer Kraft und Energie; so focht er denn seine Kämpfe siegreich durch, behauptete sich gegen immer neue Kabalen, die von Amtmanns- und Pastorenfrauen (alles war versippt und verschwägert) gegen ihn ins Werk gesetzt wurden, aber er mußte seinen Sieg mit dem Frieden seines Lebens bezahlen. Er kam aus der Mißstimmung nicht heraus.

Ein Teil der Schuld lag bei ihm. Er war eine herbe Natur; sein Auftreten konnte nicht versöhnen. Er hatte nichts Verbindliches, er machte keine Konzessionen, er akkomodierte sich in nichts. Er focht gegen den Teufels- und Gespensterglauben, den sich die Fahrlander nicht nehmen lassen wollten, mit Heftigkeit, er drang ihnen das neue Gesangbuch auf im Gefühl seines auf die Matrikel gestützten Rechts einerseits und seiner geistigen und sittlichen Überlegenheit andrerseits, ja, ließ es sie wohl gelegentlich auch fühlen, daß er sie für »dumme Kerle« halte. Er mochte recht haben. Ein eigentlich *geistiger Hochmut* tritt einem nirgends entgegen.

Man war ihm nie zu Willen, man gab dem Küster reichlich und entzog ihm ebensoviel, als man jenem bewilligte; man besserte nichts aus; er mußte schwitzen und frieren; schließlich entdeckte er auch, wie mächtig die Hintertreppeneinflüsse waren, bis hoch hinauf.

Sein besonderes Unglück war, daß er einen splendiden, gut situierten, die Dinge leichtnehmenden Vorgänger gehabt hatte, der fünf gerade sein ließ und auf den nun beständig hingewiesen wurde. Dies tat vor allem der Küster, der – als ein Überbleibsel aus der »Schmidtschen goldenen Zeit« – von der Gemeinde bevorzugt wurde, der eitel, hochmütig war, sich emanzipierte, über Land reiste, wenn er wollte, und Schule hielt, wenn er wollte, der sich impertinent gegen den Pastor stellte und sich so stellen *durfte*, weil die Bauern, denen er immer zu Diensten war, ihm den Rücken deckten. Die Tagebuchblätter geben ein »Dorfidyll«, das alles andere eher war als idyllisch.

Eines gewissen *sprachlichen* Interesses dieser Chronik haben wir schon erwähnt; auch noch ein Wort über die Schreibweise. Sie ist kurz, kernig, von großer Klarheit und Durchsichtigkeit. Wo der Verfasser sich ausführlicher gibt, ist alles in einem brillanten Stil geschrieben, oft fortreißend. Man erkennt leicht die geistig nicht gewöhnlich und nach der Charakterseite hin bedeutend angelegte Natur. Ein Mann überall.

Wir beginnen nun, einzelnes aus der Chronik auszuziehen und zu einem Ganzen zusammenzustellen.

## BERNHARD DANIEL SCHMIDT, PASTOR ZU FAHRLAND 1751 BIS 1774

Bernhard Daniel Schmidt war der Vater unsres »Schmidt von Werneuchen«. Tragen wir ihm schon um deswillen ein gewisses Interesse entgegen, so wächst dasselbe unter dem Eindruck jener Aufzeichnungen, die wir von Pastor Moritz', seines Nachfolgers, Hand in der Chronik finden. Pastor Moritz war ihm nicht hold, *konnte* ihm nicht hold sein, da er unter der »légèren Praxis« seines Amtsvorgängers zu leiden hatte; dennoch tritt einem in diesem letzteren eine unverkennbar liebenswürdige Persönlichkeit entgegen. Wir geben nun die einzelnen Sätze, wie sie sich zerstreut in der Chronik finden.

»Bernhard Daniel Schmidt, bis dahin Feldprediger beim Cadettencorps, bekam die Pfarre durch Cabinetsordre und trat sie 1751 an, am 6. Februar.«

»Er vermählte sich am 13. Juli ebengenannten Jahres (1751) mit Sophie Samson, ältesten Tochter des Stallmeisters Samson zu Potsdam. Sie starb am 7. Juli 1752.«

»Anfang der sechziger Jahre verheiratete sich Prediger Schmidt zum *zweiten* Male. Er hatte Vermögen mit der Frau und liebte Windmacherei.«

»Prediger Schmidt hat die Pfarre um mehrere ihrer Einnahmen gebracht. Er nahm alles leicht. Die Tonne Most erhalte ich noch immer nicht, trotzdem sie in der Matrikel steht. Er hat's einschlafen lassen, wie manches andre. Wenn *ihm* diese Einnahme nichts war, durfte er annehmen, daß sie seinem Nachfolger auch nichts sein würde? Was fürchtete er? Er stand ja bei allen Herren der Kammer und der Forst in ausnehmendem Crédit! Jene gaben ihm eine Woorte, diese gaben ihm die Planken dazu, und das alles, weil er ein so einnehmender Herr war, der ihre ganze Gesellschaft immer zu lachen machte. – Nun ist es zu spät. Bei meinem Anzuge wußte ich von diesen Dingen nichts. Die ›vornehme Frau‹ verschmähte es, mit mir darüber zu reden.«

»Gleich bei seinem Amtsantritt sagte Pastor Schmidt: Von Ostern bis Johanni wird täglich, aber nur vormittags Schule gehalten; von Johanni bis Michaeli nur zweimal in der Woche.«

»Herr Schmidt stand gut zu seinem Küster. Als ihm dieser

Anzeige machte, daß er am andern Tage verreisen wolle, antwortete jener: ›Warum sagt Er mir das? Hab ich Ihm denn schon gesagt, wohin ich morgen verreisen will?‹ «

»Prediger Schmidt hatte die Pforte machen lassen. Er pflegte durch dieselbe nach seiner Plantation oder Woorte zu gehn, *in kurzem Schlafrock, à la main die Flinte.*«

»Pastor Schmidt liebte Wortspiele nicht nur in seinen Predigten, sondern auch bei sonstigen Vorfällen. Bei der Leichenrede von einem Weinmeister sprach er vom Weinberge, und beim Tode eines Leinewebers mußte aus ›Hiob‹ die Weberspule herhalten.«

»Bei Pastor Schmidt war alles flott und kurz angebunden. Sein eigner Küster sagte: ›Und wenn ich an einem Tage an drei Orte kam, so fand ich meinen Pastor auch da. Er scheute sich nicht vor dem Teufel. Wenn er Beichte hielt, so sagte er: »Heran, ihr Sünder, bekennt und bessert euch«, und damit war es aus.‹ «

Hiermit schließen die Aufzeichnungen über Schmidt. Es ist kaum möglich, in zehn, zwölf Sätzen ein vollständigeres Charakterbild zu geben: ein Lebemann, Jäger, Anekdotenerzähler, splendid, nie kleinlich, sich und andern es leicht machend, voll Verständnis für die Bauernnatur, derb, humoristisch und deshalb beliebt. Daneben konnte sein ernster Nachfolger nicht bestehen, dessen Leben wir nun, nach seinen eigenen Worten, geben.

## JOHANN ANDREAS MORITZ, PASTOR ZU FAHRLAND 1774 BIS 1794

(Selbstbiographie)

»Ich wurde zu Magdeburg den 27. Mai 1721 geboren. Mein Vater war Bürger und Schneidermeister daselbst. Im sechsten Jahre ward ich eine vaterlose Waise. Bis 1736 war ich ins Gymnasium der Altstadt gegangen und saß in Quarta. Mein Bruder, damals Student in Halle und Mentor des jungen Frilinghausen« (er schreibt so; wahrscheinlich Freylinghausen), »brachte mich ins hallische Waisenhaus, wovon Pastor Frilinghausen Condirektor war, und zwar unter die Waisenkinder. Es war auf Ostern. Gesund und frisch kam ich nach Halle, bekam aber gleich im ersten Jahre eine Augenentzündung und schleppte mich damit die sechseinhalb Jahre, in welchen ich alle Klassen der Lateinischen Schule bis Selecta, worin ich ein Jahr saß, durchlief.

Auf Michaelis 1742 ging ich, einundzwanzig Jahr alt, auf die Universität zu Halle, und verlassen von allem Beistand, stümperte ich mich zwei Jahre durch. Ich informierte des Tisches wegen auf dem Waisenhause.

1744 ging ich in Condition nach Siegen zu dem Baron von Horst, Chefpräsidenten der Grafschaft Siegen und Teklenburg. Sein dritter Sohn war mein Eleve. Der Vater war cholerisch, sehr scharf in der Kinderzucht; die Mutter war das Gegenteil. Sie verzärtelte den Sohn bis zum Tollwerden. Auch fand ich eine französische Mamsell vor, dies Kreuz aller Hofmeister.

1747 ging ich nach Halle zurück in dem frommen Vorsatz, mich den Anstalten zu widmen. Allein es war alles verändert, und nach längerem Aufenthalt in Berlin nahm ich auf Ostern 1749 in Uetz eine Stelle als Hofmeister bei dem Junker von Hacke an. Nach sechseinhalb Jahren brachte ich meinen Eleven aufs Ritterkollegium und war willens, mich abermals nach Berlin zu wenden, als mir die Pfarre zu Geltow durch den Herrn Inspektor Lieberkühn angetragen wurde. ›Sie ist freilich schlecht, aber doch besser für Sie als wieder eine Condition.‹

Auf Michaelis 1756 bezog ich die Pfarre Geltow, verpachtete die Ackerwirtschaft und behielt den Garten und Weinberg zu meiner Beschäftigung. 1759 heiratete ich meine selige Frau, damals Witwe des Bürgermeisters Pauli in Werder, mit welcher ich drei Töchter gezeuget habe.

Als ich auf die Pfarre Geltow examiniert und ordinieret wurde, war der Herr von Danckelmann Chef des Consistorii. Als wir, es war außer mir noch ein Examinandus, abtraten, sagte er zu den geistlichen Herren: ›Der Moritz hat gut geantwortet und spricht gut Latein.‹ — ›Er ist Schulmann‹, erwiderte Rat Hecker, ›schade, daß Geltow eine so schlechte Pfarre ist.‹

Mit 1756 begann der lange Krieg, und seine sieben Jahre haben mich wie sieben magere Kühe ganz aufgefressen. Ich hatte verpachtet, empfing bar 200 Taler, und der Preis aller

Lebensmittel stieg ungeheuer im Preise; ich lebte recht dürftig. Nach Ende des Krieges bat ich das Consistorium um eine bessere Stelle. Ich wurde angewiesen, mich wieder zu melden; aber in dem Winkel Geltow erfuhr ich nichts oder erfuhr es zu spät.

Erst 1773 ward ich wieder rege. Der Prediger Schmidt in Fahrland war tödlich krank, die Pfarre in großem Ruf, und meine Freunde lagen mich an, noch diesen Versuch zu tun.

Den 2. Dezember 1773 starb Herr Schmidt. Schon am andern Tag bekam ich einen Expressen, schleunig nach Potsdam zu kommen, und schon am 4. Dezember wurde die entsprechende Petition dem Könige vorgelegt und mit den gewöhnlichen Formalitäten bewilligt. Das Consistorium akzeptierte die königliche Ordre ohne Widerrede, und der Geheimrat Lamprecht erklärte öffentlich, daß ich die Pfarre verdiene, worauf in der Session vom 9. Dezember die Gastpredigt dekretiert und dem Inspektor Befehl zugeschickt wurde, dieselbe abzuhalten.

Soweit war alles gut; aber bald darauf veränderte sich mein Horizont; die Menschen verkehrten meine Freude in Traurigkeit.

In Fahrland entstand Unruhe aus Kabale. Die Bauern sagten: ›Wie lange werden wir den Mann haben, er ist ja schon alt, er ist ja nicht des Herfahrens wert.‹ – Dies war eigentlich nur der Widerhall der Intrigue, die im Pfarrhause geschmiedet ward und deren Bolzen der Küster Kaplitz verschoß. Woltersdorf, Pastor zu Kartzow und Priort, saß auch in diesem Rat und schickte sich recht gut dazu. Der Plan war, den Kandidaten Korthym zur Pfarre zu verhelfen, welcher dann aus Dankbarkeit heiraten sollte. Hier war also eine große Klerisei interessiert: erst die Witwe, dann deren Schwester, die Predigerin in Döberitz, und der Küster, der von meinem Vorgänger zum Kantor präkonisiert worden war, indem er nach abgelegter Singeprobe kurzweg zur Gemeinde sagte: ›Seht hier euren Kantor!‹

Küster Kaplitz kam nach Geltow herüber, horchte meinen Küster aus, und da er hörte, daß ich die Schule fleißig besuche, fürchtete er sich und dachte mit dem jungen Korthym besser fertig zu werden. Auch meine Armut ward bei diesen Gesprächen nicht vergessen.

Nach langem Zögern wurde endlich die Gastpredigt auf den 6. Februar 1774 angesetzt. Ich ging nach Worms, wie Luther. Keine lebendige Seele war, der ich mich anvertrauen konnte. Aber so viel achtete ich mich doch, daß ich dem Inspektor (Superintendent), dem Günstling des Pfarrhauses, in der Sakristei freimütig heraussagte: ›Wenn die Bauern mich zu pöbelhaft behandeln, so entsage ich der Pfarre, und Sie können es auf mein Wort mit ins Protokoll setzen.‹

Die Kirche war außerordentlich voll Menschen, für mich, gegen Geltow gerechnet, etwas Neues. Aber ich redete ohne Stottern und ohne Konzept. Ich handelte von der Kraft des göttlichen Worts, zur Besserung und Beruhigung des Menschen. Alle Honoratiores waren mit der Predigt zufrieden; die Einwürfe der Bauern beschränkten sich darauf: ›ich sei schon alt, und man hätte mich hinten bei den Fischern nicht hören können‹ Das Consistorium erteilte mir nichtsdestoweniger die Vocation.

Gegen Abend fuhr ich mit dem Herrn Inspektor bis an die Nedlitzer Fähre zurück. Merkwürdig war und ist mir noch sein Sentiment über meine Predigt. ›Sie lieben‹, sagte er, ›den dogmatischen Vortrag. Ihr Vorfahr (Pastor Schmidt) redete gern in Gleichnissen und Bildern; er würde das Gleichnis vom Samen durch die ganze Predigt durchgeführt haben.‹ Ich antwortete: ›Nach meinem Begriff sind die Gleichnisse nur Erläuterung des Lehrsatzes, dieser aber ist die Hauptsache, also auch das Hauptaugenmerk des Lehrers. Er soll unterrichten. Ich liebe den ernsthaften Ton und den moralischen Gehalt. Den Teufel laß ich an seinen Ketten liegen; Rechtschaffenheit des Herzens, Unschuld des Lebens sind meine Hauptsache.‹

Ich erhielt danach meine Vocation.

Im September aber verfiel ich in eine schwere Krankheit, welche mich dem Tode so nahe brachte, daß man mich oft für tot hielt. Zweimal während dieser Zeit war meine Pfarre bereits vergeben. Der Grund meiner Krankheit war der große Verdruß, den ich während des Vakanzjahres durch die schwarze Kabale in Fahrland auszustehen hatte. Dann kamen, wenn nicht glückliche, so doch ruhigere Jahre.«

Über diese Jahre hat Pastor Moritz nicht mehr in einer fortlaufenden, geordneten Lebensbeschreibung, sondern in einzelnen tagebuchartigen Notizen berichtet. Einige davon sind sehr charakteristisch; wir geben zwei, drei derselben, die dem Todesjahre des großen Königs (1786) und dem ersten Regierungsjahr Friedrich Wilhelms II. angehören.

*1786*

»*Anfang August.* Noch nie in meinem ganzen Leben hat jemand meinen Geburtstag gefeiert. Vorgestern feierte der Kammerhusar, Herr Neumann, den Geburtstag seiner Schönen, Mamsell Schultzen, und zwar in Sanssouci, in seinem Zimmer, welches etwa zwanzig Schritt von des Königs Zimmer ab ist. Es war eine Gesellschaft von sechzehn Personen, darunter unser Fahrlander Oberamtmann, und ich höre, daß die prächtige Mahlzeit bis zu 300 Taler wert gekostet haben soll. Gegessen wurde von silbernen Tellern, begleitet von Confituren und ähnlichen Aufsätzen. Der Vater der Schönen, ein Prediger aus Thüringen, ist dabeigewesen, ein überaus aufgeräumter Mann, der an allen Vergnügungen lauten Anteil nahm und unter anderen auch sein Stammbuch den neuen Freunden und Teilnehmern seines Glücks präsentierte. Einer von den Gästen fängt schließlich zu singen an. ›Pst, pst!‹ fallen mehrere dazwischen, bis ein anderer ruft: ›Singt ihr man. Der Alte ist schon zu Bette; er hört es nicht mehr.‹ Wie schnöde gegen den ablebenden, einst so gefürchteten König! Erst nach zwei Uhr sind sie auseinandergegangen. Sie, die Mamsell Schultzen, ist ein wahres Stück Fleisch, und man könnte auf dem Brustwerk Wache stehen! (Neumann wurde bald vergessen. Er kaufte das Haus des von Fouqué in Brandenburg und zog dahin. Die Ehe soll erbärmlich sein, bis zum Scheiden. Neumanns Glück war aus, aber das des Kammerhusaren Schöning stieg, steigt noch unter Belohnung seiner vormaligen geheimen Korrespondenz zwischen dem Thron und dessen Erben.)

*Nachschrift.* Den 16. August ward der König sprachlos und verlor sein Bewußtsein; den 17. in der Nacht vom Mittwoch auf den Donnerstag um zwei Uhr starb er; den 18. ward er beigesetzt.

Der große Mann! immer verehrungswürdig, und jeder neue Tag macht ihn verehrungswürdiger und unvergeßlich.«

*1787*

»*Im März.* Aus dem Kirchenbuche geht hervor, daß ›Unechte‹ (Illegitimi) im vorigen Jahrhundert etwas sehr Seltenes waren. Wie sich die Zeiten ändern! Niemanden rührt das mehr, ist alltäglich geworden, und die Prediger dürfen darob nicht murren. Jetzt, 1787, ist Befehl da, es recht laut auf der Kanzel zu sagen, daß keine Frauensperson darob soll getadelt werden. Das war eine der ersten Sorgen Friedrich Wilhelms II. (9. November 1786), daß ›gefallene Weibspersonen von allem Schimpf und aller Schande verschont bleiben sollen‹.

*Am 28. August* kam hier eine Eskadron Husaren von Goltz, sonst Belling, an. Am 30. früh marschierten sie weiter nach Zachow. Der Stab lag hier, die vier übrigen Eskadrons auf den nächsten Dörfern. Der Obrist ist Herr Goeckingk (seit dieser Regierung von Goeckingk), Bruder des berühmten Dichters Goeckingk. Sie marschieren zur Armee nach Westfalen, kommen von Stolpe in Pommern, vierundvierzig Meilen hinter Berlin, und treffen erst im Oktober in Westfalen ein.

*September 20.* Heute sind die Regimenter zum Manöver angekommen. Friedrich der Große hatte immer schön Wetter. Der heutige Anfang ist schlecht.

*September 21. bis 25.* Heute abend wurde in Potsdam des Königs Geburtstag gefeiert. Das 1. Bataillon Garde führte eine Komödie auf. Zur Illumination hat die ganze Garnison beigetragen, jeder Stabsoffizier zwei Louisdor. Das Fräulein von Voß, welches jetzt, nach Entfernung der Encken (Gräfin Lichtenau), das Haus des Mylord Mareschal bewohnt, hat dasselbe auch prächtig illuminiert gehabt.«

*Weihnachten 1787*

»Dreizehn Jahre stehe ich nun hier im Amt. Mein Gott! Du zeichnetest mir eine rauhe Bahn meines Lebens, gabst mir eine ängstliche Seele, mittelmäßig Brot, verwöhnte Zuhörer, keinen Gönner, starkes Gefühl der Sittlichkeit, unverletzbare Ehrlichkeit, strengen Ton im Vortrag, keinen lauten Beifall. Und doch, mein Vater, diente ich treu, meinte es mit jedermann gut. Doch ich stehe ja noch da, tätig, anständig gekleidet, hinlänglich satt, ohne Schulden, Vater dreier Töchter, deren ich mich nicht schämen darf, und keiner kann etwas lästern als: ›Du bist ein Samariter und hast den Teufel.‹ Gelobt sei Gott! Hosianna dem Sohne Davids, mit ihm stehe ich, mit ihm falle ich. Und nun nur eine Bitte noch: für *mich* — verlaß mich nicht im Alter; für die *Meinigen* — leite sie nach deinem Rat, und nimm sie endlich mit Ehren an.«

Hiermit schließen wir unsre Auszüge aus Chronik und Tagebuch. Was den Verfasser derselben angeht, so muß es immer wieder gesagt werden: es ist nicht möglich, sich gegen das Charaktervolle seiner Erscheinung zu verschließen. Und dadurch flößt er uns ein tieferes Interesse ein. Er war ein Ehrenmann, brav, bieder, gerecht; unsentimental, aber voll tiefer Empfindung, wo Empfindung an der rechten Stelle war. Ja, was ihm bei seinen Lebzeiten am meisten bestritten zu sein scheint, er war gütig, opferbereit, in Wahrheit ein barmherziger Samariter. In Geltow, selbst am Hungertuche nagend, hatte er die Hungrigen seiner Gemeinde gespeist, und jederzeit war es ihm Herzensbedürfnis, in heißem Gebete Gottes Gnade für die Unglücklichen anzurufen. Das alles erhellt aus seinem Tagebuche. Und nichts von eitler Schaustellung, von bloßem Gefühlsgepränge konnte sich mit einmischen, denn er schrieb dies alles nur *für sich*; kein fremdes Auge, solang er lebte, hat mutmaßlich diese Aufzeichnungen je gesehn.

Eine innerste Bravheit und Tüchtigkeit zieht sich durch das ganze Buch wie durch das Leben des Mannes hindurch, und *doch*, an derselben Stelle, wo Pastor Schmidt, die Flinte à la main, glücklich *gewesen* war und glücklich *gemacht* hatte, wollte *ihm* weder das eine noch das andere gelingen. Er war unbeliebt, unpopulär und blieb es bis zuletzt.

Woran lag es? Sonderbar zu sagen, er hatte wohl die echte charaktervolle, sich an rechter Stelle betätigende Liebe, aber er hatte nicht die leichte Liebenswürdigkeit, und wenn wir Umschau halten, so scheint es fast, als ob bei den Menschen diese leichtwiegende Tugend schwerer wöge und wichtiger wäre als die ernstere Schwester. Die skrupulösen Leute, die nichts leichtnehmen, die wenig lachen, die nie fünf grade sein lassen, jene korrekten, witz- und humorlosen Naturen, die sich immer auf den Rechtsstandpunkt stellen oder wohl gar auf ihr *persönliches* Recht sich steifen — diese peinlich-bedrücklichen Integritätsleute sind nie angesehn bei der Masse, wenn sie nicht nebenher noch eine freigebige Hand haben. Und diese *können* sie kaum haben, denn ihre Eigenart besteht eben darin, sich auch beim Geben noch die Frage »nach dem Rechte« vorzulegen. Vor allem aber, selbstverständlich, beim Fordern und Empfangen. Und dies ist das Allerschlimmste. Statt über das hinzugehen, was ausbleibt, empören sie sich beständig über die *Unbill*, die in diesem Ausbleiben liegt, und unter Mißmut, Gereiztheit, Bitterkeit vergehen ihnen die Tage, niemandem zur Freude, am wenigsten sich selbst.

Dieser Gruppe von Freudlosen gehörte auch unser Pastor Moritz an; er hatte keine Spur von jener christlich-leuchtenden Serenität, die dem liebenswürdig angelegten Naturell aus dem »sie säen nicht, sie ernten nicht« erwächst, und so bracht er es denn mit seiner ganzen Korrektheit in Geldsachen, mit seinen Klagen, Vorstellungen und Protesten, die immer nur darauf hinausliefen, daß der Heckenzaun *noch* nicht gemacht und die Tonne Most *noch* nicht geliefert worden sei, zu nichts andrem, als daß man ihn für einen unerquicklichen Geizhals hielt. Er *war* es nicht (im Gegenteil, er gab, er half), aber man darf sagen, er hatte die Allüren des Geizes. Und an *dieser* Stelle ist der Bauer am empfindlichsten, *deshalb* am empfindlichsten, weil er sich am besten selbst darauf versteht und jede kleine Nuance, nach selbsteigner Praxis und Erfahrung, am leichtesten entdecken und verfolgen kann.

Noch einmal, an einer gewissen ablehnenden Nüchternheit, an einem cholerisch gearteten Rechtsgefühl, das schließlich, als das Feuer verglüht war, in eine Art von Melancholie umschlug, scheiterte unser Pastor Moritz – es bewährte sich an ihm: unser Glück oder Unglück wurzelt in unsrem Charakter. Ohne Liebe sank er hin.

Aber wir Nachgebornen stehen anders zu ihm, und dem Bedrücklichen seines Wesens entrückt, können wir uns an seiner Bravheit und Tapferkeit aufrichten, an ihm messen. Er war in vielen Stücken ein guter Typus seiner Zeit und speziell auch des märkischen Charakters.

Die glücklich geänderten Zeiten werden von selbst dafür Sorge tragen, daß die Schwächen der Männer jener Epoche sich in uns mindern, Schwächen, die in der *Sterilität* des Bodens und aller Lebensverhältnisse ihren Grund hatten. Aber an uns ist es, dafür zu sorgen, daß ihre Vorzüge uns verbleiben: ihre Einfachheit, ihre Festigkeit, ihr Haushalten und ihre Treue.

# SACROW

## Nach den Tagebuchaufzeichnungen eines havelländischen Landgeistlichen*

Erröten ließ er die bescheidne Schande
In ihrem ehrbar schonenden Gewande
Und zog der Lust den Schleier vom Gesicht.

*Annette Droste-Hülshoff*

### Sacrow unter dem Grafen Hordt von 1774 bis 1779

Sacrow, als ich dies Filial erhielt, befand sich im Besitze des schwedischen Grafen Hordt; seine Gemahlin war eine Gräfin Wachtmeister. Gleich nach Empfang meiner Vocation schrieb ich von Geltow aus an den Grafen und bat für Sacrow um sein Accessit. Es hieß in meinem Briefe: »Ich weiß, daß das Dorf Sacrow eine ecclesia vagans ist; ich respektiere diese Independenz und sehe die Collation als eine freie Gnade an. Wenn Euer Hochgeboren nichts mehr verlangen als einen Mann, der in seinem Dienste solide ist, so bin ich der Mann dazu ... Ganz natürlich wäre hier der Ort, mich gegen die schwarze Kabale meines eigentlichen Pfarrdorfes zu verteidigen, weil es ihr doch gelungen ist, ihre Verleumdungen auch bis Sacrow auszudehnen. Die Zeit aber, die alles entdeckt, wird auch *dieses* aufdecken.«

Hierauf bekam ich folgende Antwort: »Euer Hochehrwürden an mich geschriebene Briefe habe ich richtig erhalten; da es aber noch lange Zeit hat, bis das Gnadenjahr um ist, so werden Sie mir wohl nicht verdenken, daß ich nicht eile. Unter der Zeit hoffe das Vergnügen zu haben, Sie persönlich kennenzulernen. Finde ich, was ich suche, nämlich einen

* Diese Aufzeichnungen sind im wesentlichen wörtlich wiedergegeben, nur selten gebot es sich, einzelne Worte, Namen, Sätze fortzulassen oder umgekehrt zur Erklärung einzuschalten. Alles trägt den Stempel des Ernstes, der Wahrheit und absoluter Phrasenlosigkeit. Das letztere führt zu einer gewissen Herbheit; nichts ist beschönigt, das Leben, eignes wie fremdes, gegeben, wie es war. Darin liegt aber, bei manchem ästhetisch Anfechtbaren, auch wieder der Wert dieser Notizen. Sie geben ein *Zeit- und Sittenbild* aus dem letzten Viertel des vorigen Jahrhunderts; die Laxheit des Herrenhauses, die Kümmerlichkeit der Pfarren, beide finden eine gleich treffende Darstellung.

wahren Seelsorger seiner Gemeinde, so wird die Vocation nicht lange ausbleiben. – Was die ›Kabale‹ anbetrifft, von der Sie sprechen, so ist mir dieselbe nicht nur unbekannt, sondern das Wort *Kabale* allein schon ist mir unerträglich, insonderheit in Sachen, wo man Gott sein *Schicksal* überlassen und von ihm erwarten muß, was er zu unserem *Seelenheil* bestimmt.«

Der Graf (so fährt das Tagebuch fort) schreibt von Seelenheil wie ein Pietist, wofür er auch in seiner Gegend gehalten wurde. Das Wort Schicksal, welches kein Hallenser verträgt, mag er verdauen. Er ärgert sich über den Ausdruck Kabale, wie mir Hofrat Brandhorst erzählt, bloß deshalb, weil es ihm seine *eigene* ehemalige Kabale zu Stockholm ins Gedächtnis ruft, worüber er öfter Gewissensvorwürfe haben soll.

Der 11. p. trinitatis führte mich zur Vakanzpredigt nach Sacrow. Ich predigte über die Sonntagsepistel und entwikkelte den wahren Begriff der Bekehrung. Der Graf lobte mich ins Gesicht; die Gräfin bat sich die Predigt abschriftlich aus.

Während des Kaffees trat ein gemeiner Mann in den Saal. Er ward von der Herrschaft sehr freundlich bewillkommt, ihm ein Stuhl neben der Gräfin gesetzt und ein Glas Wein gereicht (mir nicht). »Kennen Sie diesen Mann?« – »Nein!« – »Es ist ein wahres Kind Gottes, der Weinmeister Reuter von Krampnitz. Lernen Sie ihn kennen.«

Ich erwartete nun des Grafen Erklärung über die Vocation. Allein er schwieg. Beim Abschied bat ich nochmals darum. »Ich werde Ihnen meine Meinung schriftlich melden.«

Ich ging ohne Freudigkeit weg, und diese Freudigkeit sollte mir auch nicht kommen, als endlich des Grafen Brief eintraf, in dem er mir einen Gehalt von sechzig Talern versprach, weil das Korn, das laut Matrikel der Stelle zugehört, so viel betrage. Dies war nicht richtig, es betrug *mehr*, und so schrieb ich denn, der Herr Graf möchte es entweder beim alten (Naturallieferung) belassen oder sich ans Oberconsistorium wenden. Wie sehr ich hierdurch den schwedischen Reichsgrafen aufgebracht und was er für böse Worte im Zorn gegen mich ausgestoßen, das hab ich wohl erfahren, mag es aber nicht niederschreiben.

(1775.) Der Graf war also mein Feind und suchte sich anderwärts zu helfen. Der Kandidat Korthym sollte sich ordinieren lassen – die Waisenhausdirektion widersetzte sich. Er (der Graf) bot es dem Prediger Hollmann in Uetz an, aber der war zu ehrlich, um im trüben zu fischen. Prediger Schmidt in Döberitz war bereit, wenn ihn der Graf wollte abholen und zurückfahren lassen. Aber der Graf wollte nicht plus, sondern minus. Endlich wandte er sich an den irrenden Ritter, Herrn Magister Kindleben, damals Prediger in Gladow, ein Mann von der schlechtesten Aufführung, der es mit Freuden annahm, aber bald seinen Posten niederlegte, um der öffentlichen Cassation zuvorzukommen.

Mit Anfang des August kam der Küster Wurm aus Sacrow zu mir, ein Mann, wie zum Küster gebaut, ohne den gewöhnlichen Nagel im Kopf. »Der Graf ist in der Enge«, sagte er, »jetzt ist es Zeit, schreiben Sie.« – »Ich! schreiben! der Graf hat unrecht.« – »Ja, das hat er; aber er ist doch ein großer Herr« (Wurm war vorher Bedienter des Grafen gewesen), »geben Sie nach.« – Und ich gab nach. Wir wurden einig. Ich ward nebst meiner Frau zu Tische gebeten. Nach Tisch standen der Graf und ich am Fenster. »Sie sind mein Mann, wir sind füreinander gemacht.« – »Ja«, sagte ich, »es sei so für meine Person. Mein Nachfolger bleibe ungebunden. Hier ist meine Hand.«

(1777.) Graf und Gräfin waren wenig hier. Sie lebten in Berlin. Nur einmal ist die Gräfin bei mir zum Abendmahl gegangen, am Sonntage vor der Predigt. Sie war ganz schlecht gekleidet, comme en négligé.

Es war auch in Berlin, wo sie am 13. Juli 1777 starb. Ihre Leiche wurde nach Sacrow gebracht. Über Stolpe kam sie und ward mit einer Fähre (die dazu angeschafft wurde und seit der Zeit da ist) übergesetzt. Ich war gegen sechs Uhr abends bestellt, und als ich kam, stand der Sarg schon im Salon und die Träger dabei. Ich ging hinauf zu ihm. »Wie wollen es der Herr Graf gehalten wissen?« – »Sie gehen mit dem Küster voran. Unterwegs wird nicht gesungen. Bei dem Grabe singen Sie: ›Jesus, meine Zuversicht‹. Dann tun Sie ein Gebet; darauf wird weitergesungen und das Grab zugeworfen.« Und so geschah es. Er hatte sich an einen Baum gelehnt und zog etliche Mal das Schnupftuch heraus. Nach vier

Wochen bestellte Herr Lüdicke (Schreiber und Faktotum) eine Leichenpredigt, brachte auch den Lebenslauf. Ich hielt sie, aber der Graf war bei dem König. Niemand vergoß eine Träne. Es sah für eine Gräfin etwas kahl aus.

Die verstorbene Gräfin wurde den 16. Juni 1722 geboren. Ihr Vater war Graf Karl Wachtmeister, königlich schwedischer Admiral, und der Großvater Graf Johann Wachtmeister, Reichsrat und Großadmiral der ganzen schwedischen Flotte. Die Frau Mutter war Henriette Baronesse von Metsch und die Großmutter eine Gräfin Archenberg. – Im zwanzigsten Jahre ihres Alters ward sie mit dem Grafen Johann Ludwig Hordt, damals königlich schwedischer Oberst, jetzt königlich preußischer Generallieutenant und Gouverneur der Veste Spandau, Erbherr auf Sacrow, vermählt. In dieser Ehe hat sie vier Kinder geboren, davon nur noch der zweite Sohn lebt, Graf Karl Ludwig Hordt, geboren 1749, jetzt Lieutenant beim Regiment Prinz Leopold von Braunschweig zu Frankfurt an der Oder und Adjutant des Prinzen. In den letzten Jahren stand sie manche Schwachheit des Körpers aus. Es waren gichtische Zufälle, die ihren Tod beschleunigten. Von Person ansehnlich, hatte sie das ganze air de grandesse. Sie sah aus wie die Ernsthaftigkeit selbst. Daher stutzte ich, als sie einst von dem liederlichen Kindleben sagte: »Er war ein allerliebster Mann, sprach gut französisch und konnte einen recht zu lachen machen.« Es heißt, daß die Ehe keine glückliche war. Die fromme Miene hatte sie ganz und besuchte oft den Weinmeister Reuter.

Seit dieser Beerdigung habe ich den Grafen nicht wieder in Sacrow gesehen. Er war seit des Lentulus Abreise beständig bei dem König und ging 1778 mit zu Felde als Chef eines Freiregiments. Beim Ende des Krieges 1779 verzürnte er sich mit dem König, nahm seinen Abschied, wohnte zu Berlin und verkaufte Sacrow an den Baron von Fouqué, Sohn des berühmten Generals.

Man muß dem Grafen Hordt die Gerechtigkeit widerfahren lassen, daß er das elende Sacrow umgeschaffen hat. Das schöne Wohnhaus, der ganze Plan des Gehöftes, des Gartens und des Dörfleins, alles kommt von ihm her. Wenn ich Sacrow jetzt mit dem von 1750 vergleiche, so kann ich sagen, Sacrow war damals ein Ratzenloch. Hordt kaufte es, wie man sagt, für 15000 Taler, baute stark, erholte sich in der Heide und verkaufte es an Fouqué für 23000 Taler, doch inclusive vielen Meublements. Der Gräfin Zimmer blieb in statu quo. Der Graf, wenn er in Sacrow war, lebte sehr eingezogen. In meinen Jahren habe ich keine fremde Seele bei ihm getroffen. Er mochte es nicht überflüssig haben. Gegen mich hat er sich geizig betragen. Nichts von Generosität habe ich von ihm aufzuweisen. Der Schreiber Lüdicke war sein Herz und Werkzeug, tätig und wirtschaftlich, übrigens falsch wie eine Schlange und dumm wie ein Schöps.

## Sacrow unter Baron Fouqué von 1779 bis 1787

Der Graf Hordt hatte keine Kirchenrechnung gehalten, weil er wenig da war. Bei der neuen Herrschaft drang ich oft darauf, aber die Baronesse Fouqué antwortete darauf: »Hat doch der Graf Hordt auch keine gehalten.« — Ich habe in nachstehendem, avec pardon, immer nur von der Baronesse zu sprechen. Dès-lors règne la baronne. Der Gemahl bedeutet wenig. Monsieur le comte de Schmettau est l'aide de l'économie et — du reste.

1779, in demselben Jahre, in dem die neue Herrschaft nach Sacrow gekommen war, starb in dem benachbarten Kartzow Herr Prediger Woltersdorf. Er war ein Schwätzer, beliebt beim großen Haufen, weil er immer »weiland« und »selig« bei der Hand hatte. Dem Branntwein ergeben bis ans Ende mit vielen Ärgernissen. Seine Witwe wurde Haushälterin beim Baron von Monteton. Sein Nachfolger war Herr Schulte, ein Jüngling voll Eigendünkel, der sich bald beflissen zeigte, unserem Orden große Schande zu machen.

1780 den 30. November erging an mich Befehl, verschiedene Fragen hinsichtlich der Kirchenländereien mit möglichster Genauigkeit zu beantworten. Dies konnte ich nicht; Kirchenrechnung war nie gewesen. Die Herrschaft war damals in Brandenburg; der Baron hatte sein eigen Haus daselbst, wo sie den Winter zubrachten. Dazu kam, das Kirchenrechnungsbuch war noch beim Grafen Hordt. Wem muß das nicht auffallen! »Wie léger«, würde die Herrschaft ausrufen, wenn unsereiner so etwas täte.

*Zum Gesangbuchstreit.* Im selben Jahre 1780, am 1. Dezember, publizierte ich das neue Gesangbuch und kündigte an, daß ich über vierzehn Tage ausführlicher von dieser Sache reden wollte.

Währenddem entstanden schon allerhand Unruhen in dem orthodoxen Nachbardorf, gestiftet und unterhalten von dem Küster, wie das allerorten der Fall war. Madame Oberamtmann redete von nichts, als daß man wolle »neuen Schmu« machen.

Inzwischen (am 15.) hielt ich meine Rede über Kolosser 3,16.

Bei der Applikation sagte ich unter anderm: »Als König David von den vielen Kriegen, die er führen mußte, zur Ruhe kam, richtete er seine ganze Sorge auf die innere Verbesserung des Landes, namentlich auf das Kirchenwesen und öffentlichen Gottesdienst. Er entwarf den Plan, wonach der Nationaltempel sollte gebauet werden, und ordnete die Kirchenmusik nebst jeder äußeren gottesdienstlichen Verrichtung an.

Etwas Ähnliches geschieht jetzo und schon seit zehn Jahren in den protestantischen Ländern. Jeder gute Fürst führt *bessere Kirchenlieder* ein, weil die bisherigen *nicht* zweckmäßig waren. Nunmehr ist auch in diesem Lande ein neues Gesangbuch angefertigt worden. Ein Drittel unsrer Lieder konnte wegen unbekannter Melodien nicht gesungen werden, das zweite Drittel hatte gar nichts zur Erbauung, und das dritte Drittel konnte in einzelnen Stellen noch besser sein.

Ich kann von der ganzen Veränderung um so freimütiger reden, als es nicht meine Sache ist, die ich führe. Auch soll die königliche Verordnung nicht etwa *verteidigt* werden; das wäre ein lächerlicher Einfall. Ich will nur überzeugen, daß die Sache gut und nützlich sei. Ich will eure Gemüter gegen die schiefen Urteile anderer verwahren und euch zu einem Betragen bewegen, das euch Ehre macht.

Der Wert eines Liedes dependiert von dessen innerer Güte. Wenn der Ausdruck deutlich, der Begriff richtig, der

Ton rührend, der Gedanke erhaben, gleich faßlich dem Verstande und dem Herzen, passend zur Erweckung und Stärkung der Gottseligkeit ist – dann ist das Lied gut. Unseren meisten Liedern fehlet die Deutlichkeit, die Richtigkeit, die Verständlichkeit, die Anständigkeit, das Lehrreiche.«

Darauf beantwortete ich den Einwurf, daß »*Gottes Wort verfälscht worden sei*«.

So gedachte ich es gut zu machen und machte es übel. Denn es hieß bei den Bauern: *ich hätt ihren alten Glauben verachtet.*

Die Herrschaft kaufte gleich zwanzig Stück, und gleich mit Neujahr 1781 sang ich neu; der erste auf dem flachen Lande in der ganzen Provinz. Selbst Herr Teller, der erste in *Berlin*, sang nur vierzehn Tage eher.

1781, am 10. Januar, fand man zu Berlin folgendes, als Beitrag zum *Gesangbuchstreit* bemerkenswertes *Pasquill* an den *Galgen* angeschlagen:

»So hat uns der Teufel abermals drei Apostel auf den Hals geschickt, die unser Gesangbuch gotteslästerlich verdorben haben. Spalding, Teller, Dietrich. Kaum sind's fünfzehn Jahre (es war im März 1766), als Spaldings Name zum ersten Male am Galgen stand, und nun kommt er wieder mit zwei Bestien, Teller und Dietrich, und machen ein neu Gesangbuch. Jesu Christi wahre Gott- und Menschheit verleugnen sie. Jesu Leib und Blut im Abendmahl verleugnen sie. Verwerfen die Lehre vom Satan, wollen, es sei keine Hölle, keine Ewigkeit, da doch die Bibel dieses alles deutlich beweiset. Verwerfen die alten Lieder, auch *die*, welche Lutherus gemacht. Verdrehen, zerstümmeln, zerhacken die alten schönen Lieder, daß sie aussehen, als hätten sie die Henkersknechte auf ihre Fleischklötze gelegt. Dies alles tun die drei Höllenbrände: Spalding, Teller, Dietrich. Diese drei sind des Teufels Apostel, nebst dem Prediger Stork (oder Stark). Dieser dumme Mensch gehört nicht auf die Kanzel, sondern als ein Schulknabe in die Schule. Er kann die Einsetzungsworte noch nicht lesen, viel weniger beten; stottert, sooft er eine Predigt tut, aus dem verfluchten neuen Gesangbuche her. Kann der verfluchte Hund nicht einen Vers aus dem alten Porst herbeten? So gottlos handeln unsre verfluchten Geistlichen, davon die drei Bestien: Spalding, Teller, Dietrich, die drei Heerführer sind. ›Ach Gott im Himmel, sieh darein und laß dich das erbarmen.‹ «

(Es folgen nun kurze Notizen über Acker, Ackerzins und allerhand Wirtschaftliches aus den Jahren 1782 und 1784. Davon stehe hier nur folgendes: »Im Jahre 1782 verkauften meine Kinder ihre gewonnene Seide. Sie erhielten vierzig Reichstaler zwölf Groschen. In andren Jahren in der Regel nur dreißig Reichstaler, auch weniger.«)

1785. Eins meiner Hauptleiden ist mein Küster. Vorgestern brachte mir sein Söhnlein folgenden Zettel:

»*Montag.* Wird Gerste geharkt und eingefahren.
*Dienstag.* Schule gehalten.
*Mittwoch.* Habe Besuch.
*Donnerstag.* Zu Markt.
*Freitag.* Schule gehalten.
*Sonnabend.* Nach Döberitz.

Weil hiervon nichts abzuändern ist, so werden Sie diese Woche gütigst als Hundstage ansehn.«

Mein Küster ist ein unausstehlicher Mensch. Soviel möglich, vermeide ich mündliche Unterredung. Er ist zu voll, hört nicht wieder auf. Daher schreib ich das Notwendigste. Der vorstehende Zettel bezieht sich auf eine Unterredung wegen der Sommerschule. Man sagt: die Seminaristen der Realschule wären immer solche Kerls von hohem Nagel. Der »Herr« wird ihnen da in Fleisch und Blut verwandelt. Als ich herkam, trug er Manschetten. Ich nicht. Nach Jahr und Tag legte er sie ab. Er wäre der vortrefflichste Rabulist geworden. Chef de parti ist er gern und bei jeder Gelegenheit Rat und Memorialschreiber der Bauern. Die Frau von Wülknitz sagte mal zu mir: »Ich möchte gerne meine Turmuhr abändern lassen. Rekommandieren Sie mir doch jemand.« — »Mein Küster versteht sich darauf.« — »Ach, um Gottes Willen, verschonen Sie mich mit dem Menschen! Ich hab ihn schon hier gehabt. Aber der Kopf hat mir acht Tage von seinem Geschwätz weh getan.« Übrigens warne ich meinen einstigen Nachfolger, wenn er je diese Zeilen liest: alle Leineweber stecken mit dem Küster unter einer Decke.

1786 am 27. Mai. So hab ich ihn denn erlebt, den Anfang meines sechsundsechzigsten Jahres, nicht frisch und munter, aber doch nicht eigentlich krank oder untätig. Mein Gott, an dich sei mein erster Gedanke und mein bester Dank! Aber nun auch noch eine Bitte: Laß mich, deinen Diener, in Frieden fahren, sobald meine Kräfte nicht mehr hinreichen, meinen ganzen Beruf selbst zu bestreiten. Ich will treu arbeiten, solange ich kann, aber wenn das aufhört, dann gönne mir meine Bitte und erlöse mich von dem Übel dieses Daseins auf einmal!

28. Mai. Herr Trappiel, Prediger in Marquardt, ist erblindet. Noch schaudert meine ganze Seele! Der Mann, in der ärmsten Lage, der wie ein Tagelöhner arbeitete, dem jede Witterung gleichviel war – er ist blind. Ich höre es, erschrecke und schwimme mit meinem Wagen durch die Wasser des Sipunts nach Marquardt ... O Gott, sende ihm Hilfe! Rühre den Patron des Orts; er *kann*, gib ihm *Wollen*.

29. Mai starb der Geheime Rat Stelter; im Zimmer des Königs, beim Vortrage, rührte ihn der Schlag. Er war homme de fortune – aus einem Kammerdiener Geheimer Rat! Doch hat er großes Lob der Geschicklichkeit und Applikation in seinem Posten. Madame und der Kommerzienrat Damm kannten sich genau.

1787 um Neujahr trat die Fouquésche Familie mit dem Grafen Hordt in Unterhandlung wegen *Rückkaufs von Sacrow*. Es kam zustande. Auf Johannis war die Übergabe.

Der Baron von Fouqué war reformiert; Graf Schmettau auch. Die Baronesse lutherisch. Die ersten Jahre ging sie jährlich zweimal zur Kommunion, immer mit der Gemeinde und immer nur als die erste von den Frauenspersonen. In den letzten Jahren war sie sehr freundschaftlich mit mir und den Meinigen.

## Sacrow von 1787 bis 1794

Der Graf Hordt hatte in Berlin eine reiche Witwe geheiratet, die schon drei Männer und darunter einen Herrn von H. gehabt hatte. Der Sohn dieser Dame, Lieutenant im Regiment Gensdarmes, sollte nun Sacrow bewirtschaften.

Den sechsten Sonntag Trinitatis hielt ich in Sacrow Abendmahl. Herr von H., der nunmehrige Besitzer, war da, und ich speiste wie gewöhnlich bei ihm. Ein Lieutenant,

Herr von Sobbe, vom Regiment Herzog Friedrich, ingleichen ein Frauenzimmer waren auch da. Über Tisch kam eine Amme herein mit einem Kinde. »Es ist mein Sohn«, sagte er. Und nun hätte ich nur fragen dürfen: »Und die Mutter?« Aber ich vermied alle Weitläufigkeit. Es war ein allerliebstes Kind. Das Frauenzimmer wird Mamsell genannt.

Sonntag, den 15. September, war ich wieder in Sacrow. Traf niemand. Der Lieutenant war abermals des Morgens um acht Uhr weggefahren. Auch war der Graf Hordt zweimal dagewesen, einmal mit seiner Gemahlin. Nach mir hat er nicht gefragt. Des Morgens kommen sie an, besehen sich, essen zu Mittag, fahren wieder ab.

Weihnachten 87. Den 29. Dezember taufte ich des Küsters Söhnlein. Herr von H. war Gevatter und schickte seinen Jäger. Er kam mit der Mamsell ins Küsterhaus, als wir uns eben zu Tische setzen wollten. Sie blieb, er ging weg; dann kam er noch mal und ließ sie herausrufen. Sie kamen nicht wieder.

(1788.) Neujahr. Der Herr Lieutenant war da, fuhr aber unter der Kirche ab.

Sexagesima. Es fiel mir diesmal auf: gerade in der Minute, da ich an dem einen Ende hereinkam, fuhr der Dorfherr zum andern heraus. Seit dem fünfundzwanzigsten Sonntag Trinitatis vorigen Jahres hatte ich ihn nicht gesehen.

Elften Sonntag Trinitatis hielt ich Abendmahl. Dann ins Schloß. Nebst der Herrschaft war zu Tische Herr Jäger Sonnenberg aus Gatow, cum uxore. Den 4. August fuhr ich nach Döberitz. Unterdes war Herr von H. cum amasia hier gewesen.

Den zweiten Advent hielt ich Abendmahl. Der Herr Inspektor Schübe speiste mit. Er kommunizierte mir die Memoiren d'un comte suédois. Der schwedische Graf schließt mit folgenden Versen:

Las d'espérer et de me plaindre
Des grands de la terre et du sort,
C'est ici que j'attends la mort,
Sans la souhaiter, sans la craindre.

Den 28. November starb zu Lentzke Frau Marie Luise, geborne von Schlegel, verehelichte Baronesse von Fouqué, im neunundvierzigsten Jahre ihres Alters, nach einem sechswöchentlichen Krankenlager.

(1789.) Den 11. Januar. Wegen des außerordentlich vielen Schnees konnte ich ohne Lebensgefahr weder auf Weihnacht noch Neujahr nach Sacrow fahren. Heute wagte ich es, weil der Einwohner Weber gern seinen verstorbenen Sohn feierlich beerdigen lassen wollte. Ich predigte und begrub. Der Herr des Gutes war da. Ich ging nachher herauf, traf ihn cum annexis. 25. Januar. Der Weg war überaus beschwerlich. Ich fuhr anderthalb Stunde. Er und sie waren da. Zwischen dem 11. und 25. war das zweite Kind verstorben. Man überreichte mir eine kleine Summe Geld und sagte: »Für den verstorbenen Junker.«

8. März. Predigt über die Epistel. Er war nicht da, hat in Berlin abermals einen Sohn taufen lassen. – Schwerer Tag für mich. Bittre Kälte, dabei Ostwind. Ich fuhr also gegen den Wind und war schon seit acht Uhr in der Arbeit und Kälte gewesen. Fünf Frauen und sechs Männer kamen zur Kirche. Mein Körper fror zusammen; meine Seele war ganz niedergeschlagen. Fand nirgends ein freundlich Gesicht. – Auch du, Sacrow, so klein du bist, auch du bist seit 1776 herabgesunken. Die Exempel deiner Vorgesetzten haben dich verdorben. Unter Hordt war Sacrow fromm, denn er war zu der Zeit bigott. Unter Fouqué ward es leichtsinnig, endlich frech. Der Küster hatte oft nur drei Zuhörer. Das Verständnis der Baronin mit dem Grafen Schmettau wirkte schädlich auf die Sitten. Unter von H. ist alles frank und frei.

12. April. Ostertag. Achtundvierzig Zuhörer. Er hatte Fremde aus Berlin. Welch Exempel geben unsere Vorgesetzten!

Pfingsten. Der Herr Superintendent hat am Himmelfahrtstage mit außerordentlicher Lobeserhebung vom Könige und seiner Gottesfurcht gesprochen, da er einen seit zehn Jahren abgeschafften Fasttag wiederhergestellt hat. Was doch alles vorkommt!

Den 30. August, nachmittags drei Uhr, traute ich den Jäger Lindner. Es war wie Jahrmarkt und Puppenspiel. Der Roggenkranz hatte Hunderte von Potsdamern nach Sacrow gezogen. Die Kirche war so voll, daß ich kaum mein Plätzchen vor dem Altare behielt; Toben, Schreien der Kinder,

Lachen über meine Worte, alles machte, daß ich mich kurz faßte. Die Braut war ein Affe; sie zog sich die Handschuh an, anstatt sich die Hände zu geben. An ebendem Tage hat der Oberst von Winning auf Glienicke seinem Jäger die Hochzeit gemacht, auf eine anständige Art. Die Gemeinde war aufs Schloß invitieret. Er und sein Sohn führten den Bräutigam in den Saal, sie und die älteste Tochter die Braut. Es wurde ordentlich gesungen, geopfert, alles gespeiset.

(1790.) Den ersten Epiphanias hielt ich Abendmahl. Der Herr Baron von H. ging auch mit, kniete sogar mit vor dem Altar. Im übrigen war er noch geiziger wie Graf Hordt. Zu Tische war der Herr Lieutenant von Öttinger mit. Mamsell war so beredt, wie die Hausfrau zu sein pflegt. Man nahm es mir recht im Ernst übel, daß ich meine Tochter nicht mitgebracht hatte, denn man hatte sie namentlich invitieret.

20. November. In der Berlinischen Zeitung hieß es heute: »Seine Königliche Majestät haben den einzigen Sohn des verstorbenen Geheimen Legationsrats und Gesandten am dänischen Hofe, Herrn August Ferdinand von H., Erbherrn auf Sacrow, aus ganz besonderen Gnaden und in Rücksicht der von seinen Voreltern dem königlichen Hause geleisteten distinguierten Dienste in den Grafenstand allergnädigst erhoben. Der Großvater des Grafen mütterlicherseits war Heinrich Graf von Podewils. Erster Cabinetsminister, welche Würde er dreißig Jahre bis zu seinem Tode bekleidet hat.«

(1791.) Am Sonntag Reminiscere, den 20. März, war der Jäger Lindner betrunken und haselierte mit den beiden Frauensleuten rechts und links ganz unverschämt. Ich ärgerte mich gewaltig und schalt ihn. Der Jäger wollte mich später zur Rede setzen. Ich schrieb darüber an die Herrschaft. Den nächsten Sonntag kamen sie hierher und sagten: »daß sie die Leute, die den Lärm unterstützt, gerichtlich wollten bestrafen lassen«. Das ist geschehen. Den Jäger Lindner hat er ans Regiment abgeliefert, weil er in all den vorgekommenen Fällen als Urheber befunden worden ist. Sein Intimus Plage hat am Sonntage vor der Kirchtür etliche Stunden mit einem Zettel vor der Brust gestanden, rechts und links ein Gerichtsdiener.

Meine Pfarre ist eine beschwerliche Pfarre. Sacrow (nur Filial) liegt eine Meile ab, auf einer Straße, die niemand bereiset als ich, was denn beim Schnee desto beschwerlicher fällt, noch dazu, da es durch die Heide geht, wo der Wind oft sehr zusammendeilt. Es ist in allem Betracht ein verdrießlich Filial, und doch muß ich es alle vierzehn Tage bereisen. Gott! du weißt es, wie ich dann den ganzen Tag über vom Morgen bis Abend fahren und reden muß, wie sauer es mir jetzt wird in der Hitze des Sommers, in der Kälte des Winters. Aber du weißt es auch, Gott, wie treu ich darin gewesen bin, auch für Sacrow, das mein Vorgänger nur sah, wenn die Herrschaften da waren. Und doch achten sie mich gering und versagen mir das Kleinste. Werd ich eine Wandlung erleben? Nein.

# BORNSTEDT

Nun weiß ich auf der Erde
Ein einzig Plätzchen nur,
Wo jegliche Beschwerde
Im Schoße der Natur,
Wo jeder eitle Kummer
Dir wie ein Traum zerfließt
Und dich der letzte Schlummer
Im Bienenton begrüßt.

*Waiblinger*

Bornstedt und seine Feldmark bilden die Rückwand von Sanssouci. Beiden gemeinsam ist der Höhenzug, der zugleich sie trennt: ein langgestreckter Hügel, der in alten Topographien den Namen »der Galberg« führt. Am Südabhange dieses Höhenzuges entstanden die Terrassen von Sanssouci; am Nordabhange liegt Bornstedt. Die neuen Orangeriehäuser, die auf dem Kamme des Hügels in langer Linie sich ausdehnen, gestatten einen Überblick über beide, hier über die Baum- und Villenpracht der königlichen Gärten, dort über die rohrgedeckten Hütten des märkischen Dorfes; links steigt der Springbrunnen auf und glitzert siebenfarbig in der Sonne, rechts liegt ein See im Schilfgürtel und spiegelt das darüber hinziehende weiße Gewölk.

Dieser Gegensatz von Kunst und Natur unterstützt beide in ihrer Wirkung. Wer hätte nicht an sich selbst erfahren, wie frei man aufatmet, wenn man aus der kunstgezogenen Linie auch des frischesten und natürlichsten Parkes endlich über Graben und Birkenbrücke hinweg in die weitgespannte Wiesenlandschaft eintritt, die ihn umschließt! Mit diesem Reiz des Einfachen und Natürlichen berührt uns auch Bornstedt. Wie in einem grünen Korbe liegt es da.

Aber das anmutige Bild, das es bietet, ist nicht bloß ein Produkt des Kontrastes; zu gutem Teile ist es eine Wirkung der pittoresken Kirche, die, in allen ihren Teilen deutlich erkennbar, mit Säulengang, Langschiff und Etagenturm, aus dem bunten Gemisch von Dächern und Obstbäumen emporwächst. Diese Kirche ist eine aus jener reichen Zahl von Gotteshäusern, womit König Friedrich Wilhelm IV. Potsdam gleichsam umstellte, dabei von dem in seiner Natur begründeten Doppelmotiv geleitet: den Gemeinden ein christliches Haus, sich selber einen künstlerischen Anblick zu gewähren. Auch für Bornstedt wählte er die Basilikaform.

Über die Zulässigkeit dieser Form, speziell für unser märkisches Flachland, ist viel hin und her gestritten worden, und es mag zugestanden werden, daß sie, samt dem danebengestellten Campanile, vorzugsweise ein coupiertes Terrain und nicht die Ebene zur Voraussetzung hat. Deshalb wirken diese Kirchen in den flachen und geradlinigen Straßen unserer Residenzen nicht eben allzu vorteilhaft, und der unvermittelt aufsteigende, weder durch Baumgruppen noch sich vorschiebende Bergcoulissen in seiner Linie durchschnittene Etagenturm tritt – an die Porzellantürme Chinas erinnernd – in einen gewissen Widerspruch mit unserem christlichen Gefühl. Mit unseren baulichen Traditionen gewiß! Aber so unzweifelhaft dies zuzugestehen ist, so unzweifelhaft sind doch auch Ausnahmen, und eine solche bietet Bornstedt. Es wird hier ein so malerischer Effekt erzielt, daß wir nicht wissen, wie derselbe überboten werden sollte. Der grüne Korb des Dorfes schafft eine glückliche Umrahmung, und während das Hochaufragende des Etagenturms etwas von dem Poetisch-Symbolischen der alten Spitztürme bewahrt, wird doch zugleich dem feineren Sinn eine Form geboten, die mehr ist als der Zuckerhut unserer alten Schindelspitzen. Der Ruf dieser hat sich nur, faute de mieux, im Zeitalter der Laternen- und Butterglockentürme entwickeln können.

Die Bornstedter Basilika samt Säulengang und Etagenturm ist ein Schmuck des Dorfes und der Landschaft; aber was doch weit über die Kirche hinausgeht, das ist ihr *Kirchhof*, dem sich an Zahl berühmter Gräber vielleicht kein anderer Dorfkirchhof vergleichen kann. Wir haben viele Dorfkirchhöfe gesehen, die um ihres landschaftlichen oder überhaupt ihres poetischen Zaubers willen einen tieferen Eindruck auf uns gemacht haben; wir haben andere besucht, die historisch den Bornstedter Kirchhof insoweit in Schatten stellen, als sie *ein* Grab haben, das mehr wiegt als alle Bornstedter Gräber zusammengenommen; aber wir sind nirgends einem Dorfkirchhofe begegnet, der solche Fülle von Namen aufzuweisen hätte.

Es hat dies einfach seinen Grund in der unmittelbaren Nähe von Sanssouci und seinen Dependenzien. Alle diese Schlösser und Villen sind hier eingepfarrt, und was in Sanssouci stirbt, das wird in Bornstedt begraben – in den meisten Fällen königliche Diener aller Grade, näher- und fernerstehende, solche, deren Dienst sie entweder direkt an Sanssouci band, oder solche, denen eine besondere Auszeichnung es gestattete, ein zurückliegendes Leben voll Tätigkeit an dieser Stätte voll Ruhe beschließen zu dürfen. So finden wir denn auf dem Bornstedter Kirchhofe Generale und Offiziere, Kammerherren und Kammerdiener, Geheime Räte und Geheime Kämmeriere, Hofärzte und Hofbaumeister, vor allem – Hofgärtner in Bataillonen.

Der Kirchhof teilt sich in zwei Hälften, in einen alten und einen neuen. Jener liegt hoch, dieser tief. Der letztere (der neue) bietet kein besonderes Interesse.

Der alte Kirchhof hat den freundlichen Charakter einer Obstbaumplantage. Die vom Winde abgewehten Früchte, reif und unreif, liegen in den geharkten Gängen oder zwischen den Gräbern der Dörfler, die in unmittelbarer Nähe der Kirche ihre letzte Rast gefunden haben. Erst im weiteren Umkreise beginnt der Fremdenzuzug, gewinnen die Gäste von Sanssouci her die Oberhand, bis wir am Rande des Gemäuers den Erbbegräbnissen begegnen. Wir haben also drei Zirkel zu verzeichnen: den Bornstedter, den Sanssouci- und den Erbbegräbnis-Zirkel.

An einige Grabsteine des mittleren, also des Sanssouci-Zirkels, treten wir heran; nicht an solche, die berühmte Namen tragen (obschon ihrer kein Mangel ist), sondern an solche, die uns zeigen, wie wunderbar gemischt die Toten hier ruhen. Da ruht zu Füßen eines Säulenstumpfes Demoiselle Maria Theresia Calefice. Wer war sie? Die Inschrift gibt keinen Anhalt: »Gott und Menschen lieben, Gutes ohne Selbstsucht tun, den Freund ehren, dem Dürftigen helfen – war ihres Lebens *Geschäft.*« Ein beneidenswertes Los. Dazu war sie in der bevorzugten Lage, diesem »Geschäft« zweiundachtzig Jahre lang obliegen zu können. Geboren 1713, gestorben 1795. Wir vermuten eine reponierte Sängerin.

Nicht weit davon lesen wir: »Hier ruht in Gott Professor Samuel Rösel, geboren in Breslau 1769, gestorben 1843. ›Tretet leise an sein Grab, ihr Männer von edlem Herzen, denn er war euch nahe verwandt.‹ « Wer war er? Ein gußeisernes Gitter, einfach und doch zugleich abweichend von allem Herkömmlichen, schließt die Ruhestätte ein; um die rostbraunen Stäbe winden sich Vergißmeinnichtranken, und zu Häupten steht eine Hagerose.

Noch ein dritter Fremder an dieser Stelle: Heinrich Wilhelm Wagenführer, geboren zu Neuwied 1690. Er wurde vom Rhein an die Havel verschlagen, wie es scheint, zu seinem Glück. Der Grabstein nennt ihn mit Unbefangenheit »einen vornehmen Kauf- und Handelsmann zu Potsdam«. Diese Inschrift, mit den Daten, die sie begleiten, ist nicht leicht zu entziffern, denn ein alter Ulmenbaum, der zur Seite steht, hat sein Wurzelgeäst derart über den Grabstein hingezogen, daß es aussieht, als läge eine Riesenhand über dem Stein und mühe sich, diesen an seiner Grabesstelle festzuhalten. Gespenstisch am hellen, lichten Tag!

Wir gehen vorbei an allem, was unter Marmor und hochtönender Inschrift an dieser Stelle ruht, ebenso an den Erbbegräbnissen des dritten Zirkels, und treten in eine nach links hin abgezweigte Parzelle dieses Totenackers ein, die den Namen des »Selloschen Friedhofs« führt. Die Sellos sind Sanssoucigärtner seit über hundert Jahren. Ihre Begräbnisstätte bildet eine Art vorspringendes Bastion; ein niedriges Gitter trennt sie von dem Rest des Kirchhofs. Hier ruhen, außer der »Dynastie Sello«, mit ihnen verschwägerte oder befreundete Sanssoucimänner, die »Eigentlichsten«:

Karl Timm, Geheimer Kämmerier, gestorben 1839.

Emil Illaire, Geheimer Cabinetsrat, gestorben 1866.

Peter Joseph Lenné, Generaldirektor der Königlichen Gärten, gestorben 1866.

Friedrich Ludwig Persius, Architekt des Königs, gestorben 1845.

Ferdinand von Arnim, Hofbaurat, gestorben 1866.

Denkmal an Denkmal hat diese Begräbnisstätte der Sellos zugleich zu einer Kunststätte umgeschaffen: Marmorreliefs, in der Sprache griechischer und christlicher Symbolik, sprechen zu uns; hier weist der Engel des Friedens nach oben;

dort, aus dem weißen Marmorkreuz hervor, blickt das Dornenantlitz zu uns nieder, das zuerst auf dem Schweißtuche der heiligen Veronika stand. Nur die Sellos, die eigentlichen Herren des Platzes, haben den künstlerischen Schmuck verschmäht: einfache Feldsteinblöcke tragen ihre Namen und die Daten von Geburt und Tod.

Sie haben den künstlerischen Schmuck verschmäht, nur nicht den, der ihnen zustand. Die alten Gärtner wollten in einem Garten schlafen. So viele Gräber, so viele Beete — das Ganze verandaartig von Pfeilern und Balkenlagen umstellt. Die Pfeiler wieder hüllen sich in Efeu und wilden Wein, Linden und Nußbäume strecken von außen her ihre Zweige weit über die Balkenlagen fort, zwischen den Gräbern selbst aber stehen Taxus und Zypressen, und die brennende Liebe der Verbenen spinnt ihr Rot in das dunkelgrüne Gezweig.

Aus der Selloschen Begräbnisparzelle sind wir auf den eigentlichen Kirchhof zurückgeschritten.

Noch *ein* Denkmal verbleibt uns, an das wir heranzutreten haben: ein wunderliches Gebilde, das, in übermütigem Widerspruch mit Marmorkreuz und Friedensengel, den Ernst dieser Stunde wie ein groteskes Satyrspiel beschließt. Es ist dies das Grabdenkmal des bekannten Freiherrn Paul Jakob von Gundling, der Witz und Wüstheit, Wein- und Wissensdurst, niedere Gesinnung und stupende Gelehrsamkeit in sich vereinigte und der, in seiner Doppeleigenschaft als Trinker und Hofnarr, in einem *Weinfaß* begraben wurde. In der Bornstedter Kirche selbst, in der Nähe des Altars. Über seinem Grabe ließ König Friedrich Wilhelm I. einen Stein errichten, der trotz des zweifachen Neubaus, den die Kirche seitdem erfuhr, derselben erhalten blieb. Dies Epitaphium, ein Kuriosum ersten Ranges, bildet immer noch die Hauptsehenswürdigkeit der Kirche. Hübsche Basiliken gibt es viele; ein solches Denkmal gibt es nur einmal. Ehe wir eine Beschreibung desselben versuchen, begleiten wir den Freiherrn durch seine letzten Tage, auf seinem letzten Gange. Wir benutzen dabei, mit geringen Abweichungen, einen zeitgenössischen Bericht:

»Von Gundling wurde vor Ostern des Jahres 1731 krank und starb den 11. April auf seiner Stube im königlichen Schlosse zu Potsdam. Sein Körper ward sogleich auf einem

Brette nach dem Witwenhause der Lakaienfrauen getragen und hier von den Wundärzten geöffnet. In seinem Magen fand man ein Loch.

Sein Leichenbegängnis war äußerst lustig und seinem geführten Lebenswandel völlig angemessen. Schon vor zehn Jahren hatte ihm der König seinen Sarg in Form eines *Weinfasses* verfertigen lassen. Es war schwarz angestrichen und auf dem obern Teile mit einem weißen Kreuze geschmückt, welches nach allen vier Seiten herunterging. Es wird erzählt, daß Gundling sich schon bei Lebzeiten öfters in diesen Sarg gelegt und zur Ergötzung des Hofes ein Glas Wein darin getrunken habe. Nachdem er tot war, legte man ihn in seinem rotsamtenen, mit blauen Aufschlägen besetzten Kleide, desgleichen mit roten seidenen Strümpfen und einer großen Staatsperücke, in dasselbe hinein. Umher stellte man zwölf Guéridons mit brennenden weißen Wachskerzen. In dieser Parade ward er jedermann öffentlich gezeigt. Besonders kamen viele Fremde nach Potsdam, um ihn zu sehen.

Nachdem der Kastellan des Schlosses vom Könige den Befehl erhalten hatte, alles zum Begräbnis Erforderliche zu besorgen, ward dem Verstorbenen die Kirche zu Bornstedt als Ruhestätte bestimmt. Zur Leichenbegleitung wurden mehr als fünfzig Offiziere, Generale, Obersten und andere angesehene Kriegsbediente, die Geistlichen, die Potsdamer Schule, die königlichen Cabinetssecretaire, Kammerdiener, Küchen- und Kellereibediente eingeladen. Hiezu kam noch der Rat und die Bürgerschaft der Stadt, welche sich sämtlich, mit schwarzen Mänteln angetan, bei dieser Handlung einfinden mußten. Alle diese Begleiter waren bereit und willig, Gundlingen die letzte Ehre zu erweisen, bis auf die lutherischen und reformierten Geistlichen, die zu erscheinen sich weigerten. Da sie um die Ursache befragt wurden, schützten sie die Gestalt des Sarges vor, welche nicht erlaube, daß sie dabei ohne Anstoß erscheinen könnten. Man fand nicht für gut, sie weiter zu nötigen, und ließ sie weg.

Nun stellte sich aber ein zweiter Umstand dar, welcher neue Schwierigkeiten hervorbrachte. Da die Geistlichkeit, von der ein lutherisches Mitglied die Parentation halten sollte, nicht erschien, so war man verlegen, wer dies Geschäft nun übernehmen würde. Nachdem man hin und her gesonnen hatte, verfiel man endlich auf des Verstorbenen Erzfeind, auf David Faßmann. Dieser übernahm es und hielt wirklich die Leichenrede.

Nach Schluß derselben wurden Lieder gesungen und alle Glocken geläutet. Der bis dahin offengestandene Sarg ward zugemacht, ein Bahrtuch darübergeworfen, und so ging es in bester Ordnung und unter fortgesetztem Läuten bis vor den Schlagbaum von Potsdam hinaus. Hier blieb die Prozession zurück, und nur wenige folgten der Leiche, die auf einen Wagen gesetzt und nach Bornstedt gefahren wurde. Hier wurde sie abgeladen und inmitten der Kirche eingesenkt. – Ein großer, zierlich ausgehauener Leichenstein erhielt folgende Inschrift:

›Allhier liegt begraben der weiland hoch- und wohlgeborne Herr,

Herr Jakob Paul Freiherr von Gundling,

Seiner Königlichen Majestät in Preußen hochbestallt gewesener Oberzeremonienmeister, Kammerherr, Geheimer Ober-Appellations-, Kriegs-, Hof-, Kammerrat, Präsident der Königlichen Sozietät der Wissenschaften, Hof- und Kammergerichtsrat, auch Historiographus etc., welcher von allen, die ihn gekannt haben,

wegen seiner Gelehrsamkeit bewundert,
wegen seiner Redlichkeit gepriesen,
wegen seines Umgangs geliebt und
wegen seines Todes beklagt worden.

Anno 1731.‹

Darunter befindet sich groß und in sauberer Ausführung das freiherrliche Wappen.«

So etwa der zeitgenössische Bericht.

Des Wappens auf dem Leichensteine wird nur in aller Kürze Erwähnung getan, und doch ist dasselbe von besonderem Interesse. Es zeigt, daß des Königs Geneigtheit, an Gundling seinen Spott zu üben, auch über den Tod des letztern fortdauerte. Hatte er schon früher durch Erteilung eines freiherrlichen Wappens, auf dem die angebrachten drei *Pfauenfedern* die Eitelkeit des Freiherrn geißeln sollten, seinem Humor die Zügel schießen lassen, so ging er jetzt, wo es sich um die Ausmeißelung eines Grabsteins für Gundling handelte, noch über den früheren Sarkasmus hinaus, und das Grabsteinwappen erhielt zwei neue Schildhalter: eine *Minerva* und einen aufrecht stehenden *Hasen*. Die Hieroglyphensprache des Grabsteins sollte ausdrücken: er war klug, eitel, feige.

Dieser interessante Stein lag ursprünglich im Kirchenschiff; jetzt ist er senkrecht in die Frontwand eingemauert und wirkt völlig wie ein errichtetes Denkmal.

Wenn der weiße Marmor so vieler Gräber draußen längst zerfallen sein und kein rot-dunkles Verbenenbeet den Veranda-Begräbnisplatz der Sellos mehr schmücken wird, wird dies wunderliche Wappendenkmal, mit den Pfauenfedern und dem aufrecht stehenden Hasen, noch immer zu unsern Enkeln sprechen, und das Märchen von »Gundling und dem Weinfaßsarge« wird dann wundersam klingen wie ein grotesk-heiteres Gegenstück zu den Geschichten vom *Oger*.

## WER WAR ER?

### Ein Kapitel in Briefen aus aller Welt Enden

In dem vorstehenden Bornstedt-Kapitel ist auf Seite 255 des verstorbenen Professor Samuel Rösels Erwähnung geschehen und an die Nennung seines Namens die Frage geknüpft worden: *Wer war er?*

Diese Frage, sowenig passend sie sein mochte, namentlich um des Tones willen, in dem ich sie stellte, hat wenigstens das eine Gute gehabt, mir eine Fülle von Zuschriften einzutragen, aus denen ich nunmehr imstande bin ein Lebensbild Rösels zusammenzustellen.

Den Reigen dieser Zuschriften eröffnete ein »Hinterwäldler«, wie er sich selber am Schlusse seines, den Poststempel Saint Louis (am Mississippi) tragenden Briefes nennt. Es heißt darin wörtlich:

»Oh, mein lieber Herr F., röten sich nicht Ihre Wangen über solche Unwissenheit? Professor Rösel war ein hervorragender Mann der Berliner Akademie, eine wohlbekannte, sehr beliebte Persönlichkeit, Anfang der dreißiger Jahre in den Familien Schadow, Spener, Link gern gesehen, wo er durch Satire, Komik und ausgezeichnete Geselligkeit alles zu erheitern wußte. Und nun fragen Sie: *Wer war er?* Sie haben sich durch diese Frage eine arge Blöße gegeben, und wenn ich Sie nicht um Ihrer im letzten Kriege bewiesenen Vaterlandsliebe willen schätzte, so würden Sie sich eine *öffentliche* Rüge zugezogen haben. Nehmen Sie das nicht übel Ihrem Sie hochschätzenden

*Hinterwäldler.*«

Ich nahm diesen Brief anfänglich leicht und glaubte mich mit meinem »Wer war er?« immer noch in gutem Recht. Aber allmählich sollt ich doch meines Irrtums gewahr werden. Der Saint-Louis-Brief kam durch mich selber in die Öffentlichkeit, und ich mußte mich alsbald überzeugen, daß alle Welt auf die Seite Rösels und seines hinterwäldlerischen Advokaten und nicht auf die meinige trat. In der »National-Zeitung« erschien ein kleiner Artikel Adolf Stahrs, dem ich nachstehendes entnehme.

»Der Tadel vom Mississippi her ist doch nicht ganz unberechtigt. F. hätte die Pflicht gehabt, sich besser umzutun und nach einem Manne zu forschen, der noch zu Anfang der vierziger Jahre eine sehr bekannte Berliner Persönlichkeit war. Gottlob Samuel Rösel, Landschaftsmaler und Professor an der Zeichenakademie in Berlin, zählte zu seiner Zeit unter den tüchtigsten Künstlern seines Fachs, und Zelter nennt seine drei im Jahre 1804 ausgestellten Landschaften in dem über die Ausstellung jenes Jahres an Goethe berichtenden Briefe, neben den Landschaften von Hackert, Lütke, Genelli und Weitsch, mit großem Lobe. Der kleine, etwas verwachsene, aber sehr geistreiche und sarkastische Mann war ein intimer Genosse des Zelterschen Kreises, war mit Hegel befreundet und vor allen Dingen ein großer Verehrer Goethes. Es hätte F. nicht unbekannt sein dürfen, daß der größte deutsche Dichter das Andenken des Künstlers Rösel durch zwei seiner anmutigen kleinen Gedichte der Nachwelt zu überliefern für wert gehalten hat. Der Künstler hatte den Großmeister der deutschen Dichtung zu dessen Geburtstage wiederholt mit sinnigen Zeichnungen, unter denen Götz von Berlichingens Burg Jaxthausen, Tassos Geburtshaus in Sorrent und eine Zeichnung des Hofes von Goethes Vaterhause in Frankfurt, beschenkt, und Goethe dankte ihm dafür in mehreren Gedichten, von denen das eine: ›An Professor Rösel‹, mit den Worten beginnt:

Rösels Pinsel, Rösels Kiel
Sollen wir mit Lorbeer kränzen;
Denn er tat von je so viel,
Zeit und Raum uns zu ergänzen.

Näheres über die Beziehungen Rösels zu Goethe findet man an verschiedenen Stellen des Goethe-Zelterschen Briefwechsels sowie in den Anmerkungen, welche Herr Geheimrat von Loeper und Dr. Strehlke ihrer vortrefflichen Ausgabe Goethes an den betreffenden Stellen (Teil III, Seite 169, 170 bis 171) beigegeben haben.«

Und nun war das Eis gebrochen, und *Rösel-Briefe* kamen von allen Seiten.

»Es wäre leicht gewesen«, schrieb mir ein Unbekannter, »sich über R. zu informieren, und der Hinterwäldler hat es mit seinem Vorwurf doch eigentlich getroffen. Rösel war geistreich, witzig, spöttisch, von gediegenem Wissen und vor allem ein kreuzbraver Mann.

Friedrich Wilhelm IV., welcher ihn lange gekannt und geliebt hatte, nahm den alten, alleinstehenden und schließlich etwas geistesschwach gewordenen Mann nach Charlottenhof hinüber und ließ ihn daselbst mehrere Jahre lang in der Familie des Hofgärtners oder des Kastellans verpflegen. Dies gereicht dem Könige um so mehr zur Ehre, als Rösel, ein echter Sohn der Aufklärungszeit, seine Ansichten, ja, seine Spöttereien niemals verhohlen hatte.«

Diese Zeilen werden durch eine Stelle bei Varnhagen, Tagebücher II, Seite 75, bestätigt. Es heißt daselbst: »Sonnabend, den 4. *Juni* 1842. Der Maler Rösel ist sehr krank. Der König hat ihn nach Charlottenhof eingeladen, die Königin selbst wollte ihn pflegen – zu spät kommt dem armen Manne so viel Huld!« Soweit Varnhagen. Irrtümlich an dieser Notiz ist wohl nur das leis anklagende »zu spät«. Es scheint Rösel zu keiner Zeit an »Huld« und herzlichsten Freundschaftsbeweisen gefehlt zu haben. Einem Sterbenden war nur eben schwer zu helfen.

Beinah gleichzeitig mit den vorstehenden Zeilen empfing ich die folgenden.

»Sie werden Ad. Stahrs kleinen Artikel in der ›National-Zeitung‹ gelesen haben. Auch *ich* entsinne mich Rösels sehr wohl. Er war ein Meister in der Sepiamalerei und hat eine Anzahl seiner Blätter publiziert. Alte Berliner Familien, ich nenne nur Deckers, bewahren manches davon als Andenken, und Rauchs Tochter, Broses, Brendels, Marianne Mendelssohn und die Solmar müssen von ihm zu erzählen wissen. Er war sehr gefürchtet, weil er einen scharfen Witz hatte. Seine Herzensgüte glich es aber wieder aus. Mal wurde für ein armes Künstlerhaus eine Lotterie veranstaltet. Auch Rösel hatte beigesteuert und erschien endlich zur Ziehung: klein, krumm und in schwarzem Frack. Er sah dabei aus, als ob er nie etwas andres trage als einen schwarzen Frack. Ich seh den kleinen Mann noch durch die Stube schreiten. Stahr spricht von einem Blatte ›Goethes Hof‹. Das trifft nicht völlig zu. Was Rösel gezeichnet hat, ist der *Brunnen* auf Goethes Hof in Frankfurt. Ihr

W. Hertz«

Und noch ein Brief. Er lautete:

»Wiesbaden, 4. März 1873

... Sie fragen in Ihrem Buche: ›Wer war Rösel?‹ Diese Frage war mir wieder einmal ein rechter Beweis für die Vergänglichkeit alles Irdischen. Denn zu meiner Zeit war Rösel eine bei alt und jung, bei hoch und niedrig bekannte und beliebte Persönlichkeit. Ohne mich auf seinen Lebensgang und seine Leistungen hier einzulassen, will ich Ihnen doch wenigstens einige Notizen mitteilen. R. war Professor an der Kunstakademie und gab auch in Privatkreisen Unterricht im Landschaftzeichnen mit der Feder. Er hatte darin eine ganz eigene kräftige Manier, wie ich sie nie wieder gesehen habe. Die höchsten Herrschaften, die vornehmsten Familien nannten ihn ihren Lehrer, und alle liebten ihn, seiner Heiterkeit, seines Witzes und seiner unermüdlichen Gefälligkeit wegen.

Es gab kein Familienfest, kein Liebhabertheater, keine lebenden Bilder, bei denen er nicht Ratgeber und Helfer war. Es kam ihm gar nicht darauf an, Coulissen zu malen und Gelegenheitsgedichte zu machen. Ich selbst habe manchmal seine Güte in Anspruch genommen. Seine ganze Erscheinung hatte etwas Drolliges, Gnomenhaftes. Er war klein und verwachsen, der Kopf aber groß, mit dunklen, ins Graue spielenden langen Locken. Sein sehr markiertes Profil hatte etwas Orientalisches. Sie werden ihn leicht auf dem bekannten Krügerschen Huldigungsbilde in der Künstlergruppe auf der Estrade rechts erkennen. Wenn ich nicht irre, sind Zeichnungen von ihm im Kupferstichcabinet, doch bin ich dessen nicht gewiß. Er hat lange Jahre in der Friedrichsstraße gewohnt, Ecke der Mohrenstraße, unendlich einfach eingerichtet, ein echter Künstler-Junggeselle.

von Roeder*,
Generallieutenant z. D.«

* Generallieutenant von Roeder kommandierte im dänischen Kriege 1864 die »Düppel-Brigade«, Regimenter 24 und 64, und war unter den ersten, die auf Alsen landeten. Auf dem bekannten Bleibtreuschen Bilde »Übergang nach Alsen« (Nationalgalerie) steht er, ein großer schöner Mann, in einem der vordersten Boote. Während meines Militärjahres war er Offizier in der Compagnie des Kaiser-Franz-Regiments, in dem ich diente, und bewahrte mir seitdem sein Wohlwollen.

Das waren die Zuschriften, die ich ohne mein Zutun erhielt. Um andre bemühte ich mich, indem ich bei Personen anfragte, von deren früheren Beziehungen zu Rösel ich inzwischen erfahren hatte. Einen aus der Reihe dieser Briefe, der das reichste Material gibt, lasse ich in nachstehendem folgen.

»Rom, 21. Januar 1880
Piazza Campitelli, Palazzo Capizucchi

Ihren lieben Brief mit der Rösel-Anfrage habe ich gestern erhalten, und ich beeile mich, Ihnen darauf zu antworten.

Rösel wurde um 1770 in Breslau geboren. Und zwar am 9. Oktober. Sonderbarerweise bin ich über das Jahr unsicher, desto sicherer aber über den Tag. Ich weiß nämlich, daß es der Tag vor meines Vaters Geburtstag war. Er malte Landschaften, aber nicht in Öl, sondern in Sepia, hatte eine besondere Vortrags- und Behandlungsart, die er ›knackern‹ nannte. Was es bedeuten sollte, weiß ich nicht. Er war eine der bekanntesten Persönlichkeiten, und es gab kaum einen Abend im Jahr, an dem er nicht in Gesellschaft gewesen wäre. In besonders freundlichen Beziehungen stand er zur Familie Mendelssohn. Er hatte die Eigentümlichkeit, sich überall anzusagen, gewöhnlich zu einem Karpfenkopf. Bei meinem Großvater Feilner war er, dreißig Jahre lang, jeden Dienstag zur Whistpartie, sehr heftig beim Spiel und der jedesmalige Schrecken seines Partners. Ich sehe noch das große rote Kissen, mit dem darauf gestickten Röselchen, das ihm auf den Stuhl gelegt wurde. Denn Sie wissen, daß er sehr klein und bucklig war. Zu jedem Geburtstage meines Großvaters erschien er mit einem paar pompejanischen Scherben und obligatem Gedicht, das dann bei Tische vorgelesen wurde. Seine Handschrift war sehr charakteristisch, und jeden von ihm geschriebenen Brief bezog er am Rande mit einem rotgetuschten Strich. Seine Korrespondenz war die umfangreichste von der Welt, und ein paar alte Weiber dienten ihm dabei als Briefboten. Sie hatten verschiedene Namen. Eine nannte er ›Iris‹, doch waren die Namen, die *wir* ihnen beilegten, minder poetischen Klanges. Sie waren alle sehr häßlich und wahre Unholde. Seine Beziehungen zu Goethe sind bekannt. Er war auch Freimaurer. Ich habe ihn nie anders gesehen als in schwarzem Frack und weißer Krawatte. Seine letzten Jahre waren nicht die glücklichsten. Er wurde immer bärbeißiger, seine äußerliche Lage verschlechterte sich, und er hielt sich zuletzt zur Flasche, sogar zur Likörflasche. ›Iris‹ und ihre Kameradinnen bekamen ihn ganz in ihre Gewalt. Um ihn daraus zu befreien, wurd ihm, seitens seiner näheren Bekannten, ein Diener gehalten. Aber die Sache wurde hierdurch nicht gebessert. Im Gegenteil. Als er bald darauf, durch die Gnade Friedrich Wilhelms IV., eine Pension und eine Wohnung in Bornstedt empfing, begleitete ihn der Diener, der nun bald ›um die Wette mit ihm die Fahne hochhielt‹. Soll ihn auch schlecht behandelt haben. Endlich starb er, einsam und vergessen, und so schloß in Freudlosigkeit ein Dasein, das, durch ein halbes Jahrhundert hin, immer nur bemüht gewesen war, Gutes zu tun und Freude zu schaffen. Ihr

H. W.«

Soviel von Briefen.

Ich ließ es aber bei brieflichen Anfragen nicht bewenden und bemühte mich, auch in Familien Zutritt zu gewinnen, in denen Rösel seinerzeit verkehrt hatte. Dort hoffte ich nicht nur von ihm zu hören, sondern auch das eine oder das andere von ihm zu *sehen*. Ein glücklicher Zufall führte mich, gleich zuerst, in das Haus der seitdem verstorbenen Frau Geheimrätin Zimmermann, gebornen Palis, wo ich, zu meiner freudigsten Überraschung, ein ganzes Museum von Röselianas vorfand: Bilder, pompejanische Scherben und Briefe.

Die Ausbeute war so reich, daß ich, aus Furcht vor einem embarras de richesse, meine Bemühungen nicht weiter fortsetzte. Denn ähnlich intime Beziehungen wie zum Hause Zimmermann* unterhielt Rösel zu vielleicht zwanzig andern Häusern, unter denen hier nur die Häuser Mendelssohn,

* Rösels Beziehungen zum Hause Zimmermann waren schon Erbstück, zweite Generation. Eigentlich befreundet war er mit den Pflegeeltern der Geheimrätin Zimmermann, der Familie Jordan, die das große, schöne Haus am Gensdarmenmarkt, Ecke der Französischen- und Markgrafenstraße bewohnte. Die weiterhin mitzuteilenden Röselschen Briefe sind denn auch fast alle an Fräulein Fanny Jordan gerichtet, die später den Steuerrat Hedemann heiratete. Frau Geheimrätin Z., geborne Palis, war eine Pflegeschwester der letztgenannten Dame.

Brose, Feilner, Hotho, Decker und Hofzimmermeister Glatz genannt werden mögen.

Auf diese Röseliana des Hauses Zimmermann geh ich nunmehr näher ein.

### *I. Bilder*

Eingerahmt und alle in Sepia

1. Kloster oberhalb Subiaco im Sabinergebirge.
2. Kloster *San Cosimato* ohnweit Tivoli, an welcher Stelle der heilige Benedikt längere Zeit lebte, eh er das erste Kloster auf Monte Cassino erbaute.
3. Die Kirche der *heiligen Constantia* (früher Bacchus-Tempel) vor der Porta Pia in Rom.
4. Ein Teil des alten Schlosses zu Mansfeld, der »Mittelort« genannt, in welchem Martin Luther kurz vor seinem Tode die gräflich Mansfeldsche Familie zur Eintracht ermahnte und Frieden stiftete.
5. Ein Blick vom südwestlichen Abhange des Schloßberges zu Wernigerode auf den Kirchhof und die Sankt-Theobalds-Kirche zu Nöschenrode. Das älteste Kirchlein im Harzgebirge; Sankt Theobald eines Köhlers Sohn.
6. *Die Bäder von Gastein im Salzburgischen.*
   Dies letztgenannte ist das Hauptbild, größer als die andern und mit besondrer Liebe ausgeführt. Ich glaube, daß es auch jetzt noch vor Künstleraugen bestehen kann. Es war zum 10. Oktober 1831 als Geburtstagsgeschenk für den alten Jordan bestimmt, leider aber nur halb fertig geworden. Um diesen unfertigen Zustand zu entschuldigen, begleitete er das Bild mit einem Gedichte, das folgendermaßen lautete:

Der Kritiker

Nun, das ist wahr, mein Herr Rösèll,
Ihre Zeichnung ist wirklich höchst originell,
Man möchte schwören, 's wär leeres Papier,
So schrecklich klar ist Ihre Manier.
Solch Angebinde kein Kind begehrt,
Am wenigsten ist es den Rahmen wert.

Der Zeichner

Geb zu, Sie treiben mich in die Eng',
Aber sind doch viel zu streng.
Diese Zeichnung erkennen bloß Kinder des Lichts,
Sie sind aber keins, drum sehen Sie nichts.
Ich laß Ihnen noch acht Tage Ruh,
Dann sehn Sie mal wieder nach oder zu.

Der Kritiker

Nun merk ich, wie's zusammenhängt:
So geht es, wenn man *zu spät anfängt.*

Diese Verse sind auf die Rückseite geklebt, passen aber in soweit nicht mehr, als das Bild jetzt in allen Stücken fertig ist.

Außer diesen eingerahmten Bildern besitzt die Familie Z. noch eine ganze Anzahl von Zeichnungen, die als Vorlegeblätter benutzt werden. Wenn mich nicht alles täuscht, stehen sie, in ihrer saubren Einfachheit, künstlerisch höher als die sorglich ausgeführten großen Landschaften.

Hierher gehört auch ein Kästchen, auf dessen Deckel er eine kleine Niedlichkeit gezeichnet hat. Dies Kästchen, als er es schenkte, war von folgenden vier Zeilen begleitet:

Hölzern ist die Gabe
Und leer im Innern; drum habe
Den Inhalt ich mit gutem Bedacht
Gleich von *außen* angebracht.

*II. Kuriositäten*

Alle diese Dinge sind heute, wo jeder dritte Mensch in Rom und Neapel war, zu wertlosem Trödelkram geworden. Vor fünfzig Jahren hatten sie noch einigermaßen eine Bedeutung. Es sind das die »Scherben«, von denen der vorstehende, aus Rom mitgeteilte Brief H. W.'s spricht. Ich leiste deshalb auch Verzicht darauf, die einzelnen Stücke hier namentlich aufzuführen.

### *III. Briefe*

Dies ist der Hauptschatz, und sie geben nicht nur ein vollkommenes und, wie ich meine, sehr liebenswürdiges Bild des Mannes, sondern auch seiner Zeit. Alte Berliner werden diese kleinen Schnitzel nicht ohne Freude, manche nicht ohne Bewegung lesen. Die etwa zwanzig, die ich mitteile, sind aus ein paar hundert ähnlicher ausgewählt. Meistens sind sie auf Papier in Duodezformat geschrieben, einige auf Karten, wie sie jetzt wieder Mode sind, und alle haben sie den rotgetuschten Rand, dessen H. W. in seinem Briefe Erwähnung tut. Nur wenige sind gesiegelt und zeigen dann ein Efeublatt mit den Initialen S. R. Und nun mögen die Briefe selber sprechen.

Den 4. *Mai* 1826

Wär's vielleicht um zwei?
Wär's vielleicht um drei?
Jedenfalls dabei.

Euer R.

Sonntag *Rogate* 1826

Wo seid Ihr heute,
Lieben Leute?
An der Panke?
Ich danke.
An der Spree?
Da käm ich. Juchhe!

Dienstag, 23. *Januar* 1827

Für den Seume schick ich hier den H. von Kleist. Ich bitte, später daraus vorlesen zu dürfen. Was macht der Onkel? Besser? Ich werd es sonst bei Barez bestellen!

23. *April* 1827

Gestern war Sonntag Quasimodo, und ich war quasi modo dicht am Sterben. O diese höllische Migräne! Das einzige Mittel ist Ruhe. »Ruhe ist die erste *Bürger*pflicht«, sagte schon Minister von der Schulenburg. Aber an Migränetagen dürfen es sich auch Hochadlige gesagt sein lassen. Und dann natürlich auch Kamillentee. Anbei sende ich den ersten Teil von H. von Kleist zurück. Darf ich mir dafür *den* Teil erbitten, in dem die Novelle »*Hans Kohlhaas*« steht? Auch nehme ich mit dem »*Käthchen von Heilbronn*« oder dem »*Prinzen von Homburg*« vorlieb.

Donnerstag, den 14. *Juni* 1827. Am Tage Sankt Modesti, des modestesten Heiligen.

In Ermangelung von etwas Besserem schicke ich das beifolgende Bildchen, das ich, je nachdem es die Größe des Kästchens verlangt, bei a oder bei b abzuschneiden bitte. Wird bei b abgeschnitten, so fällt der alte Herr auf dem Baume weg, und die Birnen fallen dann, wie vom Himmel, in die Schürze der Sammlerin. – Unbekleidetes könnt ich in Menge liefern, aber das könnte Sankt Modestus übelnehmen, und mit Heiligen darf man's nicht verderben. Wir haben's hier unendlich heiß, und ich verkoche ganz allmählich, wobei mich nur die Krebse trösten, die längst gewohnt sind, lebendig gesotten zu werden. Haltet Euch tapfer in Pankow!

Donnerstag, den 6. *Dezember* 1827, am Tage des heiligen Nikolas, der den frommen und fleißigen Kindern goldne Äpfel bringt.

Und auch ich komme nicht mit leeren Händen und schicke endlich das versprochene Buch. Trotz allem Ungewissen steckt doch viel Wissen darin. Ein eigentliches Urteil darüber habe ich nicht, weil ich es nicht ganz verstehe; doch habe ich Meinungen, die einem Urteil beinah gleichkommen. Selbst Professor Hegel sprach mit großer Achtung und Schonung einige Worte über den jugendlichen Autor aus.

Montag, den 3. *November* 1828. Am Tage Gottlieb.

So hört denn: Alle, die Gott lieben,
In Wohltun nie zurückgeblieben,
Hungrige speisen, Durstige tränken,
Arme zum Geburtstag beschenken,
Beschenken in Gnad und Überfluß –
Euch, Ihr Lieben, herzlichen Gruß!

Den 5. *März* 1829. (Mit einigen Fragmenten aus dem Äskulap-Tempel in Pompeji.)

Gestohlen? So haben wir nicht gewettet.
Ich hab es gefunden und – gerettet.

Den 26. *Dezember* 1829. Am Tage des heiligen Stephanus, des ersten Märtyrers.

Ich komme bestimmt noch, aber leider erst spät, da ich noch notwendig zu dem Silberpärchen Mendelssohn Bartholdy muß.

Montag, den 19. *September* 1831

Cholera her, Cholera hin,
Leben, leben ist Gewinn,
Und könnt Ihr mir morgen 'ne Suppe geben,
So möcht ich morgen wohl noch leben.

Mittwoch, den 2. *November* 1831

Als ich vor zweiundvierzig Jahren nach Berlin kam, gab es eine Gesellschaft, welche sich »la Société du mercredi« nannte und immer donnerstags zusammenkam. Warum sollte es der gütigen Madam Jordan nicht erlaubt sein, ihren Donnerstag auf den Freitag zu verlegen?

Sonntag, den 6. *November* 1831, am Tage Sankt Leonhard oder Löwenherz.

Am heutigen Tage muß ich mir ein Löwenherz fassen und Dir schreiben, daß ich beim besten Willen nicht kommen kann, da heute zwei ehrenfeste Geburtstagskinder: der alte Hofzimmermeister Glatz und Fräulein Luise Hotho, befeiert werden müssen. Morgen bin ich bei Feilners.*

* In einem sehr viel späteren Briefe (27. Januar 1841) heißt es: »Es war gestern, trotz der kalten Witterung, ein schwüler Tag für mich. Der Abschied aus dem alten, ehrwürdigen Hause Feilner hatte mich windelweich gemacht. Ich hätte stundenlang wie ein Kind weinen können!«

Freitag, den 18. *November* 1831

Hier, meine teure Fanny, sende ich Ihnen den verheißenen Briefwechsel zwischen Goethe und Schiller, oder, wenn es die gute Tante so will, zwischen Schiller und Goethe. Strenggenommen gebührt aber diesem letzteren der Vorrang, dieweil durch seine früheren unsterblichen und höchst genialischen Werke der viel jüngere Schiller zum Schreiben und Dichten erst angeregt wurde, Goethe aber die weite Bahn sich selbst eröffnete. Vielleicht söhnt sich Tantchen durch diese Briefe mit dem verhaßten Goethe aus. Ich würde mich über solche Bekehrung herzlich freuen, denn jedes überwundene Vorurteil gewährt einen Triumph.

23. *Juni* 1832

Ich kann leider nicht kommen. Am Sankt-Johannis-Tage gehöre ich dem *Orden* an und muß diesen Tag feiern helfen, wie eben jeder gute Christ tun sollte. Denn Johannes der Täufer wurde von oben gewürdigt und berufen, dem Messias den Weg zu bahnen, auf daß der von Gott Gesandte die Menschen zur ewigen Glückseligkeit, das heißt zum Leben in Gott, zurückführe.

Freitag, 4. *Januar* 1833. Am Tage Methusalem oder Methusalah, der sich bekanntlich schämte, tausend Jahr alt zu werden, und schon im 969sten, in der Blüte des reiferen Mannesalters, das Zeitliche segnete.

Sie fragen, liebe Fanny, was coq-à-l'âne bedeutet? Soviel wie ungereimtes Zeug oder Durcheinander oder Quodlibet. Denn wenn Hahn und Esel sich in die Rede fallen, so kommt nicht viel Gescheites heraus.

13. *April* 1833

Bin leider immer noch krank. Und hätte doch geglaubt, einen bequemeren Posten verdient zu haben als den eines Nachtwächters, der die Stunden abhusten muß.

Sonntag, den 14. *April* 1833

Die Grippe nimmt schweren Abschied von mir. Ich kann es ihr nicht verdenken; es ging ihr so gut bei mir. Aber sie muß fort.

Dienstag, 16. *April* 1833

Es geht endlich besser. Schickt nun nichts mehr für den Kranken. Heute wird Gräfin Sophie Schwerin für mich sorgen und morgen Mendelssohns in der Jägerstraße. Donnerstag komm ich selbst.

In demselben Jahre (1833) machte er eine Sommer-, Studien- und Erholungsreise bis nach Hessen und Westfalen, und im August nach Berlin zurückgekehrt, schrieb er einen langen Reisebrief an seine Freundin Fanny Jordan, die mittlerweile Frau Steuerrätin Hedemann zu Demmin in Pommern geworden war. Der Brief lautet:

»Berlin, 18. *August* 1833

Mit fast noch größerm Recht als der muskauwitische Fürst Pückler könnte ich seit dem fünften Juli dieses Jahres meine Episteln ›*Briefe eines Verstorbenen*‹ titulieren, denn an jenem Tage stand mein Leben still, und alle meine Sinne versagten mir den Dienst. Zwar wäre diese Todesart eine ganz exzellente zu nennen gewesen, denn ich verschied in den Armen zweier Exzellenzen: Minister von Klewitz und Generallieutenant Graf von Hacke, auf des letztern Hausflur zu Magdeburg, aber ich bin nicht so eitel und ziehe ein bescheidenes Leben einer glänzenden Todesart vor. Mein alter Freund, der Medizinalrat Dr. Schulz, trat zur rechten Zeit ins Haus, denn der entscheidende Augenblick war nahe, und nur ein Aderlaß konnte mich retten. Die Herren Homöopathen mögen dagegen sagen, was sie wollen, denn alle ihre niedlichen Riechfläschchen und Millionteilchen hätten mich nicht wieder ins Leben gerufen. Mir gelang es besser wie jenem armen Sünder, der auf dem Wege zum Galgen, gefragt: ›ob er etwas zu seiner Erquickung begehre, etwa einen Schluck Wein‹, um einen Aderlaß bat und auf die Frage: ›Warum gerade *das*?‹ antwortete: ›man hab ihm immer gesagt, der erste Aderlaß könne vom Tode retten‹.

*Mir* hat's geholfen, dem armen Jungen aber nicht, trotzdem ich in Städten und Schlössern viel mehr eingesteckt habe als er. Aber so geht es in der Welt: Die kleinen Diebe henkt man, und die großen läßt man laufen.

Sorgfältiger und liebevoller kann kein Bruder vom andern gepflegt und gewartet werden als ich im gräflich von Hackeschen Hause, und so ward es mir möglich, nach acht Tagen meine Reise langsam fortzusetzen. Die Krisis war glücklich überstanden, und ich gehörte endlich wieder zu der uralten Familie A-Grippa, das heißt zu der, welche die Grippe *nicht* hat.

Leider trat mit der Sonnenfinsternis am 17. Juli erst Nebel, dann Regen und Kälte ein, so daß ich meinem Skizzenbuche nur schmale Kost reichen konnte. Ein Fremder an der table d'hôte in Hildesheim nannte den feinen Nebelregen ›Luftschweiß‹; er ist aber dem kalten Todesschweiße noch ähnlicher, der allen zarten Pflänzchen den Garaus macht. Zu meinem Glücke reise ich nicht bloß auf schöne Gegenden, Kirchen, Schlösser und Altertümer, sondern vor allem auf Menschen. Papa Goethe hat wohl recht, wenn er sagt: ›Die Welt ist so leer, wenn man nur Berge, Flüsse und Städte darinnen sich denkt; aber hie und da jemand zu wissen, der mit uns übereinstimmt, mit dem wir auch stillschweigend fortleben, das macht dieses Erdenrund erst zu einem bewohnten Paradiesgärtlein.‹

Da mochte es denn regnen und kalt sein, ich sonnte mich an den vielen, des unverhofften Wiedersehens sich freuenden Augen alter Freunde und Bekannte, die mir fast an jedem Orte entgegenleuchteten und mich alles Ungemach der Witterung vergessen ließen. Und so schied ich denn auch von jedem Orte viel reicher an Freunden und interessanten Bekanntschaften, als ich kam. Der Herzenskalender füllte sich zusehends mit neuen Geburtstagen und Lebensfesten, und solches tut auch not, denn in der letzten Zeit war der Abgang stärker als der Zuwachs. –

Den Geburtstag unsres teuren Königs feierte ich, trotz Sturm und Drang, auf einem höchst klassischen Boden, und zwar im arnsbergschen Regierungsbezirk, auf den Grundmauern der Burg Karls des Großen, wo er Reichsversammlungen und Zehntgerichte hielt, wo ihn die Päpste Hadrian I.

und Leo III. besuchten und allwo er die widerspenstigen und ungläubigen Sachsen ziemlich unsanft bekehrte. Dies war auch der weiteste Punkt meines Streifzuges, denn da ich durch mein Sterben und Auferstehn in Magdeburg zwölf Tage von der Urlaubszeit eingebüßt hatte und nur kleine Reisen wagen durfte, um nicht zum zweiten und vielleicht letzten Male zu verscheiden, so mußt ich kehrtmachen, ohne den alten Vater Rhein begrüßt zu haben. Und so bin ich denn über Arolsen, Kassel, Heiligenstadt, Nordhausen, Eisleben, Halle, Wittenberg am 8. August wieder heimgekehrt. Noch zu guter Letzt feierte ich in Halle ein beseligendes Fest des Wiedersehens, und zwar im Gasthofe am Zeitungstisch. Da saß ein eifriger Zeitungsleser, in den ›Hamburger Korrespondenten‹ ganz und gar versunken; plötzlich sah er auf und schrie: ›Sind Sie's wirklich, lieber Rösel?‹ — ›Ja, ich bin's, Exzellenz.‹ Es war mein alter Freund und Gönner, der Chefpräsident von Vincke aus Münster. Seine Umarmung bei meinem Einsteigen in die Extrapost-Chaise gab mir in den Augen der Umstehenden ein gewaltiges ›Basrelief‹, wie General Elsner zu sagen pflegte.

An der nächsten Station hielt gleichzeitig mit meinem Postwägelchen ein stattlicher Reisewagen. Ein elegant gekleideter Reisender stieg aus, und siehe, es war der Hofbuchdrucker Rudolf Decker. Bald darauf kuckte mich auch sein Schätzellchen gar freundlich an. Da gab's etwas zu erzählen, vom schönen Musikfeste in Düsseldorf, von den trefflichen jungen Künstlern daselbst usw. So plauderten wir von Station zu Station bis Wittenberg, wo wir noch miteinander zu Abend speiseten und uns ein: ›auf Wiedersehn in Berlin‹ zutranken. Denn ich wollte in Wittenberg übernachten, das junge Paar aber in einem Striche weiterrollen.

Seit dem Wiederaufleben in Magdeburg esse und trinke ich mit gesundem Appetite, schlafe wie ein Murmeltier und fühle mich gesund und heiter wie ein Fisch im Wasser ...«

Am 8. Juli 1843 starb Rösel und wurde auf dem Bornstedter Kirchhof begraben. Die Chronik der Königlichen Akademie der Künste brachte das Jahr darauf folgenden kurzen Nekrolog: »Johann Gottlob Samuel Rösel, geboren zu Breslau den 9. Oktober 1768 (die Grabinschrift sagt 1769), wurde am

14. Februar 1824 zum ordentlichen Mitgliede der Akademie gewählt. Schon vorher war er königlicher Professor und Zeichenlehrer an der Bauschule. Als geistreicher Landschaftszeichner geschätzt, bis ins Alter von unverwüstlicher Heiterkeit und bei beschränkten Mitteln unermüdlich im Wohltun, folgt ihm das ehrende Andenken zahlreicher Freunde. Von königlicher Huld in den Gartenschlössern bei Potsdam bis an sein Ende gepflegt, starb er ebendaselbst.«

Auch noch in seiner letzten Krankheit war er durch Geheimrat Dr. Zimmermann ärztlich behandelt worden. An sogenannten »Erlebnissen« hat sein Leben wohl wenig aufzuweisen. Er gehörte ganz und gar einer gemütlichen Form gesellschaftlichen Daseins an; darin ging er auf, und man würde sagen müssen, auch unter, wenn sein Talent und seine Bedeutung ein so feierlich klingendes Wort überhaupt gestattete. Denn alles an ihm war Dilettantismus. Er erinnert in vielen Stücken an Wilhelm Hensel, der den besten Teil seines Lebens auch an vornehmen Umgang, an Einsammeln von Zelebritätsköpfen für seine Portraitmappe und an Briefchen und Gedichtchen setzte. Nichtsdestoweniger war ein Unterschied, und einer unsrer gegenwärtigen Altmeister, der *beide* noch gekannt hat, brach, als ich auf die vorstehende Parallele hinwies, unter herzlichem Lachen in die Worte aus: »Um Gottes willen nicht! Mit Hensel war es nicht viel, aber gegen Rösel war er ein Gott.«

Mit zwei Anekdoten will ich schließen. Schleiermacher und Rösel, beide Breslauer, beide klein und verwachsen, trafen sich in einer Gesellschaft und erinnerten sich, auf derselben Schulbank gesessen zu haben. »Wir waren damals halbwachsen«, sagte Rösel. »Im Grunde genommen«, lachte Schleiermacher, »sind wir's auch geblieben.«

In der zweiten Anekdote spielt Rösel seinerseits die Hauptrolle. Er saß in Sanssouci mit bei Tisch, und Friedrich Wilhelm IV. stieß aus Versehen ein Glas Portwein um. »Was sagen Sie nun?« fragte der König. »Gott, Majestät«, antwortete Rösel, »eben war es noch Portwein, und jetzt ist es bloß Tischwein.«

# MARQUARDT

Des Hofes Glanz und Schimmer
Blinkt nur wie faules Holz,
Die Kirche lebt vom Flimmer
Und wird vor Demut stolz;
Arm sind des Lebens Feste,
Rings abgestandner Wein,
Das Höchste und das Beste,
Wie niedrig und wie klein.

*»Walter Raleigh«*

Eine Meile hinter Bornstedt liegt Marquardt, ein altwendisches Dorf, ebenso anziehend durch seine Lage wie seine Geschichte. Wir passieren Bornim, durchschneiden den »Königsdamm« und münden unmerklich aus der Chaussee in die Dorfstraße ein, zu deren Linken ein prächtiger Park bis an die Wublitz und die breiten Flächen des Schlänitz-Sees sich ausdehnt.

Die gegenwärtige Gestalt von Marquardt, ebenso wie sein Name, ist noch jung; in alten Zeiten hieß es Schorin. Im fünfzehnten Jahrhundert und weiter zurück war es im Besitz zweier Familien; die eine davon nannte sich nach dem Dorfe selbst (Zabel von Schorin, 1375), die andere waren die Bammes. Der Besitz wechselte oft; die Brösickes, Hellenbrechts und Wartenbergs lösten einander ab, bis 1704 der Etatsminister und Schloßhauptmann Marquardt Ludwig von Printzen das reizende Schorin vom Könige zum Geschenk und das Geschenk selber, dem Minister zu Ehren, den Namen Marquardt erhielt.

An von Printzen, der sieben hohe Staatsämter bekleidete und ebenso viele Titel führte, läßt sich die Phrase vom »unsterblichen Namen« mustergültig studieren. Wer kennt ihn noch? Und doch war der Ruhm, den er seinerzeit genoß, ein so allgemeiner und wohlverdienter, daß selbst der medisante Herr von Pöllnitz nicht umhin konnte, in seinen Memoiren zu schreiben: »Um 1710 wurde von Printzen zum *Oberhofmarschall* ernannt. Seine Verdienste machten ihn dieser

Stelle vollkommen würdig. Der Hof, bei welchem er schon sehr jung angestellt worden war, hatte weder seine Sitten noch sein Herz verdorben. Treue und Redlichkeit waren die Triebfedern aller seiner Handlungen, und man kann mit Wahrheit sagen, daß unter allen Ministern des Königs er derjenige war, der den Meinders und Fuchs, welche Deutschland unter seine größten Männer rechnete, am meisten gleichkam. Seine Aufrichtigkeit hatte ihm jedermanns Liebe zugezogen. Selbst der Kronprinz, der ein geborener Feind aller Minister war, konnte ihm seine Hochachtung nicht versagen, so daß er, als der Prinz zur Regierung kam, der einzige war, der seine Stelle behielt.«

So Pöllnitz über von Printzen. Ein Glück, daß sieben Hof- und Staatsämter ihn bei *Lebzeiten* schadlos hielten für die Undankbarkeit der Nachwelt. Er bezog 40 000 Taler jährlich. Unter seinen vielen Ämtern war auch das eines »Direktors des Lehnswesens«, was die Anhäufung von Lehnsbriefen des gesamten Havellandes im Marquardter Archive erklären mag.

Von Printzen starb 1725; schon sechs Jahre früher (1719) war das anmutige Schorin, nunmehr Marquardt, in die Hände der Familie von Wykerslot übergegangen, die, zu Anfang des Jahrhunderts, vom Niederrhein, dem Jülichschen und Kleveschen her, ins Land gekommen war. Vater und Sohn folgten einander im Besitz, jagten und prozessierten ein halbes Jahrhundert lang und erwarben sich das im engsten Zusammenhang damit stehende fragwürdige Verdienst, das Gutsarchiv mit den meisten Aktenbündeln, diesmal nicht Lehnsbriefe, vermehrt zu haben. Es war eine calvinistische Familie, und das Interessanteste aus ihrer Besitzzeit bleibt wohl, daß, obschon sie die Kirche aus eigenen Mitteln erbaut hatten, ihnen, solange Friedrich Wilhelm I. regierte, *nicht* gestattet wurde, das heilige Abendmahl in dieser ihrer Kirche aus der Hand eines reformierten Geistlichen zu empfangen. Die Wykerslot mußten sich, an ihrem eigenen Gotteshause vorbei, nach Nattwerder begeben, einer benachbarten Schweizerkolonie, wo das Abendmahl nach calvinistischem Ritus erteilt wurde.

1781 starb der jüngere von Wykerslot. War der Besitz bis zu diesem Zeitpunkte kein konstanter gewesen, so wurde er von jetzt ab, in der Unruhe sich steigernd, ein beständig wechselnder, so daß wir in dem kurzen Zeitraum von 1781 bis 1795, die Wykerslots noch mit eingerechnet, das nunmehrige Marquardt in Händen von vier verschiedenen Familien sehn. Die Nähe Potsdams – wie bei vielen ähnlichen Punkten – spielte dabei eine Rolle. Wer dem Hofe nahestand oder, wenn außer Dienst, es schwer fand, sich ganz aus der Sonne zurückzuziehen, wählte mit Vorliebe die nahe gelegenen Ortschaften. Unter diesen auch Marquardt. Hofleute erstanden es, nahmen hier ihre Villeggiatur und verkauften es wieder. Die Besitzreihe war die folgende:

Oberstlieutenant von Münchow von 1781 bis 1789,
Hofmarschall von Dorville von 1789 bis 1793,
Kammerherr und Domherr Baron von Dörenberg von 1793 bis 1795,
General von Bischofswerder von 1795 bis 1803.

Über die Besitzzeiten der erstgenannten drei ist wenig zu sagen. Von Münchow errichtete seiner verstorbenen Frau ein Rokokodenkmal mit der Inschrift: »Friede sei über ihrer würdigen Asche«; Dorville und Dörenberg gingen spurlos vorüber. Erst mit General von Bischofswerder begann eine neue Zeit. Marquardt trat in die Reihe der historischen Plätze ein.

## Marquardt von 1795 bis 1803

### *General von Bischofswerder*

Die Zeit der Heerlager war vorüber, der Baseler Friede geschlossen; in demselben Jahre war es, 1795, daß der General von Bischofswerder Marquardt käuflich an sich brachte, nach einigen aus dem Vermögen seiner zweiten Frau, nach andern aus Mitteln, die ihm der König gewährt hatte. Das letztere ist das Wahrscheinlichere. Gleichviel, er erstand es und gab dem Herrenhause, dem Park, dem Dorfe selbst im wesentlichen den Charakter, den sie samt und sonders bis diesen Augenblick zeigen. So wenig Jahre er es besaß, so war dieser Besitz doch epochemachend. Ehe wir darzustellen versuchen, was Marquardt damals sah und erlebte, versuchen wir eine Schilderung des einflußreichen und merkwürdigen Mannes selbst.

Hans Rudolf von Bischofswerder wurde am 11. November 1740 zu Ostramünde im sächsisch-thüringischen Amte Eckartsberga geboren.* Die Angabe von Tag und Jahr ist zuverlässig, die Ortsangabe fraglich. Sein Vater war Adjutant bei dem Marschall von Sachsen, warb für Frankreich das Regiment Chaumontet und starb als Oberst im Dienst der Generalstaaten.

Hans Rudolf von Bischofswerder studierte von 1756 an zu Halle, nahm dann Kriegsdienste und trat 1760 in das preußische Regiment Carabiniers, dessen Kommandeur ihn zu seinem Adjutanten machte. In dieser Eigenschaft wohnte er den letzten Kämpfen des Siebenjährigen Krieges bei. Noch während der Campagne stürzte er mit dem Pferde, erlitt einen Rippenbruch, und zunächst wenigstens sich außerstande sehend, die militärische Laufbahn fortzusetzen, begab er sich auf ein Landgut in der sächsischen Lausitz, wo er sich 1764 mit einer Tochter des kursächsischen Kammerherrn von Wilke vermählte. Er lebte hier mehrere Jahre in glücklicher Zurückgezogenheit und »übte«, wie es in einer der zeitgenössischen Schriften heißt, »all die gesellschaftlichen und häuslichen Tugenden, die ihm die Hochachtung derer, die ihn kannten, erwarben«.

Sein guter Ruf verschaffte ihm die Ehre, als Kavalier an den sächsischen Hof gerufen zu werden. Von hier aus machte er mit dem Prinzen Xaver eine Reise nach Frankreich. Bald nach seiner Rückkehr wurde er Kammerherr des Kurfürsten, hiernächst Stallmeister des Prinzen Karl, Herzogs von Kurland.

Herzog Karl von Kurland, Sohn Friedrich Augusts II.,

* Dies Geburtsdatum festzustellen war schwierig. Die Geschichts- und Nachschlagebücher geben abwechselnd 1737, 1738 und 1741 an. Monat und Tag werden gar nicht genannt. In dieser Verlegenheit half endlich das Marquardter *Kirchenbuch*. Es heißt in demselben: Hans Rudolf von Bischofswerder starb am 30. Oktober 1803, in einem »ruhmvollen Alter« von zweiundsechzig Jahren, elf Monaten und neunzehn Tagen. Dies ergibt das oben im Text angegebene Geburtsdatum. – Eine verwandte Mühe (was gleich hier bemerkt sein mag) haben alle andern Namen-, Zahlen- und Verwandtschaftsangaben gemacht, und nicht immer ist das Resultat ein gleich befriedigendes gewesen. Vieles war absolut nicht in Erfahrung zu bringen. Ich habe das Vermählungsjahr Bischofswerders mit seiner zweiten Gemahlin, Gräfin Pinto, nicht mit Sicherheit feststellen können. Bestimmte Angaben hierüber würden mit Dank entgegengenommen werden.

lebte damals zumeist in Dresden und gehörte in erster Reihe zu jener nicht kleinen Zahl von Fürstlichkeiten, die für das epidemisch auftretende Ordenswesen, für Goldmachekunst und Geistererscheinungen ein lebhaftes Interesse zeigten.

So konnte es denn kaum ausbleiben, daß auch Bischofswerder, wie alle übrigen Personen des Hofes, zu jenen Alchimisten und Wunderleuten in nähere Beziehung trat, die damals beim Herzoge aus und ein gingen. Unter diesen war Johann Georg Schrepfer der bemerkenswerteste. Er besaß einen »Apparat«, der so ziemlich das Beste leistete, was, nach dieser Seite hin, in damaliger Zeit geleistet werden konnte. Dazu war er kühn und von einem gewissen ehrlichen Glauben an sich selbst. Es scheint, daß er, inmitten aller seiner Betrügereien, doch ganz aufrichtig die Meinung unterhielt: jeder Tag bringt Wunder; warum sollte am Ende nicht auch mir zuliebe ein Wunder geschehn? Als trotz dieses Glaubens die eingesiegelten Papierschnitzel nicht zu Golde werden wollten, erschoß er sich im Leipziger Rosental (1774). Bischofswerder war unter den Freunden, die ihn auf diesem Gange begleiteten und denen er eine »wunderbare Erscheinung« zugesagt hatte.

Die ganze Schrepfer-Episode hatte als Schwindelkomödie geendet. Aber sosehr sie für Unbefangene diesen Stempel trug, sowenig waren die Adepten geneigt, ihren Meister und seine Kunst aufzugeben. Man trat die Schrepfersche Erbschaft an und zitierte weiter. Friedrich Foerster erzählt: »Bischofswerder, in einem Vorgefühl, daß hier ein Schatz, eine Brücke zu Glück und Macht gefunden sei, wußte den Schrepferschen Apparat zu erwerben.« Doch ist dies nicht allzu wahrscheinlich. Wenn Bischofswerder später sehr ähnlich operierte, so konnte er es, weil ein längerer intimer Verkehr mit dem »Meister« ihn in alle Geheimnisse eingeführt hatte.

Der prosaische Ausgang Schrepfers — prosaisch, trotzdem er mit einem Pistolenschuß endete — hatte unseren Bischofswerder nicht *um*gestimmt, aber verstimmt; er gab Dresden auf oder *mußte* es aufgeben, da der ganze Hergang doch viel von sich reden machte, und nicht gerade zugunsten der Beteiligten. Er ging nach Schlesien und lebte einige Zeit (1774 bis 1775) in der Nähe von Grüneberg, auf den Gütern des

Generals von Frankenberg. Bischofswerders äußere Lage war damals eine sehr bedrückte.

Dieser Aufenthalt vermittelte auch wohl den Wiedereintritt B.'s in den preußischen Dienst, der nach einigen Angaben 1775 oder 1776, nach anderen erst bei Ausbruch des Bayerischen Erbfolgekriegs 1778 erfolgte. Prinz Heinrich verlangte ihn zum Adjutanten; als sich diesem Verlangen indes Hindernisse in den Weg stellten, errichtete von B., inzwischen zum Major avanciert, ein sächsisches Jägercorps, das der Armee des »Rheinsberger Prinzen« zugeteilt wurde.

Beim Frieden hatte diese Jägertruppe das Schicksal, das ähnliche Corps immer zu haben pflegen: es wurde aufgelöst. König Friedrich II. indes, »der die Menschen kannte«, nahm den nunmehrigen Major von Bischofswerder in seine Suite auf, worauf sich dieser in Potsdam niederließ. Die schon zitierte Schrift schreibt über die sich unmittelbar anschließende Epoche (von 1780 bis 1786) das Folgende:

»Um diese Zeit war es auch, daß der damalige Prinz von Preußen, der spätere König Friedrich Wilhelm II., ihn kennenlernte und seines besonderen Zutrauens würdig fand. Wobei übrigens eigens bemerkt sein mag, daß von Bischofswerder der einzige aus der Umgebung des Prinzen war, welchen König Friedrich hochzuachten und auszuzeichnen fortfuhr, so groß war die gute Meinung des Königs von Herrn von B., so fest hielt er sich überzeugt, daß er nicht imstande wäre, dem Prinzen böse Ratschläge zu erteilen. Noch mehr. Der Prinz brauchte Bischofswerder, um sich bei den Ministern nach dem Gange der Staatsgeschäfte zu erkundigen, und der König, obwohl er dies wußte, zeigte keinen Argwohn.«

Wir lassen dahingestellt sein, inwieweit eine der Familie Bischofswerder wohlwollende Feder, deren es nicht allzu viele gab, hier die Dinge günstiger schilderte, als sie in Wahrheit lagen; gewiß ist nur, daß die Abneigung des großen Königs sich mehr gegen Wöllner und die Encke, die spätere Rietz-Lichtenau, als gegen Bischofswerder richtete und daß, was immer auch es mit dieser Abneigung auf sich haben mochte, sie jedenfalls die Vertrauensstellung zum Prinzen von Preußen, die er einnahm, nicht tangierte. In dieser befestigte er sich vielmehr so, daß, als sich im August 1786 die

»großen Alten-Fritzen-Augen« endlich schlossen, der Eintritt Bischofswerders in die Stellung eines allvermögenden Günstlings niemanden mehr überraschte. Dabei suchte er durch Friedensschlüsse mit seinen Gegnern, beispielsweise mit der Rietz, namentlich aber auch durch Besetzung einflußreicher Stellen mit Mitgliedern seiner Familie seine eigene Machtstellung mehr und mehr zu befestigen.

Seine beiden Töchter erster Ehe wurden zu dames d'atour bei der Königin, die in Monbijou ihren Hofstaat hatte, ernannt; seine Gemahlin aber war er, nach dem Tode der Frau von Reith, bemüht in die Stellung einer Oberhofmeisterin einrücken zu lassen. So war er denn allmächtiger Minister, war es und blieb es durch alle Wechselfälle einer elfjährigen Regierung hindurch, und die Frage mag schon hier in Kürze angeregt und beantwortet werden: *Wodurch wurde die Machtstellung gewonnen und behauptet?* Die gewöhnliche Antwort lautet: durch servile Complaisance, durch Unterstützen oder Gewährenlassen jeder Schwäche, durch Schweigen, wo sich Reden geziemte, durch feige Unterordnung, die kein anderes Ziel kannte als Festhalten des Gewonnenen, durch *jedes* Mittel, nötigenfalls auch durch »Diavolini« und Geisterseherei. Wir halten diese Auffassung für falsch. Der damalige Hof, König und Umgebung, hatte seine weltkundigen Gebrechen; aber das Schlimmste nach dieser Seite hin lag weit zurück; das »Marmorpalais« repräsentierte *nicht* jene elende Verschmelzung von Lust und Trägheit, von Geistlosigkeit und Aberglauben, als welche man nicht müde geworden ist es darzustellen; man hatte *auch* Prinzipien, und ein wie starkes Residuum von Erregtheit und Erschlaffung, von großem Wollen und kleinem Können auch verbleiben mag, niemals ist eine ganze Epoche so weit über Recht und Gebühr hinaus gebrandmarkt worden wie die Tage Friedrich Wilhelms II. und seines *Ministers.* Wir kommen, wenn wir am Schluß eine Charakterisierung Bischofswerders versuchen, ausführlicher auf diesen Punkt zurück.

Die Campagnen und auswärtigen Verwicklungen, die fast die ganze Regierungszeit des Königs, wenigstens bis 1795, ausfüllten, riefen, wie diesen selbst, so auch seinen Minister vielfach ins Feld. Diplomatische Missionen schoben sich ein. Von B. nahm teil an dem Kongresse zu Svičtow, brachte mit

Lord Elgin die Pillnitzer Konvention (Ergreifung von Maßregeln gegen die Französische Revolution) zustande, begleitete den König 1792 während des Champagne-Feldzugs und ging bald darauf als Gesandter nach Paris, von wo er 1794 zurückkehrte.

Das nächste Jahr brachte den Frieden. Mit dem Friedensschluß zusammen fiel der Erwerb von Marquardt. Schon einige Jahre früher, 1790 oder vielleicht schon 1789, hatte er sich zum zweiten Male verheiratet.

Die hohe Politik, die Zeit der Strebungen, lag zurück. Das Idyll nahm seinen Anfang.

Wir begleiten nun den Günstling-General durch die letzten acht Jahre seines Lebens. Es sind Jahre in *Marquardt.*

Das neue Leben wurde durch das denkbar froheste Ereignis inauguriert: durch die Geburt eines Sohnes, eines Erben. Das alte Haus Bischofswerder, das bis dahin nur auf zwei Augen gestanden hatte, stand wieder auf vier. Die Taufe des Sohnes war ein Glanz- und Ehrentag. Der König hatte Patenstelle angenommen und erschien mit seinen beiden Generaladjutanten von Rodich und von Reder. Die feierliche Handlung erfolgte im Schloß. Als Pastor Stiebritz, ein Name, dem wir im Verlauf unsres Aufsatzes noch öfters begegnen werden, die Taufformel sprechen wollte und bis an die Worte gekommen war: »ich taufe dich«, stockte er – die Namen waren ihm abhanden gekommen, der Zettel fehlte. Aber die Verwirrung war nur eine momentane. Von Bischofswerder selbst trat vor, sprach die Namen, und der Pastor, rasch sich wiederfindend, beendete den Akt.

Der Taufe folgte die Tafel und im Laufe des Nachmittags ein ländliches Fest. Der König blieb; die schöne Jahreszeit lud dazu ein. Noch leben Leute im Dorfe, achtzigjährige, die sich dieses Tages entsinnen. Ein Erinnerungsbaum wurde gepflanzt, ein Ringelreihen getanzt; der König, in weißer Uniform, leuchtete aus dem Kreise der Tanzenden hervor. Am Abend brannten Lampions in allen Gängen des Parks, und die Lichter, samt den dunklen Schatten der Eichen- und Ahornbäume, spiegelten sich im Schlänitz-See. Sehr spät erst kehrte der König nach Potsdam zurück. Er hatte dem Täufling eine Domherrnpräbende als Patengeschenk in das Taufkissen gesteckt. Von Jahr zu Jahr wachsend, steigerte sich der Wert derselben bis zu einer Jahreseinnahme von 4500 Talern.

Zwischen diesem 17. Juli 1795 und dem 16. November 1797 lagen noch zwei Sommer, während welcher der König seine Besuche mehrfach erneuerte. Ob er eintraf, lediglich um sich des schönen Landschaftsbildes und der loyalen Gastlichkeit des Hauses zu freuen, oder ob er erschien, um »Geisterstimmen« zu hören, wird wohl für alle Zeiten unaufgeklärt bleiben. Die Dorftradition sagt, er kam in Begleitung weniger Eingeweihter, meist in der Dämmerstunde (der schon erwähnte Generaladjutant von Reder und der Geheimrat Dr. Eisfeld vom Militärwaisenhause in Potsdam werden eigens genannt), passierte nie die Dorfstraße, sondern fuhr über den »Königsdamm« direkt in den Park, hielt vor dem Schlosse und nahm nun an den Sitzungen teil, die sich vorbereiteten. Man begab sich nach der »Grotte«, einem dunklen Steinbau, der im Parke, nach dem rosenkreuzerischen Ritual, in einem mit *Akazien bepflanzten Hügel* angelegt worden war. Der Eingang, niedrig und kaum mannsbreit, barg sich hinter Gesträuch. Das Innere der Grotte war mit blauem Lasurstein mosaikartig ausgelegt, und von der Decke herab hing ein Kronleuchter. In diese »blaue Grotte«, deren Licht- und Farbeneffekt ein wunderbarer gewesen sein soll, trat man ein; der König nahm Platz. Alsbald wurden Stimmen laut; leiser Gesang, wie von Harfentönen begleitet. Dann stellte der König Fragen, und die Geister antworteten. Jedesmal tief ergriffen, kehrte Friedrich Wilhelm ins Schloß und bald darauf nach Potsdam zurück.

So die Tradition. Es wird hinzugesetzt, die Grotte sei doppelwandig gewesen und eine Vertrauensperson des Ordens habe von diesem Versteck aus die »musikalische Aufführung« geleitet und die Antworten erteilt. Daß die Grotte eine *doppelte Wandung* hatte, ist seitdem, und zwar durch den jetzigen Besitzer, der den Bau öffnete, um sich von seiner Konstruktion zu überzeugen, über jeden Zweifel hinaus erwiesen worden. Die Lasursteine existieren noch, ebenso der Akazienhügel. Dennoch gibt es Personen, die den ganzen Schatz Marquardter Volkssage einfach für Fabel erklären. Ich kann diesen Personen nicht beistimmen. Es ist eine nicht wegzuleugnende Tatsache, daß Bischofswerder ein Rosenkreuzer war, daß er mehr als einmal in Berlin im Palais der Lichtenau, in Sanssouci in einem am Fuß der Terrasse gelegenen Hause, endlich im Belvedère zu Charlottenburg (vergleiche Seite 183) wirklich »Geister« erscheinen ließ und daß er bis zuletzt in seinem Glauben an alchimistische und kabbalistische Vorgänge aushielt. Es ist höchst wahrscheinlich, daß die Grotte ähnlichen Zwecken diente, und nur darüber kann ein Zweifel sein, ob der König, der im ganzen vielleicht nur vier-, fünfmal in Marquardt war, an diesen rosenkreuzerischen Réunions teilnahm.

Am 16. November 1797 starb der König. Noch einmal, auf wenige Tage, wurde Bischofswerder aus der Stille von Marquardt herausgerissen und mitten in die Tagesereignisse hineingestellt, aber nur um dann ganz und für immer in die ihm liebgewordene Stille zurückzukehren.

Während des Hinscheidens Friedrich Wilhelms II. befand sich Bischofswerder im Vorzimmer. Er traf rasch und mit Umsicht alle Vorkehrungen, die der Moment erheischte, ließ die Eingänge zum Neuen Garten beziehungsweise zum Marmorpalais besetzen, warf sich dann aufs Pferd und eilte nach Berlin, um, als erster, den Kronprinzen als König zu begrüßen. Er empfing den Stern des Schwarzen Adlerordens. Ob diese Auszeichnung ihn einen Augenblick glauben machte, er werde sich auch unter dem neuen Regime behaupten können, lassen wir dahingestellt sein. Es ist nicht wahrscheinlich. Beim Begräbnis des Königs trat er zum letzten Mal in den Vordergrund.

Es war im Dom; das offizielle Preußen war versammelt, Lichter brannten, Uniform an Uniform, nur vor dem Altar ein leerer Platz: auf der Versenkung, die in die Gruft führt, stand der Sarg. Jetzt wurde das Zeichen gegeben. In demselben Augenblicke trat Bischofswerder, eine Fackel in der Hand, neben den Sarg, und der Tote und der Lebende stiegen gleichzeitig in die Tiefe. Es machte auf alle, auch auf die Gegner des Mannes, einen mächtigen Eindruck. Es war das letzte Geleit. Zugleich symbolisch ausdrückend: Ich lasse nun die Welt.

Und er ließ die Welt. Sein Dorf, sein Haus, sein Park füllten von nun an seine Seele. Mit seinen Bauern stand er gut; die Auseinanderlegung der Äcker, die sogenannte »Separation«, die gesetzlich erst zehn Jahre später ins Leben trat, führte er durch freie Vereinbarung aus; er erweiterte und schmückte das Schloß, den Park; dem letztern gab er durch Ankauf von Bauerhöfen, deren Brunnenstellen sich noch heut erkennen lassen, wie durch Anpflanzung wertvoller Bäume seine gegenwärtige Gestalt. Alle Wege, die durch die Gutsäcker führten, ließ er mit Obstbäumen, die er für bedeutende Summen aus dem Dessauischen bezog, bepflanzen und schuf dadurch eine Kultur, die noch jetzt eine nicht unerhebliche jährliche Rente abwirft. Er hatte ganz die Ackerbaupassion, den tiefen Zug für Natur, Abgeschiedenheit und Stille, den man bei allen Personen beobachten kann, die sich aus der Hofsphäre oder aus hohen Berufsstellungen in einfache Verhältnisse, aus dem glänzenden Schein in die Wirklichkeit des Lebens zurückziehen.

Der Verkehr im Hause war nichtsdestoweniger ein ziemlich reger. Die katholischen und ökonomischen Grundsätze seiner zweiten Frau griffen zwar gelegentlich störend ein; seine Bonhommie wußte aber alles wieder auszugleichen. Mit dem benachbarten Adel stand er auf gutem Fuß; die Beziehungen zur Potsdamer Gesellschaft waren wenigstens nicht abgebrochen; nur die eigentlichen Hofkreise, die der an oberster Stelle herrschenden Empfindung Folge geben mußten, hielten sich zurück. Friedrich Wilhelm III., sooft er auch auf dem Wege nach Paretz das Marquardter Herrenhaus zu passieren hatte, hielt nie vor demselben an; die Jahre, die nun mal die Signatur: Rietz, Wöllner, Bischofswerder trugen, trotzdem er zu dem letzteren nie in einem direkten Gegensatze stand, lebten zu unliebsam in der Erinnerung fort, um eine Annäherung wünschenswert erscheinen zu lassen.

So kam der Herbst 1803 und mit ihm das Scheiden. Die Arkana und Panazeen konnten's nicht abwenden; das »Lebenselixier«, von dem er täglich einen Tropfen nahm, und das rotseidene Kissen, das er als Amulett auf der Brust trug, sie mußten weichen vor einer stärkeren Macht, die sich mehr und mehr ankündigte. Der Erbring mit dem weißen Milchstein dunkelte rasch auf dem Zeigefinger, an dem er ihn trug, und so wußte er denn, daß seine letzte Stunde nahe sei. Er las im Swedenborg, als der Tod ihn antrat. Nach kurzem Kampfe verschied er in seinem Stadthause zu Potsdam. Es war am 30. Oktober.

Er war in Potsdam gestorben, aber nach letztwilliger Verfügung wollte er in Marquardt begraben sein. Nicht in der Kirche, auch nicht auf dem Kirchhofe, sondern im Park zwischen Schloß und Grotte. In wenig Tagen galt es also ein Erbbegräbnis herzustellen.

Eine runde Gruft wurde gegraben, etwa von Tiefe und Durchmesser eines Wohnzimmers, und die Maurer arbeiteten emsig, um dem großen Raum eine massive Wandung zu geben. Als der vierte Tag zu Ende ging, der Tag vor dem festgesetzten Begräbnis, mußt auch, um's fertig zu schaffen, die Nacht mit zu Hilfe genommen werden, und bei Fackelschein, während der erste Schnee auf den kahlen Parkbäumen lag, wurde das Werk wirklich beendet.

Am 4. November früh erschien von Potsdam her der mit sechs Pferden bespannte Wagen, der den Sarg trug; die Beisetzung erfolgte, und zum ersten Male schloß sich die runde Gartengruft. Nur noch zweimal wurde sie geöffnet. Ein Aschenkrug ohne Namen und Inschrift wurde auf das Grab gestellt.

Efeu wuchs darüberhin wie über ein Gartenbeet.

Wir versuchen, nachdem wir in vorstehendem alles zusammengetragen, was wir über den Lebensgang von Bischofswerder in Erfahrung bringen konnten, nunmehr eine Schilderung seiner Person und seines Charakters.

Er war ein stattlicher Mann, von regelmäßigen und ansprechenden Gesichtszügen, in allen Leibesübungen und ritterlichen Künsten wohlerfahren, ein Meister im Fahren und Fechten, im Schießen und Schwimmen, von gefälligen Formen und bei den Frauen wohlgelitten. Er blieb bis zuletzt ein »schöner Mann«. Seltsamerweise haben ihm Neid und Übelwollen auch diese Vorzüge der äußern Erscheinung absprechen wollen. In den französisch geschriebenen Anmerkungen zu den »Geheimen Briefen« wird er einfach als eine »traurige Figur« (figure triste) bezeichnet. Der Schreiber jener Zeilen kann ihn nie gesehen haben. Der erst 1858 gestorbene *Sohn* Bischofswerders, eine echte Garde-du-Corps-

Erscheinung, war das Abbild des Vaters und übernahm noch nachträglich eine Art Beweisführung für die Stattlichkeit des »Günstling-Generals«.

Der oft versuchten Schilderung seines Charakters sind im großen und ganzen die Urteile der »Vertrauten Briefe«, der »Geheimen Briefe«, der »Anmerkungen« zu den »Geheimen Briefen« und die Briefe Mirabeaus zugrunde gelegt worden. Es steht aber wohl nachgerade fest, daß alle diese Briefe unendlich wenig Wert als historische Dokumente haben und daß sie durch Übelwollen, Parteiverblendung oder bare Unkenntnis diktiert wurden. In letzterem Falle gaben sie lediglich das Tagesgeschwätz, das kritiklose Geplauder einer skandalsüchtigen und medisanten Gesellschaft wieder. So heißt es in den »Vertrauten Briefen« des Herrn von Coelln: »Bischofswerder war ein ganz gewöhnlicher Kopf. Sein Gemüt war den äußeren Eindrücken zu sehr offen, woraus eine große Schwäche des Willens entstand. *Ganz* gemein aber war er nicht.« Diese letzte halbe Zeile, in ihrem Anlauf zu einer Ehrenrettung, ist besonders bösartig, weil sie sich das Ansehen einer gewissen Unparteilichkeit gibt. Weit hinaus aber über das Übelwollen der »*Vertrauten* Briefe«, die an einzelnen Stellen immerhin das Richtige treffen mögen, gehen die »Anmerkungen« zu den »*Geheimen* Briefen«, in denen wir folgendem Passus begegnen:

»La fortune a quelquefois employé des hommes sans grande capacité dans l'administration des États; mais rarement elle a choisi un si triste sujet que ce Bischofswerder: naissance ordinaire, figure triste, physionomie perfide, élocution embarrassée; ne connoissant ni le pays qu'il a quitté, ni celui qui l'a recueilli, ni ceux qui intéressent la Prusse. N'étant ni militaire, ni financier, ni politique, ni économiste. Un de ces hommes enfin que la nature a condamné à l'obscurité et à végéter dans la foule. Voilà l'homme qui règne en Prusse.«

Wir verweilen bei diesen Auslassungen *nicht*, eben weil sie zu sehr den Stempel des Pasquills tragen, und wenden uns lieber der Darstellung zu, die ein anerkannter *Historiker* von dem Charakter B.'s gegeben hat, um dann an dieses maßvolle Urteil anzuknüpfen.

J. C. F. Manso in seiner »Geschichte des preußischen

Staates vom Frieden zu Hubertusburg bis zur zweiten Pariser Abkunft« sagt über Bischofswerder:

»In den Fesseln der Rosenkreuzerei verlor er früh die unbefangene Ansicht des Lebens ... Selten übte ein Mensch die Kunst, *andere zu erforschen* und sich zu verbergen, *glücklicher und geschickter* als er. Ihm war es nicht gleichgültig, wem er sein Haus am Tage und wem er es in der Dunkelheit öffne. Sein ganzes Wesen trug das Gepräge der *Umsichtigkeit*, und wenn er reden mußte, wo er lieber geschwiegen hätte, bewahrte er sich sorgfältig genug, um nichts von seinem Innern zu enthüllen. Rat gab er nie ungefragt, und den er gab, hielt er für sicherer oder verdienstlicher, dem Fragenden unterzuschieben; auch des Ruhms, der ihm aus dem gegebenen zuwachsen konnte, entäußerte er sich mit seltener Willfährigkeit ... Friedrich Wilhelm ward nie durch ihn in der Überzeugung gestört, er wäge, wähle und beschließe allein ... Das Vorurteil uneigennütziger Anhänglichkeit, das er für sich hatte, reichte hin, Verdächtige zu entfernen und Geprüftere zu empfehlen. So gelang ihm, wonach er strebte. Er ward *reich* durch die Huld des Monarchen, ohne Vorwurf, und der Erste im Staate, ohne Verantwortlichkeit ... Anmaßungen, nicht Vergünstigungen gefährden.«

Dies Urteil Mansos, wenn wir von dem Irrtum absehen, daß er von B. als »reich« bezeichnet, wird im wesentlichen zutreffen. Aber was enthält es, um den Mann oder seinen Namen mit einem Makel zu behaften? Was andres tritt einem entgegen als ein lebenskluger, mit Gaben zweiten Ranges ausgerüsteter Mann, der scharf beobachtete, wenig sprach, keinerlei Ansprüche erhob, auf die glänzende Außenseite des Ruhmes verzichtete und sich begnügte, in aller Stille *einflußreich* zu sein? Wir bekennen offen, daß uns derartig angelegte Naturen nicht gerade sonderlich sympathisch berühren und daß uns solche, die, zumal in hohen Stellungen, mehr aus dem *Vollen* zu arbeiten verstehen, mächtiger und wohltuender zu erfassen wissen; aber, wohltuend oder nicht, was liegt hier vor, das, an und für sich schon, einen besonderen Tadel herausforderte? Zu einem solchen würde erst Grund vorhanden sein, wenn Bischofswerder seinen Einfluß, den er unbestritten hatte, zu bösen Dingen geltend gemacht hätte. Aber wo sind diese bösen

Dinge? Wenn die ganze damalige auswärtige Politik Preußens – was übrigens doch noch fraglich bleibt – auf ihn zurückgeführt werden muß, wenn also der Zug gegen Holland, der Zug in die Champagne, der Zug gegen Polen und schließlich wiederum der Baseler Frieden *sein* Werk sind, so nehmen wir nicht Anstand zu erklären, daß er in *allem* das Richtige getroffen hat. Die drei Kriegszüge erwuchsen aus einem und demselben *Prinzip*, das man nicht umhin können wird in einem *königlichen* Staate, in einer *absoluten* Monarchie als das Richtige anzusehen. Ob die Kriegsleistungen selbst, besonders der Feldzug in der Champagne, auf besonderer Höhe standen, das ist eine zweite Frage, die, wie die Antwort auch ausfallen möge, keinesfalls eine Schuld involviert, für die *Bischofswerder* verantwortlich gemacht werden kann. Er hatte gewiß den Ehrgeiz, einflußreich und Günstling seines königlichen Herrn zu sein, aber er eroberte sich diese Stellung weder durch schnöde Mittel, noch tat er Schnödes, solang er im Besitz dieser Stellung war. Er diente dem Könige und dem Lande nach seiner besten Überzeugung, die, wie wir ausgeführt, nicht bloß eine individuell berechtigte, sondern eine absolut zulässige war. Er war klug, umsichtig, tätig und steht frei da von dem Vorwurf, sich bereichert oder andere verdrängt und geschädigt zu haben. Was ihn dem Könige wertmachte (darin stimmen wir einer Kritik bei, die sich *gegen* die oben zitierten französischen »Anmerkungen« richtet), waren: des mœurs pures, beaucoup d'honnêteté dans le sentiment, un désintéressement parfait, un grand amour pour le travail.

In dieser Kritik vermissen wir nur eines noch, was uns den Mann ganz besonders zu charakterisieren scheint, seinen bon sens in allen praktischen Dingen, wohin wir in erster Reihe auch die Politik rechnen, das klare Erkennen von dem, was statthaft und unstatthaft, was möglich und unmöglich ist. Über diese glänzendste Seite Bischofswerders gibt uns Massenbach in seinen »Memoiren zur Geschichte des preußischen Staates« Aufschluß. Dieser (Massenbach) verfolgte damals, 1795 bis 1797, zwei Lieblingsideen: »Bündnis mit Frankreich« und »Neuorganisation des Generalquartiermeisterstabes« – wohl dasselbe, was wir jetzt Generalstab nennen.

In den »Memoiren« heißt es wörtlich: »Ich suchte den General von Bischofswerder für meine Ansichten zu gewinnen. Es hielt schwer, diesen Mann in seinem Zimmer zu sprechen. Desto öfter traf ich ihn auf Spazierritten. Er liebte den Weg, der sich vor dem Nauenschen Tore, auf der sogenannten Potsdamer Insel, längs der Weinberge hinzieht. Da paßte ich ihm auf, kam wie von ungefähr um die Ecke herum und bat um die Erlaubnis, ihn begleiten zu dürfen. Das Gespräch fing gewöhnlich mit dem Lobe seines Pferdes an; nach und nach kamen wir auf die Materie, die ich zur Sprache bringen wollte. Ich gebe hier eines dieser Gespräche, worin ich ihm, wie schon bei einer früheren Gelegenheit, ein Bündnis mit Frankreich empfahl.

*Ich* (Massenbach): ›Preußen muß sich fest mit Frankreich verbinden, wenn es sich nicht unter das russische Joch beugen soll.‹

*Bischofswerder*: ›Aber bedenken Sie doch, daß der König mit der Direktorialregierung kein Freundschaftsbündnis errichten *kann*. Unter den Direktoren befinden sich einige, die für den Tod ihres Königs gestimmt haben. Mit Königsmördern kann kein König traktieren.‹

*Ich*: ›Traktieren? Wir haben ja in Basel traktiert. Und gab der staatskluge Mazarin seinem Zögling nicht den Rat, den Königsmörder Cromwell seinen »lieben Bruder« zu nennen? Das Interesse des Staates entscheidet hier allein.‹

*Bischofswerder*: ›Man hat keine Garantie. Morgen werden die »Fünf Männer« von ihren Thronen gejagt und nach Südamerika geschickt. Es ist eine revolutionäre Regierung.‹

*Ich*: ›Die englische Regierung ist es auch. Georg III. ist nicht nur ein schwacher Mann, er ist weniger als nichts; er ist wahnsinnig ... Heute negoziieren wir mit Pitt, morgen ist ein Bute an der Spitze der Angelegenheiten. Die englische Regierung gibt uns auch keine Sicherheit. Wir haben mit der französischen Regierung unterhandelt; wir haben sie anerkannt; *wir* haben ihr eine diplomatische Existenz gegeben und uns dadurch den Haß aller Mächte zugezogen. Einmal mit diesem Hasse beladen, gehe man noch einen Schritt weiter ...‹

*Bischofswerder*: ›Sie gehen zu weit, Massenbach. Eine solche Idee dem Könige vorzutragen, kann ich nicht wagen.

Auch kann ich Ihrer Meinung nicht beipflichten. Allianz mit Frankreich! Das ist zu früh. Die Dinge in Frankreich haben noch keine Konsistenz.‹ «

Dies war im Frühjahr 1796.

»Die zweite, noch weit eingehendere Unterredung«, so fährt Massenbach fort, »die ich mit Bischofswerder um diese Zeit hatte, bezog sich auf die Neuorganisation des Generalquartiermeisterstabes. Ich bat um die Erlaubnis, ihm meinen Aufsatz über die Notwendigkeit einer ›*Verbindung der Kriegs- und Staatskunde*‹ vorlesen zu dürfen. Dies geschah denn auch an zwei Abenden, die ich bei Bischofswerder unter vier Augen zubrachte. Er machte, als ich geendet hatte, einige treffende Bemerkungen. Unter andern sagte er folgendes: ›Selbst angenommen, daß dies alles nur *politisch-militärische Romane* wären, so würde doch die Lektüre derselben den Prinzen des königlichen Hauses ungemein nützlich sein, nützlicher als die Lektüre von Grandison und Lovelace. Die jungen Herren würden dadurch die militärische Statistik unseres Staates und der benachbarten Staaten kennenlernen.‹

Das Ende meines Aufsatzes«, so schließt Massenbach, »ließ er sich zweimal vorlesen. Er lächelte. Als ich in ihn drang, mir dies Lächeln zu erklären, sagte er: ›Der Generalstab wird, wenn Ihre Idee zur Ausführung kommt, eine *geschlossene Gesellschaft*, die einen entscheidenden Einfluß auf die Regierung des Staates haben wird. *Ihr* Generalquartiermeister greift in alle Staatsverhältnisse ein. Sein Einfluß wird größer als der des jetzigen Generaladjutanten. Solange Zastrow der vortragende Generaladjutant ist, wird Ihre Idee nicht ausgeführt werden. Jetzt müssen Sie diese Idee gar nicht zur Sprache bringen. Teilen Sie solche niemandem mit. Die Sache spricht sich herum, und Sie haben dann große Schwierigkeiten zu bekämpfen ... Ihren Antrag wegen der *Reisen* der Offiziere des Generalquartiermeisterstabes will ich gern beim Könige unterstützen.‹ « (Dies geschah.)

Massenbach, der immer Gerechtigkeit gegen Bischofswerder geübt und nur seine Geheimtuerei, sein Sich-verleugnen-Lassen und sein diplomatisch-undeutliches Sprechen, das er »Bauchrednerei« nannte, gelegentlich persifliert hatte, war nach diesen Unterredungen so entzückt, daß er ihre Aufzeichnung mit den Worten begleitet: »Ich gewann den Mann lieb; er erschien mir einsichtsvoll, und ich konnte mich nicht enthalten, ihn zu embrassieren.«

Wenn nun auch einzuräumen ist, daß der immer Pläne habende Massenbach durch ein solches Eingehen auf seine Ideen bestochen sein mußte, so muß doch auch die nüchternste Kritik, die an diese Dialoge herantritt, eingestehn, daß sich überall ein Prinzip und doch zugleich nirgends eine prinzipielle Verranntheit, daß sich vielmehr Feinheit, Wohlwollen, Verständigkeit und selbst Offenheit darin aussprechen. Ein Mann, wie Bischofswerder gewöhnlich geschildert zu werden pflegt, hätte eher eine Fluchtreise nach Berlin oder nach Marquardt gemacht, als daß er sich dazu verstanden hätte, sich einen langen Aufsatz über die Neuorganisation des Generalstabes an *zwei* Abenden vorlesen zu lassen. In dieser einen Tatsache liegt ausgesprochen, daß er ein fleißiger, gewissenhafter, geistigen Dingen sehr wohl zugeneigter Mann war.*

Wir haben diese Zitate gegeben, um unsere Ansicht über den gesunden Sinn Bischofswerders, über seine Urteilskraft und seine politische Befähigung zu unterstützen; es bleibt uns noch die wichtige Frage zur Erwägung übrig: *War er ein rosenkreuzerischer Charlatan?* Was wir zu sagen haben, ist das Folgende: Ein Rosenkreuzer war er gewiß, ein Charlatan war er *nicht.* Er *glaubte* eben an diese Dinge. Daß er, wie bei Aufführung einer Shakespeareschen Tragödie, mit allerhand Theaterapparat Geister zitierte, eine Sache, die zugegeben werden muß, scheint dagegenzusprechen. Aber es scheint nur. Diese Gegensätze, so meinen wir, vertragen sich sehr wohl miteinander.

* Auch dies ist bestritten worden. Man gefiel sich darin, den König, seinen Günstling, den ganzen Hof als absolut unliterarisch, als tot gegen alles Geistige darzustellen. Sehr mit Unrecht. Ignaz Feßler, in seinem Buche »Rückblicke auf meine siebzigjährige Pilgerfahrt« (Breslau, W. G. Korn, 1824), schreibt: »Ich stand mit auf der Liste, die der Minister für Schlesien, Graf Hoym, als eine Art *Konspiratorenverzeichnis* beim Könige eingereicht hatte. Es traf sich aber, daß General von Bischofswerder, wenige Tage zuvor, einiges aus meinem ›Marc Aurel‹ dem Könige vorgelesen hatte, der nunmehr ohne weiteres den Namen Feßler durchstrich, dabei bemerkend: ›*Der* ist kein Schwindelkopf, er ist monarchisch gesinnt, wie sein »Marc Aurel« zeigt.‹ « So geringfügig dieser Hergang ist, so lehrreich ist er doch auch. Er zeigt, ebenso wie das oben aus Massenbachs Memoiren Mitgeteilte, daß sich der Hof Friedrich Wilhelms II. (und in erster Reihe sein Generaladjutant) sehr wohl um literarische Dinge kümmerte, scharf aufpaßte und sich danach ein Bild von den Personen machte.

Es ist bei Beurteilung dieser Dinge durchaus nötig, sich in das Wesen des vorigen Jahrhunderts, insonderheit des letzten Viertels, zurückzuversetzen. Die Welt hatte vielfach die Aufklärung satt. Man sehnte sich wieder nach dem Dunkel, dem Rätselhaften, dem Wunder. In diese Zeit fiel von Bischofswerders Jugend. Wenn man die Berichte über Schrepfer liest, so muß jeder Unbefangene den Eindruck haben: Bischofswerder glaubte daran. Selbst als Schrepfer zu einer höchst fragwürdigen Gestalt geworden war, blieb von B. unerschüttert; er unterschied Person und Sache. Es ist, nach allem, was wir von ihm wissen, für uns feststehend, daß er an das Hereinragen einer überirdischen Welt in die irdische so aufrichtig glaubte, wie nur jemals von irgend jemandem daran geglaubt worden ist. Der gelegentliche Zweifel, ja, was mehr sagen will, das gelegentliche *Spielen* mit der Sache ändert daran nichts. Wenn irgendwer, groß oder klein, gebildet oder ungebildet, mit umgeschlagenem weißen Laken den Geist spielt und auf dem dritten Hausboden unerwartet einem andern »Gespenst« begegnet, so sind wir sicher, daß ihm in seiner »Geistähnlichkeit« sehr bange werden wird. Ein solches Spiel, weitab davon, ein Beweis freigeistigen Drüberstehns zu sein, schiebt sich nur wie ein gewagtes Intermezzo in die allgemeine mystische Lebensanschauung ein.

So war es mit Bischofswerder. Was ihn bewog, den Aberglauben, dem er dienstbar war, sich jezuweilen auch dienstbar zu *machen*, wird mutmaßlich unaufgeklärt bleiben; ein von Parteistreit unverwirrter Einblick in sein Leben spricht aber entschieden dafür, daß *es nicht zu selbstischen Zwekken geschah*. Und *das* ist der Punkt, auf den es ankommt, wo sich Ehre und Unehre scheiden. Der Umstand, daß die ganze Familie, weit über die letzten Jahre des vorigen Jahrhunderts hinaus, in dieser Empfindungswelt beharrte, ist bei Beurteilung der ganzen Frage nicht zu übersehen und mag allerdings als ein weiterer Beweis dafür dienen, daß hier seit lange ein Etwas im Blute lag, das einer mystisch-spiritualistischen Anschauung günstig war.

Wir kommen in der Folge darauf zurück und wenden uns zunächst einem neuen Abschnitt des Marquardter Lebens zu.

## Marquardt von 1803 bis 1833

*Frau von Bischofswerder, geborne von Tarrach, verwitwete Gräfin Pinto*

Beim Tode Bischofswerders war sein Sohn und Erbe erst acht Jahre alt; es trat also eine Vormundschaft ein. Diese Vormundschaft führte die Mutter und blieb, weit über die Minorennitätsjahre ihres Sohnes hinaus (den der Dienst in Berlin und Potsdam fesselte), nicht de jure, aber doch de facto, die Regentin von Marquardt bis zu ihrem Tode. Auf diese dreißig Jahre richten wir jetzt unsere Aufmerksamkeit. Zunächst auf die Dame selbst.

Frau Generalin von Bischofswerder war eine geborene von Tarrach. Ihr Vater war der Geheime Finanzrat von Tarrach zu Tilsit, dessen Kinder es alle zu hohen Stellungen in Staat und Gesellschaft brachten. Sein Sohn war in den zwanziger Jahren preußischer Gesandter in Stockholm, eine jüngere Tochter vermählte sich mit dem Marquis von Lucchesini, die älteste, Wilhelmine Katharine, wurde die Frau des Günstling-Generals und Ministers von Bischofswerder.

Aber sie wurde es erst in *zweiter* Ehe. Ihre erste Ehe schloß sie mit dem Grafen Ignaz Pinto, den Friedrich der Große um 1770 aus sardinischen Diensten nach Preußen berufen, zum Flügeladjutanten gemacht und zum Mitgründer des unter ihm gebildeten Generalstabes, zum Generalfeldbaumeister, zum Maréchal de logis de l'armée und zum Generaladjutanten ernannt hatte. Gleichzeitig hatte er ihm verschiedene Güter in Schlesien, darunter Mettkau im Neumarkter Kreise, sowie das Inkolat als schlesischen Grafen verliehen. Man sieht, es war dem Fräulein von Tarrach das seltene Glück beschieden, den Günstlingen zweier Könige die Hand reichen zu können.

Graf Pinto starb 1788. Seine Witwe, die Gräfin, war damals einunddreißig Jahr alt. Sie trat sehr bald zu Bischofswerder, der etwa um ebendiese Zeit Witwer geworden war, in nähere Beziehungen, und klug und schön, wie sie war (sie »schoß« ein wenig mit den Augen, und die medisierenden Hofleute sagten: »Elle est belle, mais ses yeux ›ne marchent pas bien‹ «), nahm das Verhältnis einen wirklichen Zärtlichkeitston an, der, wenigstens damals, zwischen Leuten von Welt zu den Ausnahmen zählte. Es scheint, dieser Ton überdauerte selbst die Flitterwochen, die sehr wahrscheinlich in den Sommer 1789 oder 1790 fielen. 1792 während des Champagne-Feldzuges wurde von französischen Truppen eine eben eingetroffene preußische Feldpost erbeutet, und acht Tage später las irgendein Montagnard in der Nationalversammlung die Zeilen vor, die Frau von Bischofswerder an ihren Gemahl ins Feldlager gerichtet hatte. Der entschieden lyrische Grundton dieses Briefes erweckte die Heiterkeit der Versammlung.

Das war in den ersten Jahren. Aber die Intimität blieb. Ein Sohn und drei Töchter wurden aus dieser zweiten Ehe geboren, so daß damals im Marquardter Herrenhause alle Arten von Stiefgeschwistern anzutreffen waren: Kinder aus der ersten Ehe des Herrn von Bischofswerder, Kinder aus der ersten Ehe der Frau von Bischofswerder (mit dem Grafen Pinto) und Kinder aus der zweiten Ehe beider. Die gräflich Pintoschen Kinder scheinen übrigens nur ausnahmsweise in Marquardt gewesen zu sein, während die Bischofswerderschen Kinder aus seiner ersten Ehe mit dem Fräulein von Wilke bis zuletzt die freundlichsten Beziehungen zum Marquardter Herrenhause unterhielten.*

1803 starb der General. Wir haben seine Beisetzung geschildert. Seine Ehe, wie schon hervorgehoben, war eine glückliche gewesen, und die Wahrnehmung, daß auch ein

* Es waren dies *zwei* Töchter. Die eine, Karoline Erdmute Christiane, blieb unverheiratet und starb 1842. Über ihr Begräbnis in Marquardt berichten wir an anderer Stelle ausführlich. Die andere vermählte sich schon 1794 oder 1795 mit dem jungen Grafen Gurowski, dem Besitzer der Starostei Kolo. Die »Vertrauten Briefe« sagen von ihm: »Er war ein junger Krüppel mit einem kurzen Beine, sonst ein Ungetüm und unter den jungen Polen der verdorbenste. Ein Libertin, auf der untersten Stufe des Zynismus. Wenige Wochen nach der Heirat kam es zur Scheidung: er nahm dann teil an der Insurrektion und trat später das schöne Gut Murowanna Goßlin an seine geschiedene Frau ab.« Über die weiteren Schicksale dieser verlautet nichts. – Beide Fräulein von Bischofswerder waren übrigens sehr liebenswürdig, von feiner Bildung und Sitte. Nichts war unwahrer und bösartiger als eine Schilderung derselben in den mehrgenannten »Anmerkungen« zu den »Geheimen Briefen«, worin es heißt: »Les demoiselles Bischofswerder sont deux petites filles mal élevées. L'aînée a dans ses yeux le flambeau de l'hymen. On les dit intrigantes. A propos jaloux. Au reste il faut distinguer les ridicules des vices et dire que jusqu'ici la conduite de ces demoiselles est intacte.«

So die »Anmerkungen«. Die »Vertrauten Briefe«, »Geheimen Briefe« etc. jener Epoche sind nie impertinenter, wie wenn sie sich zu einer halben Huldigung oder Anerkennung herablassen.

allmächtiger Minister irgendwo die Grenzen seiner Allmacht finden müsse, hatte weder seinen Frieden noch seine Heiterkeit getrübt. Die »Gräfin«, eine Benennung, die ihr vielfach blieb, hatte ihr Leben nach dem Satze eingerichtet, daß, »wer der Herrschefähigste sei, auch die Herrschaft zu führen habe«, und dies scheint uns der Ort, ehe wir in der Vorführung biographischen Materials fortfahren, eine Charakterschilderung der Frau einzuschalten. Ihren Mann, trotz all ihrer Herrschsucht, liebte sie wirklich, und noch in den letzten Lebensjahren pflegte sie halb scherzhaft zu sagen: »Wenn ich im Himmel meinem ersten Mann begegnen werde, so weiß ich nicht, wie er mich begrüßen wird, aber vor meinem *Bischofswerder* ist mir nicht bange.«

Die »Gräfin«, auch wenn uns nichts Zuverlässigeres vorläge als das Urteil ihrer Neider und Tadler, war jedenfalls eine »distinguierte« Frau. Es mußte seinen Grund haben, daß zwei Günstlinge sich um ihre Gunst bewarben. Ein Enkel von ihr mochte mit Fug und Recht schreiben: »Die in meinen Händen befindlichen Papiere, leider nur Bruchstücke, geben ganz neue Aufschlüsse. Reichen sie auch zu einer klaren geschichtlichen Darstellung nicht aus, so haben sie mir doch einen genügenden Anhalt geboten, die *für Preußens Größe begeisterte*, die kühnsten Wünsche und Pläne hegende Frau verstehen zu lernen und die Bitterkeit zu begreifen, als sie mehr und mehr einsah, daß *nicht* die Macht der Verhältnisse, sondern die Schwäche der Menschen alles vereitelte und häufig in das Gegenteil verkehrte.« Wir haben nicht selbst Einblick in die Papiere, die hier erwähnt werden, nehmen dürfen, aber nach allem, was uns sonst vorliegt, sind wir geneigt, diese Schilderung für richtig zu halten. Sie war keine liebenswürdige, aber eine bedeutende Frau, ein ausgesprochener Charakter.

In den zahlreichen mehr oder weniger libellartigen Schriften jener Zeit wie auch im Gedächtnis der Marquardter Dorfbewohner, von denen sie noch viele gekannt haben, lebt sie allerdings nur in zwei Eigenschaften fort, als habsüchtig-geizig und bigott-katholisch. In den mehrfach schon zitierten »Vertrauten Briefen« finden wir zunächst: »Herrn von Bischofswerders Ehehälfte läßt sich jedes gnädige Lächeln mit Geld aufwiegen«, und an anderer Stelle heißt es: »Die in Südpreußen veranstalteten Güterverschleuderungen waren ihr Werk, indem sie ihrem Manne beständig sagte: ›Sie werden wie ein Bettler sterben, wenn Sie nicht noch die letzten Tage des Königs benutzen, um etwas für Ihre Familie zu tun.‹ «

Das Fundament dieser Habsucht war mutmaßlich mehr Ehrgeiz als irgend etwas andres. Sie wußte: »Besitz ist Macht«, und die Jahre, so scheint es, steigerten diese Anschauung eher, als daß sie sie mäßigten. Ein Mann, der sie in ihren alten Tagen kannte, schreibt: »Sie war herb und hart, ertragbar nur im Verkehr mit kleinen Leuten und ausgiebig nur in Auflegung von Schminke.«

Ihr Katholizismus war von der ausgesprochensten Art, aber die Art, wie sie ihn übte, die Entschiedenheit im Bekenntnis auf der einen Seite und andererseits wieder die Toleranz gegen alle diejenigen, die nun mal auf anderem Boden standen, gereichte ihr zu hoher Ehre. Ignaz Feßler, früher Mönch, der zum Protestantismus übergetreten war, kam 1796 nach Berlin und – an Bischofswerder empfohlen – auch nach Marquardt. »Bischofswerder wollte mir wohl«, so schreibt er, »aber alles scheiterte an der Frau. Sie sah in mir nichts als den *Abtrünnigen von der römischen Kirche.* Sie beherrschte ihren Gemahl vollständig, und um des lieben Hausfriedens willen durfte er mich nicht mehr sehen.« Diese Strenge zeigte sie aber nur dem *Konvertiten.* In Marquardt griff sie nie störend oder eigenmächtig in das protestantische Leben in der Gemeinde ein, hatte vielmehr eine Freude daran, die evangelische Kirche des Dorfes mit allem Kirchengerät und Kirchenschmuck, mit Altardecke und Abendmahlskelch zu beschenken.

Wir kehren nach diesem Versuch einer Charakterschilderung in das Jahr 1803 zurück. Ihren Gemahl hatte sie vollständig beherrscht; aber wenn sie nach der Seite des Herrschens hin, bis zum Tode Bischofswerders, des Guten zuviel getan haben mochte, so begannen doch nun alsbald die Jahre, wo die »Gewohnheit des Herrschens« zu einem Segen wurde. Dieser Zeitpunkt trat namentlich ein, als die Franzosen ins Land kamen und auch die Havelgegenden überschwemmten. Der »Gräfin« Klugheit führte alles glücklich durch. Sie wußte, wo ein Riegel vorzuschieben war, aber sie ließ auch gewähren. Eine rätselvolle Geschichte ereignete sich in jenen Jahren. Französische Chasseurs zechten im Saal; einer stieg in den Keller hinab, um eine Kanne »frisch vom Faß« zu zapfen. Nun trifft es sich, daß das Marquardter Herrenhaus einen doppelten Keller hat, den einen unter dem andern. Wahrscheinlich erlosch das Licht, oder der Trunk schläferte den Chasseur ein, kurzum, er kam nicht wieder herauf; sein Hilferuf verhallte, der Trupp, in halbem Rausche, verließ Schloß und Dorf, und des Franzosen wurde erst wieder gedacht, als es im Hause zu rumoren begann. Nun forschte man nach. An einer dunkelsten Stelle des Kellers lag der Unglückliche, unkenntlich schon, neben ihm ein halb niedergebranntes Licht. Die »Gräfin« gab ihm ein ehrlich Begräbnis; da wurd es still. Sie ahnte damals nicht, daß sie im Glauben des Volkes, im Geplauder der Spinnstuben diesen Spuk einst ablösen würde.

Die Franzosenzeit war vorüber, der Siegeswagen stand wieder auf dem Brandenburger Tor, die Kinder des Marquardter Herrenhauses blühten auf; die »Gräfin«, noch immer eine stattliche Frau, war nun sechzig. Die Jugend der Kinder gab dem Hause neuen Reiz; es waren seit lange wieder Tage glücklichen Familienlebens, und dies Glück wuchs mit der Verheiratung der Töchter. Die älteste, Luitgarde, vermählte sich mit einem Hauptmann von Witzleben (später General), der damals eine Compagnie vom Kaiser-Franz-Regiment führte. Die zweite, Blanka, geboren 1797, von der die »Gräfin« mit mütterlichem Stolz zu sagen pflegte:

Meine Blanka, blink und blank,
Ist die Schönst' im ganzen Land,

wurde die Gattin eines Herrn von Maltzahn; die jüngste, Bertha, geboren 1799, gab ihre Hand einem Herrn von Ostau, damals Rittmeister im Regiment Garde du Corps. Tage ungetrübten Glückes schienen angebrochen zu sein, aber nicht auf lange. Die beiden jüngeren Töchter starben bald nach ihrer Verheiratung, innerhalb Jahresfrist. Dem Tode der schönen Blanka ging ein poetisch-rührender Zug vorauf. Sie lag krank auf ihrem Lager. Da meldete der Diener, daß das »Kreuz« aus Potsdam angekommen sei. Die junge schöne Frau hatte wenige Tage zuvor ein Kreuz, das sie auf der Brust zu tragen pflegte, einer Reparatur halber nach Potsdam hinein geschickt, und sie bat jetzt, ihr das Andenken, das ihr schon gefehlt hatte, zu zeigen. Da trug man ihr ein Grabkreuz ans Bett, das von der alten Gräfin, anstelle der Urne, für die große Gartengruft bestellt worden war. Sie wußte nun, daß sie sterben würde. Schon ein Jahr vorher war die jüngere Schwester, Frau von Ostau*, gestorben. Beide wurden in der Marquardter Kirche beigesetzt.

Die Jahre des Entsagens, der Erkenntnis von den Eitelkeiten der Welt, waren nun auch für das stolze Herz der »Gräfin« angebrochen. Sie zog sich mehr und mehr aus dem Leben zurück; nur die Interessen der kleinen Leute um sie her und die großen Interessen der Kirche kümmerten sie noch; im allgemeinen verharrte sie in Herbheit und Habsucht. So kam ihr Ende. Sie starb, sechsundsiebzig Jahre alt, am 3. November 1833, im Hause der einzigen sie überlebenden Tochter, der (damaligen) Frau Oberst von Witzleben, zu Potsdam und wurde am 6. November zu Marquardt, an der Seite ihres Gemahles, beigesetzt. Die Rundgruft im Park schloß sich zum *zweiten* Mal.

Die Rundgruft im Park schloß sich zum *zweiten* Mal; aber die »Gräfin«, wie man sich im Dorfe erzählt, kann nicht Ruhe finden. Oft in Nächten ist sie auf. Sie kann von Haus und Besitz nicht lassen. Sie geht um. Aber es ist, als ob ihr Schatten allmählich schwände. Noch vor zwanzig Jahren wurde sie *gesehen*, in schwarzer Robe, das Gesicht abgewandt; jetzt *hören* die Bewohner des Hauses sie nur noch. Wie auf großen Socken schlurrt es durch alle unteren Räume; man hört die Türen gehn; dann alles still. Einige sagen, es bedeute Trauer im Hause; aber das Haus ist nicht Bischofswerdersch mehr, und so mögen die recht haben, die da sagen: sie »revidiert«, sie kann nicht los.

* Auch hieran knüpft sich ein eigentümlicher Zwischenfall, freilich aus viel späterer Zeit. Herr von Ostau hatte sich wieder vermählt, die Kinder dieser *zweiten* Ehe waren herangewachsen und hatten nur eine ganz allgemeine Kenntnis davon, daß ihr Vater einmal in erster Ehe mit einem Fräulein von Bischofswerder vermählt gewesen sei. Ein Sohn aus dieser zweiten Ehe kam, während der Manövertage, nach Marquardt in Quartier. Er besichtigte Schloß, Park, Kirche und stieg auch in die Gruft. Ein Lichtstümpfchen gab die Beleuchtung; alles Staub und Asche; ein solcher Besuch hat immer seine Schauer. Der junge Offizier mühte sich, die Inschriften der einzelnen Särge zu entziffern; da las er plötzlich auf einem Bleitäfelchen: »Bertha von Ostau, gestorben 1824.« Die Begegnung mit diesem Namen an dieser Stelle machte einen tiefen Eindruck auf ihn.

## Marquardt von 1833 bis 1858

### *General von Bischofswerder II.*

Es folgte nun der Sohn. Dem Rechte und dem Namen nach, wie bereits angedeutet, war er Besitzer von Marquardt seit 1819, aber in Wahrheit ward er es erst, nachdem der Mutter die Zügel aus der Hand gefallen waren. Die »Gräfin« war keine Frau, die sich mit Halbem begnügte.

Dem Sohne war dies Entsagen, wenn es überhaupt ein solches war, ziemlich leichtgefallen; der »Dienst« und die »Gesellschaft«, die ihn beide in der Residenz hielten, waren ihm mehr als die Herrschaft über Marquardt. Die Passion für die Stille und Zurückgezogenheit des Landlebens, eine der letzten, die in unser Herz einzieht, *diese* zu empfinden, dazu war er noch zu jung, dazu lag noch zu wenig hinter ihm, dazu nahm er den Schein noch zu voll für das Sein. Im übrigen war er in Erscheinung und Charakter ganz der Sohn seines Vaters, ganz ein Bischofswerder: groß, ritterlich, dem Dienste des Königs und der Frauen in gleicher Weise hingegeben, eine »Persönlichkeit«, mit Leidenschaft Soldat. Dabei, als bemerkenswertestes Erbteil, ganz im Mystizismus und Aberglauben stehend. Er trug das rotseidene Kissen auf der Brust, das der Vater, bis zu seinem Tode, als Amulett getragen hatte.

Der jüngere Bischofswerder machte seine Laufbahn in der Garde. 1833, bei dem Tode der Mutter, war er Major im Regiment Garde du Corps. Seine Familie, er war mit einer Schlabrendorf vermählt, pflegte meistens die Sommermonate in Marquardt zu verbringen; er selbst erschien nur auf Stunden und Tage, wenn der Dienst es gestattete oder die Wirtschaftscontrôle es forderte.

1842 bereitete sich eine eigentümliche Feier in Marquardt vor, ein letzter Schimmer aus Tagen her, wo der Name Bischofswerder Macht, Gunst und Glück bedeutet hatte. Es war am 20. April genannten Jahres, bei hellem Mittagsschein, als die Rundgruft im Park wieder geöffnet wurde. Ein dritter stiller Bewohner sollte einziehn. Von Berlin her kam ein langer Zug von Kutschen und Wagen, auf dem vordersten Wagen aber, katafalkartig aufgebaut, stand ein blumengeschmückter Sarg. In dem Sarge ruhte Karoline Erdmute Christiane von Bischofswerder, dame d'atour der Gemahlin Friedrich Wilhelms II., später Hof- und Staatsdame der Königin Luise. Sie war, sechsundsiebzig Jahre alt, in den stillen Oberzimmern des Berliner Schlosses gestorben. Wenige nur hatten sie noch gekannt; aber unter diesen wenigen waren die Prinzen des königlichen Hauses, vor allen der König selbst. Dieser folgte jetzt ihrem Sarge. Als der Park erreicht, der Sarg in die Gruft hinabgelassen und das Einsegnungsgebet durch den Pastor Stiebritz gesprochen war, trat König Friedrich Wilhelm IV. an die Gruft und rief ihr bewegt die Worte nach: »Hier begrabe ich meine zweite Mutter; sie hat mich genährt und erzogen.« Dann schloß sich die Gruft zum *dritten*, wohl auch zum *letzten* Male. Die Bischofswerders sind hinüber; wer wird sich eindrängen wollen in ihren stillen Kreis?

Der Pastor Stiebritz feierte an jenem Tage seinen achtzigsten Geburtstag. Auf welchen Wechsel der Dinge blickte er zurück! In demselben Jahre (1795), in dem Marquardt von den Bischofswerders erworben und der Sohn und Erbe, der nun mit am Grabe stand, geboren war, war er ins Amt getreten. Wie vieles war seitdem an ihm vorbeigegangen: die Besuche des Königs, der Park voll chinesischer Lampen, die blaue Grotte und ihre Stimmen. Wie ein Traum lag es hinter ihm.

Um diese Zeit (1842) war der jüngere Bischofswerder Oberstlieutenant; sechs Jahre später war er Oberst und Kommandeur der Gardekürassiere. Als solcher hielt er, am 18. März, mit seinem Regiment auf dem Schloßplatz. Während des mittägigen Tumults, in dem Moment, als die historischen drei Schüsse fielen, ließ er einhauen. Er tat, was ihn Rechtens dünkte. Die Wochen aber, die jenem Tage folgten, waren solcher Anschauung nicht günstig, die Verhältnisse erheischten eine Remedur, ein Désaveu, und die Versetzung Bischofswerders nach Breslau wurde ausgesprochen. Er erhielt bald darauf, unter Verbleib in der schlesischen Hauptstadt, eine Brigade.

Aber auch hier in Breslau zog bald eine Trübung herauf; unglücklich-glückliche Tage brachen an. Seine Huldigungen, die er ritterlich-galant einer schönen Frau darbrachte, führten zu Konflikten, und da Namen und Familien hineinspielten, die dem Herzen Friedrich Wilhelms IV. teuer waren, so bereitete sich ein Allerschmerzlichstes für ihn vor: er mußte den Abschied nehmen. Aufs höchste verstimmt, gedemütigt, zog er sich 1853 nach Marquardt zurück. Das Bild der Frau, die er gefeiert, begleitete ihn in seine Einsamkeit.

Sehr bald nach diesen Vorgängen war es, daß ihn die Herausgabe einer Biographie seines Vaters beschäftigte. Das vielfach verkannte Andenken des letztern schien eine solche Wiederherstellung von ihm zu fordern. Wie dabei vorzugehen sei, darüber hatte er zunächst nur unbestimmte Ideen. Er selber fühlte sich der Aufgabe nicht gewachsen, auch nicht unbefangen genug; aber *eines* wenigstens lag innerhalb des Bereichs seiner Kräfte: er begann das im ganzen Hause zerstreute Material zu *sammeln*. Es war im höchsten Maße umfangreich und bestand im bunten Durcheinander aus Cabinetsordres aller Könige seit Friedrich Wilhelm II. und aus unzähligen Briefen (meist in französischer Sprache), die zum Teil staatlich-politische Verhältnisse, zum Teil Verhältnisse von privater und sehr intimer Natur berührten — wahrscheinlich der Briefwechsel zwischen dem Günstling-General und der »Gräfin« aus den Jahren her, die ihrer Vermählung unmittelbar vorausgingen. Die mit Wöllner gewechselten Briefe waren deutsch geschrieben und bezogen sich zumeist auf das Preß- und das Religionsedikt. Seltsamerweise machte man eine *Tonne* zum Archiv; in diese wurde alles, vorläufig ungeordnet, hineingetan.

Dies reiche Material sollte aber nie zur Bearbeitung kommen. Die Verstimmung des Generals wuchs, dazu beschlich ihn die Vorahnung seines herannahenden Todes. Wir finden darüber unter den Aufzeichnungen eines Mannes, der ihm während der letzten Lebensjahre nahestand, das Folgende:

»1857 feierte Bischofswerder seinen zweiundsechzigsten Geburtstag. Meine Frau und ich waren geladen. Gegen Ende des Mahls, als wir seine Gesundheit in gutem ›Cliquot veuve‹ getrunken hatten, nahm er mich beiseite, küßte mich, bedankte sich für alle Liebe, die ich ihm und seiner Familie so viele Jahre lang bewiesen hätte, und sagte dann: ›Sie haben heute mit mir das letzte Glas Champagner getrunken; ich werde in dieser Welt keinen Geburtstag mehr feiern. Mein Großvater ist im dreiundsechzigsten Jahre gestorben, mein Vater auch, und ich werde ebenfalls im dreiundsechzigsten Jahre sterben. Gehen Sie übers Jahr auf unsern Kirchhof und beten Sie an meinem Grabe für meine arme Seele.‹ «

Und so geschah es. Als sein dreiundsechzigster Geburtstag kam, war er hinüber. Nicht in der Gartengruft, auch nicht in der Gruft unterm Altar, sondern auf dem kleinen Friedhofe, der die Kirche einfaßt, ward er begraben. Zu Häupten des efeuumzogenen, von einer Esche beschatteten Hügels wurde ein Kreuz errichtet, das die Inschrift trägt: »Hier ruht in Gott der königliche Generallieutenant Hans Rudolf Wilhelm Ferdinand von Bischofswerder, geboren am 9. Juli 1795, gestorben am 24. Mai 1858«; auf der Rückseite des Kreuzes aber stehen die Worte:

»*Der letzte seines Namens.*«

## Marquardt seit 1858

Der letzte Bischofswerder hatte seine Ruhestatt gefunden. Nur zwei Töchter verblieben. Die ältere, Pauline von Bischofswerder, der Liebling des Vaters, vermählte sich mit Herrn von Damnitz, der nun, sei es durch Kauf, sei es durch Erbschaft, auf kurze Zeit in den Besitz von Marquardt gelangte. Im ganzen nur auf zwei Jahre. Aber diese zwei Jahre schnitten tief ein. Herr von Damnitz, so wird erzählt, voll Anhänglichkeit gegen das blaubordierte und blaugepaspelte Kürassierregiment, bei dem er Jahre hindurch gestanden hatte, benutzte eine Neuweißung der Kirche, um den Wänden, den Kirchenstühlen, den Tür- und Kanzelfeldern einen blauen Einfassungsstreifen zu geben. Die oben erwähnte *Tonne* aber, auf der vielleicht einzig und allein die Möglichkeit einer exakten Geschichtschreibung der Epoche von 1786 bis 1797 beruhte, wurde zum Feuertode verurteilt. Zwei Tage lang wurde mit ihrem Inhalt der Backofen geheizt. Omar war über Marquardt gekommen.

Keine Frage, daß Herr von Damnitz, aus einer gewissen Pietät heraus, in dieser Weise handeln zu müssen glaubte; »wozu der alte Skandal, wozu die erneute Kontroverse!« Viele alte Familien denken ebenso: »der Gewinn ist précaire, der Schaden ist sicher« – und so verlieren sich unersetzliche Aufzeichnungen in Ruß und Rauch. Wir begreifen die Empfindung, aber wir beklagen sie; es ist der Triumph des Familiensinns über den historischen Sinn. Und der letztere ist doch das Weitergehende, das Idealere.

Herr von Damnitz blieb nur bis 1860. Herr Tholuck, ein Neffe des berühmten Hallenser Theologen, folgte. In ihm war dem devastierten Gute endlich wieder ein *Wirt* gegeben, eine feste und eine geschickte Hand. Die *erste* seit dem Tode des älteren Bischofswerder (1803). Ein Geist der Ordnung zog wieder ein. Der Park klärte sich auf, das alte Schloß gewann wieder wohnlichere Gestalt, und an der Stelle verfallender oder wirklich schon zerbröckelter Wirtschaftsgebäude erhoben sich wieder Ställe und Scheunen, alles sauber, glau, fest. Marquardt war wieder ein schöner Besitz geworden.

Wir treten jetzt in ihn ein.

Der prächtige, zwanzig Morgen große Park nimmt uns auf. Er ist, in seiner gegenwärtigen Gestalt, im wesentlichen eine Schöpfung des Günstling-Generals. Seine Lage ist prächtig; in mehreren Terrassen, wie schon zu Eingang dieses Kapitels angedeutet, steigt er zu dem breiten, sonnenbeschienenen Schlänitz-See nieder, an dessen Ufern, nach Süden und Südwesten hin, die Kirchtürme benachbarter Dörfer sichtbar werden. Mit der Schönheit seiner Lage wetteifert die Schönheit der alten Bäume: Akazien und Linden, Platanen und Ahorn, zwischen die sich grüne Rasenflächen und Gruppen von Tannen und Weymouthskiefern einschieben.

In der Nähe des Herrenhauses steht eine mächtige Kastanie in vollem Blütenflor. Sie ist wie ein Riesenbouquet; die weit ausgestreckten Zweige neigen sich bis zur Erde. Es ist dies der Baum, der am Tauftage des Sohnes und Erben, in Gegenwart des Königs, gepflanzt wurde. Die Familie erlosch, der Baum gedieh.* An ihm vorbei treten wir in das Herrenhaus.

* In der Nähe dieses Baumes, auf einem Grasrondell, steht ein leichtes österreichisches *Feldgeschütz*, wie jedes Bataillon in alten Tagen eins aufzuweisen hatte. Es wurde in einer der Schlachten des Siebenjährigen Krieges von den Preußen genommen. Friedrich II. schenkte es dem Grafen Pinto auf Mettkau; durch dessen Witwe, »die Gräfin«, kam es nach Marquardt. An gewissen Tagen wird ein Schuß daraus abgefeuert. Jedesmal vorm Laden schüttet der Gärtner Pulver ins Zündloch und zündet es

Es ist ein relativ neuer Bau. 1791 legte ein rasch um sich greifendes Feuer das halbe Dorf in Asche; auch das »Schloß« brannte aus; nur die Umfassungsmauern blieben stehen. Das Herrenhaus, wie es sich jetzt präsentiert, ist also nur achtzig Jahre alt. Es macht indessen einen viel älteren Eindruck, zum Teil wohl, weil ganze Wandflächen mit Efeu überwachsen sind. Aber das ist es nicht allein. Auch da, wo der moderne Mörtel unverkennbar sichtbar wird, ist es, als blickten die alten Mauern, die 1791 ihre Feuerprobe bestanden, durch das neue Kleid hindurch.

Die innere Einrichtung bietet nichts Besonderes; hier und dort begegnet man noch einem zurückgebliebenen Stück aus der »historischen Zeit«: Möbel aus den Tagen des ersten Empire, Büsten, Bilder, englische und französische Stiche. Das baulich Interessanteste ist die doppelte Kelleranlage, die dem französischen Chasseur so verderblich wurde; man blickt die Stufen hinunter wie in einen Schacht. In den oberen Geschossen schieben sich Treppen und Verschläge, Schrägbalken und Rauchfänge bunt durcheinander und schaffen eine Lokalität, wie sie nicht besser gedacht werden kann für ein Herrenhaus, »drin es umgeht«.

Die Sonne geht nieder; zwischen den Platanen des Parkes schimmert es wie Gold; das ist die beste Zeit zu einem Gange am »Schlänitz« hin. Unser Weg, in Schlängellinien, führt uns zunächst an der *Gruft*, dann an der *Geistergrotte*, an den beiden historischen Punkten des Parkes, vorbei. Die Gruft ist wie ein großes Gartenbeet, ein mit Efeu und Verbenen überwachsenes Rondell; nur das griechische Kreuz in der Mitte, das die ursprüngliche Urne ablöste, deutet auf die Bestimmung des Platzes.

Weiter hin liegt die *Grotte*. Der Aufgang zu ihr ist mit den blauen Schlacken eingefaßt, die einst mosaikartig das ganze Innere des Baues ausfüllten. Jetzt ist dieser, weil er den Einsturz drohte, offengelegt. Durch ein Versehen (der Besitzer war abwesend) wurde bei dieser Gelegenheit die Innenmauer niedergerissen und dadurch der sichtbare Beweis zer-

an, um das Geschütz auszubrennen. Als es das letzte Mal geschah, flogen, zu heiterer Überraschung aller Umstehenden, nicht nur Eierschalen aus der Mündung heraus, sondern mit den Eierschalen zugleich ein halbverbrannter Wiesel, der in dem Kanonenrohr Quartier genommen und von hier aus den Hühnerstall geplündert hatte.

stört, daß diese Grotte eine doppelte Wand und zwischen den Wänden einen mannsbreiten Gang hatte. Nur die äußeren Mauern, mit Ausnahme der Frontwand, sind stehengeblieben und schieben sich in den Akazienhügel ein. Strauchwerk zieht sich jetzt drüber hin.

Nun stehen wir am Schlänitz-See, über der Kirche von Phöben hängt der Sonnenball; ein roter Streifen schießt über die leis gekräuselte Fläche. Der Abendwind wird wach; ein leises Frösteln überläuft uns; an Grotte und Gruft vorbei, kehren wir in das alte Herrenhaus zurück.

Hier ist Dämmrung schon. Es ist die Minute, wo das Licht des Tages erloschen und das Licht des Hauses noch nicht gezündet ist. Wir stehen allein; dort sind die Stufen, die in Souterrain und Keller führen; wie Dunkel steigt es draus herauf. Im Hause alles still. In der Ferne klappt eine Tür, eine zweite, eine dritte; jetzt ist es, als würd es dunkler; es rauscht vorbei, es schlurrt vorüber. Die alte »Gräfin« geht um.

# GEHEIME GESELLSCHAFTEN IM ACHTZEHNTEN JAHRHUNDERT

## 1. Schwindelorden

Was sagt sie uns für Unsinn vor?
Es wird mir gleich den Kopf zerbrechen.
Mich dünkt, ich hör ein ganzes Chor
Von hunderttausend Narren sprechen

»*Faust*«

Das vorige Jahrhundert war ein Jahrhundert der geheimen Gesellschaften. Der Absolutismus behinderte jede Kraftentwickelung, die Miene machte, selbständige Wege einschlagen zu wollen; die Kirche war starr; was Wunder, wenn der individuelle Ehrgeiz, der kein legitimes Feld fand, sich geltend zu machen, auf Abwege geriet und im Dunkeln und Geheimen nach Macht suchte.

Wie im zwölften Jahrhundert alles nach dem Heiligen Grabe, im sechzehnten nach Wittenberg oder nach der Neuen Welt drängte, so im achtzehnten Jahrhundert nach *Geheimbündelei*. Alchimie und Geistererscheinungen, Dinge, die sich ihnen vielfach gesellten, oft in den Vordergrund traten, waren nur Zugaben, Hilfsmittel, starke Dosen, zu denen man griff; das *Wesen* der Sache lag darin: Macht zu äußern in einer Zeit, wo das Individuum machtlos war.

Zwei Strömungen wurden alsbald erkennbar, die, neben einem starken Beisatz von Egoismus und Menschlichkeit, einen prinzipiellen Gehalt und einen prinzipiellen Gegensatz repräsentierten. Alle diese Gesellschaften indes, die einen derartig ideellen Kern andauernd und in *Wahrheit* und nicht nur dem Namen nach hatten, bildeten weitaus die Minorität — das meiste lief auf Herrschsucht und Eitelkeit, auf Täuschung und unmittelbaren Betrug hinaus. Mit dieser *letztern* Gruppe der geheimen Gesellschaften, die, trotz ihres quantitativen Übergewichts, kamen und gingen, ohne eine Spur zu hinterlassen, die nichts waren als Modetorheit oder Modekrankheit, beschäftigen wir uns zuerst.

Die Zahl dieser Gesellschaften, unglaublich zu sagen, ging vielleicht über 100 hinaus. Die meisten befanden sich in Bayern und am Rhein. Regensburg, die alte Reichstagsstadt, war Mittelpunkt, und einer Anzahl von Aufsätzen, die in dem letzten Viertel des vorigen Jahrhunderts in der Reichstagszeitung veröffentlicht wurden, verdanken wir, mehr als irgendeiner andern Quelle, Material, das uns Einblick gönnt in das Verbindungs- und Ordenswesen jener Zeit. Die genannte Zeitung schrieb in den achtziger Jahren: »Nie hat sich der Sektengeist tätiger gezeigt als in unsern Tagen, welche man die aufgeklärten nennt . . . Der immer allgemeiner werdende Hang zum Aberglauben, der uns in die Zeiten des Mittelalters zurückwirft, wird durch den alle Kräfte der Erwerbung übersteigenden *Luxus* und durch das *geschwächte Nervensystem* der jetzigen Generation (also auch schon 1785!) ungemein befördert. Unsre Großen suchen den Stein der Weisen, um unsterblich zu werden, und erhoffen von den Geheimnissen der Alchimie die Mittel zur Befriedigung ihrer Neigungen.«

Die Reichstagszeitung fährt dann fort: »An keinem Orte der Welt sind mehr Verehrer solcher neuen Wissenschaften anzutreffen als an dem Wohnsitze des Reichstages, in Regensburg selbst. Hier befinden sich: Loyolisten im gestickten Kleid, im Chorgewand und im einfachen Kittel; Gaßnerianer und Mesmerianer; Kabbalisten und Somnambulisten; Magier der verschiedensten Stufen und Namen; Cagliostro-Anhänger, die den Stein der Weisen suchen, und ›Lammsbrüder, die sich vom inneren Stolze nähren‹ — Vereinigungen, die samt und sonders schwarze und weiße Magie treiben, aus Zahlen, Buchstaben und Worten die Geheimnisse der Natur und der Staaten prophezeien, die ewige Jugend suchen, vor allem aber den echtesten Grundsatz aller Schwärmer üben: sich untereinander zu verfolgen.«

So die Reichstagszeitung. Die Orden, die wir vorstehend aufgeführt, wie sie nur einen ganz kleinen Teil der in Regensburg vertretenen, geschweige denn der in ganz Deutschland damals verbreiteten Ordensgesellschaften bildeten, waren andererseits immer noch Grenznachbarn, oft wirkliche Abzweigungen jener zwei großen Körperschaften, der »*Aufklärer*« und der »*Dunkelmänner*«, die ihren Kern in der

*Idee* hatten und auf die wir zurückkommen. Es gab aber andere, die sich absolut von jedem ideellen Gehalt entfernt hatten oder das Ideelle doch bloß als ein nervenanregendes Komödienspiel trieben.

Aus der Reihe dieser greifen wir einige Musterbeispiele heraus.

Da war vorerst die »*Dukatensozietät*«. Sie war schon um 1746 durch den Grafen Karl Ludwig von Wied-Neuwied gestiftet worden. Die Gesellschaft ging aufs *Praktische* und war deshalb auch in der glücklichen Lage, in betreff aller kirchlichen Dinge das Wort »Toleranz« auf ihre Fahne schreiben zu können.

»Religionsvorurteile können unmöglich bei einer Institution Einfluß haben, die sich auf *Tugend und Geselligkeit* gründet und die *wahre* Menschenliebe zu ihrem Wegweiser hat.«

Die »*wahre* Menschenliebe« lernen wir nun aus Paragraph 7 der Statuten kennen. Es heißt daselbst: »Da jeder monatlich gerne einen *Dukaten* zur Sozietätskasse zahlen wird, wenn er hoffen darf, nicht nur dieser Bezahlung bald entledigt zu werden, sondern sogar viele Dukaten monatlich zu *empfangen*, so wird er für das erste anderweite Mitglied, das er seinerseits zum Eintritt engagiert, von der Zahlung befreit; der zweite, den er engagiert, zahlt gleichfalls zur Sozietätskasse; für den *dritten* aber empfängt er monatlich einen Dukaten *für sich*; der vierte zahlet ebenmäßig zur Sozietätskasse; für den fünften hingegen empfängt er wiederum einen Dukaten monatlich für sich; ferner auch für den siebenten, neunten, elften, dreizehnten und so fort für jede ungerade Zahl monatlich einen Dukaten. Wer also die Gelegenheit hat, ein Halbhundert Mitglieder zu dieser Sozietät zu engagieren, der bekommt monatlich eine Revenue von vierundzwanzig Dukaten.« Dies leuchtete vielen sofort ein. Vor Ablauf eines Jahres hatte der Orden bereits 416 Mitglieder, darunter einen Protektor, sieben Seniores, einen Kassierer, einen Secretair, einen Archivar. Die ersten Mitglieder waren fast lauter Offiziere der Garnison Wesel, daran schlossen sich Zivilpersonen aus Neuwied. In kürzester Frist hatte sich der Orden über ganz Deutschland ausgebreitet. Er bestand aber nicht lange. Die Regierungen schritten ein, warnten vor dieser »gefährlichen Sozietät« und verboten dieselbe. In betreff von Vergesellschaftungen, die auf *Geld* und Geldeswert ausgingen, waren die Regierungen immer am wachsamsten.

Ein anderer Orden, bei dessen Zeremonien die »Harmonika« eine große Rolle spielte und den wir deshalb den »Harmonikaorden« nennen wollen, hatte im Gegensatz zur »Dukatensozietät« etwas sinnbestrickend Theatralisches und operierte mit dem ganzen Apparat einer romantischen Oper. Diesen seltsamen Orden lernt man, in seinem Ritual (im Gegensatz zu den Statuten), aus einer kleinen Broschüre kennen, die 1787 in Berlin erschien und aus der wir folgendes entnehmen.

»Sie verschafften mir«, so schreibt der Held und Harmonikavirtuose*, »durch Ihre Adresse an Herrn N. eine sehr interessante Bekanntschaft ... Die *Harmonika* erhielt seinen ganzen Beifall; auch sprach er von *verschiedenen besonderen Versuchen*, was ich anfänglich nicht recht faßte. Nur erst seit gestern ist mir vieles natürlich.

Gestern gegen Abend fuhren wir nach seinem Landgute, dessen Einrichtung, besonders aber die des Gartens, außerordentlich schön getroffen ist. Verschiedene Tempel, Grotten, Wasserfälle, labyrinthische Gänge und unterirdische Gewölbe usw. verschaffen dem Auge so viel Mannigfaltigkeit und Abwechslung, daß man davon ganz bezaubert wird. Nur will mir die hohe, dies alles umschließende Mauer nicht gefallen; denn sie raubt dem Auge die herrliche Aussicht. – Ich hatte die Harmonika mit hinausnehmen und Herrn N. . z versprechen müssen, auf seinen Wink an einem bestimmten Orte nur wenige Augenblicke zu spielen. Um diesen Augenblick zu erwarten, führte er mich in ein großes Zimmer im Vorderteil des Hauses und verließ mich, wie er sagte, der Anordnung eines Balls und einer Illumination wegen, die beide seine Gegenwart notwendig erforderten. Es war schon spät, und der Schlaf schien mich zu überraschen, als mich die Ankunft einiger Kutschen störte. Ich öffnete das Fenster,

* Der betreffende Brief gibt sich das Ansehen, als sei er aus *Wien* datiert und als habe die ganze Szene auf einem Landgut in der Nähe Wiens gespielt. Wer aber je in Marquardt war und den dortigen Park, den See, die Grotte, das Schloß und seine tiefen Doppelkeller kennengelernt hat, dem wird sich's zunächst aufdrängen, daß hier durchaus Marquardt gemeint sein müsse. Es ist aber trotz alledem *nicht* der Fall, *kann* nicht sein, da Marquardt erst 1795 in die Hände Bischofswerders kam.

erkannte aber nichts Deutliches, noch weniger verstand ich das leise und geheimnisvolle Geflüster der Angekommenen. Kurz nachher bemeisterte sich meiner der Schlaf von neuem; und ich schlief wirklich ein. Etwa eine Stunde mochte ich geschlafen haben, als ich geweckt und von einem Diener, der sich zugleich mein Instrument zu tragen erbot, ersucht ward, ihm zu folgen. Da er sehr eilte, ich ihm aber nur langsam folgte, so entstand daraus die Gelegenheit, daß ich, durch Neugierde getrieben, dem dumpfen Ton einiger Posaunen nachging, der aus der Tiefe des Kellers zu kommen schien.

Denken Sie sich aber mein Erstaunen, als ich die Treppe des Kellers etwa halb hinuntergestiegen war und nunmehr eine Totengruft erblickte, in der man unter Trauermusik einen Leichnam in den Sarg legte und zur Seite einem weißgekleideten, aber ganz mit Blut bespritzten Menschen die Ader am Arme verband. Außer den hilfeleistenden Personen waren die übrigen in langen schwarzen Mänteln vermummt und mit bloßen Degen. Am Eingang der Gruft lagen übereinandergeworfene Totengerippe, und die Erleuchtung geschah durch Lichter, deren Flamme brennendem Weingeist ähnlich kam, wodurch der Anblick desto schauriger wurde. Um meinen Führer nicht zu verlieren, eilte ich zurück. Dieser trat soeben aus dem Garten wieder herein, als ich bei der Türe desselben ankam. Er ergriff mich ungeduldig bei der Hand und zog mich gleichsam mit sich fort.

Sah ich je etwas Feenmärchenähnliches, so war's im Augenblick des Eintritts in den Garten. Alles in grünem Feuer; unzählig flammende Lampen; Gemurmel entfernter Wasserfälle. Nachtigallengesang, Blütenduft, kurz, alles schien überirdisch und die Natur in Zauber aufgelöst zu sein. Man wies mir meinen Platz hinter einer Laube an, deren Inneres reich geschmückt war und wohinein man kurz darauf einen Ohnmächtigen führte, vermutlich den, dem man in der Totengruft die Ader geöffnet hatte. Doch gewiß weiß ich es nicht, weil die Gewänder aller Handelnden jetzt prächtig und reizend von Form und Farbe und mir dadurch wieder ganz neu waren. Sogleich erhielt ich das Zeichen zum Spiele.

Da ich nunmehr genötigt war, mehr auf mich als auf andere achtzugeben, so ging allerdings vieles für mich verloren. Soviel aber nahm ich deutlich wahr, daß sich der Ohnmächtige kaum nach einer Minute des Spielens erholte und mit äußerster Verwunderung fragte: ›Wo bin ich? wessen Stimme höre ich?‹ – Frohlockender Jubel und Trompeten und Pauken war die Antwort. Alles griff zugleich nach den Degen und eilte tiefer in den Garten, wo das Fernere für mich wie verschwunden war.

Ich schreibe Ihnen dieses nach einem kurzen und unruhigen Schlaf. Gewiß, hätte ich nicht noch gestern, ehe ich mich zu Bette legte, diese Szene in meine Schreibtafel aufgezeichnet, ich wäre sehr geneigt, dies alles für einen Traum zu halten. Leben Sie wohl.«

Die vorstehende Schilderung hat uns bereits in eine Gruppe von Ordensverbindungen (oder doch bis an die Grenze derselben) geführt, in denen »Erscheinungen« als Nervenstimulus und dieser wieder als »Mittel zum Zweck« die Hauptsache waren.

Wir wenden uns nunmehr diesen Magiern und ihren Verbindungen zu. Zuvor aber noch eine Bemerkung.

Auch *jene* Orden, die, was immer ihre Schwächen und Gebrechen sein mochten, doch in erster Reihe immer das *Prinzip* wollten und in Wahrheit ernst und aufrichtig einen geistigen Kern hatten, auch diese bedeutsameren, *nicht* ephemeren, wirklich zu politischer und sozialer Bedeutung gelangenden Orden glaubten wohl oder übel eines gelegentlichen Operierens mit »Erscheinungen« nicht entbehren zu können. Wir werden darauf ausführlicher zurückkommen und festzustellen suchen, wieviel davon zulässig oder, richtiger, wie groß oder wie gering das Maß der Verschuldung war.

Mit diesen ernsteren Bestrebungen, die sich gelegentlich im Mittel irrten, haben aber, trotz einer gewissen äußeren Ähnlichkeit, jene zu neun Zehntel auf Lug und Trug gestellten Vergesellschaftungen *nichts* gemein, die nicht einmal das ohnehin gefährliche und fragwürdige: »Der Zweck heiligt die Mittel« für sich geltend machen konnten, sondern einfach, unter prätentiösen Phrasen, ihrem Gewinn oder irdischem Vorteil nachjagten. Es waren Spekulanten und Komödianten. Geister erscheinen lassen war ihr *Geschäft* und *nur* ihr

Geschäft. Wir machen uns zunächst damit vertraut, wie sie dies Metier betrieben.

Es gab, soweit wir imstande gewesen sind, uns aus den verschiedensten Schriften zu informieren, *vier* Arten des Betriebes. Kleinere Abweichungen kommen nicht in Betracht. Es waren:

1. Das *Schattenbild* auf weißer durchsichtiger Fläche. Eine Art Laterna magica. Dies war die plumpeste Art.

2. Das *Hohlspiegelbild* auf weißer Wandfläche. Ein Verfahren, das, bei Geisterszenen auf der Bühne, auch jetzt noch zu gelegentlicher Anwendung kommt.

3. Das *Hohlspiegelbild* auf Rauch und Qualm.

4. *Bloße Benebelung* und Einwirkung auf die Imagination, so daß man Dinge sieht, die gar nicht da sind.

Über diese letztere Art des Verfahrens, die die unglaublichste scheint und, richtig gehandhabt, doch vielleicht die sicherste war, entnehmen wir zeitgenössischen Memoiren das Folgende:

Friedrich II. erfuhr, daß in Halle ein Professor sei, der Geister zitieren könne. Der König ließ ihn kommen. Der Betreffende erschien auch, lehnte es aber ab, Geister erscheinen zu lassen, erklärte vielmehr dem Könige ganz einfach, wie er dabei zu operieren pflege. Er sagte: »Ich benutze dazu ein Räucherwerk. Dies Räucherwerk hat zwei Eigenschaften: 1. den ›Patienten‹ in einen Halbschlaf zu versetzen, welcher *leicht* genug ist, ihn alles verstehen zu lassen, was man ihm sagt, und *tief* genug, ihn am Nachdenken zu verhindern; 2. ihm das Gehirn dergestalt zu erhitzen, daß seine Einbildungskraft ihm lebhaft das *Bild* der Worte, die er hört, abmalt. Er ist in dem Zustande eines Menschen, der nach den leichten Eindrücken, die er im Schlaf empfängt, einen Traum zusammensetzt. Nachdem ich in der Unterredung mit meinem Neugierigen möglichst viele Einzelheiten über die Person, die ihm erscheinen soll, kennengelernt und ihn nach der Form und den Kleidern gefragt habe, in denen er die zu zitierende Person sehen will, lasse ich ihn in das dunkle, mit dem Dunst des Räucherwerks angefüllte Zimmer treten. Dann – nach einiger Zeit – spreche ich zu ihm: ›Sie sehen den und den, so und so gestaltet und gekleidet‹, worauf sich sofort seiner erregten Phantasie die Gestalt abmalt. Hierauf frage ich ihn mit rauher Stimme: ›Was willst du?‹ Er ist überzeugt, daß der Geist zu ihm spricht; er antwortet. Ich erwidere; und wenn er Mut hat, so setzt sich die Unterredung fort und schließt mit einer *Ohnmacht.* Diese letzte Wirkung des Räucherwerks wirft einen mysteriösen Schleier über das, was er zu sehen und zu hören geglaubt hat, und verwischt die kleinen Mängel, deren er sich etwa erinnern könnte.«

Soweit die Enthüllungen des Professors.

Das *dritte* Verfahren: »das Hohlspiegelbild auf einer Rauchsäule«, wurde, wenn den betreffenden Überlieferungen Glauben zu schenken ist, vorzugsweise durch Johann Georg Schrepfer geübt. Dieser in seiner Art merkwürdige Mann bildete die Inkarnation jenes Lug- und Trugsystems, jener Geheimbündelei, die, unter großen rätselvollen Phrasen, das Wundertun, die Geisterzitation, den Rapport mit der geistigen Welt in den Vordergrund stellte und, ohne sich viel mit fortschrittlichen oder rückschrittlichen Ideen aufzuhalten, von der Leichtgläubigkeit der Menschen lebte. In der Kürze haben wir Schrepfers schon bei »*Marquardt*« erwähnt. Wir müssen auch hier wiederholen, daß er höchstwahrscheinlich nicht *bloß* ein Betrüger war, sondern durch Lesen mystischer und alchimistischer Schriften, dazu durch eigene Eitelkeit und fremde Huldigungen schließlich, ohne geradezu wahnsinnig zu sein, in einen verworrenen Geisteszustand geraten war, der ihn in der Tat an sich *glauben* machte und ihn namentlich *alles* für *möglich halten* ließ. Es ist nicht absolut unwahrscheinlich, daß er wirklich dachte, ein Paket Papierschnitzel werde sich ihm zuliebe über Nacht in vollgültige Banknoten verwandeln. Wir geben eine kurze Lebensskizze dieses Mannes, dessen Leben und Tod charakteristisch ist für eine spezielle Krankheitserscheinung jener Zeit.

Johann Georg Schrepfer, 1730 geboren, war anfangs Kellner in einem Leipziger Gasthause (nach andern Husar) und war unter die dienenden Brüder einer dortigen Freimaurerloge aufgenommen worden. Später hatte er eine Frau mit einigem Vermögen geheiratet und hielt seitdem eine eigne Schenkwirtschaft in der Klostergasse. Anfang der siebziger Jahre, vielleicht schon etwas früher, begann er auszusprengen, daß er die Gabe der *Geisterbeschwörung* habe. Sein Anhang wuchs, darunter Personen von hoher gesellschaftlicher Stellung. Der Herzog von Kurland, Herzog Ferdinand von Braunschweig, die Minister Graf Hohenthal und von Wurmb, der Kammerherr von Heynitz, Oberst von Fröden, der Geheime Kriegsrat von Hopfgarten und der Kammerherr von Bischofswerder pflogen Umgang mit ihm und besuchten ihn in seiner Wohnung im Hôtel de Pologne. Daß er, mit Hilfe des nach ihm genannten Schrepferschen Apparats, wirklich schemenhafte Gestalten erscheinen ließ, ist gewiß, noch gewisser, daß er in beständigen Geldverlegenheiten war und die reicheren der vorher genannten Herren benutzte, um auf ihre Kosten zu leben. Sie mußten Geld geben, auf daß der Schatz gehoben werden könne.

Vielleicht daß ihr Vertrauen oder ihre Geduld eher erschöpft worden wäre, wenn er es nicht verstanden hätte, zum Teil auf gefälschte Empfehlungen hin, mit den hervorragendsten Häuptern anderer geheimer Gesellschaften sich in Verbindung zu setzen, was ihm dann, in seiner nächsten Umgebung, immer aufs neue einen Nimbus lieh. Aus dieser Ordens-Geheimkorrespondenz, die er nach den verschiedensten Seiten hin führte, ist ein Briefwechsel zwischen ihm und dem Professor der Theologie Dr. Stark in Königsberg, später Generalsuperintendent in einem der thüringischen Staaten, aufbewahrt worden, der merkwürdige Einblicke gönnt.

Dr. Stark, ein Theologe von gründlichster Bildung, eröffnete die Korrespondenz und schrieb unterm 30. Juni 1773 aus Königsberg: »Mein sehr werter Freund und Bruder. Nach dem wenigen, was mir von Ihnen bekannt worden ist, müßte mich mein Geist sehr trügen und die Siegel, die unser Orden seinen Geweihten aufgedrückt hat, verwischt sein, oder ich muß in Ihnen einen Mann finden, der *eines Ursprunges mit mir ist* und mit mir zu *einem Zwecke* geht. *Und deren sind nicht viele unter den Maurern.* Trüge ich mich, so falle Nacht und Finsternis auf das, was ich sagen werde. Sind Sie es aber, so grüße ich Sie in der heiligen Zahl von Drei, Sieben und Zehn und durch die sieben Geister Gottes.

Sind Sie tiefer als ich ins *Heiligtum* geführet, so nehmen Sie mich als einen lehrbegierigen Schüler an ... Sonst lassen Sie uns beide auf dem vor der Welt und so viel tausend Maurern *verdeckten Wege* gehen. Die wahre Weisheit liebt das Verborgene. Nur in der Dunkelheit ist das unzerstörliche

Licht. Ich kenne, mein Bruder, *Florenz* ... Sie können zu mir reden ... An einem grünen Flecken im roten Lack des Wappens können Sie es erkennen, daß mein Brief nicht geöffnet gewesen.

Aber lassen Sie mich noch eine Bitte tun: *Zerstören Sie noch nicht eine Art von Maurerei in Deutschland, unter deren Maske Brüder verborgen liegen*, die diesen Brüdern selbst unbekannt sind, die Sie aber gewiß schätzen und lieben würden, wenn Sie sie näher kennen sollten. Unsere Macht und Gewalt ist lieblich, ein Feuer, das nähret und nicht zerstöret.

Ihr aufrichtiger Freund und Bruder,
der ›Verfasser der Apologie‹ « (Stark)

Hierauf antwortete Schrepfer, der, bei aller Begabung, den Cafetier doch nie verleugnen konnte, unterm 29. Juli folgenden Bombast: »Mein werter Freund und Bruder. Dero an mich abgelassenes Schreiben habe richtig zu erhalten die Ehre gehabt. Der große Baumeister der Gottheit der Allmacht gehe vor uns über mit seiner Gnade! So tue ich denn als Schotte der Erkenntnis und Gewalt aus Schottland in den *Turm* den ersten Schritt, denselben die Wahrheit zu melden. Zerbrechen Sie Ihr † aus Florenz, lernen Sie dafür erkennen 5. 7., daß ich wirklich bin S. W. O. V.

Ist Wismar nicht sträflich, daß sie auf mein wiederholtes freundschaftliches Betragen nicht mehr Aufmerksamkeit bezeiget?

Was ich vor jetzt schreibe, schreibe ich auf Ihre Pflicht. Ziehen Sie Ihre Schuhe aus, denn der Ort der wahren ME ist heilig für den Busch. Fünf starben, der sechste ging in Feuer über, stehet die Säule so (unleserliches Wort) im Morgen, die 7 Siegel tun sich auf und erkennen die Wahrheit der Gottheit. Verflucht sei, der den Namen seines Gottes mißbraucht! Der Herr ist heilig und gerecht. Mein Bruder, wenn Sie wirklich der sind, der die 11 in der Wahrheit kennet, da doch durch 12 gerichtet wird, warum kennen Sie nicht S. W.? War England nicht gerecht, ließ es Ihnen nicht ihre Freiheit; warum suchten Sie aber von dem einen Wege in den anderen zu fallen? Sind nicht Warnungen genug an die strikte Observanz ergangen? Wenn ich meine Brüder bei der

Vernunft überführe und selbigen die Unsterblichkeit der Seele beweise, so folge ich den wahren Pflichten B. I. I. Soll Gewalt dem Schwachen weichen, wenn der Schwache nur Bosheit in seiner Seele besitzt; wurde das Schwert nicht eingesteckt, da es schon gesiegt hatte?

Glauben Sie, mein Bruder, wenn ich gleich nach Dresden gegangen, so wäre jetzo alles ruhig und zufrieden; aber Leipzig, da wo nur Tugend und Wissenschaften blühen sollen, ist eine in Schleier gehüllte Buhlerin. Kennen Sie wirklich die Off. I.?

Ich kenne Purpur ganz rot, das Innerste der *Sonne gelb, blau, heilig* und *gerecht*, unter dem *Namen des Lammes.* I. V. N. D. I. K.

Um mich noch mehr zu erklären, erwarte Dero Antwort und empfehle Sie dem Schutz des Unerschaffenen.

N. S. Mein Bruder. Sie haben es mit E-land und Sch-land richtig getroffen; nur den Sitz des Turmes haben Sie mir nicht gemeldet. Erhalte ich einen Brief von Ihrer Hand und Namen, so tue mir der Herr dies und das, so ich ihn nicht unter meiner eigenen Hand beantworten will.

Nehmen Sie den Spiegel und sehen nach dem Licht. Wenn der Blitz fähret, so blendet er, aber dem Weisen ist er klar wie tausend Jahr.

Joh. Geo. Sch-r,
S. d. E. u. G.«
(Schotte der Erkenntnis und Gewalt)

Daß ein Mann wie Stark durch solchen mit Effronterie vorgetragenen Galimathias geblendet werden konnte, ist nicht anzunehmen, auch kam die Korrespondenz über diesen einmaligen Briefaustausch nicht hinaus. Aber Schrepfer hatte doch das eine Gute davon, daß er auf das Handschreiben eines in besonderem Ordensansehen stehenden, die höchsten Ordensehren in sich vereinigenden Mannes hinweisen konnte. Und das genügte ihm. Er suchte neue Mittel nach, »um den Schatz zu heben«, und Leipzig, das er so undankbar als »Buhlerin« bezeichnete, gewährte sie immer aufs neue.

Endlich indes, so scheint es, war die Geduld erschöpft, die »Erscheinungen« kamen, während der *Schatz* beharrlich ausblieb, und Schrepfer empfand zuletzt, daß seine Situation unhaltbar geworden sei. Aber wenigstens mit einem Knalleffekt wollte er scheiden.

An einem der letzten Meßtage, am 7. Oktober 1774, lud er Bischofswerder und Hopfgarten, nebst noch zwei anderen, zum Abendessen ein. Als sie beisammen waren, sagte er: »Diese Nacht legen wir uns nicht zu Bett, denn morgen mit dem frühesten, noch vor Sonnenaufgang, sollen Sie ein ganz neues Schauspiel zu sehen bekommen. Bis jetzt hab ich Ihnen Verstorbene gezeigt, die ins Leben zurückgerufen wurden; morgen aber sollen Sie einen Lebenden sehen, den Sie für tot halten werden.« Nach diesen Worten legte er sich aufs Sofa und schlief fest. Als der Tag anbrach, stand er auf mit den Worten: »Nun, meine Herren, ist es Zeit, daß wir gehen«; und alle begaben sich nach dem Rosental. Schrepfer, der auf dem Wege die vollkommenste Gemütsruhe zeigte, wies seinen Begleitern, als sie an einer bestimmten Stelle angelangt waren, ihre Plätze an, indem er zu ihnen sagte: »Rühren Sie sich nicht von der Stelle, bis ich Sie rufen werde; ich gehe jetzt in dieses Gebüsch, wo Sie bald eine *wunderbare Erscheinung* sehen sollen.« Er entfernte sich, und bald darauf fiel ein Schuß; im Dickicht fanden die Herren ihren Propheten tot. Er hatte sich mit einem Taschenpistol erschossen.

Soviel über Schrepfer, in dem sich die Lug- und Trug-Geheimbündelei, die ideenlose und karikierte Entartung des Ordenswesens verkörperte. Wir haben in den kurzen Lebensabriß, den wir von ihm gegeben, den Briefwechsel zwischen ihm und Dr. Stark mit besonderem Vorbedacht eingeschoben, um einen Gegensatz und dadurch zugleich einen Übergang zu schaffen zu jenen *ernsteren* Bestrebungen, die, wie befangen auch in Menschlichkeiten, doch ein *Prinzip* vertraten und zugleich jene Sache *selbst* waren, von der Schrepfer nur die Karikatur bildete.

Von diesen *ernsteren* Bestrebungen in dem folgenden Kapitel.

## 2. Illuminaten und Rosenkreuzer

> Ei, Possen, das ist nur zum Lachen;
> Sei nur nicht ein so strenger Mann!
> Sie muß als Arzt ein *Hokuspokus* machen.
>
> »*Faust*«

Der Hang nach *Macht*, der im absoluten Staate (außer im Dienste desselben) keine Befriedigung fand, schuf, so sagten wir, die Geheimbündelei überhaupt; der Hang nach *Freiheit*, der im absoluten Staate begreiflicherweise nicht besser fuhr als jener, schuf eine besondere Abzweigung, eine ideale Blüte der Geheimbündelei: den *Illuminatenorden*. Dieser Orden, auf seinen gedanklichen Kern angesehen, war kaum etwas anderes als ein modifizierter, vielleicht ein potenzierter Freimaurerorden, hätte also allen Anspruch darauf gehabt, *neben* diesem zu leben und zu wirken, auch wurd in der Tat um 1780 eine Vereinigung beider erstrebt; die besonderen Umstände aber, unter denen der neue Orden ins Leben trat, seine Rührigkeit, seine Aggression, seine Übergriffe führten rasch zu seinem Untergange, nachdem er, etwa ein Jahrzehnt lang, eine hervorragende *politische* Rolle gespielt und sich als ein Repräsentant jener Freiheitsströmung gezeigt hatte, die damals durch Europa ging.

Der Stifter des Ordens war Adam Weishaupt, der, 1748 zu Ingolstadt geboren, an der Universität seiner Vaterstadt studiert und 1775 ebendaselbst die Professur des Natur- und kanonischen Rechts erhalten hatte. Schon als Student – es lag eben in der Zeit – hatte ihn die Stiftung eines Ordens beschäftigt; jetzt, gereifter, entwarf er die Statuten für den Orden der »Perfektibilisten«, die dann später den mehr bezeichnenden und besser sprechbaren Namen der *Illuminaten* annahmen. Die Gründung des Ordens erfolgte 1776. Weishaupt selbst bezeichnete als Aufgabe desselben: »selbstdenkende Menschen aus allen Weltteilen, von allen Ständen und aus allen Religionen durch ein gegebenes höheres Interesse in ein einziges Band dauerhaft zu vereinigen und sie dahin zu leiten, aus wahrer Überzeugung und von selbst zu tun, was kein öffentlicher Zwang, seit Welt und Menschen sind, je bewirken konnte«. In einem Briefe gab er sich noch deutlicher und zuversichtlicher: »Der Endzweck des Ordens ist, daß es *Licht* werde, und wir sind die *Streiter gegen die Finsternis.* In fünf Jahren sollen Sie erstaunen, was wir getan haben. Merken Sie sich's, der Endzweck des Ordens ist, *frei* zu sein. Wenn sich alles so fortentwickelt wie seit einiger Zeit, so gehört in kurzem unser Vaterland *uns.* Habe ich einmal den Grund des Baues fest gestellt, so mag geschehen, was wolle. Man wird dann, auch wenn man wollte, nicht mehr imstande sein, die Sache zugrunde zu richten.«

Die ersten Erfolge des Ordens entsprachen dieser Zuversicht; viele vornehme, gelehrte und rechtschaffene Männer traten ihm bei, darunter Knigge (1780), der alsbald eine besonders umsichtige und energische Tätigkeit zu entfalten begann. Aber diese Blüte, so rasch sie gezeitigt war, so rasch ging sie vorüber. Knigge und Weishaupt, von verschiedenen Ansichten geleitet, entzweiten sich; der erstere trat zurück, mit ihm eine Anzahl Mitglieder, und so in sich geschädigt und zerfallen, erlag der Orden dem Sturme, der jetzt von *außen* her ihn traf. Alles Illuminatentum wurde in Bayern, das den Hauptsitz bildete, verboten und Weishaupt 1785 seines Amtes entsetzt. Er fand bei dem Herzoge Ernst von Gotha Aufnahme; aber der Orden selbst erlag der staatlichen Obergewalt, die ihn, mit Prozessen und Strafverfügungen energisch vorgehend, wie einen Brand austrat.

Soviel über die Illuminaten. Ein kurzes Leben. Sehr wahrscheinlich, daß dieser Orden, wie so viele andere Verbindungen jener Zeit, ohne Sang und Klang und ohne ein Blatt in der Geschichte vom Schauplatz abgetreten wäre, wenn er nicht während der kurzen Dauer seiner Existenz eine *Gegenströmung* hervorgerufen hätte, die, berühmter werdend als der Illuminatenorden selbst, diesem alsbald einen Reflex der eigenen Berühmtheit lieh. Mit anderen Worten, das *Illuminatentum* wäre vielleicht vergessen, wenn nicht der geheimbündlerische Drang sofort einen feindlichen Bruder geboren hätte. Dies waren die *Rosenkreuzer*; ein alter Name, aber eine neue Sache.

Wir beginnen mit einem historischen Rückblick.

Die Rosenkreuzer waren eine alte alchimistische Verbrüderung, die weit in die Geschichte zurückgeht. Ihr Stifter war

Frater Rosenkreuz, ein Deutscher, wie sein Name bezeugt. Daß ein solcher Mönch wirklich gelebt und mit seinen Adepten die Goldmachekunst getrieben habe, scheint unzweifelhaft; über diese einfache Tatsache hinaus aber hüllt sich alles in Nebel, und die Geschichte vom Tode und von der Wiederauffindung des alten Rosenkreuz gibt sich nicht einmal die Mühe, ihren Fabelcharakter zu verbergen. Diese Geschichte lautet wie folgt:

»Frater Rosenkreuz, nachdem er seiner Reisen durch Arabien und Afrika und seines vieljährigen Verkehrs mit den ›afrikanischen Weltweisen‹ müde geworden war, begab sich nach *England* und wohnte nicht weit von London, woselbst er eine unterirdische Höhle errichtete und ein Buch schrieb, worauf er ›G. L.‹ statt des Titels setzte. Sein Vetter Benedikt Rosenkreuz war gemeiniglich um ihn. Diesem befahl er, bei Ablegung eines großen Schwurs, daß er nach seinem Tode sogleich das Gewölbe zuschließen und eine bestimmte große Tafel davorsetzen sollte, worauf die Namen seiner Schüler standen; den Zugang selbst sollte er mit Erde verschütten. Alles dies geschah mit der größten Genauigkeit, so daß man von Rosenkreuz nichts weiter hörte. Über dieser Höhle stand aber ein sehr alter *Akazienbaum*, unter dessen Schatten Rosenkreuz öfters seinen Gedanken nachgehangen. Nach 120 Jahren fiel einem Bauern ein, diesen Baum umzuhauen und seine Wurzeln auszugraben. Er kam an Steinplatten, nahm eine nach der andern fort, und eh er sich's versah, fiel er in eine Höhle fünfzehn Fuß tief in die Erde hinein. Kaum hatte er sich von seinem Fall und Schrecken erholt, so wurde er gewahr, daß diese unterirdische Gruft *erleuchtet* war und ein alter, ehrwürdiger Mann vor einem Tische saß und in einem Buche las. Als er (der Bauer) sich nun einen Schritt näherte, erhob sich der Alte, der einen *Stab* in Händen hielt. Bei dem zweiten Schritt hob er seinen Stab in die Höhe, bei dem dritten schlug er so gewaltig auf die Lampe, daß solche zerbrach und erlosch. Der Bauer stürzte vor Schreck nieder; so fand man ihn und hörte seinen Bericht. Zugleich fand man eine Leiche, die ein Buch in Händen hielt. Dies letztere war das *Buch Rosenkreuzers*, das alle Weisheit, die Ausbeute seines Lebens, seiner Studien, umfaßte.«

So die Erzählung von Frater Rosenkreuz und seinem *Weisheitsbuch.* Dies Weisheitsbuch, auf das es ankam, gaben nun die modernen Rosenkreuzer, die wir gleich näher charakterisieren werden, als ihren Besitz aus; es sei ihnen auf rätselhafte Weise zu Händen gekommen, und um den Verdacht oder den Vorwurf der Modernität von sich abzustreifen, nannten sie sich, eben auf die vorgeblich *alte* Weisheit gestützt, die Rosenkreuzer alten Stils. Ihr Spruch war: »Lux in cruce et crux in luce.« Die Welt erkannte sehr bald, und sie *sollte* es auch erkennen, daß die sich *so nennenden* Rosenkreuzer mit den *wirklichen* Rosenkreuzern alten Stils nicht das geringste gemein hatten, und mit Fug und Recht durfte Dr. Semler, der »Vater des Rationalismus«, von Halle aus schreiben: »Seit einiger Zeit haben wir von einer jetzt fortdauernden Rosenkreuzerei so manche wichtige Nachrichten, Nachrichten, aus denen wir erkennen können, daß eine große Partei mit gewiß weit aussehenden Absichten die Magie und Alchemie nur als Maske benutzt. Ein ›Hirtenbrief‹ dieser Rosenkreuzer, der mir vorliegt, ist ein auffallender Beweis von der dreisten und entschlossenen Denkungsart dieser geheimen Partei, welche ganz merklich es auf eine *öffentliche Revolution* im Sinne des Rückschritts absieht ... Die Historie kann es am gewissesten dartun, daß diese *jüngeren* Rosenkreuzer ganz andere Leute sind als die *alten, die kein papistisches Mitglied unter sich duldeten.*«

Im wesentlichen hatte es der alte Rationalist hier richtig getroffen. Ob Papismus und Jesuitismus dahintersteckten, war damals fraglich und ist fraglich geblieben, aber um *Reaktion,* um einen Kampf gegen die Neologen und Ideologen, gegen die Aufklärer und Freimaurer, gegen die Demokraten und Illuminaten handelte es sich allerdings; die *alten* Elemente in Staat und Kirche, ganz wie in unsern Tagen, nahmen einen organisierten Kampf gegen den Liberalismus in allen seinen Gestalten und Verzweigungen auf. Nur die Organisation war verschieden, heute *öffentlich* in Kammer, Lehrstuhl, Presse, damals *geheim* in Orden und Brüderschaften. Jede Zeit hat ihre Kampfesformen; der Kampf bleibt derselbe.

*Wie* recht der alte Semler hatte, darüber gaben die trotz aller Vorsicht und Geheimtuerei nach und nach in die Öffentlichkeit dringenden Schriften des modernen Rosenkreuzertums die beste Auskunft. Umkehr, Absolutismus, Orthodoxie – das war ihr Inhalt. Wir geben einige Belegstellen zunächst aus der »Original-Instruktion für die Oberen der untern Klassen«.

pag. 27:
»Der hohe Orden, der *die Sache Christi mit Macht und Eifer betreibt*, weil sie seine eigene ist, hat die Größe des Menschengeschlechtes sehr am Herzen.«

pag. 30:
»Der Zirkeldirektor soll den Brüdern tiefe Ehrfurcht gegen den Befehl Gottes einprägen, daß wir hier glauben und dort erst schauen. Er soll ihnen auch die gewisse und freudige Hoffnung machen, daß, bei zunehmendem Wachstum im Orden, ihr Glaube viele starke Stützen erhalten und sie manches ihnen jetzt noch Unbegreifliche in den Geheimnissen unserer allerheiligsten Religion mit mathematischer Gewißheit einsehen werden.«

pag. 88:
»Der Orden kettet den Himmel an die Erde und öffnet den versperrten Weg zum Paradiese wiederum. Seine höchsten Vorsteher sind, im allergenauesten Verstande, Freunde Gottes, *wahre Jünger Christi*, weit über den Rest der Sterblichen erhaben, Meister über die ganze Natur, die, mit der einen Hand auf das *siegreiche Kreuz der Versöhnung gelehnt*, mit der andern die lange Ordenskette festhalten.«

Soweit die Auszüge aus der »*Instruktion*«.

Energischer noch traten die Grundgedanken des Ordens, die man vielleicht am besten mit »Umkehr zu Strenggläubigkeit und Mystizismus« bezeichnen kann, in einem 1782 zu Berlin erschienenen Buche hervor, das den Titel führte: »Die Pflichten der Gold- und Rosenkreuzer alten Systems; von *Chrysophiron*«. Dies Buch wurde bloß für die Junioren des Ordens gedruckt und sehr geheimgehalten. Ein Exemplar besaß der russische Major Kutusow, der, wie man glaubt, ebendieser Verbindung halber, mehrere Jahre in Berlin lebte und daselbst starb. Dies Exemplar wurde bei der stattfindenden Auktion öffentlich versteigert und kam dadurch in fremde Hände. In der Vorrede zu diesem Buche fanden sich folgende Stellen:

pag. XIII:
»Gottes Barmherzigkeit über Deutschland hat noch kein Ende, sondern sie ist alle Morgen neu, und seine Treue ist groß. Der ewige Erbarmer hat sich durch das Gebet unserer gütigen Oberen endlich erweichen lassen. *Was unsere Väter von sich stießen*, das ist nach hundert Jahren ihren glücklichen Kindern, ist *uns* zuteil geworden.«

pag. XXXIX:
»Gott hat sie, hat mich, hat alle Mitglieder unsres hohen Ordens vor Millionen Menschen wertgeachtet, an dem paradiesischen Segen Anteil zu nehmen, den er nach seiner grundlosen Barmherzigkeit bei dem Falle Adams nicht aus der Welt hinausnahm, sondern ihn nur verbarg, damit diejenigen unter den Menschen, welche in allen Jahrhunderten der Welt es wert würden, diesen Segen finden und genießen könnten.«

pag. XL:
»Nur der ist dieses Segens im Orden wert, der *Jesum Christum*, den Schlangentreter, recht kennt, sein tinkturalisches Versöhnungsblut ganz auffasset und durch seinen starken Glauben mit ihm innigst vereinigt ist. Nur solchen *gab er Macht*, nur diesen dreimal glücklichen Ordensbrüdern gab er Macht, Gottes Kinder zu heißen, die an seinen Namen glauben. Johannes 1,12.«

Und an ebendieser Stelle (pag. XL):
»Ich habe Ihnen hiermit genug gesagt und schließe mit den Worten Pauli, 1. Korinther 16, Vers 22. Wer unsern Herrn *Jesum Christum* nicht liebhat, der sei verflucht oder Anathema maharam Motha. Das heißt: durch den großen Bann der göttlichen Strafgerechtigkeit ausgesetzt. Amen! Amen! Amen!«

Diese Schriften riefen im gegnerischen Lager, also unter Freimaurern und Rationalisten, einen Zorn hervor, den wir in unsern Tagen, wo dergleichen in offener Befehdung der Gegensätze jeden Tag gedruckt wird, einfach nicht zu fassen vermögen, wenn wir nicht gegenwärtig haben, wer jene Schriften schrieb, *wer* Chrysophiron war und welche staatliche Gewalt schützend hinter *diesem* Orden der Gold- und Rosenkreuzer stand. Dies alles waren nicht Blasen, die ein beliebiger Sektengeist warf, sondern diese Anschauungen herrschten an oberster Stelle, drohten in Edikten und Gesetzen bestimmend, maßgebend für Millionen Andersdenkender zu werden und traten schließlich *wirklich* als Landesgesetze in Kraft. Hinter dieser Rosenkreuzerei standen auf länger denn zehn Jahre hin die Machthaber Preußens: der König, Wöllner, Bischofswerder, Chrysophiron war Pseudonym für Wöllner.

Dies wird genügen, die oben erwähnte bittre Feindschaft zu erklären, die durch die liberale Welt ging. In Frankreich der Sieg des Voltairianismus bis in seine letzten Konsequenzen und – in Preußen, an dessen Spitze beinah fünfzig Jahre lang der Philosoph von Sanssouci gestanden und der Aufklärung eine Stätte bereitet hatte, in *diesem* Preußen: Umkehr, Gewissensdruck, Rosenkreuzerei. Solange hinter dieser letztern die staatliche Macht stand, solange sie mit dieser identisch war, war ein Kampf dagegen unmöglich, aber kaum daß der Sarg Friedrich Wilhelms II. in die Gruft des Domes niedergelassen war, so brach es hervor. An der Spitze der alte Nicolai. In der Vorrede zum sechsundfünfzigsten Bande der »Neuen Allgemeinen Deutschen Bibliothek« führte er nunmehr über die Rosenkreuzer, die jetzt freilich ein toter Percy waren, folgende Sprache:

»Sehr bald nach dem Tode Friedrichs des Großen fanden bei seinem Nachfolger Männer Gehör, welche zu mehreren nachteiligen Maßregeln Anlaß gaben. Dieselben waren großenteils durch eine *geheime Macht*, durch den *Gold- und Rosenkreuzerorden*, und durch den Einfluß der ›*unbekannten Väter*‹ geleitet, welche diesen Orden ungefähr seit 1778, noch zu Lebzeiten des großen Königs, unglaublich weit in Deutschland auszubreiten wußten. Wo die ›unbekannten Väter‹ sich aufhielten, wußten die Ordensgenossen nicht; aber wenn dunkle Winke hin und wieder gegeben wurden, so ward allemal auf *katholische* Orte gedeutet. Alle diese *Innern Orden* verlangten blindes Vertrauen auf die unbekannten Oberen; ... der tollen *Geisterseherei* wurde nach und nach Tür und Tor geöffnet, damit der freie Gebrauch der Vernunft gehemmt und nach und nach der Herrschsucht der Hierarchie und ihrer *eigenen* Herrschsucht ein ausgedehnterer Wirkungskreis bereitet würde.

Es ist auch selbst dem allgemeinen Publikum nicht ganz unbekannt geblieben, welche wichtige Folgen von 1786 bis 1797 in den preußischen Staaten durch die Anhänglichkeit an die Rosenkreuzer bewirkt worden sind. Wenngleich dieselben keineswegs all ihre schädlichen Pläne haben durchsetzen können, so kann doch derjenige, der einigermaßen die Umstände kennt, kaum zweifeln, daß die *Rosenkreuzerei* auf die in die Augen fallende Veränderung der Verfügungen in Absicht auf die Religion (das Wöllnersche Religionsedikt ist gemeint) einen wichtigen Einfluß gehabt habe. Dank sei es den menschenfreundlichen Privatgesinnungen König Friedrich Wilhelms II., daß die Absicht der Obskuranten, alle Aufklärung auszurotten, nicht bis zur Absetzung der Aufklärer von ihren Ämtern, bis zu ihrer Einschließung in Gefängnisse oder ihrer Verjagung aus dem Lande fortgesetzt ward. Es gab Leute, denen es an *Willen* hierzu nicht fehlte und noch weniger an *Drohungen.*«

Zu dieser Sprache, die außerdem noch mit Bezeichnungen wie »bübisch«, »schmutzig«, »betrügerisch« reichlich verbrämt war, war Nicolai als Parteimann, als ausgesprochener Widerpart, dazu als Mann, der persönliche Kränkungen und Schädigungen erfahren hatte, zu gutem Teile berechtigt – *wir* nachträglich haben die Pflicht, unparteiischer auf das Getriebe dieses Ordens und der beiden einflußreichen, den Staat lenkenden Männer zu blicken, die entweder an der Spitze des Ordens standen oder doch seine wichtigsten, ja überhaupt die *einzig wichtigen* Mitglieder waren. Ohne die Namen Bischofswerder und Wöllner wären die Rosenkreuzer wie so viele andere Orden jener Zeit ohne Sang und Klang vom Schauplatz abgetreten.

Was wollte der Orden? wie entstand er? Er war, seinem Kern und Wesen nach, eine Unausbleiblichkeit, weil ein naturgemäßer Rückschlag. Wir konstatieren einfach eine Tatsache, wenn wir hervorheben, daß man in den letzten Regierungsjahren Friedrichs des Großen in vielen Kreisen anfing, der Aufklärung wenig froh zu werden. Gegensätze, die sich befehden, die beide in der Natur des Menschen ihre Wurzel und ihre Berechtigung finden, pflegen sich untereinander in Herrschaft und Ohnmacht abzulösen. Dem Puritanismus folgte Libertinage, der starren Orthodoxie Friedrich Wilhelms I. folgte der Voltairianismus der Friderizianischen Zeit, dem Kosmopolitismus folgte eine nationale Bewegung, und dem Illuminatentum, das überall ein Licht anzünden wollte, mußte naturgemäß irgendein Rosenkreuzertum folgen, das davon ausging: alles Tiefe liegt nicht im Licht, sondern im Dunkel. Das Empfinden der Zeiten und der Individuen wird in bezug auf diese Frage immer auseinandergehen, und jene Enthusiasten, die überall ein Rätsel, ein Wunder, ein direktes Eingreifen Gottes sehen, wo der Nüchternheitsmensch einfach das Verhältnis von Ursache und Wirkung zu erkennen glaubt, diese phantasiereicheren, unserer besten Überzeugung nach höher angelegten Naturen dürfen mindestens *eins* verlangen: Gleichstellung in bürgerlicher Ehre. Es ist nichts damit getan, ihnen einfach den Zettel »Dunkelmänner« aufzukleben und sie damit, zu beliebiger Verhöhnung, auf den Markt zu stellen. Seinem Kern und Wesen nach war das moderne Rosenkreuzertum nichts als eine Vereinigung von Männern, die, ob katholisierend oder nicht, an den dreieinigen Gott glaubten und diesen Glauben dem Deismus, dem Pantheismus und Atheismus gegenüberstellten.

Wer will in dieser Reaktionsbewegung, die den Glaubensinhalt vergangener Jahrhunderte *zurück*verlangt, ein für allemal einen geistigen Rückschritt, eine Einbuße an ideellen Gütern erkennen? Wer hat den Mut, die Glaubenskraft des Menschen unter die Verstandeskraft zu stellen? Glaube und wissenschaftliche Erkenntnis schließen einander nicht aus, und mit höchster Geisteskraft ist höchste Glaubenskraft durch ganze Epochen hin vereinigt gewesen. Das Rosenkreuzertum hat dadurch keine Sünde auf sich geladen, daß es das Gegenteil von *dem* wollte, was der alte Nicolai wollte.*

* Wie wenig der alte Nicolai, mit all seinen Meriten, imstande war, einer Erscheinung wie der des Rosenkreuzerordens gerecht zu werden, geht aus seinen eigenen Aufzeichnungen am besten hervor. Er sah in *allem*, was damals in Dichtung und Philosophie den Vorhang von einer neuen Welt hinwegzuziehn gedachte, nur Eitelkeit, Anmaßung, Phantasterei und Geisterschwindel und stand gegen die *ganze* junge Litera-

Wenn wir dennoch das Auftreten des Rosenkreuzertums zu beklagen und sein Erlöschen, nach kurzer Allmacht, als ein Glück für das Land zu bezeichnen haben, so liegt das in Nebendingen, in begleitenden Zufälligkeiten, die, teils irrtümlicherweise, von den Feinden aber in wohlüberlegter Absicht, in den Vordergrund gestellt worden sind, um das moralische Ansehen des Gegners zu diskreditieren. Wir meinen hier die *Geistererscheinungen*, den ganzen Apparat, der von den Rosenkreuzern in Bewegung gesetzt wurde, um einen trägen Glauben künstlich zu beleben.

Wegzuleugnen sind diese trüben Dinge nicht, wiewohl sie höchstwahrscheinlich eine viel geringere Rolle gespielt haben, als man gewöhnlich annimmt. Gleichviel: man *hat* zu diesen Hilfsmitteln gegriffen, und wir perhorreszieren es, daß es geschehen. Es war unwürdig, bei dem betrügerischen Schrepfer sozusagen auf Borg zu gehen, seine im Dienst der Lüge klug verwandten Künste in den Dienst einer Sache zu stellen, die, für unsere Überzeugung wenigstens, ganz unbestritten einen idealen Kern hatte. Es war ein Unrecht. Aber betonen wir dies Unrecht nicht stärker als nötig. Beurteilen wir die Dinge aus der Zeit heraus. Auch das *sittliche* Empfinden stellt sich in verschiedenen Jahrhunderten verschieden. Eine Politik, wie sie der Große Kurfürst, ein frommer, strenggläubiger Mann, gegen Polen und Schweden übte, würde heute verabscheut werden; damals nahm niemand Anstoß daran; man bewunderte nur den klugen, patriotischen Fürsten – und zu allen Zeiten sind Wunder *gemacht*

tur, wenigstens soweit sie romantisch war, ebenso feindselig wie gegen Wöllner und die Rosenkreuzerei. »Die Herren Fichte, Schelling, Hegel, Schlegel, Tieck«, so schreibt er, »und wie die sich wichtig dünkenden Männer und Männchen weiter heißen, preisen sich zwar fleißigst einer den andern und sprechen von allen Philosophen und Dichtern, welche nicht zu ihrer geheiligten Kirche gehören, sowie auch von der *gesunden Vernunft* und Aufklärung aufs verächtlichste. Aber auch das Verachten will nicht gelingen ... Sie versichern daher, die Entdeckung gemacht zu haben, daß Fichte und Schelling, ob sie gleich, leider! schon anfangen voneinander zu differieren (wie uns Herr Hegel, ein neulichst berühmt werden wollender Philosoph, in einer besondern Schrift des breiteren auseinandersetzt), dennoch die einzigen Philosophen sind, denen, auch wenn sie nicht übereinstimmen, allein das wahre Wissen vom *Subjekt-Objekte* gebührt. Ferner noch haben diese Herren durch ihre intellektuelle Anschauung deutlich erkannt, daß Wieland und Klopstock *keine* Dichter sind, hingegen Friedrich Schlegel und Ludwig Tieck Dichter vom größten Genie!« – So eifert Nicolai über viele Seiten hin. An einer anderen Stelle zieht er direkt Parallelen zwischen den Rosenkreuzern einerseits und Fichte-Schelling anderseits und findet, daß die Philosopheme beider sich als »gleich ungereimt« erweisen. All das ging ihm eben über Kraft und Verständnis.

worden, nicht bloß von Betrügern, sondern auch von Priestern, die an einen ewigen, allmächtigen und *wundertätigen* Gott in aller Aufrichtigkeit glaubten. Wie wir schon an früherer Stelle sagten: das kleine Mit-Eingreifen, das *Mit-Spielen* ist kein Beweis für ein frivoles Sich-drüber-Stellen über die transzendentale Welt.

Der *Hokuspokus* bleibt ein Fleck an jener interessanten geheimen Vergesellschaftung, die durch eine seltsame Verkettung von Umständen in die Lage kam, Preußen auf zwölf Jahre hin zu regieren, aber ein billiges Urteil über den *moralischen* Wert derjenigen, die damals an der Spitze dieses Ordens standen, wird doch nur derjenige haben, der sich die Frage nach dem »guten Glauben« der Betreffenden vorlegt und gewissenhaft beantwortet. Daß Bischofswerder diesen »guten Glauben« hatte, haben wir in dem Kapitel »*Marquardt*« darzulegen getrachtet; in betreff Wöllners steht uns das unverfänglichste Zeugnis zur Seite, das Zeugnis seines Antagonisten Nicolai selbst. Dieser schreibt über ihn: »Eine Menge kabbalistischer und magischer Worte verdunkelte nach und nach seinen hellen Kopf, und seine irregeleitete Einbildungskraft ließ ihn *allenthalben Geheimnisse und Wunder sehen.* Im Jahre 1778 war er bereits so weit, daß er die geheime Lehre der rosenkreuzerischen Philosophie für das einzig wahre Wissen hielt, für ein Wissen, das bald ganz *allgemein* werden und alle andere Philosophie verdrängen würde.«

So Nicolai. Die Verurteilung der *Richtung* Wöllners wird hier, unbeabsichtigt, zur Anerkennung seiner persönlichen *Aufrichtigkeit.* Und dies genügt uns. Wie wenig Nicolai fähig war, der *Richtung* gerecht zu werden, glauben wir im Vorgehenden gezeigt zu haben.

1800 starb Wöllner zu Groß Rietz, 1803 Bischofswerder zu Potsdam. Das Rosenkreuzertum ging mit ihnen zu Grabe.

# UETZ

Wie reizend sind, du schönes Dörfchen Uetz,
Heut deiner Gärten Äpfelblütenreiser,
Dein gotisch Kirchlein, deiner Fischer Kiez,
Dein Pfarrgehöfte, deine Bauerhäuser . . .
Die Pferde sind zur Rückfahrt angespannt,
Vom Felde treibt der Kuhhirt durch die Gassen –
Du schönster Ort im ganzen Havelland,
Wer könnte je dich ungerührt verlassen!

»Du schönster Ort im ganzen Havelland«, unter diesem Anruf nimmt unser märkischer Poet par excellence, unser vielbespöttelter Schmidt von Werneuchen, von jenem stillen Haveldorfe Abschied, dessen etwas seltsam klingenden Namen wir an die Spitze dieses Kapitels gestellt haben.

»Du schönster Ort« – wir wollen es, auf die Autorität unseres Freundes hin, glauben. Aber ob der schönste oder nicht, der stillste gewiß. Die Natur hat es so gewollt.

Die Havel, die auf ihrem Mittellaufe überall Seen und Buchten bildet, streckt an dieser Stelle eine sackgassenartige Abzweigung, die »Wublitz«, tief ins Land hinein und bildet dadurch eine Wassergabel, die das von drei Seiten her umschlossene Stück Land zu einer Halbinsel macht. Auf dieser Halbinsel, tief innerhalb der Gabel, liegt unser Uetz, das, um ebendieser Lage willen, nur mit Hülfe einer Fähre oder aber auf weiten Umwegen erreicht werden kann. Beides ein Hindernis im Verkehr.

Eine kurze Zeit hindurch schien es, als sollte das stille Dorf mit in die Welt, von der es sonst abgeschlossen liegt, hineingezogen werden. Das war zu Ende des vorigen und zu Anfang dieses Jahrhunderts, wo das eine halbe Meile von Uetz gelegene Paretz, sozusagen die Hauptstadt dieser kleinen Halbinsel, in den Besitz König Friedrich Wilhelms III. überging. Um diese Zeit – der König wählte immer den Wasserweg – wurde Uetz zu einer vielgenannten Fährstelle. Der Fischer, der den Dienst versah, hatte seine goldnen Tage; an die Stelle der alten Fährmannshütte trat ein reizendes Haus im Schweizerstil, betreßte Röcke spiegelten sich im dunklen Wublitz-Wasser, und die Dorfstraße entlang, in der bis dahin bei Regenwetter die Dungwagen steckengeblieben waren, schaukelten sich jetzt die königlichen Kutschen. Das war bis 1810. In den zwanziger und dreißiger Jahren flakkerte es noch einmal auf, dann erlosch es ganz. Uetz war wieder das »stillste Dorf im ganzen Havelland«.

Solchem stillsten Platze zuzuschreiten, wie wir jetzt tun, hat immer einen besonderen Reiz. Die Nauener Chaussee, die wir halten, läuft parallel mit der Wublitz, und je nach den Sattlungen des Weges schwindet Uetz und erscheint wieder; immer neue Verschiebungen treten ein, und bald hinter hohen Pappeln, bald hinter Weiden hervor schimmert das goldene Kreuz seiner Kirche. Unser Weg hat uns endlich bis in die Höhe des Dorfes geführt, und nach links hin einbiegend, stehen wir nach einem kurzen Marsch am Ufer des mehrgenannten Havelarms, der sich selbst und seinen Zauber bis dahin vor uns verbarg. Drüben liegt das Fährhaus. Aber der Blick nimmt uns so gefangen, daß wir unser »Hol über!« unterlassen und zwischen ausgespannten Netzen auf einem umgestülpten Kahne Platz nehmen, um das Bild auf uns wirken zu lassen.

In Terrassen baut es sich auf: zuunterst der Fluß, tief und still und mit den breiten Blättern der Teichrose überdeckt; dahinter ein Schilfgürtel, dann Obstgärten, dann über diese hoch hinaus die alten Ulmen der Dorfgasse, und wieder hinter den Ulmen, am Abhang aufsteigend, die weißen Häuschen des Dorfes, das Ganze gekrönt von zwei altmodischen Windmühlen, die, von dem bastionartigen, gründossierten Mühlenberge aus, den Vordergrund überblicken und ihre Flügel so lustig drehen, als freuten sie sich der Umschau, die sie halten.

Die Längslinie des Bildes folgt dem Uferrande drüben, der zugleich der Hauptgasse des Dorfes entspricht. Das Treiben dieser von Busch- und Baumwerk dicht eingefaßten Gasse entzieht sich unserem Auge; überall da aber, wo breite Querlinien die Längslinie durchbrechen, entsteht ein heller Fleck im Dunkel, und das ganze sich fortbewegende Treiben drüben erscheint in dieser Lichtung und schwindet wieder. Die Entfernung ist groß genug, um jeden Lärm zu verschlingen, und so kommen die Bilder und gehen wieder wie auf der glatten Fläche einer Camera obscura. Jetzt Schnitter, die Harke und Sense über die Schulter gelegt, vom Felde heimwärts kehrend, jetzt Kiepen tragende Frauen, jetzt hochbeladene Heuwagen, deren helleres Grün in dem Dunkelgrün der Baumkronen schwerfällig hin und her schwankt.

Die Sonne, die eben noch wie ein Glutball über dem Windmühlenberge gestanden hatte, sank jetzt tiefer und ließ die Wandfläche der Mühle wie einen dunklen Schatten erscheinen, den ein rotgoldener Schimmer nach allen Seiten hin umgab. Und dieser Schimmer, sich Bahn brechend durch die Baumwelt des Vordergrunds, fiel jetzt auch auf die breite Fläche der Wublitz, und wo ein Schwan durch diesen glühenden Streifen hindurchfuhr, da überzog es sein Gefieder wie flüchtige Röte, die der nächste Augenblick wieder von ihm streifte. Wohl mochten hier die Mummeln blühen, als wäre die Wublitz ein Blumenbeet, denn es war ein Bild wie hergeliehen aus einem Feengarten.

Minutenlang sah ich still in diesen Zauber hinein, dann richtete ich mich auf und rief mein »Hol über!« über die Wasserfläche hin. Aber der Ruf schien in dieser Stille zu verklingen. Nichts regte sich drüben, und schon war meine ganze Naturbewunderung in Gefahr, im Ärger über den Fährmann unterzugehen, als es drüben lebendig zu werden begann. Eine hagere, mittelgroße, nach Wendenart in graue Leinwand gekleidete Gestalt trat aus dem Fährhaus, machte eine Handbewegung, die unverkennbar ausdrücken sollte, »ich möchte mich nur ruhig verhalten«, und löste dann langsam und mürrisch, soweit sich das aus seiner Haltung erkennen ließ, einen Kahn vom Ufer und schob ihn, ohne Ruder, an einem zwischen beiden Ufern ausgespannten Taue von drüben zu mir herüber.

Als der Kahn auflief, blieb sein Insasse stehen und sah mich an. Ich ihn auch. Endlich gewann er's über sich und bot mir »Guten Abend«. Nach dieser Konzession von seiner Seite, denn so schien er es aufzufassen, glaubte auch *ich* ein übriges tun zu müssen. So entspann sich denn, während der Kahn langsam wieder zurückglitt, folgende Unterhaltung:

»Guten Abend, Fährmann. Geht's Geschäft?«

»I, wie wird's denn gehn?«

»Na, ich sollte doch meinen. Da sind erst die Uetzer ...«

»Die fahren umsonst.«

»Und dann all die Dörfer, die hier hinten liegen ...«

Er schüttelte griesgrämig den Kopf, beschrieb mit der Hand nach Norden hin eine Kurve und brummte: »Alles rum, immer rum!«

»Aber die Phöbener und Paretzer werden doch nicht über Falkenrehde fahren? Das ist ja die Meile sieben Viertel!«

»Das ist es. Aber was ein richtiger Bauer is, der geht nich übers Wasser.«

»Weil's ihm zu unsicher ist?«

»Nich doch. Es is ihm bloß sicher, daß der Fährmann sein Fährgeld kriegt. Das zahlt kein Bauer, wenn er nich muß. Und er muß nich. Eine Meile oder zwei, *ihm* ist's all' eins. *Er* braucht sie nich zu laufen. Er nimmt seine Peitsche, knipst und ruft seinen Gäulen zu: ›Der Hafer is teuer heut; verdient ihn euch!‹ Und der Uetzer Fährmann – na, der mag sehen, wo er seine Pacht hernimmt.«

Die Spitze des Kahns war jetzt auf dem Trockenen; ich sprang hinaus und fragte nach meiner Schuldigkeit. Die Taxe war niedrig; ich gab ihm ein Stück Geld, etwa das Fünffache. Er nahm es, sagte nichts und erwiderte meinen »Guten Abend« durch ein Geknurr, das über seine Enttäuschung keinen Zweifel ließ. Die Fährleute sind ein eigen Geschlecht und haben ihren eigenen Artigkeitskodex.

Ich schritt nun die Querallee hinauf, kreuzte die Dorfstraße und erstieg den Mühlenberg, hinter dessen Kamm, bereits erblassend, die Abendröte stand. Ein schwacher rötlicher Schimmer säumte nur noch den Himmel gegenüber. Das Dorf, die Wublitz waren still; im Fährhaus schimmerte ein Licht, die Schwäne sammelten sich am Schilf, die Abendglocke klang in langsamen Schlägen über Uetz hin.

Du schönster Ort im ganzen Havelland,
Wer könnte je dich ungerührt verlassen!

# PARETZ

## I

> Die Stätte, die ein guter Mensch betrat,
> Ist eingeweiht; nach hundert Jahren klingt
> Sein Wort und seine Tat dem Enkel wieder.
>
> »*Tasso*«

Von Uetz nach Paretz ist noch eine gute halbe Meile. An einem Sommernachmittag ein entzückender Spaziergang. Der Weg führt durch Wiesen rechts und links; der Heuduft dringt von den Feldern herüber, und vor uns ein dünner, sonnendurchleuchteter Nebel zeigt die Stelle, wo die breite, buchten- und seenreiche Havel fließt. Paretz selbst verbirgt sich bis zuletzt. Nun endlich wird der Weg ein aufgeschütteter Damm, an die Stelle der Obstbäume, die uns bisher begleiteten, treten hohe Pappeln, überall die spalierbildende Garde königlicher Schlösser, und alsbald, über eine zierliche Brücke hinweg, die den Namen »Infantenbrücke« trägt, beschreiten wir die Dorfstraße. Diese führt mitten durch den Park, macht eine Biegung, verbreitert sich, und – wir sind am Ziel: links das Schloß, ein langgestreckter, schmuckloser Parterrebau mit aufgesetztem niedrigen Stock, rechts eine Gruppe alter Eichen und ihnen zur Seite die gotische Kirche des Dorfs. Über die Straße hin grüßen sich beide, in ihrer Erscheinung und in ihrem Eindruck so verschieden wie die Zeiten, denen sie angehören. Die Poesie fällt der älteren Hälfte zu.

Es ist um die fünfte Stunde. Eine Schwüle liegt in der Luft; selbst das Pappellaub, das immer plaudert, ist still; das Schloß blickt uns an wie verwunschen; seine Läden sind geschlossen. Nur der Vorgarten, mit kleinen gezirkelten Beeten, hier mit Aurikeln, dort mit Reseda eingefaßt, liegt offen da. Wir treten ein. Der seltene Besuch hat Neugierige herbeigelockt, der Schloßdiener kommt, zuletzt *er*, der diesen Platz zu hüten hat – der Hofgärtner. Er begrüßt uns. Erhitzt vom

Marsch, sprechen wir den Wunsch aus, uns erst wieder frisch machen zu dürfen, ehe wir in die dumpfe Kühle des Schlosses eintreten. So nehmen wir denn Platz auf einer Sommerbank und plaudern.

Paretz ist alt-wendisch. Die Nachrichten sind sehr lückenhaft. Es gehörte ursprünglich zur Kirche von Ketzin, kam dann in den Besitz der Arnims und Dirickes, welch letztere es 1658 an die Familie Blumenthal veräußerten. Die Blumenthals, später freiherrlich und gräflich, saßen hier in drei Generationen, bis Obristlieutenant Hans August von Blumenthal es 1795 an den damaligen Kronprinzen, spätren König Friedrich Wilhelm III., verkaufte. Es entsprach ganz den gestellten Bedingungen und Wünschen.

## Paretz von 1796 bis 1806

Diese Wünsche gingen vor allem auf Stille, Abgeschiedenheit. Sehr bald nach seiner Vermählung hatte sich der Kronprinz Schloß Oranienburg zum Aufenthalt ausersehen, dessen landwirtschaftlicher Charakter, beiläufig bemerkt, eine große Verwandtschaft mit dem von Paretz zeigt. Aber das Schloß daselbst – damals noch viel von der Pracht aufweisend, die ihm Kurfürst Friedrich III. gegeben hatte – war ihm viel zu groß und glänzend, und so kam ihm die Nachricht überaus erwünscht, daß das stille Paretz, das er zufällig aus seinen Kindertagen her kannte (Obristlieutenant von Blumenthal war damals Prinzengouverneur gewesen), zu verkaufen sei. General von Bischofswerder, von dem benachbarten Marquardt aus, machte den Vermittler, das Geschäftliche wurde schnell erledigt, und unter des Hofmarschalls von Massow Aufsicht begann der Abbruch des alten Wohnhauses und der Aufbau des neuen Schlosses. Dieser erfolgte, nach einem Plane des Oberbaurats Gilly, in »ländlichem Stile«. »Nur immer denken, daß Sie für einen armen Gutsherrn bauen«, sagte der Kronprinz, dem im übrigen die Vollendung des Baues sehr am Herzen lag. Alles wurde denn auch dergestalt beschleunigt, daß der neue Gutsherr mit seiner Gemahlin schon im Jahre 1796 einige Tage in Paretz zubringen konnte. Um dieselbe Zeit waren Parkanlagen in Angriff genommen worden, und zwar durch den neu angestellten Hofgärtner David Garmatter, einen Erbpächtersohn der nahen Schweizerkolonie Neu Töplitz, der seine Aufgabe mit ziemlichem Geschick löste und, Natur und Kunst vereinend, in den drei durch Landstraßen umschlossenen Parkanlagen eine bescheidene Nachahmung der Gärten von Klein-Trianon versuchte.

Wohlangebrachte Durchblicke ließen die landschaftliche Fernsicht über die üppigen Havelwiesen und Seen nach den bewaldeten Höhen von Phöben und Töplitz hin frei. An einer anderen Stelle schweifte der Blick nach dem romantisch gelegenen Uetz, bis weiter hinaus zu den Höhen von Potsdam. Von anderen Standpunkten aus blickte man über die sich schlängelnde Havel nach der Stadt Werder und dem Wildpark und zur Rechten, tief in die flache Zauche hinein, bis an die Wälder des Klosters Lehnin. Dazu überraschten an geeigneten Punkten kleine bauliche Anlagen: Tempel und Pavillons, Moos- und Muschelgrotten. Auch die Dorfschmiede, an einer Durchsicht erbaut, täuschte durch eine gotische Façade mit Spitzbogenfenstern. Außerdem wurde ein Fasaneriewäldchen angelegt und vor und hinter dem Landhause ein bowling-green mit Blumenbouquets.

So war ein Sommerschloß gewonnen, anmutig, hell, geräumig; aber in allem übrigen von einer Ausschmückung, die heutzutage kaum noch den Ansprüchen eines Torflords genügen würde. 1797 erfolgte die Renovierung der Kirche, drei Jahre später der Neubau des Dorfes, wobei zugleich festgesetzt wurde, daß die im Giebel jedes Hauses befindliche Stube jederzeit für die königliche Dienerschaft, ebenso ein auf jedem Gehöft erbauter Pferdestall für die herrschaftlichen Pferde reserviert bleiben müsse. Seit 1797 war der Kronprinz König.

In diesem also umgeschaffenen Paretz, das bei Freunden und Eingeweihten alsbald den schönen Namen »Schloß Still-im-Land« empfing, erblühten dem Königspaare Tage glücklichsten Familienlebens. Die Familie und die Stille waren der Zauber von Paretz.

Diesen Zauber empfand die Königin, die wir gewohnt sind uns neben dem einsilbigen Gemahl als das gesprächigere, den Zerstreuungen zugeneigtere Element zu denken, fast noch lebhafter als dieser. Sie selbst äußerte sich darüber: »Ich muß den Saiten meines Gemüts jeden Tag einige Stunden Ruhe gönnen, um sie gleichsam wieder aufzuziehen, damit sie den rechten Ton und Anklang behalten. Am besten gelingt mir dies in der Einsamkeit; aber nicht im Zimmer, sondern in den stillen Schatten der Natur. Unterlaß ich das, so fühl ich mich verstimmt. O welch ein Segen liegt doch im abgeschlossenen Umgange mit uns selbst!«

Zu diesem »Umgange mit sich selbst« war nun »Schloß Still-im-Land« der geeignetste Platz, keine Straße führte vorüber, die Ruhe, wenn man sie haben wollte, war beinahe unbedingt; aber man ließ sie gern durch die Heiterkeit des Dorfes unterbrechen.

So wurde das Erntefest von seiten des Hofes alljährlich mitgefeiert. Wir finden darüber folgende Aufzeichnungen. »Das Fest begann am frühen Nachmittag. Sobald die Herrschaften sich von der Tafel erhoben hatten, setzten sich die festlich angetanen Schnitter und Schnitterinnen vom Amte aus in Bewegung. Geschart um ihr Feldbanner, den reichbebänderten Kranz von Ähren und Blumen, marschierten sie nach dem Takte der Dorfmusik aufs Schloß. Dort auf dem freien Platze hielt der Zug und stellte sich im Halbkreis auf. Der königliche Gutsherr trat heraus, hörte die an ihn gerichtete Rede der Großmagd an und schickte die Sprecherin sodann mit der Erntekrone hinein ins Schloß. Nun zeigte sich auch die Königin, und mit dem Erscheinen der ›gnädigen Frau von Paretz‹ begann der Tanz. Das königliche Paar mischte sich in die Reihen der Landleute, die Herren und Damen folgten, und sogar die Frau Oberhofmeisterin (Frau von Voß) konnte nicht umhin, auf diesem bal champêtre mitzuwirken.

Den ersten Tanz spielten die Dorfmusikanten, den zweiten die Garde-Hautboisten aus Potsdam; Bursche und Mädchen tanzten sich außer Atem; dann gliederte sich der Zug von neuem und bewegte sich dahin zurück, von wo er gekommen war – nach dem Amte. Im Dorfe mittlerweile wimmelte es von Käufern und Verkäufern; innerhalb der eigentlichen Straße zog sich noch eine Budenstraße, und inmitten dieses Gedränges, Einkäufe und Geschenke machend, gewahrte man die hohen Gestalten des königlichen Paares.«

Diese Erntefeste, die bald einen Ruf gewannen, machten das stille Paretz zu einem Wallfahrtsort für nah und fern. Jeder Besucher hatte Zutritt, König und Königin ließen sich die Fremden vorstellen, äußerten ihre Freude über zahlreichen Zuspruch und baten: »übers Jahr wieder unter den Gästen zu sein«. Es waren wirkliche Volksfeste, und wohl mochte der General von Köckritz damals schreiben: »Ich habe in Paretz wieder allerfroheste Tage verlebt. Wir haben uns ungemein divertiert und alles Angenehme des Landlebens in ganzer Fülle genossen, wobei die Jagd und Wasserfahrt die Hauptbelustigung waren. Ein besonderer Festtag aber war das Erntefest. Die Königin mischte sich in die lustigen Tänze. Hier war Freiheit und Gleichheit; ich selbst, trotz meiner fünfundfünfzig Jahre, tanzte mit.«*

Im Sommer 1805 hielten sich der König und die Königin länger in Paretz auf als gewöhnlich. Wie in einem Vorgefühl kommender Stürme genossen sie das Glück, das dieser stille Hafen bot, noch einmal in vollen Zügen. Man blieb bis zum 15. Oktober, dem Geburtstage des nunmehr zehnjährigen Kronprinzen. Er empfing, nach der Sitte des königlichen Hauses, den Degen und die Offiziersuniform und trat in die Armee. Die Königin sprach ermahnende Worte. Dann schied sie von ihrem lieben Paretz, das sie nur noch einmal auf wenige Stunden wiedersehen sollte.

* General von Köckritz mochte wohl so schreiben. Dieser liebenswürdige Mann (den Stein wohl zu hart beurteilt hat, denn »niemand ist verpflichtet, ein großer Mann zu sein«) stand damals auf der Höhe seiner Gunst und seines Ansehens. Es war so recht eigentlich die Köckritz-Epoche. In diese Epoche fällt auch die seinerzeit viel bewunderte Geschichte vom »Pfeifchen und Fidibus«, die beide dem überraschten General, einem leidenschaftlichen Raucher, von der Königin präsentiert wurden. Wir übergehen diese Anekdote nicht nur deshalb, weil sie oft erzählt worden ist, sondern viel mehr noch aus ästhetischen Bedenken, weil sie einen Hergang festzuhalten trachtet, der als Erlebnis reizend, als Plauderanekdote, über den Tisch hin, annehmbar, aber als gedruckte Geschichte mindestens entbehrlich ist. Schwarz auf weiß macht schwerfällig und entzaubert manches. Man kann dreist behaupten, die Helden, die durch solche oder ähnliche Anekdoten glorifiziert werden sollen, haben unter ihnen zu leiden, wie unter einer Jugendtorheit. Es gilt hier fein zu unterscheiden. Dieselbe Geschichte, die, auf einem Jungen-Damen-Kaffee vorgetragen, ein ungeteiltes und berechtigtes Entzücken weckt, wird sich in einem Zeitungsblatt etwas insipide ausnehmen, und die bejubeltste, als unbedingt »bester Witz der Neuzeit« proklamierte Jagd- und Portweinanekdote wird am besten tun, auf Darstellung in Typen ganz zu verzichten.

## Paretz 20. Mai 1810

Im Spätsommer des nächsten Jahres (1806) standen bereits die großen Wetter über Thron und Land; am 14. Oktober wurde das alte Preußen begraben; der folgende Tag war der Geburtstag des Kronprinzen – keinen unglücklicheren hat er erlebt. Der Hof ging nach Königsberg; erst im Jahre 1809 kehrte das durch Jahre der Prüfung gegangene Königspaar nach Berlin zurück.

Der Winter verging, der schöne Frühling des Jahres 1810 kam; die Königin empfand eine tiefe Sehnsucht, ihr geliebtes Paretz wiederzusehen. Wir finden darüber folgendes: »Am 20. Mai fuhr sie allein mit ihrem Gemahl dorthin – es sollte nach Gottes Ratschluß das letzte Mal sein! Erinnerungsvoll begrüßten sie die alten, traulichen Stätten, die sie so oft in glücklichen Tagen mit Freud und Wonne gesehen; nicht trennen konnte und wollte sie sich von jener Anhöhe im Park, die das Rohrhaus trägt und die an jenem Tage eine weite Fernsicht über den mit schwellenden Segeln und zahllosen Schwänen belebten Havelstrom mit seinen Buchten und Seen sowie auf die im schönsten Maiengrün prangenden Wiesen und Äcker bot. Zu ihren Füßen lag das friedsame Paretz, im Grün der Bäume halb versteckt die Kirche. Die Sonne neigte sich; tiefer und länger dehnten sich die Schatten über die Landschaft und mahnten zum Aufbruch. Aber die Königin wollte so lange als möglich an diesem ihrem Lieblingsorte verbleiben; sie wartete bis zum Niedergang der Sonne und sprach dann vor sich hin:

›Die Sonne eines Tages geht dahin;
Wer weiß,
Wie bald die Sonne unsres Lebens scheidet.‹

Auf den Wunsch der Königin, den Wagen nicht an dem entfernter liegenden Schlosse, sondern hier an der Landstraße besteigen zu dürfen, wodurch der Aufenthalt verlängert wurde, war das Gefährt beim Rohrhause angelangt. Die Königin schritt am Arm ihres Gemahls den kurzen Gang zu Füßen der Anhöhe hinab und durch die Parktür nach der Landstraße.« Das war am 20. Mai. Am 19. Juli starb sie.

Unvergeßlich blieb dem Könige die Stätte, unvergeßlich

das Wort, das sie hier gesprochen. Er besuchte oft diese Stelle, doch stets allein, ohne jede Begleitung. Zum Andenken ließ er hier, wo sie den Park verlassen und den Wagen bestiegen, wo ihr Fuß zum letzten Mal die Erde von Paretz berührt hatte, eine gußeiserne gotische Pforte aufstellen.

Diese Pforte, wie es für solchen Platz sich ziemt, entzieht sich fast dem Auge. Abgelegen an sich, an dunkelster Stelle des Parks, birgt sich das Gittertor in dichtem Akaziengebüsch; nur der Spitzbogen ragt in die Helle auf und trägt ein L. und die Inschrift: »den 20. Mai 1810«.

## Paretz von 1815 bis 1840

Die Stürme waren verweht; das gedemütigte Preußen war zweimal, unter den Klängen des »Pariser Einzugsmarsches«, in die feindliche Hauptstadt eingezogen; Friede war wieder, und die Paretzer Tage brachen wieder an. Nicht mehr Tage ungetrübten Glücks; sie, die diese Tage verklärt, diese Tage erst zu Tagen des Glücks gemacht hatte, sie war nicht mehr; aber Tage der Erinnerung. Die Zeit heilt alles; nur ein leises Weh bleibt, das in sich selber ein Glück ist; ein klarer Spätsommertag, mit einem durchleuchteten Gewölk am Himmel, so erschien jetzt Paretz.

Nach wie vor wurde das Erntefest gefeiert; ein Jahrzehnt verging, ein zweites begann. Die Heiterkeit der Dörfler war dieselbe geblieben, auch ihre Unbefangenheit im Verkehr mit der »Herrschaft«. Eine Alte, der der König im Vorübergehen versicherte, mit nächstem würden alle seine Kinder zu Besuch eintreffen, antwortete ohne weiteres: »Die Russen ooch?« Diese vertrauliche Ausdrucksweise mußte sich, hinter seinem Rücken wenigstens, der allmächtige Zar gefallen lassen! Der König hatte herzliche Freude an solcher Unbefangenheit und nährte sie durch hundert kleine Dinge, die zuletzt auch die Scheu des Allerbefangensten besiegen mußten. Bei einer der Festlichkeiten, die den »Russen« zu Ehren gegeben wurden, drängte sich des Schäfers Sohn herzu, ein unglückliches Kind, das an beiden Füßen gelähmt war, und strengte sich an, über den dichten Kreis der Umstehenden hinwegzusehen. Niemand sah es, nur der König. Er ließ ihn zu sich führen, sprach freundlich zu ihm und gab ihm einen Platz an seiner Seite.

Überhaupt die junge Welt hatte es vor allem gut.* Der König, im großen Verkehr beinahe menschenscheu, war ein ausgesprochener Kinderfreund. So begegnete er einstmals, während er im Schloßpark aus einem mit Pflaumen und Weintrauben gefüllten Körbchen aß, einem Jungen und fragte ihn, ob er wohl eine Pflaume haben wollte. Der Junge, ein echter Märker, schielte über das Körbchen hin und bemerkte: »Nee; Plummen hebben wi alleen to Huus; wenn't noch 'ne Wiendruv' wär.« Der König lachte und gab. – Einen andern hübschen Zug erzählt Eylert. »›Hast du schon mal Ananas gegessen?‹ fragte der König. ›Nee, Majestät.‹ – ‚Na, dann iß, aber mit Bedacht. Was schmeckst du heraus?‹ Der Junge, an den die Frage gerichtet war, kaute, besann sich und sagte dann: ›Wurst.‹ Alles lachte. Der König aber bemerkte ruhig: ›So trägt jeder seinen Maßstab in sich. Dem einen schmeckt die Ananas wie Melone, dem andern wie Birne oder Pflaume, diesem wie Wurst. Er bleibt in seinem Gefühlskreise.‹ In den Speisesaal zurücktretend, wo sich ein Fenster mit vielfarbigem Glase befand, fuhr er fort: ›Wer die Gegenstände draußen durch diese violettfarbige Scheibe anschaut, hält alles, was er sieht, für violett; so ein anderer alles für grün oder gelb, je nach dem Glas, durch das er blickt. Jeder behauptet, recht zu haben, und doch haben alle unrecht, und des Widerspruchs und Disputierens ist kein Ende. So geht's vor allem den Herren Theologen. Jeder hat da *sein* Glas.‹«

Derselbe Erzähler, an anderer Stelle das Paretzer Leben während der zwanziger und dreißiger Jahre zusammenfas-

* Allerhand Spiele: Turnen, Wettlaufen, waren an der Tagesordnung; die Sieger wurden beschenkt. Unter Anleitung der jungen Prinzen Karl und Albrecht kam die Bildung einer Art »Paretzer Legion« zustande, die im Feuer exerzierte und manövrierte, wobei sieben kleine Kanonen benutzt wurden, von denen eine, mit dem Greif und der Jahreszahl 1588, bis diesen Tag unter den Dörflern existiert. Bei einer bestimmten Gelegenheit – es mochte um 1820 sein, als die »Russen« einen ihrer Sommerbesuche machten – kam es zu einem vollständigen Gefecht zwischen der Paretzer Legion und den Zöglingen des Potsdamer Militärwaisenhauses, die nach Paretz hinaus befohlen und mit ihren Waffen erschienen waren. Die Legionäre nahmen ihnen, in einem unbewachten Augenblick, die Waffen fort, bezogen unter Führung und Anfeuerung des Großfürsten eine Art Waldposition und behaupteten sich im Besitz ihrer Beutestücke. Der König folgte der Bataille mit dem lebhaftesten Interesse und meinte schließlich: »die Dorfluft scheine doch derber zu machen«.

send, gibt folgende Schilderung: »Die ruhigsten und glücklichsten Stunden, die dem Könige noch beschieden waren, hat er in diesem stillen Haveldorfe verlebt. Alle Singvögel schienen im Paretzer Park ihren Lieblingsaufenthalt zu haben; über der Landschaft lag ein Duft, die Wiesen immer frisch, und über das Sumpfland hin schritten die Störche. Der König hatte ein Auge für solche Bilder. Wenn er allein sein wollte, hier fand er, was er suchte. Viele wichtige Verfügungen sind von diesem abgelegenen Punkte ausgegangen. Hier senkten sich tiefer und fester in sein Gemüt die Lebensansichten und Grundsätze, die den innern Frieden bewahren. Sein patriarchalischer Sinn, hier fand er Genüge.«

Wann er zuletzt an dieser Stelle war, ist nicht verzeichnet; wahrscheinlich im Herbst 1839. Im Mai des folgenden Jahres, als mit dem Frühling draußen ein frisches Leben nicht wiederkommen wollte, sprach er mehr als einmal: »Wenn ich nur nach Paretz könnte!« Hoffte er Genesung, oder wollte er Abschied nehmen von der Stätte stillen Glücks? Gingen seine Gedanken zurück bis an den 20. Mai 1810?

Wer sagt es? Als das nächste Erntefest kam, war alles vorüber. Eine stillere Stätte hatte ihn aufgenommen als selbst Paretz.

## Paretz seit 1840

Am 7. Juni 1840 war Friedrich Wilhelm III. aus dieser Zeitlichkeit geschieden; Paretz, samt den zwei angrenzenden Schatullegütern Uetz und Falkenrehde, fiel dem Thronfolger, Friedrich Wilhelm IV., zu; 1862, nachdem auch dieser aus der Unruhe in die Ruhe gegangen war, kam der schöne, erinnerungsreiche Besitz an den jetzigen Kronprinzen.

Die Glanztage von Paretz sind nicht wiedergekehrt, und sie werden kaum wiederkehren. Es bedurfte des eigenartig-scheuen Charakters Friedrich Wilhelms III., um diesen Platz über sich selbst zu erheben. Ein rechter »out-of-the-way-place«, hindert ihn jetzt seine Abgeschiedenheit ebensosehr, wie ihn dieselbe einst zu ungeahnten Ehren führte. Was ihn jetzt noch hält, ist Pietät, Haustradition – nur das Wohlwollen der »neuen Herrschaft« ist ihm geblieben. Alle zwei Jahre, am Geburtstage des Kronprinzen, werden die Dorfkinder neu eingekleidet: die Knaben erhalten des »Königs Rock«, der Uniform des 24. Landwehrregiments nachgebildet, während die Mädchen in russisch-grünen Tibetkleidern ihren Umzug halten.

Das Wohlwollen gegen die Paretzer ist das alte geblieben. Aber Paretz selbst ist nicht mehr, was es war. Kein Sehnsuchtspunkt mehr, nur noch ein Punkt für Erinnerung und stille Betrachtung.

## II

Wo nun Gras und Staude beben,
Hat in froher Kraft geblüht,
Ist zu Asche bald verglüht
Manches reiche Menschenleben.

Die der Tod hinweggenommen,
Die hier einst so glücklich war:
Der geschiednen Seelen Schar,
Nachtigall, du hörst sie kommen.

*Lenau*

## Das Schloss in Paretz

So ging das Geplauder. Die wachsende Schwüle des Julinachmittags, wir empfanden sie nicht; ein leiser Luftstrom zog von der Havel her herauf und trug uns die Kühle des Wiesengrundes und den Duft der Resedabeete zu. Es war eine halbe Stunde, wie sie nur an *dieser Stelle* erlebt werden kann, hier, wo sich Stille und Erinnerung die Hand reichen.

Wir hingen noch den letzten Worten nach, der Schloßdiener öffnete die Läden und lüftete die Zimmer, in die wir einzutreten hatten, als die Szene sich plötzlich änderte. Ein Windstoß, jäh und heftig, fuhr durch den Park, die uns zunächst stehenden hohen Pappeln beugten sich, Blätter, wie Flocken, fielen auf uns nieder, die Chaussee herauf kam eine Wolke von Kies und Staub, und über den ganzen Himmel hin rollte die erste Ankündigung des Gewitters. Es war, als ob wir erleben sollten, daß auch *diese* Stille täusche. Überall rollen die Donner Gottes und künden, daß kein ewiger Friede sei.

Einen Augenblick schwankten wir, ob wir von der Poesie des Gegensatzes Nutzen ziehen und die sich öffnenden Schloßräume, die verblaßten Zeichen stillen Familienglücks, bei Gewitterschein in Augenschein nehmen sollten, aber das mahnende Wort: »Das kommt schwer herauf«, gab uns doch zu denken, und nachdem erst einmal gezweifelt und der »angebornen Farbe der Entschließung« die bekannte Gedankenblässe angekränkelt war, gaben wir's auf und nahmen die Einladung an, die uns in die Wohnung des Hofgärtners führte. Es war die höchste Zeit; noch trafen uns die ersten großen Tropfen; kaum unter Dach, und das Schauspiel begann: Regen und Feuer fielen vom Himmel nieder. Als es vorüber war, war es zu spät, den Rückweg anzutreten; die Wege waren grundlos, die tiefen Stellen unter Wasser; wir blieben zu Nacht. Wer eingeregnet und eingewittert, mög es immer so gastlich treffen wie wir im Gärtnerhause zu Paretz.

Ein Morgen kam, wie er nur nach *solchem* Abend kommt. Die Sonne funkelte wie gebadet, und als die Läden des Schlosses sich wieder öffneten, schoß das Licht hinein und lief wie ein Blitz durch alle Räume. Das Dunstige und Trübselige, das sonst in solchen Räumen zu Hause ist, es war wie ausgefegt; Licht macht wohnlich, alles schien bereit; es war, als solle das schöne königliche Paar, das hier vor siebenzig Jahren lebte und lachte, jeden Augenblick wieder seinen Einzug halten.

Und *wenn* es so wäre, sie würden die Stätte ihres Glücks wenig verändert finden. Da sind noch dieselben Tapeten und Wandgemälde, dieselben kissenreichen, mit Zitz überzogenen Sofas und Ottomanen, dieselben gemalten Papageien und Fasanen, dieselben Büsten und Bilder. Bilder wohl 1 000 an der Zahl, englische Stiche in Nußbaum- und Ebenholzumrahmung, wie sie jeder von uns aus dem Hause der Großeltern oder aus den Gast- und Logierstuben der Landedelleute kennt. Wie diese Gaststuben gemeinhin neben der Rumpelkammer liegen, so sind sie auch, in allem, was Kunst angeht, die Vorbereitung, die Etappe zu ihr. Ein junges Mädchen, mit Kaninchen spielend, ein junges Mädchen mit einem Taubenkorb, die Grotte der Egeria, die Kaskaden von

Tivoli, so folgen die Blätter aufeinander, abwechselnd in Schwarz- und in Buntfarbendruck und alle einer Lordship oder Royal Highness respectfully devoted.

1000 Blätter, aber keines von Bedeutung, mit Ausnahme eines einzigen, das durch seinen Gegenstand und seine Schicksale ein gewisses Interesse einflößt. Es ist dies »Die Zusammenkunft des preußischen Königspaares und des Kaisers von Rußland in Memel, 1802«. Der Stich nach diesem Bilde ist allgemein bekannt; *hier* befindet sich das Original, eine Arbeit Dählings, in Gouache sauber ausgeführt. Schloß Paretz ist genau der Punkt, wo dieses Bild seine Stelle finden mußte, denn die Personen, die es darstellt, sind recht eigentlich Paretzer Personen, Gestalten, die dem Schloß »Still-im-Land« in der Epoche von 1795 bis 1805 angehörten. Es sind, außer dem Kaiser auf der einen und dem König und der Königin auf der andern Seite, die folgenden: Prinz Wilhelm, Prinz Heinrich, Feldmarschall von Kalckreuth, Hofmarschall von Massow, Gräfin von Voß, General von Köckritz, die Kammerherren von Schilden und von Buch, die Kammerdame von Moltke und der Major von Jagow. Dies Gouachebild Dählings, das auf der Rückseite mit drei verschiedenen Zetteln oder Briefen beklebt ist, denen wir auch diese Notizen entnehmen, war wohl, wenn nicht direkt im Auftrage des Hofes, so doch wenigstens in der Hoffnung angefertigt worden, daß der Hof es erstehen würde; die Katastrophe von Jena fuhr aber dazwischen, und so ging dies Bild, das seinem Gegenstande nach in das Boudoir einer Fürstin oder Oberhofmeisterin gehörte, in kleinbürgerliche Hände über und wechselte mehrfach seine Eigentümer. Bis 1821 besaß es Herr Asner in Berlin, dann kam es nach Schlesien, und der letzte der drei aufgeklebten Briefzettel, womit dann (1850) die Irrfahrten dieses Bildes schließen, lautet wie folgt: »Der gegenwärtige Eigentümer dieses Bildes ist der königliche Kreisgerichtssecretair und Kanzleidirektor Wilhelm Heinrich aus Glatz, zur Zeit in Breslau, bis 17. August in Berlin. Beim Doktor Stoll in der Charité zu erfragen.« Das Weitere ergibt sich leicht. Der Kanzleidirektor, in richtiger Erkenntnis dessen, was er besaß, bot ein Gemälde, das recht eigentlich ein Hohenzollernsches Haus- und Familienbild war, dem König Friedrich Wilhelm IV.

zum Kauf an und hatte richtig gerechnet. Der König gab dem Bilde seinen Platz: Paretz.

Die Räume des Schlosses erlitten geringe Umwandlungen seit 1805; *ein* Zimmer blieb völlig intakt, das Schlafzimmer. Die Himmelbetten stehen noch wie damals; die Tische und Toiletten, das kleine Klavier, das die Königin selbst benutzte, die Kommoden in den Formen des ersten Kaiserreichs – alles behauptet noch die alte Stelle; auch die »Supraporten« blieben, die Genien und Amoretten über der Tür. Noch flattern ihre Bänder, noch streuen sie Rosen, aber die Bänder sind vergilbt, und die Rosen sind verwelkt. Selbst das *Bild* des Glückes konnte die Jugend nicht wahren.

Wir treten zurück in den Park. Alles Leben und Licht. Das Einzelne fällt, das Ganze bleibt.

## Die Kirche

Dem Schloß gegenüber, hinter einem uralten Maulbeerbaum halb versteckt, liegt die Kirche, ein weit zurückgehender Bau, dessen Alter bei den vielen Wandlungen, die er durchzumachen hatte, schwer zu bestimmen ist. Dabei stellen wir die letzten Renovierungen, weil diese seinen Stil wenigstens unverändert ließen, nicht einmal mit in Rechnung. Eine letzte gründliche Wandlung erfuhr die Kirche wahrscheinlich verhältnismäßig spät, in Jahren, da der Protestantismus schon die Oberhand im Lande hatte – einige Glasbilder tragen die Zahl 1539. Um ebendiese Zeit, so schließen wir, oder doch nicht viel früher, erfolgte die Gotisierung des Baues, der vorher längst vorhanden und, wie alle die zahlreichen Feldsteinkirchen in der Mark, romanisch war.

Wie jetzt das Kirchlein sich präsentiert, sticht es jedenfalls sehr vorteilhaft von dem gegenübergelegenen Schloßbau ab, mit dem es nur das Alleräußerlichste und Gleichgültigste, die gelbe Tünche, gemein hat. Wieviel Anheimelndes in dieser gotischen Formenfülle, in diesem Reichtum von Details, und wieviel Erkältendes in dieser bloß durchfensterten Fläche, die sich nirgends zu einem Ornament erhebt! Eine indifferente Alltagsschönheit, die den Dünkel hat, keinen Schmuck tragen zu wollen. Erst die Phantasie, die geschichtskundig das Schloß mit Leben und Gestalten füllt, macht es uns lieb und wert, hebt über den ersten Eindruck der Nüchternheit hinweg.

An dem Maulbeerbaum vorbei treten wir jetzt in die Kirche ein. Wir wählen das Westportal. Der Eindruck besonderer Gefälligkeit, den schon das Äußere übt, er wiederholt sich hier; die Restaurierung ist pietätvoll zuwege gegangen. Alles Anmutige und Zierliche, alles, was in Form oder Farbe auch das Laienauge angenehm berühren konnte, man ließ es der Kirche und sorgte nur, wie es sein soll, für Luft und Licht, für Raum und Bequemlichkeit. Die nördliche Hälfte des Querschiffs wurde zum »Königsstuhl«, der Raum hinter dem Altar, also der hohe Chor, zu einer Art Kunstkammer hergerichtet.

Um diese beiden Punkte dreht sich das Interesse der Kirche. Zuerst der *Chor*. Mannigfach sind die Geschenke, womit königliche Munifizenz ihn bedachte. Auf engem Raum drängen sich hier die Bilder, meist Jugendarbeiten des trefflichen Wach: »Johannes der Täufer«, »Christus mit Johannes und Matthäus«, »Christus auf Gethsemane«. Das größte und bedeutendste aber, das sich hier findet, ist eine »Grablegung« von Schumann; die ohnmächtig niedersinkende Maria gilt als vorzugsweise gelungen. — Reich geschmückt, wie dieser Raum hinter dem Altar, ist vor allem auch der Altar selbst; eine schwere, grüne Damastdecke mit eingestickten goldenen Kreuzen deckt den Abendmahlstisch; Kruzifix und Altarleuchter, größer und reicher, als sie sonst in Dorfkirchen heimisch sind, deuten auf den königlichen Geber; zu Füßen des Kruzifixes aber liegt die sogenannte Kurfürstenbibel, mit vielen Stichen und Bildern, prächtig gebunden. Der breite Goldschnitt zeigt oben und unten, wie auch in Front, drei zierliche Aquarellbilder: die Taufe, das Abendmahl, die Himmelfahrt — eine Art der Ornamentierung, der wir hier zum ersten Male begegneten. Es sind Arbeiten (ihrem Kunstwert nach unsern Porzellanmalereien verwandt), wie sie damals in Dresden nach berühmten Poussins und Carraccis gut und mannigfach ausgeführt wurden.

Durch eine Balustrade vom Kirchenschiff getrennt ist der »Königsstuhl«. Er hat die Dimensionen eines kleinen Zimmers; die Herrichtung ist einfach; an der Westwand erhebt sich, in das Mauerwerk eingelassen, eine durch den Stich mannigfach bekannt gewordene Arbeit Schadows: »Die Apotheose der Königin Luise«. Mehr eigentümlich als schön. In ihrer Mischung von christlicher und heidnischer Symbolik ist uns die Arbeit kaum noch verständlich, jedenfalls unserem Sinne nicht mehr adäquat. Sie gehört, ihrer Grundanschauung nach, jener wirren Kunstepoche an, wo der Große Fritz in Gefahr war, unter die Heiligen versetzt zu werden, wo er im Elysium, mit Sternenkranz und Krückstock angetan, die der Zeitlichkeit entrückten preußischen Helden wie zur Parade empfing. Eine Art Sanssouci auch dort oben.

Schadow, sonst von so gutem Geschmack, vergriff sich in diesem Falle, wie uns scheinen will, und die Inschrift eines von einem Engel gehaltenen Schildes gibt Auskunft darüber, *wie* er sich vergriff. Diese Inschrift lautet: »Hohenzieritz, den 19. Juli 1810, vertauschte *sie* die irdische Krone mit der himmlischen, umgeben von Hoffnung, Liebe, Glaube und Treue, und in tiefe Trauer versinken Brennus und Borussia.« Wir haben hier *Kunst*mengerei und *Religions*mengerei, alles beieinander. Die Verdienste der Arbeit sind nichtsdestoweniger bedeutend, aber sie sind mehr technischer Natur und greifen zum Teil auf das Gebiet der Kunstindustrie hinüber.

Die anderweitigen Schätze, die die Paretzer Kirche, weit über diese großen Schildereien hinaus, in ihrer Mitte birgt, sind zwei Erinnerungsstücke, alt und neu, das eine aus der Zeit der kirchlichen, das andere aus der Zeit der politischen Umgestaltung, die dieses Land erfuhr – beinahe dreihundert Jahre liegen dazwischen. Aus dem Jahre 1539, wie die eingebrannte Jahreszahl zeigt, stammt das Bildnis des heiligen Mauritius, das aus dem Spitzbogen des Chorfensters in die Kirche hinein grüßt; zu Füßen des alten Schutzpatrons dieser Lande aber steht ein zierlicher, mit Tapisseriebildern versehener Kasten, in dem ein blauseidenes, silbergesticktes Tuch zusammengefaltet liegt. Es ist das Tuch, das Königin Luise bei ihrem letzten Besuch an dieser Stelle trug. Der König, nach ihrem Tode, breitete es, als das Liebste, was er hatte, über den Altartisch, bis es, halb zerfallend in seinem leichten Gewebe, durch den Damast abgelöst wurde, der, mit goldenen griechischen Kreuzen geschmückt, jetzt dieselbe Stelle ziert.

Aber in dem Kästchen liegen doch, wie verkörpert, die Erinnerungen dieser Stätte.

## DER »TEMPEL«

Die Kirche von Paretz ist ein Platz reicher Erinnerungen, aber Paretz hat der Erinnerungsplätze mehr. Speziell der Erinnerung geweiht ist der »Tempel«. Er befindet sich in einer verschwiegenen Ecke des Parks, wo dieser die Havel berührt, und bildet einen Teil des an dieser Stelle künstlich aufgeworfenen Aussichtshügels, der auf seiner Spitze ein japanisches Häuschen, an seiner westlichen Seite eine Rokokogrotte und nach Süden hin ebendiesen »Tempel« trägt.

Dieser Tempel, eine bloße Façade, die auf halbversunkenen dorischen Säulen ruht und zunächst keinem anderen Zwecke gedient haben mochte, als Schutz gegen Regen und Sonne zu gewähren, scheint von Anfang an ein bevorzugter Platz gewesen zu sein, wie es auch in dem laubenreichsten Garten immer noch eine Lieblingslaube gibt, woran sich Leid und Freud des Hauses knüpft: der erste Kuß, die stille Verlobung, Abschied und Wiedersehen.

Zu solchem Platze wuchs der Tempel heran, und der ziemlich nichtssagende Bau, der bei seiner Anlage nichts gewesen war als eine Gärtnerlaune, ein Schnörkelornament, wurde zu einer Familienstätte, zu einem der Erinnerung geweihten Platz.

Dies geschah zuerst im Sommer 1797. Im Winter vorher, am 28. Dezember, war Prinz Ludwig gestorben, der Bruder, zugleich der Schwager Friedrich Wilhelms III., und an der bevorzugten Plauderstelle wurde in den Stein geschrieben: »Er ist nicht mehr.«

Die Jahre gingen; so kam der Juli 1810. In die Parkgruft zu Charlottenburg senkte sich der Sarg der Königin; in die Tempelwand zu Paretz wurde eine graue Marmortafel eingelassen, die nunmehr die Inschrift empfing: »Gedenke der

Abgeschiedenen.« Mehr und mehr erhob sich der Tempel zu einer Stätte des Familienkultus; in seiner Front, an ebender Stelle, wo die heimgegangene Königin so oft geruht hatte, wurde ein Friedensengel mit Kranz und Palmenzweig errichtet; der Tempel von Paretz war zu einem Vereinigungspunkt, fast zu einem Symbol geworden, das jedem Familienmitgliede das Beste bedeutete, was der Mensch hat: Liebe, Treue, Pietät. In diesem Sinne schrieb König Friedrich Wilhelm III. in seinem Testament: »Meine Zeit in Unruhe, meine Hoffnung in Gott ... Wenn dieser mein Letzter Wille meinen innigst geliebten Kindern zu Gesicht kommen wird, bin ich nicht mehr unter ihnen und gehöre zu den Abgeschiedenen. Mögen sie dann bei dem Anblick der ihnen wohlbekannten Inschrift: ›Gedenke der Abgeschiedenen!‹ auch meiner liebevoll gedenken.«

Und sie gedenken seiner. Der 7. Juni, der Sterbetag des Königs, ist zu einem Gedächtnistag geworden, und kein Sohn oder Enkel betritt Paretz, ohne an die graue Marmortafel zu treten und freiwillig zu tun, woran ihn die Inschrift mahnt.

## Der »tote Kirchhof«

»Gedenke der Abgeschiedenen!« so klingt es überall in Paretz, auch über den Kreis des Schlosses hinaus. Erinnerung und Pietät, die hier ihre Stätte haben, sie haben sie auch in den Herzen der Paretzer; still und unbemerkt üben sie ihren Totendienst: »Gedenke der Abgeschiedenen«, durchklingt es auch sie.

Um die Kirche herum liegt ein Kirchhof, ein sogenannter »toter Kirchhof«; der »lebende«, die Stätte, wo begraben wird, liegt draußen, am Rande des Dorfes.

Die alte Stätte ist nur ein Grasplatz noch, niedergetreten, ohne Kreuz und Stein, aber wer scharf zusieht, der nimmt bald wahr, daß hinter dieser Verwahrlosung noch immer eine Liebe lebt. Hier und dort wächst eine Schwertlilie, ein Hagebuttenstrauch unvermittelt aus dem niedergetretenen Grase auf, und alle diese Stellen kennen die Dörfler wohl, es sind die Gräber ihrer Teuren, die sie verstohlen hegen und pflegen, in heimlicher Liebe. Denn der Kirchhof *soll* tot sein, der offizielle Platz für Blumen und Tränen liegt draußen.

Aber welchem Herzen ließe sich gebieten!

Paretz ist eine Stätte der Erinnerung und Pietät – auch der »tote Kirchhof«.

# ETZIN

Es haben alle Stände
So ihren Degen wert?

*»Der alte Derfflinger«*

Sei brav,
Sei gut,
Hast Schlaf,
Hast *Mut.*

Eine halbe Stunde von Paretz, wie dieses hart an der Havel, liegt Ketzin, schon ein Städtchen; wieder eine halbe Meile weiter, aber nun landeinwärts, Dorf Etzin. Es von Paretz aus zu besuchen verbot sich mir; ich hatte also eine eigne Fahrt, eine kleine Spezialreise dafür anzusetzen. Diese, per Bahn, ging zunächst über Spandau, Segefeld, Nauen, von hier aus zu Fuß aber, an den alten Bredow-Gütern: Markee und Markau vorüber, ins eigentliche Havelland hinein. Der Leser wolle mich freundlich begleiten.

Mit dem Glockenschlage zwölf sind wir auf dem Nauener Bahnhof eingetroffen, und das Straßenpflaster mit gebotener Vorsicht passierend, marschieren wir nach zehn Minuten schon, an Gruppen roter Husaren und gelbklappiger Ulanen vorüber, zum andern Stadtende wieder hinaus. Das weitgespannte Plateau, ein guter Lehmboden, ist flach und hart wie eine Tenne, und wäre nicht ein fichtenbestandener Höhenzug, der wie eine Coulisse sich vor uns aufrichtet, so würden wir beim Heraustreten aus dem Nauener Tore schon die spitzen Türme von Ketzin und Etzin vor uns erblicken. So aber teilt der Höhenzug das Bild in zwei Teile und gönnt uns zunächst nur den Überblick über die nördlich gelegene Hälfte.

Die Mühlen stehen so steif und leblos da, als hätten sie sich nie im Klappertakte gedreht. Sonntags- und Mittagsstille vereinigen sich zu einem Bilde absoluter Ruhe, und wäre nicht der Wind, der, oft umschlagend, bald wie ein

Gefährte plaudernd, neben uns hergeht, bald wie ein junger Bursche uns entgegenspringt, so wäre die Einsamkeit vollkommen. Die Sonne brennt heiß, und nach verhältnismäßig kurzem Marsche schon machen wir halt in einem der vielen Gräben, die sich neben der Straße hinziehen. Wie uns die kurze Rast erquickt! Der Weidenstamm gönnt eine bequeme Rückenlehne, und die herabhängenden Zweige schützen gegen den Anprall der Sonne. Auch für Unterhaltung ist gesorgt; das Stilleben der Natur tut sich auf, die Goldkäfer huschen durch das abgefallene Blattwerk, und die Feldmäuse, vorsichtig und neugierig wie auf der Rekognoszierung, stecken die Köpfchen aus den Löchern hervor, die sich zahllos zu beiden Seiten des Grabens befinden. In dem Sumpfwasser zu unserer Linken beginnen inzwischen die Unken ihre Mittagsmelodien. Wie das ferne Läuten weidender Herden klingt es, und zum erstenmal verstehen wir die Sage von den untergegangenen Städten und Dörfern, deren Glocken um die Mittagsstunde leise nach oben klingen. Wir lauschen auf, aber es bangt uns mehr und mehr vor dem unheimlich einschmeichelnden Getöne, und rasch aufspringend, marschieren wir rüstig weiter in die brennende Mittagsstille hinein, dankbar gegen den jetzt wieder entgegenkommenden Wind, der uns das Gesicht kühlt und die verfolgenden Unkenstimmen mit in unsern Rücken nimmt. So erreichen wir bald den mit Nadel- und Laubholz bestandenen Sandrücken, der, als wir die Nauener Mühlen passierten, wie eine Coulisse vor uns stand, waten geduldig durch den heißen mahlenden Sand des Fahrwegs hindurch und treten endlich aufatmend in die südliche Hälfte des Havellandes ein. Aufatmend – denn kaum die Tannen im Rücken, ist es uns, als wehe uns eine feuchte Kühle an, wie von der Nachbarschaft eines breiten Stroms, und doch ist es noch eine volle Meile bis an die Buchtung der schönen Havel.

Noch eine volle Meile bis an die Havel, aber nur eine halbe Stunde noch bis nach Etzin, dem unsere heutige Wanderung gilt. Seine schindelgedeckte Kirchturmspitze liegt schon wie greifbar vor uns, und dem Ziele unserer Reise uns näher wissend, spannen sich jetzt die Kräfte wie von selber an, Frische kehrt zurück, und noch ehe der Vorrat unsrer

Wanderlieder dreimal durchgesungen, marschieren wir fröhlich und guter Dinge in das alte malerische Dorf hinein.

Alles verrät Wohlhabenheit, aber zugleich jenen bescheidnen Sinn, der sich in Treue und Anhänglichkeit an das Überlieferte äußert. Das Dorf ist noch ein Dorf; nirgends das Bestreben, ins Städtische hineinzuwachsen und aus der schmalen Bank unterm Fenster eine Verande zu machen. Der Hahn auf dem Hofe und die Schwalbe am Dache sind noch die eigentlichen Hausmusikanten, und die Bauerntöchter, die eben ihr Geplauder unterbrechen und mit ruhiger, nirgends von Gefallsucht zeugender Neugier dem Schritt des Fremden folgen, haben noch nichts von jener dünnen Pensionstünche, die so leicht wieder abfällt von der ursprünglichen Stroh- und Lehmwand.

Die Kirche des Dorfs, am entgegengesetzten Ende gelegen, entzieht sich unsrem Auge, seit wir in die Dorfgasse eingetreten, aber die Bilder und Szenen um uns her lassen uns auf Augenblicke vergessen, daß es eben die Etziner Kirche und nichts anderes war, was uns hierher führte. Die Bilder wechseln von Schritt zu Schritt. Hier stellt sich ein alter Fachwerkbau, von einem schmalen Gartenstreifen malerisch eingefaßt, wie ein Familienhaus mitten in die Dorfgasse hinein und teilt den Fahrweg in zwei Hälften, wie eine Insel im Strom; dort an den Zäunen entlang liegt allerhand Bau- und Bretterholz, und die Kinder beim Anschlagspiel lugen mit halbem Kopf über die Stämme hinweg. Die Arbeit ruht, die lichten Kronen der Lindenbäume werfen ihren Nachmittagsschatten voll und breit auf die Dorfgasse, und wir schreiten frisch und aller Müdigkeit bar darüber hin, als lägen Binsenmatten vor uns ausgebreitet. So haben wir das Dorf passiert, und auf leis ansteigendem Hügel erblicken wir endlich die Kirche wieder, in die der eben herzukommende Küster uns nun freundlich und willfährig einführt.

Das Innere der Kirche ist wie das Dorf selbst: schlicht und einfach, wohlhabend, sauber, eine wahre Bauerndorfkirche, aber doch anders, wie sonst solche Kirchen zu sein pflegen. Denn die Gotteshäuser alter Bauerndörfer zeichnen sich im Gegensatz zu den Patronatskirchen gemeinhin durch nichts als durch eine äußerste Kahlheit aus, durch die Abwesenheit alles Malerischen und Historischen; die Generationen kommen und gehen, kein Unterschied zwischen dem Dorf und seinem Felde, ein ewiger Wechsel zwischen Saat und Mahd. Leben, aber keine Geschichte. So sind die Bauerndörfer, und so sind ihre Kirchen. Nicht so Etzin. Hier war zu allen Zeiten ein historischer Sinn lebendig, und so hat hier die Gemeinde Bildnisse derer aufgestellt, die dem Dorfe mit Rat und Tat vorangingen, sein »Wort und Hort« waren – die Bildnisse seiner Geistlichen. Wenn sich solcher Bildnisse nur vier in der Etziner Kirche vorfinden, so liegt es nicht daran, daß die Etziner seit 150 Jahren sich jemals ihrer Pflicht entschlagen und ihre alte Pietät versäumt hätten, sondern einfach daran, daß die Etziner Luft gesund und die Etziner Feldmark fruchtbar ist. Die Etziner Geistlichen bringen es zu hohen Jahren, und wenn wir die Inschriften und Zahlen, die sich auf den betreffenden Bildern und Grabsteinen in und außerhalb der Kirche vorfinden, richtig gelesen haben, so füllen die Namen dreier Prediger den ganzen weiten Raum des vorigen Jahrhunderts aus. Die Bilder dieser drei Geistlichen, von denen übrigens der mittlere, der Held dieser Geschichte, nur ein kurzes Jahrzehnt der Etziner Gemeinde angehörte, hängen, von Bändern und Brautkronen heiter eingefaßt, links vom Altar an einem der breiten Mauerpfeiler, und das helle Sonnenlicht, das durch die geöffneten Kirchenfenster von allen Seiten eindringt, macht es uns leicht, die Namen zu lesen, die mit dünnen weißen Schriftlinien auf schwarze Täfelchen geschrieben sind. Die Namen sind: Andreas Lentz, August Wilhelm Geelhaar und Joachim Friedrich Seegebart. Andreas Lentz, ein würdevoller Kopf, mit dunklem, lang herabhängendem Haar, gehört augenscheinlich der Zeit der ersten beiden Könige, August Wilhelm Geelhaar aber der zweiten Hälfte des vorigen Jahrhunderts an. Er trägt eine hohe Stehkrause, ist blond, rotbäkkig, martialisch und blickt aus seinem Rahmen heraus wie die Bischöfe des ersten Mittelalters, die lieber zum Streitkolben wie zum Meßbuch griffen. Sein Blick ist kriegerisch genug, aber die Welt hat nie von seinen Kriegstaten erfahren, und den Ruhm, in den Gang einer Schlacht eingegriffen und die drohende Niederlage in Sieg gewandelt zu haben, muß er seinem Amtsbruder und unmittelbaren Vorgänger an der Etziner Pfarre überlassen, dessen Bildnis jetzt neben ihm am

Wandpfeiler hängt und dessen milde, fast weiche Gesichtszüge auf alles andre eher schließen lassen sollten als auf den »Geist Davids«, der ihn zum Siege fortriß. Und doch war es so. Joachim Friedrich Seegebart ist es, der uns nach Etzin und in diese Kirche geführt hat, Joachim Friedrich Seegebart, der Sieger von Chotusitz. Hören wir, wie es damit zusammenhängt.

Joachim Friedrich Seegebart, geboren den 14. April 1714 im Magdeburgischen, wahrscheinlich zu Wolmirstedt, war Feldprediger beim Prinz Leopoldschen Regiment, das vor Ausbruch des Ersten Schlesischen Krieges, und auch wohl später noch, zu Stendal in Garnison stand. Er war ein Anhänger der Spenerschen Lehre, demütig, voll Liebe, nur streng gegen sich selbst, ein Mann, von dem man sich einer gewissenhaften Wartung seines Amtes, der Festigkeit in Wort und Glauben, aber keiner kriegerischen Tat versehen konnte, er selbst vielleicht am wenigsten.

Die rasche Besitzergreifung Schlesiens war Ausgang 1740 beschlossene Sache. Die Regimenter erhielten Marschorder, und den 8. Dezember brach das Regiment Prinz Leopold von Stendal auf, mit ihm Seegebart. Über diesen Marsch durch die Kurmark und später durch Schlesien besitzen wir interessante Aufzeichnungen von Seegebarts eigener Hand. Am 11. März, nach längerem Aufenthalt in Berlin, betrat das Regiment schlesischen Boden, zeichnete sich bei der Erstürmung von Glogau aus, focht bei Mollwitz und bezog im Oktober das Winterquartier in Böhmen. Hier blieb es in Reserve, während der König in Mähren einrückte. Erst im Frühjahr 1742 vereinigte sich das Regiment wieder mit der aus Mähren zurückgehenden Hauptarmee und war mit unter den Truppen, die am 17. Mai 1742 der österreichischen Armee unter dem Prinzen Karl von Lothringen bei Chotusitz, eine Viertelmeile von Czaslau, gegenüberstanden.

Dieser Tag von Czaslau oder Chotusitz ist der Kriegs- und Ehrentag unsres Seegebart. Gegen acht Uhr morgens begann die Schlacht, die östreichische Infanterie eröffnete den Angriff und warf sich auf den rechten preußischen Flügel, litt aber, durch Kanonen und Kleingewehrfeuer, so stark, daß einzelne Regimenter den Rücken kehrten und, trotzdem sie von ihren eigenen Offizieren in kaum glaubhafter Anzahl niedergestochen wurden, nicht wieder zum Stehen zu bringen waren. Jetzt sollten Kavalleriechargen die Scharte auswetzen. Mit großem Ungestüm schritt man zur Attacke; aber vergeblich. Mal auf Mal wurden die Chargen abgeschlagen und die rückgehenden Regimenter schließlich mit solcher Vehemenz verfolgt, daß die dahinter aufgestellte Infanterie mit in die Flucht verwickelt und zum Teil niedergemacht, zum Teil über das Feld hin zerstreut wurde.

So standen die Dinge am rechten Flügel, zum Teil auch im Zentrum. Alles ließ sich glücklich an und schien einen raschen Sieg zu versprechen; aber völlig entgegengesetzt sah es am linken Flügel aus, wo unser Seegebart auf einer kleinen Fuchsstute im Rücken seines Regimentes hielt. Hier standen sechs Bataillone in Kolonne, und zwar in Front zwei Bataillone Prinz Leopold, dahinter einzelne Bataillone der Regimenter La Motte, Schwerin, von Holstein und Prinz Ferdinand. Das Unglück wollte, daß der Angriff der Östreicher eher erfolgte, als die Aufstellung der Preußen, insonderheit ihrer Kavallerie, beendigt und geordnet war, und so wiederholte sich hier zuungunsten der Preußen das, was sich am entgegengesetzten Flügel zu ihren Gunsten ereignet hatte. Die preußischen Dragoner wurden geworfen, die Infanteriekolonnen, zumal die in Front stehenden Bataillone Prinz Leopold, mit in den Wirrwarr hineingerissen und endlich alles in wildem Durcheinander durch das brennende Dorf Chotusitz hindurchgejagt. Reserven rückten vor und nahmen den Kampf wieder auf, aber im selben Augenblicke stoben, wie durch ein böses Ohngefähr, vom entgegengesetzten Flügel her, die flüchtigen Reitermassen heran, die dort dem Vordringen der Preußen hatten weichen müssen und nun eben rechtzeitig genug erschienen, um dem ohnehin siegreichen Stoß der Ihrigen eine gesteigerte Wucht zu geben. In diesem Augenblick äußerster Gefahr war es, wo der kriegerische Geist in unserem Seegebart plötzlich lebendig wurde und, zunächst den Kampf wiederherstellend, endlich alles zu Heil und Sieg hinausführte. Seegebart selbst hat dies sein Eingreifen in den Gang der Schlacht mit so viel Anschaulichkeit und Bescheidenheit geschildert, daß es wie geboten erscheint, ihn an dieser Stelle mit seinen eigenen Worten einzuführen:

»Als unser Regiment nun retirierte und zum Teil mit feindlicher Kavallerie und Grenadiers vermischt war, jug ich sporenstreichs hin und wider durch dasselbe und redete den Burschen und Offiziers beweglich und notabene recht ernstlich zu, daß sie sich widersetzen und fassen sollten. Einige schrien mich gleich an mit einem lauten: Ja! und waren bereit und willig, wurden aber von der andringenden Macht verhindert, kamen aber doch wieder zu stehen. Als ich dieses tat, flogen mir die Kugeln so dick um den Kopf, als wenn man in einem Schwarm sausender Mücken stehet, doch hat, gottlob, mich keine, auch nicht einmal den Roquelour, verletzt. Ein Bursch hat mein Pferd in diesem Lärm mit dem Bajonette erstechen wollen; aber ein anderer hat es ihm weggeschlagen. Bis hierher hatte ich nur zu den Leuten unsres Regiments gesprochen; ich sammelte jetzt aber einige Eskadrons Kavallerie, die in Confusionen waren, vom linken Flügel, brachte sie in Ordnung, und sie attackierten in meiner Gegenwart die feindliche Kavallerie und repoussierten sie. Ich war so dreist, daß ich mich an General und Obristen machte, sie bei der Hand faßte und im Namen Gottes und des Königs bat, ihre Leute wieder zu sammeln. Wenn dies geschehen, so jug ich hin und wider durch und trieb die Leute wieder dahin, wo sie sich wieder zu setzen anfingen. Ich brauchte allerlei Beredsamkeit, und man folgte mir in allen Dingen. Ich wundere mich, daß die schweren Pferde meinen kleinen Fuchs nicht zertreten haben, aber es schien, als wenn alles vor mir auswiche und mir Platz machte. Ich tat und redete als ein Feldmarschall und bemerkte augenblicklich die Impression von meinem Zureden und Vorstellungen an der Leute Gebärden und Gehorsam. Mein Gemüt war Gott ergeben und in einer guten Fassung, und ich habe in eigener Erfahrung damals gelernet, daß das Christentum resolut und mutig macht auch in den verworrensten Begebenheiten. Auch den Feind zu verfolgen war mir schließlich gestattet. Ich sammelte noch einmal einen großen Haufen fliehender Kavallerie, zum Teil von unsern linken und rechten Flügel, wohl eine Viertelmeile vom champ de bataille, welches mir wohl große Mühe machte, aber doch endlich gelungen, und führte sie zurück bis an den gedachten Champ, wo sie auch sogleich, weil sich die Bataille indes geendet, dem Feinde nachging und ihn verfolgte. Die Kavallerie, so ich gesammelt und die sogleich auf meine Vorstellung wieder zu agieren anfing, ist über zwanzig Eskadrons gewesen. Gott sei mir gelobet, der mir Davids Mut und Sinn gegeben.«

Soweit die Darstellung Seegebarts selbst. Der Vorgang machte Aufsehen bei Freund und Feind und wurde, ausgeschmückt und oft bis zur Unkenntlichkeit entstellt, in Zeitungen und fliegenden Blättern erzählt. Jordan schrieb, schon zehn Tage nach der Schlacht, von Berlin aus an den König: »Hier möchte alle Welt wissen, wer der Unbekannte gewesen sei, der sich mit soviel Bravour an die Spitze einiger Eskadrons setzte und durch rasches Eingreifen zum Siege mitwirkte. Es heißt, Ew. Majestät hätten nach seinem Namen gefragt, der Angeredete habe sich aber geweigert, sein Inkognito aufzugeben.« Der große König, der damals noch mehr jung als groß war und Anstand nehmen mochte, einem einfachen Feldprediger einen wesentlichen Anteil am Siege zuzusprechen, fand es angemessen, in seinem Antwortschreiben die ganze Angelegenheit als eine Fabel zu bezeichnen, und wir würden uns vielleicht in der Lage befinden, den ganzen poetisch und psychologisch interessanten Vorgang in Wirklichkeit als eine Fabel ansehen zu müssen, wenn wir nicht das Seegebartsche Tagebuch und jenen Brief (an Professor Michaelis in Halle) besäßen, aus dem wir schon die obige Schlachtszene zitiert haben. Das Tagebuch weist in seinem Tone und seiner Schreibweise für jeden, der sich auf den Klang von Wahrheit und Unwahrheit versteht, unwiderleglich nach, daß Pastor Seegebart eine ebenso demütige wie hochherzige Natur war, ein Mann, in dessen Herzen keine Lüge bestehen konnte. So glauben wir denn ihm und keinem andern, wenn er am 24. Mai in aller Bescheidenheit, aber auch in nicht mißzuverstehender Klarheit schreibt:

»Die Sache ist beim König, der Generalität, ja der ganzen Armee bekannt geworden, und man redete in den ersten Tagen selten von dem Siege, den uns Gott gegeben, ohne daß man meiner gedacht hätte. Wenn ich ein Narr wäre, so hätte ich die beste Gelegenheit, mich aufzublasen, gehabt. Der König hat mir durch unsern Prinzen (Erbprinz Leopold von Anhalt-Dessau) ein sehr gnädiges Kompliment machen und mich versichern lassen, ›ich sollte die beste Pfarrstelle in allen seinen Landen haben‹, wozu der Prinz hinzusetzt: ›Wenn das nicht geschähe, so wollte er mir die beste in seinem eigenen Fürstentum geben, denn ich hätte in der Bataille nicht nur wie ein Prediger, sondern auch wie ein braver Mann getan.‹ «

Prinz Leopold, der gewiß Wort gehalten hätte, wurde nicht beim Wort genommen; Seegebart erhielt eine Pfarre, freilich keine beste, kaum eine gute (die Etziner Pfarrstelle ist jetzt eine sehr gute, war es aber damals nicht), indessen doch immerhin eine Pfarre, und im August 1742, also kaum drei Monate nach der Schlacht, ward er in die Etziner Kirche eingeführt. Mit ungewöhnlicher Tätigkeit — so erzählte mir der achtzigjährige Pastor Duchstein, der, als er sein Etziner Pfarramt zu Anfang dieses Jahrhunderts antrat, noch Leute vorfand, die seinen kriegerischen Amtsvorgänger gekannt hatten — hat dieser hier als Seelsorger und Landwirt gewirkt. An Wochentagen hielt er im Pfarrhause Erbauungsstunden, sowohl für Kinder wie für Erwachsene, und nahm sich überhaupt seiner beiden Gemeinden: Etzin und das nahe gelegene Knoblauch, mit Eifer und Liebe an. Nebenbei aber führte er die weitläuftige Pfarrwirtschaft selbst, verbesserte mancherlei in derselben und nutzte sie durch seine Betriebsamkeit, wie die von ihm geführten Register beweisen, ungemein hoch. Den Pfarrgarten hatte er ganz verwildert übernommen; er pflanzte die besten Obstsorten an und hatte die Freude, schon im zweiten Jahre einige Früchte davon zu ernten. Sooft er ein so günstiges Ergebnis seines Fleißes in seinen noch vorhandenen Rechnungen zu vermerken hatte, versäumte er nicht, in einfachen Worten einen kurzen Dank an Gott auszusprechen. Über seine Kriegs- und Siegestat bei Chotusitz sprach er nur selten und nur gezwungen, teils weil er eine natürliche Scheu hatte, sich vorzudrängen, teils weil er zu der Ansicht gekommen sein mochte, »er habe bei Chotusitz für einen Geistlichen wirklich etwas zuviel getan«. Aber ebendeshalb, weil der Tag von Chotusitz auf der Etziner Pfarre nur so selten genannt werden durfte, ebendeshalb ist auch jener Familientradition, die sich bis in unsere Tage hinein erhalten hat, ein ganz besondrer Wert beizulegen, jener Tradition nämlich, die übrigens auch in Andeutungen des Jordanschen Briefes ihre Bestätigung findet, daß der König seinem Feldprediger in der Tat eine Hauptmannsstelle habe anbieten lassen. Daß dies Anerbieten abgelehnt wurde, versteht sich von selbst. Seegebart wäre nicht er selbst gewesen, wenn er den Roquelour mit dem bunten Rock des Königs vertauscht hätte. Die angestrengte Tätigkeit des Predigens vor zwei Gemeinden scheint seiner wohl an sich nicht sehr festen Gesundheit geschadet und seinen frühzeitigen Tod herbeigeführt zu haben. Auch sein Bild zeigt jene klare, durchsichtige Hautfarbe und jene mild leuchtenden Augen, denen man bei Brustkranken so oft begegnet.

Er hinterließ eine Witwe, Christiane Elisabeth, geborene Sukro, und vier Kinder. Außer seinem Bilde, das ihn unverkennbar als eine poetische, dem Idealen zugewandte Natur darstellt, befindet sich an einer Außenwand der Etziner Kirche noch der Grabstein des früh Geschiedenen, der unter einem wenig geschmackvollen Ornament folgende Inschrift trägt:

»Hier ruhen in Hoffnung die dem Tode getrost anvertrauten Gebeine des weiland hochwürdigen und hochgelehrten Herrn Joachim Friedrich Seegebart. Das Prinz Leopoldsche Regiment und die etzinsche und knoblauchsche Gemeinde rühmen noch seine wahre Gottesfurcht und seltene Redlichkeit. Daher war er freudig vor Gott, liebreich vor Menschen, sorgfältig im Amt, demütig bei seiner Gelehrsamkeit. Von seinem geistigen Amt zeugen viel lebendige Briefe, von seinem Christentum die durch das Leben betätigte Lehre. Er betrat diesen mühseligen Schauplatz 1712, den 14. April. Er bezog die stolzen Wohnungen der Ewigkeit 1752, den 26. Mai. Leser! schaue sein Leben an und denke an seinen Tod. Betrachte seinen Glauben und ahme ihm nach. Sein freudiger Hingang mache dir die Ewigkeit süß.«

# FALKENREHDE

Die Sage gebiert und schafft und treibt.
Was will unser Licht? Ein Dunkel bleibt.

Falkenrehde, halben Weges zwischen Potsdam und Nauen, ist eines der reicheren Güter des Havellandes und bildet mit dem nachbarlichen Uetz und Paretz einen Güterkomplex, dessen Erträge in die königliche Schatulle fließen. In früheren Jahrhunderten saßen hier die Bardeleben und Dirickes, später die Gröben, bis es, zur Zeit des Großen Kurfürsten, an den berühmten Artillerieobersten Ernst von Weiler und dessen weibliche Deszendenz überging. Eine der Weilerschen Töchter war an den Minister von Kraut, einen besonderen Günstling Friedrich Wilhelms I., vermählt. Diese Weilersche Zeit war die wichtigste. Sie gab dem Dorfe seine Geschichte, auch wohl die Erscheinung, die es bis diesen Augenblick noch zeigt.

Falkenrehde ist eines jener lachenden Dörfer, deren die Mark, ganz im Gegensatz zu ihrem Ruf, so viele zählt. Prächtige alte Linden ziehen sich zu beiden Seiten der Dorfstraße hin, saubere Häuser, von Kürbis- oder Pfeifenkraut umsponnen, blicken zwischen den Stämmen durch, und in nur kurzen Pausen rollen Postwagen und Omnibusse auf und ab, die den Verkehr zwischen Potsdam und den kleinen, aber wohlhabenden Städten des Havellandes unterhalten. In den dreißiger Jahren war auch vornehmeres Gefährt auf dieser Straße heimisch: königliche Kutschen. Friedrich Wilhelm III. kam an schönen Sommerabenden von dem nahen Paretz herüber, stieg in der Pfarre ab, nahm in einem eigentümlich dekorierten Zimmer, dessen Wände einen deutschen Götterhain und einen freiwilligen Jäger darstellten, den Freyja mit dem Schwert umgürtet, seinen Tee und plauderte mit dem pastor loci, während dessen Söhnlein, ein vierjähriger Blondkopf, mit Säbel und Ulanencasquet auf der Freitreppe Wache stand. In Paretz hatte der König unbedingte Stille; *hier* erquickte ihn jene heitere Geschäftigkeit, jener auf und ab wogende, doch nie zudringliche Verkehr, der wohl zerstreute, aber nicht störte.

Und diese heitere Geschäftigkeit, dieser nie rastende Verkehr, sie sind dem Dorfe geblieben, ja mehr, sie sind gewachsen. Freilich, wer sich ihrer freuen will, darf nicht gerade Novembertage wählen, wie wir es heute tun. Für *unsern* Zweck indes vielleicht die beste Beleuchtung.

Tagüber war Regen. Nun hat sich mit Sonnenuntergang der Himmel geklärt, eine eiskalte Luft geht über die Felder, das Wasser platscht in den breiten Lachen, die wir durchfahren, und die Weidenzweige, an denen noch einzelne Tropfen hängen, schlagen in den Wagen hinein. Selbst das Abendrot, das zwischen geballtem Gewölk steht, hat nichts Heiteres. Fröstelnd fahren wir in die Falkenrehder Dorfstraße ein.

»Es wird heute nichts«, brummte mein Gefährte, ein havelländischer Herr, aus seiner Kapuze heraus. »Um diese Stunde steigt keiner in die Gruft, am wenigsten zu dem Enthaupteten.«

»Wir müssen's versuchen. Tot ist tot, enthauptet oder nicht.« Mit diesen Worten hielten wir vor der Küsterwohnung, schlugen das Wagenleder zurück, so rasch es unsre klammen Finger gestatteten, und sprangen mit Vermeidung des Tritts, dem man es ansah, daß er nur zum »Hängenbleiben« da war, auf den aufgeweichten Boden.

Die warme Stube drinnen tat uns wohl. Wir trugen dem Küster unser Anliegen vor, der, unter Gräbern groß geworden und mit den Toten eingelebt, sofort seine Bereitwilligkeit ausdrückte, dem »Enthaupteten« einen nächtlichen Besuch zu machen. Zu gleicher Zeit erfreute er das Ohr meines Reisegefährten durch die Erklärung: »daß es für *drei* zu eng sei«. Wir nahmen, während Laterne und Kirchenschlüssel herbeigeschafft wurden, einen Augenblick Platz und plauderten, was mir erwünschte Gelegenheit gab, einige Fragen zu stellen.

»Nun sagen Sie, Herr Kantor, wie steht es damit, ist er wirklich enthauptet?«

»Das ist er. Darüber kann kein Zweifel sein. Sie werden es sehen.«

»Wer ist es?«

»Ich weiß es nicht. Ich kann nur sagen, was sich die Leute hier erzählen. Sie sagen, es sei der Oberst von Weiler, der um 1680 Falkenrehde besaß. Sie sagen, daß er Unterschleife machte, daß er heimlich hingerichtet wurde und daß die Frau des Obersten die Leiche freibat, um sie hier beisetzen zu können.«

»Das ist alles?«

»Ja!«

»Glauben Sie es?«

»Ich darf wenigstens nicht sagen: ich glaub es *nicht*. Ein Enthaupteter ist da. Irgend etwas muß passiert sein.«

So weit war unsere Unterhaltung gediehen, als die Frau die brennende Laterne brachte, was man so brennen heißt, vier angeblakte Scheiben mit einem Lichtstumpfe drin. Der Küster nahm den Vortritt, und so schritten wir auf die Straße hinaus, wo inzwischen die Falkenrehder, bis zu dem benachbarten Kirchhofe hin, Spalier gebildet hatten. Das Gerücht von unserm Vorhaben war durchs Dorf gelaufen wie ein Feuer übers Strohdach. Alles sah uns nach, mit einem andächtigen Ernst, als ob wir auszögen, den Lindwurm zu töten.

Alsbald hielten wir vor dem Kirchhofsportal, einem schmiedeeisernen Gittertor, das an höchster Stelle zwei in Erz getriebene Lorbeerzweige und inmitten derselben die vergoldeten Buchstaben E. v. W. (Ernst von Weiler) zeigte. Gerade hinter diesen Buchstaben und ihrer Einfassung stand der Mond. Über die Grabsteine von Pastoren und Amtleuten hinweg schritten wir nunmehr auf die Kirche zu und traten durch eine Seitentür in dieselbe ein.

Sie machte einen spukhaften Eindruck, weil sie überall da, wo das Mondlicht durch die Scheiben fiel, so hell war wie bei Tage. Daneben lagen breite Schattenstreifen. An den Wänden und Pfeilern hingen Totenkränze und Brautkronen mit ihren langen bunten Bändern. Es war, als bewegten sie sich bei unserem Eintreten. Wir schritten nun zunächst auf den Altar zu, wo ich im Halbdunkel ein großes Bild zu bemerken glaubte. Wirklich, es war eine Kreuzigung, alles in Rokokomanier, und die Magdalene mit hohem Toupet und Adlernase sah aus wie die Frau von Pompadour. Ich darf sagen, daß das Unheimliche des Ortes durch diese Anklänge nur noch gesteigert wurde.

Ich hatte, um an dem Bilde herumzuleuchten, die Laterne genommen und fragte jetzt, wo die Gruft sei.

»Da müssen wir wieder zurück.«

Gut. Wir kehrten also um und gingen das Schiff hinunter, bis wir, inmitten der Kirche, vor einer in die Fliesen eingelassenen Bretterlage standen. Es war alles so primitiv wie möglich; keine Falltür, kein eiserner Ring zum Hochheben, nur eben drei eichene Bohlen. Und sie waren nicht leicht zu fassen. Endlich mit Hülfe des schweren Kirchenschlüssels, den wir als Hebel benutzten, lüfteten wir das erste Brett; dann die beiden andern. Die Stiege, die hinabführte, war weniger eine Treppe als eine aus aufrecht stehenden Ziegeln gebaute Leiter; jede Stufe so hoch und so schmal wie möglich. Alles voll Staub und Spinnweb. Ohne Fähr indes kamen wir unten an; nur das Licht in der Laterne begann in bedenklicher Weise zu flackern, erholte sich aber wieder, und die Musterung konnte beginnen. Wir zählten vier Särge, zwei wohlerhalten und mit Metall beschlagen, die beiden anderen schon etwas schadhaft. Einer davon, von rechts her gerechnet der dritte, hatte eine Öffnung am Kopfende: das verschließende Brettchen fehlte. Es sah aus wie die offenstehende Tür eines kleinen Hauses.

»Das ist er«, sagte der Küster.

»Der Enthauptete?«

»Ja.«

Dabei fuhr er mit Totengräbergleichmut in die Öffnung des Sarges hinein, suchte einen Augenblick wie in einem Kasten, in dem man Bescheid weiß, und kam dann mit einem Schädel wieder zum Vorschein. Und nun hielt er ihn mir wie zur Begutachtung hin.

Ich nahm ihn in die Hand und sagte: »Das ist ein Schädel, nicht mehr und nicht weniger. Wo aber steckt der Beweis, daß es der Schädel eines *Enthaupteten* ist?«

Der Küster, statt aller Antwort, wies einfach auf einen fingerbreiten Halslappen hin, der sich unter dem Kiefer hinzog. Dieser aufgetrocknete Streifen war an seinem Rande so scharf, wie wenn man ein hartes Stück Leder mit einem scharfen Messer durchschneidet.

Dies mochte in der Tat als Beweis gelten. Es war ganz unverkennbar eine Schnittfläche. Irgend etwas Scharfes hatte hier Kopf und Rumpf getrennt. »Sie haben recht« – damit schoben wir den Schädel wieder in seine Behausung, kletterten hinauf und deckten die Bohlen darüber.

Unser Rückzug war eiliger als unser Kommen. Mir war, als lache die Frau von Pompadour hinter uns her, und über den Grabstein des alten Amtmann Kriele weg traten wir wieder in die Dorfstraße hinaus.

Alles stand noch in Gruppen. Wir mußten erzählen. Aber es war nur, was jeder wußte.

In der Falkenrehder Gruft ruht ein Enthaupteter. *Das* scheint festzustehen. Aber wer ist dieser Enthauptete? Die Sage, wie schon hervorgehoben, antwortet: Oberst Ernst von Weiler; die Geschichte dagegen *verneint*, was die Sage sagt. Oberst Ernst von Weiler, in seinen letzten Dienstjahren General, ist eine historische Person wie nur irgendwer, und wir können ihn bis an das Ende seines Lebens verfolgen. In hohem Alter und hohem Ansehen ist er gestorben. Wir erzählen, was man von ihm weiß.

Ernst von Weiler, aus einer angesehenen Patrizierfamilie, etwa um 1620 geboren, war der Sohn des kurbrandenburgischen Amtskammerrats und Hofamtmeisters Christian Weiler, Erbherrn auf Vehlefanz und Staffelde. Er trat früh in die Armee, nahm wahrscheinlich noch an den letzten Kämpfen des Dreißigjährigen Krieges teil und focht 1674 (über seine Beteiligung an der Schlacht von Warschau verlautet nichts) am Oberrhein gegen Turenne. Er war damals mutmaßlich Oberstwachtmeister in der Artillerie. Zuerst wird er mit Bestimmtheit 1675 genannt, wo er, in der Schlacht bei Fehrbellin, die »mit doppelter Bespannung versehenen Geschütze« mit großer Auszeichnung zum Siege führte.

Er hatte sich dabei das Zutrauen und Wohlwollen des Kurfürsten in einem besonders hohen Grade zu erringen gewußt, wurde 1677 Oberstlieutenant und Chef der Artillerie und leitete das Jahr darauf (1678) den artilleristischen Teil der Belagerung von Stralsund. »Den 10. Oktober abends«, so heißt es in Paulis »Leben großer Helden«, »machte

Ernst Weiler auf den Ort aus 80 Stücken, meist halben Kartaunen, 22 Mörsern und 50 Haubitzen ein entsetzliches Feuer. Mit anbrechendem Morgen stand die halbe Stadt in Flammen. Den 11. Oktober nach sechs Uhr sah man auf Mauern und Türmen drei weiße Fahnen ausgesteckt. Dies machte, daß Ernst Weiler mit dem groben Geschütz zu spielen aufhörte."

So Pauli. 1683 wurde Ernst Weiler Oberst. 1689, bei der Belagerung von Bonn, Generalmajor. 1691 erhob ihn Kaiser Leopold in den Adelstand. Wann Falkenrehde in seinen Besitz kam, ist nicht genau festzustellen gewesen, jedenfalls schon vor 1684. In Berlin besaß er das Weilersche Haus, das gegenwärtige Kronprinzliche Palais. Er starb am 28. November 1692. In der Gunst des Großen Kurfürsten und seines Nachfolgers erhielt er sich bis zuletzt. Gleichzeitige Schriftsteller rühmen ihn als einen »Meister in der Geschützkunst«; die Erfindung der glühenden Kugeln aber, die ihm Feuquières zuschreibt, ist viel älter. Frundsberg schon bediente sich derselben.

*Dieser* Ernst von Weiler kann also der Enthauptete in der Falkenrehder Gruft unmöglich sein, und verbliebe somit nur noch eine vage Möglichkeit, daß sein *Sohn*, der ebenfalls Artillerieoberst war und ebenfalls den Namen Ernst (Ernst Christian) führte, irgendein Vergehen mit gewaltsamem Tode gebüßt habe. Aber auch dieser, wiewohl sein Leben allerhand Unkorrektheiten aufweist, ist natürlichen Todes gestorben. Auch *sein* Leben läßt sich bis zu seiner letzten Stunde verfolgen. Er war unglücklich verheiratet, entfloh mit einer Baronesse Blumenthal, trat in österreichische Dienste, verheiratete sich ein zweites Mal und starb zu Breslau, nachdem er vorher, auf ein salvum conductum gestützt, für kurze Zeit im Brandenburgischen eingetroffen war, um seine Angelegenheiten zu ordnen. Auch *er* also ist es nicht. Alle weiteren von mir angestellten Fragen und Untersuchungen sind erfolglos geblieben. Niemand weiß, wer der Enthauptete in der Falkenrehder Gruft ist. Nur das eine scheint festzustehen: *kein* von Weiler. Die Archive, die Akten des Feldzeugamts geben keine weitere Auskunft. Die Hoffnung ist schwach, dieses Dunkel je gelichtet zu sehen.

Auf der Dorfstraße, unter den vielen Neugierigen, die uns daselbst empfingen, befand sich auch mein Reisegefährte, der, wie jene, nur das Resultat unserer Expedition hatte abwarten wollen. Das lag nun vor, soweit es vorliegen konnte. Er bestieg also seinen Wagen, der uns glücklich bis Falkenrehde gebracht hatte, um seinerseits weiter ins Havelland hinein zu fahren. Ich meinesteils nahm herzlichen Abschied von ihm und meinem Kantor und schritt auf den Krug zu, um daselbst den Nauener Omnibus abzuwarten. In zehn Minuten mußte er dasein.

Die Krugstube war nicht viel größer als die Gruft, aus der wir eben kamen, aber es sah bunter darin aus. In einer Ecke hatte sich ein Kartentisch etabliert; ihm gegenüber saßen zwei alte Frauen, von denen die eine, in allerhand schottisch karierte Lappen gekleidet, an die Norne in Walter Scotts »Piraten« erinnerte. Beide tranken Kaffee und pusteten über die vollen Untertassen hin. Was sonst noch da war, durchschritt den Stubenkäfig, am unruhigsten unter allen ein hübscher, blonder Mann, Mitte dreißig, dessen Gesamthaltung, trotz einer gewissen weltmännischen Tournure, unverkennbar auf ein mühevoll absolviertes Obertertia hindeutete. Er hatte das Bedürfnis zu sprechen.

»Halb neune wird es wohl werden«, hob er an.

»Halb neun! Ich bitte Sie, das wäre ja furchtbar. Fahren Sie auch bis Potsdam?«

»Ja. Ich wohne in Potsdam. Ein teures Pflaster. Aber was will man machen? Die Erziehung, die Schulen ... Ich bin Regierungsbeamter. Was nutzen einem 100 Taler mehr in Schlochau oder Deutsch-Krone? Als Familienvater ...«

»Haben Sie mehrere Kinder?«

»Drei. Lauter Jungen. Und sehen Sie, das ist es eben. Ein Mädchen kann in Deutsch-Krone besser gedeihen als in Potsdam, aber ein Junge – was ist ein Junge ohne Gymnasium! Ich bin Regierungsbeamter. Ich kann meinen Kindern nichts mitgeben, außer Bildung, aber daran halt ich fest.«

»Wissen Sie, man muß es nicht überschätzen. Der innere Mensch ...«

»Freilich, der innere Mensch bleibt immer die Hauptsache. Es muß drinstecken. Aber eine Kinderseele ist eine zarte Pflanze. Vorbild, Beispiel, elterliches Haus ...«

In diesem Augenblicke (mir durchaus gelegen) erschien der Kutscher des inzwischen eingetroffenen Omnibus in der Tür, um allen Anwesenden, in einer Sprache, die mehr Vertraulichkeit als Respekt ausdrückte, das Signal zum Aufbruch zu geben. Alles drängte hinaus, und fünf Minuten später saßen wir, eng zusammengerückt und fest wie ein Spiel alter Karten, auf den beiden Längssitzen des Wagens. Die Pferde zogen an, und beinahe gleichzeitig rief eine Stimme aus dem Hintergrunde des Wagens: »Fenster zu, daß es *warm* wird.« Feste Kommandos werden immer befolgt. Eine geschäftige Hand zog sofort an der Lederstrippe, das alte Klapperfenster flog in die Höhe, und dreizehn Personen, drei Zigarren und eine kleine Tranlampe, die zunächst noch ganz keck und lustig brannte, unterzogen sich jetzt der gewünschten Erwärmungsaufgabe.

Als ich mich orientiert hatte, sah ich, daß der Schlachtschrei »Fenster zu« nur von der alten Norne gekommen sein konnte. Sie zog nunmehr eine bunte Kapuze über das graue Haar, packte ein Paar Handschuhe ohne Finger in einen Korb, den sie auf dem Schoße hielt, und sagte dann zu ihrem Nachbar, einem bärtigen, graumelierten, mittelalterlichen Herrn: »Sehen Sie, Herr Inspektor, wir sammeln und verlieren.«

»Jawohl, Mutter Sootzmann«, erwiderte der Angeredete, der die Alte ganz ersichtlich beschwichtigen wollte.

»In Nauen haben wir gesammelt, in Wustermark und Dyrotz haben wir verloren, in Falkenrehde haben wir wieder gesammelt.«

»Jawohl, Mutter Sootzmann.«

»Alles im Leben ist Sammeln und Verlieren. Wenn der Mensch in Falkenrehde Kaffee trinkt, hat er gesammelt. Ich *habe* gesammelt, Herr Inspektor ...«

»Jawohl, Mutter Sootzmann«, unterbrach dieser jetzt rascher als vorher, weil er irgendeinen unharmonischen Abschluß befürchten mochte.

Immer dichter inzwischen wurde der Dunstkreis. Die Laterne begann zu blaken, was kaum noch als ein Übelstand gelten konnte, und der »Regierungsbeamte«, gebildet bis zuletzt, sprach über Stickstoffoxyd und zu früh zugemachte Ofenklappen, ein Thema, dessen Zeitgemäßheit nicht zu bezweifeln war.

Ich weiß nicht mehr, was ich antwortete oder ob ich überhaupt antwortete. Ein Kopfweh, das schon die Grenzen des tic douloureux streifte, schlug meine Artigkeit in Banden.

Und so fuhren wir nach Potsdam hinein.

Endlich Luft!

Im Freien begann ich, über die *verschiedenen* Arten des Grauens zu reflektieren.

Was war die Falkenrehder Gruft gegen diesen Nauener Omnibus und was der »Enthauptete« gegen Mutter Sootzmann, die Norne!

## ZWEI
## »HEIMLICH ENTHAUPTETE«

Auch Tröstliches kommt ans Licht der Sonnen.
Romantisch verloren, menschlich gewonnen.

Geschichten von »Enthaupteten«, wie wir sie vorstehend in dem Falkenrehder Kapitel erzählt, am liebsten aber von »*heimlich* Enthaupteten«, haben hierzuland immer eine Rolle gespielt und sich neben den »Weißen Frauen« und »vergifteten Apfelsinen« in unsren Volkssagen erhalten.

Unter diesen »*heimlich* Enthaupteten« stehen, noch über den General von Weiler hinaus, Graf Adam Schwarzenberg (gestorben 1640) und General von Einsiedel (gestorben 1745) obenan.

Erst neuere Forschungen haben festgestellt, daß beide Geschichten, wie die Weilersche, bloße Erfindungen sind und jedes eigentlichen Anhalts entbehren. Verdachtgründe lagen vor, und die Gesamtsituation ließ dergleichen als *möglich* erscheinen.

Dies genügte. Wir beginnen mit dem Graf-Schwarzenberg-Fall und zeigen zuerst, wie das Gerücht entstand, dann, wie es widerlegt wurde.

### 1. Graf Adam Schwarzenberg

1755 kam Prinz August Wilhelm von Preußen, ältester Bruder Friedrichs des Großen, mit seiner Schwester, der Prinzessin Amalie, nach Spandau. Bei dieser Gelegenheit besahen sich die beiden königlichen Geschwister auch das Innere der Nikolaikirche. Bei der Begräbnistafel des Grafen Schwarzenberg blieb der Prinz erstaunt stehen, indem er zu seiner Umgebung äußerte: »Wie? Ist der Graf nach dem Tode George Wilhelms nicht nach Wien gegangen und dort verstorben? Diese Tafel ist wohl nur zum Schein hier angebracht?« Aller Gegenversicherungen ungeachtet blieb der Prinz auf seiner Meinung bestehen, und um sich vollständig von dem Sachverhalt zu überzeugen, befahl er, das Grab zu öffnen. Nachdem dies geschehen, erhielt der Page von Dequede von dem Prinzen die Weisung, hinabzusteigen und zu sehen, ob sich wirklich ein Leichnam im Gewölbe befinde. Der beherzte Page kam nach einiger Zeit mit dem halb vermoderten Kopfe eines Menschen wieder zum Vorschein. Der Prinz besah den Kopf genau und rief dann unwillig: »Ja, das ist er. Man werfe ihn nur wieder hin!«

Diesem Befehle folgte der Page buchstäblich, und als unmittelbar darauf Kirchendiener und Maurer in die Kirche kamen, um das Grab wieder zu schließen, bemerkten sie, daß *der Kopf auf der Brust des Leichnams lag.* Daraus entstand das Gerücht, daß Graf Schwarzenberg *enthauptet* worden sei. 1777 ließ der Prediger des damals zu Spandau in Garnison liegenden Regiments Prinz Heinrich einen Aufsatz drucken, in dem er die Enthauptung bereits als ausgemachte Tatsache hinstellte. Er beschrieb sogar den Ort in der Spandauer Heide, wo die Hinrichtung stattgehabt hätte, und fügte noch hinzu, daß man »im Jahre 1755 bereits den Körper des Grafen ohne Sarg, nur zwischen einigen Brettern liegend, vorgefunden habe«.

Aber durch ebendiesen Aufsatz wurde auch die Anregung gegeben, näher nachzuforschen und das Gerücht auf seine Grundlosigkeit zurückzuführen.

Oberst von Kalckstein, der damalige Kommandeur des Regiments, wollte Gewißheit haben und ließ am 20. August 1777 abermals das Gewölbe öffnen, wobei, außer dem Herrn Obersten, noch folgende Personen zugegen waren: Regimentschirurgus Laube, der Garnisonprediger, Justizrat Lemcke, Adjutant von Bardeleben, Konrektor Dilschmann, Inspektor Schulz und Dr. Heim (der spätre »alte Heim«, damals, von 1776 bis 1783, Arzt und Physikus in Spandau).

Den Deckel fand man neben dem Sarge sehr zertreten; der Sarg selbst war mit violettfarbenem Sammet ausgeschlagen und mit goldenen Tressen besetzt; der Leichnam ruhte auf Kissen von weißem Taft. Bekleidet war der Graf mit einer langen spanischen Weste von Silberstoff, an der Seite hatte er einen bereits verrosteten, mit goldener Tresse verzierten Degen, seidene, fleischfarbige Strümpfe bedeckten die Beine, und auf den Füßen trug er schwarzlederne

Schuhe mit sehr dicken Sohlen. Ein schwarzsamtner, mit einer goldenen Rundschnur besetzter, niedergeschlagener Hut lag auf dem Körper und neben demselben der Kopf.

Dr. Heim nahm den Kopf in die Hand, um ihn genau zu untersuchen; hierbei fand sich, daß derselbe mit Kräutern angefüllt und einbalsamiert war. Die Knochen waren noch nicht vermodert, und *die sieben Halswirbel fanden sich im Sarge sämtlich unverletzt vor.* Heim erklärte: »Der Graf ist *nicht* enthauptet worden, sondern eines natürlichen Todes gestorben.« Auch wurde eine Urkunde darüber ausgestellt, die sich, bis diesen Augenblick, in einem verschlossenen Kasten des Spandauer Kirchenarchivs befindet.

## 2. General von Einsiedel

Ziemlich um dieselbe Zeit, als in Spandau die Enthauptungssage von Graf Adam Schwarzenberg aufkam, also in den Jahren unmittelbar vor Ausbruch des Siebenjährigen Krieges, hieß es auch in Potsdam, als ob die beiden Nachbarstädte auf diesen Punkt hin eifersüchtig gewesen wären: »General Einsiedel sei heimlich enthauptet worden«. Die Sache machte insofern noch ein gesteigertes Aufsehen, als alles, was den »katholischen Grafen« (Schwarzenberg) anging, um ein Jahrhundert zurücklag, während die *Einsiedel*-Enthauptung eine Art Tagesereignis war. Lange hielt sich der Glaube daran, bis endlich auch *dieser* »heimlich Enthauptete« von den Tafeln der Geschichte gestrichen wurde.

Wir geben, wie in dem Schwarzenberg-Fall, zunächst die Umstände, die die Sage entstehen ließen.

Gottfried Emanuel von Einsiedel wurde 1690, wahrscheinlich im Herzogtum Sachsen-Weißenfels, geboren. Er trat 1707 in die preußische Armee, wurde »seiner ansehnlichen Körperlänge wegen« ein Liebling Friedrich Wilhelms I., trat in das rote Leibbataillon (die spätere Riesengarde) und machte den Feldzug gegen die Schweden mit. Er avancierte, vermählte sich mit Margarete von Rochow aus dem Hause Reckahn und erhielt, neben anderen Donationen, im Jahre 1726 das ehemalige *Wartenbergsche* Haus in Potsdam, nebst angrenzenden Wohngebäuden, zum Geschenk.

Auf dieser Stelle errichtete er das *Einsiedelsche* Haus, das noch existiert und als »Hotel Einsiedler« jedem Potsdam-Besucher bekannt geworden ist. Das Allianzwappen der Familien von Einsiedel und von Rochow über der Tür erinnert noch an den Erbauer.*

Die Huld, die von Einsiedel unter Friedrich Wilhelm I. erfahren hatte, verblieb ihm auch unter dessen Nachfolger. Friedrich II. ernannte ihn zum Generalmajor und zum Chef des neu formierten Grenadier-Garde-Bataillons. Mit diesem nahm er an dem Zweiten Schlesischen Kriege teil und erhielt, nach der Einnahme Prags, den Befehl über sämtliche die Garnison dieser Hauptstadt bildende Truppen. Es war ein höchst schwieriges Kommando, die Besatzung zu schwach, um sich auf die Dauer zu halten, dazu völlig unzuverlässig. In der Nacht vor dem Abzuge, der endlich stattfinden mußte, *desertierten 500 Mann von den Wachen*, während die nicht im Dienst befindlichen Mannschaften, der Sicherheit wegen, in ihre Quartiere eingeschlossen wurden. Während des Abzuges selbst steigerte sich das Übel; jede Minute brachte Verluste, die Geschütze blieben in den grundlosen Wegen stecken, ganze Bataillone lösten sich auf.

General von Einsiedel, als er mit den Überresten seines Corps in Schlesien angekommen war, wurde vor ein Kriegsgericht gestellt. Schuldlos, wie er war, konnte seine Freisprechung kaum ausbleiben. Aber die Gnade des Königs war verscherzt. An dem Feldzuge des nächsten Jahres durfte er nicht teilnehmen; er blieb in Potsdam, wo er am 24. Oktober 1745 starb.

Als wenige Monate später die Grenadiere heimkehrten und das Haus ihres Chefs verödet fanden, hieß es alsbald: er sei heimlich enthauptet. Mit allen Details wurd es erzählt. Der Scharfrichter aus Berlin sei mit verbundenen Augen herübergeholt worden; nachts, im Keller seines eigenen Hauses, habe die Hinrichtung stattgefunden; in ebendiesem Keller sei seine Leiche auch verscharrt worden.

Die Zweifel, die laut zu werden versuchten, wurden nie-

* Ebendies Einsiedelsche Haus hatte, vielleicht aus derselben oder vielleicht auch erst aus späterer Zeit stammend, ein Holzbildwerk an seiner schrägen Eckfront, den Diogenes in der Tonne darstellend. In den dreißiger Jahren dieses Jahrhunderts verschwand es, wurde später unter altem Gerümpel entdeckt, wiederhergestellt und aufs neue an seinem alten Platz befestigt, wo es sich bis diese Stunde befindet.

dergeschlagen, und man muß einräumen, daß die Sache nicht nur ein verdächtiges Ansehen, sondern auch manches um und an sich hatte, was die Annahme mehr oder weniger direkt zu unterstützen schien. Die Vorgänge in Prag, das Kriegsgericht, die Ungnade des Königs waren Tatsachen; in das Kirchenbuch der Garnisonkirche war sein Tod nicht eingetragen. Was aber schwerer als alles andere ins Gewicht fiel und dem Verdacht, von ganz anderer Seite her, Nahrung zuführte, war der Umstand, daß das Ländchen Bärwalde (damals noch eine preußische Enklave im Kursächsischen) Einsiedelscher Besitz war und bei allen Schwarzsehern und Geheimniskrämern alsbald die Frage anregte: ob nicht, mit Rücksicht auf die Lage dieses Besitzes, ein Einverständnis von Einsiedels mit dem *sächsischen* Hofe angenommen werden müsse. Solche Frage, einmal angeregt, wurde selbstverständlich immer bestimmter mit »Ja« beantwortet, und in Potsdam, wie im Ländchen Bärwalde selbst, herrschte zu Anfang dieses Jahrhunderts nicht der geringste Zweifel mehr. Generallieutenant von Einsiedel war und blieb »heimlich enthauptet«, und die Bärwalder steigerten sich bis zu der grotesken Vorstellung, »daß das Haupt, um die Hinrichtung auch im Tode noch zu kaschieren, auf höchst sinnreiche Weise an dem *steifen Uniformkragen* (den es damals gar nicht gab) befestigt worden sei«. Gegen all diese Annahmen war nichts zu machen. Die heimlich bestrafte Untat hatte ein siegreich romantisches Interesse, während der Gegenbeweis prosaisch und undankbar war.

Und doch kam die Zeit, wo er geführt werden mußte. Friedrich Wilhelm IV., der in der immer wieder angeregten Frage endlich klarsehen wollte, gab dem General Kurd von Schöning Auftrag: »die Sache ins reine zu bringen«. Die Resultate dieser Untersuchung liegen nun vor.

Es sind zunächst zwei Aufzeichnungen, zwei Dokumente, die den Gegenbeweis übernehmen. Das erste derselben ist eine Zessionsurkunde, eine gerichtliche Konvention, worin der Einsiedelschen Familie der Besitz des Ländchens Bärwalde zugesichert wird. In dieser Konvention vom 7. Oktober 1745, die also nur sieben Tage vor dem Hinscheiden des Generals von diesem selber ausgestellt wurde, nennt er sich: Seiner Königlichen Majestät wohlbestallter Generallieutenant, *Oberst über ein Bataillon Grenadiergarde*, Erbherr zu Bärwalde etc., woraus ersichtlich, daß die Ungnade des Königs keine besonders strenge und bedrohliche gewesen sein kann. Dieser würde sonst unzweifelhaft, vor Aufbruch und Rückkehr der Truppen, einen andern Chef des Gardebataillons ernannt und den Namen von Einsiedels gestrichen haben.

Das zweite, wichtige Dokument ist das Kirchenbuch zu Meinsdorf, im Ländchen Bärwalde, in dem wir von der Hand des damaligen Pfarrers Presso folgende Aufzeichnungen finden: ». . . Gedachter Herr Generallieutenant von Einsiedel ist gestorben zu Potsdam den 14. Oktober 1745, früh acht Uhr, im siebenundfünfzigsten Jahre; den 16. ist er im Erbbegräbnis zu Wiepersdorf beigesetzt worden. Den 30. Januar 1746 ist ein feierliches Leichenbegängnis gehalten, der Paradesarg von der Reinsdorfer Grenze eingeholt und die Leichenrede vom Herrn Hofprediger Ösfeld aus Potsdam gehalten worden.«

Für die absolut Ungläubigen reichte freilich auch *dieses* Dokument nicht aus. Dieselben entnahmen aus dieser Pressoschen Kirchenbuchnotiz weiter nichts als die Beisetzung in Wiepersdorf (statt der Verscharrung im Keller), wohingegen der Beweis, daß dieser beigesetzte von Einsiedel *kein* zuvor Enthaupteter gewesen sei, immer noch erübrigte.

Auch diese letzte Burg der Romantik mußte zerstört werden.

Es gab nur einen Weg. Man stieg in die Gruft hinunter, der Sarg wurde geöffnet, in welchem der General von Einsiedel wohlerhalten lag. Eine Art Mumifizierung, wie in so vielen Grüften der Mark, war eingetreten. Der Körper erwies sich völlig unversehrt, derart, daß er sich am *Kopf in die Höhe heben ließ*. Eine Trennung von Haupt und Leib hatte also nicht stattgefunden.

Auch *dieser* »heimlich Enthauptete« der Volkssage war uns also genommen.

# WUST

## Das Geburtsdorf
## des Hans Hermann von Katte

Und so schreiten
Die Zeiten
In Kriegestanz
Und Ruhmesglanz,
Bis all ihr Stolz und all ihr Mut
In Demut bei den Toten ruht.

Die märkischen Sagen von »heimlich Enthaupteten«: vom General von Weiler in Falkenrehde, vom Grafen Adam von Schwarzenberg in Spandau, vom General von Einsiedel in Potsdam, sind, wie wir es in den beiden voraufgehenden Kapiteln gezeigt haben, von der Geschichte widerlegt worden. Aber Blut, wie überall, floß auch bei uns. Es wurde von Zeit zu Zeit (und nicht eben allzuselten) auch *wirklich* enthauptet, und das Dorf, dessen Namen dieses Kapitel trägt, erinnert, wie kein anderes, an solche Wirklichkeiten. Wust ist ein alter Sitz der Familie von Katte. Wir führen das Dorf in wechselnden Zeiten und verschiedenen Bildern am Auge unserer Leser vorüber.

### Wust 1707

Ein klarer Septembertag. Von Jerichow her, auf breiter Straße, deren junge Ebereschenbäume in roter Pracht stehen, kommen zwei Reiter, beide gut beritten, beide in Küraß und Klapphut, aber doch unverkennbar Herr und Diener. Der Weg führt auf Wust zu, dessen neuaufgesetzter Kirchturm eben sichtbar wird. Tausend Schritt vor dem Dorf hält der rechte Reiter, hebt sich in den Bügeln auf und blickt freudig auf das stille märkische Dorf. Er mag es wohl, er ist hier zu Haus, und da, wo das Doppeldach zwischen den Pappeln sichtbar wird, hat er gespielt. Er ist hier zu Haus; mehr noch, er ist der Herr dieses Dorfes. Seit Knabenjahren war er wenig hier, aber sooft er kam, ging es ihm ans Herz.

Nun gibt er seinem Pferde die Sporen, der Diener folgt, und in starkem Trabe geht es bis auf den Vorplatz, die Rampe hinauf. Sie sind erwartet: ein Hausverwalter, in verschossener Livrée, steht im Portal des Herrenhauses, ein Knecht nimmt das Pferd, und ein alter Hühnerhund mit langem Behang, dessen Braun überall schon ins Grau schimmert, richtet sich auf von der sonnigen Stelle, auf der er lag. Er erkennt seinen alten Spielkameraden und wedelt langsam hin und her. Aber er ist zu alt, um sich noch lebhaft zu freuen. Er reckt sich, schnappt nach einer Fliege und legt sich wieder.

Der Angekommene ist Hans Heinrich von Katte, Kürassieroberst, ein Liebling des Königs. Er kommt aus den Niederlanden, wo er an den Kämpfen gegen den Marschall Villeroi teilgenommen und in der Schlacht bei Ramillies mit seinem Regimente fünfzehn feindliche Geschütze genommen hat. Er hatte seit jenem Tag auch den Neid entwaffnet. Aber dasselbe Jahr, das ihm so viel der Ehren brachte, hatte ihm sein bestes Glück geraubt. Seine Gemahlin, eine geborne von Wartensleben, war ihm in den Krieg gefolgt und in Brüssel gestorben. Von dort aus war sie nach Wust zurückgeführt worden. Ihr Gemahl kam jetzt, um an ihrem Grabe zu beten und das einzige Kind, das sie ihm zurückgelassen, auf seinen Knien zu schaukeln.

»Wo habt Ihr den Junker?«

»Er spielt im Garten; des Pastors Kinder sind mit ihm.«

»Da laßt uns sehen, ob er den Papa wiedererkennt.«

Der Kürassieroberst schritt durch die ganze Reihe der Zimmer hin, bog dann links in den Gartensalon ein und trat ins Freie. Auf einem Rasenplatze spielte ein halbes Dutzend Kinder. In der Mitte war das Gras ausgerodet und aus dem gelben Sande des Untergrundes eine Burg aufgeführt, mit Kastell und Graben. Inmitten all der Herrlichkeit stand ein kleiner stubsnasiger Blondkopf, nicht hübsch, aber mit klugen Augen.

»Hans Hermann, Junge, kennst du mich noch?«

Der Junge sah verwundert auf. Endlich schien es in ihm zu dämmern, und er ging ruhig auf den Vater zu.

Dieser hob ihn in die Höh, küßte und streichelte ihn und sagte dann: »Hans Hermann, wir müssen gute Freunde sein, du mußt mir allerhand erzählen. Komm, ich habe dir auch eine Kanone mitgebracht.« Damit gingen sie in die Halle des Hauses zurück, wo der Diener inzwischen ein Kaminfeuer angezündet hatte. Eine Magd trug ein Frühstück auf, während der Vater seinen Blondkopf auf den Knien schaukelte und mit Heiterkeit die Fragen beantwortete, die das Kind unbefangen stellte.

Der Oberst nahm einen Imbiß, ließ den Jungen an dem Sherry nippen, den er in seiner Satteltasche mitgebracht hatte, und sagte dann: »Hans Hermann, nun wollen wir in die Kirche gehen.«

»Ich mag nicht.«

»Wir wollen uns den Stein ansehen, unter dem die liebe Mama schläft.«

»Ich mag nicht.«

Der Papa nahm aber den Jungen bei der Hand, der sich nun willig führen ließ, und so schritten sie auf die Kirche zu, an deren altem Seitenportal der Küster bereits mit seinem Schlüsselbunde stand und wartete. Er war ein Mann von fünfzig.

»Guten Tag, Jerse, wie geht's?«

»Et jeiht jo, gnädige Herr, man en beten *to oll.*«

»Man kann nicht immer jung bleiben. Wenn man nur mit Ehren alt geworden ist. Was machen die Kinder?«

»Et jeiht jo, gnädige Herr, man en beten to *veel.*«

»Ja, Jerse, das ist Eure Schuld.«

Jerse schmunzelte. Der Oberst streichelte dem Jungen das lockige Haar und fuhr dann fort:

»Ich hoffe, daß alles in Ordnung ist. Wann kam der Steinsarg?«

»Gistern wiern't fief Wochen, un de Steinhauer wier glieks mit dabi un hett allens sülvst moakt. Un denn hebben wi de gnäd'ge Fru mitsamst den höltern'n Sarg insett.«

»Das ist recht, Jerse. Und nun schließt auf. Ich will erst sehen, wie es in der Kirche aussieht.«

Sie traten in das Mittelschiff. Nicht weit von der Kanzel war ein Reliefbild in die Wand eingelassen, ein Reiter in der Tracht des Dreißigjährigen Krieges. Der Oberst blieb stehen. Es war das Bildnis seines Vaters. Daneben war ein zweiter Stein, eine seltsame Rokokoarbeit. Minerva, mit drei Marabouts auf dem Haupte, sah einen vierzehnjährigen Knaben auf sich zuschreiten, der ihr, huldigend, einen Apfel überreichte. Alles bunt bemalt. Die bunte Farbe reizte die Neugier des Kindes.

»Was ist das?«

»Das ist eine Göttin. Weißt du, was eine Göttin ist?«

»Nein. Ich will nur wissen, wer der Junge mit dem Apfel ist.«

»Das ist dein Oheim. Er war *sehr* fleißig und ist ganz jung gestorben.«

»Ich will nicht fleißig sein.«

»Nun hört, Jerse, wie der Junge aus aller Art ist.«

»Dat wahrd en richt'gen Junker, gnäd'ge Herr. Wat brukt so 'n lütt' Junker veel to liernen! Et givt all so veel davun.«

»Nun, Jerse, wollen wir in die neue Gruft.«

Damit traten alle drei durch die kleine Seitentür wieder auf den Kirchhof hinaus und schritten auf einen Neubau zu, der augenscheinlich erst vor Jahresfrist an die Ostseite der Kirche angebaut worden war, eine sehr einfache Architektur mit zwei Gitterpforten und einer Klapptür in Front. Das Äußere war öde, das Innere noch mehr. In dem frisch geweißten Raume stand ein einziger Steinsarg, ein Marmorsarkophag, kunstvoll und reich gearbeitet, dessen prächtige Schönheit in diesem schmucklosen Raume einen seltsamen Eindruck machte.

Der Oberst nahm seinen Knaben an die Hand und trat an den Sarg heran. Er blickte lange auf denselben. Dann beugte er sich zu dem Kinde nieder und küßte es auf die Stirn.

Das Kind sah sich ängstlich um, drängte sich an den Vater und sagte: »Komm, ich mag hier nicht sein.«

Und nun gingen sie über den Kirchhof wieder auf das Herrenhaus zu. Alles war still, wie ausgestorben. Aber ein *Sonnenschein* lag auf dem Dach, und Küster Jerse, der zurückgeblieben war, läutete Mittag.

Es sollten noch stillere Tage kommen. *Ohne* Sonnenschein und *ohne* Läuten.

## Wust 1730

Dreiundzwanzig Jahre waren ins Land gegangen. Vieles hatte sich geändert, und nur Wust und sein Herrenhaus waren unverändert geblieben. Der »Dienst« hielt nach wie vor den Gutsherrn in der Ferne fest, *jetzt* in der Ostprovinz des jungen Landes, in Königsberg, aber der junge Oberst von damals war inzwischen ein alternder Generallieutenant geworden. Und Geschicke bereiteten sich vor, die innerhalb dreier Monate seine Seele völlig beugen und brechen sollten.

Verweilen wir einen Augenblick bei dem Vorspiele zu dieser Tragödie. Am 5. August hatte, unter Mitwissen und Beihilfe verschiedener Personen, darunter der Lieutenant Hans Hermann von Katte, ein Fluchtversuch des Kronprinzen stattgefunden. Die Nachricht davon lief durchs Land. Zwanzig Tage später war sie in Königsberg, und noch am selben Tage schrieb der Generallieutenant an seinen Bruder, den Kammerpräsidenten von Katte in Magdeburg:

»Mein lieber Bruder!

Mit was Betrübnis ich diese Feder ansetze, ist Gott bekannt. Ihr werdet von Eurem Sohn aus dem Reich leider erfahren haben, wie unsere *gottlosen Kinder* sich in das größte Labyrinth gesetzet, und hat Euer Sohn solches dem Major von Rochau geschrieben. Dieser hat mir dessen Brief mit der Ordonnance anhero gesandt, da ich eben anitzo hier in Königsberg sein und bleiben muß. Ich hab es als meine Pflicht erachtet, *meinen Sohn zu abandonnieren*, meinen Eid und meine Schuldigkeit vorzuziehen und Eures Sohnes Schreiben dem Könige mit einer Estafette zu senden. Hat mein Sohn in seinem Dessein nicht reussieret, so wird ihn der König wohl arretieren lassen. Ich kann nichts weiter tun als seufzen, ihn Gott und des Königs *Erbarmung* überlassen. Adieu, mein lieber Bruder. Gott stärke uns in unserem Elend. Ich bin Euer treuer Bruder

H. H. Katt.«

Dieser Brief trägt das Datum: Königsberg, 25. August. Es ist sehr bemerkenswert, daß der Vater Hans Hermanns von Katte in diesem Schreiben sich ganz auf die Seite des Königs stellt. Die Loyalität ging noch über das Vaterherz. Es darf nicht wundernehmen, da aus spätren Briefen hervorgeht, daß dem Generallieutenant *damals* noch der Gedanke fernlag, der König werde aus der Affaire ein Kapitalverbrechen machen. Man kannte das cholerische Temperament Friedrich Wilhelms, seine strengen Ansichten über »Dienst«, nichtsdestoweniger rechnete man auf Gnade. Niemand erwartete ein *Äußerstes*. Aber gerade das Äußerste kam. Das Votum des Kriegsgerichts zu Köpenick hatte auf dauernde Gefängnisstrafe gelautet. Der König, aus souveräner Machtvollkommenheit, stieß das Urteil um und (vielleicht ein *einzig* dastehender Fall in der Geschichte) *schärfte* das Urteil und verwandelte die Kerkerstrafe in Tod, unter Anfügung jener berühmt gewordenen Worte: »es wäre besser, daß Katte stürbe, als daß die Justiz aus der Welt käme«.

Das war am 1. November. Am 2. November kannte Hans Hermann von Katte sein Schicksal, am 3. begann seine Überführung nach Küstrin, am 5. mittags traf er ein, und am 6. früh fiel sein Haupt.

Über all dies hab ich in dem Kapitel »*Die Katte-Tragödie*«, Band II, Seite 299 bis 339, ausführlich berichtet.

Die *letzte* Szene der Tragödie, die Beisetzung, führt uns wieder nach Wust.

Ein bleierner Novemberhimmel hing über Dorf und Landschaft, auf Feldern und Wegen standen Wasserlachen, und an den Ebereschenbäumen blinkten einzelne Regentropfen. Es war um die fünfte Stunde, die Sonne, die den ganzen Tag über nicht geschienen hatte, blinzelte im Untergehen über die triste Landschaft hin.

Denselben Ebereschenweg, den damals der Oberst von Katte entlangtrabte, kam jetzt ein schmaler Leiterwagen mit zwei mageren Pferden herauf. Der Kutscher ging nebenher, müd und matt, und tapste durch die Regentümpel, die zu umgehen ihm den Weg verlängert hätte. Der Wagen selbst gab ihm keinen Platz mehr, denn auf dem schmalen Brett stand ein langer Sarg, schwarz gestrichen, schmucklos, ohne Haspen und Beschlag.

Es dunkelte schon, als das Fuhrwerk vor dem Herrenhause hielt. Auf dem Vorplatze standen mehrere Leute aus dem Dorf, in ihrer Mitte der alte Jerse, ein Siebziger jetzt, mit einer Laterne in der Hand. Zwei von den Tagelöhnern nahmen die Pferde vorn am Zügel, und Jerse schritt vorauf. So bogen sie quer über die Straße, nach der gegenübergelegenen Seite des Dorfes ein und fuhren langsam über den holprigen Kirchhof hin, bis sie vor der angebauten Gruft hielten.

Drinnen war alles unverändert geblieben; ein einziger Steinsarkophag in einem weißgetünchten Raume. »Nu droagt em in«, sagte Jerse, und die beiden Männer, die bis dahin die Pferde geführt hatten, suchten jetzt an dem Sarge umher, um einen Handgriff zu finden. Aber nichts der Art war da. So schoben sie denn das Brett, auf dem der Sarg stand, von vorn nach hinten, faßten das Brett oben und unten und trugen es, samt dem Sarge, in den Anbau hinein. Als sie in der Mitte der Gruft standen, fragte der Vorderste: »Wo sall he hen?« Jerse schien unschlüssig und trat an den steinernen Sarkophag: »'t is ehr Söhn. Awer et jeiht nich. Stellt em in de Eck.« Und sie setzten alles nieder, hoben den Sarg einen Augenblick und zogen das Brett fort. Und nun schlossen sich die Torflügel wieder, und über den Kirchhof hin, an den schattenhaft dastehenden Kreuzen vorbei, verschwand das Fuhrwerk im Dunkel. Jerse blieb noch. Er leuchtete außen an der Gruft umher und murmelte, wie greisenhafte Leute tun, Unverständliches vor sich hin, schüttelte dabei den Kopf und tappte zuletzt, wie ein Irrer, zwischen den Gräbern hin in seine Wohnung zurück.

So wurde Hans Hermann von Katte beigesetzt. Ohne Sang und Klang. Seine Familie hatte seinen Leichnam freigebeten, und die Gnade des Königs hatte es gewährt.

## Wust 1748

Wieder achtzehn Jahre später. Im Herrenhause zu Wust ist es still geblieben wie vordem, die Zimmer sind leer, und nur die Gruft hat sich gefüllt. Die Mutter Hans Hermanns und er selber sind längst nicht mehr die einzigen Bewohner darin. Die ganze Familie des Feldmarschalls ist in den weißgetünchten Raum eingezogen: er selber, seine zweite Frau, seine zwei Söhne zweiter Ehe. Die Wuster Linie war mit ihnen ausgestorben, und die Linie des anderen Bruders, des Kammerpräsidenten, war jetzt Besitzer von Wust geworden.

Aber auch dieser ältere Bruder hielt sich fern. Es schien, als ob Wust nur noch dazu dienen sollte, Begräbnisplatz der Familie zu sein.

## Wust 1775

So blieb es bis zum Tode des Kammerpräsidenten (1760), auch noch einige Jahre drüber hinaus.

In der Mitte der sechziger Jahre aber begann hier ein neues Leben, und abermals zehn Jahre später stand es auf seiner Höhe. Solche Tage hatte Wust nie gesehn. Leid war in Freude verkehrt, und man gedachte nicht mehr des Novembers 1730. Das Füllhorn königlicher Gnade war über alles ausgeschüttet worden, was von Katte hieß, und man freute sich dieser Gnade und ließ die Toten ruhn. Es waren Zeiten, wo sich das Leben ums *Leben* drehte und nicht mehr um den Tod.

Der Besitzer Wusts um diese Zeit war Ludolf August von Katte, der älteste Sohn des Kammerpräsidenten. Der enthauptete Vetter, der in der Gruft stand, machte ihm wenig Sorge. Jenen hatte der Zorn des einen Königs, ihn hatte die Gnade des andern getroffen. Er war ein Glückskind, wie jener ein Kind des Unglücks gewesen war. Nicht nur, daß ihm Wust aus der Hinterlassenschaft des Vaters als Erbe zugefallen, nein, sein Glück zeigte sich ganz besonders auch darin, wie er zu einer Frau kam. Der König, der, vom Momente seiner Thronbesteigung an, sich in Aufmerksamkeiten gegen die Kattes erging, hatte, wie er das liebte (er war ein rechter Partienmacher), unter andern auch eine reiche Erbtochter, und zwar eine Rolas du Rosey, für den *zweiten* Sohn des Kammerpräsidenten ausgesucht. Die Kattes, ihrerseits verwöhnte Leute, wollten sich nicht so ohne weiteres drangeben und deputierten den *ältesten* Bruder, um zu erforschen, »wie es eigentlich stünde«. Denn es war bekannt, daß der König nur *Geld*heiraten stiftete und körperliche Gebrechen nie als ernstliches Hindernis betrachtete. Ludolf August brach also auf. Er fand die Erbtochter derart, daß er, seines eigentlichen Auftrages vergessend, als verlobter Bräutigam nach Wust zurückkehrte. Der getäuschte Bruder fand sich ohne Schwierigkeit in das fait accompli und der König noch viel mehr. Ihm lag nur daran, den Kattes eine Guttat anzutun; welchem Gliede der Familie, war zuletzt gleichgiltig. Die Vermählung erfolgte, und ein reiches, heiteres, glückliches Paar hielt seinen Einzug in Wust.

Was Wust an Trümmern alter Herrlichkeit noch aufweist, stammt aus der Epoche, die nun begann. Aus dem Garten wurd ein großer Park mit künstlichen Teichen; seltene Bäume, aus England über Hamburg bezogen, reihten sich zu Alleen, und zwischen den Stämmen der alten, vorgefundenen Ulmen, die nun zu Laubengängen hergerichtet waren, erhoben sich Statuen, unter Vorantritt von Flora und Pomona. Ein Verkehr begann, für den das Rheinsberger Leben das *Vorbild* und das Leben in Tamsel, in Schwedt, in Friedrichsfelde die Parallelen lieferte: Schäferspiele, Theater im Freien, Grotten und Tempel, Coquetterie und Courmachen, Kunstprätensionen ohne Sinn und Verständnis, wenig Witz und viel Behagen. Eine ganze Seite des Hauses bestand aus Gesellschaftszimmern, an den Wänden hin hingen große Tableaux, und die Tafel, wenn im Gartensaal gedeckt wurde, zeigte fürstliche Pracht. Auf der Tafel selbst aber, als Tafelaufsatz, standen die zwölf Apostel in Silber. Das Silberzeug, das auflag, hatte den Wert eines Rittergutes. Es verlohnte sich schon, diesen Reichtum zu entfalten, denn der Verkehr des Hauses ging über den benachbarten Landesadel hinaus, und prinzliche Kutscher und Vorreiter waren damals eine häufige Erscheinung an dieser Stelle. Die Dame des Hauses war mit der Gemahlin des Prinzen Ferdinand, einer geborenen Prinzessin von Brandenburg-Schwedt, intim befreundet, und man divertierte sich bei diesen Gelegenheiten um so mehr, als es in der Friderizianischen Zeit ein eigentliches Hofleben nicht gab und, bei der Seltenheit großer Couren und dem Fehlen einer allgemeineren Hofgeselligkeit, die *kleinen* Hofhaltungen (an denen dann auch der reichere Landesadel teilnahm) für das aufkommen mußten, woran es im großen und ganzen gebrach.

Das waren heitere, stolze Stunden, aber doch weit über die Mittel der alten märkischen Familien hinausgehend, und so kam es, daß Insolvenzen alsbald an der Tagesordnung waren. Die Elle ward überall länger als der Kram. Auch in Wust. Schon Ende der siebziger Jahre begann der Brunnen ziemlich trocken zu gehn; eine Zeitlang kam wieder Zufluß, aber er entsprach nicht den Ansprüchen, die an ihn gemacht wurden.

So, zwischen Hangen und Bangen, vergingen die Jahre, während das Äußerste mehr und mehr hereinzubrechen drohte. Es blieb freilich aus, aber nur, weil der Tod dazwischentrat. Das Paar, das unter so vielen Ansprüchen in diesen Besitz eingetreten war, starb mutmaßlich zu Anfang oder in der Mitte der neunziger Jahre und hinterließ Wust seinen zwei Söhnen.

## Wust 1820

1820 waren auch diese beiden Söhne hinüber. Wunderliche Zeiten hatte Wust derweilen gesehen.

Der älteste der beiden Söhne war auch ein Hermann von Katte. Er hatte von seinen Eltern die Vergnügungssucht, den Hang zur Verschwendung geerbt. Die schon zerrütteten Finanzen wieder in Ordnung zu bringen, dazu war er am wenigsten angetan. Jener Rolas-du-Rosey-Reichtum, der dreißig Jahre lang den Extravaganzen der Eltern widerstanden hatte, *jetzt* brach er zusammen. Dieser Hermann von K. hatte den Beinamen der »Spieler«. In der Umgegend von Wust mied man ihn, und so kam es, daß er Kunstreisen in die großen Städte machte. Solange es sich ermöglichte, trat er standesgemäß auf, ja über Stand und Verhältnisse hinaus. In Leipzig erschien er mit Equipage und vierspännig, und als alles verspielt war, setzte er noch die Equipage auf eine Karte und kam per Fahrpost nach Wust zurück. Die Verpflichtungen häuften sich, und die Schuldhaft wurde gegen ihn ausgesprochen. Tagelang ging die Auktion. Er selber wurde inhaftiert und nach Stettin auf die Festung abgeführt.

Dies war zu Anfang des Jahrhunderts, und Wust ging um diese Zeit an den jüngeren Bruder Ferdinand von Katte über. Ob er die Erbschaft des devastierten Gutes gleich antrat, ist nicht mit Bestimmtheit zu ersehen; erst nach Schluß der Napoleonischen Kriege scheint er auf dem Gute Wohnung genommen zu haben. Er führte den Beinamen der

»Stiefel-Katte«. Völlig geistesgestört, war er nur von einer *einzigen* Leidenschaft beherrscht, und zwar von dem Verlangen, so viele Stiefel wie möglich zu besitzen, große und kleine, alte und neue, für jede neue Situation oder Beschäftigung auch neue Stiefel, Stiefel zum Fahren, zum Gehen, zum Reiten, Jagdstiefel und Tanzstiefel, alle von den verschiedensten Formen und Farben und von jeglicher Art von Leder. An diese Passion setzte er den Rest von Vermögen, den die Verschwendungssucht der Eltern und die Spielsucht des Bruders ihm übriggelassen hatte. Die Stiefelsucht tat das Letzte. Er wurde unter Kuratel gestellt; aber es war zu spät. Die volle Verwüstung der einst so schönen Besitzung hatte bereits Platz gegriffen: die Statuen im Park wurden zerschlagen und bildeten auf Jahrzehnte hin den Steinbruch für alle Fundamentbauten im Dorf, die Akten und Briefschaften, darunter mutmaßlich Dinge von unschätzbarem Wert, wurden zum Heizen und Gänsesengen benutzt, und die kostbaren alten Familienbilder, aus ihren Barockrahmen herausgeschnitten und mit zwei angenähten Hängseln versehen, mußten es sich gefallen lassen, als Maurerschürzen vorgebunden zu werden. So gingen die Dinge, bis zuletzt die Zerstörung aufhörte, nur deshalb, weil von *offen* Daliegendem und jedem Zugänglichen nichts mehr zu zerstören war. Ein Verwalter, dem, bis zur Regelung aller Verhältnisse, die Verwaltung des Gutes übergeben wurde, zog in einen Seitenflügel; das alte Herrenhaus selbst wurde geschlossen. Und dies war ein Glück. Was noch in Boden- und Giebelstuben versteckt, in Ecken und Winkeln vergraben lag, war nunmehr gerettet und konnte in einer andern Zeit, die heraufdämmerte, wieder gefunden und geborgen werden.

Diese Zeit kam mit dem Jahre 1850.

## Wust seit 1850

Im Herbst 1850 trat der gegenwärtige Besitzer, ein Katte von der *uckermärkischen* Linie, in das Wuster Erbe ein. Ein besseres Los konnte diesem letzteren nicht fallen. Hier, wo seit ziemlich einem Jahrhundert immer nur Torheit in den verschiedensten Formen tätig gewesen war, erschien plötzlich die Kehrseite davon, und ein Geist gewissenhaftester Ordnung griff Platz. Die Äcker wurden wieder bestellt, und wo so lange bloß »Hof *gehalten* war«, erstand wieder ein Hof, wie er auf einem solchen Besitze sein soll: ein *Wirtschafts*hof. Scheunen, Ställe, Betriebsgebäude wurden aufgeführt, und Wust wurde eine Musterwirtschaft, was es mutmaßlich nie vorher gewesen war.

Aber mehr als das. Nicht bloß über das Gut war eine rettende Hand gekommen, ebenso über den *Erinnerungsschatz*, den das alte Herrenhaus umschloß. Vieles, das meiste war zerstört. Manches aber hatte der Zerstörung getrotzt, und noch anderes, wie bereits hervorgehoben, hatte sich in Ecken und Winkeln der Hand des Vandalismus entzogen. Dies alles wurde jetzt hervorgesucht, gesammelt, geordnet. Frau von Katte, mit sich gleichbleibender Pietät, dazu mit immer wachsender Liebe für die Aufgabe, die sie sich gesetzt, stellte aus Bruchstücken vieles wieder her, und *ihrem* unermüdlichen Eifer verdanken wir das meiste von dem, was wir hier mitteilen konnten.

Ein heller Augusttag führte uns als Gast in das alte, nun wiederhergestellte Herrenhaus. Der große Empfangssaal nahm uns auf, in dem einst (im Oktober 1806, wenn ich nicht irre) Marschall Soult gesessen und dekretiert hatte.

Es ist dies das interessanteste Zimmer des Hauses. Das meiste von seinen alten Erinnerungsstücken findet sich hier zusammen, namentlich von Bildern. Drei derselben stammen aus der historischen Zeit von Wust, also aus der ersten Hälfte des vorigen Jahrhunderts. Es sind der Feldmarschall von K. in Koller und Küraß, seine Gemahlin zweiter Ehe und der Sohn erster Ehe, Hans Hermann. Das Bild des letzteren, der hier etwa vierundzwanzig Jahre alt erscheint, nimmt selbstverständlich das Hauptinteresse in Anspruch. Er trägt die Uniform des Regiments Gensdarmes, dazu das gepuderte Haar rechts und links in drei Locken gelegt. Seine Züge, weder hübsch noch häßlich, verraten Klugheit, Energie und einen gewissen Standesdünkel. Der Kunstwert ist nur ein mittlerer. Auch scheint es durch Übermalung gelitten zu haben. Vergleiche Band II, Seite 331.

Wir musterten diese und andere Bilder. Dann, nach einem Umgange durch das Haus, schritten wir über die Dorfgasse hin, um zunächst der alten Kirche, dann dem Gruftanbau unseren Besuch zu machen. In der Kirche war seit 150 Jahren so ziemlich alles beim alten geblieben, die Grabsteine, die wir eingangs geschildert, standen noch an alter Stelle, und nur einige Deckenmalereien hatten dem Ganzen mehr Farbe, wenn auch freilich nicht mehr Schönheit gegeben.

Wenn nun aber die Kirche wenig verändert war, wie anders war es in der Gruft geworden! Sarg bei Sarg, der Raum gefüllt bis auf den letzten Platz. Dazu ein völliges Dunkel; die weiße Tünche längst einem tiefen Grau gewichen. Wir öffneten beide Torflügel, um etwas Helle zu schaffen, und der eindringende Luftzug setzte die Spinnweben am Portal in Bewegung. Aber dies Licht von außen war zu schwach, es drang nur zwei Schrittbreit in die dunkle Behausung ein, und dahinter blieb alles Nacht.

Ein Kind, das uns begleitet hatte, wurde deshalb mit der Weisung zurückgeschickt, daß ein Diener Licht bringen solle. Mittlerweile setzten wir uns auf das dürre Gras verfallener Gräber und sahen in die Gruft hinein, die, voll geheimnisvollen Zaubers, mit ihrem Pomp und ihrem Grausen vor uns lag.

Machte *dies* schon einen Eindruck auf mich, so verschwand es neben dem Bilde, das die nächsten Minuten brachten.

Ein reichgalonierter Diener kam vom Herrenhause herüber und schritt mit einem doppelarmigen, silbernen Leuchter in der Hand über den Kirchhof hin und auf uns zu. Wir erhoben uns. Der Diener nahm den Vortritt, strich mit einem Phosphorholz an dem rostigen Eisenbeschlag des einen Türflügels entlang, zündete die beiden Wachskerzen an und trat dann dienstmäßig und völlig ruhig zwischen die dicht gestellten Särge. Wir folgten, so gut wir konnten. Als wir die Mitte der Gruft erreicht hatten, hob er den Leuchter höher. Es war ein Bild, das ich mein Lebtag nicht vergessen werde. Die Kerzen warfen helle Streifen durch das Dunkel, und von der Decke herab wehte es in langen, grauen Fahnen. Stein- und Eichensärge ringsum. Inmitten dieser Machtzeugen des Todes aber bewegten wir uns in der ganzen Buntheit modernen

Lebens, die lange blaue Seidenrobe der einen Dame bauschte und knisterte bei jeder Bewegung, und die Tressen und Fangschnüre des Dieners blitzten im Licht.

Wir standen jetzt so, daß wir durch Heben und Senken unserer zwei Kerzen die prächtigsten Sarkophage: den Steinsarg des Feldmarschalls und rechts und links daneben die Särge seiner beiden Gemahlinnen, ohne Mühe sehen und ihre Ausschmückung bewundern konnten. Aber wo stand *Hans Hermann*? Wir taten scheu die Frage, die der Diener seinerseits ohne jegliches Bedenken aufnahm und abermals voranschritt. Wir folgten ihm, nach links hin, bis in die Ecke des Raums. Die Särge standen hier minder dicht. Einer unter ihnen war ein schlichter, langer Holzsarg, dessen Farbe teils abgegriffen, teils abgesprungen war. *Das war er.* Der Diener gab mir den Leuchter, faßte den Deckel und schob ihn beiseite. Noch verbarg sich uns sein Inhalt. In dem äußeren Sarge stand ein zweiter, der *eigentliche*, vielleicht der, in den man ihn zu Küstrin gelegt hatte, eine bloß zugeschrägte Kiste mit einem flachen Deckel. Nun hoben wir auch diesen und blickten auf alles Irdische, was von dem unglücklichen Katte noch übrig ist.

Ein hellblauer Seidenmantel umhüllt den Körper. Da, wo dieser Mantel nach oben hin aufhört, liegt ein Schädel, neben dem Schädel eine blaue, kunstvoll zurechtgemachte, mit Spitzenüberresten geschmückte Schleife, die früher das schöne Haar des Toten zusammenhielt. Noch in den zwanziger Jahren dieses Jahrhunderts war der Schädel wohlerhalten, seitdem aber, weil niemand lebte, der die Gruft und speziell *diesen* Sarg vor Unbill geschützt hätte, trat der Verfall ein, der sich jetzt zeigt. Es erging in Wust den Überresten des jungen Katte genau ebenso, wie es in Gusow den Überresten des alten Derfflinger erging: frivole Neugier, renommistischer Hang und Kuriositätenkrämerei führten zu offenbarer Entweihung.

Über einzelnes wird berichtet. Ein junger Ökonom im Dorfe wettete in heiterer Mädchengesellschaft gegen einen Kuß, er wolle den Katteschen Schädel um Mitternacht herbeiholen und wieder an seine Stelle tragen. Er gewann auch die Wette, bestand aber nicht auf Zahlung und erklärte hinterher: *nie* wieder.

Etwa um dieselbe Zeit, oder schon etwas früher, erschien ein Engländer in Wust, ließ sich die Gruft aufschließen und trat an den geöffneten Sarg. Er war offenbar ein Kenner, suchte unter den Halswirbeln umher, fand endlich den, den das Richtschwert durchschnitten hatte, und führte ihn im Triumphe weg. Andere nahmen die Zähne des Enthaupteten als Erinnerungsstücke mit, so daß, als Anfang der fünfziger Jahre das traurige Administrations-Interregnum endlich sein Ende erreichte, der neue Besitzer ein wüstes Durcheinander vorfand. Die Pietät kam zu spät. Was noch geschehen konnte, geschah, ganz besonders auch an *dieser* Stelle. Eine Art Ordnung wurde wieder eingeführt, das eine oder andere gerettet und beispielsweise ein Rest Katteschen Haares in einer Kapsel sorglich verwahrt. Aber die Zerstörung der voraufgegangenen dreißig Jahre konnte nicht wieder ausgeglichen, das, was fort war, nicht wiedergewonnen werden.

Wir schlossen die Sargkiste, traten in das Licht des Tages zurück und schritten auf das Herrenhaus zu. Aber es duldete uns nicht in den geschlossenen Räumen, und der stille Park und seine breiten Rüsteralleen nahmen uns alsbald auf. Da lagen die umgestürzten Statuen, zerbrochen, zerschlagen, halb überwachsen von grünem Gesträuch. Auch hier die Bilder der Vergänglichkeit.

Unser Weg führte uns zuletzt bis an die Grenze des Parks. Eine Birkenbrücke, über einen Graben hinweg, ging ins Freie, breite Wiesen dehnten sich vor uns, jenseit stiegen Kirchentürme auf, und aus der Niederung zog ein Nebel langsam zu uns her.

Es dämmerte.

Und wie Dämmerung kam es über uns selbst, jener traumwache Zustand, dem Leid und Freud, dem Trauerspiel und Posse, dem der enthauptete und der Stiefel-Katte gleichmäßig zu Bild und Erscheinung werden – zu Gliedern in derselben Kette.

# DER SCHWIELOW
# UND
# SEINE UMGEBUNGEN

# DER SCHWIELOW

Mit der Wasser Steigen steigt auch das
Gefühl ihm seiner Kraft,
Und der Damm, er ist zertrümmert,
und durchbrochen ist die Haft.

*»Der Wenersee«*

Sieh den Schwan,
Umringt von seiner frohen Brut,
Sich in den roten Widerschein
Des Himmels tauchen! Sieh, er schifft,
Zieht rote Furchen in die Flut
Und spannt des Fittichs Segel auf. (»Irin«)

*Ewald von Kleist*

Der Schwielow ist eine Havelbucht im großen Stil wie der Tegler See, der Wannsee, der Plauesche See. Allesamt sind es Flußhaffe, denen man zu Ehre oder Unehre den Namen »See« gegeben hat. In etwaige Rangstreitigkeiten treten wir nicht ein; sie mögen unentschieden bleiben wie andere mehr.

Unter allen Havelbuchten, welchen Namen sie immer führen mögen, ist der Schwielow die größte und sehr wahrscheinlich auch die neueste. Vielleicht zählt dies weite Wasserbecken noch keine tausend Jahre, keinenfalls geht es weit in die Vorgeschichte zurück. Mannigfachen Anzeichen nach ging in den ersten Jahrhunderten unserer Zeitrechnung die südliche Ausbuchtung der Havel nur etwa eine Meile über Potsdam hinaus, und ein Erdwall, über dessen Ausdehnung und Beschaffenheit es nutzlos wäre zu konjekturieren, schob sich etwa in Höhe des Dorfes Caputh *trennend* zwischen die höher gelegene Havel im Norden und ein tiefer gelegenes Moorland im Süden. Da, in einer Sturmnacht, stauete ein Südwest die ihm entgegenfließenden Havelwasser bis an die Potsdamer Enge zurück, und plötzlich umschlagend in einen eisigen Nordnordost, stieß er die aufgetürmte Wassermasse mit solcher Gewalt gegen den Erdwall, daß dieser zerbrach und die bis dahin abgedämmten Havelwasser wie aus einem Schleusenwerk sich in das tiefer gelegene Moorbecken ergossen. In jener Nacht wurde der Schwielow geboren.

Im Einklange hiermit ist es, daß die weite Wasserfläche, die jetzt diesen Namen führt, mehr durch ihre Masse als durch ihre Tiefe imponiert: der Schwielow hat ganze Striche, wo man Grund fühlen, noch andere, wo man ihn durchwaten kann. Unter allen unsren Seen kommt er dem Müggelsee am nächsten. An Fläche und Ausdehnung diesem Könige der märkischen Gewässer nah verwandt, weicht er im Charakter doch völlig von ihm ab. Die Müggel ist tief, finster, tückisch – die alten Wendengötter brauen unten in der Tiefe; der Schwielow ist breit, behaglich, sonnig und hat die Gutmütigkeit aller breit angelegten Naturen. Er hält es mit leben und leben lassen; er haßt weder die Menschen noch das Gebild aus Menschenhand; er ist das Kind einer andern Zeit, und der Christengott pochte vielleicht schon an die Tore, als er ins Dasein trat.

Der Schwielow ist gutmutig, so sagten wir; aber wie alle gutmütigen Naturen kann er heftig werden, plötzlich, beinahe unmotiviert, und dann ist er unberechenbar. Eben noch lachend, beginnt ein Kräuseln und Drehen, nun ein Wirbel, ein Aufstäuben, ein Gewölk – es ist, als führe eine Hand aus dem Trichter, und was über ihm ist, muß hinab in die Tiefe. In solchen Augenblicken gibt er der Müggel nichts nach. Es gibt ganze Linien, wo die gescheiterten Schiffe liegen.

Ihn zu befahren in seiner ganzen Breite war seit lange mein Wunsch. Heute bot sich die Gelegenheit. Der Wind war gut, ein regelrechter Südost. An der Fährstelle zu Caputh lag das Boot; grün und weiß die Planken und Ruder; das Segel war noch an den Mast gebunden. Wir stiegen ein zu dritt, mit uns die Söhne des Fährmanns, drei junge Caputher Midshipmen zwischen zehn und vierzehn, die auf dem Schwielow für den vaterländischen Dienst sich vorbereiten, wie einst der Peipus die Hohe Schule war für die werdende russische Flotte. Sie hatten bereits die Ruhe des Seemanns; dazu blaue Mützen mit Goldstreif und den Anker daran. Der Älteste nahm den Platz am Steuer; nun los die Bänder, der Wind fuhr in das flatternde Segel, und wie ein Pfeil glitten wir über die breite Fläche hin. Der Fährmann, eine prächtige Gestalt, stand am Ufer und wünschte gute Fahrt. Wir gaben Antwort mit Hohiho und Mützenschwenken.

Eine Weile ging das Geplauder, aber bald wurden wir still. Wir waren jetzt in der Mitte des Sees, die Sonne stand hinter einem Gewölk, so daß alles Glitzern und Blenden aufhörte, und nach links hin lag jetzt in Meilentiefe der See. Ein Waldkranz, hier und da von einzelnen Pappeln und Ziegelessen überragt, faßte die weiten Ufer ein; vor uns, unter Parkbäumen, Petzow und Baumgartenbrück, nach links hin, an der Südspitze des Sees, das einsame Ferch.

Dieser einsame Punkt war mit unter den Lieblingsplätzen Friedrich Wilhelms IV., der in Sommertagen, wenn er abends zu Schiff in die Havelseen hinausfuhr, gern hier anlegte und seine Teestunde in engstem Kreise verplauderte. Noch zeigt eine umfriedete Stelle den Platz am Abhang, wo er zu sitzen und das schöne Bild zu überblicken liebte.

Jetzt lag die Breite des Sees hinter uns; noch durch einen Schilfgürtel hindurch, und wir glitten das schlammige Ufer hinauf; nur der Stern des Kahns lag noch im Wasser. Hügelan steigend, suchten wir eine schattige Stelle unter dem Dach zweier halb zusammengewachsener Akazienbäume und sahen nun hinaus auf die blanke Fläche, auf das Spiel wechselnder Farben und auf das stille Leben, das darüber hinglitt. Blaue Streifen zogen sich durchs Grau, dann umgekehrt, und quer durch diese Linien, über die das Licht hinglitzerte, kamen und gingen die Schiffe. Die Segel standen blendend weiß in der Sonne.

Stunde und Stimmung waren günstig zum Plaudern. Unser Schwielow-Führer nahm das Wort, und an den Rand des Schattens tretend, der unsern Platz umzirkelte, hob er jetzt geschäftig an: »Dort, wo Sie den grauen Streifen sehen, fast in der Mitte, aber mehr nach Caputh zu, dort liegen die Schiffe, die der Schwielow hinabgerissen; was er hat, das hält er fest; er gibt sie schwer wieder heraus. Und doch *soll* er's, und doch wird er darum angegangen. Die Versicherungsgesellschaften setzen ihm scharf zu und fragen nicht lange, ob er will oder nicht. Es ist noch nicht lange, da haben sie's wieder versucht. In Caputh gibt es immer einen Freudentag; ob's glückt oder nicht, es bringt uns Geld ins Dorf.«

»Wie werden denn diese Hebungsversuche gemacht?«

»Das ist einfach genug. Eines Tages erscheinen zwanzig Mann oder mehr, und mit ihnen kommen zwei große, starke Havelkähne, mit hohen Wänden, zugleich mit allerhand Maschinen und Hebevorrichtungen an Bord. Nun legen sich die beiden Havelkähne zu seiten des untergegangenen Schiffes, von einem Kahn zum andern werden drei starke Bohlenbrücken gelegt und auf diese Brücke drei Drehbassen gestellt. Ein Assekuranz-Taucher, der immer mit zur Stelle ist und zu den Hauptfunktionären zählt, tritt nun seine Niederfahrt an, und unter dem Rumpf des gesunkenen Schiffes hinweg – an den Stellen, die oben den drei Brückenlagen entsprechen – zieht er jetzt drei eiserne Ketten, die nunmehr jede einzelne zusammengeknotet und an dem Kranhaken befestigt werden. Nun beginnen die Drehbassen ihr Werk. Geht alles gut und denkt der Schwielow bei sich: ›nun meinetwegen‹, so bringen sie das Schiff heraus und halten es zwischen den beiden gesunden Kähnen fest, bis die Ladung geborgen ist; ist aber der Schwielow schlechter Laune und weiß er's dahin einzurichten, daß der eine Kran schärfer anzieht als der andere, so ist alles verloren: das Schiff zerbricht, die Ladung geht in die Tiefe, und die Trümmer treiben umher. Wie es mit dem Strandrecht am Schwielow steht, kann ich nicht sagen.«

So ging die Rede. Noch manches Wort fiel, vom Ziegelbetrieb, von Maulbeerbäumen und Seidenzucht, vom Kornhandel nach Sachsen, vom Weinbau, der einst an diesen Hügelhängen blühte, zuletzt von der Jagd und den *Wilderern* am Schwielow hin.

»Sie treiben's arg«, hob unser Erzähler wieder an. »In den kleinen Ortschaften, da, südlich über Ferch hinaus, da sitzen sie; jeder kennt sie, aber keiner kann es beweisen. In Kittel oder Joppe geht es zum Tor hinaus, tausend Schritt weiter hin, unter einem dichten Wacholderbusch, hat er seine Büchse vergraben; nun holt er sie aus Moos und Erde hervor, und – der Wilderer ist fertig. Ja, ihr Herrn Berliner« – und dabei hob er scherzhaft den Finger gegen mich –, »um euren Festbraten säh es schlecht aus, wenn die Wilderer nicht wären und ihren Hals dransetzten. Wenn der Rehrücken erst auf der Tafel steht, schmeckt's keiner mehr, wessen Blei ihn getroffen. Manch einem mundet's auch wohl um so besser, je mehr er weiß, es ist so was wie verbotene Frucht. Aber sie zu *pflücken* ist mühevoll; das muß wahr sein. Der Förster da unten ist ihnen zu hart auf der Spur, der versteht keinen Spaß, ›du oder ich‹; zwei haben's schon bezahlen müssen, und beide Male haben ihn die Gerichte freigesprochen. Es ist ein eigen Ding um Menschenblut. Ich hätt's nicht gern an meinen Händen. Aber am Ende, wenn's hieße: meins oder deins, ich dächt auch lieber: deins.«

Unser Auge hatte sich unwillkürlich nach Ferch hinüber gerichtet; ein Schuß, der in den weiten Waldungen widerhallte, durchzitterte uns leise. Die Sonne neigte sich; in einer Viertelstunde mußte sie unter sein. Wir eilten zu unserm Boot und nahmen, uns rückwärts setzend, unseren Blick gegen Westen, um vom Wasser aus dem Schauspiel folgen zu können.

Noch eh wir die Mitte des Sees erreicht, hing der rote Ball über dem Sparren- und Schattengerüst der Zugbrücke von Baumgartenbrück, während das glühende Spiegelbild der Sonne nur drei Handbreit tiefer stand. Die *eine* Sonne dicht über dem Horizont, die *andere* dicht über dem Wasser, und nur der schwarze Streifen des Brückengebälks zwischen beiden!

Nun unter. Die Nebel fingen an, leise zu brauen. Ein Schleier über Wasser und Wald; Ferch dämmerte immer unbestimmter herauf; nur am Caputher Ufer war es noch hell.

Welch Bild jetzt! Da, wo das »Gemünde«, das tiefgehende eigentliche Fahrwasser, das aus der Havel in den Schwielow führt, sich als ein blauer Streifen markiert, zogen in langen Rudeln die Havelschwäne; zu beiden Seiten des »Gemündes« aber, an den einfassenden seichten Stellen Spalier bildend, blühten in dichten Guirlanden die weißen Teichrosen aus dem Wasser auf. In einiger Entfernung war es nicht zu unterscheiden, wo das Blühen aufhörte und das Ziehen und Schwimmen begann. Und durch all das Weiß hin, das eben jetzt einen leisen Schimmer der scheidenden Abendröte trug, schob sich unser Kahn an die Caputher Fähre heran, und der Fährmann, am Ufer unser harrend, hieß uns willkommen und beglückwünschte uns als »wieder zurück vom *Schwielow*«.

# CAPUTH

Wer hat nicht von Caputh (so heißt das Dorf) gehöret,
Das, in verwichner Zeit, die größte Zier besaß,
Als Dorothea sich, die Brandenburg noch ehret,
Das Schloß am Havelstrom zum Witwensitz erlas.

*Bellamintes: »Das itzt-blühende Potsdam«*

Man hat bei diesem Schiff *das* Schiff sich vorzustellen,
Mit dem Kleopatra, in göttlicher Figur,
So einer Venus glich, auf Cydnus' blauen Wellen
Zu dem Antonius, als ihrem Bacchus, fuhr.

*Ebendaselbst*

Die Sonne war eine halbe Stunde unter, als wir wieder diesseit des Schwielow standen; es war keine Zeit mehr für Caputh; die schmale Mondessichel reichte nicht aus – die Stunde war verpaßt. So sahen wir uns denn vor die Alternative gestellt, ob wir, mit der Chance, den letzten Zug zu versäumen, unseren Rückweg antreten oder, coûte que coûte, in Caputh übernachten wollten. Ich tat die entsprechende Frage, meine Bedenken hinsichtlich des Nachtlagers nicht verschweigend.

Unser Führer (der Leser wird sich freundlichst seiner entsinnen) sah mich leise vorwurfsvoll an und erwiderte dann ruhig: »Sie kennen Boßdorf nicht.«

»Nein.«

»Nun, es ist Liebhaberei, daß er hier festsitzt. Er hat das beste Bier und die besten Betten. Von allem andern rede ich gar nicht. Boßdorf ist ein Name in diesen Gegenden.«

»Gut denn. Also Boßdorf!«

Diese Unterredung war zwischen Fährstelle und Dorf geführt worden; als wir eben schlüssig geworden, hielten wir vor dem Gegenstand unseres Gesprächs. Er reichte vielleicht nicht voll an die Höhe heran, die ihm der Lokalpatriotismus unseres Freundes anzuweisen trachtete, aber er hatte doch, wie ich auf der Stelle wahrnehmen konnte, die unerläßlichste aller Wirtseigenschaften: er war freundlich. Sein Bier und seine Rede lullten mich ein, und ich schlief bis an den hellen Tag. Nur einmal wacht ich auf; ich glaubte in einem Trichter zu liegen (was auch zutraf) und hatte geträumt, der Schwielow habe mich in seine Tiefe gezogen.

Unter einem Lindenbaum in Front des Hauses wurde der Kaffee genommen; die Spatzen musizierten über mir; endlich, als sie ihren Mann durchschaut, hüpften sie vom Gezweige nieder auf den Tisch und nahmen, nach dem Maße meiner Guttat, an meinem Frühstück teil. Ich konnt es ohne Opfer tun; es waren Semmeln in großem Format. Jenseit des Staketenzaunes ging das Leben des Dorfes still-geschäftig seinen Gang: junges Volk, die Sense auf der Schulter, eilte zur Mahd hinaus; Kinder mit Erdbeeren kamen aus dem Walde; Schiffersleute, in weiten Teerjacken, schritten auf den See zu. Ein anmutiges Bild. Ich verstand jetzt Boßdorf vollkommen und warum er hier festsitzt.

Ein Wagen fuhr vor, ein vollgestopfter Kremser. Vormittagsgäste; unverkennbar eine animierte Gesellschaft. Ältliche Herren, junge Damen; aber nicht *zu* jung.

Boßdorf sprang an den Wagen. Als er wieder an mir vorbei wollte, suchte ich ihn zu fassen und fragte leise: »Potsdamer?« Er aber – mit einer Handbewegung, in der sich eine Welt widerstreitender Empfindungen: Diensteifer und Geschmeicheltsein, Verlegenheit und ironische Schelmerei, aussprach – antwortete im Vorüberfliegen: »*Berliner.*«

Berliner. Es gereichte meiner Menschenkenntnis wenig zur Ehre, diese Tatsache auch nur einen Augenblick verkannt zu haben. Es war Vollblut. Dabei unverkennbar auf einer sogenannten »*ernsten* Partie« begriffen.

Dieser Ausdruck mag einzelne meiner Leser überraschen; aber es hat seine Richtigkeit damit. Es gibt zwei Arten von Landpartien. Da sind zunächst die *heiteren.* Sie sind weithin kenntlich durch ihren starken Prozentsatz an Kindern; nie weniger als die Hälfte. In dem Moment der Landung, wo immer es sei, scheint die Welt aus lauter weißgekleideten kleinen Mädchen mit rosa Schleifen zu bestehen. Die Väter bestellen den Kaffee; das Auge der Mütter gleitet befriedigt über die glücklichen Gänseblümchen hin, von denen immer drei auf den Namen Anna und sechs auf den Namen Martha hören. Nun geht es in die Wiese, den Wald. Die Parole ist ausgegeben: Erdbeeren suchen. Alles ist Friede; die ganze Welt ein Idyll. Aber schon beginnen die dunklen Wetter zu brauen. Mit dem Eintritt in den Wald sind die weißen Kleider ihrem Verhängnis verfallen. Martha I. ist an einem Wacholderstrauch hängengeblieben, Martha II. hat sich in die Blaubeeren gesetzt – wie Schneehühner gingen sie hinein, wie Perlhühner kommen sie wieder heraus. Der Sturm bricht los. Wer je Berliner Mütter in solchen Augenblicken gesehen, wird die kriegerische Haltung der gesamten Nation begreiflich finden. Die Väter suchen zu intervenieren. Unglückliche! Jetzt ergießt sich der Strom in sein natürliches Bett.

Und doch sind dies die *heitren* Landpartien, denen wir die ernsten entgegenstellen. An diesen letzteren nehmen Kinder nie teil. Es gibt auch *rote* Schleifen, aber das Rosa ist Ponceau geworden. Man spricht in Pikanterien, in einer Art Geheimsprache, für die nur der Kreis der Eingeweihten den Schlüssel hat. Bowle und Jeu lösen sich untereinander ab; unglaubliche Toaste werden ausgebracht, und längst begrabene Gottheiten steigen triumphierend wieder auf. Sonderbar. Auf den heitren Landpartien wird immer geweint, auf den ernsten Landpartien wird immer nur gelacht.

Vor mir, am Staket, hielt eine *ernste* Landpartie. Zwei Herren, Fünfziger, mit großen melierten Backenbärten, Lebemänner aus der Schicht der allerneusten Torf- und Ziegelaristokratie, sprangen mit berechneter Leichtfüßigkeit vom Wagen und gaben dadurch Gelegenheit, das im Wagen verbliebene Residuum der Gesellschaft besser überfliegen zu können. Das meiste war Staffage, bloße Najaden und Tritonen, die als Beiwerk, auch wohl als Folie notwendig dasein müssen, wenn Venus aus den Wellen steigt. Wem die Rolle der letztern oblag, darüber konnte kein Zweifel sein. Sie war dreißig, überthronte das Ganze, trug das Haar kurz geschnitten à la Rosa Bonheur und hielt eine große italienische Laute auf ihren Knien. Übrigens war sie wirklich hübsch; alles im Brunhilden-Stil; dieselbe weiße Hand, die jetzt auf der Laute ruhte, hätte auch jeden beliebigen Stein fünfzig Ellen weit geschleudert.

In diesem Moment, ehe ich noch den Kremser völlig

durchmustert hatte, erschien Boßdorf mit einem großen Tablett. Es war ein Morgenimbiß, der für den Rest des Tages einige Perspektiven eröffnete: vier Kulmbacher, vier Werdersche, mehrere Cognacs und eine Pyramide von Butterbroten. Alle Macht ist ein Magnet — Boßdorf präsentierte der Lautenschlägerin *zuerst*. Diese, ohne weiteres, machte eine halbe Schwenkung, glitt, nicht ohne einen Anflug von Entsagung, über die kleinen Gläser hin, nahm eine Kulmbacher, prüfte das Verhältnis von Schaum und Saft und trank aus. Ohne abzusetzen. Als ihr Boßdorf die Butterbrotseite des Tabletts zudrehte, nickte sie abwehrend.

In kürzester Frist war übrigens das Tablett leer, nicht alle waren wählerisch; die Entrepreneurs eilten zu ihren Plätzen, die Pferde zogen an. Ein Lindenzweig streifte noch huldigend die Stirn der Primadonna; im nächsten Augenblicke verschwand der Kremser in einer Querstraße des Dorfes. Ich horchte ihnen nach. Es war mir, als trüge der Wind herüber: »Im Wald, im schönen, grünen Wald«, und dazwischen verlorene Lautenklänge.

Ich war nun wieder allein und wollte bereits — was immer einen äußersten Grad von Verlegenheit ausdrückt — zu den »Territorien der Mark Brandenburg«, einer Art märkischem Baedeker, meine Zuflucht nehmen, als das Erscheinen unseres freundlichen Führers vom Tage vorher meiner Verlegenheit ein Ende machte und mich aus der toten Aufzeichnung in das frisch pulsierende Leben stellte. Wir schlenderten am See hin, das Dorf entlang, an Schloß und Park vorbei; es war eine anmutige Vormittagsstunde, anregend, lebendig, lehrreich.

Caputh ist eines der größten Dörfer der Mark, eines der längsten gewiß; es mißt wohl eine halbe Meile. Daß es wendisch war, besagt sein Name. Was dieser bedeutet, darüber existieren zu viele Hypothesen, als daß die eine oder andere viel für sich haben könnte. So zweifelhaft indes die Bedeutung seines Namens, so unzweifelhaft war in alten Zeiten die Armut seiner Bewohner. Caputh besaß keinen Acker, und die große Wasserfläche, Havel samt Schwielow, die ihm vor der Tür lag, wurde von den Potsdamer Kiezfischern, deren alte Gerechtsame sich über die ganze Mittelhavel bis Brandenburg hin erstreckten, eifersüchtig gehütet und ausgenutzt.

So stand es schlimm um die Caputher; Ackerbau und Fischerei waren ihnen gleichmäßig verschlossen. Aber die Not macht erfinderisch, und so wußten sich denn schließlich auch die Bewohner dieses schmalen Uferstreifens zu helfen. Ein doppeltes Auskunftsmittel wurde gefunden; Mann und Frau teilten sich, um von zwei Seiten her anfassen zu können. Die Männer wurden *Schiffer*, die Frauen verlegten sich auf *Gartenbau*.

Die Nachbarschaft Potsdams, vor allem das rapide Wachstum Berlins waren dieser Umwandlung, die aus dem Caputher Tagelöhner einen Schiffer oder Schiffsbauer machte, günstig, riefen sie vielleicht hervor. Überall an Havel und Schwielow hin entstanden Ziegeleien, und die Millionen Steine, die jahraus, jahrein am Ufer dieser Seen und Buchten gebrannt wurden, erforderten alsbald Hunderte von Kähnen, um sie auf den Berliner Markt zu schaffen. Dazu boten die Caputher die Hand. Es entstand eine völlige Kahnflotte, und mehr als sechzig Schiffe, alle auf den Werften des Dorfes gebaut, befahren in diesem Augenblicke den Schwielow, die Havel, die Spree. Das gewöhnliche Ziel, wie schon angedeutet, ist die Hauptstadt. Aber ein Bruchteil geht auch havelabwärts in die Elbe und unterhält einen Verkehr mit Hamburg.

Caputh – das Chicago des Schwielow-Sees – ist aber nicht bloß die große Handelsempore dieser Gegenden, nicht bloß End- und Ausgangspunkt der zauche-havelländischen Ziegeldistrikte, nein, es ist auch *Stations*punkt, an dem der ganze Havelverkehr *vorüber* muß. Der Umweg durch den Schwielow ist unvermeidlich; es gibt vorläufig nur diese *eine* fahrbare Straße. Eine Abkürzung des Weges durch einen Nordkanal ist geplant, aber noch nicht ausgeführt. So wird denn das aus eigenen Mitteln eine Kahnflotte hinaussendende Caputh, das, wenn es sein *müßte*, sich selbst genügen würde, zugleich zu einem allgemeinen See- und Handelsplatz, zu einem Hafen für die Schiffe anderer Gegenden, und die Flottillen von Rathenow, Plaue, Brandenburg, wenn eine Havarie sie trifft oder ein Orkan im Anzuge ist, laufen hier an und werfen Anker. Am lebendigsten aber ist es auf der Caputher Reede, wenn irgendein großer Festtag einfällt und alte gute Sitte die Weiterfahrt verbietet. Das ist zumal um

Pfingsten. Dann drängt alles hier zusammen; zu beiden Seiten des »Gemündes« liegen 100 Schiffe oder mehr, die Wimpel flattern, und hoch oben vom Mast, ein entzückender Anblick, grüßen hundert Maienbüsche weit in die Ferne.

Das ist die große Seite des Caputher Lebens; daneben gibt es eine kleine. Die Männer haben den Seefahrerleichtsinn; das in Monaten Erworbene geht in Stunden wieder hin, und den Frauen fällt nun die Aufgabe zu, durch Bienenfleiß und Verdienst im *kleinen* die Rechnung wieder ins gleiche zu bringen.

Wie wir schon sagten, es sind Gärtnerinnen; die Pflege, die der Boden findet, ist die sorglichste, und einzelne Kulturen werden hier mit einer solchen Meisterschaft getrieben, daß die »Caputhschen« imstande sind, ihren Nachbarn, den »Werderschen«, Konkurrenz zu machen. Unter diesen Kulturen steht die Erdbeerzucht obenan. Auch ihr kommt die Nähe der beiden Hauptstädte zustatten, und es gibt kleine Leute hier, mit einem halben Morgen Gartenland, die in drei bis vier Wochen 120 Taler für Ananaserdbeeren einnehmen. Dennoch bleiben es kleine Leute, und man kann auch in Caputh wieder die Wahrnehmung machen, daß die feineren Kulturen es nicht zwingen und daß fünfzig Morgen Weizakker nach wie vor das Einfachste und das Beste bleiben. –

Unter Gesprächen, deren Inhalt ich in vorstehendem zusammenzufassen gesucht habe, hatten wir das Dorf nach Norden hin passiert und hielten jetzt an einer Havelstelle, von wo aus wir über einen parkartigen, grüngemusterten Garten hinweg auf das Herrenhaus sehen konnten, einen Hochparterrebau, mit Souterrain und zweiarmiger Freitreppe.

Dies Herrenhaus führt den Namen »Schloß«, und trotz bescheidener Dimensionen immer noch mit einem gewissen Recht, wenigstens seiner inneren Einrichtung nach. Man geht in der Mark etwas verschwenderisch mit diesem Namen um und hilft sich nötigenfalls (wie beispielsweise in Tegel) durch das Diminutivum: Schlößchen.

Schloß Caputh war in alten Zeiten Rochowisch. Im Dreißigjährigen Kriege zerfiel es oder wurde zerstört, und erst von 1662 an erstand hier ein neues Leben. In diesem Jahre ging Caputh, Dorf wie Schloß, in den Besitz des Großen

Kurfürsten über und verblieb, ein kurzes *Vorspiel* abgerechnet, auf das wir des weiteren zurückkommen (wir meinen die Zeit de Chiezes), 150 Jahre lang bei der Krone. Eine lange Zeit. Aber die Zeit seines *Glanzes* war um so kürzer und ging wenig über ein Menschenalter hinaus. Mit dieser Glanzepoche, unter Weglassung alles dessen, was vorausging und was folgte, werden wir uns in nachstehendem zu beschäftigen haben. Auch diese vorübergehende Glanzesära gliedert sich in verschiedene Zeitabschnitte, und zwar in die Zeit des Generals de Chieze, bis 1671, die Zeit der Kurfürstin Dorothea, bis 1689, und die Zeit Sophie Charlottens und König Friedrichs I., bis 1713.

## General de Chieze, von 1662 bis 1671

Der Große Kurfürst, nachdem er 1662 Schloß und Gut Caputh erstanden, entäußerte sich, wie in der Kürze bereits angedeutet, desselben wieder und schenkte es »mit allen Weinbergen, Schäfereien und Karpfenteichen« seinem Kammerjunker und Generalquartiermeister de la Chieze. Philipp de la Chieze, dessen Familie aus Piemont stammte, war 1660 aus schwedischem in brandenburgischen Dienst getreten. Er war Oberingenieur, ein bedeutender Baumeister und hatte für den Großen Kurfürsten eine ähnliche Bedeutung, wie sie Rochus von Lynar, hundert Jahre früher, für Joachim II. gehabt hatte. Er beherrschte den Schönbau wie den Festungsbau, führte das Hauptgebäude des Potsdamer Stadtschlosses auf, leitete den Berliner Schloßbau, beteiligte sich an der Ausführung des Friedrich-Wilhelms-Kanals, besserte und erweiterte die Festungen des Landes.

Dies war der Mann, dem die Gnade des Kurfürsten das nur in leisen Zügen noch an alte Kulturtage erinnernde Caputh übergab. Er konnte es in keine besseren Hände geben. Das in Trümmern liegende Schloß – mutmaßlich ein spätgotischer Bau – wurde in modernem Stile wieder aufgeführt und dem ganzen Gebäude im wesentlichen das Gepräge gegeben, das es noch aufweist. Namentlich der »große Saal« erhielt bereits seine gegenwärtige Gestalt, wie wir aus einer alten Notiz ersehen, in der es heißt: »Im Obergeschoß

(Hochparterre) befand sich zu seiten des Flurs ein großer Saal durchs ganze Schloß hin, mit zwei Fenstern nach Süden und zweien nach Norden.« – Der Kurfürst war hier oft zu Besuch, namentlich wenn ihn die Jagden nach dem Kunersdorfer Forste führten. Auch den jungen Prinzen wurde zuweilen gestattet, der Einladung des alten de Chieze zu folgen und einen halben Tag, frei von der strengen Aufsicht ihres Hofmeisters, in Caputh herumzuschwärmen. Die Parkanlagen waren damals noch unbedeutend, der Garten nur mit Obstbäumen besetzt.

## KURFÜRSTIN DOROTHEA, VON 1671 BIS 1689

Der alte de la Chieze starb 1671 oder 1673; Caputh fiel an den Kurfürsten zurück, und er verschrieb es nunmehr seiner Gemahlin Dorothea, die es – insonderheit nach dem Tode ihres Gemahls (1688) – zu ihrem bevorzugten Wohnsitz machte.

Das Schloß, um seinem neuen Zwecke zu dienen, mußte eine erhebliche Umgestaltung erfahren. Was für den in Kriegszeiten hart gewordenen de Chieze gepaßt hatte, reichte nicht aus für eine Fürstin; außerdem wuchsen damals – unter dem unmittelbaren Einflusse niederländischer Meister – rasch die Kunstansprüche in märkischen Landen. Erst funfzig Jahre später, unter Friedrich Wilhelm I. – obwohl er sich rühmte, ein »treu-holländisch Herz« zu haben –, hörten diese Einflüsse wieder auf, und wir verfielen, auf geraume Zeit hin, in die alte Nacht.

Schloß Caputh rüstete sich also zum Empfang einer neuen Herrin. Die Grundform blieb, aber Erweiterungen fanden statt; zwei kleine Eckflügel entstanden, vor allem wurde die innere Einrichtung eine andere. Eine Halle im Souterrain, wo man den Jagdimbiß zu nehmen pflegte, wurde an Wand und Decke mit blaugrünen holländischen Fliesen ausgelegt, die Zimmer des Obergeschosses mit Tapeten behängt und mehrere mit Plafondschildereien geziert. Besonders bemerkenswert war die Ausschmückung des »großen Saales«, ein Deckengemälde, das, seinem Gedankengange nach, an spätere Arbeiten Antoine Pesnes erinnert.

Minerva mit Helm, Schild und Speer führt die Künste: Baukunst, Skulptur und Malerei, in die brandenburgischen Lande ein; ein gehörntes Ungetüm, halb Luzifer, halb Caliban, entweder den *Krieg* oder die *Roheit* oder beides zugleich darstellend, entweicht in Dunkel vor dem aufgehenden Licht. Ähnlich wohlerhalten präsentiert sich ein zweites Bild, im sogenannten »Grünen Zimmer«. Zwei geflügelte Genien halten die umkränzten Bilder von Kurfürst und Kurfürstin in Händen; die Fama bläst mit einer Doppeltuba den Ruhm beider in die Welt hinaus; eine andere geflügelte Gestalt zeigt auf die Chronik ihrer Taten. In einem dritten Gemach, das den Namen des Schlafzimmers der Kurfürstin führt, begegnen wir einem Deckenschmuck aus wahrscheinlich ebendieser Zeit. Außer einem Mittelbilde zeigt er zwei weibliche Figuren: die *Nacht*, ein Fackellicht tragend, und den *Morgen*, Rosen streuend, in leicht angehauchtem Gewölk.

## Sophie Charlotte und König Friedrich I., bis 1713

Kurfürstin Dorothea starb 1689; beinahe unmittelbar nach ihrem Hinscheiden wurde Schloß Caputh von Kurfürst Friedrich III. erworben, der es nunmehr *seiner* Gemahlin, der gefeierten Sophie Charlotte, zum Geschenke machte. Es geschah nun Ähnliches wie nach dem Tode von de la Chieze. Die Ansprüche an Glanz und Luxus waren innerhalb der letzten zwanzig Jahre abermals gewachsen, nirgends mehr als am Hofe des prachtliebenden Friedrichs III. Wie das Schloß de Chiezes nicht reich genug gewesen war für Kurfürstin Dorothea, so waren die Einrichtungen dieser wiederum nicht reich genug für die jetzt einziehende Sophie Charlotte. Auch jetzt, wie während der siebziger Jahre, berührten die Ummodelungen, die vorgenommen wurden, weniger die Struktur als das Ornamentale, und wieder waren es in erster Reihe die Deckenbilder, diesmal in *allen* Räumen, die den ohnehin reichgeschmückten Bau auf eine höchste Stufe zu heben trachteten. Dies Betonen des Koloristischen lag ja im Wesen der Renaissance, die, selbst malerisch in ihren Formen wie kein anderer Baustil, es liebt, die Farbe sich dienstbar zu machen.

Ob Kurfürstin Sophie Charlotte noch Zeuge dieser letzten Neugestaltung wurde, die das Schloß in seiner inneren Einrichtung erfuhr, ist mindestens fraglich. Bis 1694 – wo der Stern Charlottenburgs aufging, der zugleich den Niedergang Capuths bedeutete – konnte die Fülle dieser Deckenbilder nicht vollendet sein; die kurze Zeitdauer verbot es. Aber auch der Inhalt dessen, was gemalt wurde, wenigstens jenes hervorragendsten Bildes, das sich in der »großen Porzellankammer« befindet, scheint dagegenzusprechen. Es stellt dar: *wie Afrika der Borussia huldigt.* Diese, auf Wolken thronend, trägt eine *Königskrone* und neigt sich einer Mohrenkönigin, zugleich einer Schar heranschwebender schwarzer Genien zu, die mit Geflissentlichkeit die Schätze Indiens und Chinas: Teebüchsen und Ingwerkrüge, sogar ein Teeservice mit Tassen und Kanne, der auf Wolken thronenden Borussia entgegentragen.

Die Königskrone der Borussia, *falls* es die Borussia ist, deutet unverkennbar auf einen Zeitpunkt *nach* 1701. Andererseits ist es freilich nicht ganz leicht, in dieser mit einer gewissen souveränen Verachtung der Länder- und Völkerkunde auftretenden Symbolik, die nichts so sehr haßt als Logik und Konsequenz, sich zurechtzufinden.

Kurfürstin Sophie Charlotte verließ schon 1694 Caputh. Aber bis zu ihrem Tode (1705) und noch darüber hinaus, bis zum Tode ihres Gemahls, blieb Caputh ein bevorzugtes Schloß, eine Sehenswürdigkeit von Ruf. Man setzte Summen an seine Instandhaltung, sei es nun, um vorübergehend hier eine Villeggiatur zu nehmen, oder sei es – insonderheit nachdem seine Ausschmückung vollendet war –, um es etwaigem bei Hofe eintreffendem Besuche als ein kleines märkisches Juwel zeigen zu können.

Eine solche Gelegenheit bot sich 1709. Wir finden darüber folgendes. Als in den ersten Julitagen ebengenannten Jahres König Friedrich IV. von Dänemark und Friedrich August von Polen auf Einladung Friedrichs I. von Preußen in Potsdam eine persönliche Zusammenkunft hielten (ein großes Staatsbild im Charlottenburger Schlosse stellt diese Begegnung der »drei Friedriche« dar), war der prachtliebende Friedrich, an dessen Hofe diese Vereinigung stattfand, bemüht, seinen Gästen eine Reihe von Festen zu geben. Unter andern ward am 8. Juli auf der prächtigen Yacht, welche im Bassin des Lustgartens lag und mit zweiundzwanzig Kanonen ausgerüstet war, eine Lustfahrt nach Caputh unternommen. Dieses überaus prächtige Schiff, das mit allem nur erdenklichen Luxus ausgestattet war und in der Tat an die Prachtschiffe der alten Phönizier und Syrakuser erinnerte, war in Holland nach Angaben des königlichen Baumeisters und Malers Madderstegh erbaut worden. Man schätzte allein die goldenen und silbernen Geräte, die sich in seinem Innern aufgestellt befanden, auf 100 000 Taler. Auf diesem Schiffe, das eigens dazu gebaut war, die Havel zu befahren, glitten die drei Könige stromabwärts nach dem Lustschlosse von Caputh. Man erging sich in dem inzwischen zu einer baumreichen und schattigen Anlage gewordenen Parkgarten und kehrte gegen Abend zu Tafel und Ball nach Schloß Potsdam zurück.

Wenn dieser Tag in dem historischen Leben Capuths der glänzendste war, so war er auch der letzte. Der König, früh alternd, schloß sich mehr und mehr in seine Gemächer ein; der Sinn für Festlichkeiten erlosch, er begann zu kränkeln; am 25. Februar 1713 starb er. Alle Schlösser standen leer; sie sollten bald noch leerer werden.

Dem prachtliebenden Könige folgte ein Sparsamkeitskönig. Die holländische Yacht im Potsdamer Bassin wurde gegen einige Riesen vertauscht und ging nach Rußland zum Zaren Peter; die großen Schlösser zu Köpenick und Oranienburg, beides Schöpfungen des eben verstorbenen Fürsten, wurden vom Etat gestrichen; was verkaufbar war, wurde verkauft – konnte man sich wundern, daß, bei so veränderten Verhältnissen, das wenigstens seiner Größe und äußeren Erscheinung nach ungleich bescheidenere Caputh mit auf die Liste der Proskribierten gesetzt wurde! Es sank zu einem bloßen Jagdhause herab, an dem alsbald der mit holländischen Fliesen ausgelegte Souterrainsaal, weil sich's drin wie in einem Weinkeller pokulieren ließ, das Beste war. Von seinem alten Bestande über der Erde blieben dem Schlosse nur der Kastellan und die Bilder, wahrscheinlich weil mit beiden nichts anzufangen war. Der Kastellan war ein alter Türke, das rettete ihn; die Deckengemälde aber – in den Schlössern waren ihrer ohnehin mehr denn zuviel, und wenn die *Schlösser* sie nicht aufnehmen konnten, wer damals in brandenburgischen Landen hätte sein Geld an die sinnbildliche Verherrlichung der Künste, an Minerva und Caliban, an Borussia und die Mohrenkönigin gesetzt! Auch heute noch sind ihrer nicht viele.

Soviel über die historischen vierzig Jahre. Wir schicken uns jetzt an, in das Schloß selbst einzutreten.

Die doppelarmige Freitreppe, wir erwähnten ihrer bereits (schon Sophie Charlotte schritt über diese Stufen hin), ist von Efeusenkern des Hauses derart umrankt und eingesponnen, daß jeden Tragstein ein zierlich-phantastischer Rahmen von hellgrünen Blättern schmückt. Die Wirkung dieses Bildes ist sehr eigentümlich. Eine Treppe in Arabeskenschmuck! Natur nahm der Kunst den Griffel aus der Hand und übertraf sie.

Die Tür des Gartensalons öffnet sich. Freundliche Worte begrüßen uns; wir sind willkommen.

Von einem kleinen zeltartigen Raume aus, der unmittelbar hinter der Freitreppe liegt, treten wir nunmehr unseren Rundgang an. Die Zimmer führen noch zum Teil die Bezeichnungen aus der kurfürstlichen Zeit her: Vorgemach, Schlafzimmer, Cabinet des *Kurfürsten*, auf dem andern Flügel ebenso der *Kurfürstin*; dazu Saal, Porzellankammer, Teezimmer. Die meisten Räume quadratisch und groß. Alle haben sie jene Patina, die alten Schlössern so wohl kleidet und angesichts welcher es gleichgültig ist, ob Raum und Inhalt sich in Epoche und Jahreszahlen einander decken. Nicht *wie* alt die Dinge sind, sondern ob alt überhaupt, *das* ist es, was die Entscheidung gibt. So auch hier. Die verblaßten oder auch verdunkelten Tapeten, die Gerätschaften und Nippsachen – es sind nicht Erinnerungsstücke genau aus jener Zeit caputhischen Glanzes, aber sie haben doch *auch* ihr Alter, und wir nehmen sie hin wie etwa einen gotischen Pfeiler an einem romanischen Bau. Beide haben ihr Alter überhaupt, das genügt; und unsere Empfindung übersieht es gern, daß zwei Jahrhunderte zwischen dem einen und dem anderen liegen.

Die Tapeten, das Mobiliar, die hundert kleinen Gegenstände häuslicher Einrichtung, sie sind weder aus den Tagen der strengen noch aus den Tagen der heitern Kurfürstin, die damals hier einander ablösten; die Hand der Zerstörung hat mitleidlos aufgeräumt an dieser Stelle. Aber wohin die Hand der Zerstörung buchstäblich nicht *reichen* konnte – die hohen Deckengemälde, sie sind geblieben und sprechen zu uns von jener Morgenzeit brandenburgischer Macht und brandenburgischer Kunst. Die großen Staatsbilder haben wir bereits in dem kurzen historischen Abriß, den wir gaben, beschrieben, aber viel reizvoller sind die kleinen. Ich schwelgte im Anblick dieser wonnigen Nichtigkeiten. Kaum ein Inhalt und gewiß keine Idee, und doch, bei so wenigem, so *viel*! Ein bequemes Symbolisieren nach der Tradition; in gewissem Sinne fabrikmäßig; alles aus der Werkstatt, in der die Dinge einfach gemacht wurden ohne besondere Anstrengung. Aber *wie* gemacht! welche Technik, welche Sicherheit und Grazie. Wie wohltuend das Ganze, wie erheiternd. Jetzt setzen die Künstler ihre Kraft an eine *Idee* und bleiben dann, neun Mal von zehn, hinter *dieser* und oft auch hinter sich selbst zurück. Wie anders damals. Die Maler konnten *malen* und gingen ans Werk. Kam ihnen nichts, nun, so war es immer noch eine hübsche Tapete; erwies sich aber die Stunde günstig, so war es wie ein Geschenk der Götter.

So Großes fehlt hier; aber auch das Kleine genügt. Genien und wieder Genien, blonde und braune, geflügelte und ungeflügelte, umschweben und umschwirren uns, und die Guirlanden, die sich zwischen den Fingerspitzen der lachenden Amoretten hinziehen, sie haben eine Pracht und Wahrheit der Farbe, daß es ist, als fielen noch jetzt die Rosen in vollen roten Flocken auf uns nieder. Im Teezimmer bringt eine dieser geflügelten Kleinen ein Tablett mit blaugerändertem Teezeug – selbst Boßdorf, als er sein Riesentablett der Lautenschlägerin präsentierte, hätte von diesem Liebling der Grazien lernen können.

Diese Zeit sinnlich blühender Renaissance, sie ist dahin. Was wir *jetzt* haben, mit allen unsren Prätensionen, wird nach zweihundert Jahren schwerlich gleiche Freude und Zustimmung wecken.

Es war Mittag, als wir wieder auf die Freitreppe hinaustraten. Der Himmel hatte sich bezogen und gestattete jetzt einen unbehinderten Blick auf das weite Wasserpanorama.

Die holländische Yacht, mit drei Königen und einem ganzen Silbertresor an Bord, steuerte nicht mehr havelabwärts; aber statt ihrer schwamm eine ganze Flottille von Havelkähnen heran, und am Horizonte stand in scharfen Linien steifgrenadierhaft die Garnisonkirche von Potsdam: das Symbol des Jüngstgeborenen im alten Europa, des Militärstaats *Preußen*.

# PETZOW

Auf der Fortuna ihrem Schiff
Ist er zu segeln im Begriff;
Will einer in der Welt was erjagen,
Mag er sich rühren und mag sich plagen.

*Schiller*

Wie Buda-Pest oder wie Köln und Deutz ein Doppelgestirn bilden, so auch Caputh und Petzow. Sie gehören zusammen. Zwar ist die Wasserfläche, die die beiden letzteren voneinander trennt, um ein Erhebliches breiter als Rhein und Donau zusammengenommen, aber nichtsdestoweniger bilden auch diese beiden »Residenzen diesseit und jenseit des Schwielow« eine höhere Einheit. Eine Einheit, so verschieden sie untereinander sind. Sie ergänzen sich. Caputh ist ganz Handel, Petzow ist ganz Industrie. Dort eine Wasserstraße, eine Werft, ein Hafenverkehr; hier die Tag und Nacht dampfende Esse, das nie erlöschende Feuer des Ziegelofens. Schönheit der Lage ist beiden gemeinsam; doch ist Petzow hierin weit überlegen, sowohl seiner eigenen unmittelbaren Erscheinung als dem landschaftlichen Rundblick nach, den es gestattet.

Die etwas unregelmäßig über einen Hügelrücken sich hinziehende Dorfstraße folgt im wesentlichen dem Schwielow-Ufer; zwischen Dorf und See aber ist ein ziemlich breites, schräg abfallendes Stück Land verblieben, in das *Schloß* und *Park* sich teilen.

Beide sind Schöpfungen dieses Jahrhunderts; Vater und Großvater des gegenwärtigen Besitzers, des Amtsrats von Kaehne, riefen sie ins Leben. Die genannte Familie sitzt nachweisbar seit 1630 an dieser Stelle; vielleicht viel länger. Die Kaehnes waren damals schlichte Bauern. In genanntem Jahre, also während des Dreißigjährigen Krieges, erwarben sie das Lehnschulzengut und hielten es nicht nur fest, sondern wußten auch ihren Besitz derart zu erweitern, daß im Jahre 1740 der damalige Träger des Namens in den Adelstand und fünf Jahre später (1745) der Gesamtbesitz zu einem kreistagsfähigen Rittergute erhoben wurde.

Ein Beispiel derartigen Aufdienens »von der Pike«, wie es die Familie Kaehne gibt, ist sehr selten; viel seltener, als man glaubt. Ein Blick auf die Geschichte der Rittergüter belehrt uns darüber. Was in den altadeligen Grundbesitz als Neuelement einrückt oder gar durch Zusammenlegung von Bauergütern (und selbstverständlich unter schließlicher Ernennung seitens des Landesherrn) neue Rittergüter kreiert, das sind entweder selbst wieder prosperierende, ihren Besitz erweiternde Adelige, die für jüngere Söhne einen ebenbürtigen Neubesitz stiften, oder aber – und das ist das Häufigere – es sind *Geldleute*, *Städter*, Repräsentanten einer modernen Zeit, die den Handels- und Industriegeist in die Landwirtschaft hineintragen. Der *Bauer* folgt selten dem Beispiel; er ist stabil, er bleibt, was er ist. Wenn er nichtsdestoweniger zu spekulieren beginnt, so tut er's auf seine Weise. Es reizt ihn dann weit mehr das *Geld* als das Wachsen der Ackerfläche. Er erweitert sich nicht innerhalb seiner eigenen Sphäre; er wird eben einfach ein anderer.

Die Familie Kaehne bezeichnet einen Ausnahmefall.

Schloß und Park, so sagten wir, sind Schöpfungen dieses Jahrhunderts.

Das *Schloß*, in seiner gegenwärtigen Gestalt, wurde nach einem Schinkelschen Plane ausgeführt. Es zeigt eine Mischung von italienischem Kastell- und englischem Tudorstil, denen beiden die gotische Grundlage gemeinsam ist. Der Bau, wie er sich unter Efeu und Linden darstellt, wirkt pittoresk genug, ohne daß er im übrigen besonders zu loben wäre. Es ist bemerkenswert, daß alles Gotische oder aus der Gotik Hergeleitete auf unserm märkischen Boden seit Wiederbelebung dieses Stils (einer Epoche, die kaum zwei Menschenalter zurückliegt) nicht gelingen wollte. Im Beginn dieses Jahrhunderts hatten wir uns zu entscheiden, nach welcher Seite hin die Entwickelung gehen sollte; *irgend*eine »Renaissance« war dem herrschenden Ungeschmack gegenüber geboten, es konnte sich nur darum handeln, ob das Vorbild bei der Antike oder beim Mittelalter zu suchen sei. Schinkel selbst – was jetzt so oft vergessen wird – schwankte; der einzuschlagende Weg war ihm keineswegs von Anfang an klar. Auch *er* hatte eine Epoche, wo das Malerische des Gewölbebaues, wo Strebepfeiler und Spitzbogenfenster ihn reizten. Hätte er sich damals, wie das bei den rheinischen Baumeistern der Fall war, für *Gotik* entschieden, so würde die bauliche Physiognomie unserer alten Provinzen, Berlins ganz zu geschweigen, überhaupt eine andere geworden sein. Wir würden die Gotik, nach einzelnen gescheiterten Versuchen, aufs neue gelernt haben, wie die Rheinländer und Engländer sie wieder lernten, und beim *Kirchenbau* (zu dem es uns an Gelegenheit nicht gefehlt haben würde) uns wieder vertraut machend mit der alten Technik, den zerrissenen Faden der Tradition wieder auffindend, würden wir alsbald auch verstanden haben, unsern *Privat*bau danach zu modeln und unsere Schlösser und Landhäuser im Kastell- oder Tudorstile aufzuführen. Dies wurde versäumt, weil – so wollen wir, halb aus Courtoisie, halb aus Überzeugung annehmen – ein Besseres an die Stelle trat. Wie die Dinge liegen, wird zwar auch jetzt noch gelegentlich der Versuch gemacht, es mit der Gotik und ihren Dependenzien zu wagen; aber diese Versuche scheitern jedesmal, wenigstens für das Auge dessen, der die Originale oder auch nur *das* kennt, was mit immer wachsendem Verständnis unsere westdeutschen Neugotiker danach bildeten.

Auch das Herrenhaus zu Petzow ist ein solcher gescheiterter Versuch. Was daran anmutend wirkt, ist, wie schon angedeutet, das *malerische* Element, nicht seine Architektur. Diese, soweit man überhaupt von einer Architektur sprechen kann, datiert aus dem Anfang der zwanziger Jahre, ist also kaum fünfzig Jahre alt. Dies gilt auch besonders von den angebauten Flügeln. Und doch, als wir diese näher besichtigten, nahmen wir an den Fenstern des Erdgeschosses kunstvoll geschmiedete Eisengitter wahr, die sich unschwer auf die Mitte des vorigen Jahrhunderts zurückführen ließen. Dies verwirrte uns. Das Rätsel sollte sich indes in Kürze lösen. Diese Gitterfenster wurden nämlich in Potsdam bei einem Häuserabbruch erstanden und hierher *verpflanzt*. Hier prangen nun die hundertfünfzigjährigen an einer erst fünfzigjährigen Front. Wir erzählen das lediglich zu dem Behuf, um zu zeigen, wie man durch Beurteilung von Einzeldingen, von denen man dann Schlüsse aufs Ganze zieht, erheblich irregeleitet werden kann. Nichts war verzeihlicher hier als ein Rechenfehler von hundert Jahren.

Der *Park* ist eine Schöpfung Lennés. An einem Hügelabhang gelegen wie Sanssouci, hat er mit diesem den Terrassencharakter gemein. In großen Stufen geht es abwärts. Wenn aber Sanssouci bei all seiner Schönheit einfach eine große *Wald*terrasse mit Garten und Wiesengründen bietet, so erblickt man von dem Hügelrücken des Petzower Parkes aus eine imposante *Wasser*terrasse, und unser Auge, zunächst ausruhend auf dem in *Mittel*höhe gelegenen, erlenumstandenen Parksee, steigt nunmehr erst auf die unterste Treppenstufe nieder – auf die *breite Wasserfläche* des Schwielow.

Der Park umschloß früher auch die *Kirche* des Dorfes. Alt, baufällig, unschön, wie sie war, gab man sie auf, und auf einem weiter zurück gelegenen Hügel wurde 1841 eine neue Kirche aufgeführt. König Friedrich Wilhelm IV., das Patronat ist bei der Landesherrschaft, ordnete an, daß der Neubau im romanischen Stile erfolgen solle. Stüler entwarf die Zeichnungen; die Ausführung folgte rasch. So reihte sich denn die Petzower Kirche in den Kreis jener neuen schönen Gotteshäuser ein, mit denen der kirchliche und zugleich der feine landschaftliche Sinn des verstorbenen Königs Potsdam und die Havelufer umstellte. Wir nennen nur: Bornstedt, Sacrow, Caputh, Werder, Glindow. Ihre Zahl ist um vieles größer.

Der Gottesdienst, die Gemeinde, vor allem die Szenerie gewannen durch diese Neubauten; aber die Lokalgeschichte erlitt erhebliche Einbuße, weil alles Historische, was sich in den alten Kirchen vorfand, meist als Gerümpel beseitigt und fast nie in den Neubau mit hinübergenommen wurde.

Unter allen Künstlern – diese Bemerkung mag hier gestattet sein – sind die Architekten die pietätslosesten, zum Teil, weil sie nicht anders können. Maler, Skulptoren treffen mit ihrem Vorgänger meist wie auf breiter Straße zusammen; sie haben Raum *neben*einander; die Lebenden und die Toten, sie können sich dulden, wenn sie wollen. Nicht so der Baumeister. In den meisten Fällen soll das *neue* Haus, die *neue* Kirche an der Stelle der alten stehen. Er hat keine Wahl. Und es sei. Wir rechten zudem mit keiner Zeit darüber, daß sie sich für die klügste und beste hält. Aber darin geht die jedesmalig modernste (die unsrige kennt wenigstens *Ausnahmen*) zu weit, daß sie auch *das* zerstört, was unbeschadet des eignen Lebens weiterleben könnte, daß sie sozusagen unschuldigen Existenzen, von denen sie persönlich nichts zu befahren hätte, ein Ende macht. Der moderne Basilika-Erbauer mag ein gotisches Gewölbe niederreißen, das nun mal schlechterdings in die gestellte Aufgabe nicht paßt; aber das halbverblaßte Freskobild, die Inschrifttafel, der Grabstein mit der Plattenrüstung – *ihnen* hätte er auch in dem Neubau ein Plätzchen gönnen können. Er versagt dies Plätzchen ohne Not, er versagt es, und daran knüpfen wir unsern Vorwurf. Die historische Pietät ist fast noch seltener als die künstlerische. So entstehen denn entzauberte Kirchen, die helle Fenster und gute Plätze haben, die aber den Sinn kalt lassen, weil mit der Vergangenheit gebrochen wurde. Ein »gefälliger Punkt in der Landschaft« ist gewonnen, eine vielversprechende Schale, aber, in den meisten Fällen, eine Schale ohne Kern.

Zu diesen in historischer Beziehung »tauben Nüssen« gehört auch die Petzower Kirche. Aber so leer und kahl sie ist und so verstimmend diese Kahlheit wirkt, so gewiß ist es doch auch, daß man im Hinaustreten auf das Flachdach des Turmes diese Verstimmung plötzlich und wie auf Zauberschlag von sich abfallen fühlt. Sie geht unter in dem Panorama, das sich hier bietet. Die »Grelle«, eine tiefe Flußbucht, liegt uns zu Füßen; unmittelbar neben ihr der Glindower See. Die Havel und der Schwielow, durch Landzungen und Verschiebungen in zahlreiche blaue Flächen zerschnitten, tauchen in Nähe und Ferne auf und dehnen sich bis an den Horizont, wo sie mit dem Blau des Himmels zusammenfließen. Dazwischen Kirchen, Dörfer, Brücken – alles, nach zwei Seiten hin, umrahmt von den Höhenzügen des Havellandes und der Zauche. Das Ganze ein Landschaftsbild im großen Stil; nicht von relativer Schönheit, sondern absolut. Man darf hier getrost hinaustreten, ohne sich des Vergleichssinnes zu entschlagen.

Eine Viertelstunde später, und wir schritten dorfan, um der »Grelle« und ihren Anwohnern einen Besuch zu machen. Der Weg dahin führt durch eine Akazienallee und demnächst an einer ganzen Plantage von Akazien vorbei.

Schon vorher war mir der besondere Reichtum des Dorfes an dieser Baumart aufgefallen. Man begegnet der Akazie überhaupt häufig in den Havelgegenden, aber vielleicht nirgends häufiger als hier. Es ist ein dankbarer Baum, mit jedem Boden zufrieden, und in seiner arabischen Heimat nicht verwöhnt, scheint er sich auf märkischem Sande mit einer Art Vorliebe eingelebt zu haben. Alle Akazien in Spree- und Havelland rühren mittelbar von Sanssouci her, wo der Ur-Akazienbaum, der Stammvater vieler tausend Enkel und Urenkel, an der Bornstedter Straße, gegenüber dem Triumphbogen, steht. Die Akazie, ursprünglich als Zier- und Parkbaum gehegt, hat übrigens längst aufgehört, eine exzeptionelle Stelle einzunehmen; sie ist, wie das ihrer anspruchslosen Natur entspricht, Nutzholz geworden und bildet einen nicht unerheblichen Handelsartikel dieser Gegenden. Ich erfuhr darüber folgendes:

Zu bestimmten Zeiten kommen Händler aus den Nordseehäfen, aus Hamburg, Stade, Bremerhaven, auch von der Jade her, bereisen die Akaziengegenden, kaufen an und markieren die Bäume, die zunächst gefällt werden sollen. Ein Hauptpunkt für diese Händler ist Petzow. Einige Wochen später erscheint ein Elbkahn von Hamburg oder den andern genannten Plätzen und hat eine kleine Armee von Holzfällern und Holzspaltern an Bord. Es sind Geschwisterkinder der Schindelmacher. Wie diese haben sie es zu einer Virtuosität gebracht; sie fällen, zersägen, spalten; während der Schindler aber ein Flachholz herstellt, stellt dieser nordische Holzspalter ein zylinderförmiges Langstück her, das später, als beste Sorte *Schiffsnägel*, auf den Werften der Seestädte eine Rolle spielt. Wenn der Kahn mit diesen Schiffsnägeln gefüllt ist, wird die Rückfahrt angetreten, und die Petzower Akazien schwimmen ein Jahr später auf allen Meeren und halten die Planken der deutschen Flotte zusammen.

Wir hatten inzwischen die »Grelle« und damit zugleich den großen Ziegelofen erreicht, der sich hier am Ufer der tief einschneidenden Havelbucht erhebt. Dieser Ziegelofen ist weit bekannt in Havelland und Zauche; er ist der ältesten einer, und schon im vorigen Jahrhundert umgab ihn eine Kolonie von Ziegelstreichern und Ziegelbrennern, die sich hier in Hütten und Häusern angesiedelt hatten. Diese übertrugen den Namen, den sie hier vorfanden, alsbald auf die ganze Anlage, so daß mit dem Worte »Grelle« nunmehr ebensooft das Etablissement wie die seeartige Einbuchtung bezeichnet wird. Der alte historische Ziegelofen modernisierte sich im Laufe der Jahre, vielleicht auch die Häuser, die ihn umstanden, aber sie blieben immerhin kümmerlich genug.

Auf eins derselben, dem man ersichtlich vor kurzem erst ein neues Stockwerk aufgesetzt hatte, schritten wir jetzt zu. Der Eingang war vom Hofe her.

Ein alter knorriger Birnbaum, der ziemlich unwirsch aussah, legte sein Gezweig nach links hin auf das niedrige Hausdach, nach rechts hin über ein Konglomerat unsagbarer Örtlichkeiten: Verschläge, Ställe, Kofen. Zwischen ihnen das gemeinschaftliche Gestade eines Sumpfes. Alles ärmlich, unsauber; selbst das Weinlaub, dem man dürftig und kunstlos ein Spalier zusammengenagelt hatte, spann sich verdrießlich an der Hinterwand des Hauses aus. Ein unpoetischer, selbst ein unmalerischer Ort! Aber aus dem Weinlaub hervor schimmerte eine weiße Tafel mit der Inschrift: »*Hier ward Zelter geboren am 11. Dezember 1758.*«

Beuth, wenn mir recht berichtet, hat seinem Freunde Zelter diese Tafel errichten lassen. Der Schüler und zweite Nachfolger des berühmten »Sohnes der Grelle« aber war – Grell. Auch der Zufall liebt es gelegentlich, mit Wort und Namen zu spielen.

# BAUMGARTENBRÜCK

And thus an airy point he won,
Where, gleaming with the setting sun,
One burnished sheet of living gold,
Loch-Katrine lay beneath him roll'd.

*»Lady of the Lake«*

Die Havel, als sie nach Süden hin den Schwielow-See bildete, um sich innerhalb dieses weiten Bassins zu ergehen, mußte doch schließlich aus dieser Sackgasse wieder heraus, und die Frage war nur: wo? In der Regel behalten die durchbrechenden Wogen die einmal eingeschlagene Richtung bei und ruhen nicht eher, als bis sie, dem Durchbrechungspunkte gegenüber, einen Ausgang gefunden oder gewühlt und gebohrt haben. Nicht so hier. Die Havel *schoß* eben nicht wie ein Pfeil von Nord nach Süd durch das Moor- und Sumpfbecken hindurch, in welchem sie während dieser Stunden den Schwielow schuf, sie *erging* sich vielmehr innerhalb desselben, entschlug sich jeder vorgefaßten Richtung und nahm endlich ihren Abfluß *halbrückwärts*, keine 2000 Schritt von der Stelle entfernt, wo sie kurz vorher den Damm durchbrochen hatte. An dieser Abflußstelle, wo also die Havel nach ihrer Schwielow-Promenade sich wieder verengt, um nordwestwärts weiterzufließen, liegt Baumgartenbrück.

Dies Baumgartenbrück wird schon frühe genannt, und bereits im dreizehnten Jahrhundert findet sich eine Burg Bomgarde oder Bomgard verzeichnet, ein sonderbares Wort, in dem unsere Slawophilen, nach Analogie von Stargard, Belgard, eine halbwendische Bezeichnung haben erkennen wollen. Was es nun aber auch mit dieser Bomgarde auf sich haben möge, ob sie wendisch oder deutsch, soviel verbleibt ihr, daß sie seit historischen Tagen, und namentlich seitdem ein Bomgarden-*Brück* daraus geworden, immer ein Punkt von Bedeutung war, ein Punkt, dessen Wichtigkeit gleichen Schritt hielt mit dem industriellen Aufblühen der Schwielow-

und Havel-Ufer. Die Einnahmen verzehnfachten sich, und wenn früher hier ein einfacher, altmodischer Zoll gezahlt worden war, um die Landreisenden trocken von einem Ufer zum andern zu bringen, so kamen nun die viel einträglicheren Tage, wo, neben dem Brückenzoll für Pferd und Wagen, vor allem auch ein Brücken-*Aufzugzoll* für alle durchpassierenden Schiffe gezahlt werden mußte. Der Kulturstaat etablierte hier eine seiner Doppelpressen; zu Land oder zu Wasser – gezahlt mußte werden, und Baumgartenbrück wurde für Brückengeld-Einnehmer allmählich das, was die Charlottenburger Chausseehäuser für Chausseegeld-Einnehmer waren. Und so ist es noch.

Aber die lachenden Tage von Baumgartenbrück brachen doch erst an, als, vor etwa vierzig Jahren, aus dem hier stehenden Brückenwärterhaus ein *Gasthaus* wurde, ein Vergnügungsort für die Potsdamer schöne Welt, die mehr und mehr anfing, ihren Brauhausberg und ihren Pfingstberg den Berlinern abzutreten und sich eine stille Stelle für sich selber zu suchen. Sie verfuhren dabei kurz und sinnig wie die Schweizer, die ihre Allerwelts-Schönheitspunkte: den Genfer und den Vierwaldstätter See, den Fremden überlassen, um an irgendeiner abgelegenen Stelle der Glarner Alpen »ihre Schweiz für sich« zu haben. Die Potsdamer wählten zu diesem Behufe Baumgartenbrück.

Und es war eine vorzügliche Wahl! Es vereinigt sich hier alles, was einem Besuchsorte zu Zierde und Empfehlung gereichen kann: Stille und Leben, Abgeschlossenheit und Weitblick, ein landschaftliches Bild ersten Ranges und eine vorzügliche Verpflegung. Hier unter den Laubgängen zu sitzen, nach einem tüchtigen Marsch oder einer Fahrt über den See, ist ein Genuß, der alle Sinne gefangennimmt; nur muß man freilich die Eigenart des Platzes kennen und beispielsweise wissen, daß hier nur *eines* getrunken werden darf: eine Werdersche.

Mit der Werderschen, und wir treten damit in eine bukolische Betrachtung ein, ist es nämlich ein eigen Ding. Sie ist entweder zu jung oder zu alt, entweder so phlegmatisch, daß sie sich nicht rührt, oder so hitzig, daß sie an die Decke fährt; in Baumgartenbrück aber steht sie im glücklichen Mittelpunkt ihres Lebens; gereift und durchgeistigt, ist sie gleich weit entfernt von schaler Jugend wie von überschäumendem Alter. Die Werdersche hier hat einen festen, drei Finger breiten Schaum; feinfarbig, leicht gebräunt, liegt er auf der dunkeln und doch klaren Flut. Der erste Brauer von Werder ist Stammgast in Baumgartenbrück; er trinkt die Werdersche, die er selber ins Leben rief, am besten an dieser Stelle. Er ist wie ein Vater, der seinen früh aus dem Hause gegebenen Sohn am Tisch eines Pädagogen wohlerzogen wiederfindet.

Baumgartenbrück, trotz des Verkehrs, der an ihm vorübergleitet, ist ganz ausgesprochen ein stiller, lauschiger Platz; vor allem kein Platz prätentiöser Konzerte. Kein Podium mit Spitzbogenfaçade und japanischem Dach stellt sich hier, wie eine beständige Drohung, in die Mitte der Versammlung hinein, und keine Riesenplakate erzählen dem arglos Eingetretenen, daß er gezwungen sei, zu Nutz und Frommen eines Abgebrannten oder Überschwemmten zwei Stunden lang sich ruhig zu verhalten. Diese Ungemütlichkeiten haben keine Stätte unter den Bäumen von Baumgartenbrück.

Hier ist nur der böhmische Musikant zu Hause, der des Weges zieht und mit dem Notenblatt sammelt. Eben treten wieder ihrer sieben ein, stellen sich schüchtern seitwärts, und wohl wissend, wie gefährlich jedes Zaudern für sie ist, beginnen sie sofort. »Il Bacio« eröffnet den Reigen. Wohl ist es hart. Die Posaune, mit beinah künstlerischem Festhalten *eines* Tones, erinnert an das Nachtwächterhorn alter Tage; die Trompete kreischt, der Triangel bimmelt erbärmlich. Wie immer auch, seid mir gegrüßt!

Wenn ich dieser alten Gestalten mit den schadhaften Bärten und den verbogenen Käppis ansichtig werde, lacht mir immer das Herz. Nicht aus Sentimentalität, nicht weil sie mich an Jugendtage erinnern, sondern weil sie so bequem, so harmlos sind, während der moderne Künstler, nach eigner Neigung und vor allem auch durch die feierliche Gutheißung des Publikums, sich mehr und mehr zu einem Tyrannen der Gesellschaft aufgeschwungen hat. Du bist irgendwo in ein Gespräch verwickelt, nehmen wir an, in das unbedeutendste von der Welt, über Drainierung oder Spargelzucht oder luftdichte Ofentüren; niemand verliert etwas, der von diesem Gespräche nichts hört, aber *dir* und deinem Nachbar gefällt es, euch beiden ist es lieb und wert, und ihr treibt behaglich auf der Woge der Unterhaltung. In diesem Augenblicke stillen, harmlosen Glücks gibt irgendein dicker oder dünner primus inter pares mit seiner silbernen Klapptrompete ein Zeichen und verurteilt dich ohne weiteres zum Schweigen. Willst du nicht darauf achten, so wirst du gesellschaftlich in den Bann getan: du *mußt* zuhören, du mußt die »Lustigen Weiber von Windsor« sich zum zehnten Male zanken oder gar die Prinzessin Isabella zum hundertsten Male um »Gnade« rufen hören. Nichts hilft dagegen. Wie anders diese echten und unechten Bergmannsvirtuosen! Sie blasen drauflos, alle Kinder sind entzückt, du selber folgst lachend den stolpernden Dissonanzen und hast dabei das süße Gefühl bewahrter persönlicher Freiheit. Die allgemein anerkannte künstlerische Unvollkommenheit wird zum rettenden Engel.

Baumgartenbrück ist noch ein Platz dieser Freiheit.

Aber was dauernd hier fesselt, weit über das beste Bier und die bescheidenste Musik hinaus, das sind doch die Gaben der Natur, das ist – wir deuteten es schon an – die seltene Schönheit des Platzes. Es ist eine »Brühlsche Terrasse« am Schwielow-See. Bastionartig springt ein mit Linden und Kastanien dicht bestandener Uferwall in den See hinein, und so viele Bäume, so viele Umrahmungen eines von Baum zu Baum wechselnden Panoramas. Welche Reihenfolge entzükkender Bilder! Man sitzt wie auf dem Balkon eines Hauses, das an der Schmalseite eines langen Squares gelegen ist, und während das Auge über die weite Fläche des oblongen Platzes hingleitet, zieht unmittelbar unter dem Balkon das Treiben einer belebten Straße fort. Der Platz ist der Schwielow-See, die belebte Straße ist die Havel, deren Fahrwasser an dem Quai vorüber und durch die unmittelbar zur Rechten gelegene Brücke führt.

Ist es hier schön zu allen Tageszeiten, so waltet hier ein besonderer Zauber um die sechste Stunde; dann schwimmen, kommend und gehend, aus dem Schwielow hinaus und in den Schwielow hinein, aber alle von der Abendsonne beschienen, die Havelkähne in ganzen Geschwadern heran, und zwischen ihnen hindurch gleitet von Werder her der obstbeladene Dampfer. Die Zugbrücke steigt und fällt in beständigem Wechsel, bis mit dem Niedergehen der Sonne auch der Verkehr zu Ende geht.

Nun dunkelt es. In den Lindenlauben werden die Lichter angezündet und spiegeln im See. Noch hallt dann und wann ein Ruf herüber, oder ein Büchsenschuß aus dem Fercher Forst her rollt im Echo über den See — dann alles still. Die Lichter löschen aus, wie die Glühpunkte in einem niedergebrannten Papier. Ein Huschen noch hierhin, dorthin; nun verblitzt das letzte.

Nacht liegt über Baumgartenbrück und dem Schwielow.

# ALT GELTOW

> I do not set my life at a pin's fee;
> By heaven, I'll make a ghost of him that hinders me:
> I say, away!
>
> *»Hamlet«*

Etwa tausend Schritt hinter Baumgartenbrück, und zwar landeinwärts, liegt Alt Geltow.

Wenn es auch bezweifelt werden mag, daß die »alte Bomgarde«, die dem heutigen Baumgartenbrück den Namen gab, wenigstens soweit das *Sprachliche* in Betracht kommt, bis in die slawische Zeit hinauf zu verfolgen ist, so haben wir dagegen in Alt Geltow ein unbestritten wendisches Dorf. Die ältesten Urkunden tun seiner bereits Erwähnung, und es nimmt seinen Platz ein unter den sieben alten Wendendörfern der Insel Potsdam: Bornim, Bornstedt, Eiche, Golm, Grube, Nedlitz und Gelte. Diese letztere Schreibweise, ursprünglich Geliti, ist die richtigere. Geltow indes ist der übliche Name geworden.

Die Geschichte des Dorfes geht weit zurück; aber die schon erwähnten Urkunden, von denen die älteste aus dem Jahre 933 stammt, sind dürftigen Inhalts und lassen uns, von kleinen Streitigkeiten abgesehen, nur das eine erkennen, daß erst die Familie Hellings von Gelt, dann die Gröbens, dann die Hakes ihren Besitz hier hatten. 1660 gingen Dorf und Heide an den Großen Kurfürsten über und gehörten seitdem zu den vielen Besitzungen des kurfürstlichen beziehungsweise königlichen Hauses in der Umgegend von Potsdam. 1842 wurde die Heide zur Erweiterung des Wildparks benutzt.

Geltow war immer arm; dieser Charakter verblieb ihm durch alle Zeiten hin, und die schlichten Wände seiner Kirche, deren wir eben ansichtig werden, mahnen nur zu deutlich daran, daß die Pfarre, um die Mitte des vorigen Jahrhunderts, 200 Taler trug.

Wir schreiten zunächst über einen Grabacker hin, der seit

zwanzig oder dreißig Jahren brachliegt und eben wieder anfängt aufs neue bestellt zu werden. Zwischen den eingesunkenen Hügeln wachsen frische auf; diese stehen in Blumen, während wilde Gerste über die alten wächst.

Es ist Spätnachmittag; der Holunder blüht; kleine blaue Schmetterlinge fliegen um die Gräber; ein leises Bienensummen ist in der Luft; aber man sieht nicht, woher es kommt.

Die Kirchtür ist angelehnt; wir treten ein und halten Umschau in dem schlichten Raume: weiße Wände, eine mit Holz verschlagene Decke und hart an der Giebelwand eine ängstlich hohe Kanzel, zu der eine steile, gradlinige Seitenstiege führt.

Und doch das Ganze nicht ohne stillen Reiz. Krone neben Krone; gestickte Bänder, deren Farben halb oder auch ganz verblaßten; dazwischen Myrten- und Immortellenkränze im bunten Gemisch. Das Ganze ein getreues Abbild stillen dörflichen Lebens: er ward geboren, nahm ein Weib und starb.

Es ist jetzt Sitte geworden, die Kirchen dieses Schmuckes zu berauben. »Es sind Staubfänger«, so heißt es, »es stört die Sauberkeit.« Richtig vielleicht und doch grundfalsch. Man nimmt den Dorfkirchen oft das Beste damit, was sie haben, vielfach auch ihr – Letztes. Die buntbemalten Fenster, die großen Steinkruzifixe, die Grabsteine, die vor dem Altar lagen, die Schildereien, mit denen Liebe und Pietät die Wandpfeiler schmückte – sie sind alle längst hinweggetan; »sie nahmen das Licht«, oder »sie waren zu katholisch«, oder »die Fruen und Kinner verfierten sich«. Nur die Braut- und Totenkronen blieben noch. Sollen nun auch *diese* hinaus? Soll alles fort, was diesen Stätten Poesie und Leben lieh? Was hat man denn dafür zu bieten? Diese Totenkronen, zur Erinnerung an Heimgegangene, waren namentlich dem aufs Saubere und Ordentliche gestellten Sinn Friedrich Wilhelms III. nicht recht. In den Dorfkirchen, wo er sonntags zum Gottesdienste erschien, duldete er sie nicht. Er gestattete aber Ausnahmen. Pastor Lehnert in Falkenrehde erzählt: »Eine alte Kolonistenwitwe in meiner Gemeinde verlor ihren Enkel, den sie zu sich genommen und erzogen hatte und der ihr ein und alles war. Sie ließ eine reich mit Bändern verzierte Totenkrone anfertigen und begehrte, solche neben ihrem Sitze in der Kirche aufhängen zu dürfen, ›weil sie sonst keine Ruhe und keine Andacht mehr habe‹.« Pastor Lehnert gab nach. Der König, bei einem nächsten Kirchenbesuche von Paretz aus, bemerkte die Krone und äußerte sich mißfällig; als ihm aber der Hergang mitgeteilt wurde, fügte er hinzu: »*Will der Frau ihre Ruhe und Andacht nicht nehmen.*« – Solche Fälle, wo »Ruhe und Andacht« eines treuen und liebevollen Herzens an einem derartigen, noch dazu höchst malerischen Gegenstande hängen, sind viel häufiger, als nüchterne Verordnungen Unbeteiligter voraussetzen mögen.

Die Alt-Geltower scheinen so empfunden zu haben und haben ihren besten Schmuck zu bewahren gewußt. Die Giebelwand, an der sich Kanzel und Kanzeltreppe befinden, ist ganz in Kronen und Kränze gekleidet, im ganzen zählte ich siebenzig, und dazwischen hängen jene bekannten schwarz und weißen Tafeln, an deren Häkchen die Kriegsdenkmünzen aus der Gemeinde ihre letzte Stätte finden. Die eine Tafel erzählte von 1813; auf der andern las ich folgendes: »Aus diesem Kirchspiel starben im Befreiungskriege für ihre *deutschen Brüder* in Schleswig-Holstein:

F. W. Kupfer, gefallen vor Düppel am 17. März 1864;

Carl Wilhelm Lüdeke, gestorben an seinen Wunden im Lazarett zu Rinkenis am 22. März 1864.

Vergiß die treuen Toten nicht.«

Das Jahr 1866 schien ohne Opferforderung an Alt Geltow vorübergegangen zu sein. Aber *jetzt*! Manch neuer Name wird sich zu den alten gesellen.

In der Kirche hatte sich ein Mann aus dem Dorfe, ich weiß nicht, ob Lehrer oder Küster, zu uns gefunden. »Nun müssen Sie noch die Meusebachsche Begräbnisstätte sehen«, so sagte er. Wir horchten auf, da wir von einer solchen Begräbnisstätte nie gehört hatten, folgten dann aber unserem neu gewonnenen Führer, bis wir draußen an einen Vorsprung gelangten, eine Art Bastion, wo der Kirchhofshügel steil abfällt. Hier, an höchster Stelle, die einen Überblick über das Dorf und seine Gärten gestattet, bemerkten wir nunmehr einen eingefriedigten, mit Eschen und Zypressen umstellten Platz, dessen schlichtes, mit Convolvulus und wildem Wein umranktes Gitter drei Efeugräber einschloß. In ihnen ruhten Vater, Mutter, Sohn. Die letzten ihres Namens. Das Ganze wirkte durch seine große Einfachheit.

Der Vater, Karl Hartwig Gregor Freiherr von Meusebach, lange Zeit Präsident des Rheinischen Kassations- und Revisionshofes, war ein Kenner der deutschen Literatur, zugleich ein Sammler ihrer Schätze, wie kaum ein zweiter. Wir finden über ihn folgendes: »Seine bibliographischen Bestrebungen umfaßten das ganze Gebiet von Erfindung der Buchdruckerkunst bis auf die Gegenwart, doch so, daß er dem *Volks-* und *geistlichen Liede*, den Schriften Luthers, vor allen aber Fischarts sowie den nach seiner Meinung zu sehr verachteten und vergessenen Schriftstellern des siebzehnten Jahrhunderts einen gewissen Vorrang zugestand. Alle erheblich scheinenden Bücher, welche seine scharfsinnigen Untersuchungen ihn kennen gelehrt hatten, suchte er zu erwerben. So gedieh seine Bibliothek zu einer seltenen Vollständigkeit und zu einem fein gegliederten inneren Zusammenhange.«

Von 1819 an lebte er in Berlin, wenn ich nicht irre, in einem der Häuser, die bei dem Neuen-Museums-Bau verschwunden sind. Hier besuchte ihn anfangs der zwanziger Jahre Hoffmann von Fallersleben, der über diesen Besuch in seinen »Aufzeichnungen und Erinnerungen« berichtet.

»Schon in Koblenz hatte ich viel gehört von einem Herrn von Meusebach, der von dort aus als Geheimer Rat an den Rheinischen Kassationshof in Berlin versetzt worden sei.

Er besitze, so hieß es, eine große Bibliothek, reich an altdeutschen Werken, sei ein großer Kenner und immer noch ein eifriger Sammler. Ich erfuhr bald seine Wohnung: er wohnte in dem Hause der Frau Friedländer hinter der kleinen Brücke, die über den Kupfergraben auf den Museumsplatz und die Neue Friedrichsstraße zu führte. Ich ging eines Morgens zwischen neun und zehn hin, ließ mich anmelden, wurde aber abgewiesen. Ich wiederholte noch zweimal meinen Besuch; immer aber hieß es: ›Der Herr Geheime Rat schläft noch.‹ Ich ließ mich nicht abschrecken und versuchte es zum vierten Male, aber erst um elf Uhr. Diesmal hatte ich sagen lassen, der Herr von Arnim habe mich ja schon angemeldet. Nach einiger Zeit kehrte der Bediente zurück: ich möchte eintreten.

Herr von Meusebach war in eifrigem Gespräch begriffen

mit Frau von Savigny, begrüßte mich, ließ mich stehen und setzte sein Gespräch fort. Frau von Savigny war so gesprächig, daß sich gar kein Ende absehen ließ. Endlich nach einer Viertelstunde war der Born ihrer Beredsamkeit versiegt, und sie empfahl sich.

Meusebach wendete sich nun an mich. Ich sprach einfach aus, was ich von ihm wünschte, nämlich seine Bücher zu sehen. Das gefiel ihm. Ehe er mir aber etwas zeigte, öffnete er die Tür zur Bibliothek und holte links aus der Ecke zwei gestopfte Pfeifen und bot mir die eine an. Als wir so recht damit im Zuge waren, schloß er eine Tapetentür auf; in diesem unbemerkten Wandschrank wurden die Lieblingsbücher und kostbarsten und seltensten aufbewahrt. Zuerst zeigte er mir das Luthersche Gesangbuch von 1545. ›Was sagen Sie dazu?‹ Ich freute mich, staunte, bewunderte. Es folgte nun eine ganze Reihe derartiger Bücher, die ich alle noch nie gesehen hatte. Die Bücherschau dauerte bereits über anderthalb Stunden, da trat Friedrich, der Bediente, ein: ›Herr Geheimer Rat, es ist angerichtet.‹ Das störte uns nicht, wir fuhren in unserem angenehmen Geschäfte fort. Friedrich kam wieder: ›Herr Geheimer Rat, das Essen steht schon längst auf dem Tische.‹ – ›Gut. Nun kommen Sie mit.‹ Ich hatte früher nie Sauerkraut essen können, heute schmeckte es mir vortrefflich, sowie der leichte Moselwein (einen andern führte der Herr Geheime Rat nicht). Frau von Meusebach lachte, daß ich es heute so schön getroffen hätte. Die Unterhaltung war sehr heiter. Ich erzählte allerlei hübsche Geschichten so unbefangen, als ob ich in einem Kreise alter lieber Freunde mich befände.

Nach Tische begaben wir uns wieder an unsern Wandschrank. Als der Kaffee kam, holte ich mir selbst eine frisch gestopfte Pfeife – Friedrich mußte immer an die dreißig wohlgereinigt und gestopft im Gange erhalten. Meusebach ergötzte sich sehr, daß ich schon so gut Bescheid wußte.

Wir begannen von neuem die Bücherschau. Es wurde Licht angezündet, wir setzten uns. Jetzt kamen die Liederbücher und die *Fischartiana* an die Reihe. Meine Freude steigerte sich. Der Tee wurde gebracht. Frau von Meusebach kam mit ihren Kindern. Das störte uns weiter nicht. Wir unterhielten uns und besahen Bücher; Tee und Essen war Nebensache. Die Kinder gingen wieder fort, Frau von Meusebach folgte bald nach, wir waren wieder allein. Eine frische Pfeife wurde angebrannt. Es war bereits spät. Ich wollte nach Haus, mußte aber bleiben. Es wurde zwölf, es wurde eins. Immer noch kein Ende. Da kam Meusebach auf meine ›Liederhandschrift‹, die ich das Glück gehabt hatte auf einem Trödel in Bonn zu entdecken, zu sprechen und meinte, es wäre hübsch, wenn er das Buch mal sehen könnte. Das ›Sehen‹ verstand ich recht gut und beschloß bei mir, es ihm zu Weihnachten zu verehren. Endlich um halb zwei schieden wir und waren nach *funfzehntehalb* Stunden erster Bekanntschaft beide recht frisch und vergnügt. Ich mußte versprechen, meinen Besuch bald zu wiederholen, und es fiel mir denn auch nicht im geringsten schwer, recht bald Wort zu halten.«

Gegen Ende seines Lebens hin empfand Meusebach immer tiefer das Bedürfnis, ungestört seinen Studien leben zu können. Er gab seine hohe richterliche Stellung auf (1842) und zog sich nun nach Alt Geltow zurück. Mit ihm ging seine Bibliothek. Aber nicht lange mehr hatte er sich dieser Muße zu freuen. Er starb am 22. August 1847. Seine Bibliothek, ein Schatz, wurde 1849 seitens der preußischen Regierung erstanden und der Berliner Bibliothek einverleibt.

Hatte der Vater der stillen Welt seiner Bücher angehört, so gehörte der Sohn (seiner äußeren Stellung nach ebenfalls Jurist) um so voller der Außenwelt, dem Markt des Lebens an. Er war in eminentem Sinne ein »Lebemann«, geistreich, schlagfertig, eine feine und spitze Zunge zugleich. Die Märzereignisse zogen ihn in die Politik; sein berühmter Ausspruch: »Ich rieche Leichen«, womit er in den Oktobertagen desselben Jahres auf die Tribüne trat, ist unvergessen geblieben und ein geflügeltes Wort geworden. Die fünfziger Jahre sahen ihn im diplomatischen Dienst, erst als Generalkonsul in den Donaufürstentümern, dann als Gesandten in Brasilien. Seine Wunderlichkeiten wuchsen. 1854 in Giurgevo war er im türkischen Kugelregen nicht nur spazierengegangen, sondern hatte seinen Rattenfänger auf das Apportieren von Sprengstücken abgerichtet; acht Jahre später in Rio verfiel er dem Wahnsinn. Seine Lebensweise hatte die angeborene Exzentrizität unterstützt. »Champagner in Eis« war sein steter Begleiter, und seine oft abgegebene Versicherung, »daß er seines Vaters Bibliothek in den *Keller* getragen habe«, war nur allzu richtig. So konnte die Katastrophe kaum ausbleiben. Eine reich angelegte Natur ging in ihm zugrunde.

Daß ich Gräbern wie diesen auf dem Geltower Kirchhofe begegnen würde, *der* Gedanke hat mir ferngelegen. Ich las die einfachen Inschriften, nahm ein Efeublatt vom Grabe des Vaters und stand noch immer wie im Bann dieser Stätte.

Unser Führer endlich löste ihn. »Da drüben ist noch ein Grab, das Sie sehen müssen.« — Zugleich brach er auf und gab uns dadurch das Zeichen, ihm zu folgen.

Ein dichtes Fliedergestrüpp hatte uns wie eine Coulisse von dem eigentlichen Kirchhof, der jetzt, wie erwähnt, seine *zweite* Bestellzeit hat, getrennt, und wir standen nunmehr, nachdem wir das Gestrüpp glücklich durchbrochen, vor einer kleinen Gräberreihe, die das so lange brachgelegene Feld neu zu durchziehen begann. Eines der Gräber war besonders gehegt und gepflegt: ein Gartenbeet, mit Rosen und Nelken, mit Levkojen und Heliotrop dicht überwachsen. Zu Häupten des Grabes stand ein Kreuz, dahinter hohe Malven. Die Inschrift lautete: »Hier ruhet in Gott Johann Schupke, geboren den 1. Februar 1822, gestorben den 30. November 1865. Jesajas, Kapitel 57, Vers 2: ›Und die richtig vor sich gewandelt haben, kommen zum Frieden und ruhen in ihren Kammern.‹ «

Die Sonne war am Untergehen; die schönste Zeit des Tages, zumal für eine märkische Landschaft. Wir ließen deshalb die Gräber, unterbrachen unser Gespräch und stiegen die Kirchturmtreppe hinauf, um uns, nachdem wir die Luken geöffnet, der im Golde daliegenden Schwielow-Ufer zu freuen. Wie schön! Hier oben erst erneute sich das Gespräch. »Ja, von unserm Schupke wollt ich erzählen«, so hob unser Führer an. Ich nickte zustimmend.

»Gott hab ihn selig, das war ein Mann, und durch schwere Schulen war er gegangen! Wen Gott liebhat, den züchtigt er. Und das muß ich sagen, wenn der Himmel je einen preußischen Förster liebgehabt hat, dann hat er Schupken liebgehabt.«

»War er ein Alt-Geltower?« fragte ich, um wenigstens etwas von Teilnahme auszudrücken.

»Da seh ich, daß Sie ihn nicht gekannt haben. Er war ein Schlesier, aus dem Riesengebirge oder so herum, und sprach das Rübezahl-Deutsch bis an sein seliges Ende. Nie ist ein reines a über seine Lippen gekommen.«

»Wie kam er denn in diese Gegenden?«

»Wie so viele andre hierherkommen. Er wurde nicht lange gefragt. Sie hoben ihn aus, und ein schmucker Junge, wie er war, nahmen sie ihn zur Garde. Er stand bei den Jägern.«

»Und durch schwere Schulen ist er gegangen, sagten Sie?«

»Das will ich meinen! Lassen Sie sich erzählen. Der grüne Jägerrock sticht in die Augen; Grün geht noch über Blau; kurz und gut, Schupke wurde ein glücklicher Liebhaber. Der Himmel hing ihm voller Geigen. Ob er das Mädchen heiraten wollte, weiß ich nicht, aber sie hielt zu ihm, und eines Tages, der Böse hatte sein Spiel, schenkte sie ihm Uhr und Kette. Eine goldene Uhr. Es sei ein Erbstück; ein Onkel von ihr sei gestorben.

Das hätte nun unsern Schupke wohl stutzig machen sollen; aber der Mensch ist eitel, und wenn er hübsch ist und erst zweiundzwanzig Jahr, dann ist er's doppelt, kurzum, Schupke nahm die Uhr und freute sich dran; die kleine goldene Kette paradierte zwischen dem dritten und sechsten Knopf, und wenn ihm ein Gedanke durch den Kopf ging, so dachte er: ›Es sterben so viele; warum soll er nicht gestorben sein?‹

Es sterben so viele Onkel, aber *ihr* Onkel, des Mädchens Onkel, war *nicht* gestorben, und schon am andern Tage hieß es: des alten Wolffenstein goldene Uhr wird vermißt, Uhr und Kette; und eine Stunde später hieß es: man weiß, wer sie hat; sie hat es gestanden.

Das ging wie ein Lauffeuer durch die Stadt; es kam auch in die Jägerkaserne. Schupke wurde leichenblaß. Ein unbescholtener Mann, makellos, aller Leute Liebling — und nun entehrt. ›Ich hab es nicht gewußt‹; aber wer hätt es geglaubt? Der Schein war gegen ihn. Es schüttelte ihn am ganzen Leibe; er riß das Fenster auf, um wieder frei zu atmen;

es half nichts; ein furchtbares Anklagewort gellte ihm vor den Ohren; er hörte das Ticken der unglückseligen Uhr auf seiner Brust; er tat sie weg – es tickte noch.

Es *mußte* sein; er nahm seine Büchse und ging hinaus.

Aber das Leben ist süß. Er irrte draußen umher, erst an der Havel hin, dann links in den Forst hinein. ›Jetzt!‹ Er riß seinen Rock auf. Nein, noch nicht. So vergingen Stunden.

›Wo ist Schupke?‹ hieß es derweilen in der Kaserne. Man öffnete seinen Schrank. Da lagen Uhr und Kette. Man sah auf den Büchsenstand. *Eine* Büchse fehlte; Schupkes. Alles war klar.

Der Hauptmann seiner Compagnie, Graf Schlieffen, warf sich aufs Pferd. Der Weg war wie vorgeschrieben. Er sagte sich: ein Jäger ist in den *Wald* gegangen. 500 Schritt hinterm Schützenhause begegnete ihm ein Mann, der Reisig auf seiner Karre heimkarrte. ›Guten Tag, Papa, habt Ihr nicht einen Gardejäger hierherum gesehen?‹

›Woll, den hebb ick sehn. Reiten S' man to, Herr Hauptmann. Mit den Jäger is et nich richtig. Ick kaek upp 'n Kirchhof. Do läg he an een von de Gräbers up sine Knie, un ick hürte, wie he lies beden und spreeken deih. Un denn legt he sinen Kopp up det Grab, immer deeper in 't Gras. Mit den Jäger is et nich richtig. Reiten S' man to, Herr Hauptmann.‹

Also doch. Graf Schlieffen jagte vor. In einer Minute hielt er an dem halb angelehnten Torflügel. Da lag der Gardejäger noch auf seinen Knien, wie der Reisigsammler erzählt hatte, und betete. ›Schupke!‹ rief der Graf.

Schupke sprang auf und griff nach seiner Büchse. Er sah wie gestört aus; dann winkte er mit der Hand, wie um anzudeuten: der Graf solle ihn nicht stören.

Der aber ritt näher. Schupke winkte noch einmal. Als der Graf auch jetzt noch weiter vor ritt, legte Schupke die Büchse an die Schulter: ›Zurück, Herr Hauptmann, oder ich schieße!‹

Der Graf hielt – ein Gardejäger trifft seinen Mann. So war Zeit gewonnen. Im nächsten Augenblick aber fiel ein Schuß. Schupke hatte sich durch die Brust geschossen.

Auf einer Bahre trugen sie ihn hinein. Er schien ein Sterbender. Aber die Jugend war stärker als der Tod. Drei Jahre lang lag er im Lazarett, die Kugel hatte ihm ein Stück Tragband mit in die Lunge gejagt; dann stand er auf und war ein genesener Mann. Kein Mensch in Potsdam sprach von dem, was *vorher*gegangen war; in Mitleid war jede andere Betrachtung untergegangen; jeder hatte ein tiefes Mitgefühl für den Mann von Ehre, der die leise Schuld, die ihn traf, mit seinem Blute bezahlt hatte. Er verließ das Lazarett und wurde Förster in der Pirschheide. Hier, wo die Lichtung ist, dort stand sein Haus.

Das Trauerspiel war aus; das Idyll begann. Er schloß eine glückliche Ehe, und ehe zehn Jahr ins Land gegangen waren, war er eine ›Figur‹ in Havelland und Zauche. Er trat wie ein Sonnenschein in jeden Kreis; jedes Gesicht wurde heiterer, die Kinder liefen ihm entgegen und reichten ihm die Hand. Er hatte die glücklichste Mischung: einen festen Sinn und ein freundliches Herz.

So lebte er in unserer Mitte, unseres Dorfes Stolz, sich und anderen zur Freude. Aber er sollte nicht zu hohen Jahren kommen. Eines Morgens – alle Dächer lagen in Reif, und die Sonne stand wie eine rote Kugel über den Bäumen –, da lief es von Haus zu Haus: ›Schupke ist tot.‹ Es war nur allzu wahr.

Er hatte einen eigenen Tod gehabt. Einen etwas engen Stiefel mit Gewalt anziehend, war eines der vernarbten Blutgefäße wieder geplatzt, und der Erguß in die Lunge hatte seinem Leben ein Ziel gesetzt.

Drei Tage später haben wir ihn begraben. Keiner fehlte. Es waren herzliche Tränen, die auf sein Grab fielen. Die Pirschheide hatte keinen bessern Mann gesehen.«

So erzählte unser Führer. Die Sonne war inzwischen untergegangen; wir gaben unsern Lukenplatz auf und stiegen *hinunter*. Ein weißer, kaum fußhoher Nebel zog über den Kirchhof hin und hüllte die Gräber ein; aber die Kreuze ragten hell darüber hinaus, und auf der goldenen Inschrift des einen lag es wie ein letzter Schimmer.

# NEU GELTOW

Seit drei Menschenaltern schöpft ihr
Aus dem Meere dieser Weisheit;
Habt ihr keinen Tropfen, laßt mich
Wissen trinken, denn mich dürstet.

*Scherenberg*
*(»Der letzte Maurenkönig«)*

Es dämmerte, und die ersten Sterne zogen blaß herauf, als wir unsern Heimweg antraten. Unser Spezialführer auf dem Alt-Geltower Kirchhof blieb zurück. Welche Gegensätze hatten eben zu uns gesprochen! Ein gelehrter, bienenfleißiger Sammler; ein Lebemann, »der die Bibliothek seines Vaters in den *Keller* trug«, und als dritter ein Parkhüter, der in den Bäumen seines Wildparks so gut Bescheid wußte wie sein Nachbar in seinen Büchern. Ein schlichtes Dasein, diese Parkhüterexistenz, und doch war der blutige Ernst des Lebens erschütternder an sie herangetreten als an das Leben dessen, der im Granatregen von Giurgevo spazierengegangen war und dreizehn Duelle als Gesandter in Rio auf einmal kontrahiert hatte.

So plauderten mein Gefährte und ich, bis die wechselnde Szenerie unserm Gespräch eine andere Richtung gab. Wir hielten immer noch die Dorfstraße inne; aber das Dorf selbst schien ein anderes geworden, und in der Tat waren wir aus *Alt* Geltow in *Neu* Geltow hineingeraten. Der Unterschied war so groß, daß er sich uns aufdrängen mußte. Der dörfische Charakter hatte aufgehört, Sommerhäuser waren an seine Stelle getreten; klein, einstöckig, aber von großer Sauberkeit und überall da, wo ein Vorgarten war oder wo sich Caprifolium- und Rosenbüsche um Tür und Fenster zogen, voll Anmut und malerischem Reiz. In Front der Häuschen standen gedeckte Tische: Cabarets, Fruchtschalen, mit Erd- und Himbeeren gefüllt, Milchsatten und geriebenes Schwarzbrot, während in der Mitte der dichtbesetzten Tafel ein Teeapparat und eine Milchglaslampe aufragte, deren

Flamme ohne jegliches Flackern brannte. Denn kein Luftzug ging. Dies Bild wiederholte sich von Haus zu Haus, und ihre Gesamtheit erinnerte mich lebhaft an kleine Ostsee-Badeörter, wo an Juliabenden die Binnenländischen von Spree und Havel in Front der Schiffer- und Lotsenhäuser sitzen und sich an Blaubeeren mit Milch erlaben, während irgendeine Flagge oder ein roter Wimpel von dem Frontgiebel des Hauses niederhängt.

Die Szenerie dieselbe, aber nicht die Menschen. Während in jenen Badeörtern das *Weibliche* prävaliert und die scharf akzentuierten Laute, die jetzt Agathen und Elisen, jetzt Helenen und Clementinen zur Ordnung rufen, schon auf dreißig Schritt keinen Zweifel darüber lassen, daß hier eine Residenzmutter sich niedergelassen hat – wir sagen, während das *Weibliche*, die Glucke mit den Küchlein, die Signatur jener baltischen Badeplätze ist, herrscht hier das *Männliche* bis zu einem Grade vor, daß man Neu Geltow als ein ausgebautes Mönchskloster bezeichnen könnte, als eine Benediktiner-Genossenschaft, deren Zellen in Gestalt kleiner Häuschen nebeneinandergestellt worden sind.

Ich habe diese Auswahl unter den Mönchsorden mit gutem Vorsatz getroffen, denn die Benediktiner sind die Studiermönche, und was hier in diesen Neu-Geltower Zellen haust und wohnt, das sind in der Tat Wissenschaftsbeflissene, das sind junge Männer, die sich an dieser stillen, abgelegenen Stelle »Studierens halber« aufhalten.

Es hat damit folgende Bewandtnis.

In Preußen (wie in China) ist nichts ohne Examen! Alle Examina sind Klippengrund, besonders die juristischen. Aber wenn schon das Examen des *Gerichts*assessors den gefürchteten »Needles« entspricht, in deren Umkreis die Schiffe zu Hunderten liegen, so entspricht das Examen des *Regierungs*assessors den Goodwin-Sands, wo die Mastspitzen der Verlorengegangenen so dicht aufragen wie die Kreuze auf einem großstädtischen Kirchhof.

Solche und ähnliche Betrachtungen mochten es sein, die vor etwa zwanzig Jahren einen Dr. Foerstermann anspornten, der bedrängten Menschheit zu Hilfe zu eilen. Dem Plan folgte die Ausführung. In das schöne, beinah schloßartig gelegene Haus des alten Meusebach zog der junge Doktor ein;

die Bibliothekzimmer wurden zu Klassen und Auditorien, und ein Institut entstand, das sich, »einem tiefgefühlten Bedürfnis entsprechend«, rasch emporarbeitete und die Zahlen und Tabellen der Schiffbruchstatistik erheblich reduzierte, während Neu Geltow mehr und mehr jenen Klostercharakter annahm, den wir vorstehend bezeichnet haben. Auch ein Gelübde hatten die Eintretenden zu leisten; keins der drei großen, am wenigsten das der Armut, wohl aber das *eine*: jede der beim Examen an sie gerichteten Fragen gewissenhaft zu notieren und mitzuteilen. Diese Fragen, nunmehr Eigentum des Instituts, wurden in das Goldene Buch des Hauses eingetragen, und was in Upsala der Codex argenteus oder in London die Tischendorfsche Bibel ist, das wurde im Foerstermannschen Institut dieser Codex aureus. An ihm hing alles; er wog alles andere auf. Es war der Koran des Omar. »Wenn in anderen Büchern dasselbe steht, so sind sie überflüssig; wenn in ihnen etwas anderes steht, so sind sie unbrauchbar, *gefährlich*.« Wie die Welt auf der Schildkröte ruht, so ruhte das Institut auf diesem Buch. Und doch kam es anders, als Dr. Foerstermann gedacht hatte.

Die Zeit schritt vorwärts, Preußen mit, und mit ihm – seine Steuern. Ruhm war nie billig. An Dr. Foerstermanns Tür klopfte die »Einschätzungskommission«, klopfte häufiger und immer stärker, und müde der drohenden Schraube ohne Ende, schloß er das Institut. Die Studiermönche von Neu Geltow waren haupt- und führerlos. Der Orden schien seiner Auflösung nahe.

Aber er schien es nur. Ein junger begnadeter Referendarius, der noch nicht lange genug da war, um den Wald vor Bäumen nicht zu sehen, trat in den Kreis der bemoosten Häupter und sprach wie folgt: »Brüder! Ein Blitz aus heiterm Himmel hat unsern Orden getroffen. Wir sind wie gelähmt. Aber verloren ist nur, was sich selber verloren gibt. Ich schlage vor: Geben wir uns *nicht* verloren. (Beifall. Ironisches Lächeln.) Ich wiederhole: Geben wir uns *nicht* verloren. Kommilitonen, wir haben das Goldene Buch. (›Nein, nein! ja, ja!‹) Wir *haben* das Goldene Buch. Wir haben nicht den toten Einband (›gut, gut!‹), aber wir haben alles, was lebendig an diesem Buche ist, wir haben – die *Fragen*. Wir kennen sie, sie sind uns gegenwärtig. Was soll uns die Aufzeichnung? Was soll uns das Geschriebene? Wir haben die *Tradition*. Wir sind führerlos, führen wir uns selbst. Der Staat, *unser* Staat, über alles. ›L'État c'est nous!‹ «

Eine außerordentliche Bewegung hatte sich aller bemächtigt. »Das Ei des Kolumbus!« riefen einige der Bemoosten. Man schüttelte sich die Hände, es war eine Szene wie auf der Rütliwiese; alte Gelübde wurden erneuert, und, was mehr ist, man hielt sie. Neu Geltow blieb. Die villenartigen Häuschen, die, wenn der exodus referendariorum eine Wirklichkeit geworden wäre, längst ihr zierliches Blütengerank mit Kürbis und Stangenbohnen vertauscht haben würden, verblieben in ihrem Rosen- und Geißblattschmuck, und nichts war geschehen, als – die Verfassung war geändert. Die monarchische Spitze war abgebrochen, errungen war eine freie Schweiz.

Während wir über dies und ähnliches sprachen, hatten wir die letzten Häuser von Neu Geltow erreicht, und müde vom Marschieren, dazu trocken in der Kehle, setzten wir uns auf eine am Ackerrand liegende Walze, um hier aus freier Hand ein etwas verspätetes Vesperbrot einzunehmen. Ich richtete dabei allerhand Fragen an meinen Gefährten, der, wie sich der Leser aus früheren Kapiteln freundlich erinnern wird, diese Territorien zwischen Havel und Schwielow-See wie seine zweite Heimat kannte, und ließ mir, unter immer wachsendem Interesse, von den sozialen Zuständen dieser Kolonie erzählen, von Parteien und Gegensätzen, von Krieg und Frieden, von Réunions und Festlichkeiten und von den delikaten Beziehungen zwischen Wirten und Mietern.

»Diese Beziehungen«, so nahm der Gefährte eingehender das Wort, »sind sehr gut, wie Sie sich denken können; es wird hier studiert, aber es wird doch auch *gelebt*, und überraschlich ist mir immer nur das *eine* erschienen, daß, bei aller persönlichen Hinneigung zu der unter ihnen weilenden jungen Rechts- und Regierungswelt, die Hauswirte und Villenbesitzer, die Autochthonen von Neu Geltow, eine entschiedene Vorliebe für höchst unjuristische Aushilfen an den Tag legen. Ob die in den Zimmern ihrer Mieter aufgehäuften Wälzer und Pandektenstöße die Frage in ihnen angeregt haben: ›Wer soll *da* Recht finden?‹ – gleichviel, es ist eine

Tatsache, daß sie eine Art Passion für das aide-toi-même und für ein ›abgekürztes Gerichtsverfahren‹ haben.

Sehen Sie hier drüben das Haus neben dem Eiskeller?« fuhr mein Reisegefährte fort. Ich nickte. »Nun gut; in dem zweiten Hause dahinter, mit den Jalousien und der kleinen Veranda, wohnen zwei Brüder, Kaufleute ihres Zeichens, die sich aus den Geschäften wohl oder übel zurückgezogen haben und als Zimmervermieter und Hoteliers kleineren Stils in der frischen Luft von Neu Geltow das Nützliche mit dem Angenehmen zu verbinden trachten. Sie heißen Robertson, erzählen von einem rätselhaften Urgroßvater, der aus Schottland hierher verschlagen wurde, und haben ihre Sofas mit Tartan in den Clanfarben der Robertsons überzogen. Ihre Vornamen sind Wilhelm und Robert, wobei jener, wenn es sich darum handelt, ›to do the honours for all Scotland‹, im Vorteil ist, indem er sich beliebig aus einem Wilhelm in einen William umwandeln kann, während der jüngere durch eine Art Sprachtücke unter allen Umständen ein Robert bleibt. Er hat dafür den Vorzug der Alliteration und eines gewissen Skandinavismus: Robert Robertson.

Sie müssen diese Abschweifung meiner Erzählung verzeihen. Aber die beiden Brüder sind eben die Helden meiner Geschichte, und wenn es auch eine bekannte Sache ist, daß man seine Lieblingsfiguren am besten durch Tatsachen schildert, so werden Sie doch eine kurze Charakterisierung gelten lassen.

Robert, zu der Zeit, wo meine Geschichte spielt, hatte die linke, Wilhelm die rechte Seite des Hauses inne. Sie können deutlich die Giebelfenster des letzteren sehen. Es war an einem frischen Oktobermorgen, die Sonne war noch nicht heraus, als Robert an die Jalousien von seines Bruders Schlafzimmer pochte. Dieser ließ nicht lange auf sich warten und öffnete: ›Wilhelm, sie sind bei dir eingebrochen.‹ Das war ein Donnerwort.

Aber über Wilhelm kam jetzt der alte Geist seiner Heimat; die Schotten sind scharf in Mein-und-dein-Fragen; er sprang in die Kleider, dann in den Hof. Wer ihn gesehen hätte, hätte ausrufen müssen: ›Jeder Zoll ein William.‹ Der Einbruch war rasch konstatiert; der Dieb war mit Hilfe einer Feuerleiter in das oberste Giebelfenster, da, wo Sie jetzt das

Licht sehen, eingestiegen, hatte dem nachbarlichen Rauchfang drei Schinken und sieben Würste, einer auf dem Boden stehenden Truhe ein Bettenbündel entführt und war dann auf demselben Wege verschwunden, auf dem er gekommen war. Die Feuerleiter wieder an ihren Platz zu bringen, hatte er nicht für nötig befunden.

Einen Augenblick schien guter Rat teuer, als Robert, ohne eine Ahnung von der Wichtigkeit seiner Bemerkung zu haben, vor sich hin murmelte: ›Und der *Kinderwagen* ist auch weg.‹

Der ältere Bruder richtete sein Auge nach der Schuppenecke, wo sonst der Wagen zu stehen pflegte; die Stelle war leer; er stieß die linke Faust triumphierend in die Höh und schrie: ›Jetzt kriegen wir ihn.‹ Es war ersichtlich, daß der Dieb sich des Wagens bemächtigt hatte, um seine Beute rascher und bequemer fortschaffen zu können; dem Bestohlenen aber stand es auf einen Schlag vor der Seele, daß er an der *Apartheit der Räderspur eines Kinderwagens* die Spur des Feindes und endlich ihn selber finden würde.

›Sollen wir Anzeige machen?‹ unterbrach Robert.

›Ei, was, Anzeige. Das wissen wir in Neu Geltow besser.‹ Damit sprang er ins Haus zurück, stülpte sich eine Filzkappe auf und stand im nächsten Moment mit zwei Dornstöcken wieder auf dem Hof. ›Da, nimm.‹

›Willst du nicht lieber die Pistolen . . .‹

›Nein, ein Knittel geht immer los.‹ Damit trat er auf die nach Potsdam führende Chaussee. Der Bruder folgte.

Nun begann ein Suchen, wie es seit den Tagen des ›letzten Mohikaners‹ nicht mehr erlebt worden ist. Alle Künste, die Falkenauge in seinen besten Momenten geübt, alle Instinkte, die den Unkas und Chingachgook jemals siegreich geleitet, wenn sie aus einem abgebrochenen Tannenzweig oder aus dem Tritt des Mokassins die Spur zu entdecken und die schon verlorene wieder aufzufinden wußten, alle diese Künste und Instinkte, sie wurden überboten von dem, was jetzt William Robertson in dieser frühen Oktoberstunde leistete. Das Terrain war das schwierigste von der Welt. Es hatte in der Nacht geregnet, und der Staub, der sonst auf der Chaussee liegt, war weggespült worden. Aber wenn die harte Steinstraße keine Spur herausgab, so zeigte sie sich dafür allemal da, wo der Kinderwagen momentan in den sogenannten Sommerweg eingebogen war, wie in eine Form gegossen. Die Brüder sprachen kein Wort, aber in solchem Augenblick begrüßten sich ihre Blicke.

So hatten sie die Spur bis zum Tore verfolgt; hier mußte sich's entscheiden. War er ein Potsdamer und hier in die Stadt *hinein*gefahren, so waren alle Mühen umsonst gewesen; war er aber ein *Berliner* (und allerhand Zeichen hatten schon dafür gesprochen), war er, statt *in* die Stadt, um diese *herum* und auf die Berliner Chaussee gebogen, so mußte er eingeholt werden. Richtig; da war die Spur. Der Sieg gestaltete sich mutmaßlich nur noch zu einer Frage der Zeit.

Also weiter. Es war jetzt schon um die neunte Stunde. Als sie eben die große Glienicker Brücke passiert hatten, sahen sie eine Schwadron Gardehusaren des Weges kommen. ›Habt ihr nicht einen Mann und einen Kinderwagen gesehn?‹ – ›Jawohl; er muß jetzt hinter Dreilinden sein, auf Neu-Zehlendorf zu.‹

Die Hoffnung sank wieder. Der Vorsprung war zu groß. Die Kräfte ließen nach. In diesem kritischen Moment indessen kam von einem der Etablissements her eine Morgendroschke gefahren, die nach Potsdam zurück wollte. ›Halt! Zwanzig Silbergroschen bis Neu-Zehlendorf.‹ Der Kutscher rührte sich nicht. ›Einen Taler.‹ Er nickte. ›Noch ein Trinkgeld, Kutscher, aber nun laßt Euren Wettrenner laufen.‹

Was soll ich die Katastrophe länger hinausschieben! Sie erraten ohnehin den Ausgang. In einem Chausseegraben zwischen Dreilinden und Zehlendorf, hart zur Linken des Weges, saß der Gegenstand dieser energischen Suche und frühstückte, eine der geraubten Speckseiten neben sich, mit der ganzen Ruhe eines guten Gewissens, während der Kinderwagen mit seinem Bettenbündel wie das Junge eines Frachtwagens mitten auf der Chaussee stand. Dieser letztere Umstand sollte dem arglosen Frühstücker besonders verhängnisvoll werden, denn die gestörte Straßenkommunikation ließ nunmehr ein Ausbiegen nach links hin oder das ›Gewinnen der inneren Linie‹, wie die Strategen sagen würden, völlig unverfänglich erscheinen. So gelang ein totaler Überfall. Im Moment des Vorbeifahrens stürzten sich die beiden Brüder aus der schon vorher leise geöffneten Droschkentür auf ihr Opfer, entrissen ihm, unter Geltendmachung ihrer ›immer losgehenden Waffe‹, das Klappmesser, das der Überraschte einen Augenblick Miene machte à deux mains zu gebrauchen, und luden ihn dann ein, den Mittelplatz in ihrer Droschke einzunehmen. ›Er werde wohl müde sein.‹ Der Kinderwagen wurde angehakt, und so ging es im Triumph rückwärts, über die Glienicker Brücke. ›*Jetzt* wollen wir Anzeige machen‹, rief William seinem Bruder zu. ›*Wer die Doktors kennt*, kuriert sich erst selber.‹

Da haben Sie meine Geschichte. Sie mag Ihnen den Satz illustrieren, womit ich anfing, die Neigung zum ›abgekürzten Verfahren‹.«

Unser Vesperbrot war längst beendet; wir erhoben uns von unsrer Walze und schritten munter in den Forst hinein. Es dunkelte stark, trotzdem die Sterne jetzt heller schienen. Wo eine Lichtung war und ein mäßig heller Schein auf den Weg fiel, musterte ich unwillkürlich die Gleise, ob nicht eine Kinderwagenspur sie durchschnitt oder begleitete.

# WERDER

## Die Insel und ihre Bevölkerung. Stadt und Kirche. »Christus als Apotheker«

Es möchte sich niederneigen
In die spiegelklare Flut,
Es möchte streben und steigen
In der Abendwolken Glut.

*Uhland*

I do remember an apothecary,
And hereabout he dwells; . . . green earthen pots
Were thinly scatter'd to make up a show.

*Shakespeare*

Der Reisende, den von Berlin aus sein Weg nach *Westen* führt, sei es, um angesichts des Kölner oder auch schon des Magdeburger Domes zu landen, hat – wie immer ablehnend er sich gegen die Schönheiten von Mark Brandenburg verhalten möge –, wenigstens zu Beginn seiner Fahrt, solange die grünen Hänge von Potsdam ihm zur Seite bleiben, einige Partien zu durchfliegen, die er nicht Anstand nehmen wird als Oasen gelten zu lassen. Wenn aber all die lachenden Bilder zwischen Schloß Babelsberg und dem Pfingstberg, zwischen der Pirschheide und dem Golmer Bruch ihn unbekehrt gelassen hätten, so würde doch das prächtige See- und Flußpanorama ihn entzücken müssen, das die große Havelbrücke eine Meile *westwärts* von Potsdam vor ihm auftut und das ihm nach rechts hin eine meilenbreite, segelbedeckte Fläche, nach links hin eine giebelreiche, rot und weiß gemusterte, in dem klaren Havelwasser sich spiegelnde gotische Kirche zeigt. Um sie herum ein dichter Häuserkranz: Stadt Werder.

Stadt Werder, wie ihr Chronist Ferdinand Ludwig Schönemann in einem 1784 erschienenen Buche erzählt, liegt auf einer »gänzlichen Insel«. Diese umfaßt sechsundvierzig Morgen. »Zur Sommerzeit, wenn das Wasser zurückgetreten ist, kann man die Insel in einer Stunde umschreiten; sie aber zu umfahren, sei es in einem Kahn oder einer Schute, dazu sind zwei Stunden erforderlich. Ein solches Umfahren der Insel an schönen Sommerabenden gewährt ein besonderes Vergnügen, zumal wenn des Echos halber die Fahrt von einem *Waldhornisten* begleitet wird.« Der Chronist hat hier eine romantische Anwandlung, die wir hervorgehoben haben wollen, weil sie in seinem Buche die einzige ist.

Der Boden der Insel ist fruchtbar, größtenteils fett und schwarz; nur ein geringer Strich, von sehr unpoetischem Namen, ist morastig. Was die Entstehung der Stadt angeht, so heißt es, daß sich die Bewohner eines benachbarten Wendendorfes, nach dessen Zerstörung durch die Deutschen, vom Festlande auf die Insel zurückgezogen und hier eine Fischerkolonie gegründet hätten. »Doch beruht« – wie Schönemann sinnig hervorhebt – »die *Gewißheit* dieser Meinung bloß auf einer *unsicheren* Überlieferung.«

Unsicher vielleicht, aber nicht unwahrscheinlich. Das umliegende Land wurde deutsch, die Havelinsel blieb wendisch. Die Gunst der Lage machte aus dem ursprünglichen Fischerdorfe alsbald einen Flecken (als solchen nennt es bereits eine Urkunde aus dem Jahre 1317), und abermals hundert Jahre später war aus dem Flecken ein Städtchen geworden, dem Kurfürst Friedrich II. bereits zwei Jahrmärkte bewilligte. So blieb es in allmählichem Wachsen, und seine Insellage wurde Ursach, daß keine Rückschläge erfolgten und Stadt Werder durch allen Zeitenwirrwarr hindurchgehen konnte, ohne die Kriegsrute zu empfinden, die für das umliegende Land, wie für alle übrigen Teile von Mark Brandenburg, oft so hart gebunden war. Der Dreißigjährige Krieg zog wie ein Gewitter, »das nicht über den Fluß kann«, an Werder vorüber; die Brücke war weislich abgebrochen, jedes Fahrzeug geborgen und versteckt, und wenn der scharf eintretende Winterfrost die im Sommer gewahrte Sicherheit zu gefährden drohte, so ließen sich's die Werderaner nicht verdrießen, durch beständiges Aufeisen der Havel ihre insulare Lage wiederherzustellen. So brachen nicht Schweden, nicht Kaiserliche in ihren Frieden ein, und es ist selbst fraglich, ob der »schwarze Tod«, der damals über das märkische Land ging, einen Kahn fand, um vom Festland nach der Insel überzusetzen.

Das war der Segen, den die Insellage schuf, aber sie hatte auch Nachteile im Geleit und ließ den von Anfang an vorhanden gewesenen Hang, sich abzuschließen, in bedenklichem Grade wachsen. Man wurde eng, hart, selbstsüchtig; Werder gestaltete sich zu einer Welt für sich, und der Zug wurde immer größer, sich um die Menschheit draußen nur insoweit zu kümmern, als man *Nutzen* aus ihr ziehen konnte. Diese Exklusivität hatte schon in den Jahren, die dem Dreißigjährigen Kriege vorausgingen oder mit ihm zusammenfielen, einen hohen Grad erreicht. In Aufzeichnungen aus jener Zeit finden wir folgendes: »Die Menschen hier sind zum Umgange wenig geschickt und gar nicht aufgelegt, vertrauliche Freundschaften zu unterhalten. Sie hassen alle Fremden, die sich unter ihnen niederlassen, und suchen sie gern zu verdrängen. Vor den Augen stellen sie sich treuherzig, hinterm Rücken sind sie hinterlistig und falsch. Von außen gleißen sie zwar, aber von inwendig sind sie reißende Wölfe. Sie sind sehr abergläubisch, im Gespenstersehen besonders erfahren, haben eine kauderwelsche Sprache, üble Kinderzucht, schlechte Sitten und halten nicht viel auf Künste und Wissenschaften. *Arbeitsamkeit und sparsames Leben* aber ist ihnen nicht abzusprechen. Sie werden selten krank und bei ihrer Lebensart sehr alt.«

War dies das Zeugnis, das ihnen um 1620 oder 1630 ein unter ihnen lebender »Stadtrichter«, also eine beglaubigte Person, ausstellen mußte, so konnten 150 Jahre weiterer Exklusivität in Gutem wie Bösem keinen wesentlichen Wandel schaffen, und in der Tat, unser mehrzitierter Chronist bestätigt um 1784 nur einfach alles das, was Stadtrichter Irmisch (dies war der Name des 1620 zu Gericht Sitzenden) so lange Zeit *vor* ihm bereits niedergeschrieben hatte. Die Übereinstimmung ist so groß, daß darin ein eigentümliches Interesse liegt.

»Die Bewohner von Werder«, so bestätigt Schönemann, »suchen sich durch Verbindungen untereinander zu vermehren und *nehmen Fremde nur ungern unter sich auf.* Sie sind stark, nervig, abgehärtet, sehr beweglich. Sie stehen bei früher Tageszeit auf und gehen im Sommer schon um zwei Uhr an die Arbeit; sie erreichen siebzig, achtzig und mehrere Jahre und bleiben bei guten Kräften. Ihre Kinder gewöhnen sie zu harter Lebensart; im frühesten Alter werden sie mit in die Weinberge genommen, um ihnen die *Liebe zur Arbeit* mit der Muttermilch einzuflößen. Die Kinder werden bis zum achten oder neunten Jahre in die Schule geschickt, lernen etwas lesen, wenig schreiben und noch weniger rechnen. Die meisten bleiben ungesittet; das kommt aber nicht in Betracht, weil ihnen an dem zeitlichen Gewinn gelegen ist. *Viele natürliche Fähigkeiten sind bei ihnen nicht anzutreffen*, und sie halten fest am Alten. Sie lieben einen springenden Tanz und machen Aufwand bei ihren Gastmählern. Im übrigen aber leben sie *kärglich und sparsam und suchen sich durch Fleiß und Mühe ein Vermögen zu erwerben.*«

Welche Stabilität durch anderthalb Jahrhunderte! Im übrigen, wenn man festhält, wie tief der Egoismus in aller Menschennatur überhaupt steckt und daß es zu alledem zwei »Fremde«, zwei »Zugezogene« waren, die den Werderanern die vorstehenden, gewiß nicht allzu günstig gefärbten Zeugnisse ausstellten, so kann man kaum behaupten, daß die Schilderung ein besonders schlechtes Licht auf die Inselbewohner würfe. Hart, zäh, fleißig, sparsam, abgeschlossen, allem Fremden und Neuen abgeneigt, das Irdische über das Überirdische setzend – das gibt zwar kein Idealbild, aber doch das Bild eines tüchtigen Stammes, und das sind sie auch durchaus und unverändert bis diesen Tag.

Wir haben uns bis hieher ausschließlich mit den *Bewohnern* beschäftigt; es erübrigt uns noch, in die *Stadt* selbst einzutreten und, soweit wir es vermögen, ein Bild ihres Wachstums, dann ihrer gegenwärtigen Erscheinung zu geben.

Der nur auf das Praktische gerichtete Sinn, der nichts Höheres als den Erwerb kannte, dazu eine Abgeschlossenheit, die alles Lernen fast mit Geflissentlichkeit vermied, all diese Züge, wie wir sie aus doppelter Schilderung kennengelernt haben, waren begreiflicherweise nicht imstande, aus Werder einen Prachtbau zu schaffen. Es hatte seine *Lage* und seine *Kirche*, beide schön, aber die Lage hatte ihnen Gott und die Kirche hatten ihnen die Lehniner Mönche gegeben. An beiden waren die Werderschen unschuldig. Was aus ihnen selbst heraus entstanden, was ihr Eigenstes war, das ließ allen Bürgersinn vermissen und erinnerte an den Lehmkatenbau der umliegenden Dörfer.

Noch zu Anfang des vorigen Jahrhunderts bestanden die Häuser aus Holz, Lehm und gestakten Wänden, die hölzernen Schornsteine zeigten einen riesigen Umfang, und die Giebelfronten waren derart, daß immer eine Etage vorspringend über die andere hing. Die Häuser waren groß, aber setzten sich zu wesentlichstem Teile aus Winkeln, Kammern und großen Böden, selbst aus unausgebauten Stockwerken zusammen, so daß die Familie meist in einer einzigen Stube hauste, die freilich groß genug war, um dreißig Personen bequem zu fassen. Im Einklang damit war alles übrige: die Brücke baufällig, die Straßen ungepflastert, so daß, in den Regenwochen des Herbstes und Frühjahrs, die Stadt unpassierbar war und der Verkehr von Haus zu Haus auf Stelzen oder noch allgemeiner auf Kähnen unterhalten werden mußte.

In allem diesem schaffte endlich das Jahr 1736 Wandel. – Dieselben beiden Faktoren: »das Königtum und die Armee«, die überall hierzulande aus dem kümmerlich Gegebenen erst etwas machten, waren es auch hier, die das Alte abtaten und etwas Neues an die Stelle setzten. Die Armee, wie unbequem sie dem einen oder andern sein mochte, damals wie heute, sie sicherte, sie bildete, sie baute auf. So auch in Werder.

Es war im Spätsommer genannten Jahres (1736), als das eben damals in Brandenburg garnisonierende 3. Bataillon Leibgarde Befehl erhielt, zur Revue nach Potsdam zu marschieren, und zwar über *Werder.* Der Befehl lautete so bestimmt wie möglich; so blieb nichts anders übrig, als dem Könige rund und nett zu erklären, daß die *Brücke* zu Werder unfähig sei, das 3. Bataillon Leibgarde zu tragen. Die Gardemänner aber, etwa im Gänsemarsch, einzeln in die Stadt einrücken zu lassen, dieser Vorschlag wurde gar nicht gewagt; Friedrich Wilhelm I. würde ihn als einen Affront geahndet haben. So gab es denn nur *einen* Ausweg, eine – *neue Brücke.* Der König ließ sie aus Schatullengeldern in kürzester Frist herstellen.

Eine neue Brücke war nun da; aber auch in der Stadt selber sollte es anders werden. Ein Kommando des Leibregiments, aus Gründen, die nicht ersichtlich, war in Werder geblieben, und im Spätherbst erschien Seine Majestät in der

Inselstadt, um über seine 150 Blauen eine Spezialrevue abzuhalten. Es war die unglücklichste Jahreszeit: die Karosse des Königs blieb mitten auf dem Markt im Moraste stecken, ein Parademarsch wurde zu einem Unding, und die Ungnade des Königs, wenn dergleichen nicht wieder vorkommen sollte, wandelte sich von selbst in eine Gnade um: Werder wurde gepflastert.

Die Kirche »Zum heiligen Geist«, auf der höchsten Stelle der Insel malerisch gelegen, war schon zwei Jahre vorher einem Neubau unterzogen worden; ob sie schönheitlich dadurch gewonnen hatte, wird zu bezweifeln sein; die Lehniner Mönche verstanden sich besser auf Kirchenbau als der Soldatenkönig. Jedenfalls verbietet sich jetzt noch eine Entscheidung in dieser Frage, da die Renovation von 1734 längst wieder einem *neuen* Umbau gewichen ist, einer wiederhergestellten, spitzenreichen Gotik, die, in der Nähe vielleicht mannigfach zu beanstanden, als Landschaftsdekoration aber, wie eingangs dieses Kapitels bereits hervorgehoben wurde, von seltener Schönheit ist.

Dieser letzte Umbau, und wir treten damit in die Gegenwart ein, hat die Kirche erweitert, gelichtet, geschmückt; jene königliche Munifizenz Friedrich Wilhelms IV., die hier überall, an der Havel und den Havelseen hin, neue Kirchen entstehen, die alten wiederherstellen ließ, hat auch für Werder ein Mannigfaches getan. Dennoch, wie immer in solchen Fällen, hat das geschichtliche Leben Einbuße erfahren, und Bilder, Grabsteine, Erinnerungsstücke haben das Feld räumen müssen, um viel sauberern, aber viel uninteressanteren Dingen Platz zu machen. Zum Glück hat man für das »historische Gerümpel«, als das man es angesehen zu haben scheint, wenigstens eine »Rumpelkammer« übriggelassen, wenn es gestattet ist, eine Sakristeiparzelle mit diesem wenig ehrerbietigen Namen zu bezeichnen.

Hier befindet sich unter andern auch ein ehemaliges *Altargemälde*, das in Werder den überraschenden, aber sehr bezeichnenden Namen führt: »Christus als Apotheker«. Es ist so abnorm, so einzig in seiner Art, daß eine kurze Beschreibung desselben hier am Schlusse unsers Kapitels gestattet sein möge. Christus, in rotem Gewande, wenn wir nicht irren, steht an einem Dispensiertisch, eine Apothekerwaage in der Hand. Vor ihm, wohlgeordnet, stehen acht Büchsen, die auf ihren Schildern folgende Inschriften tragen: Gnade, Hilfe, Liebe, Geduld, Friede, Beständigkeit, Hoffnung, Glauben. Die Büchse mit dem *Glauben* ist die weitaus größte; in jeder einzelnen steckt ein Löffel. In Front der Büchsen, als die eigentliche Hauptsache, liegt ein geöffneter Sack mit *Kreuzwurz*. Aus ihm hat Christus soeben eine Handvoll genommen, um die Waage, in deren einer Schale die *Schuld* liegt, wieder in Balance zu bringen. Ein zu Häupten des Heilands angebrachtes Spruchband aber führt die Worte: »Die Starken bedürfen des Arztes nicht, sondern die Kranken. Ich bin kommen, die Sünder zur Buße zu rufen und nicht die Frommen. (Matthäi 9, Vers 12.)«

Die Werderaner, wohl auf Schönemann gestützt, haben dies Bild bis in die katholische Zeit zurückdatieren wollen. Sehr mit Unrecht. Die katholische Zeit hat solche Geschmacklosigkeiten nicht gekannt. In diesen Spielereien erging man sich, unter dem nachwirkenden Einfluß der Zweiten Schlesischen Dichterschule, der Lohensteins und Hofmannswaldaus, zu Anfang des vorigen Jahrhunderts, wo es Mode wurde, einen Gedanken, ein Bild in unerbittlich-konsequenter Durchführung zu Tode zu hetzen. Könnte übrigens inhaltlich darüber noch ein Zweifel sein, so würde die malerische Technik auch diesen beseitigen.

1734, in demselben Jahre, in dem die alte Zisterzienserkirche renoviert wurde, erhielt Werder auch eine *Apotheke*. Es ist höchst wahrscheinlich, daß der glückliche Besitzer derselben sich zum Donator machte und das Bildkuriosum, das wir geschildert, dankbar und – hoffnungsvoll stiftete.

Im nächsten Kapitel einiges über die »Werderschen«.

## DIE WERDERSCHEN

Blaue Havel, gelber Sand,
Schwarzer Hut und braune Hand,
Herzen frisch und Luft gesund
Und *Kirschen* wie ein Mädchenmund.

Was uns nun aber heute nach Werder führt, das ist weder die Kirche noch deren fragwürdiger Bilderschatz, das ist einfach eine Pietät gegen die besten Freundinnen unserer Jugend, gegen die »Werderschen«. Jeden Morgen, auf unserem Schulwege, hatten wir ihren Stand zwischen Herkules- und Friedrichsbrücke zu passieren, und wir können uns nicht entsinnen, je anders als mit »Augen rechts« an ihrer langen Front vorübergegangen zu sein. Mitunter traf es sich auch wohl, daß wir das verspätete »zweite Treffen« der Werderschen, vom Unterbaume her, heranschwimmen sahen: große Schuten, dicht mit Tienen besetzt, während auf den Ruderbänken zwanzig Werderanerinnen saßen und ihre Ruder und die Köpfe mit den Kiepenhüten gleich energisch bewegten. Das war ein idealer Genuß, ein Schauspiel, aber ach, »ein *Schauspiel* nur«, und siehe da, dem *ersten* Treffen, das in allem Schimmer Pomonens sich bereits faßbar vor uns präsentierte, verblieb doch immer der Sieg über unsere Sinne und unser Herz. Welche Pfirsiche in Weinblatt! Die Luft schwamm in einem erfrischenden Duft, und der Kuppelbau der umgestülpten und übereinandergetürmten Holztienen interessierte uns mehr als der Kommodenbau von Monbijou und, traurig zu sagen, auch als der Säulenwald des Schinkelschen Neuen Museums.

Das sind nun fünfundvierzig Jahre, das »Neue Museum« von damals ist schon wieder zu einem alten geworden, die Bilder jener Tage aber sind nicht verblaßt, und als unsere Havelwanderungen vor lang oder kurz begannen und unser Auge, von den Kuppen und Berglehnen am Schwielow aus, immer wieder der Spitzturmkirche von Werder gewahr wurde, da gemahnte es uns wie alte Schuld und alte Liebe, und die Jugendsehnsucht nach den Werderschen stieg wieder auf: hin nach der Havelinsel und ihrem grünen Kranz, »wo tief im Laub die Knupperkirschen glühn«.

Und wie alle echte Sehnsucht schließlich in Erfüllung geht, so auch hier, und ehe noch der Juli um war, brauste der Zug wieder über die große Havelbrücke, erst rasch, dann seinen Eilflug hemmend, bis er zu Füßen eines Kirschberges hielt: »Station Werder!«

Noch eine Drittelmeile bis zur *Stadt*; eine volle Drittelmeile, die einem um drei Uhr nachmittags, bei siebenundzwanzig Grad im Schatten und absoluter Windstille schon die Frage vorlegen kann: ob nicht doch vielleicht ein auf hohen Rädern ruhendes, sargartiges Ungetüm, das hier unter dem Namen »Omnibus« den Verkehr zwischen Station und Stadt unterhält, vor Spaziergangsversuchen zu bevorzugen sei. Aber es handelt sich für uns nicht um die Frage »bequem oder unbequem«, sondern um *Umschau*, um den Beginn unserer Studien, da die großen Kirschplantagen, die den Reichtum Werders bilden, vorzugsweise zu beiden Seiten ebendieser Wegstrecke gelegen sind, und so lassen wir denn dem Omnibus einen Vorsprung, gönnen dem Staube zehn Minuten Zeit, sich wieder zu setzen, und folgen nun zu Fuß auf der großen Straße.

Gärten und Obstbaumplantagen zu beiden Seiten; links bis zur Havel hinunter, rechts bis zu den Kuppen der Berge hinauf. Keine Spur von Unkraut; alles rein geharkt; der weiße Sand des Bodens liegt obenauf. Große Beete mit Erdbeeren und ganze Kirschbaumwälder breiten sich aus. Wo noch vor wenig Jahren der Wind über Thymian und Hauhechel strich, da hat der Spaten die schwache Rasennarbe umgewühlt, und in wohlgerichteten Reihen neigen die Bäume ihre fruchtbeladenen Zweige.

Je näher zur Stadt, um so schattiger werden rechts und links die Gärten; denn hier sind die Anlagen älter, somit auch die Bäume. Viele der letzteren sind mit edleren Sorten gepfropft, und Leinwandbänder legen sich um den amputierten Ast, wie die Bandage um das verletzte Glied. Hier mehren sich auch die Villen und Wohnhäuser, die großenteils zwischen Fluß und Straße, also zur Linken der letzteren, sich hinziehen. Eingesponnen in Rosenbüsche, umstellt von

Malven und Georginen, entziehen sich viele dem Auge, andere wieder wählen die lichteste Stelle und grüßen durch die weitgestellten Bäume mit ihren Balkonen und Fahnenstangen, mit Veranden und Jalousien.

Eine reiche, immer wachsende Kultur! *Wann* sie ihren Anfang nahm, ist bei der Mangelhaftigkeit der Aufzeichnungen nicht mehr festzustellen. Es scheint aber fast, daß Werder als ein Fischerort ins siebzehnte Jahrhundert ein- und als ein Obst- und Gartenort aus ihm heraustrat. Das würde dann darauf hindeuten, daß sich die Umwandlung unter dem Großen Kurfürsten vollzogen habe, und dafür sprechen auch die mannigfachsten Anzeichen. Die Zeit nach dem Dreißigjährigen Kriege war wieder eine Zeit großartiger Einwanderung in die entvölkerte Mark, und mit den *garten*kundigen Franzosen, mit den Bouchés und Matthieus, die bis auf diesen Tag in ganzen Quartieren der Hauptstadt blühen, kamen ziemlich gleichzeitig die *agrikultur*kundigen *Holländer* ins Land. Unter dem, was sie pflegten, war auch der *Obstbau*. Sie waren von den Tagen Luise Henriettens, von der Gründung Oranienburgs und dem Auftreten der kleveschen Familie Hertefeld an die eigentlichen landwirtschaftlichen Lehrmeister für die Mark, speziell für das *Havelland*, und wir möchten vermuten, daß der eine oder andere von ihnen, angelockt durch den echt holländischen Charakter dieser Havelinsel, seinen Aufenthalt hier genommen und die große Umwandlung vorbereitet habe. Vielleicht wäre aus den Namen der noch lebenden werderschen Geschlechter festzustellen, ob ein solcher holländischer Fremdling jemals unter ihnen auftauchte. Bemerkenswert ist es mir immer erschienen, daß die Werderaner in »Schuten« fahren, ein niederländisches Wort, das in den wendischen Fischerdörfern, soviel ich weiß, nie angetroffen wird.

Gleichviel indes, was die Umwandlung brachte, sie kam. Die Flußausbeute verlor mehr und mehr ihre Bedeutung; die Gärtnerzunft begann die Fischerzunft aus dem Felde zu schlagen, und das sich namentlich unter König Friedrich Wilhelm I., auch nach der Seite der »guten Küche« hin, schnell entwickelnde Potsdam begann seinen Einfluß auf die Umwandlung Werders zu üben. Der König, selber ein Feinschmecker, mochte unter den ersten sein, die anfingen, eine *werdersche* Kirsche von den üblichen Landesprodukten gleiches Namens zu unterscheiden. Außer den Kirschen aber war es zumeist das Strauchobst, das die Aufmerksamkeit des Kenners auf Werder hinlenkte. Statt der bekannten Bauernhimbeere, wie man ihr noch jetzt begegnet, die Schattenseite hart, die Sonnenseite madig, gedieh hier eine Spezies, die, in Farbe, Größe und strotzender Fülle prunkend, aus Gegenden hierhergetragen schien, wo Sonne und Wasser eine südliche Brutkraft üben.

Um die Mitte des vorigen Jahrhunderts hatte sich die Umwandlung völlig vollzogen: Werder war eine *Garten*insel geworden. Seinem Charakter nach war es dasselbe wie heut, aber freilich nicht seiner Bedeutung nach. Sein Ruhm, sein Glück begann erst mit jenem Tage, wo der *erste* Werderaner (ihm würden Bildsäulen zu errichten sein) mit seinem Kahne an Potsdam *vorüber-* und Berlin *entgegen*schwamm. Damit brach die Großzeit an. In Wirklichkeit ließ sie noch ein halbes Jahrhundert auf sich warten, in der Idee aber war sie geboren. Mit dem rapide wachsenden Berlin wuchs auch Werder und verdreifachte in fünfzig Jahren seine Einwohnerzahl, genau wie die Hauptstadt. Der Dampf kam hinzu, um den Triumph zu vervollständigen. Bis 1850 hielt sich die Schute, dann wurde sie als altehrwürdiges Institut beiseite gelegt, und ein »auf Gegenseitigkeit« gebauter Dampfer, der bald gezwungen war, einen großen Havelkahn ins Schlepptau zu nehmen, leitete die neue Ära der Werderaner ein. Von 1853 bis 1860 fuhr die »Marie Luise«; seitdem fährt der »König Wilhelm« zwischen Werder und Berlin.

Noch einiges Statistisches. Auch Zahlen haben eine gewisse Romantik. Wie viele Menschen erdrückt oder totgeschossen wurden, hat zu allen Zeiten einen geheimnisvollen Zauber ausgeübt; an Interesse steht dem vielleicht am nächsten, wieviel gegessen worden ist. So sei es denn auch uns vergönnt, erst mit kurzen Notizen zu debütieren und dann eine halbe Seite lang in Zahlen zu schwelgen.

Mit dem ersten Juni beginnt die Saison. Sie beginnt, von Raritäten abgesehen, mit Erdbeeren. Dann folgen die süßen Kirschen aller Grade und Farben; Johannisbeeren, Stachelbeeren, Himbeeren schließen sich an. Ende Juli ist die Saison auf ihrer Höhe. Der Verkehr läßt nach, aber nur, um

Mitte August einen neuen Aufschwung zu nehmen. Die sauren Kirschen eröffnen den Zug; Aprikosen und Pfirsich folgen; zur Pflaumenzeit wird noch einmal die schwindelnde Höhe der letzten Juliwochen erreicht. Mit der Traube schließt die Saison. Man kann von einer Sommer- und Herbstcampagne sprechen. Der Höhenpunkt jener fällt in die Mitte Juli, der Höhenpunkt dieser in die Mitte September. Die Knupperkirsche einerseits, die blaue Pflaume andererseits — sie sind es, die über die Saison entscheiden.

Der Versand ist enorm. Er beginnt mit 1000 Tienen, steigt in rapider Schnelligkeit auf 3000, auf 5000, hält sich, sinkt, steigt wieder und tritt mit 1000 Tienen, ganz wie er begonnen, schließlich vom Schauplatz ab. Als Durchschnittsminimum wird man 3000, als Maximum 4000 Tienen täglich, die Tiene zu drei Metzen, annehmen dürfen. Der Preis einer Tiene ist 15 Silbergroschen. Dies würde, bei Zugrundelegung des Minimalsatzes, in 4 Monaten oder 120 Tagen einen Gesamtabsatz von 120 mal 3000, also von 360000 Tienen* ergeben. Dies ist aber zu niedrig gerechnet, da 360000 Tienen, die Tiene zu 15 Silbergroschen, nur einer Gesamteinnahme von 180000 Talern entsprechen würden, während diese auf 280000 Taler angegeben wird. Gleichviel indes; dem Berliner wird unter allen Umständen der Ruhm verbleiben, als Minimalsatz alljährlich eine Million Metzen werdersches Obst zu konsumieren. Solche Zahlen sind schmeichelhaft und richten auf.

Sie richten auf — in erster Reihe natürlich die Werderschen selbst, die die entsprechende Summe einzuheimsen haben, und in der Tat, auf dem Werder und seinen Dependenzien ist ein solider Durchschnittswohlstand zu Hause. Aber man würde doch sehr irregehn, wenn man hier, in modernem Sinne, großes Vermögen, aufgespeicherte Schätze suchen wollte. Wer persönlich anfaßt und fleißig arbeitet, wird selten reich; reich wird der, der mit der Arbeit hundert anderer Handel treibt, sie als kluger Rechner sich zunutze macht. An solche Modernität ist hier nicht zu denken. Dazu

* Ein sehr bedeutender Teil des werderschen Obstes, namentlich aus den an der Eisenbahn gelegenen Obstbergen, geht nicht zu Schiff, sondern vermittelst Bahn nach Berlin. Auch dieser Verkehr ist außerordentlich bedeutend. Ob er in den Zahlen, die wir vorstehend verzeichnet haben, mit einbegriffen ist oder nicht, vermögen wir nicht mit Bestimmtheit zu sagen.

kommen die bedeutenden Kosten, Lohnzahlungen und Ausfälle. Eine Tiene Obst, wir gaben es schon an, bringt im Durchschnitt fünfzehn Silbergroschen; davon kommen sofort in Wegfall: anderthalb Silbergroschen für Pflückerlohn und ebenfalls anderthalb Silbergroschen für Transport. Aber die eigentlichen Auslagen liegen schon weit vorher. Die Führung großer Landwirtschaften ist aus den mannigfachsten Gründen, aus Mangel an Wiesen und vielleicht nicht minder aus Mangel an Zeit und Kräften, auf dem Werder so gut wie unmöglich; so fehlt es denn an Dung, und diese Unerläßlichkeit muß aus der Nachbarschaft, meist aus Potsdam, mühsam herbeigeschafft werden. Eine Fuhre Dung kostet sieben Taler. Dies allein bedingt die stärksten Abzüge. Was aber vor allem einen eigentlichen Reichtum nicht aufkommen läßt, das sind die Ausfalljahre, wo die Anstrengungen, um noch größerem Unheile vorzubeugen, verdoppelt werden müssen und wo dennoch mit einem Defizit abgeschlossen wird. Die Überschüsse früherer Jahre müssen dann aushelfen. Derartige Ausfalljahre sind solche, wo entweder starke Fröste die großen Obstplantagen zerstören oder wo im Frühjahr die Schwaben und Blatthöhler das junge Laub töten, die Ernte reduzieren und oft die Bäume dazu. So gibt es denn unter den Werderschen eine Anzahl wohlhabender Leute, aber wenig reiche. Es ist auch hier dafür gesorgt, daß die Bäume nicht in den Himmel wachsen.

## »Die Werdersche«

### *Ein Intermezzo*

> All Großes, wie bekannt, wirft seinen Schatten;
> Und ehe dich, o Bayrische, wir hatten,
> Erschien, ankündigend, in braunem Schaum
> Die *Werdersche*. Ihr Leben war ein Traum.

Unter einem Geplauder, das im wesentlichen uns die Notizen an die Hand gab, die wir vorstehend wiedererzählt, waren wir bis an eine Stelle gekommen, wo die große Straße nach links hin abbiegt und in ihrer Verlängerung auf die

Brücke und demnächst auf die Insel führt. Genau an dem Kniepunkt erhob sich ein ausgedehntes Etablissement mit Betriebsgebäuden, hohen Schornsteinen und Kellerräumen, und der eben herüberwehende Malzduft ließ keinen Zweifel darüber, daß wir vor einer der großen Brauereien ständen, die der Stadt Werder auch nach *dieser* Seite hin eine Bedeutung gegeben haben. Es sind eben *zwei* Größen, die wir an dieser Stelle zu verzeichnen haben: in erster Reihe die »Werderschen«, in zweiter Reihe »die Werdersche«. Eine Welt von Unterschied legt sich in diesen einen Buchstaben n. Wie Wasser und Feuer im Schoße der Erde friedlich nebeneinander wohnen, solange ihr Wohnen eben ein *Neben*einander ist, aber in Erdbeben und Explosionen unerbittlich sich Luft machen, sobald ihr Nebeneinander ein Durcheinander wird, so auch hier. Den Erfahrenen schaudert.

Die Einheitlichkeit unserer Darstellung zu wahren, hätten wir vielleicht die Pflicht gehabt, die »Werdersche« zu unterschlagen und den »Werderschen« allein das Feld und den Sieg zu lassen, aber das Wort: die »Werdersche«, ist einmal gefallen, und so verbietet sich ein Rückzug. Ein Bierkapitel schiebt sich verlegen in das Obstkapitel ein.

Die Zeiten liegen noch nicht weit zurück, wo die »Weiße« oder, um ihr Symbol zu nennen, die »Stange« unsere gesellschaftlichen Zustände wie ein Dynastengeschlecht beherrschte. Es war eine weitverzweigte Sippe, die, in den verschiedenen Stadtteilen, besserer Unterscheidung halber, unter verschiedenen Namen sich geltend machte: die Weiße von Volpi, die Weiße von Clausing oder (vielleicht die stolzeste Abzweigung) einfach das Bier von *Bier*. Ihre Beziehungen untereinander ließen zuzeiten viel zu wünschen übrig, aber alle hatten sie denselben Familienstolz, und nach *außen* hin waren sie einig. Sie waren das herrschende Geschlecht.

So gingen die Dinge seit unvordenklichen Zeiten; das alte Europa brach zusammen, Throne schwankten, die »Weiße« blieb. Sie blieb während der Franzosenzeit, sie blieb während der Befreiungsjahre, sie schien fester als irgendeine etablierte Macht. Aber schon lauerte das Verderben.

In jenen stillen Jahren, die der großen Aufregung folgten, wo man's gehenließ, wo die Wachsamkeit lullte, da geschah's. Eines Tages, wie aus dem Boden aufgestiegen, waren zwei Konkurrenzmächte da: die *Grünthaler* und die *Jostysche.*

Jetzt, wo sich ein freierer Überblick über ein halbes Jahrhundert ermöglicht, ist die Gelegenheit gegeben, auch ihnen gerecht zu werden. Es ist jetzt die Möglichkeit da, die Dinge aus dem Zusammenhange zu erklären, das Zurückliegende aus dem Gegenwärtigen zu verstehn. Beide Neugetränke hatten einen ausgesprochenen Heroldscharakter, sie waren Vorläufer, sie kündigten an. Man kann sagen: Berlin war für die Bayersche noch nicht reif, aber das Seidel wurde bereits geahnt. Die Grünthaler, die Jostysche, sie waren eine Kulmbacher von der milderen Observanz; die Jostysche, in ihrem Hange nach Milde, bis zum Koriander niedersteigend. Beide waren, was sie sein konnten. Darin lag ihr Verdienst, aber doch auch ihre Schwäche. Ihr Wesen war und blieb – die Halbheit. Und die Halbheit hat noch nie die Welt erobert, am wenigsten Berlin.

So herrschten denn die alten Mächte vorläufig weiter. Aber nicht auf lange. Die Notwendigkeit einer Wandlung hatte sich zu fühlbar herausgestellt, als daß es hätte bleiben können, wie es war. Die Welt, wenn auch nach weiter nichts, sehnte sich wenigstens nach Durchbrechung des Monopols, und siehe da, was den beiden Vorläufern des Seidels nicht hatte glücken wollen, das glückte nunmehr, in ebendiesen Interregnumstagen, einer *dritten* Macht, die, an das Alte sich klug und weise anlehnend, ziemlich gleichzeitig mit jenen beiden ins Dasein sprang.

Diese dritte Macht (der Leser ahnt bereits, welche) hatte von vornherein den Vorzug, alles Fremdartigen entkleidet, auf unserem Boden aufzutreten; – märkisch national, ein Ding für sich, so erschien die *Werdersche.* Sie war dem Landesgeschmack geschickt adaptiert, sie stellte sich einerseits in Gegensatz gegen die Weiße und hatte doch wiederum so viel von ihr an sich, daß sie wie zwei Schwestern waren, dasselbe Temperament, dasselbe prickelnde Wesen, im übrigen reine Geschmackssache: blond oder braun. In Kruken auftretend und über dreimal gebrauchten Korken eine blasse, längst ausgelaugte Strippe zu leichtem Knoten schürzend, war sie, die Werdersche, in ihrer äußerlichen Erscheinung schon, der ausgesprochene und bald auch der glückliche Konkurrent der älteren Schwester, und die bekannten Kellerschilder, diese glücklich-realistische Mischung von Stilleben und Genre, bequemten sich mehr und mehr, neben der blonden Weißen die braune Werdersche ebenbürtig einzurangieren. Die Verhältnisse, ohne daß ein Plan dahin geleitet hätte, führten über Nacht zu einer Teilung der Herrschaft. Die Werdersche hielt mehr und mehr ihren Einzug über die Hintertreppe; in den Regionen der Küche und Kinderstube erwuchs ihr das süße Gefühl, eine Mission gefunden und erfüllt zu haben; sie wurde *Nahr*bier in des Wortes verwegenster Bedeutung, und das gegenwärtige Geschlecht, wenn auch *aus zweiter Hand erst*, hat Kraft und Leben gesogen aus der »Werderschen«.

Dessen seien wir gedenk. Das Leben mag uns losreißen von unserer Amme; aber ein Undankbarer, der sie nicht kennen will oder bei ihrem Anblick sich schämt.

Sieh nur, sieh, wie behend sich die Menge
Durch die Gärten und Felder zerschlägt,
Wie der Fluß, in Breit' und Länge,
So manchen lustigen Nachen trägt;
Und bis zum Sinken überladen,
Entfernt sich dieser letzte Kahn.

*»Faust«*

Soviel über die »Werdersche«. Wir kehren zu den »Werderschen« zurück.

Vom Knie bis zur Stadt ist nur noch eine kurze Strecke. Wir schritten auf die Brücke zu, die zugleich die Werft, der Hafen- und Stapelplatz von Werder ist. Hier wird aus- und eingeladen, und die Bilder, die diesen Doppelverkehr begleiten, geben dieser Stelle ihren Wert und ihre Eigentümlichkeit. Der gesamte Hafenverkehr beschränkt sich auf die Nachmittagsstunden; zwischen fünf und sechs, in einer Art Kreislauftätigkeit, leeren sich die Räume des aus der Hauptstadt zurückkehrenden Dampfers und seines Beikahns wie im Fluge, aber sie leeren sich nur, um sich unverzüglich wieder mit Töpfen und Tienen zu füllen.

Es ist jetzt fünf Uhr. Der Dampfer legt an; die Entfrachtung nimmt ihren Anfang. Über das Laufbrett hin, auf und zurück, in immer schnellerem Tempo, bewegen sich die Bootsleute, magere, aber nervige Figuren, deren Beschäftigung zwischen Landdienst und Seedienst eine glückliche Mitte hält. Wenn ich ihnen eine gewisse Matrosengrazie zuschriebe, so wäre das nicht genug. Sie nähern sich vielmehr dem Akrobatentum, den Vorstadt-Rappos, die sechs Stühle übereinandertürmen und, den ganzen Turmbau aufs Kinn oder die flache Hand gestellt, über ein Seil hin ihre doppelte Balancierkunst üben: der *Bau* darf nicht fallen und sie *selber* auch nicht. So hier. Einen Turmbau in Händen, der sich aus lauter ineinandergestülpten Tienen zusammensetzt und halbmannshoch über ihren eigenen Kopf hinauswächst, so laufen sie über das schwanke Brett und stellen die Tienentürme in langen Reihen am Ufer auf. Im ersten Augenblick scheint dabei eine Willkür oder ein Zufall zu walten; ein schärferes Aufmerken aber läßt uns in dem scheinbaren Chaos bald die minutiöseste Ordnung erkennen, und die Tienen stehen da, militärisch gruppiert und geordnet, für den Laien eine große, unterschiedslose Masse, aber für den Eingeweihten ein Bataillon, ein Regiment, an Achselklappe, Knopf und Troddel aufs bestimmteste erkennbar. So viele Gärtner und Obstpächter, so viele Compagnien. Zunächst unterscheiden sich die Tienen nach der *Farbe*, und zwar derart, daß die untere Hälfte au naturel auftritt, während die obere, mehr sichtbare Hälfte in Rot oder Grün, in Blau oder Weiß sich präsentiert. Aber nicht genug damit. Auf diesem breiten Farbenrande befinden sich, zu weiterer Unterscheidung, entweder die Namen der Besitzer oder noch häufiger ihre Wappenzeichen: Kreuze, stehend und liegend, Sterne, Kreise und Sonnen, eingegraben und eingebrannt. Man kann hier von einer völligen *Heraldik* sprechen. Die alten »Geschlechter« aber, die diese Wappen tragen und pflegen, sind die Lendels, die Mays, die Kühls, die Schnetters und unmittelbar nach ihnen die Rietz', die Kuhlmeys, die Dehnickes. Als altwendisch gelten die Lendels und die Rietz', vielleicht auch die Kuhlmeys.

Ist nun aber das Landen der leeren Tienen, wie wir es eben geschildert haben, eine heitere und malerische Szene, so kann diese doch nicht bestehen neben dem konkurrierenden Schauspiel des *Einladens*, des An-Bord-Schaffens, das schon beginnt, bevor das Ausladen zur Hälfte beendet ist.

Etwa von fünfeinhalb Uhr ab, und nun rapide wachsend bis zum Moment der Abfahrt, kommen die Obstwagen der Werderaner heran, kleine, grüngestrichene Fuhrwerke, mit Tienen hoch bepackt und mit zwei Zughunden am Deichsel, während die Besitzer, durch Stoß von hinten, die Lokomotion unterstützen. Ein Wettfahren beginnt, alle Kräfte konzentrieren sich, von links her rollt es und donnert es über die Brückenbohlen, von rechts her, auf der chaussierten Vorstadtstraße, wirbelt der Staub, und im Näherkommen an das ersehnte Ziel heulen die Hunde immer toller in die Luft hinein, wie verstimmte Posthörner beim Einfahren in die Stadt. Immer mächtiger wird die Wagenburg, immer lauter das Gebläff, immer quicker der Laufschritt derer, die die Tienen über das Brett hin in den am Landungsdamm liegenden Kahn hineintragen. Jetzt setzt der Zeiger ein, von der werderschen Kirche herüber tönen langsam die sechs Schläge, deren letzter in einem Signalschuß verklingt. Weithin an den hohen Ufern des Schwielow weckt er das Echo. Im selben Augenblick folgt Stille der allgemeinen Bewegung, und nur noch das Schaufeln des Raddampfers wird vernommen, der, eine Kurve beschreibend, das lange Schlepptau dem Havelkahne zuwirft und, rasch flußaufwärts seinen Cours nehmend, das eigentliche Frachtboot vom Ufer löst, um es geräuschlos in das eigene Fahrwasser hineinzuzwingen.

Von der Brücke aus gibt dies ein reizendes Bild. Auf dem großen Havelkahn, wie die wilden Männer im Wappen, stehen zwei Bootsleute mit ihren mächtigen Rudern im Arm, während auf dem Dampfer in langer Reihe die »Werderschen« sitzen, ein Nähzeug oder Strickzeug in den Händen und nichts vor sich als den Schornstein und seinen Eisenkasten, auf dessen heißer Platte einige dreißig Bunzlauer Kaffeekannen stehen. Denn die Nächte sind kühl, und der Weg ist weit.

Eine Viertelstunde noch, und Dampfer und Havelkahn verschwinden in dem Défilé bei Baumgartenbrück; der Schwielow nimmt sie auf, und durch das »Gemünde« hin, an dem schönen und langgestreckten Caputh vorbei, geht die Fahrt auf Potsdam zu, an den Schwänen vorüber, die schon die Köpfe eingezogen hatten und nun unmutig hinblicken auf den Schnaufer, der ihren Wasserschlaf gestört.

Bei Dunkelwerden Potsdam, um Mitternacht Spandau, bei Dämmerung Berlin.

Und eh der erste Sonnenschein um den Marienkirchturm blitzt, lachen in langer Reihe, zwischen den Brücken hin, die roten Knupper der Werderschen.

# GLINDOW

Hier nährten früh und spat den Brand
Die Knechte mit geschäft'ger Hand;
Der Funke sprüht, die Bälge blasen,
Als gält es, Felsen zu verglasen.

*Schiller*

Was Werder für den *Obst*konsum der Hauptstadt ist, das ist Glindow für den *Ziegel*konsum. In Werder wird gegraben, gepflanzt, gepflückt – in Glindow wird gegraben, geformt, gebrannt; an dem einen Ort eine wachsende Kultur, am andern eine wachsende Industrie, an beiden (in Glindow freilich auch mit dem Revers der Medaille) ein wachsender Wohlstand. Dazu steht das eine wie das andere nicht bloß für sich selber da, sondern ist seinerseits wiederum eine »Metropole«, ein Mittelpunkt gleichgearteter und zugleich widerstrebender *Distrikte*, die es fast geboten erscheinen lassen, nach Analogie einiger Schweizer Kantone, von Werder-Stadt und Werder-Land oder von Glindow-Dorf und Glindow-Bezirk zu sprechen.

Bei Werder haben wir diesen Unterschied übergangen; bei Glindow wird es dann und wann unvermeidlich sein, auf ihn Bezug zu nehmen. Deshalb an dieser Stelle schon folgendes: Distrikt Glindow ist etwa zwei Quadratmeilen groß (vier Meilen lang und eine halbe Meile breit) und zerfällt in ein Innen- und Außenrevier, in einen Bezirk diesseit und jenseit der Havel. Das Innenrevier »diesseit der Havel« ist alles Lehm- und Tonland und umfaßt die gesamten Territorien am Schwielow-, am Glindow- und Plessow-See; das Außenrevier oder das Revier »jenseit der Havel« ist neuentdecktes Land und dehnt sich vorzugsweise auf der Strecke zwischen Ketzin und Tremmen aus. Dies Außenland, abweichend und eigenartig, behauptet zugleich eine gewisse Selbständigkeit und zeigt eine unverkennbare Tendenz, sich loszureißen und Ketzin zu einer eigenen Hauptstadt zu machen. Vielleicht, daß es glückt. Vorläufig aber ist die Einheit noch da, und ob der Tag siegreicher Sezession näher oder ferner sein möge, *noch* ist Glindow* Metropole und herrscht über Innen- und Außenrevier.

Die Bodenbeschaffenheit, das Auftreten des Lehms ist diesseit und jenseit der Havel grundverschieden. Im *Innenrevier* tritt der Lehm in Bergen auf, als Berglehm, und wenn wir uns speziell auf die wichtige Feldmark Glindow beschränken, so unterscheiden wir hier folgende Lehmberge: den cöllnischen, zwei brandenburgische (Altstadt, Neustadt), den caputhschen, den schönebeckschen, den Invalidenberg, den Schloßbauberg, zwei Kurfürstenberge (den großen und den kleinen), den plaueschen, den mösenschen, den potsdamschen. Die drei letztgenannten liegen wüst, sind tot. Die andern sind noch in Betrieb. Ihre Namen deuten auf ihre früheren Besitzer. Berlin-Cölln, Brandenburg, Potsdam, Caputh, Schönebeck hatten ihre Lehmberge, der Invalidenberg gehörte dem Invalidenhause etc. Diese Besitzverhältnisse existieren nicht mehr. Jene Ortschaften haben sich längst ihres Eigentums entäußert, das inzwischen in die Hände einiger Ziegellords übergegangen ist. Die meisten sind in Händen der Familie Fritze.

Der Lehm in diesen Bergen ist sehr mächtig. Nach Wegräumung einer Oberschicht, »Abraum« genannt, von etwa dreißig Fuß Höhe, stößt man auf das Lehmlager, das oft eine Tiefe von achtzig bis hundert Fuß hat. Der Lehm ist schön und liefert einen guten Stein, aber doch keinen Stein ersten Ranges. Die Hauptbedeutung dieser Lager ist ihre Mächtigkeit, annähernd ihre Unerschöpflichkeit. Dabei mag als et-

* Es ist oft gesagt worden, daß der Stadt Berlin das *Material* zu raschem Emporblühen beinah unmittelbar vor die Tore gelegt worden sei. Das ist richtig. Da sind Feldsteinblöcke für Fundament- und Straßenbau, Rüdersdorfer Kalk zum Mörtel, Holz in Fülle, Torf- und Salzlager in unerschöpflicher Mächtigkeit. Ohne diesen Reichtum, der in dem Grade, wie er jetzt vorliegt, lange ein Geheimnis war, wäre das riesige Wachstum der Stadt, bei der ursprünglich geringen Fruchtbarkeit ihres Bodens, bei ihrer Binnenlage und ihrer immerhin beschränkten Wasserverbindung, nahezu eine Unmöglichkeit gewesen. Daran, *daß* es möglich wurde, hat Glindow seinen Anteil: der *große Ziegelofen* der Residenz. Das sogenannte »Geheimratsviertel« ist großenteils aus Glindower Steinen aufgeführt, und ein ganzes »Berlin der Zukunft« steckt noch in den Glindower Bergen. (Glindow heißt übrigens Lehmdorf, von dem wendischen Worte *Glin*, der Lehm. Kaum irgendein Wort, wie schon Seite 214 hervorgehoben, kommt häufiger vor in der Mark. Außer dem Landesteile »der *Glien*«, mit der Hauptstadt Kremmen, gibt es zahlreiche Dörfer dieses Namens. Vergleiche das Kapitel »Groß Glienicke«.)

was Absonderliches hervorgehoben werden, daß sich in diesen Lehmlagern *Bernstein* findet, und zwar in erheblicher Menge. Die meisten Stücke sind haselnußgroß und somit ohne besonderen Wert, es finden sich aber auch Stücke von der Größe einer Faust, dabei sehr schön, die bis zu fünfundzwanzig Talern verkauft werden. Wer solch Stück findet, hat einen Festtag.

Soviel über die Lehmberge des *Innen*reviers. Ganz anders ist das Auftreten der Lager im *Außen*revier jenseit der Havel. Der dort vorkommende Lehm ist sogenannter Wiesenlehm, der nur sechs Fuß unter der Rasenoberfläche liegt, aber auch selber nur in einer Schicht von sechs bis acht Fuß auftritt. Er ist wegen des geringen »Abraums«, der fortzuschaffen ist, leichter zugänglich; all diese Lager sind aber verhältnismäßig leicht erschöpft, auch ist das Material nicht voll so gut.

Dieser Unterschied im Material – wie mir alte Ziegelbrenner versicherten – ist übrigens viel bedeutungsloser, als gewöhnlich angenommen wird. Wie bei so vielem in Kunst und Leben kommt es darauf an, was Fleiß und Geschick aus dem Rohmaterial machen. Das Beste kann unvollkommen entwickelt, das Schwächste zu einer Art Vollkommenheit gehoben werden. So auch beim Ziegelbrennen. Die berühmtesten Steine, die hierzulande gebrannt werden, sind die »roten Rathenower« und die »gelben Birkenwerderschen«. Aber was ihnen ihre Vorzüglichkeit leiht, ist *nicht* das Material, sondern die Sorglichkeit, die Kunst, mit der sie hergestellt werden. Jedem einzelnen Stein wird eine gewisse Liebe zugewandt. *Das* macht's. Der birkenwerdersche Ton beispielsweise ist unscheinbar; aber geschlämmt, gesäubert, gemahlen wird er zu einem allerdings feinen Materiale entwikkelt, und die Art des Streichens und Brennens macht ihn schließlich zu etwas in seiner Art Vollendetem. Man geht dabei so weit, daß die Messer beim Formen des Steines jedesmal geölt werden, um dem Ziegel dadurch die Glätte, Ebenheit und Schärfe zu geben, die ihn auszeichnet.

Auch in Glindow und seinen Dependenzien wird ein vorzüglicher Stein gebrannt, aber dennoch nicht ein Stein, der den Rathenowern und Birkenwerderschen gleichkäme. Die Herstellung im Dorfe Glindow selbst erfolgt durch etwa 500

Arbeiter aller Art. Wir unterscheiden dabei: *fremde* Ziegelstreicher, *einheimische* Ziegelstreicher und *Tagelöhner.* Über alle drei Kategorien ein Wort.

*Fremde* Ziegelstreicher werden hier seit lange verwandt. Die einheimischen Kräfte reichen eben nicht aus. Früher waren es »Eichsfelder«, die kamen und hier, ähnlich wie die Warthebruch-Schnitter oder Linumer Torfgräber, eine Sommercampagne durchmachten. Aber die »Eichsfelder« blieben schließlich aus oder wurden abgeschafft, und an ihre Stelle traten die »Lipper«. Die behaupten noch jetzt das Feld.

Die Lipper, nur Männer, kommen im April und bleiben bis Mitte Oktober. Sie ziehen in ein massives Haus, das unten Küche, im ersten Stock Eßsaal, im zweiten Stock Schlafraum hat. Sie erheben gewisse Ansprüche. So muß jedem ein Handtuch geliefert werden. An ihrer Spitze steht ein Meister, der nur Direktion und Verwaltung hat. Er schließt die Kontrakte, empfängt die Gelder und verteilt sie. Die Arbeit ist Akkordarbeit, das Brennmaterial und die Gerätschaften werden sämtlich geliefert; der Lehm wird ihnen bis an die »Sümpfe« gefahren; der Ofen ist zu ihrer Disposition. Alles andere ist ihre Sache. Am Schlusse der Campagne erhalten sie für je 1000 fertiggebrannte Steine einzweidrittel bis zwei Taler. Die Gesamtsumme bei acht bis zehn Millionen Steine pflegt bis 15000 Taler zu betragen. Diese Summe wird aber schwer verdient. Die Leute sind von einem besonderen Fleiß. Sie arbeiten von drei Uhr früh bis acht oder selbst neun Uhr abends, also nach Abzug einer Eßstunde immer noch nah an siebzehn Stunden. Sie verpflegen sich nach Lipper Landessitte, das heißt im wesentlichen westfälisch. Man darf sagen, sie leben von Erbsen und Speck, die beide durch den »Meister« aus der lippeschen Heimat bezogen werden, wo sie diese Artikel besser und billiger erhalten. Mitte Oktober treten sie, jeder mit einer Überschußsumme von nahezu 100 Talern, den Rückweg an und überlassen nun das Feld den *einheimischen* Ziegelstreichern.

Die *Einheimischen* arbeiten ebenfalls auf Akkord, aber unter ganz andern Bedingungen. Sie erhalten nicht die ganze Arbeit, sondern die Einzelarbeit bezahlt und stehen sich dabei nicht erheblich schlechter als die Lipper. Während der

Sommermonate teilen sie den Arbeitsplatz mit den letzteren derart, daß die Lipper zur Rechten, die Einheimischen zur Linken ihre Ziegel streichen. Soweit sind sie den Lippern ebenbürtig. Darin aber stehen sie hinter diesen zurück, daß diese das Recht haben, ihre Ziegel *zuerst* zu brennen. Mit andern Worten, solange die Sommercampagne dauert, gehört der Ofen ausschließlich den Lippern, und erst wenn diese fort sind, ziehen die Einheimischen mit den vielen Millionen Ziegeln, die sie inzwischen gestrichen und getrocknet haben, auch ihrerseits in den Ofen ein.

Die dritte Gruppe von Beschäftigten sind die *Tagelöhner*. Sie arbeiten auf Tagelohn, erhalten täglich acht Silbergroschen der Mann (sechs Silbergroschen die Frau) und bilden die *Unter*schicht einer Gesellschaft, in der die Ziegelstreicher, wie eine mittelalterliche Handwerkszunft, die *Ober*schicht bilden. Sie sind bloße Handlanger, Aushilfen für den groben Dienst, der keine »Kunst« verlangt, und erheben sich nach Erscheinung und allgemeiner Schätzung wenig über ein dörfliches Proletariat, das denn auch meistens in Familienhäusern untergebracht zu werden pflegt.

Dies führt mich auf die Gesundheitsverhältnisse dieser Ziegelbrenner-Distrikte. Die Berichte darüber gehen sehr auseinander, und während von einer Seite her – beispielsweise von Potsdamer Hospitalärzten – versichert wird, daß dieser stete Wechsel von Naßkälte und Glühofenhitze die Gesundheit früh zerstöre, versichern die Glindower Herren, daß nichts abhärtender und nichts gesunder sei als der Ziegeldienst in Glindow. Personen zwischen siebzig und achtzig Jahren sollen sehr häufig sein. Die Streitfrage mag übrigens auf sich beruhen. Sie scheint uns so zu liegen, daß dieser Dienst eine angeborene gute Gesundheit und gute Verpflegung verlangt – sind diese Bedingungen erfüllt, so geht es; die kümmerliche Tagelöhnerbevölkerung aber, die »nichts drin, nichts draußen« hat und zum Teil von einem elenden Elternpaar geboren und großgezogen wurde, geht allerdings früh zugrunde.

Der Gesamtziegelbetrieb ist, soweit Glindow selbst in Betracht kommt, in Händen weniger Familien: Fritze, Hintze, Fiedler; etwa neun große Öfen sind im Gange. Die Gesamtmasse produzierter Steine geht bis sechzehn Millionen, früher ging es über diese Zahl noch hinaus. Die Summen, die dadurch in Umlauf kommen, sind enorm. 1000 Steine = 8 Taler; also sechzehn Millionen (1000 mal 8 mal 16) = 128 000 Taler. Dies auf wenige Familien verteilt, muß natürlich einen Reichtum erwarten lassen, und in der Tat ist er da. Aber wie in Werder, so ist doch auch hier in Glindow dafür gesorgt, daß Rückschläge nicht ausbleiben, und es gibt Zeitläufte, wo die Fabriken mit Schaden arbeiten. Überall im Lande wachsen die Ziegelöfen wie über Nacht aus der Erde, und die Konkurrenz drückt die Preise. Die Zeiten, wo 1000 Steine fünfzehn Taler einbrachten, sind vorläufig dahin, man muß sich, wie schon angedeutet, mit acht und selbst mit siebeneinhalb begnügen. Nun berechne man die Zinsen des Erwerbs- und Betriebskapitals, das Brennmaterial, den Lohn an die Erdarbeiter, die Ziegelstreicher (zwei Taler) und die Tagelöhner, endlich die Kahnfracht (ebenfalls anderthalb Taler), so wird sich ergeben, daß von diesen acht Talern für je 1000 Steine nicht viel zu erübrigen ist. Die Hauptsorge machen immer die Schiffer. Sie bilden überhaupt, wie jeder weiß, der mit ihnen zu tun hatte, eine der merkantil gefährlichsten Menschenklassen. Mit erstaunlicher List und Aushorchekunst wissen sie in Erfahrung zu bringen, welche Kontrakte die Ziegelbrenner mit diesem oder jenem Bauunternehmer der Hauptstadt abgeschlossen haben. Lautet der Kontrakt nun etwa dahin: »Die Steine müssen bis Mitte Oktober abgeliefert sein«, so hat der Schiffer den Ziegelbrenner in der Hand; er verdoppelt seine Forderungen, weil er weiß, er kann es wagen, der Ziegelbrenner *muß* zahlen, wenn er nicht der ganzen Einnahme verlustig gehen will.

Die glänzende Zeit dieses Betriebes ist vorüber*, genau seit jener Epoche, wo die Ziegelbrennerei einen neuen Aufschwung zu nehmen schien, seit Einführung der *Ringöfen*. Der Ringofen verbilligte die Herstellung des Steins; die ersten, die sich seiner bedienten, hatten enorme Verdienste; jetzt, wo ihn *jeder* hat, hat er die Produktion zwar gefördert, aber der Wohlhabenheit nur mäßig genützt.

Der Ringofen hat den alten Ziegelofen, wenige Ausnahmen abgerechnet, total verdrängt, und in Erwägung, daß

* Dieser Aufsatz wurde 1870 geschrieben. Seitdem haben sich die Dinge wieder zugunsten der Ziegeleibesitzer geändert.

diese Kapitel nicht bloß auf dem Lande, sondern auch von Städtern gelesen werden, die nur allzuselten Gelegenheit haben, Einblick in solche Dinge zu gewinnen, mag es mir gestattet sein, einen Ringofen, seine Eigentümlichkeiten und seine Vorteile zu beschreiben.

Der *Ringofen* hat seinen Namen von seiner Form; er ist ein Rundbau. Seiner Einrichtung nach könnte man ihn einen Kammer- oder Kapellenofen nennen; seiner Haupteigenschaft nach aber ist er ein *Spar*ofen. Er spart Feuerung. Wir kommen darauf zurück.

Zunächst seine Form und Einrichtung. Um beide zu schildern, greifen wir nach einem Bilde, das vor einigen Jahren, als es galt, das Pariser Ausstellungsgebäude anschaulich zu beschreiben, vielfach gebraucht wurde. Wir modifizieren es nur. Denken wir uns also eine gewöhnliche runde Torte, aus der wir das Mittel- oder Nußstück herausgeschnitten und durch eine schlanke Weinflasche ersetzt haben, so haben wir das getreue Abbild eines Ringofens. Denken wir uns dazu die Torte in zwölf gleich große Stücke zerschnitten, so haben wir auch die Einrichtung des Ofens: sein Zwölfkammersystem. Die in der Mitte aufragende Weinflasche ist natürlich der Schornstein.

Das Verfahren ist nun folgendes. In vier oder fünf der vorhandenen, durch Seitenöffnungen miteinander verbundenen Kammern werden die getrockneten Steine eingekarrt, in jede Kammer 12000. Ist dies geschehen, so wird die Gesamtheit der erwähnten vier oder fünf Kammern durch zwei große Eisenschieber, der eine links, der andere rechts, von dem Reste der Kammern abgesperrt. Nun beginnt man in Kammer 1 ein Feuer zu machen, nährt es, indem man von oben her durch runde Löcher ein bestimmtes Quantum von Brennmaterial niederschüttet*, und hat nach vierundzwanzig Stunden die 12000 Steine der ersten Kammer völlig gebrannt. Aber

* Die Feuerung geschieht von oben her durch eine runde Öffnung; ein eiserner Stülpdeckel von der Form eines Zylinderhuts (dessen Krempe übergreift) schließt die Öffnung und wird abgenommen, sooft ein Nachschütten nötig ist. Man sieht dann, wie durch eine schmale Esse, in die Kammer hinein und hat die aufgetürmten, rotglühenden Steine unter sich. Der Anblick, den man sich nur verschaffen kann, indem man auf die Gewölbedecke der Kammer tritt, hat etwas im höchsten Grade Unheimliches und Beängstigendes. Man steht über einer Hölle und blickt in sie hinab. Eine Schicht Steine, vielleicht kaum einen Fuß dick, trennt den Obenstehenden von dieser Unterwelt, und der Gedanke hat etwas Grausiges: Wenn jetzt dies Gewölbe –.

(und darin liegt das Sparsystem) während man in Kammer 1 eine für 12000 Steine ausreichende Rotglut unterhielt, wurden die Nachbarsteine in Kammer 2 halb, in Kammer 3 ein Drittel fertig gebrannt, und die Steine in Kammer 4 und 5 wurden wenigstens »angeschmoocht«, wie der technische Ausdruck lautet. Die Steine in Kammer 2, die nun am zweiten Tage unter Feuer kommen, brauchen natürlich, halb fertig, wie sie bereits sind, ein geringeres Brennmaterial, um zur Perfektion zu kommen, und so geht es weiter; wohin immer das Feuer kommt, findet es 12000 Steine vor, die bereits drei Tage lang, und zwar in wachsender Progression, durch eine Feuerbehandlung gegangen sind. Der eine (vorderste) Eisenschieber rückt jeden Tag um eine Kammer weiter, der andere Eisenschieber, vom entgegengesetzten Flügel her, folgt und gibt dadurch *die* Kammer frei, in der am Tage zuvor gebrannt wurde. So vollzieht sich ein Kreislauf. In die leeren Kammern, bevor der Schieber sie in den Feuerrayon hineinzwingt, wird *ein*gekarrt, aus den im Feuer gewesenen, vom Schieber freigegebenen Kammern wird *aus*gekarrt. Der Prozeß, solange die Brenncampagne dauert, ist ohne Ende; das Feuer rückt von Kammer zu Kammer, bis es herum ist, und beginnt dann seinen Kreislauf von neuem. Der Vorteil liegt auf der Hand. Er steigt aber insonderheit auch noch dadurch, daß der Ringofen in seinen Feueransprüchen nicht wählerisch ist. Er frißt alles. Jedes Material dient ihm: Holz, Torf, Braunkohle, alles hat einen gleichen oder doch einen verwandten Wert, und das billigste Material behauptet sich neben dem teuersten. Die Ziegelbrennerei ist dadurch in eine ganz neue Phase getreten, zum Vorteil der Bauunternehmer, die seitdem die Steine für den halben Preis erstehen, aber wenig zum Vorteil der alten Ziegelbrennerfirmen, die, ehe die Dinge diese modern-industrielle Behandlung und Ausnutzung erfuhren, sich besserstanden. Wobei übrigens auch noch bemerkt sein mag, daß die *besten* Steine, beispielsweise die Rathenower und Birkenwerderschen, nach wie vor in den Ziegelöfen *alter* Konstruktion gebrannt werden. Der Ringofen hat keine andern Vorzüge, als daß er ein Sparofen ist.

Solcher Ringöfen hat Glindow *selbst*, wie wir schon hervorgehoben, etwa neun, der *Distrikt* Glindow aber, mit seinem Innen- und Außenrevier, wohl mehr denn fünfzig. Daß sie der Landschaft zu besonderer Zierde gereichten, läßt sich nicht behaupten. Der Fabrikschornstein mag alles sein, nur ein Verschönerungsmittel ist er nicht, am wenigsten, wenn er schöntut, wenn er *möchte*. Und wie dieser reiche Betrieb, der unbestreitbar, trotz Stillstände und Rückschläge, ein sich steigerndes Prosperieren einzelner oder selbst vieler geschaffen hat, die Landschaft nicht schmückt, so schmückt er auch nicht die Dörfer, in denen er sich niedergelassen hat. Er nimmt ihnen ihren eigentlichen Charakter, in richtigem unsentimentalen Verstande ihre Unschuld, und gibt ihnen ein Element, dessen *Abwesenheit* bisher, und wenn sie noch so arm waren, ihr Zauber und ihre Zierde war – er gibt ihnen ein Proletariat. Ob dasselbe städtisch oder dörfisch auftritt, ob es mehr verbittert oder mehr elend ist, sind Unterschiede, die an dem Traurigen der Erscheinung nicht viel zu ändern vermögen.

Auch Dorf Glindow hat von diesem allem sein geschüttelt Maß. An und für sich ausgestattet mit dem vollen Reiz eines havelländischen Dorfes, hingestreckt zwischen See und Hügel, schieben sich doch überall in das alt-dörfliche Leben die Bilder eines allermodernsten frondiensthaften Industrialismus hinein, und die schönen alten Bäume, die mit ihren mächtigen Kronen so vieles malerisch zu überschatten und zu verdecken verstehen, sie mühen sich hier umsonst, diesen trübseligen Anblick dem Auge zu entziehen.

Am See hin, um die Veranden der Ziegellords, rankt sich der wilde Wein, Laubengänge, Clematis hier und Aristolochia dort, ziehen sich durch den Parkgarten, Tauben stolzieren auf dem Dachfirst oder umflattern ihr japanisches Haus – aber diese lachenden Bilder lassen die Kehrseite nur um so dunkler erscheinen: die Lehmstube mit dem verklebten Fenster, die abgehärmte Frau mit dem Säugling in Loden, die hageren Kinder, die lässig durch den Ententümpel gehn.

Es scheint, sie spielen; aber sie lachen nicht; ihre Sinne sind trübe wie das Wasser, worin sie waten und plätschern.

# ANHANG

# ZU DIESER AUSGABE

Obwohl Fontane lediglich vier Bände mit der Sammelbezeichnung »Wanderungen durch die Mark Brandenburg« herausgegeben hat, gruppiert die vorliegende Edition insgesamt sieben Bände unter diese Überschrift. Sie bietet in den Bänden 1 bis 4 die »Wanderungen durch die Mark Brandenburg«, wie sie Fontane von 1862 bis 1882 unter den Titeln »Die Grafschaft Ruppin« (so erst von der zweiten Auflage an), »Das Oderland«, »Havelland« und »Spreeland« veröffentlichte. Band 5 bringt das Buch »Fünf Schlösser. Altes und Neues aus Mark Brandenburg«, das Fontane im Herbst 1888 (mit der Jahreszahl 1889) erscheinen ließ, Verwandtschaft und zugleich Unterschiede zu den »Wanderungen« betonend. Die Bände 6 (»Dörfer und Flecken im Lande Ruppin. Unbekannte und vergessene Geschichten aus der Mark Brandenburg I«) und 7 (»Das Ländchen Friesack und die Bredows. Unbekannte und vergessene Geschichten aus der Mark Brandenburg II«) schließlich vereinigen erstmals jene über 60 Texte, die in einem direkten oder indirekten Kontext mit den »Wanderungen« stehen, bisher in keiner Ausgabe systematisch erfaßt und zu beachtlichen Teilen noch nie gedruckt worden sind; in einer »Nachlese« sind ausgeschiedene, vorbereitende und vorgesehene Texte zusammengestellt, eine zweite Abteilung erfaßt »Arbeiten und Entwürfe zum thematischen Umfeld«, eine dritte bietet »Anzeigen und Rezensionen Fontanes« zum Thema Mark Brandenburg/Berlin.

Diese siebenbändige Edition der »Wanderungen« bildet die zweite Abteilung in der Fontane-Ausgabe des Aufbau-Verlages. Sie schließt sich an die »Romane und Erzählungen in acht Bänden« an, herausgegeben von Peter Goldammer, Gotthard Erler, Anita Golz und Jürgen Jahn (zuerst 1969; zweite Auflage 1973; dritte Auflage 1984). Die dritte Abteilung, »Autobiographische Schriften«, erschien dreibändig (in vier Teilen) 1982, herausgegeben von Gotthard Erler, Peter Goldammer und Joachim Krueger, die vierte, sämtliche »Gedichte« umfassend, in drei Bänden 1989, herausgegeben von Joachim Krueger und Anita Golz.

Die Textgrundlage bildet für die Bände 1 bis 4 der »Wanderungen« die jeweils letzte Auflage, an der Fontane nachweislich durch Änderungen oder Durchsicht der Korrekturfahnen mitgewirkt hat; beim Band 3, »Havelland«, ist das (wie aus den Anmerkungen hervorgeht) die zweite Auflage von 1880. Der Text von »Fünf Schlösser« folgt der einzigen zu Fontanes Lebzeiten erschienenen Ausgabe (1889). Über die Textgrundlagen in den Bänden 6 und 7 geben die Anmerkungen detailliert Auskunft.

Die Texte werden vollständig und kritisch geprüft dargeboten. Orthographie und Interpunktion haben wir – unter sorgfältiger Wahrung des Lautstandes und unter Beibehaltung Fontanescher Eigenheiten (z. B. Anführung von indirekter Rede; Doppelpunkt vor Apposition) – dem heutigen Gebrauch weitgehend angeglichen, nachweisbare Druckfehler stillschweigend beseitigt und fehlende Anführungszeichen ergänzt. Die Modernisierung der Schreibweise betrifft auch – ausgenommen einige wenige Brief-, Tagebuch- oder amtliche Dokumente, bei deren Abdruck Fontane selbst auf das historische Kolorit Wert legte – Zitate und Inschriften, die der Autor oft nicht originalgetreu wiedergibt. Konserviert wurden die französischen Formen zahlreicher Wörter (z. B. Billet, Cabinet, Compagnie, Corps, Lieutenant) sowie die für Fontane charakteristischen Mischformen (z. B. Affairen, Défiléen, Domainen, Façaden, Gensdarmen). Zahlen bis 100 wurden (außer bei statistischen Aufzählungen, Datumsangaben oder Regimentsnumerierungen) ausgeschrieben, häufig (und uneinheitlich) gebrauchte Abkürzungen (v., geb., z. B., d. h., vgl., resp., S. K. M. [Seine Königliche Majestät]) bei der Wiedergabe gedruckter Texte aufgelöst, bei Texten, die aus den Handschriften übernommen wurden, dagegen erhalten. In der Vorlage gesperrt gedruckte Textstellen werden (sofern es sich um echte Hervorhebungen handelt) kursiv, Orts- und Personennamen in der heute üblichen Schreibweise wiedergegeben.

Da Fontane ständig nicht nur an der Gruppierung des Stoffes, sondern auch an der Textkonstitution gearbeitet hat, wurden für die Bände 1 bis 4 die einschlägigen, textgeschichtlich relevanten Publikationen (namentlich alle Buchausgaben; in einzelnen Fällen auch die Zeitungs- und Zeitschriftenvorabdrucke) zum Vergleich herangezogen. Die dabei ermittelten Varianten werden für die Bände 1 bis 4 im Zusammenhang der Textanmerkungen mitgeteilt, soweit sie interessante inhaltliche oder stoffliche Ergänzungen oder Veränderungen bieten. Auch für die Bände 5, 6 und 7 wurden sämtliche Abdrucke ausgewertet; über wichtige Abweichungen informieren die jeweiligen entstehungsgeschichtlichen Vorbemerkungen. Bei der Wiedergabe von nur handschriftlich überlieferten Texten werden Varianten in [] direkt im Text mitgeteilt; stehen mehrere komplette Versionen nebeneinander, wurde im Prinzip die vermutlich letzte Fassung übernommen. Die innerhalb der Textanmerkungen von Band 3 bei den Quellenangaben der Varianten verwendeten Abkürzungen bedeuten:

W I[1] – Wanderungen durch die Mark Brandenburg [mit den Abschnitten: Die Grafschaft Ruppin, Der Barnim, Der Teltow, Anmerkungen = Die Grafschaft Ruppin, 1. Auflage], Berlin 1862;

W III[1] – Wanderungen durch die Mark Brandenburg. Dritter Teil: Ost-Havelland. Die Landschaft um Spandau, Potsdam, Brandenburg. [1. Auflage,] Berlin 1873.

Die Anmerkungen, für die u. a. Fontanes Notizbücher im Theodor-Fontane-Archiv Potsdam (FAP) ausgewertet werden konnten, geben jeweils die Entstehungs- und (sofern möglich) die Wirkungsgeschichte der Bände beziehungsweise der Kapitel und Entwürfe und bringen alle zum Textverständnis notwendigen sachlichen Erläuterungen. Dabei werden Erklärungen zu Personennamen nur gegeben, wenn sie zum Verständnis der Textstelle unbedingt erforderlich sind. Knappe biographische Angaben und Auskünfte über alle weiteren Personennamen sind für ein gesondertes Personenregister vorgesehen. Um die Praktikabilität des Gesamtwerkes für den Benutzer zu erhöhen, haben wir uns bemüht, bei den von Fontane beschriebenen oder erwähnten Baulichkeiten knappe Angaben über Bauzeit und Baustil, Erhaltungszustand und heutigen Verwendungszweck mitzuteilen; nach den Veränderungen auf dem Gebiet der ehemaligen DDR können solche Informationen in zahlreichen Fällen nur vorläufigen Charakters sein.

Mit Auskünften und Nachforschungen waren uns für den vorliegenden Band Herr Dr. Gerrit Friese (Eberswalde), Herr Hans-Werner Klünner (Berlin) und Herr Dr. Joachim Krueger (†; Berlin) in dankenswerter Weise behilflich. Besonderer Dank gilt Herrn Franz Fabian (Neu Fahrland), der persönlich zahlreiche Erkundigungen eingeholt hat, Herrn Dr. Günter Mangelsdorf für mannigfache Hinweise und Herrn Bibliotheksrat Joachim Schobeß (†), dem Leiter des Theodor-Fontane-Archivs, der unsere Arbeit großzügig unterstützte.

Für die Anmerkungen zu dieser Ausgabe haben wir u. a. folgende Publikationen dankbar genutzt:

Theodor Fontane, Werke, Schriften und Briefe, Abteilung II: Wanderungen durch die Mark Brandenburg, Band 1–3. Herausgegeben von Walter Keitel und Helmuth Nürnberger, Anmerkungen von Jutta Neuendorff-Fürstenau. Carl Hanser Verlag, München 1977 (2. Auflage);

Jutta [Neuendorff-]Fürstenau, Fontane und die märkische Heimat. Germanische Studien, Heft 232. Berlin 1941. (Auf dieser Publikation fußt auch das im Anschluß an die Anmerkungen abgedruckte Literaturverzeichnis.);

Georg Dehio, Handbuch der deutschen Kunstdenkmäler. Bezirke Berlin/DDR und Potsdam. Bearbeitet von der Abteilung Forschung des Instituts für Denkmalspflege. Akademie-Verlag, Berlin 1983.

Schicksale deutscher Baudenkmale im zweiten Weltkrieg. Eine Dokumentation der Schäden und Totalverluste auf dem Gebiet der Deutschen Demokratischen Republik. 2 Bände. Herausgegeben und redaktionell bearbeitet von Götz Eckardt. Henschel Verlag Kunst und Gesellschaft, Berlin 1980.

Aus der Vielzahl der Lage- und Umrißskizzen, die Fontane während seiner Fahrten durch die Mark in den Notizbüchern festhielt, bietet unsere Ausgabe eine kleine Auswahl. Wir veröffentlichen sie mit freundlicher Genehmigung des Theodor-Fontane-Archivs; die Fotos für die Druckvorlagen stellte Eberhard Renno, Weimar, her. Zum vorliegenden Band gehören:

1. Früher Entwurf zum Kapitel »Die Wenden in der Mark«; Signatur Kc 6, Blatt 1. (Zu S. 13.)
2. Lageskizze des Klosters Lehnin. Bleistiftskizze in den Aufzeichnungen zum Kapitel »Die Wenden in der Mark«, »Kloster Lehnin«; Signatur Kc 6, Blatt 2. (Zu S. 44.)
3. Grabstein eines Lehniner Abtes (gest. 6. März 1509). Bleistiftskizze im Notizbuch A 14, Blatt 49. (Zu S. 46.)
4. Lageskizze von der ersten Gründung des Klosters Chorin auf dem Pehlitzwerder im Parsteiner See. Bleistiftskizze in den Aufzeichnungen zum Kapitel »Die Wenden in der Mark«, »Kloster Chorin«; Signatur Kc 6, Blatt 1. (Zu S. 87.)
5. Das frühere Schloß Oranienburg. Bleistiftskizze im Notizbuch A 3, Rückseite von Blatt 30. (Zu S. 143.)
6. Gußeiserne Pforte im Park von Paretz. Bleistiftskizze im Notizbuch A 17, Blatt 15. Auf dem gegenüberstehenden Blatt hat Fontane notiert: »a. b. Den 20. Mai/Anno 1810.« (Zu S. 341.)
7. Der »Tempel« im Park von Paretz. Bleistiftskizze im Notizbuch A 17, Blatt 10. (Zu S. 350.)
8. Kirche in Wust. Bleistiftskizze im Notizbuch A 18, Rückseite von Blatt 1. (Zu S. 380.)
9. Das »Schloß« in Caputh. Bleistiftskizze im Notizbuch A 15, Blatt 40. (Zu S. 405.)

Die Entstehung der vorliegenden Edition reicht mit den Bänden 1–5 in die Jahre 1976–1987 zurück; Band 6 und 7 erschienen erstmals 1991. Entsprechend den damaligen Gegebenheiten ist in den

Anmerkungen stets vom Theodor-Fontane-Archiv der Deutschen Staatsbibliothek in Potsdam die Rede (FAP). Seit 1992 gehört das Theodor-Fontane-Archiv, Potsdam, als selbständige Einrichtung zum Land Brandenburg.

Berlin, 1976/1997

G. E.

## HAVELLAND

### Entstehung und Überlieferung

*Entstehung und Auflagen im Überblick*

August 1860: im »Morgenblatt für gebildete Leser« erscheint unter dem Sammeltitel »Bilder und Geschichten aus der Mark Brandenburg« das Kapitel »Tegel«, das älteste des späteren Bandes »Havelland« (es wurde zunächst der Erstausgabe der »Wanderungen [Teil 1]« zugeordnet)

Februar 1861: in den Verhandlungen mit dem Berliner Verlagsbuchhändler Wilhelm Hertz über »Wanderungen durch die Mark Brandenburg« taucht erstmals ein Kapitelkomplex »Das Havelland« als Teil des (damals geplanten) ersten Teils auf

28. Mai 1863: im Verlagsvertrag über den Band »Das Oderland« verpflichtet sich Fontane, einen dritten Band der »Wanderungen« zuerst der Firma Hertz anzubieten

Wintermonate 1863/64: intensive Arbeit an Kapiteln des künftigen »Havelland«-Bandes

Sommer 1869: nach mehrjähriger Unterbrechung Wiederaufnahme der Arbeiten für den Band »Havelland«

Mai 1872: vertragliche Vereinbarungen über »Havelland« mit Wilhelm Hertz

Mai bis Oktober 1872: Satz und Druck des Bandes in der Waisenhausdruckerei in Halle

Erste Oktoberhälfte 1872: Auslieferung des Bandes unter dem Titel »Ost-Havelland« (mit der Jahreszahl 1873)

Frühsommer 1880: zweite Auflage (mit dem endgültigen Titel »Havelland«; stark veränderte Ausgabe)

Herbst 1888: dritte Auflage (mit der Jahreszahl 1889; unveränderter Nachdruck der zweiten Auflage)

November 1892: vierte Auflage im Rahmen der »Wohlfeilen Ausgabe« der »Wanderungen« (ebenfalls unveränderter Nachdruck der zweiten Auflage)

*Langwierige Entstehungsgeschichte*

Bereits in dem ersten Gliederungsversuch für »Wanderungen durch Mark Brandenburg« vom 22. Februar 1861 (vgl. den Abschnitt »Die erste Buchausgabe ...« im Anhang von Band 1 dieser

Ausgabe) sah Fontane als Teil des ersten Bandes einen besonderen Kapitelkomplex über »Das Havelland« vor, der folgende Abschnitte umfassen sollte: »Fehrbellin und Hakenberg«, »Das Rhinluch«, »Das Havelländische Luch«, »Der Kremmer Damm«, »Etzin (Pastor Seegebart, der Sieger von Czaslau)«, »Reckahn (Eberhard von Rochow)«, »Marwede« sowie »Friesack und die Bredows«. Da die Gesamtkonzeption der »Wanderungen« jahrelang unklar blieb und der Plan zu einem selbständigen Band über das Havelland sich erst allmählich konturierte, gingen die frühen »havelländischen« Aufsätze über »Tegel« (1860) und »Schloß Oranienburg« (1861) zunächst in die Erstausgabe der »Wanderungen [Teil 1]« (von der zweiten Auflage an »Die Grafschaft Ruppin«) ein, oder einschlägige Beiträge wurden nur in Periodika veröffentlicht (»Etzin«, 1862, und »Der Eibenbaum«, 1862). Im Verlagsvertrag über »Das Oderland« vom 28. Mai 1863 war dann erstmals von einem dritten Band der »Wanderungen« die Rede; Fontane verpflichtete sich, diesen zuerst der Firma Hertz anzubieten (vgl. den Abschnitt »Die erste Buchausgabe ...« im Anhang von Band 2 dieser Ausgabe).

Eine Liste für »Aufsätze«, die teilweise schon auf den Band »Havelland« deuten, findet sich im Notizbuch A 7 (Blatt 28/29), das vorwiegend Eintragungen zum »Oderland«-Band enthält und 1863 benutzt worden sein dürfte (Blatt 24 gibt zum Beispiel eine Übersicht über »Interessante Bilder etc., die ich, durch die Güte des Major von Kessel, am 28. April 1863 im königl. Schloß gesehn«):

1) Die Zisterzienser in der Mark
2) Alte Bäume
3) Terwesten (Vielleicht noch ein paar andre aus der Zeit.)
4) Fehrbellin, als Stoff in Kunst und Dichtung
5) Auf der Waisenbrücke
6) Alte Berliner Gärten
7) Wendenzeit und Wendengräber
8) Die *Lichtenau*
   Marmorpalais. Das Eckardtsteinsche. Das Sommerhaus im Charlottenburger Park. (Frau Prof. Heyse. Frau von Haeseler etc. fragen; vielleicht auch Frl. von Crayn.)
9) *Alte Bäume*
   a) Die Bittschriften-Linde [in Potsdam]
   b) Die einsame Pappel
   c) Die Rotbuche (Eine ganz kostbare, unter Lebensbäumen stehend, am Großen Tornow-See.)
   d) Der Eibenbaum
   e) Der Birnbaum in Werneuchen

f) Die Verschwörungslinde in Müncheberg (dicht an der Stadtmauer)

10) Geschnitzte Bilder-Altäre

11) Taufbecken; aus der bekannten unbekannten Fabrik. Die verschiednen Muster, Bilder und Inschriften, die vorkommen

12) Glocken; Glockeninschriften und Glockenbilder

Unmittelbar nach Abschluß des »Oderland«-Buches, also seit Herbst 1863, begann Fontane sehr intensiv an dem neuen Band zu arbeiten. »Das *Havelland*«, schrieb der Autor am 3. März 1864 an Alexander von Pfuel, »soll den dritten Teil meines Buches, richtiger meiner bändereichen Arbeit bilden. / Ich habe mich nun den ganzen Winter über mit Kloster Lehnin (Zauche), mit den Zisterziensern in der Mark, mit der ›Lehninschen Weissagung‹, auch namentlich mit Chorin, als dem vorzüglichsten Tochterkloster von Lehnin, beschäftigt; diese Arbeiten sind nun beendigt, und ich habe noch zwei Monate Zeit, eh ich direkt wieder auf die Wanderschaft gehen kann. Bevor nicht die Bäume grün sind, verlohnt es sich nicht. Diese zwei Monate möchte ich nun gern an ein vorgängiges Studium havelländischer Familien resp. havelländischer Familien-*Geschichten* setzen, wo solche überhaupt existieren.«

Fontane war so mit dem neuen Stoff beschäftigt, daß er die notwendig werdende zweite Auflage des ersten Bandes, in die er erhebliche Mühe zu investieren hatte, fast als Störung empfand; er schrieb am 16. Mai 1864 an Hertz: »Sie selbst sind Schriftsteller genug, um mir das völlig nachempfinden zu können; eine Sache — und wenn's auch nur die Beschreibung eines alten Schlosses wäre, ja je langweiliger der Stoff, desto *mehr* trifft's zu —, eine Sache gedeiht nur, wenn man sich ihr mit einer gewissen Ganzheit der Seele hingibt. Ich kann nicht, wie ich jetzt seit November getan, an dem *neuen* Bande arbeiten, das Havelland mit Interesse bereisen und zugleich Gegenden im Geiste wieder vornehmen, die ich schon abgemacht habe. Hab ich Ruppin, Barnim, Teltow umzuarbeiten, so muß ich mich sozusagen *aufs neue in Ruppin, Barnim und Teltow verlieben,* muß die alten Plätze wiedersehn und derweilen das *Havelland* völlig beiseite schieben.«

Die ertragreiche Arbeitsphase vom Winter 1863/64, während der vor allem die Kapitel »Die Wenden in der Mark«, »Die Zisterzienser in der Mark«, »Kloster Lehnin«, »Die Lehninsche Weissagung« und »Kloster Chorin« entstanden, wurde ab Frühjahr 1864 zunächst durch die Neugestaltung des ersten Bandes (vgl. den Abschnitt »Wesentliche Umgestaltung« im Anhang von Band 1 dieser Ausgabe) unterbrochen, an die sich dann die Berichte über die

Kriege von 1864 und 1866 anschlossen, so daß Fontane erst 1869 wieder an die »Wanderungen« denken konnte.

Am 29. Mai 1869 berichtete er seiner Mutter, daß er nun, nach Abschluß des zweibändigen »Kriegsbuches« (»Der deutsche Krieg von 1866«), zu seiner Erholung – »der *Wechsel* der Arbeit ist die einzige Erholung, die sich unsereins gönnen kann« – sich wieder dem »Havelland« zugewandt habe: »Ich werde es, nach der alten Landeseinteilung, behandeln und in größeren Abschnitten den *Glien*, wo das herrliche Vehlefanz die Hauptstadt ist, den *Friesack* mit der Hauptstadt Friesack und zuletzt auch das Ländchen *Bellin* mit der Hauptstadt Fehrbellin meinen Lesern vorführen ...« Diese Art der Stoffanordnung gab Fontane wohl schon in den nächsten Monaten wieder auf. Über die Arbeiten im Sommer 1869 resümiert das Tagebuch für die Jahre 1866 bis 1882 (aus dem wir mit freundlicher Genehmigung des Theodor-Fontane-Archivs der Deutschen Staatsbibliothek, Potsdam, zitieren): »Ende Juni [1869], nachdem ich mit der genauen Durchsicht meines Kriegsbuch-Manuskripts fertig bin, nehme ich meine märkischen Wanderungen wieder auf und setze sie fort bis Anfang August: Gütergotz, die Nutheburgen, Trebbin, der Schwielow-See und seine Dörfer, Werder, Glindow, Caputh, Bornstedt, Marquardt, Paretz, Fahrland. Garnisonschullehrer Wagener begleitet mich auf allen diesen Touren.« Weiter heißt es im Tagebuch: »November und Dezember [1869] vergehen ruhig; ich arbeite fleißig an einem 3. Bande meiner ›Wanderungen‹ (Havelland) und lese viel, namentlich über die Zeit Fr. Wilhelms II., über Bischofswerder, Wöllner und Lichtenau.«

Der Band gewann zunehmend Konturen, und daher wandte sich Fontane am 3. November 1869 an seinen Verleger: »St. Hubertus ist zu Wind und Wasser geworden, und statt ein Kapitel für Zeitung oder Buch zu schreiben, schrieb ich einen Brief, dessen Frage-Inhalt mir seit einem Vierteljahre auf der Seele brennt. / Es kommt mir nämlich so vor, als ob Ihnen die Fortsetzung der ›Wanderungen‹ *mehr Sorge* als Freude schaffe, wobei es wenig ausmacht, aus welcher Erwägung die Sorge erwächst, ob daraus, daß Sie die Zeit für derlei Bücher überhaupt als vorüber ansehn, oder ob Sie lediglich vor einem drohenden Zuviel (denn dieser dritte Band ist ja nur eine *Hälfte* des Havellandes) erschrecken. / Diese Betrachtung, bei meiner Sensibilität in solchen Dingen, ist mir im Schreiben immer wieder und wieder hinderlich, und von dem verzeihlichen Wunsche beseelt, den Schatten loszuwerden, den ich beständig vor mir auf dem Blatte liegen sehe, richte ich die herzliche Bitte an Sie, wenn's sein kann, mich über diesen Punkt zu beruhigen.«

Wilhelm Hertz antwortete am 4. November: »Nein, lieber Herr

Fontane! hiemit die ausdrückl. wohlüberlegte Erklärung: / daß ich sehr gern Bd. III von Fontane[s] ›Wanderungen‹ verlegen werde und mich hiemit *ausdrücklich* um diesen Verlag angelegentlich bewerbe. / … Wenn ein Freund mir einen literarischen Plan mitteilt, wenn wir uns die Hände darüber geschüttelt haben, entweder in bestimmter Abrede oder in Zusage, dann lasse ich ruhig ihn seinen Teig in den Ofen schieben und warte, bis die Semmel für mich da ist.« Fontane dankte am gleichen Tag für die »freundlichen Worte, die mir das Herz leichter und die Seele wieder elastischer gemacht haben«.

Über den Stand der Arbeit berichtete Fontane auch in einem Brief an Mathilde von Rohr vom 22. Dezember 1869: »An dem dritten Teil meiner ›Wanderungen‹ arbeite ich fleißig weiter; ich hoffe spätestens Pfingsten mit dem Manuskripte fertig zu sein. Vor etwa vierzehn Tagen war ich in *Spandau*, um, vom dortigen Kirchturme aus, einen Blick in das ›Havelland‹ zu tun, das ich eben im dritten Teile beschreibe. Dieser Blick vom Turm soll das Einleitungskapitel bilden.« Möglicherweise spiegelt der folgende Gliederungsentwurf, der auf der Rückseite von Blatt 8 des Konvoluts »Wolffs Tannhäuser. Versuch einer Kritik« im Theodor-Fontane-Archiv (Signatur P 20) überliefert ist, diesen ursprünglichen Plan wider:

*Spandow* und Umgegend

1. Sankt Nikolai etc.
2. Oranienburg
3. Das Havelluch
   (Die gut passende Karte dazu liegt in der grauen Pappmappe hinten im zweituntersten Kasten, Aufschrift: Havelland.)
4. Brieselang
5. Der Eibenbaum
6. Die Seeschlacht in der Malche
7. Das Belvedere

Aus der Arbeitsphase um 1869/70 haben sich zwei Inhaltsübersichten erhalten, die noch die ursprünglich weiträumigeren Dimensionen des Bandes zeigen und in der Disposition des Materials andere Absichten ausweisen. Im Notizbuch A 14, Blatt 42–44, ist folgende Liste überliefert:

*Band III*

1. Die Havel
2. Die Wendenzeit in der Mark
3. Kloster Lehnin
4. Kloster Chorin
5. Sankt Nikolai zu Spandau
6. Die Tegel-Insel, Konrad von Burgsdorf und der katholische Rochow
7. Die Quitzow-Schlösser (Plaue. Großbeuthen. Friesack. Golzow)
8. Plaue und die Königsmarcks
9. Fehrbellin
10. Hertefeld und der Rhin (das große Bild in Potsdam)
11. Am Kremmer Damm
12. Die Bredows
13. Reckahne und die Rochows
14. Etzin
15. Ketzin und Ketzür
16. Marquardt
17. Fahrland. Döb[e]ritz
18. Caputh. Paretz
19. Groß und Klein Behnitz
20. Linum (Wilhelm Hensel)
21. Pichelsdorf und Pichelswerder
22. Potsdam
    a. Sanssouci
    b. Das Schloß
    c. Die Garnisonkirche
    d. Die Schwäne in der Havel
    e. Das Tabaks-Kollegium
    f. Die Pfauen-Insel
    g. Charlottenhof und die Friedenskirche
23. Nennhausen. Landrat von Briest und La Motte Fouqué
24. Brandenburg
25. Rathenow
26. Heinrich von Stechow
27. Linum und das Königreich Torf

Das Notizbuch A 15, das Fontane mit der Aufschrift »Havelland (meist 1869)« versah, beginnt mit folgender Gliederung:

## *Havelland*

1. Die Havel. Die Quellen
   Bei Fürstenberg. Bis Zehdenick.
   Bis Oranienburg. Bis Spandau.
   Bis Potsdam. Bis Brandenburg.
   Bis Plaue. Bis Rathenow.
   Bis Havelberg*
2. Die Wenden in der Mark bis 1150
3. Die Zisterzienser in der Mark
4. Kloster Lehnin. Die Gründung. Die Äbte.
   Wie es war und wie es ist
5. Kloster Chorin
6. Die Lehninsche Weissagung
7. Der Glien. Kremmen** etc.
8. Ländchen Bellin
9. Ländchen Rhinow
10. Ländchen Friesack
11. Der Nußwinkel
12. Die Bredows. Allgemeines. Die Dörfer. Einzelne Personen
13. Die Rochows. Allgemeines. Die Dörfer. Einzelne Personen
    [Dazu auf der linken Seite:] Rochow auf *Stülpe.* Allerlei Sagen, namentlich solche auch, die auf den Golm-Berg Bezug haben.
14. Stechow und Kotzen
    [Dazu auf der linken Seite:] von der Gröben. Schlaberndorf, Ribbeck. Knobloch. Stechow
15. Spandau. Schloß. Kirche. Schwarzenberg
16. Die Quitzow-Schlösser
17. Pichelsdorf
18. Potsdam [die die Reihenfolge verändernden kleinen Buchstaben sind nachträglich von Fontane mit Bleistift dazugeschrieben worden:]
    a. Das Tabaks-Kollegium
    b. Ein Zimmer im Stadtschloß (Fr. W. I.)
    e. Die Garnisonkirche und Gruft
    c. Sanssouci
    d. Lord Mareschals Haus
    f. Das Marmor-Palais
    g. Die Pfauen-Insel

* Das Bild von der Havel-Luch-Entwässerung im Potsdamer Regierungs-Gebäude. – Dies an *andrem* Ort beschreiben.

** Kremmer Damm. Ein altes Bild, den Tod Hohenlohes 1412 (?) darstellend, befindet sich in der alten Klosterkirche.

Die Havel-Schwäne
h. Charlottenhof
i. Die Friedenskirche
19. Schloß Plaue
20. Groß und Klein Behnitz
[Dazu auf der linken Seite:]
*Groß und Klein Behnitz*
Die Bischofswerder-Güter zusammenfassen; – dann ebenso die Wöllner-Güter zusammenfassen, d. h. wo er geboren wurde, dann Behnitz, dann wo er starb.
21. Nennhausen*. Briest. Fouqué. Briest lebte auf Böhne, und erst sein Sohn bewohnte Nennhausen.
[Vorbereitende Aufzeichnungen über Nennhausen befinden sich im Märkischen Museum zu Berlin. Sie sind Teil des Fragments »Das Ländchen Friesack und die Bredows«; Band 7 dieser Ausgabe.]
22. Rathenow
23. Die Fehrbelliner Schlacht
24. Henning von Treffenfeld
25. Döb[e]ritz. Marquardt. Paretz. Caputh etc.
26. Etzin
27. Brandenburg
von der Gröben. Schlaberndorf
28. Linum und Velten
Ein Kapitel von »Torf und Ton«

Nach dem arbeitsreichen Winter 1869/70 teilte Fontane seinem Verleger am 26. April 1870 mit, er hoffe das Manuskript in etwa acht Wochen abschließen zu können. Entsprechend vermerkte er im Tagebuch: »Während der Abwesenheit Emiliens [20. April bis 14. Juni 1870] hatte ich sehr fleißig gearbeitet und meinen 3. Band ›Wanderungen‹ großenteils beendet. Nun begannen die Korrekturen und Abschriften.« Indes unterbrach der Deutsch-Französische Krieg schon bald die Arbeit an »Havelland«. Fontane übernahm es, für Decker auch über diesen Krieg zu schreiben. Er geriet 1870 in französische Gefangenschaft, wurde befreit, reiste 1871 erneut ins okkupierte Frankreich und schrieb außer dem »Kriegsbuch« zwei Berichte darüber.

* Ein Bild (wahrscheinlich von Prof. Kolbe), wie der Kurfürst, verkappt, zum alten Briest kommt, befindet sich jetzt in Jahnsfelde.

*Die erste Buchausgabe (1873)*

So konnte Fontane erst im Frühjahr 1872 – als es Verzögerungen beim Druck des ersten Halbbandes vom »Krieg gegen Frankreich 1870–1871« gab – wieder an den dritten Band der »Wanderungen« gehen. »Die Kapitel«, heißt es im Tagebuch, »lagen im wesentlichen fertig da; aber Korrektur, Anmerkungen, Einleitung (noch dazu in Versen) machen noch sehr viel Arbeit.« Fontane bot Hertz am 5. Mai 1872 an, »Havelland« nun zum Druck vorzubereiten. »Was die Honorarfrage angeht«, schrieb er, »so ersehe ich aus einem alten Kontrakt, daß die Sache vorweg mit 10 Rtl. pro Bogen geregelt ist, eine Summe, die einen in dieser Zeit der Mieten und Milliarden, freilich auch der Nieten und Nullen, etwas sonderbar ansieht. Aber was hilft's ...«

Hertz sah daraufhin die Auflagenhöhe mit 1250 Exemplaren, den Höchstumfang mit 30 Bogen und das Honorar mit 500 Rtl. vor (legte aber in einem Schreiben vom 13. Mai 1872 endgültig 1500 Exemplare bei 600 Talern fest). Fontane bedankte sich am 9. Mai für die »Abmachungen in betreff Band III der ›Wanderungen‹«, besonders für das »Honorar-Plus«, und schrieb: »Ich habe zwei Tage lang Mottos gesucht, immer eine Arbeit, die die Kopfnerven ein[e] Woche lang ruiniert. – Die zur Durchsicht gewünschten Blätter bringe ich morgen mittag oder schicke sie; es ist nahezu die Hälfte des Ganzen. Ich würde Ihnen vorschlagen, nur das lange Kapitel *›Marquardt‹* zu lesen, da haben Sie alle Züge des Buches vereinigt: Schloß-, Park- und Landschaftsbeschreibung, Historisches, Anekdotisches, Familienkram und Spukgeschichte. Mehr kann man am Ende nicht verlangen.«

Um dem Verleger einen Eindruck von der Eigenart des neuen Bandes zu ermöglichen, stellte Fontane am 10. Mai 1872 die Kapitel »Die Wenden in der Mark«, »Sankt Nikolai zu Spandau« und »Der Brieselang« sowie ein Inhaltsverzeichnis zur Verfügung. Von Nr. 12 der (nicht mehr vorhandenen) Liste an sei mit Ausnahme von »Trebbin« alles in Ordnung; »gerade an den Anfangskapiteln muß ich aber noch basteln«. »Von ›Schlössern‹«, fügte er hinzu, »ist in dem ganzen Bande wenig die Rede. Erscheint Ihnen dies Manko – *wenn* es eins ist – bedenklich, so bitt ich Sie aufrichtigst, es auch jetzt noch auszusprechen. Ich möchte Sie nicht gern contre cœur bei einer Sache festhalten.«

Hertz stimmte den Textproben offenbar sofort und vorbehaltlos zu, denn der Autor schrieb am 11. Mai an den Verleger: »*Sehr* dankbar bin ich Ihnen für Ihre freundlichen Zeilen, die mich nun erst in meinem Gemüte frei gemacht haben. Einzelnes in dem Bande ist, wo der Stoff nicht recht was hergeben wollte und doch *nicht zu umgehen war,* leidlich langweilig; im ganzen aber halte ich diesen ›dritten im Bunde‹ für den weitaus besten. Sie haben das rechte Wort gesprochen: alles ist freier. Ich könnte vielleicht noch hinzusetzen, auch *frischer,* was einfach damit zusammenhängt, daß sich diese Arbeiten über fast zehn Jahre verteilen, so daß ich immer wieder mit erneuter Lust herantreten konnte. Dies ist sehr wichtig, ja es ist *alles,* weil – wenige Kapitel abgerechnet – die Dinge in sich keine Bedeutung haben und sozusagen die Liebe alles tun mußte.« Fontane stellte das Manuskript für die nächsten Tage in Aussicht und versprach, es so gut vorzubereiten, »daß *von nachträglichen Änderungen,* ja, wenn die Druckerei einen guten Korrektor hat, kaum von Korrekturen die Rede sein soll«.

Am 13. Mai 1872 schickte Fontane »vierundzwanzig Kapitel, fix und fertig, mit Mottos und allem. … Ich hoffe, daß nächsten Sonnabend *alles* (mit alleiniger Ausnahme des vorletzten Kapitels ›Trebbin‹) in Händen der Waisenhausdruckerei sein soll« (die Satz und Druck übernommen hatte). Fontane hielt auch bei »Havelland« direkten Kontakt mit der Druckerei; den Verleger informierte er am 14. August über den Stand der Arbeiten: der Druck sei bis Bogen 19 gediehen, umfangreicher als 29½ Bogen solle der Band nicht werden, »wovon etwa zwei oder zweieinhalb Bogen auf Titel, Einleitung, Anmerkungen kommen«. Anfang September fiel die Entscheidung über den Titel; Fontane bemerkte darüber am 6. September in einem Brief an Hertz: »Das *›Streifereien zwischen‹* etc. haben Sie beanstandet, und wiewohl ich es an und für sich nicht schlimm finde, so scheitert es doch daran, daß es nicht zwei Zeilen vorher heißen kann *›Wanderungen‹* und dann gleich hinterher *›Streifereien‹*. Nach halbstündigem Doktern (oder Apothekern) hab ich nun die angefügte Version gefunden. Sie scheint mir nicht übel, ja hat einen gewissen poetischen Anklang. Absolut Schönes und Richtiges ist, wie nirgends, so auch in Titelsachen nicht zu erreichen. Man kann beanstanden: ›Havel*land*‹ und dann ›*Land*schaft‹; außerdem ist es nicht ganz korrekt, denn Brandenburg gehört schon zu *West*-Havelland; ich denke aber, man muß über solche Bagatellen hinsehn und sich nur die Frage vorlegen: ob sich's überhaupt gut macht, ob's hübsch klingt. Und das tut es.«

In einem Brief an Mathilde von Rohr vom 25. September 1872 kündigte Fontane den Band für die nächsten vier Wochen an. Er wurde vermutlich in der ersten Oktoberhälfte ausgeliefert; zumindest schrieb der Autor am 31. Oktober an die Rohr: »Der III. Band meiner ›Wanderungen‹ ist vor etwa vierzehn Tagen erschienen …« Im Tagebuch notierte Fontane rückschauend: »Ziemlich zugleich mit dem III. Bande ›Wanderungen‹ (Havelland) erscheint im November [!] 1. Halbband des 70er Kriegsbuches.« Der Band führte die Sammelbezeichnung »Wanderungen durch die Mark Brandenburg. Dritter Teil« und trug den Haupttitel »Ost-Havelland. Die Landschaft um Spandau, Potsdam, Brandenburg« (mit der Jahreszahl 1873).

Größere Teile des Manuskripts haben sich im Märkischen Museum zu Berlin erhalten; dort befinden sich folgende Kapitel: »Die Lehninsche Weissagung«, »Der Schwielow«, »Caputh«, »Petzow«, »Baumgartenbrück«, »Alt Geltow«, »Neu Geltow«, »Marquardt«, »Geheime Gesellschaften im achtzehnten Jahrhundert«, »Gütergotz«. Neben vielerlei verstreuten Notizen und ersten Aufzeichnungen werden ferner im Theodor-Fontane-Archiv zwei relativ vollständige Brouillons zu den Kapiteln »Der Brieselang« und »Die Seeschlacht in der Malche« aufbewahrt. Über diese Handschriften geben die Anmerkungen zu den einzelnen Kapiteln nähere Auskunft.

## *Die zweite Auflage (1880)*

»Ost-Havelland« war als Teilband konzipiert, dem ein zweiter folgen sollte, das »West-Havelland und Brandenburg« behandelnd. Dieser Plan wurde indes aufgegeben, als sich Fontane und Hertz 1873 über die endgültige Disposition der »Wanderungen« auf vier Bände und über das geographische Ordnungsprinzip verständigten; schon im Brief vom 24. September 1873, der diese Gruppierung fixierte, bezeichnete Fontane den dritten Band mit dem Titel »Havelland« (vgl. den Abschnitt »Die Metamorphosen des Bandes ...« im Anhang von Band 1 dieser Ausgabe). Über die Konsequenzen dieser Neuordnung für »Havelland« notierte der Autor 1873: »Hier [in »Ost-Havelland«] fallen etwa sechs Bogen aus, halb Barnim-, halb Teltow-Kapitel.« Durch den Verzicht auf einen gesonderten Band »West-Havelland« wurde auch Brandenburg nicht in die »Wanderungen« einbezogen. In einem Brief an den Verleger Hermann Wiesicke vom 13. Juli 1888 (1976 im Band 3, Heft 7, der »Fontane-Blätter« von Günter Mangelsdorf publiziert) bekannte Fontane: »... soviel ich mich mit Einzelpartien unserer Mark beschäftigt habe, zu einem auch nur leidlich gründlichen Studium der einst wichtigsten Stadt des Landes bin ich nie gekommen.«

Nach einer Aufstellung von Hertz waren von den 1500 Exemplaren der ersten Auflage im Oktober 1873 erst 853 Stück verkauft. Auch eine Notiz des Verlegers vom 13. Januar 1874 deutet auf hohe Bestände: »... ihm [Fontane] gesagt, daß es mit den neuen Aufl. v. II u. III doch so aussähe, daß es fraglich sei, ob von ihnen schon nach vier Jahren solche erforderlich. Wäre nur noch *wenig* da, so würde ich nicht eng sein u. makulieren.« Erst 1879, im Zusammenhang mit der Vorbereitung der dritten Auflage von »Oderland«, kam Hertz auf »Havelland« zurück. Er schrieb am 14. Januar 1879 an Fontane: »... endlich sei trotz aller üblen Zeiten die Hoffnung ausgesprochen, daß Bd. III doch auch nicht ewig dauern wird und daß über kurz oder lang, etwa Mitte, Ende 1880, der Bd. III neu zu drucken sein wird. Dies ist eine Hoffnung. Werde sie eine Wahrheit!« Am 1. Dezember 1879 teilte Hertz mit, daß die zweite Auflage von »Havelland« im Januar 1880 in Satz gehen könne. Fontane drückte am gleichen Tage seine Freude aus und schlug den 1. Februar vor: »... bis dahin hoff ich ... auch von ›Havelland‹ so viele Kapitel durchgesehn zu haben, daß Manuskriptmangel für die Druckerei nicht eintreten kann.« Am 8. Februar 1880 übergab Fontane »etwa ein Drittel des Gesamtmanuskripts«: »Wählen Sie wieder Freund Eupel [Druckerei von Friedrich August Eupel in Sondershausen], gegen den ja wohl nichts zu sagen war, so bäte ich nur, ihn noch mal darauf aufmerksam zu machen, daß die Korrekturbogen in ihrer ersten Gestalt zwar immer sehr manierlich gewesen wären, aber die Revisionsbogen oder zweite Korrektur desto weniger. Mit andern Worten, meine Korrekturen wurden in wenig geschickter Weise berücksichtigt, und der *zweite* Korrekturbogen enthielt oft viel schlimmere Fehler als der erste.« In der zweiten Märzhälfte war Fontane noch intensiv mit der Überarbeitung von Manuskriptteilen beschäftigt (Eupel warte mit Schmerzen, schrieb Fontane am 23. März an seine Frau), am 5. April schickte er die letzten acht Kapitel in die Druckerei, und am 11. April war der Satz bereits bis Bogen 24 vorgeschritten.

Die zweite Auflage, zu der, laut Tagebuch, »viele neue Kapitel hinzugefügt« worden waren und die den Titel »Havelland« führte, scheint Ende Mai 1880 erschienen zu sein. Fontane hatte, wie er im Vorwort hervorhob, »alles dem Spezialtitel *nicht* Entsprechende fortgelassen und durch ausschließlich Havelländisches oder doch dem Flußgebiet der Havel Angehöriges« ersetzt. Ausgeschieden (und 1882 in die erste Ausgabe von »Spreeland« übernommen) wurden folgende Kapitel: »Friedrichsfelde«, »Blankensee«, »Saarmund und die Nutheburgen«, »Trebbin«. Das Kapitel »Gütergotz« wurde völlig eliminiert (vgl. Band 6 dieser Ausgabe). Neu aufgenommen wurden dagegen folgende Kapitel, die teils aus »Grafschaft Ruppin« ausgegliedert worden waren bzw. nur als Vorabdrucke existierten: »Das Havelländische Luch«, »Schloß Oranienburg«, »Tegel«, »Fahrland«, »Die Fahrlander Chronik«, »Sacrow«, »Wer war er?«, »Falkenrehde«, »Zwei ›heimlich Enthauptete‹ «, »Wust«. Zusätzlich eingegliedert wurde auch das Kapitel über »Kloster Chorin«, das zwar geographisch nicht ins Havelland gehörte, bei dem Fontane aber die historische Zusammengehörigkeit mit Kloster Lehnin zu betonen wünschte.

### *Die dritte und vierte Auflage (1889 und 1892)*

1880 hatte Fontane es für zweifelhaft gehalten, ob er eine dritte Auflage des Bandes »Havelland« erleben werde (an Hertz, 25. Mai). Indes konnte er im Tagebuch für den Zeitraum vom 4. März bis 8. Juli 1886 bereits festhalten: »W. Hertz zeigte mir an, daß von den ›Wanderungen‹, Band II und III, eine neue Auflage erscheinen würde …« Sie kam zwei Jahre später zustande. Am 30. Juni 1888 teilte Fontane dem Verleger mit, daß er den Titelbogen für »Havelland« zur Post gegeben habe. Am 6. September schrieb Hans Hertz, der Sohn des Verlegers, daß die Neuauflagen des zweiten und dritten Bandes »binnen kurzem« erscheinen würden, und überwies 2000 Mark dafür. »Havelland« kam – unverändert nach der zweiten Auflage gedruckt – im Herbst 1888 heraus und war auf 1889 vordatiert.

Eine vierte, wiederum unveränderte Auflage erlebte »Havelland« im Rahmen der »Wohlfeilen Ausgabe« der »Wanderungen« im Jahre 1892 (vgl. den Abschnitt »Die weiteren Auflagen …« im Anhang von Band 1 dieser Ausgabe). Das »Havelland« erschien in dieser »Lieferungsausgabe« der vier Bände (20 Fortsetzungen zu je 1 Mark) im November 1892; es wurden 1500 Exemplare gedruckt; Fontane erhielt 1200 Mark Honorar.

### *Zeitgenössische Resonanz*

»… mein Glaube an die Wirksamkeit von Preßnotizen ist längst erschüttert«, schrieb Fontane am 24. September 1872 an Wilhelm Hertz, aber er fügte hinzu: »Doch mag ich unrecht haben.« Und so unterbreitete er Anregungen für Rezensionen. Er empfahl Ranke und Droysen (auf die er allerdings am folgenden Tag »ohne Schmerz und Kummer« wieder verzichtete) sowie den Historiker Rudolf Foß (»Letztrer ist ein *spezieller* Verehrer dieser meiner Bücher, und die Begleit-Zeilen würde ich gern schreiben«). Außerdem notierte Fontane für seinen Verleger: »Blätter, die mir wichtig scheinen, zu denen ich aber keine Beziehungen unterhalte. / 1. Norddeutsche. 2. Nationale. 3. Spenersche. 4. Augsburger. 5. Neue Freie Presse. 6. Hamburger Nachrichten. 7. Schles. u. Bresl. Ztng. 8. Königsberger. 9. Stettiner. 10. Magdeb. 11. Schwäbische[r] Merkur.

12. Weser-Ztng. / Natürlich auch die *Kölnische*. Ich kenne Kruse, möchte aber keine Zeilen an ihn richten, um so weniger, als sein ›Wullenweber‹ im Anrücken ist. / Was die †Ztng. angeht, so muß ich Ihnen überlassen, was Sie tun wollen. Unter dem verflossenen [Chefredakteur] Beutner hat sie sich *zu* dumm, will sagen beutnersch gegen mich benommen. B. ist nun zwar beseitigt, aber es klebt doch noch viel von ihm dran.«

Am 25. September 1872 sagte der Autor acht Empfehlungsbriefe zu (die u. a., wie aus Fontanes Brief an Hertz vom 27. September hervorgeht, an die Lehrer Wagener in Potsdam und Krüger in Spandau gerichtet waren) und kam noch einmal auf sein Verhältnis zur »Kreuz-Zeitung« zurück: »Bei der †Ztng. liegen die Dinge in diesem Augenblick wieder anders als wie zu des seligen Beutners Tagen; man wird also wahrscheinlich — wenn Sie ein Exemplar spendieren wollen — irgendeinen zehnzeiligen Quatsch ›aus alter Freundschaft‹ loslassen. *Wer* ihn leistet, ist schließlich gleichgültig. Verständige lachen über das eine wie das andre, Dumme glauben an das eine wie das andre. Gott sei Dank bilden letztre immer noch die Majorität. Soll übrigens *mein* Sentiment am Zünglein der Waage den Ausschlag geben, so votiere ich (wie es jetzt in dem sehr miesigen About-Fall heißt) für ›Nicht-Statthaftigkeit‹. Man hat sich — ganz abgesehn von B., der freilich der Hauptsünder bleibt — *zu* dumm gegen mich benommen.« Fontane bat zugleich um ein gebundenes Exemplar von »Ost-Havelland«: »Ich gewinne dadurch vielleicht etwas an Zeit. Mit Schaudern denk ich noch an das *verspätete* Exemplar, das ich — weil der Buchbinder mich sitzenließ — jener lang aufgeschossenen langweiligen Exzellenz zu überreichen hatte. Eine Genugtuung, daß alle diese hochmütigen Lederschneider noch bei Lebzeiten vom Schauplatze abgetreten sind und in den verschiedensten Winkeln Zeit finden, an dem Stück Bleizucker zu lutschen: wäre *ich* im Amt geblieben, die Welt sähe besser aus. / … Pardon für diesen langen Schreibebrief, der mich Ihnen vielleicht von einer ganz neuen Seite zeigt, nämlich — verbissen.«

Der »zehnzeilige Quatsch ›aus alter Freundschaft‹«, den Fontane fürchtete, erschien am 1. Dezember 1872 in der »Neuen Preußischen (Kreuz-)Zeitung« (1. Beilage zu Nr. 282) und stammte von Ludovica Hesekiel. Sie registrierte u. a.: »Fontane hat hier keine wissenschaftlichen Arbeiten liefern wollen, und dennoch kann es dem Aufmerksamen nicht entgehen, daß in den ›Wanderungen‹ ein zum Teil sehr mühsames Studium steckt. Damit sind nicht nur die mühseligen, zum Teil vergeblichen Fahrten und Forschungen nach den Nutheburgen, diesen nie zu bannenden Kobolden aller märkischen Forscher, gemeint, denen wir aber doch eine Reihe von Aufsätzen verdanken, die wir ungern missen würden, sondern auch

Kapitel wie das vom ›Eibenbaum‹. ... Ein genaueres Eingehen bleibt dem Leser überlassen, eine Empfehlung der ›Wanderungen‹ ist längst unnötig geworden. / Fontane gibt uns eine Heimatskunde, die vertraut macht mit Sitte und Sage, mit Land und Leuten, mit Geschichte und Poesie der Mark; jedem Zoll ihrer Erde gibt er sein Recht, Torfmoor und Kalkbruch, Sand und Heide umfaßt er mit gleicher Liebe. Junker und Bürger, Pastoren und Soldaten, die Helden von Schwert und Feder, jeder findet seinen Platz an seiner Stelle ...« Ludovica Hesekiel verwies ironisch auf die Mottos, die den meisten Kapiteln vorangestellt sind, und Fontane nahm – ein wenig kalauernd – diese Anspielung in einem Brief vom 18. Dezember 1872 an die Rezensentin auf (sich zugleich auf ein Gedicht George Hesekiels beziehend, das am gleichen Tage in der »Kreuz-Zeitung« erschienen war): »Vielleicht haben Sie selbst mal – wie ich in meinen Kindertagen – alles nach Mehlweißchen oder Sechserpfannkuchen berechnet. Ein Groschen war kein Groschen mehr, sondern zwölf Mehlweißchen etc. Nun haben Sie selbst in Ihrer freundlichen Besprechung richtig erkannt, daß ich alle märkischen Dichter nach ihrem Mottogehalt (Brutto, Netto, Motto) berechne, werden es also auch als eine der schmeichelhaftesten Kritiken des papalichen Gedichtes gelten lassen, wenn ich Ihnen versichre, daß ich es mindestens auf drei, vielleicht aber auf sechs Mottos taxiere.«

Am 20. Oktober 1872 hatte Fontane auch an den Chefredakteur der »Vossischen Zeitung«, Hermann Kletke, in Sachen »Ost-Havelland« geschrieben: »Sollte Ihre hartbedrängte Zeit Ihnen eine Stunde zu gefälliger Besprechung meines Buches übriglassen, so würde ich Ihnen aufrichtig dankbar sein. Meines guten Pietsch' Gefälligkeit wieder mal in Anspruch zu nehmen, genier ich mich fast.« Gleichwohl übernahm Ludwig Pietsch die Rezension, die allerdings erst am 26. Januar 1873 in der Sonntagsbeilage der »Vossischen Zeitung« erschien. Pietsch hob den steten Wechsel der Gegenstände und den unterhaltenden Ton hervor: »Nirgends tritt dieser liebenswürdige Reise-Führer und -Begleiter weder mit den würdebewußten Prätensionen des Gelehrten noch mit der geschwätzigen Zudringlichkeit des Cicerone auf. Jedem Gegenstand bringt er wohl die Liebe, aber doch auch die volle Unbefangenheit entgegen. Weder an Gottes Natur (selbst nicht einmal am *Wetter*, und das macht ihn mir besonders wert) noch an den Szenen und Akteurs der großen und kleinen menschlichen Komödie, welcher jene als Bühne und Dekoration gedient, mäkelt er viel herum. Er ist ein guter fester Preuße und Konservativer aus Naturanlage und Überzeugung; aber keine Parteibrille färbt seine reine Anschauung.« Pietsch schloß mit den Sätzen: »Aber was dem Buch den rechten Wert und Reiz gibt, ist doch nicht diese Vorarbeit andrer [die Fontane in den Anmerkungen erwähnt], sondern das *eigene* Sehn und Empfinden des Verfassers. Wie sehr er auch seine Person im Hintergrunde taktvoll zurückhält – man vergißt hier über den Bildern doch keineswegs den Maler, über den Wanderungen nicht den Wanderer. Wer diese Bände gelesen hat, der muß die Mark liebgewonnen haben. Aber liebgewonnen sicher auch – diesen Märker.« Fontane bemerkte am gleichen Tage in einem Brief an Kletke: »L. Pietsch' Besprechung meines Buches hat mich sehr erfreut.«

Am 20. November 1872 brachte das »Wochenblatt der Johanniter-Ordens-Ballei Brandenburg« (Nr. 47, S. 286) eine (anonyme) Rezension über »Ost-Havelland«, in der ähnliche Überlegungen wie kurz darauf in der »Kreuz-Zeitung« angestellt wurden: »Zweck und Richtung dieser Arbeiten sind unsern Lesern bekannt. Es handelt sich dabei um ›Heimatkunde‹, um ein Sichvertrautmachen mit dem topographischen wie historischen Teil unsrer speziellen Provinz, um ihre Sitten und Sagen, um ihren landschaftlichen und ihren Volkscharakter. Es liegt in dieser Aufgabe vorgezeichnet, daß *jede* Stelle irgendwie und -wo zu ihrem Rechte kommen muß und daß es keine Quadratmeile Landes gibt, die ganz ohne Interesse wäre. Wo der Stoff nicht *auf* der Erde liegt, da liegt er *unter* ihr, und Torf- und Lehmschichten, Kalksteinbrüche und Salzlager finden so gut ihre Besprechung wie Sparr und Derfflinger oder der Wallgraben von Küstrin, auf dem das Haupt Kattes fiel. Kein Zollbreit Erde ist tot. Auf diese Wahrheit immer wieder aufmerksam zu machen ist die eigentlichste Aufgabe dieser ›Wanderungen‹. ... Nach der formellen Seite hin, und damit schließen wir diese Anzeige, scheint uns die Eigenart dieser Arbeiten vor allem in der Abwesenheit jeder wissenschaftlichen Prätension zu liegen; in dem Bestreben, auch *da* nur zu plaudern, wo der Eingeweihte ohne Mühe ein volles Maß von Eifer und Anstrengung erkennt. Das Studium ist überwunden, und das Spiel beginnt. / Wir empfehlen das Buch ... als ein besonders geeignetes Geschenk für den Weihnachtstisch märkischer Schlösser und Herrenhäuser.«

Was Fontane gegenüber Mathilde von Rohr bereits am 31. Oktober 1872 geäußert hatte – die Aufnahme des Werkes sei »bis jetzt sehr günstig« –, das bestätigte er am 13. Dezember 1872 noch einmal in einem Brief an Julius Rodenberg, der sein wohlwollendes Urteil offenbar mündlich oder brieflich übermittelt hatte: »Eine große Freude haben mir Ihre Worte über mein Buch gemacht; die Teilnahme, die es überhaupt findet, gibt mir zu denken. An Talent, an Stoff-Interesse stehen diese Wanderungs-Bücher nicht über dem, was ich sonst wohl schreibe; woran liegt es, daß sie so ungleich mehr wirken als andres aus meiner Feder? Lokal- und Provinzial-Interesse, Heimatsgefühl, Jugenderinnerungen, verschämte Neigung für das, was der großen Mehrheit als jeder Neigung unwert erscheint – all dies kommt vielleicht zusammen. Geh. R. Wiese schrieb neulich, ›es sei die dem Kleinen und Geringen zugewandte Liebe‹; darin liegt viel Wahres. Enfin, was es sei, ich will mich des Erfolges freun.«

Die öffentliche zeitgenössische Resonanz auf »Ost-Havelland« scheint sich mit den genannten Äußerungen in der Presse erschöpft zu haben. Es sei indes noch auf ein aufschlußreiches späteres Urteil verwiesen, das Fontanes »Wanderungen« – und besonders die »Wenden«-Kapitel des Bandes »Havelland« – in eine entscheidende ideologisch-politische Kontroverse einbezieht und die humanistische Position des Werkes nachdrücklich unterstreicht. Am 25. September 1928 brachte »Die Weltbühne« unter der Überschrift »Fontane und die Wenden« folgenden Beitrag von Hans von Zwehl: »Zu Theodor Fontanes dreißigstem Todestag hat man eifrig seiner Berliner Romane gedacht, weniger seiner märkischen Wanderungen, in denen der Dichter die Heide und die Schlösser an der Spree, der Havel und der Oder neu entdeckte. Es ist zum Beispiel höchst interessant, nachzulesen, wie Saarow und Pieskow, die heutigen eleganten Badeorte, damals noch elende Fischernester waren, in denen es noch nicht einmal einen Pferdestall gab, nur Kühe und Ziegen. Auch am Müggelsee war eine Wildnis; dort stand eine Müggelbude mit einer Dependance aus hergeworfenem Schiffsgerät für die Knechte. Kulturpolitisch am wichtigsten aber ist vielleicht Fontanes Stellungnahme für die Wenden, weshalb man diese Kapitel denn auch bis auf den heutigen Tag unterschlägt. / Der kritische Geist in Fontane, der immer bereit war, die Gegengründe zu hören, untersuchte die landläufige Vorstellung über die slawische Urbevölkerung des Landes und fand sie falsch. Mit dem Freimut, den er auch in seinen Gesellschaftsromanen gegen das Preußentum übte, stellte der Dichter fest, daß das wendische Volk sehr oft von den deutschen Fürsten betrogen wurde und daß es auch keineswegs so ungebildet und roh erschien, wie ihre Nachbarn jenseits der Elbe es hinstellten. Gastfrei und tapfer, besaßen sie auch Kultur und eigne Schriftsteller und Tempel mit Göttern in Holz und Gold. Vor allem aber gibt der Dichter der Mark unumwunden zu, daß die Wenden nicht etwa, wie die Patent-Patrioten behaupten, vertrieben wurden, sondern sich mit der deutschen Einwanderung seit Albrecht dem Bären verschmolzen. Die Reste sitzen bekanntlich noch heute im Spreewald. / Wörtlich sagt Fontane von den Wenden: ›Sie wurden keineswegs mit Stumpf und Stiel ausgerottet, sie wurden auch nicht einfach zurückgedrängt bis zu den Gegenden, wo sie Stammesgenossen vorfanden – sie blieben vielmehr alle oder doch sehr überwiegenden Teils im Lande und haben in allen Provinzen jenseits der Elbe unzweifelhaft jene Mischrasse hergestellt, die jetzt die preußischen Provinzen bewohnt.‹ / Unsern arischen Rasseforschern mag diese Feststellung sehr unbequem sein, aber es bleibt dabei. / Und was Potsdam angeht, so hieß es einst Potsdupimi, und die Erbauer seiner Kultur waren Italiener, Holländer, Franzosen — Deutsche zuletzt.«

# ANMERKUNGEN

## *Vorwort zur zweiten Auflage*

Für das Vorwort zur zweiten Auflage von »Havelland« trifft dasselbe zu wie für das Vorwort zur dritten Auflage von »Oderland« (vgl. die Vorbemerkung dazu im Anhang von Band 2 dieser Ausgabe): Fontane hat es *nach* Beendigung seiner Arbeit am Manuskript verfaßt und auf einen knappen Rechenschaftsbericht über die gegenüber der Erstauflage von 1873 (»Ost-Havelland«) vorgenommenen Veränderungen beschränkt.

5 *alles dem Spezialtitel nicht Entsprechende fortgelassen* — Vgl. S. 492 f.
*Landschaft und Genre prävalieren* — Jutta Neuendorff-Fürstenau bemerkt in ihrem Kommentar zur »Wanderungen«-Ausgabe des Hanser Verlages: »In einem Entwurf zu einem Vorwort des 3. Bandes betont F.: ›Alles, was *vor* der Geschichte liegt und schon sagenhaft ist, oder *neben* der Geschichte liegt, weil es zu klein ist, das ist mein Sach, da liegen meine Aufgaben.‹ «
*prävalieren* — das Übergewicht, den Vorzug haben.
*das Friedrichsche Ehepaar* — Vgl. S. 209—212.
*Lehniner Klosterkirche ... neu aufgebaut* — In den Jahren 1872 bis 1877. Vgl. auch die Anm. zu S. 46.
*... daß alles Umarbeiten und Hinzufügen ... nur Schwerfälligkeiten schafft* — Im Teil 3 der »Wanderungen«, »Havelland«, hat Fontane gegenüber der Erstauflage (1873) wesentlich weniger Textänderungen vorgenommen als in den Teilen 1 und 2, »Die Grafschaft Ruppin« und »Das Oderland«.
*Benötigung* — Notwendigkeit.

## *Havelland*

Im Brief an Wilhelm Hertz vom 14. August 1872 bezeichnet Fontane das Gedicht als »Einleitung« des dritten »Wanderungen«-Bandes (erste Auflage). Wieder entwickelt er — wie im »Vorwort zur ersten Auflage« der »Grafschaft Ruppin« (vgl. Band 1 dieser Ausgabe) – aus einem poetischen Stimmungsbild die Motivation für die Beschreibung einer historisch geprägten Landschaft.

Im Gegensatz zu Fontanes eigener Datierung (»im Mai 1872«) gibt Hermann Fricke (»Theodor Fontane. Chronik seines Lebens«, Berlin 1960) an, das Gedicht sei erst im Sommer 1872 in Krummhübel (Schlesien) verfaßt, wo sich der Dichter bis zum 10. August aufhielt. Wahrscheinlich stützt sich Fricke darauf, daß ein erster (?) fragmentarischer Entwurf der Strophen 1 und 2 im Notizbuch A 10, Blatt 3 (Rückseite) bis Blatt 4 (Rückseite), überliefert ist, das Fontane mit der Aufschrift versah: »1872./Sonnenburg./Krummhübel./Altwasser. Salzbrunn.«

7 *Ade nun, ... Ufer der Somme, der Seine, Loire* – Anspielung auf die Reisen in Frankreich, die Fontane in den Erlebnisbüchern »Kriegsgefangen. Erlebtes 1870« und »Aus den Tagen der Okkupation. Eine Osterreise durch Nordfrankreich und Elsaß-Lothringen 1871« unmittelbar vor den abschließenden Arbeiten für den »Havelland«-Band beschrieben hatte (Anfang und Ende 1871).

*Julius-Turm* – Turm der auf einer Havelinsel gelegenen Zitadelle von Spandau, einer mittelalterlichen Befestigungsanlage. Er ist noch vorhanden. Ein beträchtlicher Teil des Goldes, das Frankreich 1871 als Kriegskontribution an das Deutsche Reich zu zahlen hatte, wurde als »Reichskriegsschatz« im Julius-Turm deponiert.

*Schildhorn ... Fürst Jaczko* – Fontane rekapituliert die erst im 18. und 19. Jahrhundert aufgetauchte Schildhorn-Sage, die von der Niederlage des »Wendenfürsten« Jaczko gegen Albrecht den Bären (vgl. die vierte Anm. zu S. 13) bei Spandau (Mitte des 12. Jahrhunderts) und seiner Bekehrung zum Christentum berichtet, in seinem Aufsatz »Das Schildhorn bei Spandau«; vgl. Band 6 dieser Ausgabe.

*Harlunger Berg ... unsre erste Kapelle* – Vgl. S. 32f.

*Plauer Schloß ... Hans Quitzow* – Die Havelburg Johann von Quitzows, unter dessen Führung sich der märkische Uradel 1412 gegen die Hohenzollern erhoben hatte, wurde im Februar 1414 von den Truppen des Burggrafen Friedrich erobert (vgl. die erste Anm. zu S. 34). Vgl. auch »Fünf Schlösser«, Teil »Quitzöwel«, Kap. 9; Band 5 dieser Ausgabe, sowie Fontanes Gedicht »Der Quitzowen Fall und Untergang«.

*Pfaueninsel ... Johannes Kunckel* – Vgl. das Kapitel »Die Pfaueninsel«, Abschnitt 2, S. 200ff.

*Schloß Babelsberg* – Neugotischer Bau, errichtet 1834–1849 von Karl Friedrich Schinkel, Ludwig Persius und Johann

Heinrich Strack. Das Schloß diente seit 1963 als Museum für Ur- und Frühgeschichte und wird jetzt in ein Schloßmuseum umgewandelt.

7 *Schlößchen Tegel* – Vgl. das Kapitel »Tegel«, S. 161–175, sowie die zweite Anm. zu S. 163.

*Elsenbüsche* – Erlenbüsche.

*Horste, Lanken* – Vgl. S. 106.

8 *Hunderttausend Wenden hier untergingen* – In der Havelschlacht bei Spandau; vgl. die dritte Anm. zu S. 7.

*Waldemar* – Gemeint ist der dänische König Waldemar I., der Große, dessen Feldzüge gegen die an der Ostseeküste ansässigen wendischen Stämme 1168 mit der Eroberung Rügens endeten.

*Kremmer Damm ... Hohenloh* – In der Schlacht am Kremmer Damm (24. Oktober 1412) besiegte Burggraf Friedrich von Hohenzollern die Pommernherzöge Otto und Kasimir, die sich dem Aufstand der reaktionären märkischen Junker angeschlossen hatten (vgl. die erste Anm. zu S. 34). Auf der Seite des kaiserlichen Verwesers fiel u.a. Graf Johannes von Hohenlohe; Friedrich ließ ihm ein (später mehrfach erneuertes) Gedenkkreuz errichten. Vgl. »Fünf Schlösser«, Teil »Quitzöwel«, Kap. 7; Band 5 dieser Ausgabe.

*Derfflinger ... Fehrbellin* – Während des Krieges zwischen dem expansiven Frankreich und den niederländischen Generalstaaten (1672–1678) waren die Schweden, vertraglich zur Hilfeleistung gegen alle Feinde Frankreichs verpflichtet, im Dezember 1674 in das mit Holland verbündete Brandenburg eingefallen und hatten bis zum Frühsommer 1675 einen großen Teil des Landes besetzt. Nachdem der brandenburgische Feldmarschall Derfflinger, in Eilmärschen vom rheinischen Kriegsschauplatz zurückgekehrt, am 25. Juni 1675 die Stadt Rathenow an der Havel entsetzt hatte, mußten sich die Schweden zurückziehen und am 28. Juni bei Fehrbellin ihren Verfolgern zur Schlacht stellen, in der sie eine vernichtende Niederlage erlitten. Der brandenburgische Sieg bei Fehrbellin, an dem Derfflinger maßgeblich beteiligt war (vgl. Band 2 dieser Ausgabe, S. 200–203), hat die während des Dreißigjährigen Krieges verheerte Mark endgültig von der schwedischen Besetzung befreit. Vgl. die ausgeschiedenen Kapitel »Fehrbellin« und »Fehrbellin in Sage, Kunst und Dichtung«; Band 6 dieser Ausgabe.

## *Die Wenden in der Mark*

Die Geschichte und Kulturgeschichte der zwischen dem 6. und 12. Jahrhundert auf dem Gebiet der späteren Mark Brandenburg heimischen slawischen Völkerstämme sowie ihre Beziehungen zu den deutschen »Kolonisatoren« haben Fontane jahrzehntelang beschäftigt. Seine Auseinandersetzung mit diesem Thema, das später in den Romanen und Erzählungen immer wieder zur Sprache kommt (»Vor dem Sturm«, »Cécile«, »Effi Briest«, »Der Stechlin«), begann spätestens mit den ersten Arbeiten für die »Wanderungen«, und seine unkonventionellen, humanistischen Auffassungen brachten den Dichter frühzeitig in einen eklatanten Gegensatz zur nationalistischen deutschen Geschichtsschreibung des 19. Jahrhunderts. (Vgl. »Das Oderland«, Band 2 dieser Ausgabe.)

Den Stoff für »Die Wenden in der Mark« hat Fontane bereits Ende Oktober 1863 zu sammeln begonnen; im Januar und Februar 1864 war er mit der Niederschrift des Aufsatzes beschäftigt.

Der Vorabdruck erfolgte am 2., 9., 16. und 23. Oktober 1867 im »Wochenblatt der Johanniter-Ordens-Ballei Brandenburg«, Nr. 40–43, S. 239 ff., 245 f., 252 ff., 257–260. Im Jahre 1872 wurde der Aufsatz dann in die Erstausgabe des dritten »Wanderungen«-Bandes, »Ost-Havelland« (1873), aufgenommen (Übersendung des Manuskripts an Wilhelm Hertz: 10. Mai 1872).

Eine Seite mit vorbereitenden Notizen unter der Überschrift »Die Wenden in der Mark bis 1150« wird im Theodor-Fontane-Archiv aufbewahrt (Kc 6); vgl. das Faksimile, S. 503.

Für die Arbeit am Wenden-Kapitel hat Fontane folgende Literatur benutzt (die vollständigen Angaben finden sich jeweils im Literaturverzeichnis; vgl. S. 658): Fidicin, »Die Territorien der Mark Brandenburg ...«. – Berghaus, »Landbuch der Mark Brandenburg ...«. – Giesebrecht, »Wendische Geschichten ...«. – Schwartz, »Sagen und alte Geschichten der Mark Brandenburg«. – Schafarik, »Slawische Altertümer«. – [Cybulski], »Die slawischen Ortsnamen der Insel Potsdam ...«. – Heffter (Carl Christian), »Urkundliche Chronik ...«. – Heffter (Moritz Wilhelm), »Geschichte der Kur- und Hauptstadt Brandenburg«. – Büdinger, »Österreichische Geschichte bis zum Ausgang des dreizehnten Jahrhunderts«. – Adam von Bremen, »Mag. Adami gesta Hammaburgensis ...«. – Thietmar, »Thietmari chronicon ...«. – Widukind, »Res gestae Saxonicae ...«. – Kantzow, »Pommerania ...«. – »L. Schneider: Mitteilungen des Vereins für die Geschichte Potsdams« (laut Anmerkung am Schluß der Erstausgabe von 1873).

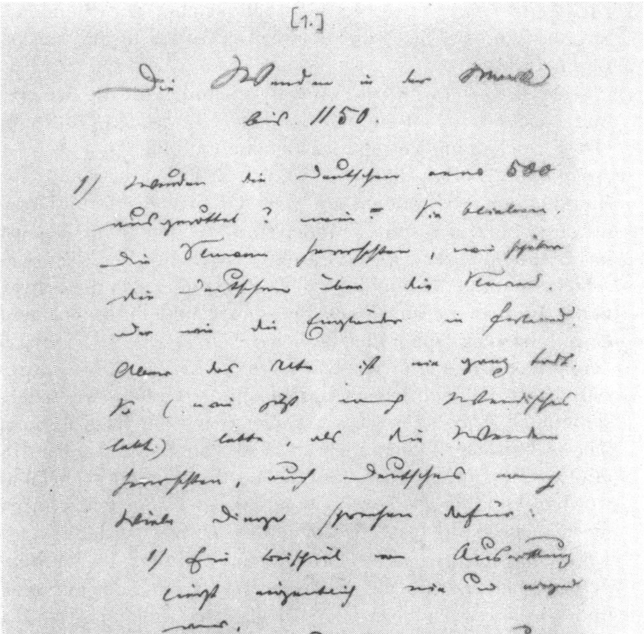


Früher Entwurf zum Kapitel »Die Wenden in der Mark«

13 *Lichthelle Götter ...* – Karl Seidel, »Gebet der Wenden«, Strophe 1 (aus dem Gedichtband »Das Kreuz in der Mark«, Berlin 1838).

*Zauche* – Soviel wie: Dürrland; Bezeichnung für die Kiefern- und Heidelandschaft südlich der Havel (zwischen Nuthe im Osten, Buckau im Westen und Fläming im Süden).

*Brennabor* – Der älteste schriftlich überlieferte Name für Brandenburg ist Brendanburg. (Das Original der Gründungsurkunde für das Bistum Brandenburg aus dem Jahre 948 ist im Brandenburger Domstiftsarchiv erhalten.) Bei dem Geschichtsschreiber Widukind von Corvey findet sich die Schreibung Brennaburg (um 967). Brennabor und Brennibor sind Erfindungen aus spätmittelalterlicher Zeit.

*Eroberung durch Albrecht den Bären (1157)* – Albrecht der Bär aus dem altsächsischen Geschlecht der Grafen von Ballenstedt, auch Anhaltiner oder Askanier (nach der Burg Ascania bei Aschersleben) genannt, war 1134 von Kaiser Lothar III. mit der Nordmark (dem westlichen Brandenburg) belehnt worden. Von hier aus betrieb er seine Expansionspolitik gegen die Elbslawen, die bis 1157 völlig unterworfen wurden.

*Groß- und Kleinrussen* – Großrussen: Seit dem 16. Jahrhundert Bezeichnung für die slawische Bevölkerung der mittleren und nördlichen Gebiete des europäischen Rußlands. Der Begriff Großrußland erhielt erst eine bestimmtere geographische Bedeutung, als 1654 Kleinrußland (Ukraine) und 1655 Weißrußland (Belorußland) an das Moskauer Reich angegliedert wurden. Der Zar von Moskau nannte sich fortan »Zar des ganzen Großen, Kleinen und Weißen Rußlands«.

*Reste der alten Semnonen* – Die Semnonen werden schon in der »Germania« des Tacitus als vornehmster Stamm der Elbgermanen genannt. Sie lebten im 1./2. Jahrhundert u. Z. im Havelgebiet. Wann und woher sie kamen oder ob sie sich hier als Stamm formierten, ist bisher nicht bekannt. Teile der Semnonen wanderten bereits im 2./3. Jahrhundert wieder ab. Im 5./6. Jahrhundert gerieten die im Havelland lebenden Germanen unter den politischen und kulturellen Einfluß des Thüringer Reiches, das 531 durch die Franken zerstört wurde. In der Völkerwanderungszeit verließen die Germanen das mittelbrandenburgische Gebiet. Die verbliebene Restbevölkerung ging in den einwandernden Slawen auf.

14 *Nur Greise ... Wenden* – In W III[1], S. 6, heißt es an dieser Stelle abweichend und ausführlicher: »Nicht alle indes, so scheint es, hatten sich diesem Wanderzuge angeschlossen; Greise, Weiber, Kinder, dazu alles, was wir heute als ›Inva-

lide‹ bezeichnen würden, war zurückgeblieben, und alle diese Reste ehemaligen germanischen Lebens kamen nunmehr in Abhängigkeit von den vordringenden Wenden.«

14 *Bruchteil* – Hier: Bestandteil.

*Schafarik sagt* – In »Slawische Altertümer«; vgl. das Literaturverzeichnis, S.663.

15 *Neu-Vorpommern* – Gemeint ist das vorpommersche Gebiet zwischen Oder und Peene (einschließlich der Inseln Usedom und Wollin), das Schweden während des Nordischen Krieges (1700–1721) auf Grund des Stockholmer Friedensvertrages vom 1. Februar 1720 an Preußen abtreten mußte. (Vorpommern war im Westfälischen Frieden von 1648 an Schweden gefallen.)

*Wollin* – Ostsee-Insel; heute Wolin (Polen).

*Die märkischen Wenden konnten ... nicht wetteifern* – In W III[1], S. 8, heißt es ausführlicher: »Keiner der *einzelnen* Stämme der märkischen Wenden konnte nach dieser Seite hin mit den zwei wendischen Hauptstämmen in Pommern und Mecklenburg (den Ranen und Retariern) wetteifern ...«

16 *wie ein Stamm Levi* – Leviten: Israelitischer Volksstamm, den Moses nach dem Alten Testament als heilig ausgewählt und mit der Pflege des religiösen Kultus (Priesterdienst) betraut hat.

*Heinrich der Finkler* – Gemeint ist der deutsche König Heinrich I. Der Beiname »Finkler« beruht auf der Legende, daß Heinrich die Gesandten der Fürsten bei seinem Vogelherd (Vogelfangplatz) in Quedlinburg empfangen habe.

*Widukinds »Sächsische Geschichten«* – Vgl. das Literaturverzeichnis, S.665.

17 *zu dieser Schlacht am Tanger* – In W III[1], S. 10, heißt es statt dessen: »zu dieser Schlacht und dem ihr voraufgehenden großen Wendenaufstande«.

*Schlacht bei Basantello* – Es handelt sich um die Schlacht bei Cotrone am Golf von Tarent (Italien), in der das Heer Ottos II. am 13. Juli 982 von Byzantinern und Sarazenen geschlagen wurde.

*Radegast* – Vgl. S.27.

*die Sachsen wurden geschlagen* – In der Tangerschlacht (bei Tangermünde), in der die unterdrückten Wenden dem Heer des grausamen Markgrafen Dietrich gegenüberstanden, wurden nicht die Sachsen, sondern die Wenden geschlagen. Es gelang ihnen jedoch, das zuvor zurückeroberte Gebiet bis zur Elbe zu behaupten.

18 *Triglaw* – Vgl. S.27 und 31.

18 *Swantewit-Tempel* – Vgl. S.30f.
*Waldemar der Sieger* – Beiname des dänischen Königs Waldemar II., der von 1202 bis 1241 regierte. Gemeint ist hier allerdings Waldemar I. (vgl. die zweite Anm. zu S.8).

19 *Sie spinnen …* – Die Verse stammen wahrscheinlich von Fontane.

20 *Elsen* – Erlen.
*Mitteilungen Thietmars* – »Thietmari chronicon …«; vgl. das Literaturverzeichnis, S.664.

21 *Adam von Bremen erzählt* – In seiner »Geschichte der hamburgischen Kirchenfürsten«; vgl. das Literaturverzeichnis, S.658.
*Barbaren* – Hier im ursprünglichen Sinn: Nicht-Griechen.
*griechisches Feuer* – Schon im Altertum bekanntes, im 7. Jahrhundert wiederentdecktes Brandgemisch aus Schwefel, Werg, Erdöl, gebranntem Kalk und Harzen, das stark zündet, zäh haftet und auch im Wasser nicht erlischt. Es wurde erstmals von den Byzantinern als Seekampfmittel eingesetzt.
*Vineta* – Im 10. und 11. Jahrhundert in hoher Blüte stehende slawische Handelsstadt auf der Ostseeinsel Wollin; sie wurde der Sage nach »von den Wellen verschlungen«.

23 *Giesebrecht beschreibt* – In »Wendische Geschichten …«; vgl. das Literaturverzeichnis, S.659.
*In trotzigem Mut …* – Die Verse stammen wahrscheinlich von Fontane.

26 *… polnisch-nationale Züge* – In W III[1], S. 22, folgt der Zusatz: »Was die Polen jetzt sind, das waren die Wenden damals.«

28 *Hier dient der Wende …* – Karl Seidel, »Vorklänge« (Einleitungsgedicht des Bandes »Das Kreuz in der Mark«, Berlin 1838), Strophe 7, Vers 1, 4, 2, 6 (in dieser Reihenfolge). Die Verse 1–6 lauten bei Seidel: »Dort dient der Wende seinen Götzenbildern: / Bunt schimmert da manch Tempeldach hervor, / Wo blut'ge Priester mehr das Volk verwildern; – / Dort baut er seiner Städte festes Tor: / Bekannt sind wohl, auch ohne sie zu schildern, / Julin, Vineta, Rhetra, Brennabor; – / …«
*Delphi und Dodona* – Religiöse Kultstätten im antiken Griechenland, mit berühmten, auch politisch einflußreichen Orakeln. Delphi war dem »alles schauenden« Apollon, Dodona dem »alles wissenden« Zeus geweiht.

29 *Thietmar berichtet* – In seinem »Chronicon«; vgl. das Literaturverzeichnis, S.664.
*sühnen* – Hier: versöhnen, aussöhnen.

31 *Waldemar der Sieger* – Vgl. die dritte Anm. zu S. 18.

32 *in Brennabor ein Tempel errichtet* – Der Tempel wurde von den Deutschen nach der Eroberung der Brandenburg zwischen 1150 und 1157 zerstört. Das dreiköpfige Götterbild ist noch bis ins 16. Jahrhundert in der Marienkirche aufbewahrt worden.

*In einer 1619 ...* – In W III[1], S. 29, beginnt die Fußnote mit dem Zusatz: »Daß die Wenden, in späterer Zeit, solche aus Stein aufgeführte Tempel gehabt haben, dafür spricht manches, namentlich auch manche örtliche Tradition.«

*»Das uralte Templein ...«* – Das (leicht abgewandelte) Zitat hat Fontane der Erzählung »Der Tempel der Morgenröte zu Jüterbog« aus der Sagensammlung von Wilhelm Schwartz (vgl. das Literaturverzeichnis, S. 664) entnommen.

*Eingang von abendwärts* – Westeingang.

*Heffter, ... »Geschichte Brandenburgs«* – Vgl. das Literaturverzeichnis, S. 660.

*Marienkirche auf dem Harlunger Berge* – Die Kirche Sankt Marien auf dem Harlunger Berge, der heute Marienberg heißt, war eine der ältesten, schönsten und berühmtesten Kirchen im norddeutschen Raum. Sie verfiel, als sich nach der Reformation das Prämonstratenserkloster auf dem Marienberge auflöste; Glasgemälde, Altarbilder, Meßbücher, Chorstühle, Ordensrequisiten u. a. verschwanden spurlos. Im Jahre 1722 wurde die Ruine auf Befehl Friedrich Wilhelms I. abgetragen. Die Steine wurden zum großen Teil nach Potsdam gebracht und für das Militärwaisenhaus und andere Bauten verwendet. Vor dem Abbruch der Marienkirche wurden genaue Grundriß- und Ansichtszeichnungen angefertigt sowie ein Modell, das jetzt im Dom aufbewahrt wird. Ein weiteres Modell der Kirche ist im Heimatmuseum von Brandenburg zu besichtigen.

33 *sie wurden auch nicht einfach zurückgedrängt* – In W III[1], S. 31, folgt hinter »nicht« der Einschub: »(wie die Indianerstämme in Amerika)«.

*würde eine solche ... Racengeschiedenheit gegen die historische Überlieferung ... sprechen* – In W III[1], S. 31, folgt der Zusatz: »(Polen und Deutsche hassen sich bis diesen Tag und heiraten sich doch)«.

34 *die Hohenzollern ins Land* – Im Jahre 1411 setzte Kaiser Sigismund den Burggrafen Friedrich VI. von Nürnberg aus der fränkischen Linie der Hohenzollern zum erblichen Statthalter in Brandenburg ein. Gegen den neuen Verweser erhob sich der märkische Adel unter der Führung der Brüder Dietrich

und Johann von Quitzow, die sich in zahlreichen Fehden und Raubzügen die Macht in Brandenburg gesichert hatten und das Land tyrannisierten. Burggraf Friedrich warf den Aufstand der reaktionären Junker nieder (1412–1414). Im Jahre 1415 wurde er Markgraf, 1417 Kurfürst von Brandenburg. (Vgl. »Fünf Schlösser«, Teil »Quitzöwel«, Kap. 1–12; Band 5 dieser Ausgabe.) 1701 erhoben die Hohenzollern Preußen zum Königreich. Der alte Gegensatz zwischen dem märkischen Uradel und den Hohenzollern wurde von partikularistischen Kreisen noch im 19. Jahrhundert zeitweilig hochgespielt; vgl. »Der Stechlin«, Kap. 35.

34 *»die Not gibt wunderliche Schlafgesellen«* – »Die Not bringt einen zu seltsamen Schlafgesellen«: Zitat aus Shakespeares »Der Sturm« II, 2 (Übersetzung von August Wilhelm Schlegel).

*der schwarze Tod* – Die Pest.

*Pommern und Polen* – Die Pommernherzöge inszenierten im 14. und 15. Jahrhundert zahlreiche Fehden, um sich von der seit Ende des 12. Jahrhunderts bestehenden brandenburgischen Lehnshoheit zu befreien. (Vgl. »Fünf Schlösser«, Teil »Quitzöwel«, Kap. 7; Band 5 dieser Ausgabe.) Die Polen waren in den Jahren 1325/26, nach dem Wiedererstarken ihres Königreiches, infolge von Streitigkeiten mit dem Markgrafen von Brandenburg in das märkische Gebiet eingedrungen. (Vgl. auch die erste Anm. zu S. 58.)

*Hussiten* – Kurfürst Friedrich I. von Brandenburg hatte mehrere Reichsfeldzüge gegen die sozialrevolutionäre böhmische Hussitenbewegung geleitet. Zur Vergeltung fielen die Hussiten mehrfach, besonders in den Jahren 1431/32, in die Mark ein. Am 23. April 1432 wurden sie auf dem sogenannten Rutenfelde bei Bernau von den Brandenburgern entscheidend geschlagen.

*Friderizianischer Satz ...: »Menschen; vor allem Menschen«* – In einer möglichst raschen Vermehrung der Bevölkerung sah Friedrich II. das Hauptmittel zur ökonomischen Stärkung Preußens. Er förderte systematisch die Einwanderung von Kolonisten aus Sachsen, Süd- und Südwestdeutschland, die er unter wirtschaftlich günstigen Bedingungen in den infolge seiner Kriege verwüsteten sowie in neu erschlossenen (z. B. Oderbruch) oder annektierten Gebieten (z. B. Westpreußen) ansiedelte.

35 *Landbuch von 1375* – Das sogenannte Landbuch, das Kaiser Karl IV., in dessen Besitz sich die Mark Brandenburg von 1373 bis 1378 befand, in den Jahren 1375/76 anlegen ließ,

hatte den Zweck, eine Übersicht über die gesamten Eigentumsverhältnisse des Landes zu schaffen. Es gliedert sich in zwei Teile: ein Verzeichnis der aus der Landeshoheit resultierenden Einkünfte des Kaisers und ein Dorfregister. Vgl. auch das Literaturverzeichnis, S. 659 (Fidicin).

36 *Hackelberger Jäger* – Ein braunschweigischer Oberjägermeister namens Hackelberg, der im 16. Jahrhundert gelebt und sterbend den Wunsch geäußert haben soll, ewig jagen zu können, gilt nach der norddeutschen Volkssage als Urbild des Wilden Jägers, der das Geisterheer (die »Wilde Jagd«) anführt, das nachts mit Getöse und Hundegebell durch die Lüfte fährt.

## *Die Zisterzienser in der Mark*

Fontane hat Anfang Januar und im November 1863 an dem Kapitel gearbeitet.

Der Vorabdruck erfolgte am 4. Mai 1864 im »Wochenblatt der Johanniter-Ordens-Ballei Brandenburg«, Nr. 18, S. 113–116. Im Jahre 1872 wurde der Aufsatz dann in die Erstausgabe des dritten »Wanderungen«-Bandes, »Ost-Havelland« (1873), aufgenommen.

Für die Arbeit am Zisterzienser-Kapitel hat Fontane folgende Literatur benutzt (die vollständigen Angaben finden sich jeweils im Literaturverzeichnis; vgl. S. 658): Winter, »Die Zisterzienser des nordöstlichen Deutschlands …« und »Die Prämonstratenser des 12. Jahrhunderts …«. – Ratisbonne, »Histoire de Saint Bernard …«. – Fehr, »Allgemeine Geschichte der Mönchsorden …«. – Wetzer/Welte, »Kirchen-Lexikon …«. – Riedel, »Die Mark Brandenburg im Jahre 1250 …«. – »Historische Notizen über Kloster *Lehnin*«. – »Ein Aufsatz (anonym) über Klöster in der Mark« (laut Anmerkung am Schluß der Erstausgabe von 1873).

37 *Der Morgen graut …* – Shakespeare, »Romeo und Julia« II, 3; Anfangsverse. (Es handelt sich nicht um die Übersetzung von August Wilhelm Schlegel.)

*Havelschlacht gegenüber dem Schildhorn* – Vgl. die dritte Anm. zu S. 7.

*Havelberger [Dom]* – Dom Sankt Marien, dreischiffige Basilika. Die ursprünglich romanische, 1170 geweihte Kirche wurde nach dem Brand von 1279 in gotischem Stil umgebaut (vollendet um 1330). Anbauten und Interieur stammen aus späteren Jahrhunderten, der obere Teil der heutigen Turmanlage aus dem Jahr 1908.

37 *Brandenburger Dom* – Dom Sankt Peter und Paul, dreischiffige Basilika mit Querschiff. Die ursprünglich romanische Kirche (um 1165 bis um 1193; im 13. Jahrhundert erweitert) wurde im 14. Jahrhundert in gotischem Stil umgebaut und 1426 teilweise erneuert. 1672 wurde der Turm fertiggestellt, 1836 der Westbau vollendet. Das Interieur stammt aus verschiedenen Jahrhunderten. 1962–1966 fanden umfangreiche Sicherungs- und Restaurierungsarbeiten statt.

*Heinrich de Leuw ... Frederik mit den roden Haar* – Der Welfe Heinrich der Löwe (1129–1195), Herzog von Bayern und Sachsen, durch seine selbständige Expansionspolitik im ostelbischen Slawengebiet Rivale Albrechts des Bären (vgl. die vierte Anm. zu S. 13), wurde 1180 von Kaiser Friedrich I. Barbarossa (um 1125–1190) geächtet, weil er ihm 1176 auf Grund partikularistischer Machtbestrebungen die Heerfolge verweigert hatte.

38 *Benediktinerklöster ... Zisterzienser* – Die ersten Benediktinerklöster entstanden Mitte des 6. Jahrhunderts nach dem Muster des Klosters Monte Cassino (bei Neapel), das der italienische Adlige Benedikt von Nursia (der heilige Benedikt) im Jahre 529 gegründet hatte. Die »Benediktregeln«, von Karl dem Großen in den Klöstern seines Reiches eingeführt, waren im 9. und 10. Jahrhundert für alle Klöster West- und Mitteleuropas verbindlich. Der asketische, im 12. und 13. Jahrhundert entscheidend an der »Germanisierung« der slawischen Gebiete östlich der Elbe beteiligte Zisterzienserorden war im Jahre 1098 aus dem Benediktinerorden hervorgegangen. Seine Existenzgrundlage war der wirtschaftliche Eigenbetrieb auf der Basis von Ackerbau, Viehzucht und Handelstätigkeit. Die schweren landwirtschaftlichen und handwerklichen Arbeiten wurden allerdings nicht von den Mönchen, sondern von den aus niederen Volksschichten stammenden Laienbrüdern verrichtet, die keinen Anteil an der Verwaltung der Klöster hatten.

*Kreuzzüge* – Sieben Eroberungszüge, die die christlichen europäischen Feudalmächte im Mittelalter (zwischen 1096 und 1270) unter dem Vorwand des »Kampfes gegen die Ungläubigen« und der »Befreiung des Heiligen Grabes« gegen die nichtchristliche Bevölkerung des Orients unternahmen.

39 *Papst* – Wahrscheinlich Paschalis II., der 1099 Nachfolger von Urban II. geworden war.

40 *»Tausend Jahre ...«* – Altes Testament, Psalm 90, 4.

40 *Verdoppelung der Schachbrettfelder* – Der Erfinder des Schachspiels soll sich als Lohn für das erste Feld des Schachbrettes zwei Weizenkörner, für jedes weitere Feld die zweite Potenz der Anzahl des vorherigen (also $2^2$, $4^2$, $16^2$, $256^2$ usw.) gewünscht haben. Die Endsumme war so hoch, daß die Forderung unerfüllt bleiben mußte.

41 *heiliger Bernhard* – Der französische Theologe und Mystiker Bernhard (1090–1153), seit 1115 Abt des Zisterzienserklosters Clairvaux bei Langres, beeinflußte mit seiner wissenschaftsverneinenden, Demut und religiöse Ekstase fordernden Lehre in starkem Maße das politische und geistige Leben des 12. Jahrhunderts. Seine eifernden Predigten initiierten u.a. den zweiten Kreuzzug (1147–1149).

*Prämonstratenser* – Angehörige eines 1120 von Norbert (später Erzbischof von Magdeburg) begründeten kirchlichen Ordens, der nach dem Gründungsort Prémontré (Frankreich) benannt wurde. Ihre Klöster waren ebenfalls Stützpunkte der feudalen Ostexpansion. Vgl. dazu auch Fontanes Aufsatz »Erzbischof Norbert und die Prämonstratenser in der Mark«; Band 6 dieser Ausgabe.

*Kartäuser* – Angehörige eines 1084 von Bruno von Köln im Tal La Chartreuse (bei Grenoble) auf der Grundlage der Benediktinerregeln begründeten, 1170 vom Papst bestätigten Mönchsordens, die in Einzelhäuschen (als Einsiedler) lebten.

*Dominikaner* – Angehörige eines 1215 von dem Spanier Dominicus Guzmán in Toulouse begründeten, 1216 vom Papst bestätigten Prediger- und Bettelordens, der im Mittelalter ein Hauptinstrument der Inquisition war.

*Franziskaner* – Angehörige eines zu Beginn des 13. Jahrhunderts von dem Italiener Franz von Assisi begründeten, 1223 vom Papst bestätigten Bettelmönchordens.

42 *Dobrilugk* – Doberlug(-Kirchhain).

43 *Mater* – (lat.) Mutter.

*Ratisbonne, ... »Geschichte des heiligen Bernhard«* – Vgl. das Literaturverzeichnis, S. 663.

## *Kloster Lehnin*

Fontane besuchte das Kloster im Oktober 1863 (vor dem 23.). Eine zweite Reise nach Lehnin unternahm er – begleitet von seinem Freund Bernhard von Lepel und dem Architekten Richard Lucae – bereits im folgenden Monat, am 26. November 1863.

Mit der Stoffsammlung begann der Autor unmittelbar nach der ersten Reise, und in den folgenden Wintermonaten wurde der Aufsatz niedergeschrieben. Im Februar 1864 war die Arbeit beendet. Am 8. Februar hielt Fontane im Potsdamer Offizierskasino einen Vortrag über Kloster Lehnin. Zwei Monate früher, am 11. Dezember 1863, hatte er in einem Brief an Heinrich Pröhle, Professor am Luisenstädtischen Realgymnasium in Berlin und Herausgeber der Zeitschrift »Unser Vaterland«, einen solchen Vortrag abgelehnt. »Ich bin seit zwei Monaten mit Lehnin und Chorin, speziell mit dem erstren, beschäftigt und werde noch zwei Monate daran zu sitzen haben«, heißt es in diesem Brief. »All das Material ist in bestimmte Gruppen gebracht, auf eine ganz bestimmte Darstellung hin arrangiert, und es ist mir zuviel zugemutet, wenn ich all das wieder umwerfen soll, um es in die *Form eines Vortrags* zu bringen. Denn es kann sich doch nicht darum handeln, daß ich mich überhaupt dort hinsetze und fünfzig Minuten lang etwas vorlese; zugegeben, daß neun Zehntel der Zuhörer den Unterschied gar nicht merken würden, so merke ich ihn doch, und es ist Gesetz bei mir, mit nichts herauszutreten, das nach *meiner* Meinung nicht fertig oder doch für einen bestimmten Zweck ungeeignet ist. Es ist mir durchaus Bedürfnis, in jedem einzelnen Fall zu wissen: ›Es ist so gut, wie *du* es machen kannst.‹ Daraus schöpft man nachher seine Seelenruhe.«

Der Vorabdruck des Aufsatzes, der 1872 als Buchkapitel in den Band »Ost-Havelland« (1873) einging, erfolgte im »Wochenblatt der Johanniter-Ordens-Ballei Brandenburg«, Nr. 19–23 vom 11., 18. und 25. Mai sowie 1. und 8. Juni 1864, S. 119ff., 126ff., 132–135, 140–143, 147f.

Aufzeichnungen zu diesem Kapitel finden sich in Fontanes Notizbuch A 14, Blatt 24–34 und 47–49. Das Theodor-Fontane-Archiv bewahrt überdies (Kc 6) weitere Vorarbeiten auf, die teilweise auf die »zweite Reise am 26. November [1863]« zurückgehen.

Für die Arbeit am Kloster-Lehnin-Kapitel – aus dem sich wesentliche Partien (Gründung des Klosters, Ermordung des Abtes Sibold, das Weiße Fräulein) später im Roman-Erstling »Vor dem Sturm« (1878) wiederfinden (Dritter Band, Kap. 15: »Lehnin«) – hat Fontane folgende Literatur benutzt (die vollständigen Angaben finden sich jeweils im Literaturverzeichnis; vgl. S. 658): Heffter (Moritz Wilhelm), »Die Geschichte des Klosters Lehnin«. – »Das Zisterzienserkloster *Lehnin*«. – Stich, »Des Abtes Heinrich Stich zu Lehnin im Jahre 1419 angelegtes Gedenkbuch ...«. – Pulkava, »Chronicon«. – Klöden, »Diplomatische Geschichte ...«. – Berghaus, »Landbuch der Mark Brandenburg ...«.

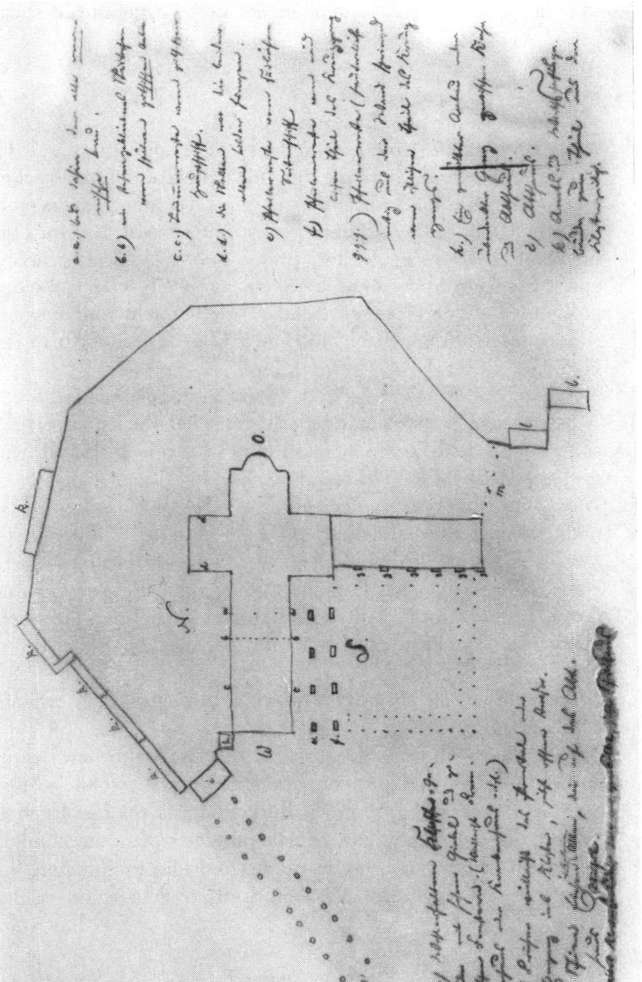

Lageskizze des Klosters Lehnin

44 *Wo das Kloster …* – Schiller, »Ritter Toggenburg«, Strophe 7, Vers 3f.
*Mit des Jammers stummen Blicken …* – Schiller, »Der Alpenjäger«, Strophe 7, Vers 1–4.
*Zauche* – Vgl. die zweite Anm. zu S. 13.
*Requisiten märkischer Landschaft* – Fontane führte sie des öfteren ironisch als Symbole der Dürftigkeit und Trostlosigkeit an, so zum Beispiel im Brief an seine Tochter Martha vom 25. Juni 1880, in dem es heißt: »Im Hause treibt das Not-Floß unsres Lebens ruhig weiter, und unsre vier Wände haben einen richtigen Spreeufer-Charakter, ganz wie es sich für den großen ›Wanderer‹ ziemt. Sand, Torf, Kusseln und mal ein sinternder Hoffnungsbach und noch öfter Raupenfraß in der Heide.«

45 *Pulkava … Chronik* – Vgl. das Literaturverzeichnis, S. 663.

46 *Klosterkirche* – Dreischiffiger frühgotischer Backsteinbau mit spätromanischen Ostteilen; gestiftet 1180, geweiht 1270, wiederhergestellt 1872–1877. Vgl. auch S. 71–75.

46 *Heut sind es grade hundert Jahr … einst geschrieben* – Annette von Droste-Hülshoff, »Der Fundator«, Strophe 4, Vers 1–5, und Strophe 3, Vers 2f. Den Vers »Hier war zu Hause kluger Rat« hat Fontane hinzugefügt; die Verse 2 und 3 der dritten Strophe lauten bei Droste: »Wo einst der mächtige Prälat / Des Hauses Chronik hat geschrieben –«.

47 *Fratres* – (lat.) Brüder.
*Krummstab* – Symbol der Regierungsgewalt eines Kardinals, Bischofs oder Abtes.
*Landtage* – Von den Territorialfürsten zur Steuerbewilligung einberufene Versammlungen der Landstände (weltliche und geistliche Feudalherren sowie Bürger einflußreicher Landesstädte), die seit Anfang des 14. Jahrhunderts in zunehmendem Maße ein Mitspracherecht in politischen und rechtlichen Angelegenheiten sowie die Ausweitung ihrer Privilegien erlangten.

48 *Abt Arnold* – Vgl. S. 63–66.
*Charta caritatis* – (lat.) Urkunde der Liebe.
*Kaiserfahrten* – Gemeint sind wahrscheinlich vor allem die sogenannten Römerzüge der deutschen Könige im Hochmittelalter, die in Rom durch den Papst zu Kaisern gekrönt wurden.
*Kreuzzüge* – Vgl. die zweite Anm. zu S. 38.
*Heiliges Grab* – Das angebliche Felsengrab Jesu an der Stadtmauer von Jerusalem, über dem der römische Kaiser Konstantin I. 326–335 einen Rundbau errichten ließ.

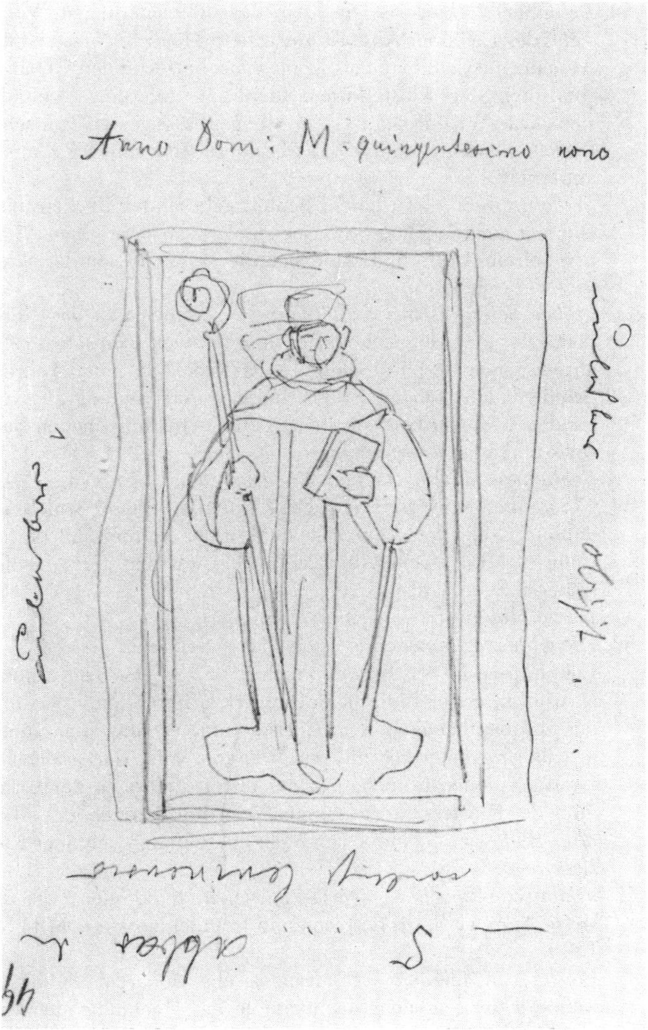


Grabstein eines Lehniner Abtes (gest. 6. März 1509)

49 *Lehniner Abthaus* – Die Lage der mittelalterlichen Wohnstätte der Lehniner Äbte ist umstritten. Möglicherweise ist das Abthaus mit dem heute als Königshaus bezeichneten Gebäude südöstlich der Klosterkirche identisch. Allerdings befindet sich dieses »Königshaus«, ein zweigeschossiger spätgotischer Backsteinbau aus dem 15. Jahrhundert, weit von der Klausur entfernt.

*Schloßfreiheit* – Zu einem Schloß gehörendes Rechtsgebiet. Die hier angesiedelten Bewohner waren von städtischen Abgaben befreit. (In Berlin befand sich die »Freiheit« auf der Westseite des Schlosses.)

*großes Schlütersches Schloßportal* – Gemeint ist das Nordportal des im zweiten Weltkrieg ausgebrannten, im Jahre 1950 abgetragenen Berliner Schlosses, das seit 1699 unter Andreas Schlüters und Johann Friedrich Eosanders Leitung aus vorhandenen ungleichartigen Bauten zu einem einheitlichen Bauwerk umgestaltet worden war.

*Schloßbau unter Kurfürst Friedrich dem Eisernen* – Das 1451 unter Kurfürst Friedrich II. (dem Eisernen) von Brandenburg vollendete burgartige Schloß der Doppelstadt Berlin-Cölln (vgl. die zweite Anm. zu S. 177) war der Vorläufer der späteren Schloßanlage.

*viertehalbhundert* – dreieinhalbhundert.

50 *»Seboldus, primus abbas ...«* – (lat.) »Seboldus, erster Abt in Lehnin, wurde von Slawen erschlagen.« – Der Tod Sibolds ist wohl in erster Linie darauf zurückzuführen, daß zwischen der abgabepflichtigen, zum Christentum gezwungenen einheimischen Bevölkerung und den fremden, vom Markgrafen ins Land gerufenen Mönchen in der ersten Zeit nach der Gründung des Klosters ein gespanntes Verhältnis herrschte.

53 *altes Bild* – Es befindet sich noch heute in der Lehniner Klosterkirche.

55 *askanische Epoche* – Die askanischen Markgrafen (vgl. die vierte Anm. zu S. 13) herrschten in Brandenburg von 1134 bis 1320.

*Papst ... in Avignon* – Die französische Monarchie hatte sich während der feudalen Machtkämpfe des Hochmittelalters innen- und außenpolitisch so gefestigt, daß sie Anfang des 14. Jahrhunderts erfolgreich gegen den imperialen Hegemonieanspruch des Papsttums aufbegehren konnte. Im Jahre 1309 zwang König Philipp IV. von Frankreich Clemens V., die päpstliche Residenz von Rom nach Avignon zu verlegen. Das sogenannte Babylonische Exil der Kirche, das die Päpste zu willigen Werkzeugen der französischen Krone machte, dauerte bis 1377. Später hielten (bis 1409) in Avignon noch mehrere nicht anerkannte Päpste hof.

55 *alter Feind des Menschengeschlechts* – Gemeint ist der Teufel.

57 *Umgang* – Hier: Umweg, Abweichung.

*Konversen* – Conversi: Klosterzugehörige, die nicht das volle Gelübde ablegten.

58 *bayerische Zeit ... »bayrisch oder päpstlich«* – Nach dem Aussterben der Askanier in Brandenburg (1320) übertrug Kaiser Ludwig IV., der Bayer, die Mark 1323 seinem Sohn Ludwig dem Älteren. Dadurch wurde das Land unmittelbar in die Reichs- bzw. die Hausmachtspolitik der Wittelsbacher hineingezogen, die durch heftige Auseinandersetzungen mit dem Papst geprägt war. Die römische Kurie, die sich bereits hundert Jahre vorher in gleicher Absicht in den welfisch-staufischen Thronstreit (1198 bis 1215) eingemischt hatte (auf seiten der Welfen), förderte die partikularistischen Bestrebungen der weltlichen und geistlichen deutschen Territorialfürsten, um die kaiserliche Zentralgewalt zu schwächen und das Deutsche Reich als konkurrierenden Machtfaktor endgültig auszuschalten. Ludwig IV., von Papst Johann XXII. weder als deutscher König noch als römisch-deutscher Kaiser anerkannt, fand Unterstützung bei der antikurialen Oppositionsbewegung, die von den ökonomisch erstarkten Städten ausging. Im Jahre 1325 töteten Berliner Bürger den Propst von Bernau, und die Frankfurter vertrieben den Bischof von Lebus, der mit den in die Mark eingedrungenen Polen konspiriert hatte. Daraufhin wurde über beide Städte der Kirchenbann verhängt.

*Waibling* – Waiblinger: Bezeichnung für die Staufer (nach ihrer schwäbischen Burg Waiblingen).

60 *Quitzow-Zeit* – Vgl. die erste Anm. zu S. 34.

*Stichs ... Gedenkbuch* – Vgl. das Literaturverzeichnis, S. 664.

61 *Landschoß* – Grund-und-Boden-Steuer.

*Einlager* – Zwangseinquartierung.

*Schloß Plaue* – Von der mittelalterlichen Quitzow-Burg (vgl. die fünfte Anm. zu S. 7) ist wenig bekannt. Es ist lediglich überliefert, daß ihre Mauern so dick gewesen sein sollen, daß Wagen darauf fahren konnten. Nach ihrer Eroberung durch die Hohenzollern, bei der sie teilweise zerstört wurde, ist sie umgebaut, später ganz überbaut worden, so daß nichts mehr vorhanden ist. Mit dem Bau des Barockschlosses in Plaue, das gut erhalten ist, wurde 1711 begonnen. Vgl. auch »Fünf Schlösser«, Teil »Plaue a.H.«; Band 5 dieser Ausgabe.

62 *Lehnsträger* – Ein Lehnsmann, der das Lehen im Namen eines anderen empfing und an dessen Stelle die damit verbundenen Verpflichtungen erfüllte.
*dieser Stärkere kam endlich ...* – Friedrich VI. von Hohenzollern (vgl. die erste Anm. zu S. 34). Er eroberte im Februar 1414 mit Hilfe der sogenannten Faulen Grete, eines großen Geschützes, die vier Quitzow-Burgen Golzow, Friesack, Plaue und Beuthen (vgl. »Fünf Schlösser«, Teil »Quitzöwel«, Kap. 9; Band 5 dieser Ausgabe).

63 *Schloß Beuthen* – Vgl. das gleichnamige Kapitel in »Spreeland«; Band 4 dieser Ausgabe.
*Burg Golzow* – Der alte Herrensitz der Rochows wurde während der Kampfhandlungen im April 1945 zerstört.

64 *Die Urkunden ... sind ziemlich zahlreich* – In W III[1], S. 96, ist hinzugefügt: »(20)«.
*daß inzwischen das Kloster Altenberg* – Im Jahre 1133 gegründetes Zisterzienserkloster im ehemaligen rheinischen Fürstentum Berg.

66 *professor sacrae theologiae* – (lat.) Lehrer der heiligen Theologie.

67 *Jagdeingelage* – Einquartierung während der Jagden.
*Verschwörungen der Kurfürstin* – Elisabeth, die Gemahlin Joachims I., die um 1525 Anhängerin der Lutherischen Lehre geworden war, versuchte ihre höfische Umgebung, namentlich ihre beiden Söhne Joachim (II.) und Johann, im Sinne des Protestantismus gegen den streng katholischen Kurfürsten zu beeinflussen. Als ihr Joachim, nachdem sie 1527 das Abendmahl nach protestantischem Ritus (»in beiderlei Gestalt«, d. h. als Brot *und* Wein) genommen hatte, die Gefangenschaft androhte, entfloh sie in das sächsische Hoflager nach Wittenberg.
*in Lehnin begraben* – Vgl. S. 72.
*den »mönchischen Lärmen« ... Wittenberg* – Martin Luther, seit 1505 Mönch des Augustinerordens (bis 1524) und seit 1512 Professor der Philosophie und Theologie in Wittenberg, hatte am 31. Oktober 1517 an die Schloßkirche der Stadt 95 Thesen angeschlagen, die den Mißbrauch des kirchlichen Ablaßhandels kritisierten. Der sich daraus entwickelnde Streit mit der römischen Kurie leitete die Reformation ein. Die Versuche Wittenberger Handwerker und Plebejer von 1521/22, die eingeleiteten Reformen in bürgerlich-radikale Bahnen zu lenken, wurden von Luther, der sich inzwischen unter den Schutz der städtischen und territorialen Obrigkeit gestellt hatte, allerdings energisch bekämpft.

68 *Brandenburger Dom* – Vgl. die vierte Anm. zu S. 37.
*heiliger Benedikt* – Vgl. die erste Anm. zu S. 38.
*heiliger Bernhard* – Vgl. die erste Anm. zu S. 41.
*Maria Magdalena* – Nach dem Neuen Testament die »Sünderin«, die Jesus die Füße salbt und der er die »Sünden vergibt« (vgl. Lukas 7, 36–50); sie wurde in der Malerei und bildenden Kunst häufig als Einzelfigur (Büßerin) mit Salbenbüchse dargestellt.
*heilige Ursula* – Legendäre britische Königstochter, die zusammen mit ihren 11 000 Begleiterinnen auf dem Rückweg von einer Wallfahrt nach Rom bei Köln von einem Hunnenheer ermordet worden sein soll. Die seit dem 5. Jahrhundert bekannte Legende hat jahrhundertelang zu bildlichen Darstellungen angeregt.
*Kirchenväter, die zu dem Klosterleben ... in besonderer Beziehung stehn* – Die sogenannten Kirchenväter des 4./5. Jahrhunderts sollen ihren Besitz den Armen gegeben und zeitweilig zurückgezogen als Einsiedler gelebt haben. Der heilige Hieronymus z. B. leitete in seinen letzten Lebensjahren ein Mönchskloster in Bethlehem; der heilige Augustinus war u. a. Haupt einer asketischen Vereinigung in Nordafrika. – Gregorius: Wahrscheinlich Gregor von Nazianz (um 330–390).
*als ein Kunstwerk ersten Ranges erhalten* – In W III[1], S. 101, folgt der Zusatz: »(im Brandenburger Dom)«. In diesem Dom (vgl. die vierte Anm. zu S. 37) befindet sich der spätgotische Flügelaltar (1518) mit dem in der Fußnote beschriebenen Schrein noch heute.
*»Anno dom[ini] 1518 sub d[omino] Valentino abbate«* – (lat.) »Im Jahre des Herrn 1518 unter dem Abt Valentin«.

69 *Regierungsantritt Joachims II.* – 1535.
*Kirchenvisitation* – Im Auftrage des Kurfürsten durchgeführte Überprüfung der Kirchen, Kirchengüter und Prediger zu dem Zweck, das Kirchenwesen nach den Grundsätzen der Reformation zu normieren. (Die erste, beispielgebende Kirchen- und Schulvisitation fand auf Initiative Luthers 1527 bis 1529 in Sachsen statt.)
*Fratribus* – Frater: (lat.) Klosterbruder, Mönch.

70 *dritthalb* – zweieinhalb.
*Mitfasten* – Eigentlich Mittfasten: die Mitte der vierzigtägigen Fastenzeit vor Ostern, in der nach den Satzungen der katholischen Kirche alle Fleischspeisen untersagt sind.
*reformieren* – Hier: ändern.

71 *Kapellen / Das Schiff umstellen ...* – Die Verse stammen von Fontane. Die Berliner Stadtbibliothek bewahrt eine Hand-

schrift des Gedichts, überschrieben »Kloster Lehnin«, auf, die der Dichter unterzeichnet und »Berlin, d. 29. November 1873« datiert hat. Vgl. auch Stargardt-Katalog Nr. 344 (1933).

71 *Nach Waltham-Abtei ...* – Heine, »Schlachtfeld bei Hastings«, Strophe 15 (aus »Romanzero«, Erstes Buch).
*Kloster Chorin* – Vgl. S. 86–98.
*Klosterkirche* – Vgl. auch die Anm. zu S. 46. Aufzeichnungen über die Kirche und ihr Interieur finden sich in Fontanes Notizbuch A 14, Blatt 24–34.

72 *Krummstab* – Vgl. die zweite Anm. zu S. 47.
*Abt Sibold ... erschlagen* – Vgl. S. 50ff.
*Markgraf Otto ... Traum* – Vgl. S. 45f.
*Askanier* – Vgl. die vierte Anm. zu S. 13 und die erste Anm. zu S. 55.
*Friedrich mit dem Eisenzahn* – Gemeint ist Kurfürst Friedrich II., genannt der Eiserne.
*Krieg* – Der Dreißigjährige Krieg.

73 *der gotische Teil liegt in Trümmern* – Er wurde 1872–1877 wiederaufgebaut.

74 *Akoluth* – Inhaber der höchsten der vier sogenannten niederen Priesterweihen.

75 *das Weiße Fräulein* – »Diese Weißen und Schwarzen Frauen gelten bei Kennern als die allerechtesten Spuke, gerade weil ihnen das fehlt, was dem Laien die Hauptsache dünkt: eine Geschichte. Sie haben nichts als ihre Existenz; sie erscheinen bloß. *Warum* sie erscheinen, darüber fehlen entweder alle Mitteilungen, oder die Mitteilungen sind widerspruchsvoll.« (Fontane, »Vor dem Sturm«, Zweiter Band, Kap. 8.)
*die reformierten Schweizer ... sehen nichts* – Wahrscheinlich Anspielung auf die Nüchternheit und Bildnisfeindlichkeit des Kultus in der im 16. Jahrhundert von den Schweizern Zwingli und Calvin begründeten reformierten Kirche, die z. B. weder Altäre noch Bilder, weder Orgeln noch Kerzen zuläßt.

## *Die Lehninsche Weissagung*

Der Aufsatz über die »Lehninsche Weissagung«, deren für die Existenz der Mark Brandenburg pessimistischer Prognose Jürgaß im »Lehnin«-Kapitel von »Vor dem Sturm« (Dritter Band, Kap. 15) die Aufforderung zur Erhebung gegen die Napoleonische Fremdherrschaft entgegenstellt, ist vermutlich im Zusammenhang mit den Arbeiten über die Klöster Lehnin und Chorin, also im Winter 1863/64, entstanden; denn in Fontanes Brief an den preußischen

Ritterschaftsdirektor Alexander von Pfuel vom 3. März 1864 heißt es: »Ich habe mich nun den ganzen Winter über mit Kloster Lehnin (Zauche), mit den Zisterziensern in der Mark, mit der ›Lehninschen Weissagung‹, auch namentlich mit Chorin, als dem vorzüglichsten Tochterkloster von Lehnin, beschäftigt; diese Arbeiten sind nun beendigt, und ich habe noch zwei Monate Zeit, eh ich direkt wieder auf die Wanderschaft gehen kann. Bevor nicht die Bäume grün sind, verlohnt es sich nicht.«

Der Vorabdruck erfolgte am 14. September 1864 im »Wochenblatt der Johanniter-Ordens-Ballei Brandenburg«, Nr. 37, S. 232–235. Im Jahre 1872 wurde der Aufsatz dann in die Erstausgabe des dritten »Wanderungen«-Bandes, »Ost-Havelland« (1873), aufgenommen.

Der Anfang des Kapitels (bis S. 82, Z. 18 [... woanders zu suchen]) ist in Fontanes Handschrift im Märkischen Museum, Berlin, erhalten.

Für die Arbeit an dem Kapitel hat Fontane folgende Literatur benutzt (die vollständigen Angaben finden sich jeweils im Literaturverzeichnis; vgl. S. 658): Giesebrecht, »Die Weissagung von Lehnin ...«. – Wilcken, »Über das sogenannte Vaticinium Lehninense ...«. – Küster, »Vaticinii Lehninensis ...«. – Guhrauer, »Die Weissagung von Lehnin«. – Schulz (Otto), »Die Lehninische Weissagung«. – Trahndorff, [Entgegnung in der Kontroverse über die Lehninsche Weissagung]. – Meinhold, »Weissagung des Abtes Hermann von Lehnin ums Jahr 1234 ...«.

76 *»Vaticinium Lehninense«* – (lat.) »Lehninsche Weissagung«.
*Leoninische Verse* – Hexameter und Pentameter, in denen Mitte und Schluß des Verses aufeinander reimen. Sie sollen nach einem Dichter namens Leo (12. Jh.) benannt worden sein.
*in der nachgelassenen Bibliothek des ... Kammergerichtsrat Seidel aufgefunden* – Verschiedene Autoren hielten Seidel selbst für den Verfasser der »Lehninschen Weissagung«. Um 1900 jedoch wurde das vermutlich 1684 oder 1685 entstandene Dokument, mit dem sich mehrfach die antipreußische Opposition identifizierte, dem zum Katholizismus übergetretenen lutherischen Geistlichen Andreas Fromm zugeschrieben; vgl. »Die Grafschaft Ruppin«, Kap. »Neuruppin«, Abschnitt 4, »Andreas Fromm« (Band 1 dieser Ausgabe).

77 *Königliche Bibliothek* – Die genannten vier Abschriften der »Lehninschen Weissagung« befinden sich in der Handschriftenabteilung der Deutschen Staatsbibliothek, die aus der ehemaligen Königlichen Bibliothek hervorging und heute zur Stiftung Preußischer Kulturbesitz gehört.

77 *demokratischerseits* – Gemeint sind alle (bürgerlichen) politischen Kräfte, die sich während der Revolution von 1848/49 für die Ablösung der monarchistischen durch die parlamentarisch-republikanische Staatsform in Deutschland engagierten. Fontane selbst vertrat in dieser Zeit, vor allem in seinen Aufsätzen für die »Berliner Zeitungshalle« (1848), radikaldemokratische Ansichten; vgl. »Preußens Zukunft« (31. August 1848; in: »Der junge Fontane. Dichtung, Briefe, Publizistik«, herausgegeben von Helmut Richter, Berlin und Weimar 1969, S.411f.).

*Wilcken ... Guhrauer* – Vgl. das Literaturverzeichnis, S.665 und 659.

79 *Meinhold* – Vgl. das Literaturverzeichnis, S.662.

80 *Übertritt Elisabeths zur neuen Lehre* – Vgl. die zweite Anm. zu S.67.

*Tod Adam Schwarzenbergs* – Graf Adam zu Schwarzenberg, von 1619 bis 1640 einflußreichster Berater des Kurfürsten Georg Wilhelm, verhinderte während des Dreißigjährigen Krieges ein Bündnis Brandenburgs mit Schweden und bewog den Landesherrn zum engeren Anschluß an den Kaiser (1627). Nach dem Regierungsantritt des Kurfürsten Friedrich Wilhelm (1640) wurde Schwarzenbergs Macht erheblich eingeschränkt; er starb vor dem unvermeidlichen Konflikt am 14. März 1641 in Spandau. Vgl. auch das Kapitel »Zwei ›heimlich Enthauptete‹ «, S. 372ff.

81 *Post-fact-Prophezeiung* – Nachträgliche Prophezeiung.

83 *Küster ... Guhrauer ... Schulz ... Trahndorff ... Meinhold* – Vgl. das Literaturverzeichnis, S. 661, 659, 664 und 662.

*»Bernsteinhexe«* – »Maria Schweidler, die Bernsteinhexe, der interessanteste aller bisherigen Hexenprozesse, nach einer defekten Handschrift ihres Vaters, des Pfarrers Abraham Schweidler in Koserow auf Usedom« (1843), eine fingierte novellistische Chronik von großer literarischer Wirkung über die Zeit des Dreißigjährigen Krieges, in der Karl Wilhelm Meinhold für die Opfer der barbarischen Hexenverfolgungen Partei ergreift.

85 *Bis dahin habe man den Ausdruck oder die Lesart »Jehova« gar nicht gekannt* – Die Hypothese Guhrauers wurde nach Fontanes Tod von dem Amerikaner George T. Moore widerlegt, der in zwei Aufsätzen (1908 und 1909) das Wort bis 1278 zurückverfolgt.

*Kloster Chorin*

Fontane besuchte Chorin Ende Oktober/Anfang November 1863, wiederum gemeinsam mit Bernhard von Lepel und Richard Lucae (vgl. S. 511). Am 29. Oktober 1863 hatte er an Wilhelm Hertz, den er zur Teilnahme an der Reise animieren wollte, geschrieben: »Ich stecke tief in den dumpfen, bedrückenden Vorstadien eines Schnupfenfiebers, möchte aber doch, wenn irgend möglich, nach *Chorin*, und zwar Sonnabend abend bis Neustadt, weil es sonst eine zu strapaziöse Geschichte wird. / Lepel, von Heyden, Lucae und, wenn ich nicht irre, auch Herr Hertz wollen mit. Die Schwierigkeit steckt in der Abfahrtszeit. *Ich* kann nicht (eben weil ich nicht ganz wohl bin) um fünf aufstehn, um um sieben den Zug zu benutzen; Lucae und Heyden werden wiederum nicht am Sonnabend wollen. Doch lasse ich mich dadurch nicht bestimmen; ist nun Hoffnung, daß Ihnen auch Sonnabend abend recht ist. Lepel, denke ich, wird auch nichts gegen Sonnabend haben, und Sie sollen sehn, Lepel ist gar so übel nicht.« Die Absage von Hertz quittierte Fontane am 30. Oktober mit der Bemerkung: »Bedaure sehr, daß ich um die Freude kommen soll, die Chorin-Partie mit Ihnen zusammen zu machen. Ich meinte übrigens nicht den Weg von Station Chorin bis Kloster Chorin; die Strapaze besteht einfach in dem Früh-aufstehen-Müssen, also Keine-Nachtruhe-Haben, außerdem bin ich nicht ganz wohl.«

Der Aufsatz entstand in den Wintermonaten 1863/64, hauptsächlich Anfang November 1863 und Mitte Januar 1864, und war Anfang Februar 1864 fertiggestellt (vgl. den Brief an Alexander von Pfuel vom 3. März 1864, S. 521).

Der erste Vorabdruck – von der späteren Buchausgabe etwas abweichend – erfolgte im »Wochenblatt der Johanniter-Ordens-Ballei Brandenburg«, Nr. 37–39 vom 11., 17. und 25. September 1867, S. 222 ff., 228 ff., 233 f.; ein zweiter Vorabdruck – mit der Buchfassung weitgehend identisch – erschien 1877 unter dem Sammeltitel »Deutsche Städte und Bauten« in der Zeitschrift »Daheim. Ein deutsches Familienblatt mit Illustrationen«, Jg. 13, Nr. 48, S. 786–790. Diese zweite Fassung war im August 1876 entstanden; am 7. August hatte Fontane an seine Frau geschrieben: »Am Sonnabend arbeitete ich fleißig an meinem ›Chorin-Aufsatz‹, änderte, kürzte und schickte ihn … an Dr. König« (den Redakteur von »Daheim«).

Als Kapitel des »Havelland«-Bandes ist »Kloster Chorin« erstmals 1880 – in der zweiten Auflage – zu finden.

Das Theodor-Fontane-Archiv bewahrt (Kc 6) einige Vorarbeiten zu diesem Kapitel auf. Im Notizbuch A 14, Blatt 38–40, finden sich Aufzeichnungen über den Pehlitzer Werder.

Für die Arbeit am Chorin-Kapitel hat Fontane folgende Literatur benutzt (die vollständigen Angaben finden sich jeweils im Literaturverzeichnis; vgl. S. 658): Bellermann, »Neustadt-Eberswalde ... mit der Beschreibung des Klosters Chorin ...«. – Riedel, »Codex diplomaticus Brandenburgensis ...«. (Am 17. Juli 1864 schrieb Fontane an Friedrich Wilhelm Holtze, den Generalsekretär des Vereins für Geschichte der Mark Brandenburg: »Fidicin über die Vorstadien von Chorin ist langweilig ... und schwer verständlich wie immer. Ich glaube außerdem, daß er nicht einmal recht hat. – Nach meiner Meinung muß man die Urkunden anders interpretieren, wenigstens habe ich es getan. Dennoch ist es mir lieb, *seine* Auffassung zur Hand zu haben, und ehe ich meinen Aufsatz drucken lasse, bitte ich Sie noch einmal um den betreffenden Riedelschen Band, um ruhig untersuchen zu können, wer richtige Schlüsse gezogen hat, er oder ich. Da ich, was Übung in diesen Dingen angeht, ja nur ein absoluter Stümper im Vergleich zu Fidicin bin, so muß ich einräumen, daß er, trotz aller meiner Zweifel, zunächst Chance hat, mehr recht zu haben als ich. Er ist nur so furchtbar geistlos, und solchen Detailisten, die immer nur mit dem Auge auf den ... ruhen, geht zuletzt aller freie Blick verloren.«)

86 *Kloster Chorin* – Einige Gebäudeteile des Ende des 13. Jahrhunderts gegründeten, nach der Säkularisierung (1542) zur Ruine zerfallenen Klosters (vgl. die erste Anm. zu S. 91) wurden 1957/58 wiederhergestellt. In der vielbesuchten Anlage findet der »Choriner Musiksommer« statt.

*Den Leib des Fürsten ...* – Annette von Droste-Hülshoff, »Der Tod des Erzbischofs Engelbert von Köln«, Strophe 21, Vers 1 f., 5 ff. Die Verse 5 ff. lauten bei der Droste: »Im Dome steigt ein Trauerchor, / Und ein Tedeum stieg empor / Bei seiner Qual aus tausend Kehlen.«

*Mater* – (lat.) Mutter.

*letzte Askanier* – Vgl. die erste Anm. zu S. 55.

87 *Insula Caprarum* – (lat.) Ziegeninsel.

88 *75'* – 75 Fuß (24,36 Meter).

89 *ehemalige Klosterkirche* – Dreischiffige frühgotische Backstein-Basilika, begonnen 1273, geweiht 1334; im 17. Jahrhundert als Steinbruch benutzt, wobei das südliche Seitenschiff abgetragen wurde.

91 *Steintafelinschrift* – Wahrscheinlich handelte es sich nicht um eine Tafel, sondern um eine in den Putz eingeritzte Inschrift (»Inscriptio«), die nach Aussage der Choriner Amtsakten (heute im Staatsarchiv Potsdam) »auf dem sogenannten

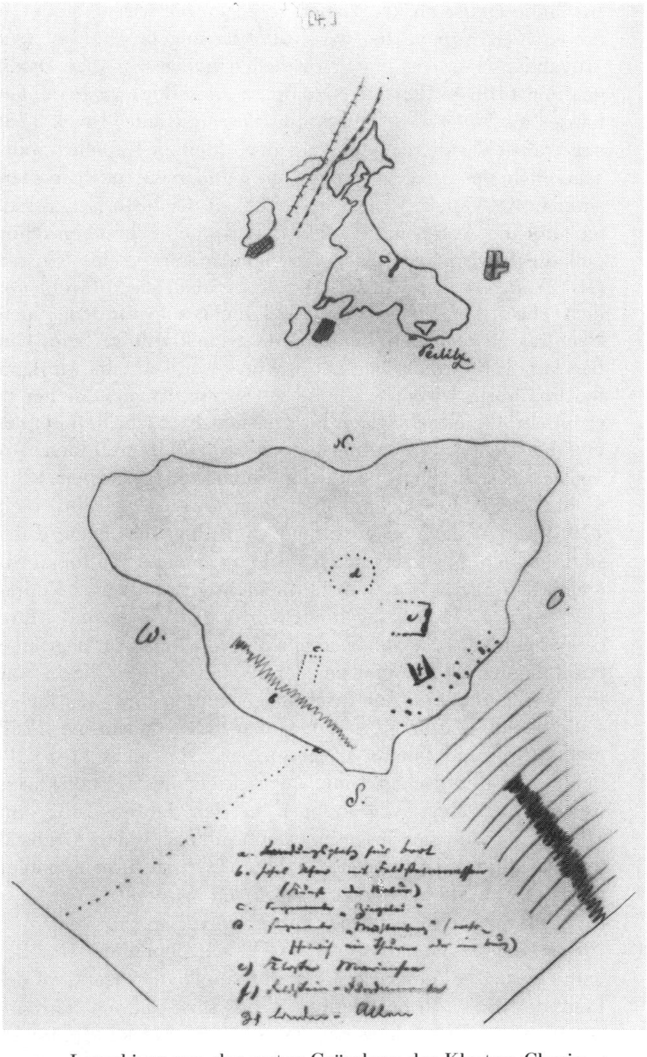


Lageskizze von der ersten Gründung des Klosters Chorin
auf dem Pehlitzwerder im Parsteiner See

Invaliden-Hause an der Mauer, so gegen die Kirche stößet, in der kleinen Kapelle bei der Auffahrt« angebracht war. (Mit »Invaliden-Haus« ist der ursprünglich zweigeschossige Ostflügel, der 1706–1721 einer Kompanie des Berliner Invalidenhauses als Unterkunft diente und dessen zweiter Stock 1769 abgetragen wurde, gemeint, mit der »kleinen Kapelle« wahrscheinlich die heute nur noch im Fundament nachweisbare südliche Ostkapelle.) Die Ungenauigkeit der historischen Fakten und die Abfassung in *deutscher* Sprache sprechen dafür, daß die Inschrift erst nach der Säkularisierung des Klosters (1542) angebracht wurde. Allerdings blieb sie, obwohl von dem Historiker Bellermann 1823 nicht aufgefunden, einem Nachtrag zu dem betreffenden Aktenstück zufolge beim Umbau von 1769 unbeschädigt. – Wieviel und welche Markgrafen in Chorin wirklich beigesetzt wurden, ist nicht sicher zu ermitteln; die einschlägigen historischen Fachschriften nennen vier bis sieben, ferner meist noch zwei Markgräfinnen. Am meisten gesichert erscheint, daß Johann I. (gestorben 1266, nicht 1254), Otto IV. mit dem Pfeil (gestorben 1308, nicht 1298) und Waldemar (gestorben 1319) hier ihre letzte Ruhestätte fanden. Wahrscheinlich trifft das auch zu für Johann II. (gestorben 1281; in der Inschrift nicht genannt) und Konrad (gestorben 1304; er war *nicht* Kurfürst), Brüder und Mitregenten Ottos IV. Sie gehörten alle der von Johann I. begründeten Johanneischen Linie an, deren Hauskloster Chorin war. Fraglich sind die in der Inschrift genannten bzw. aus ihr geschlossenen Beisetzungen von Johann III. (gestorben 1268, nicht 1267) und Johann V. (gestorben 1317, nicht 1285), die beide der Ottonischen Linie angehörten, deren Hauskloster Lehnin war. Bei Ausgrabungen in den Jahren 1833 und 1884/85 fanden sich insgesamt neun mittelalterliche Grabstätten (darunter ein Doppelgrab), die auf Grund ihrer exponierten Lage den Markgrafen zugeschrieben wurden.

91 *Scharfrennen* – Ritterturnier mit scharfen Lanzen.

*Pfeilschütze* – Gemeint ist Otto IV. mit dem Pfeil. Der Beiname beruht auf einer Legende, der zufolge der Markgraf den Pfeil, der ihn 1280 bei Staßfurt in die Stirn traf, ein Jahr lang getragen hat. Eine Skizze Fontanes über »Markgraf Otto IV. mit dem Pfeile«, eine Vorarbeit für das geplante Lesebuch »Geschichten aus Mark Brandenburg«, befindet sich im Theodor-Fontane-Archiv (L 14); Band 7 dieser Ausgabe.

*Tu mater Lehnin* ... – (lat.) Du, Mutter Lehnin, und deine Tochter Chorin, / Aus dir ist Neuzelle und Himmelpfort entstanden. (Vgl. S. 42 f.)

91 *Graues Kloster* – Ältestes Berliner Gymnasium; 1574 von Kurfürst Johann Georg in einem aufgehobenen Kloster der Franziskaner (Grauen Brüder) gegründet. Das Gebäude in der Klosterstraße wurde im zweiten Weltkrieg durch Bombenangriffe zerstört.

92 *Flecken* – Historische Bezeichnung für Dörfer, die mit einzelnen städtischen Rechten (z. B. dem Marktrecht) ausgestattet waren.

*Zauche* – Vgl. die zweite Anm. zu S. 13.

*der Reichtum ... noch nicht erschlossen* – Das sumpfige Oderbruch wurde erst im 18. Jahrhundert durch die Errichtung eines künstlichen Entwässerungssystems in fruchtbares Ackerland umgewandelt. Vgl. »Das Oderland«, Kap. »Das Oderbruch«; Band 2 dieser Ausgabe.

93 *Weiße Frau* – Vgl. die erste Anm. zu S. 75.

*das bayerische Interregnum* – Vgl. die erste Anm. zu S. 58.

*der Falsche Waldemar* – Der 1347/48 in der Mark aufgetauchte Hochstapler, der sich für den 1319 verstorbenen Markgrafen Waldemar ausgab und von Kaiser Karl IV. zunächst anerkannt wurde (1348), soll ein anhaltischer Müllerbursche namens Jakob Rehbock gewesen sein. Auch nachdem er 1350 auf Beschluß des Reichstages von Nürnberg öffentlich zum Betrüger erklärt worden war, blieb ihm der größte Teil Brandenburgs treu, bis er 1355 seiner Herrschaft entsagte.

94 *Die besten Ansprüche hatte ... Rudolf von Sachsen* – Sie resultierten aus seiner Zugehörigkeit zum Geschlecht der Askanier.

*Kaiser Ludwig ...* – Vgl. die erste Anm. zu S. 58.

96 *Quitzow-Zeit* – Vgl. die erste Anm. zu S. 34.

*aus freier Hand verkauft* – Die Klosterländereien hatten den Status von Allodialgütern, die von ihren Eigentümern frei veräußerlicht bzw. vererbt werden konnten (im Unterschied zu den Lehngütern, die ihren Inhabern auf Grund geleisteter Dienste von einem Lehnsherrn übertragen wurden und wieder zurückgenommen werden konnten).

97 *Berliner Nikolaikirche* – Dreischiffige spätgotische Hallenkirche, vollendet um 1470 (die frühesten Feldsteinfundamente werden auf die Zeit um 1200 datiert; erstmals urkundlich erwähnt 1264). Das 1877 restaurierte und mit einem zweiten Turm versehene Bauwerk wurde im zweiten Weltkrieg zerstört; seit 1981 wiederaufgebaut und 1987 als Museum eingeweiht (zum Märkischen Museum gehörend).

*Frontispice* – (franz.) Vorder-, Frontseite; hier: Flacher Giebel über dem Hauptgesims eines Gebäudes.

98 *wir vermissen die stille Führerschaft von Sage und Geschichte* – Im Vorabdruck des Aufsatzes im »Wochenblatt der Johanniter-Ordens-Ballei Brandenburg« heißt es an dieser Stelle: »Das Leben des Klosters ist nicht mächtig genug gewesen, um den äußerlichen Tod desselben zu überdauern.«

## *Sankt Nikolai zu Spandau*

Am 22. Dezember 1869 schrieb Fontane an Mathilde von Rohr: »Vor etwa vierzehn Tagen war ich in *Spandau*, um, vom dortigen Kirchturme aus, einen Blick in das ›Havelland‹ zu tun, das ich eben im dritten Teile beschreibe. Dieser Blick vom Turm soll das Einleitungskapitel bilden. Major von Tietzen unterstützte mich aufs freundlichste bei meiner Expedition; den Geschäften folgte ein solennes Diner bei Frau von Tietzen. Sie war liebenswürdig wie immer. Dennoch hatt ich den Eindruck, daß man froh war, die Sache ›abgemacht‹ zu haben, und daß man mich ohne Kummer scheiden sah.«

Der Vorabdruck des Aufsatzes erfolgte am 4. Januar 1871 im »Wochenblatt der Johanniter-Ordens-Ballei Brandenburg«, Nr. 1, S. 5f. Im Jahre 1872 wurde das Feuilleton dann – in der Tat als Eröffnungskapitel (die Umstellung nahm Fontane erst in der zweiten Auflage von 1880 vor) – in die Erstausgabe des dritten »Wanderungen«-Bandes, »Ost-Havelland« (1873), aufgenommen.

Einen Teil erster Vorarbeiten für »Sankt Nikolai zu Spandau«, der vermutlich zu dem 1933 versteigerten Konvolut »Spandau« gehörte (vgl. Katalog Nr. 35 von Hellmut Meyer & Ernst), erwarb 1973 die Handschriftenabteilung der Staatsbibliothek Preußischer Kulturbesitz in Berlin. Die Aufzeichnungen wurden 1974 von Ingeborg Stolzenberg im »Jahrbuch für brandenburgische Landesgeschichte« (Band 25) veröffentlicht.

Für die Arbeit an dem Kapitel hat Fontane den Aufsatz »Schloß und Nikolaikirche zu Spandau« von Oskar Schwebel (vgl. das Literaturverzeichnis, S. 664) benutzt.

101 *Sankt Nikolai* – Dreischiffige spätgotische Hallenkirche, errichtet um 1430; der Turm wurde später hinzugefügt. Bei einem Umbau am Anfang des 20. Jahrhunderts wurde die Kirche weitgehend verändert. Trotz starker Zerstörungen im zweiten Weltkrieg sind in dem 1946–1949 und 1957/58 renovierten Bauwerk die von Fontane im folgenden genannten Ausstattungsstücke noch heute erhalten. Der Turm brannte nach einem Luftangriff vom 6. Oktober 1944 völlig aus. Er

wurde inzwischen wieder ausgebaut und die fehlende Spitze durch ein Zeltdach mit Kugel und Kreuz ersetzt.

101 *Wie Spukgestalten ...* — Annette von Droste-Hülshoff, »Der Knabe im Moor«, Strophe 1, Vers 3, 1, 4 (in dieser Reihenfolge). Die Verse (1—4) lauten bei der Droste: »O schaurig ist's, übers Moor zu gehn, / Wenn es wimmelt vom Heiderauche, / Sich wie Phantome die Dünste drehn / Und die Ranke häkelt am Strauche, / ...«

*Charlottenburger Schloß* — Aus dem ehemaligen Lustschloß Lietzenburg hervorgegangene, zweieinhalb Stockwerke hohe barocke Dreiflügelanlage; in den letzten Jahren des 17. Jahrhunderts nach Plänen von Johann Arnold Nering begonnen, bis um 1713 von Johann Friedrich Eosander vollendet; später mehrfach erweitert. Auf der Kuppelspitze steht die Nachbildung der antiken Siegesgöttin Nike. Im November 1943 brannte das Schloß bei einem Bombenangriff aus; inzwischen ist es wiederaufgebaut worden.

*Havelveste* — Spandau, bis 1920 selbständige Stadt, war in askanischer Zeit eine landesherrliche Burg, die den Weg nach Osten (Berlin, Köpenick und Lebus) sicherte.

102 *Wappenschilde ... Denkmal ... Steinaltar ... Taufbecken ... Wappentafel des Grafen [Schwarzenberg]* — In seinen Anmerkungen zu W III[1], S. 430 ff., beschreibt Fontane die historischen Sehenswürdigkeiten der Kirche, wobei er, weitgehend wörtlich, dem genannten Aufsatz von Oskar Schwebel über Spandau folgt: »*Der reiche Altar* aus bemaltem Sandstein ist ein Geschenk des Grafen Rochus von Lynar; er und seine erste Gemahlin, Freiin Anna von Montott, schenkten ihn im Jahre 1582 der Kirche. Die Hauptdarstellung in halb erhabener Arbeit zeigt ein Abendmahl, die Einwirkungen der italienischen Kunstformen sind unverkennbar. Höchst interessant sind die Figuren der Donatoren, links die Gräfin in weißem Damastkleide mit schwerem, dunkelblauem Obergewande, vor ihr drei Töchter in weißer Seide, rechts der Graf in prachtvoller Rüstung mit zwei Söhnen; goldene Ketten in Menge legen ein Zeugnis von dem Reichtum des Hauses ab. Besonders schön sind die Köpfe gearbeitet; das Ganze bildet mit dem Aufsatze, der ein Jüngstes Gericht und die Schlangen- und Turmschilde der Lynars, die Löwen und den Schach der Montotts enthält, ein Familiendenkmal von frommem Sinn und wahrhaft aristokratischer Pracht. Unter dem Altar ist die Familiengruft der Lynars; in dem großen schönen Zinnsarge schläft der alte ›kurfürstlich brandenburgische Rat, bestallter oberster Artolorei-Munitions-Baumeister‹, von seines Lebens

weiten Zügen und seinem reichen, angestrengten Tagewerke aus. Außerdem tragen die schönen Leuchter des Altars sein und seiner Gattin Wappen und Namen; der ritterliche Herr hat eine offene Hand gegen das Gotteshaus gehabt, und heut noch vergessen es seine Nachkommen nicht, den Altar von Spandau in schöner Pietät zu schmücken; die neue, schöne Sammetbekleidung trägt den Namen: Hermann Rochus Graf zu Lynar. //*Das Röbelsche Denkmal.* / Zur Rechten des Altars trifft unser Auge ein prächtiges Denkmal märkischer Tapferkeit; ein alter Feldmarschall ist's mit seinem Bruder. Von seinen Taten lassen wir die alten, treuherzigen Reime der Inschrift sprechen:

Der edel und viel kühne Held,
Joachim von Röbel, ich dir meld,
Von Jugend auf mit gutem Rat
Gar manche Schlacht besuchet hat.
In Holstein, Fünen, Kopenhagen,
In Ungarn, Frankreich tat er's wagen,
Der Graf von Oldenburg sein' Mut
Gespürt; der Sachs' ihm auch war gut:
Zum Wacht- und Rittmeister ihn macht',
Feldmarschall ihn vor Magd'burg bracht.
Clauß* er auch half nehmen ein,
In Ungarn Feldmarschall sollt sein.
Feldmarschall im Braunschweiger Land
War er, braucht' ritterlich sein' Hand;
Da Herzog Moritz fiel, der Held,
Feldmarschall er war kühn im Feld.
Feldmarschall er vor Gotha kam,
Kurfürst August ihn mit sich nahm.

[* Fußnote: »Eine Bergveste in Tirol, um deren Besitz sich auf Moritz' Zuge nach Innsbruck ein heftiger Kampf entspann.«] / Von *Fünen* bis nach *Ungarn*! Ein Vorläufer der späteren Brandenburger Siegeszüge, und, man muß gestehen, ein würdiger Vorläufer, dieser Held von Magdeburg und Sievershausen, dieser Begleiter des Herzogs Moritz auf seinem kühnen Zuge gegen das Tridentiner Konzil, der Kämpfer der Schlachten *Dänemarks* gegen den großen Lübecker Bürgermeister Jürgen Wullenweber und *Sachsens* gegen den wilden Markgrafen und den allmächtigen Kaiser! Drüben im Barnim, am Rande des Oderbruchs, in dem ehemaligen Nonnenkloster Friedland, das die Röbel erwarben, stand die Wiege dieses Helden, der dem märkischen, sächsischen und endlich dem kaiserlichen Heere angehörte, in beiden letzteren sogar die höchsten Ehren erwarb. Noch war er ein kräftiger Mann, da zog's ihn hin in die Heimat; er machte dem Bruder in Spandau einen Besuch, auf dem ihn sein Stündlein überraschte. Das Denkmal zeigt uns die Brüder, Joachim, gestorben 1572, und Zacharias von Röbel, gestorben 1575, beide gleich gewaffnet, obwohl der letztere nur Hauptmann zu Spandau war, in Plattenrüstung, Schwert und Morgenstern in der Hand, Löwen ihnen als Fußschemel dienend. //*Quast. Ribbeck. Nostitz.* / Ebenso wie die Herren von Röbel können zwei andere märkische Geschlechter die Spandauer Kirche als die Aufbewahrerin des Ruhmes ihrer Vorfahren ansehen. Eine prächtige Trophäe im Chor der Kirche erinnert an den brandenburgischen Generalfeldwachtmeister Albrecht Christoph von Quast, der 1669 an den Wunden, die er in der durch seine Tapferkeit gewonnenen Schlacht auf Fünen erhalten hatte, verstarb. In einer reichen Umgebung von Waffenschmuck aller Art erscheint sein Wappen, die fünf Lichter im Andreaskreuz. Die beiden folgenden Wappenschilder zeigen den Rumpf und den Hirsch der Herren von Ribbeck; sie sind dem Andenken zweier aus dem Geschlecht, Johann Georg, Vater und Sohn, gewidmet, die 1610 bis 1666 Oberhauptleute zu Spandau waren. Die Quadrierung des einen Schildes mit dem Johanniterkreuz bezieht sich auf Johann Georg von Ribbeck, den Sohn, der Komtur zu Nemerow und Werben gewesen ist. Ein viertes Wappen, die rot und weiß geschachten Hörner in blauem Felde zeigend, erinnert an den 1689 verstorbenen Oberst George Rudolf von Nostitz ... //*Taufstein, Schwarzenbergs Wappen.* / Außer einem überlebensgroßen, schönen Kruzifix und den dazu gehörigen Figuren der Maria und des Johannes ist der eherne Taufstein ein schätzenswertes Denkmal des Altertums; er trägt die Inschrift: ›Anno MCCCXCVIII in festo nativitatis gloriose Mariae virginis‹ [1398 am Fest der Geburt der glorreichen Jungfrau Maria]. Der Taufstein steht auf einem Grabgewölbe, dem Grabgewölbe Graf Adam Schwarzenbergs [vgl. die zweite Anm. zu S. 80]. In einer Nische des Chors hängt ein Wappen in Erz, eine vorzügliche Arbeit — es zeigt die Balken des uralten Hauses Seinsheim, das bis auf die schwäbischen Herzöge aus dem Geschlecht der Burchardinger zurückgeht, Raben und Mongolenkopf des Hauses Schwarzenberg und den Johanniterschild, darum die Kette des französischen Ordens vom h[eiligen] Michael. Dies Wappen ist des Grafen Adam von Schwarzenberg einziges Denkmal; die Inschrift dazu ist beseitigt.«

102 *der alte Turm* – Der Kirchturm von Sankt Nikolai. Vgl. die erste Anm. zu S. 101.

103 *wo einst Jaczko und Albrecht der Bär sich trafen* – Vgl. die dritte Anm. zu S. 7.

### *Das Havelländische Luch*

Das Kapitel war ursprünglich Teil eines umfassenden Aufsatzes, der neben dem Havelländischen Luch auch das Wustrauer Luch behandelte und der nach der Reise ins heimatliche Ruppin, die Fontane vom 18. bis 23. Juli 1859 gemeinsam mit Bernhard von Lepel und einem Bruder von Alexander Gentz unternommen hatte, entstanden war – wahrscheinlich im November, spätestens im Dezember 1859. Im Brief vom 1. November 1859 an Tuiscon Beutner, den Chefredakteur der »Kreuz-Zeitung«, hatte Fontane nämlich fünf Aufsätze angekündigt, »die ich im Lauf der nächsten vier Wochen zu beenden gedenke (die Mehrzahl ist bereits halb fertig)«, darunter »Das Luch« – »wie ich hoffe, ein sehr interessanter Stoff«.

Der Vorabdruck dieses kombinierten Luch-Aufsatzes erfolgte, bevor er 1861 als Buchkapitel in die Erstausgabe der »Wanderungen [Teil 1]« einging, in der »Neuen Preußischen (Kreuz-) Zeitung«, Nr. 152–154 vom 1., 3. und 4. Juli 1860, unter dem Titel »Märkische Bilder: Das Rhinluch und das Havelländische Luch«. In den Buchausgaben des ersten »Wanderungen«-Bandes, »Die Grafschaft Ruppin«, ist der Text nur bis zur zweiten Auflage (1865) mit dem Vorabdruck identisch. Von der dritten Auflage (1875) ab wurde der erste Teil des Kapitels weggelassen, der verbleibende zweite Teil leicht überarbeitet und unter der Überschrift »Das Wustrauer Luch« separat veröffentlicht. Den abgetrennten ersten Teil hat Fontane dann, ebenfalls in überarbeiteter Form, fünf Jahre später als selbständiges Kapitel, »Das Havelländische Luch«, in die zweite Auflage des »Havelland«-Bandes (1880) eingegliedert. Bei der Teilung des Aufsatzes ist die Einleitungspassage der ursprünglichen Fassung entfallen. Sie lautet: »Die große norddeutsche Ebene ist reich an erlenbestandenen Sumpfstrecken, die entweder an den Ufern der Flüsse oder inselartig zwischen den Armen und Verzweigungen derselben sich hinziehen und gemeinhin Brüche oder Bruchland genannt werden. Jeder kennt das Weichsel- und das Oder-Bruch – Flußniederungen, die durch die Fruchtbarkeit ihres Bodens und einen entsprechenden Reichtum ihrer Bewohner berühmt geworden sind.«

Für die Arbeit am Luch-Kapitel hat Fontane folgende Literatur benutzt (die vollständigen Angaben finden sich jeweils im Literaturverzeichnis; vgl. S. 658): Berghaus, »Landbuch der Mark Brandenburg ...«. — Klöden, »Beiträge ...« (zu dem abgetrennten und in »Havelland« übernommenen Teil). — »Mündliches« (laut Anmerkung am Schluß der zweiten Auflage der »Grafschaft Ruppin«).

104 *Es schien das Abendrot ...* — Lenau, »Der Urwald«, Vers 19 bis 22. Die Verse lauten bei Lenau: »Vermildernd schien das helle Abendrot / Auf dieses Urwalds grauenvolle Stätte, / Wo ungestört das Leben mit dem Tod / Jahrtausendlang gekämpft die ernste Wette.«

*Torf* — Über die märkische Torfgewinnung berichtet Fontane im Kapitel »Das Wustrauer Luch« (vgl. »Die Grafschaft Ruppin«; Band 1 dieser Ausgabe).

*Linum ... ist das Newcastle unserer Residenz* — Die Industriestadt Newcastle upon Tyne ist das Zentrum des nordostenglischen Steinkohlebergbaus und verfügt über einen bedeutenden Kohleausfuhrhafen.

105 *das zu besondrem historischen Ansehn gelangte »Ländchen Bellin«* — Durch die Schlacht bei Fehrbellin im Jahre 1675 (vgl. die vierte Anm. zu S. 8).

*Friesack* – Vgl. Fontanes Fragment »Das Ländchen Friesack und die Bredows«; Band 7 dieser Ausgabe.

*Klöden ... schreibt* — In »Beiträge zur ... Kenntnis der Mark Brandenburg«; vgl. das Literaturverzeichnis, S. 660.

107 *Capitul* — (Dom-)Kapitel, aus Domherren (Kapitularen) bestehendes Kollegium an einer bischöflichen Kirche, das bei der Verwaltung des Amtsgebietes mitwirkte.

*unter Anleitung holländischer Werkführer* — Friedrich Wilhelm I. nutzte (wie schon seine Vorgänger, Kurfürst Friedrich Wilhelm und König Friedrich I.) beim Ausbau des Landes (bei Kanalbauten, Gartenanlagen, öffentlichen und privaten Gebäuden) die Erfahrungen (bürgerlicher) holländischer Spezialisten.

108 *Amt Königshorst* — Die 1719 von Friedrich Wilhelm I. (zum Teil auf landesherrlichem Besitz) als königliches Amt gegründete Ansiedlung nordwestlich von Nauen wurde 1950 in Friedenshorst umbenannt, heißt aber seit Oktober 1990 wieder Königshorst.

109 *Meile* — In Preußen etwa 7,5 Kilometer.

*Der Brieselang*

»Lepel ist munter; wir wollen nächstens eine kleine Wanderung ins Havelland zusammen machen«, schrieb Fontane am 13. Mai 1870 an Mathilde von Rohr. Diese gemeinsame »Wanderung«, zu der die beiden Freunde schon wenige Tage später, am 21. Mai, aufbrachen, führte in den Brieselang-Wald. Nach der Rückkehr, am 23. Mai, teilte Fontane seiner ebenfalls verreisten Frau mit: »Unsere kleine Brieselang-Reise war entzückend, trotzdem sie mit einem kolossalen Gewitter abschloß. Auf der Fahrt von Spandau bis Berlin schlug es zweimal dicht neben dem Zuge ein, es wäre nichts für Dich gewesen.«

Der Brieselang-Aufsatz, der wahrscheinlich unmittelbar nach der Reise entstand, wurde am 4., 11. und 18. Juni 1871 in der Sonntagsbeilage der »Vossischen Zeitung« vorabgedruckt und 1872 als Buchkapitel in die Erstausgabe des dritten »Wanderungen«-Bandes, »Ost-Havelland« (1873), eingegliedert.

Aufzeichnungen zu diesem Kapitel, zum großen Teil schon mit Brouillon-Charakter, finden sich in Fontanes Notizbuch A 17, Blatt 34 (Rückseite) bis 50. Das Theodor-Fontane-Archiv bewahrt überdies (Kc 1) einen teils stichwortartigen, teils ausgeführten Entwurf auf sowie eine Niederschrift vom Anfang des Kapitels (bis S. 125, Z. 2).

Für die Arbeit an dem Kapitel hat Fontane neben Berghaus' »Landbuch der Mark Brandenburg ...« (vgl. das Literaturverzeichnis, S. 658) – laut Anmerkung am Schluß von »Ost-Havelland« – »mündliche und briefliche Mitteilungen, besonders des Garnisonschullehrers Wagener in Potsdam und des Lehrers Krüger in Schönwalde«, benutzt.

110 *Balsamisch wogten die Düfte ...* – George Hesekiel, »Auf märkischer Heide« III, Vers 9–16.
*Elsbruch* – Mit Erlennieder- oder -hochwald bedeckte sumpfige Niederung.

111 *Finkenkrug* – Das Gebäude, ein Fachwerkhaus aus dem Jahre 1777, brannte am 23. April 1945 ab.
*Königseiche* – Vgl. die erste Anm. zu S. 123.
*Försterei Brieselang* – Sie existiert noch in gleicher Funktion, und auch Teile des um 1820 errichteten Remontedepots sind erhalten.
*Es sauset und brauset ...* – Brentano, »Die lustigen Musikanten«, Refrain, Vers 1–4.

112 *mein Reisebegleiter* – Gemeint ist Fontanes Freund Bernhard von Lepel.

112 *unser Führer* – Wahrscheinlich der Lehrer Krüger aus Schönwalde (vgl. die Vorbemerkung).
*erfahren und lederfarben wie »Pfadfinder«* – Anspielung auf den Roman »The Pathfinder« (1840; Der Pfadfinder) aus der fünfbändigen Sammlung »Leather-Stocking Tales« (Lederstrumpferzählungen) von James Fenimore Cooper.
*verdefendieret* – vertreten, verteidigt.

113 *Filial-Reisemäntel* – Gemeint sind die Mäntel, die Pastoren während der Reisen in ihre »Filial«-Gemeinden trugen (vgl. die erste Anm. zu S. 227).
*jungen Most in alte Schläuche fassen* – Anspielung auf Matthäus 9, 17 im Neuen Testament: »Man füllt auch nicht jungen Wein [nach älterer Übersetzung: Most] in alte Schläuche; sonst zerreißen die Schläuche, und der Wein wird verschüttet ...«
*sein Anhang* – In W III[1], S. 39, folgt der Zusatz: »(kein Drittel)«.
*Janitscharenmusik* – Mit Schlag- und Schüttelinstrumenten ausgeführte, lärmende Militärmusik der Janitscharen, der (1826 aufgelösten) Infanterie-Kerntruppe der türkischen Sultane.

114 *honni soit qui mal y pense* – (franz.) Ehrlos sei, wer Schlechtes dabei denkt; Devise des (1350 gestifteten) englischen Hosenbandordens.

115 *Schwanenkrug* – Die Gaststätte »Schwanenkrug« in Schönwalde, ein Fachwerkbau aus den Jahren 1784/85, ist (von einigen Anbauten abgesehen) in ihrer ursprünglichen Gestalt erhalten. Sie war einer der 29 »Schenkkrüge« der Stadt Spandau, in denen nur Spandauer Bier gezapft werden durfte. Die Eichen im Kruggarten werden auf 400 Jahre geschätzt.
*Pertinazität* – Hartnäckigkeit, Ausdauer.
*Kolumbelle* – Eine Eidechsenart.

116 *Preiscourant* – Preisliste.
*Progymnasium* – Auf das Gymnasium vorbereitende Lehranstalt.
*Kalittenjäger* – Schmetterlingsfänger.
*die bekannten drei auf der schottischen Heide* – Gemeint sind die drei Hexen in Shakespeares »Macbeth«.

117 *die grüne Trommel* – Gemeint ist die Botanisiertrommel, ein zylinderförmiger, an Schulterriemen getragener Behälter zur Aufbewahrung gesammelter Pflanzen.
*Ursach und Wirkung, Theorie von der Ernährung* – Anspielung auf die im 19. Jahrhundert vieldiskutierte Theorie, die Häufung von Strumaerkrankungen und Kretinismus in den

Alpentälern sei auf ungesunde Nahrung und die schlechte Beschaffenheit des Trinkwassers zurückzuführen.

117 *Rudower Wiese ... Ruhm ihrer Orchideen* – Reminiszenz an die botanischen Schulexkursionen Fontanes mit dem Oberlehrer Ruthe, die »regelmäßig nach Treptow und am liebsten nach Britz und der Rudower Wiese hin unternommen wurden. ... Ruthe war ein prächtiger Mann, trotzdem er uns das ›Rätsel des Lebens‹ immer schuldig blieb; aber wenn ich ihn auch noch mehr geliebt hätte: daß er von der Rudower Wiese nicht loskonnte, das war doch etwas Schreckliches für mich.« (»Von Zwanzig bis Dreißig«, Abschnitt »Mein Leipzig lob ich mir«, Kap. 6.)

118 *Procrustes coriaceus* – Lederlaufkäfer, der größte Laufkäfer.

*Saperda Seydlii* – Eine Bockkäferart.

*ein legitimistisch-historischer Freund* – Wahrscheinlich Anspielung auf den konservativen Schriftsteller und Historiker George Hesekiel, der die Auffassung von der Unabsetzbarkeit eines regierenden Herrscherhauses teilte. (Legitimisten nannten sich in Frankreich die Mitglieder der von der Aristokratie und dem hohen Klerus geführten Partei, die die in den Revolutionen von 1789 bis 1794 und 1830 gestürzte »legitime« Bourbonendynastie wiederherzustellen versuchte.)

*Montmorency* – Altes französisches Adelsgeschlecht. Die Montmorencys hatten vom Mittelalter bis in die Mitte des 19. Jahrhunderts bedeutende politische und militärische Ämter inne.

119 *Lesen konnt ich ...* – Lenau, »Das Blockhaus«, Vers 9–12.

*Remontedepot* – Pferde-Ersatzdepot (der Kavallerie).

120 *Glien* – Lehmreiche Teillandschaft des nordöstlichen Havellandes (Glin: slaw. Lehm). Der Hauptort ist Kremmen, nicht Vehlefanz, wie Fontane annimmt.

*Als es Anno 15 wieder losging* – Napoleon I., nach seiner Abdankung (11. April 1814) auf die Mittelmeerinsel Elba verbannt, war am 1. März 1815 an der südfranzösischen Küste gelandet und am 20. März mit den zu ihm übergelaufenen Truppen wieder in Paris eingezogen. Daraufhin wurde auch die preußische Armee erneut mobil gemacht und unter dem Oberbefehl Blüchers nach Belgien entsandt, wo die französischen Streitkräfte inzwischen standen. Bei Waterloo wurde der Kaiser am 18. Juni 1815 von den vereinigten englischen und preußischen Verbänden vernichtend geschlagen.

*als er da bei Ligny unter seinem Schimmel lag* – In der Schlacht bei Ligny (16. Juni 1815), die der Entscheidungsschlacht bei Waterloo vorausging und in der die Preußen den

Napoleonischen Truppen unterlagen, stürzte Blücher vom Pferd und entging nur durch einen Zufall der Gefangennahme.

121 *Ein Engländer ist dort gereist* – Gemeint ist wahrscheinlich der englische Ornithologe John Gould (1804–1881), der nach ausgedehnten Australienreisen mehrere Standardwerke über die australische Vogelwelt veröffentlichte.

*Aquarium* – Gemeint ist das 1869 gegründete Aquarium in Berlin.

*abvotiert* – überstimmt.

122 *Wilde Jagd* – Vgl. die Anm. zu S. 36.

123 *Königseiche* – Sie ist im Jahre 1902 abgebrannt. – In seinen Anmerkungen zu W III[1], S. 433f., veröffentlichte Fontane folgenden Exkurs über alte Eichen: »*Alte Eichen* von ähnlicher Berühmtheit wie die Königseiche im Brieselang stehen eine Meile südlich von Liegnitz, auf *dem* Teile des Katzbacher Schlachtfeldes, wo sich am 26. August 1813 der Kampf entschied. Wo das Plateau zur Wilden Neiße hin steil abfällt, liegen die Dörfer Ober- und Nieder-Weinberg, Ober- und Nieder-Crayn. Bei Nieder-Crayn befindet sich die einzige Brücke über den Fluß; diese Brücke suchten die flüchtigen Franzosen zu gewinnen, verfehlten sie aber und stürzten sich in das hochangeschwollene Wasser. An ebendieser Stelle, nur 500 Schritt von der Nieder-Crayner Brücke entfernt, ragen, auf prächtigem Wiesengrund, die erwähnten alten Eichen auf, von denen fünf (die jüngeren) sich durch besondere Schönheit und Frische auszeichnen. Sie sind noch völlig gesund, kein Zweig abgestorben, dabei voll Ebenmaß. Die schönste unter diesen fünf trägt folgende Inschrift:

O seid gegrüßt, der Gottheit stille Zeugen,
Ein Meisterstück der herrlichen Natur;
Hier unter euren majestät'schen Zweigen,
Im kühlen Schatten auf der prächt'gen Flur,
*Hier* schlägt das bange Herz in freud'gem Beben,
Ein heil'ger Schauer dringt durch meine Brust,
Wie lange sehet ihr des Menschen Leben
Mit seinem Leiden wie mit seiner Lust.

Das eigentliche Prachtstück und die große Sehenswürdigkeit dieser Gegenden – wenigstens was Bäume angeht – ist aber doch die *sechste* Eiche, die in einiger Entfernung von den fünf andern steht. Sie ist nicht voll so schön, hat durch das Absterben einzelner Partien das Ebenmaß ihrer Formen eingebüßt, ist aber um vieles stärker und wahrscheinlich auch älter als die übrigen fünf. Ihr Umfang ist einunddreißig Fuß, übertrifft also noch den der Königseiche im Brieselang um ein Erhebliches. Auch diese sechste und größte der ›Eichen an der Wilden Neiße‹ hat natürlich ihre Tafel und ihre Inschrift. Diese lautet:

Wohl mehr als tausend Jahre zähl ich schon;
Ich sah dereinst das alte Deutsche Reich entstehen,
Ich sah im Jahre sechs es wiederum vergehen.
Seitdem ich jüngst gesehn sein frisches kräft'ges Auferstehn,
Möcht ich um keinen Preis es nochmals sehn im Untergehn.
Das walte Gott auf seinem ew'gen Thron!

Schönau, im August 1871 Die älteste der alten sechs.

Man mag über diese Dichtungen denken, wie man will (es gibt jedenfalls schlimmere), unter allen Umständen zeigen sie die Liebe, mit der die ganze Umgegend an diesen schönen Bäumen hängt. Eine Fahrt zu den ›sechs Eichen‹ zählt zu den Lieblingspartien der Liegnitzer, die dann jedesmal mit einem Besuche des Katzbach-Schlachtfeldes — das übrigens außerdem noch seine Denkmäler hat — identisch ist.«

123 *Man sieht noch ...* — Uhland, »Roland Schildträger«, Strophe 20, Vers 3f.

*Tête* — (franz.) Spitze.

*Klafter* — Altes deutsches Raummaß für Holz; in Preußen entsprach 1 Klafter 3,34 Kubikmetern.

124 *in den Tagen Jahns und der Turnerei* — Friedrich Ludwig Jahn, der Begründer der bürgerlichen Turnbewegung, hatte 1811 auf der Hasenheide bei Berlin den ersten deutschen Turnplatz geschaffen. Er erstrebte mit dem Turnunterricht die Erziehung der Jugend zum Patriotismus und ihre Bereitschaft, am Kampf gegen die Napoleonische Fremdherrschaft teilzunehmen.

*Kaisergedanke ... in diesem Augenblicke wieder ein besonderes Interesse* — Anspielung auf die Gründung des Deutschen Kaiserreichs im Januar 1871, wenige Monate vor der Veröffentlichung des »Brieselang«-Aufsatzes in der »Vossischen Zeitung«.

*Diese Verse ... rühren nicht aus der Jahnschen Zeit her* — Sie sollen 1861 von dem Journalisten Hugo Jacobi verfaßt worden sein. Fontane hat sie im Notizbuch A 17, Blatt 34 (Rückseite), eingetragen.

*Königgrätz* — Bei Königgrätz (Böhmen) fand am 3. Juli 1866 die Entscheidungsschlacht des Preußisch-Österreichischen

Krieges um die Vorherrschaft in Deutschland statt, in der die preußischen Truppen die österreichische Armee infolge besserer militärischer Führung und Ausrüstung besiegten.

124 *St-Privat* – In der Schlacht bei St-Privat (18. August 1870) besiegten die deutschen Truppen im Deutsch-Französischen Krieg unter schweren Verlusten die französische Rheinarmee.

125 *Kap-Constantia-Wein* – Berühmter südafrikanischer Süßwein (aus dem Anbaugebiet Constantia bei Kapstadt).

*Goa* – Portugiesische Besitzung in Vorderindien (heute Teil der Republik Indien).

*Linie* – Äquator.

*Gegenden, in denen nur Freiligrath und der Kaffer »einsam schweift durch die Karroo«* – Anspielung auf das Gedicht »Löwenritt« von Ferdinand Freiligrath, wo es in Strophe 2 heißt: »Abends, ... / Wenn des jähen Tafelberges bunte, wechselnde Signale / Nicht mehr glänzen, wenn der Kaffer einsam schweift durch die Karroo, / ...« Karroo: Bezeichnung für die Trockensteppen Südafrikas.

*Tafelberg* – Tafelförmiger Sandsteinberg bei Kapstadt.

*Lieder ... von Arndt und Körner* – Die in der Zeit der Befreiungskriege entstandenen Lieder von Ernst Moritz Arndt und Theodor Körner waren lange Zeit außerordentlich populär.

126 *»sauve qui peut«* – (franz.) »rette sich, wer kann«.

*Alsenbrücke* – Spreebrücke in der Nähe des Lehrter Bahnhofs in Berlin.

## *Der Eibenbaum im Parkgarten des Herrenhauses*

Der erste Teil des Aufsatzes – entstanden im Herbst 1862 – wurde am 25. Dezember 1862 in der »Neuen Preußischen (Kreuz-) Zeitung«, Nr. 302 (Beilage), vorabgedruckt. Die Publikation schließt mit der Bemerkung: »Diese Geschichte vom Eibenbaum ist nach freundlichen Mitteilungen eines neuen Freundes des alten Baums erzählt. Aber der neue Freund, der ihn erst seit wenigen Jahren kennt, hat uns selber gestanden, daß sein Wissen nur Stückwerk sei. Er hat dies und das gehört, aber er war nicht Zeuge seiner Geschichte. Der Eibenbaum hat viel, viel mehr erlebt, als hier erzählt ist, besonders in jenen heitern Jahren, wo Felix Mendelssohn und sein Freundeskreis unter der immergrünen Krone dichteten und sangen. Weitere Mitteilungen (unter Adresse dieser Zeitung) würden sehr willkommen sein.« Fontane hat die daraufhin eingehenden Zuschriften gesammelt und 1872, als er das Manuskript für die Erstausgabe des dritten »Wanderungen«-Bandes, »Ost-Havelland«, vorbereitete, aus dem vorhandenen Material den als Buchkapitel vorgesehenen Aufsatz erweitert (vgl. S. 131–135).

Zusätzliche Informationen über das Thema teilte der Autor in den Anmerkungen am Schluß der Erstausgabe mit, die in späteren Auflagen wegfielen. Der eleminierte Text (W III[1], S. 434f.) lautet: *»Eibenbäume.* In Niederösterreich findet man vereinzelte Eiben bei Buchberg, in der Prein und Ramsau, bei Lilienfeld, im Kremstale, im Horner Walde und besonders alte Bäume im Gurhofgraben bei Aggstein. Einzelne tausendjährige Eiben kommen noch in Steiermark vor, und einen sehr alten Baum besitzt die Gegend von Brünn in Mähren; er steht nicht gar weit von dem berühmten Erdfall ›Macocha‹ (›Stiefmutter‹). Krone und oberer Stammteil sind abgebrochen, der hohle untere Stamm ist aber noch drei Klafter hoch und benadelt und hat einen Umfang von beiläufig acht Fuß (2,55 Pariser Metres). Das Alter dieses sehr merkwürdigen Exemplares wird auf nicht viel unter 2000 Jahre geschätzt. Zu den Palmsonntagssträußen, zu denen in Wien außer den Blütenzweigen der Sahlweide – den sogenannten Palmkätzchen – gewöhnlich auch Buchsbaum- und Sebenbaumzweiglein ihres immergrünen Laubes wegen verwendet werden, während in den eigentlichen Alpengegenden die Stechpalme (Ilex aquifolium) hiezu dienen muß, benutzt man in England und Irland allgemein blühende Weiden- und grüne Eibenzweige. Und merkwürdigerweise begegnet man genau demselben Palmsonntagsschmuck wieder in Mähren. In der Gegend von Olmütz ist die Eibe ein äußerst seltener Baum, und die Bauern von Mittel- und Nordwestmähren machen daher vor der Karwoche oft acht bis zehn Meilen weite Reisen zu Fuß, nur um von einem vereinzelt dastehenden Eibenstrauch oder -baum Zweige für den Palmsonntag abreißen zu können. Auch in Niederösterreich scheint die Eibe hie und da noch zu diesem Zwecke verwendet zu werden. So ist es uns bekannt, daß bei Traismauer ein alter Eibenbaum, der beiläufig einen Fuß Durchmesser hat, zur Osterzeit vom dortigen forstlichen Aufsichtspersonale förmlich bewacht werden muß, damit er nicht seiner Äste zu den ›Palmbuschen‹ beraubt werde. / Bei den Alten war er den Göttern der Unterwelt geweiht, wohl aus dem Grunde, weil die Nadeln dieses Baumes giftig sind und schon die Ausdünstung seiner Krone zarteren Naturen Unwohlsein verursacht. Der alte Plinius erzählt gar, daß die Ausdünstung des Taxus zur Blütezeit den Tod bringe, was eine ungeheure Übertreibung ist. In unseren Gegenden beißen Hirsche, Rehe und auch Schafe und Kühe nicht selten die Spitzen der Eiben ab, wahrscheinlich um sie in kleinen Mengen als eine Art Gewürz zu verzehren. Größere Mengen von Eibenzweigen, mit denen

Haustiere absichtlich gefüttert werden, brachten denselben aber in wenigen Stunden den Tod, obwohl Ziegen zum Beispiel sich die auch für sie giftigen Zweige recht gut schmecken ließen. Die roten Beeren, welche von süßlichem Geschmacke sind, werden in Deutschland häufig von Kindern ohne Schaden verzehrt. / *Über den Eibenbaum-Klub,* dessen ich im Text Erwähnung getan habe, sind mir noch folgende Zeilen zugegangen: ›Was die Versöhnung der Parteien angeht, die sich mehr als einmal unter dem Eibenbaume vollzog, so würde ein bekannter märkischer Schriftsteller, zugleich Reichstagsmitglied, mit seiner in hohem Alter bewahrten Frische, vielleicht am besten imstande sein, Ihnen eine launige Erzählung zu liefern; andrerseits — da von ihm persönlich die meisten Schlagwörter, Einfälle, Scherze ausgegangen sind — wird er sich selbst nicht in Szene setzen, am wenigsten aber die gebotene Diskretion und Rücksicht gegen seine Kollegen außer acht lassen wollen. Nie hat eine Zeitung über den heitern Klub etwas gebracht, und ebendeshalb konnte man so vertraulich gegeneinander sein. Sie wissen, wie Herr Hans Blum wegen seiner Plaudereien, die allerdings in sich viel Unschickliches enthielten, angesehn wurde und daß auch, was den Eibenbaum-Klub angeht, jede Indiskretion wieder schlechtmachen könnte, was bis dahin unter den Zweigen des Baumes Gutes geschehen ist.‹ «

Für die Arbeit am Eibenbaum-Kapitel hat Fontane folgende Literatur benutzt (die vollständigen Angaben finden sich jeweils im Literaturverzeichnis; vgl. S. 658): Hensel, »Die Familie Mendelssohn ...«. — Krantz, »Chronica Daniae, Sveciae et Norvegiae«. — » ›Über Eibenbäume‹, ein Aufsatz in der ›Neuen Freien Presse‹ « sowie »Mündliche Mitteilungen, besonders des Geh. Rat Metzel« (laut Anmerkung am Schluß der Erstausgabe von 1873).

127 *Herrenhaus* — Von 1855 bis 1918 Erste Kammer des Preußischen Landtags, deren Mitglieder, zumeist reaktionäre Junker, vom König ernannt wurden. Das Gebäude des ehemaligen Preußischen Herrenhauses gehörte in der Zeit der DDR zum Komplex des Hauses der Ministerien und wird heute von Behörden des Bundesfinanzministeriums genutzt.

*Die Eibe / Schlägt an die Scheibe ...* — Die Verse stammen wahrscheinlich von Fontane.

*Taxodium* — In Nord- und Mittelamerika beheimateter Nadelbaum.

*Tiergarten* — Der Tiergarten im Westen Berlins, ursprünglich ein Wildgehege, in dem die Kurfürsten jagten, wurde seit der Regierungszeit König Friedrichs I. in einen Park umgewandelt und erhielt unter Friedrich Wilhelm III. durch Peter Joseph

Lenné in den Jahren 1833–1839 im wesentlichen die Gestalt, die er zu Fontanes Zeit hatte.

127 *Viktoriastraße* – Straße am Südrande des Tiergartens.

128 *zu seinen ersten Kletterkünsten* – In W III[1], S. 56, heißt es statt dessen: »zu den ersten Kletterkünsten des bekanntlich bis zur Ausgelassenheit heitern und lebhaften Knaben«.

*mit den Hohenzollern ... ins Land gekommen* – Vgl. die erste Anm. zu S.34.

*die Freiwilligen zogen aus* – Im Februar und März 1813 hatten sich Tausende von jungen Deutschen zu freiwilligen Jägerabteilungen zusammengeschlossen, um gegen die Napoleonische Fremdherrschaft zu kämpfen.

*Mendelssohn, halb ein Knabe noch, hörte ... die Musik tanzender Elfen* – Anspielung auf die berühmte Ouvertüre zu Shakespeares »Sommernachtstraum«, die Felix Mendelssohn Bartholdy als Siebzehnjähriger (1826) komponierte.

*zog sich ... ein ernstes Wetter zusammen* – Anspielung auf die bürgerlich-demokratische Revolution von 1848.

129 *des Eibenbaumes bester Freund* – König Friedrich Wilhelm IV.

*»Erste Kammer« ... das preußische Oberhaus* – Vgl. die erste Anm. zu S.127.

*Glaspalast* – Gemeint ist der aus Eisen und Glas bestehende »Kristallpalast«, den der Architekt Sir Joseph Paxton für die in London stattfindende erste Weltausstellung (1851) schuf. Das 560 Meter lange, mit einer 31 Meter hohen Kuppel versehene Bauwerk hatte epochemachende Bedeutung für die moderne Architektur.

*Prinz von Preußen* – Wilhelm, der spätere König Wilhelm I. Den Titel »Prinz von Preußen« (vgl. die zweite Anm. zu S.150) hatte er 1840 erhalten.

131 *wie uns dieser gelehrte Feldherr selbst erzählt* – In seinem Werk »De bello Gallico« (»Der Krieg in Gallien«; 7 Bücher). Caesar war während seiner Feldzüge gegen die Kelten in Gallien (58 bis 51 v. u. Z.) für kurze Zeit auch auf germanisches Gebiet vorgedrungen.

132 *Albero della morte* – (ital.) Todesbaum.

*heidnischer Tempel bei Upsala* – Der ehemalige Tempel im sogenannten heiligen Haine von Alt-Upsala (Mittelschweden) war im frühen Mittelalter Hauptsitz des Asen-Kultus (Asen: Göttergeschlecht der germanischen Mythologie) und Residenz des Oberpriesters, der zugleich Oberkönig war.

*wie A. Krantz erzählt* – In seiner »Chronica ...«; vgl. das Literaturverzeichnis, S.660.

133 *in der Macbethschen Hexenküche* — Vgl. Shakespeare, »Macbeth« IV, 1.
*Faßpipe* — Langes, röhrenartiges Faß zur Versendung von Wein.

134 *siegreich heimkehrendes Heer* — Das preußische Heer, das im Krieg von 1866 die Österreicher besiegt hatte.
*König* — Wilhelm I.
*Sohn* — Friedrich Wilhelm, der spätere deutsche Kaiser Friedrich III.; er war im Krieg von 1866 Oberkommandierender der preußischen Zweiten Armee, die an der Schlacht bei Königgrätz (vgl. die vierte Anm. zu S. 124) entscheidenden Anteil hatte.
*Neffe Friedrich Karl* — Der Prinz war 1866 Oberkommandierender der preußischen Ersten Armee.
*Norddeutscher Reichstag* — Parlament des nach dem Preußisch-Österreichischen Krieg gegründeten Norddeutschen Bundes, dem alle nördlich der Mainlinie gelegenen deutschen Kleinstaaten angehörten und der unter preußischer Hegemonie stand.

## *Schloß Oranienburg*

Fontane besuchte Oranienburg — begleitet von Wilhelm Hertz und dem Berliner Verlagsbuchhändler Adolf Enslin — zu Beginn der Reise, die ihn vom 28. Mai bis 4. Juni 1861, kurz vor Druckbeginn der ersten Buchausgabe der »Wanderungen [Teil 1]«, in seine »spezielle Heimat«, die Grafschaft Ruppin, führte. Am 31. Mai 1861 schrieb er von Neuruppin aus an seine Frau: »Vorgestern abend (Mittwoch) sind wir gegen Mitternacht wohlbehalten hier eingetroffen, nachdem wir am Dienstagabend und Mittwoch früh Oranienburg inspiziert und dann von Mittwoch mittag an unsere Reise über Kremmen, Linum, Fehrbellin bis hierher fortgesetzt hatten. Die Ausbeute in Oranienburg war ziemlich bedeutend.«

Die Niederschrift des Aufsatzes, an dem Fontane bereits Ende März zu arbeiten begonnen hatte, wurde wahrscheinlich Mitte Juli 1861 abgeschlossen. Vier Wochen vorher hatte der Autor mit Heinrich Pröhle, dem Herausgeber der Zeitschrift »Unser Vaterland«, über einen Vorabdruck verhandelt. »Die Arbeit über ›Schloß Oranienburg‹ (vor vierzehn Tagen war ich da)«, heißt es im Brief an Pröhle vom 14. Juni 1861, »steht Ihnen gern zu Diensten, etwa in vier Wochen, wenn es sein muß, auch früher, ich lasse dann andres liegen. Das Recht des Wiederabdrucks für mein im Oktober erscheinendes Buch setze ich … voraus.« Im Juli schrieb Fontane an

Pröhle: »Ich schicke Ihnen anbei den Aufsatz über ›Schloß Oranienburg‹, soweit ich ihn durchkorrigiert habe (ohngefähr – nicht ganz – die Hälfte), den Rest erhalten Sie am Sonntag oder doch spätestens am Montag früh, denn mir liegt nun selbst daran, eine Arbeit nicht länger vor mir zu sehn, mit der ich mich vier Wochen lang 'rumgeschlagen habe.«

Unter der Überschrift »Arrangement« hat Fontane im Anschluß an Aufzeichnungen über Schloß und Park Oranienburg im Notizbuch A 3, Blatt 24 (Rückseite) bis 26 (Rückseite), eine Disposition des Oranienburg-Kapitels skizziert, die sieben Punkte umfaßt und mit Folgendem endet: »Zum Schluß auf der Treppe des Rathauses (früher Jägerei) unter den Linden. Landschaftliches Bild. Das Schloß gegenüber. Die vorüberziehenden Musikanten. ›Das Testament des Großen Kurfürsten‹. Wir bleiben lieber sitzen und blikken auf die wirkliche Bühne, auf der jene Gestalten gespielt. Allerhand zieht an uns vorüber. Dann ein manierlicher Schluß.«

Der Vorabdruck in »Unser Vaterland« (Band 1, S. 193–207) erfolgte dann im Spätsommer 1861, und kurze Zeit darauf ging »Schloß Oranienburg« als Buchkapitel in die Erstausgabe der »Wanderungen [Teil 1]« ein, die im November 1861 erschien und auf 1862 vordatiert war. Dem »Havelland«-Band hat Fontane das Kapitel von der zweiten Auflage (1880) ab zugeordnet, für die er das Manuskript im Frühjahr 1880 fertigstellte. Am 20. März 1880 schrieb er an seine Frau: »Ich korrigierte das Kapitel ›Oranienburg‹, in dem Prinz August Wilhelm vorkommt, der vor Gram über nichtsnutzig schlechte Behandlung starb. Gott, und er war ein liebenswürdiger Prinz! Sowie man die Augen auftut, sieht man, daß es immer und überall Pech und Kränkung gegeben hat.«

Für die Arbeit an »Schloß Oranienburg« hat Fontane folgende Literatur benutzt (die vollständigen Angaben finden sich jeweils im Literaturverzeichnis; vgl. S. 658): Ballhorn, »Geschichte der Stadt Oranienburg«. – Poellnitz, »Relation du voyage ...«. – Varnhagen von Ense, »Leben des Generals Hans Carl von Winterfeldt«. – Schlözer, »General Graf Chazot«. – Frédéric le Grand, »Œuvres«. – Bielfeld, »Friedrich der Große und sein Hof ...«. – Leitritz, »Beiträge zu einer fruchtbaren Behandlung der ... evangelischen Kirchenlieder«. – »Lebensbeschreibung des berühmten Grafen Rochus von Lynar« (laut Fußnote, S. 140) sowie »Mündliche Mitteilungen« (laut Anmerkung am Schluß der Erstausgabe der »Wanderungen [Teil 1]« von 1862).

136 *Schloß Oranienburg* – Zweigeschossige Dreiflügelanlage mit hohen Mittelrisaliten an der Vorder- und Rückfront; errichtet 1651–1654 von Johann Gregor Memhardt und Michael

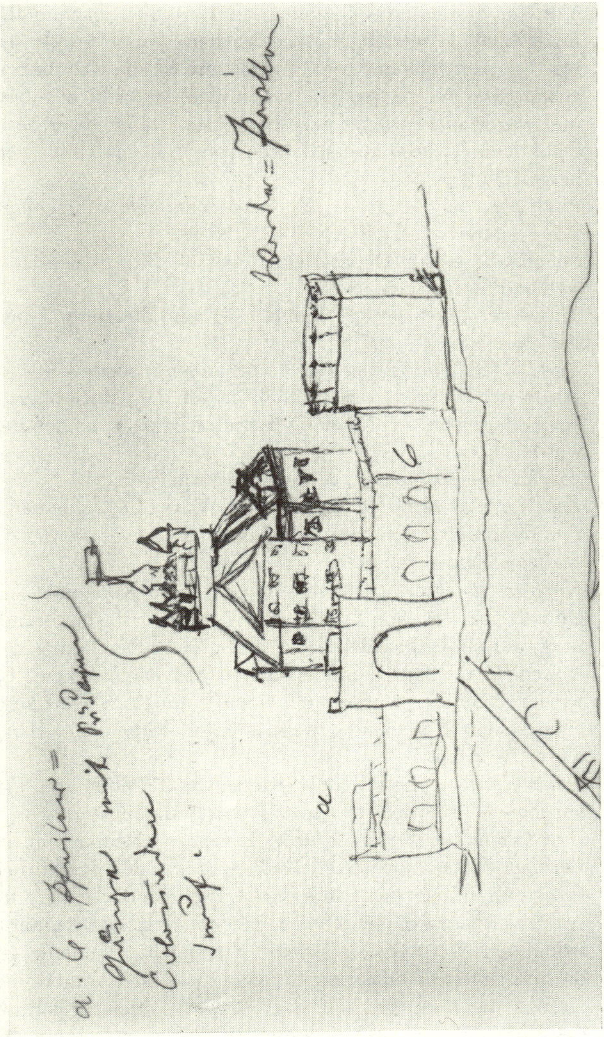

Das frühere Schloß Oranienburg

Matthias Smidts (anstelle einer seit 1560 von Joachim II. als Jagdschloß genutzten mittelalterlichen Wasserburg); 1688 bis 1695 von Johann Arnold Nering und Martin Grünberg umgebaut. Der rechte vordere Seitenflügel ist 1842 abgebrannt und wurde nicht wieder aufgebaut. Das 1945 schwer beschädigte Schloß wurde in den Jahren von 1948 bis 1960 wiederhergestellt.

136 *Noch ragt der Bau ...* – Die Verse stammen wahrscheinlich von Fontane.

*Schoßkelle* – Als Gepäckhalter oder als Sitz dienendes Gestell an Pferdewagen.

137 *Statue der hohen Frau* – Vgl. S. 144f. und die vierte Anm. zu S. 144.

*Park* – Gemeint ist der (noch vorhandene) sogenannte Lustgarten nordwestlich vom Schloß, der im 19. Jahrhundert aus einer Barockanlage in einen Landschaftspark umgewandelt wurde.

*durch Feuer zerstört* – Vgl. die erste Anm. zu S. 136.

138 *Zeiten des Markgrafen Waldemar* – Markgraf Waldemar von Brandenburg regierte von 1308 bis 1319.

*Quitzow-Zeit* – Vgl. die erste Anm. zu S. 34.

140 *Kurfürst Joachim ... Favorit-Jagdschloß zu Köpenick* – Joachim II. Hektor, von 1553 bis 1571 Kurfürst von Brandenburg, war ein leidenschaftlicher Jäger. Er ließ sich um 1550 in Köpenick ein Jagdschloß errichten, das nach seinem Tode wieder abgerissen wurde, »um einem Neubau ... Platz zu machen«. Vgl. »Spreeland«, Kap. »Schloß Köpenick«; Band 4 dieser Ausgabe.

141 *erster König* – Friedrich I. (König von Preußen seit 1701; vordem als Friedrich III. Kurfürst von Brandenburg).

142 *ihre Lieder zeugen ... dafür* – In seiner »Dedikation« zum Berliner Gesangbuch von 1653 schreibt der Buchdrucker Christoph Runge der Kurfürstin Luise Henriette die Autorschaft von vier evangelischen Kirchenliedern zu, darunter der bekannten Weise »Jesus, meine Zuversicht«. Fontane teilte die umstrittene Auffassung Runges. In seinen Anmerkungen zu W $I^1$ heißt es (S. 457): »Daß diese ... Zueignung Runges der Kurfürstin bekannt geworden ist, unterliegt keinem Zweifel, da selbst drei Exemplare (auf Pergament) des auf ihren Befehl veranstalteten Gesangbuches in ihre Hände kamen ... Wäre nun die Angabe des Christoph Runge hinsichtlich der Autorschaft der angeführten Lieder eine Fiktion gewesen, *so würde die von Herzen demütige Kurfürstin derselben entgegengetreten sein*, aber nirgends begegnet man einer Zurück-

weisung, vielmehr wird bei den späteren Ausgaben dieses Gesangbuches das Gedächtnis der fürstlichen Sängerin an den betreffenden Orten fortgeführt.«

142 *»bete« ... »arbeite«* – Anspielung auf das geflügelte Wort »Ora et labora« (Bete und arbeite), das mit Vorliebe als Gebäudeinschrift gewählt wurde.

*Waisenhaus* – Zweigeschossiger frühbarocker Backsteinbau, gestiftet 1665, 1671 abgebrannt und sofort wieder aufgebaut. Die rechte Hälfte des Gebäudes wurde 1944 zerstört.

*Munifizenz* – Freigebigkeit, Großzügigkeit.

*Neubau* – In den Anmerkungen zu W I[1], S. 460, schreibt Fontane: »*Die jetzige Kirche in Oranienburg*, die an Stelle der 1788 niedergebrannten aufgeführt wurde, ist ein sehr dürftiger Bau, was jeder begreifen wird, der erfährt, daß sie für 7500 Reichstaler gebaut wurde. Sie droht jetzt fast einzufallen. Vor einigen Jahren genehmigte Friedrich Wilhelm IV. einen Neubau und sprach den Wunsch aus, daß die neue Kirche nach dem Vorbild der Santa Saba in Rom (eine kleine Basilika) gebaut werden möge. [Sie entstand 1864–1866.] Noch aber behilft man sich mit der alten Kirche; vielleicht fehlt es wieder an den Mitteln. An der Altarwand befindet sich eine ›Maria mit dem Kinde‹ von Bernhard Rode, wohlerhalten, aber eine sehr mittelmäßige Leistung.«

143 *Frontispice* – (franz.) Frontseite; hier: Vordergiebel.

*Gemälde* – In den Anmerkungen zu W I[1], S. 460, schreibt Fontane: »*Im Waisenhause* befindet sich, außer den im Text genannten Bildern, auch ein altes Portrait Friedrichs des Großen, als Bild völlig wertlos und nur dadurch interessant, daß der König ein Buch in Händen hält, auf dessen Rückseite ›Gellerts Fabeln‹ steht. Dies ist mutmaßlich eine Art Demonstration, und wir gehen wohl nicht fehl, wenn wir annehmen, daß das Bild von einem jener vaterländischen Künstler herrührt, die damals – namentlich in Gemeinschaft mit Männern der Wissenschaft – eine Reaktion gegen das Französische versuchten.«

*Dido-Sage ... Kuhhaut* – Nach der griechischen Sage floh Dido, die Tochter des Königs von Tyros (Syrien), nach der Ermordung ihres Gemahls zusammen mit ihren Gefährten nach Afrika. Hier gewährte ihr König Iarbas so viel Land, wie sie mit einer Rinderhaut bedecken könnte. Dido zerschnitt die Haut in dünne Streifen und umspannte damit ein Gebiet, auf dem sie die Burg Byrsa (das Fell) errichten ließ, an die sie dann die Stadt Karthago anschloß.

144 *um ein verständliches, anschauliches Bild zu geben* – In

W I[1], S. 215, folgt der Zusatz: »Diese Skizze, deren Details mit Frontispice und Türmen ich weiter oben beschrieben habe, ist der einzige Anhaltepunkt, den wir für die damalige Form von Schloß Oranienburg haben, ein Anhaltepunkt, dessen Stichhaltigkeit allerdings ziemlich gerechtfertigten Bedenken unterliegt.«

144 *Ballhorn, in seiner ... »Geschichte Oranienburgs«* – Vgl. das Literaturverzeichnis, S. 658.

*Tableaux* – Tableau: (franz.) Gemälde.

*nicht mehr das Schloß, die Kirche, das Waisenhaus von damals* – In W I[1], S. 216f., heißt es im folgenden abweichend und ausführlicher: »und seit wir nunmehr (ich verweise auf die vorstehende Anmerkung [das ist die Fußnote auf S. 144]) aus der Lebensbeschreibung Augustin Terwestens mit Bestimmtheit wissen, daß das große, im Waisenhause aufbewahrte Bild nicht zwölf Jahre *vor* dem Tode Luise Henriettens, wohl aber fünfundzwanzig Jahre *nach* dem Tode derselben gemalt worden ist, so existiert, mit alleiniger Ausnahme eines angeblichen Portraits der Kurfürstin, das ebenfalls im Waisenhaussaale aufbewahrt wird, in Stadt und Schloß Oranienburg nichts mehr, was sich mit einiger Bestimmtheit auf die Epoche der Oranierin zurückführen ließe. Aber leider sind auch gegen die Echtheit dieses eben genannten Portraits begründete Zweifel zu erheben, begründet schon dadurch, daß dieses Brustbildnis nicht die geringste Ähnlichkeit mit jener wirklichen und historisch beglaubigten Luise Henriette zeigt, der wir auf dem Terwestenschen Bilde begegnen. Dies Brustbild (übrigens vortrefflich gemacht) ist sehr wahrscheinlich das Portrait einer ganz anderen fürstlichen Dame, und zwar, wenn mein Gedächtnis mich nicht täuscht, das Portrait der Königin Marie von England, der Gemahlin Wilhelms von Oranien, ältesten Tochter des vertriebenen Jacobs II. Es ist wahr, sie trägt einen *Orange*blütenzweig (ich bin nicht völlig sicher mehr, ob in *Haar* oder *Hand*), aber wenn dieser Schmuck überhaupt mehr als ein Zufall und wirklich, was noch dahinsteht, von sinnbildlicher Bedeutung ist, so konnte ihr diese Huldigung allenfalls ebensogut als *Gemahlin* des Oraniers wie als einer gebornen Prinzessin von Oranien dargebracht werden. Kein Kupferstich existiert, der uns diese oder auch nur verwandte Züge als das Bildnis Luise Henriettens überlieferte, und so war es in der Tat wohlgetan, daß unser Bildhauer Friedrich Wilhelm Wolff, als ihm der Auftrag wurde, das Standbild Luise Henriettens für die Stadt Oranienburg zu fertigen, an dem Reiz dieses Bildes (es ist ein sehr ansprechendes Gesicht) vorüberging und die Züge der Kurfürstin nach jenem minder reizvollen Kopf modellierte, dem wir auf dem großen Bilde Terwestens begegnen. Wolff, ein geborner Fehrbelliner und halb Nachbarskind von Oranienburg, unterzog sich der ihm gewordenen Aufgabe mit Liebe und Geschick, und seit dem Herbste 1858 erhebt sich auf dem Schloßplatz zu Oranienburg das überlebensgroße Erzbildnis der frommen Frau, die beide, Schloß wie Stadt, mit ihrem Namen und ihrer eignen Geschichte auf immer verwob. / ›Der hohen Wiederbegründerin dieser Stadt, Luise Henriette, Kurfürstin von Brandenburg, gebornen Prinzessin von Oranien, zum dauernden Gedächtnis die dankbare Bürgerschaft Oranienburgs‹, so lautet die Inschrift. Was sie schuf, es hat das Kleid gewechselt seitdem, aber die Dinge blieben, der Segen lebt fort und mit ihm der Name und das Gedächtnis der Gründerin.«

145 *Denkmal ... aus dem Jahre 1858* – Es existiert noch.

*Inschrift* – Sie ist in Fontanes Notizbuch A 3, Blatt 23 (Rückseite), verzeichnet.

*Schloß Köpenick* – Vgl. »Spreeland«, Kap. »Schloß Köpenick«; Band 4 dieser Ausgabe.

*Ausbau des Oranienburger Schlosses* – Vgl. die erste Anm. zu S. 136.

*holsteinsche Dorothea* – Dorothea, geborene Prinzessin von Holstein-Glücksburg, die zweite Ehefrau (seit 1668) des Kurfürsten Friedrich Wilhelm von Brandenburg.

146 *Schloß zu Cölln* – Vgl. die vierte Anm. zu S. 49.

*Frontalinschrift* – Sie ist noch vorhanden.

147 *Orgel, Kanzel und königliche Loge ... nach Französisch-Buchholz* – Die Kirche in (Französisch-)Buchholz wurde 1964 restauriert, und die drei morschen hölzernen Emporen, deren eine die Orgel trug, wurden entfernt. Von den von Fontane genannten Ausstattungsstücken ist in der Kirche nichts mehr erhalten.

148 *Jagdschloß ... Friedrichsthal* – Es wurde in den siebziger Jahren des 19. Jahrhunderts abgerissen.

*erzählt Pöllnitz* – In seinen »Mémoires ...«; vgl. das Literaturverzeichnis, S. 662.

*Erbfolgevergleich ... im Jahre 1442* – Im Vertrag von Wittstock (12. April 1442) wurden die Streitigkeiten zwischen den Herzögen von Mecklenburg und den Markgrafen bzw. Kurfürsten von Brandenburg, die seit dem Mittelalter die Lehnshoheit über Mecklenburg beanspruchten, beigelegt. Das brandenburgische Kurfürstenhaus erhielt lediglich die Zusicherung der Erbnachfolge für den Fall, daß der männliche Stamm des mecklenburgischen Fürstenhauses aussterben sollte.

149 *die Weiße Frau* – Vgl. die erste Anm. zu S. 75.

*Soldatenkönig* – Friedrich Wilhelm I., der Preußen in einen absolutistisch regierten Militär- und Beamtenstaat umwandelte, in dem die Armee der wichtigste Machtfaktor war.

150 *Prinz Heinrich erhielt Rheinsberg, Prinz Ferdinand das Palais und den Garten in Neuruppin* – Vgl. »Die Grafschaft Ruppin«, Kap. »Rheinsberg« und Kap. »Neuruppin«, Abschnitt 5/I; Band 1 dieser Ausgabe.

*Prinz von Preußen* – In Preußen Titel des präsumtiven Thronfolgers, sofern er nicht Sohn oder Enkel des Königs (d.h. Kronprinz) war.

*Berichte von Bielefeld und … von Pöllnitz* – In »Friedrich der Große und sein Hof …« (von Bielfeld) sowie in den »Mémoires …« (von Pöllnitz); vgl. das Literaturverzeichnis, S. 658 und 662. In den Anmerkungen zu W I$^{1}$, S. 458ff., zitiert Fontane (neben einer Eloge des preußischen Generals Graf von Chazot) Auszüge aus Bielfelds Werk, die dem Prinzen August Wilhelm »eine lebhafte Phantasie, ein[en] richtige[n] Verstand, Neigung zum Guten, Heiterkeit, … ein seltenes Gedächtnis«, künstlerische Fähigkeiten sowie Gesinnungstreue zuschreiben.

151 *seine Gemahlin* – Luise Amalie.

*Tabouret* – (franz.) Niedriger Sessel ohne Lehne.

152 *König Dagobert* – Dagobert I., 628–638 König des Frankenreiches.

*Liebhaber der Jungfrau Europa* – Anspielung auf die griechische Sage, nach der Zeus in Gestalt eines zahmen Stiers die phönikische Königstochter Europe nach Kreta entführte, wo er mit ihr mehrere Kinder zeugte.

*Corset* – (franz.) Mieder.

153 *»La Mouche oder Die Abenteuer des Mr. Bigand«* – »La Mouche ou Les Aventures et espiègleries facétieuses de Bigand« (Paris 1736–1742; Das Schönheitspflästerchen [?] oder die Abenteuer und drolligen Schelmereien des Bigand) von Charles de Fieux, Chevalier de Mouhy. Bei dem vierbändigen Werk handelt es sich wahrscheinlich um einen seinerzeit beliebten Unterhaltungsroman.

*Schlacht bei Hohenfriedberg* – Bei Hohenfriedberg in Schlesien errang Friedrich II. am 4. Juni 1745 (während des Zweiten Schlesischen Krieges) einen Sieg über die Österreicher und Sachsen.

*»die Geschichte seines Hauses«* – »Memoiren zur Geschichte des Hauses Brandenburg« (1751).

154 *Unglückstag von Kolin* – Bei Kolin (Böhmen) erlitt das preußische Heer am 18. Juni 1757 (im Siebenjährigen Krieg) eine Niederlage gegen die Österreicher und Sachsen, die Friedrich II. zur Aufgabe der Belagerung von Prag und zum Rückzug aus Böhmen zwang.

*Parolekreis* – Zum Empfang von Befehlen (Parolen) in Kreisform aufgestellte militärische Formation.

*Mitteilungen einer Dame, die noch den Hof des Prinzen Heinrich und diesen selbst gekannt hat* – Gemeint ist wahrscheinlich die Gräfin Sophie von Schwerin, von der Fontane im August 1861 »schönen Stoff über die letzten zehn Jahre des Prinzen Heinrich« erhalten hatte, der vor allem in den Rheinsberg-Kapiteln der »Grafschaft Ruppin« Verwendung fand. (Vgl. »Zwischen Boberow-Wald und Huwenow-See oder Der Rheinsberger Hof von 1786 bis 1802« und die Anmerkungen dazu; Band 1 dieser Ausgabe.)

155 *Obelisk* – Das 1791 eingeweihte, mit (heute nicht mehr existierenden) Inschriften versehene Denkmal im Park von Rheinsberg war dem Prinzen August Wilhelm und den Heerführern des Siebenjährigen Krieges gewidmet. Vgl. »Die Grafschaft Ruppin«, Kap. »Rheinsberg«, Abschnitt 5; Band 1 dieser Ausgabe.

*Ballhorn in seiner ... »Geschichte«* – »Geschichte der Stadt Oranienburg«; vgl. das Literaturverzeichnis, S. 658.

*»August Gullielm ...«* – (lat.) »August Wilhelm, Prinz von Preußen, geboren am 9. Tag des Monats August im Jahre 1722. Gestorben am 12. Tag des Monats Juni im Jahre 1758.«

157 *seine Friedenskirche* – König Friedrich Wilhelm IV. wurde 1861 in der Friedenskirche im Park von Sanssouci in Potsdam beigesetzt, deren Bau (1845–1854) von ihm initiiert worden war.

*ihnen gilt zum Schluß unser Besuch* – Ein Verzeichnis der Oranienburger Schloßräume und ihres Inventars sowie eine mit Bildbeschreibungen versehene Aufzählung der Gemälde finden sich in Fontanes Notizbuch A 3, Blatt 18–24. Wie intensiv Fontane selbst an den Beschreibungen der Bilder gearbeitet hat, zeigt ein Vergleich zwischen der gedruckten Schilderung des Deckengemäldes mit den Aufzeichnungen im Notizbuch A 3, Blatt 18/19: »Das Mittelbild. Eine Fülle von Amoretten oder Genien, wieder mit blauweißen Teebüchsen; in der Mitte eine dicke Person (wie eine holländische Teeschenkerin, rot und grünen Gewandes) mit roten Rosen im Haar, die eine große Teebüchse (blau und weiß) mit der Linken ans Herz preßt, während sie mit der Rechten einen blauweißen Porzellan-Teetopf einer andern hochbusigen, rotgekleideten blonden Person entgegenreicht, die ihr nun ihrerseits einen Spiegel entgegenhält. Diese Person, durch die Schlange um den Arm als Hygaea charakterisiert, hält der Teefrau (der symbolischen Figur des Tees) den Spiegel entgegen, damit sie, die Teefrau, darin sich selber erkennt und sich schämt, wenn sie unecht, lügnerisch ist, d.h. falschen Tee präsentiert oder überhaupt eine Giftgöttin statt eine Teegöttin ist. Zwischen beiden Gestalten noch eine Riesen-Teebüchse; – außerdem an der Decke viel Goldornamentik, z. B. fliegende Adler etc.«

158 *Hosenbandorden* – Höchster englischer Orden; vgl. die Anm. zu S.114.

160 *»Das Testament des Großen Kurfürsten ...«* – Schauspiel (1858) von Gustav Heinrich Gans, Edler Herr von und zu Putlitz (1821–1890), in dem die Differenzen zwischen Kurfürst Friedrich III., seiner zweiten Frau Sophie Charlotte und seiner Stiefmutter Dorothea von Holstein sowie deren Versöhnung im Jahre 1688 geschildert werden (vgl. »Spreeland«, Kap. »Schloß Köpenick«; Band 4 dieser Ausgabe). Fontane hat das Stück am 22. März 1871 sowie am 30. September 1884 im Königlichen Schauspielhaus in Berlin gesehen und die spätere Aufführung in der »Vossischen Zeitung« Nr. 461 vom 2. Oktober 1884 rezensiert.

## *Tegel*

Nach Tegel reiste Fontane – begleitet von seinem »Tunnel«-Kollegen Werner Hahn, dem ehemaligen Redakteur der »Deutschen Reform« (vgl. S. 576) – am 21. April 1860. Schon im März dieses Jahres hatte er die Arbeit an dem Aufsatz aufgenommen, den er dann gleich nach der Reise fertigstellte und am 20. Mai zusammen mit drei anderen »auf unsre Mark Bezug habende[n] kleine[n] Arbeiten« an Hermann Hauff, den Redakteur des Cottaschen »Morgenblatts für gebildete Leser«, schickte. Hauff brachte den Vorabdruck – unter dem Sammeltitel »Bilder und Geschichten aus der Mark Brandenburg« – am 12. August 1860 im »Morgenblatt«, Jg. 54, Nr. 33, S. 769–775.

Zum erstenmal als Buchkapitel erschien »Tegel« in der Erstausgabe der »Wanderungen [Teil 1]« von 1862, zum erstenmal im »Havelland«-Band in der zweiten Auflage (1880).

Für die Arbeit am Tegel-Kapitel hat Fontane folgende Literatur benutzt (die vollständigen Angaben finden sich jeweils im Literaturverzeichnis; vgl. S. 658): Waagen, »Das Schloß Tegel und seine Kunstwerke«. – »Briefe von Alexander von *Humboldt* an Varnhagen von Ense ...«. (In den Anmerkungen am Schluß von W I[1] gibt Fontane an, daß er einen Brief benutzt habe, in dem Alexander von Humboldt »über die Abstammung seiner Familie, die Erwerbung Tegels etc.« berichtet.) – Humboldt (Wilhelm von), »Sonette«. – Berghaus, »Landbuch der Mark Brandenburg ...«. – Fidicin, »Die Territorien der Mark Brandenburg ...« (Band »Niederbarnim«). – Raumer, »Europa vom Ende des Siebenjährigen bis zum Ende des Amerikanischen Krieges (1763–1783) ...«. – »Mündliches« (laut Anmerkung am Schluß der Erstausgabe der »Wanderungen [Teil 1]« von 1862).

161 *Die Hoffnung ...* – Schiller, »Hoffnung«, Strophe 2, Vers 1 (Anfang) und 4.
*Etablissements von Egells und Borsig* – Namhafte Maschinenbauanstalten vor dem Oranienburger Tor. Die 1837 von Johann Karl Friedrich August Borsig gegründete Fabrik in der Chausseestraße, in der seit 1841 Lokomotiven gebaut wurden, war das größte eisenverarbeitende Unternehmen Berlins.

163 *Sandwichs-Inseln* – Die Hawaii-Inselgruppe im nördlichen Stillen Ozean, die James Cook 1778 während seiner dritten Weltumsegelung (1776–1779) entdeckt und nach dem englischen Minister Lord Sandwich benannt hat.
*Schloß Tegel* – Schlichter dreigeschossiger klassizistischer Bau mit vier Ecktürmen; 1822–1824 von Karl Friedrich Schinkel aus einem ehemaligen Jagdschloß des Großen Kurfürsten für Wilhelm von Humboldt umgebaut. (Auch die Wohnräume wurden nach Schinkels Entwürfen ausgemalt.) Das Schlößchen Tegel blieb im zweiten Weltkrieg unversehrt und wurde in den fünfziger Jahren restauriert.
*Hubertusburger Frieden* – Der am 15. Februar 1763 auf dem sächsischen Jagdschloß Hubertusburg zwischen Preußen, Österreich und Sachsen abgeschlossene Friedensvertrag beendete den Siebenjährigen Krieg.

164 *In der Falkenberger Kirche ... Erbbegräbnis* – Die von Fontane beschriebene Begräbnisstätte der Eltern von Alexander und Wilhelm von Humboldt wurde später in ein Grabgewölbe unter der Kirche umgewandelt. Diese Gruft mit den Särgen ist heute noch erhalten, obwohl die Kirche im zweiten Weltkrieg zerstört wurde. In der ehemaligen Leichenhalle (neben der Ruine), die jetzt als Kapelle dient, sind die Originaltafeln der alten Särge aufbewahrt. Vgl. auch »Spreeland«, Kap. »Falkenberg«; Band 4 dieser Ausgabe.

164 *1802 … Gesandter in Rom* – Wilhelm von Humboldt hatte 1801 das Amt eines preußischen Ministerresidenten in Rom übernommen, wo er bis 1808 blieb (seit 1806 als bevollmächtigter Minister).

*zurückgezogen von Hof und Politik* – Wilhelm von Humboldt war im Dezember 1819 wegen seiner Kritik an den Karlsbader Beschlüssen, die der Unterdrückung der bürgerlichen Opposition gegen die feudale Restaurationspolitik dienten und repressive Maßnahmen gegen alle demokratischen Kräfte einleiteten, aus dem preußischen Staatsministerium entlassen worden.

166 *der heilige Calixtus* – Calixtus I. (Callistus), 217–222 Bischof von Rom, der (im Gegensatz zur bisherigen Sitte) den Grundsatz vertrat, daß die Kirche jede Sünde vergeben könne. Sein Martyrium beruht auf einer Legende des 7. Jahrhunderts.

*Sonette* – Vgl. das Literaturverzeichnis, S. 660. Alexander von Humboldt nennt sie im Vorwort zu dieser Ausgabe von 1853 »kleine poetische Schöpfungen«, die »gleichsam die Selbstbiographie, die Charakterschilderung des teuren Bruders« enthielten.

*Das Leben ist an Möglichkeit gebunden … des Wachens Wunden* – Wilhelm von Humboldt, »Die Phantasie«, Strophe 1 f.

167 *Vielleicht geschieht's … schnell zu verhallen* – Einleitungssonett (ohne Überschrift) der Ausgabe von 1853, Strophe 2.

*Konstantins-Schlacht … berühmtes Raffaelisches Bild* – Das Freskogemälde im Vatikan von Rom, das die Schlacht zwischen dem (christenfreundlichen) römischen Kaiser Konstantin I. und seinem Widersacher Maxentius (312) darstellt, wurde erst nach Raffaels Tod (1520) von seinen Schülern vollendet.

*»Life and Works«* – (engl.) »Leben und Werke«, eine der zahlreichen Byron-Ausgaben des 19. Jahrhunderts.

168 *Adam Smiths »Wealth of Nations«* – »An Inquiry into the Nature and the Causes of the Wealth of Nations« (Eine Untersuchung über das Wesen und die Ursachen des Reichtums der Nationen). Das Standardwerk der klassischen englischen bürgerlichen politischen Ökonomie erschien 1776, in deutscher Übersetzung 1776–1778.

*Loudons »Encyclopaedia of Gardening«* – »Enzyklopädie der Gärtnerei«, ein Werk des schottischen Botanikers John Claudius Loudon (1783–1843).

*Cooks Reisen um die Welt* – Die Reisebeschreibung James Cooks erschien 1773–1785 in acht Bänden.

168 *Rahel* — Rahel Varnhagen von Ense.
*Halbfranzbände* — Halblederbände (nach französischer Art).
*Bulwers »Eugen Aram« und »Rienzi«* — »Eugene Aram« (1832) und »Rienzi, the Last of the Tribunes« (1835; Rienzi, der letzte Tribun), Romane des englischen Schriftstellers und Staatsmannes Edward George Bulwer, Baron Lytton.
*Adelungs Wörterbuch* — »Versuch eines vollständigen grammatisch-kritischen Wörterbuchs der hochdeutschen Mundart« (5 Bände; 1774—1786) von Johann Christoph Adelung. Wilhelm von Humboldt besaß vermutlich die zweite Auflage des bedeutenden lexikalischen und sprachhistorischen Nachschlagewerkes, die 1793 bis 1801 in vier Bänden erschienen war.
*»Über die Kawi-Sprache ...« ...* — Mit diesem postum veröffentlichten Werk (3 Bände, 1836—1840) sowie mit dessen vorab separat gedruckter Einleitung, »Über die Verschiedenheit des menschlichen Sprachbaues und ihren Einfluß auf die geistige Entwicklung des Menschengeschlechts« (1835), wirkte Wilhelm von Humboldt bahnbrechend auf dem Gebiet der vergleichenden Sprachforschung.
*ägyptischer Feldzug* — Gemeint ist die im Auftrag des großbürgerlichen französischen Direktoriums durchgeführte, mißglückte Ägyptenexpedition Napoleon Bonapartes (1798/99), durch die die britische Herrschaft im Orient, besonders in Indien, gebrochen werden sollte.

169 *Raub der Proserpina* — Persephone (römisch Proserpina), eine Tochter des Zeus und der Demeter, wurde nach der griechischen Sage von Hades in die Unterwelt entführt.
*Palast Rondanini* — In Rom.
*Kopf des Jupiter Ammon* — Der häufig mit einem Widderkopf dargestellte ägyptische Sonnengott Ammon (ursprünglich Gott von Theben), der der Sage nach in einer Oase der Libyschen Wüste weissagte, wurde von den Griechen mit dem allwissenden Zeus (Jupiter) identifiziert.

170 *auf dem Wiener Kongreß und später in Paris ihm geleistete Dienste* — Wilhelm von Humboldt wirkte, als zweiter Bevollmächtigter Preußens, auf dem Wiener Kongreß zur territorialen Neugliederung Europas (September 1814 bis Juni 1815; nach der Abdankung Napoleons I. im Frühjahr 1814) an der Wiederherstellung des 1809 von Napoleon aufgelösten Kirchenstaates mit und engagierte sich nach der endgültigen Niederlage des französischen Kaisers (1815) für die Rückgabe der nach Paris überführten vatikanischen Kunstschätze an Papst Pius VII.
*rosso antico* — (ital.) antiker Roter; dunkelroter Marmor mit

schwarzen Flecken und Adern, in der Antike vornehmlich für dekorative Zwecke verwendet.

170 *giallo antico* – (ital.) antiker Gelber; gelber, auch rot geäderter Marmor, den die Römer verbauten.

*Doppelkreuz ... Schlüssel Petri* – Päpstliche Insignien. (Das Papstkreuz ist eigentlich kein Doppelkreuz, sondern hat drei, nach oben kürzer werdende Querbalken.)

*Pax* – (lat.) Frieden.

171 *Kardinal Consalvi* – Kardinalstaatssekretär Ercole Marchese Consalvi vertrat auf dem Wiener Kongreß 1814/15 die Interessen des Papstes.

*Castel Gandolfo* – Südöstlich von Rom gelegener Sommerpalast der Päpste (seit 1596).

*P.P.* – Pastor Pastorum: (lat.) Hirt der Hirten.

*Statue der »Hoffnung« ... Lotosblume* – Wahrscheinlich weist die ornamentale Verwendung der Lotosblume in diesem Zusammenhang auf ihre allegorische Bedeutung hin (Symbol für Schönheit, Reinheit, Sonne und ewiges Leben).

*in. et del.* – (Wahrscheinlich) invenit et delineavit: (lat.) erfunden und gezeichnet.

*f.* – fecit: (lat.) gemacht, angefertigt.

*ihre vom Diomedes verwundete Hand* – Nach der griechischen Sage verwundete der Kriegsheld Diomedes, Sohn des Tydeus und König von Argos, im Kampf um Troja der Göttin Aphrodite (Venus), die ihrem Sohn Aineias zu Hilfe gekommen war, mit der Lanze die Hand.

172 *Omphale* – In der griechischen Sage Königin von Lydien, bei der Herakles drei Jahre lang Sklavendienste verrichten mußte.

*Hagen im Gespräch mit den Donaunixen* – Episode aus dem »Nibelungenlied« (25. Âventiure, »Aufbruch und Donauübergang«, Vers 1535–1542), in der Donaunixen dem burgundischen Helden Hagen von Tronege (Tronje) die Vernichtung der Nibelungen während ihres Besuches an König Etzels Hof prophezeien.

173 *Rauchsche Friedrichs-Statue* – Gemeint ist das 1839–1851 von Christian Daniel Rauch geschaffene Reiterdenkmal Friedrichs II., das Unter den Linden in Berlin steht. Es zählt zu den besten Arbeiten des Bildhauers.

*Menzelsche Hochkirch-Schlacht* – Gemeint ist das Ölgemälde »Nächtliche Kampfszene bei Hochkirch 1758« (1856), das zu den berühmtesten Bildern Adolph Menzels gehört und sich im königlichen Schloß in Berlin befand. Hochkirch: Bei Hochkirch in Sachsen gelang den Österreichern im Siebenjährigen Krieg (14. Oktober 1758) ein Überraschungsangriff auf die

Preußen, die sich nach schweren Verlusten zurückziehen mußten.

174 *»Erde zu Erde«* – Beim christlichen Begräbniszeremoniell verwendete Formel (nach dem Alten Testament, 1. Mose 3, 19: »Im Schweiße deines Angesichts sollst du dein Brot essen, bis du wieder zu Erde werdest, davon du genommen bist. Denn du bist Erde und sollst zu Erde werden.«).

175 *wer unter ihnen schläft* – Gemeint ist Alexander von Humboldt, der erst elf Monate vor Fontanes Besuch in Tegel, am 16. Mai 1859, gestorben war.

*feste Burgen* – Anspielung auf das berühmte Luthersche Kirchenlied »Ein feste Burg ist unser Gott« (nach Psalm 46).

*Die Seeschlacht in der Malche*

Der Aufsatz, dessen Entstehungszeit nicht nachgewiesen werden kann, wurde am 19. Juni 1872 im »Wochenblatt der Johanniter-Ordens-Ballei Brandenburg«, Nr. 25, S. 147–150, vorabgedruckt und erschien im Oktober 1872 in der Erstausgabe des dritten »Wanderungen«-Bandes, »Ost-Havelland« (1873), zum erstenmal als Buchkapitel.

Ein vollständiges Brouillon des gesamten Kapitels, für das ursprünglich als Überschrift vorgesehen war: »Ein Wasser- und Landgefecht der Spandower Bürgerschaft im Jahre 1567«, befindet sich im Theodor-Fontane-Archiv.

Für die Arbeit an dem Feuilleton hat Fontane folgende Literatur benutzt (die vollständigen Angaben finden sich jeweils im Literaturverzeichnis; vgl. S. 658): Leuthinger, »Scriptorum de rebus Marchiae Brandenburgensis ...«. – Krüger, »Chronik der Stadt und Festung Spandau«.

176 *Of Nelson and the north ...* – (engl.) Von Nelson und dem Norden / Sing des herrlichen Tages Ruhm. – Thomas Campbell, »Battle of the Baltic« (Schlacht in der Ostsee), Strophe 1, Vers 1 f.

*Die Mittelhavel ...* – In W III[1], S. 129, lautet die ausführlichere Anfangspassage: »Die Mittelhavel, wie schon hervorgehoben, ist eine lange Kette von Buchten und Seen, die mit dem Tegelschen See beginnt und mit dem Plauenschen schließt. Am dichtesten gruppieren sie sich, diese großen havelgespeisten Wasserbecken, um Potsdam herum, wo wir mehr als einem Dutzend derselben begegnen, dem Wannsee, der Krampnitz und dem Schwielow, dem Glindower und dem

Plessowschen See, der Schlänitz, der Wublitz und vielen andren noch.«

176 *Eiswerder* – Ringförmiger Havelsee östlich von Spandau.

*Zitadelle ... Rundturm der Festung* – Vgl. die zweite Anm. zu S. 7.

*Jungfernheide* – Waldgebiet im Zentrum des Tegeler Forstes (im Nordwesten Berlins); seinerzeit beliebtes Ausflugsziel. (Der sogenannte Saatwinkel befindet sich im äußersten Westen der Jungfernheide.)

*Leuthinger in seiner Topographia marchia* – »Scriptorum de rebus Marchiae Brandenburgensis ...«; vgl. das Literaturverzeichnis, S. 661.

*Trabanten* – Soldaten der Leibgarde.

177 *Viertelmeister* – Aufseher über einzelne Stadtviertel oder Vorsteher der in Stadtvierteln zusammengefaßten Handwerkszünfte.

*Berliner und Cöllner Bürger* – Berlin und Cölln waren de jure bis 1709 selbständige Städte.

179 *do.* – dito (dasselbe, ebenso).

*anschicken* – Hier: einrichten, vorbereiten.

180 *ins Wasser gestoßen* – Gemäß den Regeln beim sogenannten Fischerstechen, einem damals weitverbreiteten Kampfspiel.

*Sukkurs* – Hilfe, Verstärkung.

*Kämmereidorf* – Zum städtischen Besitz gehörendes Dorf.

181 *Haselhorst* – Gebiet im Südwesten des Tegeler Forstes.

## *Das Belvedère im Schloßgarten zu Charlottenburg*

Am 5. Mai 1872 schrieb Fontane an Hermann Kletke, den Chefredakteur der »Vossischen Zeitung«: »Sind Sie damit einverstanden, daß ich Ihnen, in Fortsetzung der im vorigen Jahre abgedruckten Arbeiten über Wust und die Kattes, Falkenrehde, Werder und die Werderschen wieder drei Kapitel schicke: 1. ›Das Belvedère bei Charlottenburg‹, 2. ›Die Pfaueninsel‹, 3. ›Trebbin‹ (als Geburtsort Wilhelm Hensels). / Als Honorar möcht ich mir 6 Rtl. pro Kolumne erbitten, was hoffentlich Ihre Zustimmung hat.« Am 8. Mai mahnte er die Antwort auf seine Anfrage an: »Der Druck des Buches (III. Band ›Wanderungen‹) soll nämlich in den nächsten Tagen schon beginnen, und ich muß eilen, die noch nicht erschienenen Kapitel vorher – oder doch während des Drucks – erscheinen zu lassen; der Ausfall ist sonst zu groß. Sie sind vielleicht vorläufig noch mit Stoff überbürdet; ein ›Nein‹ also kann mich nicht kränken. Ich möchte nur wissen, woran ich bin, auch hinsichtlich der Honorarfrage.« Kletke stimmte der Veröffentlichung der genannten Feuilletons zu, Fontane lieferte die Manuskripte Ende Mai ab, und am 16. Juni 1872 wurde der »Belvedère«-Aufsatz in der Sonntagsbeilage der »Vossischen Zeitung« (Nr. 24) vorabgedruckt.

Als Buchkapitel erschien »Das Belvedère …« zum erstenmal in der Erstausgabe des dritten »Wanderungen«-Bandes, »Ost-Havelland« (1873), der im Oktober 1872 ausgeliefert wurde.

Für die Arbeit an dem Kapitel hat Fontane das Werk »Neure und neuste preußische Geschichte« von Friedrich Foerster benutzt (vgl. das Literaturverzeichnis, S. 659).

183 *Belvedère* – Das 1788 von Carl Gotthard Langhans dem Älteren errichtete Gebäude im Nordteil des (von André Le Nôtre angelegten) Charlottenburger Schloßparkes brannte 1944 aus und wurde 1957 wiederhergestellt.

*Verschlossene Fenster …* – Die Verse stammen wahrscheinlich von Fontane.

*Omnibus* – Geräumiges, oft mit unbedeckten Obersitzen versehenes Pferdefuhrwerk zur Personenbeförderung.

*Alpaka* – Regenschirm, der mit einem speziellen Gewebe aus Alpaka-Wolle bezogen war.

*das »Knie«* – Bezeichnung für den Knick in der zum Charlottenburger Schloß führenden Berliner Straße, die sich an die durch den Tiergarten führende Charlottenburger Chaussee anschließt.

*Gewehrpfosten* – Wohl ein Schilderhaus.

*»Türkisches Zelt«* – Beliebtes Lokal im alten Charlottenburg, wo die »Spitzen« der Gesellschaft »einen sehr untürkischen Kaffee aus einer abgestoßenen Tasse« tranken und, »mit einem in allen Regenbogenfarben schillernden, hier und da noch Eireste tragenden Neusilberlöffel umrührend, das Gefühl« hegten, »einen Feiertag gelebt zu haben« (Fontane an Paul Lindau, 14. Juni 1872). Der Hauptsaal, in türkischer Manier dekoriert, gab dem Lokal den Namen.

*Morelli* – Kaffeehaus am Charlottenburger Schloßpark.

*grüne Kuppel des Schlosses* – Vgl. die dritte Anm. zu S. 101.

184 *seine »Wiederhersteller«* – Tiberius Claudius Nero, römischer Kaiser von 14 bis 37, galt nach der Schilderung seiner Biographen Sueton und Tacitus als Tyrann und Heuchler, der jede Opposition mit Verbannung, Vermögensentzug oder Hinrichtung ahndete. Im 19. Jahrhundert versuchten mehrere Schriftsteller und Historiker, diese Beurteilung zu revidieren; ihre

Schriften, darunter eine namhafte Abhandlung von Adolf Stahr unter dem Titel »Tiberius« (zuerst erschienen in der vierteiligen Sammlung »Bilder aus dem Altertum«, 1863–1867, dann 1873 gesondert), wurden zu Fontanes Zeit viel diskutiert.

184 *Mausoleum* – Das 1810 nach Plänen von Heinrich Gentz in dorischem Stil erbaute, 1843 erweiterte Mausoleum im Charlottenburger Schloßpark enthält die Grabstätten mehrerer Hohenzollern sowie die von Christian Daniel Rauch geschaffenen Marmorgrabdenkmäler der Königin Luise (1815) und Friedrich Wilhelms III. (1843).

*Hellinge* – Eine Gebäckart.

186 *Marmorpalais* – Gemeint ist das 1787–1791 von Karl von Gontard und Carl Gotthard Langhans dem Älteren errichtete zweigeschossige klassizistische Marmorpalais im Potsdamer Neuen Garten (vgl. die zweite Anm. zu S. 285). Es hat an der Seeseite einen Säulenvorbau aus Marmor und auf dem Dach einen turmartigen Aufsatz (Belvedere) mit Stufenkuppel.

*Tage der Lichtenau* – Wilhelmine Encke, Tochter eines Musikers, 1782 der Form halber mit dem Kammerdiener Ri(e)tz verheiratet und 1795 zur Gräfin von Lichtenau erhoben, war eine der zahlreichen Mätressen Friedrich Wilhelms II.

*Antonius und Kleopatra* – Fontane verwendet die in der Literatur und darstellenden Kunst häufig kolportierte Liebesbeziehung zwischen dem römischen Feldherrn Marcus Antonius und der ägyptischen Königin Kleopatra, die beide eines gewaltsamen Todes starben und zusammen beigesetzt wurden (30 v. u. Z.), als Symbol für eine etwas anrüchige Liaison.

*Die Einrichtung ...* – Fontane hat sie in seinem Notizbuch A 17, Blatt 16ff., vermerkt.

*Boisierung* – Holztäfelung.

*Moiréstoff* – Seidenstoff mit maser-, wellen- oder schlangenartigen Lichtreflexen.

187 *an anderer Stelle* – Vgl. S. 284f. und S. 313ff.

*Bischofswerder* – Vgl. S. 278–294. – Bei der Wiedergabe des (im »Havelland«-Band überaus häufig vorkommenden) Namens wurde von der für die vorliegende Edition getroffenen Regelung, Personennamen in der richtigen bzw. heute üblichen Schreibweise darzubieten (vgl. »Zu dieser Ausgabe«, S. 476), abgewichen: Fontane schreibt (in Anlehnung an seine literarischen Quellen) immer *Bischofswerder*; der Name lautet richtig: *Bischoffwerder*.

*Marquardt* – Vgl. S. 276–307.

188 *chef-d'œuvre* – (franz.) Meisterwerk.
*roter Spandauer Turm* – Gemeint ist der Julius-Turm; vgl. die zweite Anm. zu S. 7.

## *Die Havelschwäne*

Der Aufsatz, dessen Entstehungszeit nicht nachgewiesen werden kann, wurde 1871 als dritter Teil einer vierteiligen Serie unter dem Sammeltitel »Havel und Haveldörfer« in der illustrierten Stuttgarter Wochenzeitschrift »Über Land und Meer«, Band 26, Jg. 13, Nr. 49, S. 14f., vorabgedruckt. Ein Nachdruck erfolgte 1880 in der Berliner Heimatzeitschrift »Der Bär«, Jg. 6, S. 400ff.

Als Buchkapitel erschienen »Die Havelschwäne« zum erstenmal in der Erstausgabe des dritten »Wanderungen«-Bandes, »Ost-Havelland« (1873), der im Oktober 1872 ausgeliefert wurde.

Für die Arbeit an dem Kapitel hat Fontane den Aufsatz von Louis Schneider über »Die Schwanenfütterung bei Potsdam« (vgl. das Literaturverzeichnis, S. 663) sowie (laut Anmerkung am Schluß von »Ost-Havelland«) »mündliche und briefliche Mitteilungen des Garnisonschullehrers Wagener in Potsdam« benutzt.

191 *Da geht's an ein Picken ...* – Goethe, »Lilis Park«, Vers 22 (zur Hälfte), 23–27.
*Hier entstanden ... die alten Bistümer Brandenburg und Havelberg* – Die im Jahre 948 im Zuge der deutschen Ostexpansion gegründeten Bistümer Brandenburg und Havelberg gehörten zu den ältesten in Deutschland.
*Von Potsdam aus wurde Preußen aufgebaut* – Potsdam, seit der Regierungszeit von Kurfürst Friedrich Wilhelm (1640–1688) Residenz-, seit der von König Friedrich Wilhelm I. (1713–1740) auch Garnisonstadt, war das Zentrum des systematisch ausgebauten, absolutistisch regierten brandenburgisch-preußischen Militär- und Beamtenstaates. Auch die ökonomische Entwicklung des Landes ging von Potsdam aus: Sie wurde gefördert durch die 20000 Hugenotten (zumeist Kaufleute und Handwerker), die sich, nach der Aufhebung des Ediktes von Nantes (18. Oktober 1685) in Frankreich Repressalien ausgesetzt, auf Grund des Potsdamer Ediktes vom 8. November 1685 in der Mark ansiedelten, sowie durch zahlreiche holländische Spezialisten (vgl. S. 453 und die zweite Anm. zu S. 107).
*von Sanssouci aus durchleuchtet* – Anspielung auf die philosophischen Ambitionen Friedrichs II., der sich als »aufgeklär-

ter Monarch« ausgab und sich selbst als den »Philosophen von Sanssouci« zu bezeichnen pflegte.

191 *Franzosenzeit* – Gemeint sind die Jahre von 1806 bis 1813, in denen große Teile der Mark Brandenburg von Napoleonischen Truppen besetzt waren.

192 *Glienicker Brücke* – Die Brücke, die die Berliner Vorstadt in Potsdam mit Berlin-Wannsee verbindet.

*Regierungsbezirke ... Kreise* – Bis zum Ende des zweiten Weltkrieges Verwaltungseinheiten in Preußen. Die »Provinz Brandenburg« umfaßte die Regierungsbezirke Potsdam und Frankfurt/Oder; diese untergliederten sich in Kreise, z.B. Ost- und Westprignitz, Ost- und Westhavelland.

*Pichelswerder* – Eine Havel-Halbinsel in der Nähe von Pichelsdorf (südlich von Spandau).

*Depothof* – In der Berliner Vorstadt von Potsdam, am Südende des Tiefen Sees.

193 *cygnus* – (lat.) Schwan.

194 *Stadtschloß* – Das 1664–1670 an der Stelle einer alten Burg als Nebenresidenz des Kurfürsten Friedrich Wilhelm errichtete Potsdamer Stadtschloß war 1679–1682 nach Plänen von Johann Gregor Memhardt, M. M. Smidts und Johann Arnold Nering erweitert worden und hatte 1744–1752 durch Georg Wenzeslaus von Knobelsdorff seine endgültige Gestalt erhalten. Die barocke Schloßanlage, die auf dem Alten Markt stand, wurde 1945 zerstört, die Ruine 1959/60 abgetragen.

*Lustgarten* – Der im Zusammenhang mit dem Schloßneubau im 17. Jahrhundert nach dem Muster holländischer Gärten angelegte Lustgarten in Potsdam wurde unter Friedrich Wilhelm I. größtenteils in einen Exerzierplatz umgestaltet. Auf dem Gelände befinden sich heute ein Sportstadion, ein Hotel sowie zwei Fahrbahnen der Langen Brücke.

197 *Union* – Gemeint sind die Vereinigten Staaten von Amerika.

198 *Limfjord* – Dänische Meeresstraße, die das nördliche (Vendsyssel) vom eigentlichen Jütland trennt und die Nordsee mit dem Kattegat verbindet.

## *Die Pfaueninsel*

Fontane hat den beliebten Ausflugsort des öfteren besucht, u.a. am 22. Juni und am 23. Juli 1861. Wann der Aufsatz entstanden ist, kann nicht nachgewiesen werden. Er gehörte zu den drei Arbeiten, die der Autor am 5. Mai 1872 Hermann Kletke anbot und Ende Mai desselben Jahres bei der »Vossischen Zeitung« ablieferte (vgl. S. 558). Der Vorabdruck erfolgte dort in den Sonntagsbeilagen vom 23. und 30. Juni 1872 (Nr. 25 und 26).

Als Buchkapitel erschien »Die Pfaueninsel« zum erstenmal in der Erstausgabe des dritten »Wanderungen«-Bandes, »Ost-Havelland« (1873), der im Oktober 1872 ausgeliefert wurde.

Aufzeichnungen vor allem über den Abschnitt 5 finden sich unter dem Stichwort »Bei Friedrichs« in Fontanes Notizbuch A 3, Blatt 58a–64.

Für die Arbeit an dem Kapitel hat Fontane folgende Literatur benutzt (die vollständigen Angaben finden sich jeweils im Literaturverzeichnis; vgl. S. 658): Kopisch, »Die königlichen Schlösser und Gärten zu Potsdam«. – Schneider, »Kunckel von Löwenstern ...«. – Horn, »Ein Stilleben in der Havel«. – »Mündlicher Vortrag L. Schneiders über das Gastspiel der Rachel auf der Pfaueninsel« (laut Anmerkung am Schluß von »Ost-Havelland«).

199 *Ende der neunziger Jahre* – des 18. Jahrhunderts.

*Ende der neunziger Jahre war diese Havelinsel* – In W III[1], S. 144, folgt der Zusatz: »(übrigens die größte, die die Havel besitzt)«.

*unter den Joachims ... unter dem Großen Kurfürsten* – In der Regierungszeit der brandenburgischen Kurfürsten Joachim I. Nestor (1499–1535), Joachim II. Hektor (1535–1571) und Friedrich Wilhelm (1640–1688).

*Prospero-Zwischenspiel ... Caliban* – Anspielung auf Shakespeares Komödie »Der Sturm«, in der Prospero, der seiner Herrschaft beraubte Herzog von Mailand, auf einer wüsten Zauberinsel haust, die er kultiviert. Dabei bedient er sich, dank seiner magischen Kräfte, der Hilfe des Luftgeistes Ariel sowie des »wilden und mißgestalteten Sklaven« Caliban, eines Hexensohnes.

200 *»He, holla, halt« ...* – Annette von Droste-Hülshoff, »Der Spiritus familiaris des Roßtäuschers«, Teil IV, Strophe 4, Vers 1 (zur Hälfte), 2ff. Die Worte »wir kennen Euch« im Vers 1 hat Fontane hinzugefügt. Spiritus familiaris: (lat.) Hausgeist; nach der deutschen Volkssage ein in eine Flasche einge-

schlossener Geist, der seinem Besitzer Glück bringt (z. B. auf verborgene Schätze hinweist), ihn aber in die Hölle mitnimmt, wenn es ihm nicht gelingt, die Flasche vor seinem Tode wieder loszuwerden.

200 *Alräunchen* – Alraun: Wurzelstock von menschenähnlicher Form, der im Altertum als Zauberpflanze bekannt war und sich im Volksglauben als Zaubermittel erhalten hat.

*Stein der Weisen* – Bezeichnung für die von den Alchemisten gesuchte »Quinta essentia« (Quintessenz), die nach Paracelsus in allen Stoffen enthalten sei und mit deren Hilfe man angeblich unedle Metalle in edle (besonders in Gold) umwandeln und alle Krankheiten heilen könne.

*Jalousie* – (franz.) Eifersucht, Neid.

201 *Rubinglas* – Die Herstellung von rubinrotem Glas, das als sehr kostbar galt und, häufig in Gold gefaßt, zu Tafelgefäßen verarbeitet wurde, gelang Kunckel erstmals im Jahre 1679; es wird, nach seinem Erfinder, auch Kunckelglas genannt.

*Guineasche Compagnie* – Gemeint ist die 1682 gegründete Brandenburgisch-Afrikanische Compagnie, eine Überseehandels-Gesellschaft, die die ökonomische Ausbeutung der von Brandenburg erworbenen Kolonie an der Guineaküste in Westafrika (Groß-Friedrichsburg) betrieb. (Die Besitzung wurde bereits 1717 wieder aufgegeben und für 6000 Dukaten an die Holländisch-Westindische Kompanie verkauft.) Die Glaskorallen dienten dem betrügerischen Tauschhandel mit den Afrikanern.

202 *Mein Herr ist König …* – Uhland, »Der Rosengarten«, Strophe 2, Vers 1 f.

203 *Marmorpalais* – Vgl. die erste Anm. zu S. 186.

*Heiliger See* – See im Nordosten von Potsdam, an dessen Westufer das Marmorpalais liegt.

*Selim oder Mahmud* – Gebräuchliche Namen türkischer Sultane.

*Potsdamer Waisenhaus* – Gemeint ist das 1722 von Friedrich Wilhelm I. gegründete Militärwaisenhaus, eine Erziehungsanstalt für Waisen- und Soldatenkinder.

*Jagdschirm* – Rotunde mit erhöhtem Boden und Überdachung. Bei Jagden dient sie dem Jäger als Versteck, aus dem heraus das Wild erlegt wird.

*Lustschloß* – Es wurde von dem Potsdamer Tischlermeister Brendel gebaut. Gegen Ende des 19. Jahrhunderts wurden die Holzwände durch Betonmauern ersetzt.

*Gräfin Lichtenau* – Vgl. die zweite Anm. zu S. 186.

203 *trotzdem Kopisch sie bezweifelt* – In »Die königlichen Schlösser und Gärten zu Potsdam«; vgl. das Literaturverzeichnis, S. 660.
*Damen aus der Schule der Laïs* – Soviel wie: Halbweltdamen. Laïs: Name von zwei berühmten griechischen Hetären aus dem 5. bzw. 4. Jahrhundert v. u. Z. Die Hetären (»Gefährtinnen«) waren, im Gegensatz zu den griechischen Ehefrauen, oft hoch gebildet.
204 *Katastrophe von 1806* – Am 14. Oktober 1806 wurde die preußische Armee in der Schlacht bei Jena und Auerstedt von den Truppen Napoleons I. vernichtend geschlagen. Die Niederlage hatte den Zusammenbruch des morschen absolutistischen Staatsapparates, eine panikartige Auflösung der Armee sowie die Besetzung des preußischen Territoriums durch die Franzosen zur Folge.
*Paretz zu Anfang seiner Regierung* – Vgl. S. 336–339.
*Prinzregent* – Gemeint ist Prinz Georg, der spätere englische König Georg IV. (seit 1820), der 1811 für seinen geistesgestörten Vater Georg III. die Regentschaft übernommen hatte.
*Zentifolien, Noisetten* – Rosenarten.
205 *Palmenhaus* – Das Palmenhaus, eine vielgerühmte Attraktion des biedermeierlichen Berlin, brannte 1880 ab.
*Und Stille ...* – Schiller, »Die Kraniche des Ibykus«, Strophe 18, Vers 2 f.
*Dependenzien* – Nebengebäude.
*Rokokoschloß* – Vgl. die sechste Anm. zu S. 203.
*Charlottenhof* – Eingeschossiger klassizistischer Bau im Park von Sanssouci; errichtet 1826–1829 nach einem Entwurf von Karl Friedrich Schinkel, 1965–1969 restauriert. Der *Park* Charlottenhof (mit dem Rosengarten), 1825 von Peter Joseph Lenné entworfen, in einigen Teilen von Schinkel korrigiert, wurde ebenfalls seit 1826 angelegt.
206 *Kaiser Nikolaus* – Der russische Zar Nikolaus I. war ein Schwager Friedrich Wilhelms IV.
*Demoiselle Rachel* – Gemeint ist die berühmte französische Schauspielerin Elisa Rachel Félix (1820–1858), Mitglied des Théâtre français, die sich besonders um die Wiederbelebung der klassischen französischen Tragödie verdient gemacht hatte.
*Hofrat Schneider* – Der Schriftsteller und Hofschauspieler Louis Schneider, nach 1848 Vorleser Friedrich Wilhelms IV., war ein Günstling von Zar Nikolaus I. (Vgl. »Von Zwanzig bis Dreißig«, Abschnitt »Der Tunnel über der Spree«, Kap. 6.) Über den Auftritt der Rachel auf der Pfaueninsel berichtet

Schneider ausführlich in seinen Memoiren »Aus meinem Leben« (Band 2, Berlin 1879).

206 *im Neuen Palais* – Das Neue Palais im Park von Sanssouci (vgl. die siebente Anm. zu S. 208) enthält auch ein Theater, das dem Knobelsdorffschen Theater im ehemaligen Stadtschloß nachgebildet ist. Heute finden dort ständig Schauspiel-, Opern- oder Konzertaufführungen des Potsdamer Hans-Otto-Theaters statt.

*Bruder Raphael* – Der französische Schauspieler Raphael Félix.

*jamais* – (franz.) nie.

*Zuflüsterungen des »linken Reiters«* – Anspielung auf Gottfried August Bürgers Ballade »Der wilde Jäger«, in der der »linke Reiter« das Böse verkörpert.

207 *Plénipotentiaire* – (franz.) Bevollmächtigter.

*Je jouerai* – (franz.) Ich werde spielen.

*Alençons* – Genähte Spitzen mit Streublumenmuster auf tüllartigem Grunde. Sie wurden zunächst in der französischen Stadt Alençon von venezianischen Stickerinnen hergestellt, die 1665 dorthin berufen worden waren, um die Spitzenindustrie in Frankreich einzuführen.

*irischer Kragen* – Kragen aus gehäkelter Spitze.

*Où jouerai-je?* – (franz.) Wo werde ich spielen?

208 *»Athalie«* – Tragödie (1691) von Jean Racine (nach einem Thema aus dem Alten Testament).

*Hoherpriester* – Höchste jüdische Priesterwürde, die seit 500 v. u. Z. der Oberpriester des Jerusalemer Tempels innehatte (der auch die weltliche Regierungsgewalt über die Volksgemeinde beanspruchte).

*Ce que tu m'as promis, songe à l'exécuter ...* – (franz.) Was du mir versprochen hast, denke daran, es auszuführen: / Dieses Kind, dieser Schatz, den man mir wiedergeben muß, / Wo sind sie?

*J'espère de vous voir ...* – (franz.) Ich hoffe Sie in Petersburg zu sehen. – Tausend Dank; aber ... Eure Majestät ... – Ich lade Sie ein, *ich*.

*Glienicke* – Gemeint ist das 1820 im Auftrag des Prinzen Karl von Preußen von Karl Friedrich Schinkel entworfene, seit 1824 ausgeführte klassizistische Lustschloß in Klein Glienicke. Das Bauwerk, seit 1935 Eigentum der Stadt Berlin, wurde 1945 beschädigt und später wiederhergestellt.

*Sanssouci* – Vgl. die zweite Anm. zu S. 252.

*Neues Palais* – Zweieinhalbgeschossige spätbarocke Dreiflügelanlage mit kupfergedeckter Kuppel im Park von Potsdam-

Sanssouci; errichtet 1763–1769 unter Leitung von Johann Gottfried Büring, Heinrich Ludwig Manger und Karl von Gontard.

208 *Statuette der Künstlerin* – Von Bernhard Afinger, einem Schüler Rauchs.

*den 15. Juli 1852* – Nach Louis Schneider, »Aus meinem Leben« (Band 2, 1879), trat Rachel Félix am 13. Juli 1852 auf der Pfaueninsel auf.

209 *Herr Friedrich saß auf Sanssouci ...* – Die Verse stammen wahrscheinlich von Fontane.

*»Car tel est notre plaisir«* – Eigentlich: »Car tel est notre bon plaisir«: (franz.) »Denn das ist Unser gnädiger Wille«; seit Franz I. Schlußformel der Verordnungen der französischen Könige.

*Königstädtisches Theater* – Beliebtes Volkstheater am Alexanderplatz in Berlin (1824–1851).

*»o Straßburg«* – Anspielung auf das seinerzeit populäre Lied »O Straßburg, o Straßburg, du wunderschöne Stadt«.

210 *Eroberung des Elsaß* – Anspielung auf die Annexion des Elsaß durch das Deutsche Reich im Jahre 1871 (nach dem Deutsch-Französischen Krieg).

211 *»L'État c'est moi«* – (franz.) »Der Staat bin ich«; Ausspruch des (absolutistisch regierenden) französischen Königs Ludwig XIV. (Louis-quatorze).

*Die Kugel rollte ...* – Anspielung auf das Roulettespiel.

*das Introduziertsein* – das Eingeführtsein.

212 *Biscuit* – Biskuitporzellan: Unglasiertes Weichporzellan.

*Sèvres* – Die französische Stadt Sèvres (heute Vorort von Paris) besitzt seit Mitte des 18. Jahrhunderts eine berühmte staatliche Porzellanmanufaktur.

*Vater Wrangel* – Gemeint ist der preußische Generalfeldmarschall Friedrich Heinrich Ernst Graf von Wrangel, der im Herbst 1848 die konterrevolutionären Truppen befehligte, von denen Friedrich Wilhelm IV. die preußische Nationalversammlung auflösen ließ.

*Minister von der Heydt* – August Freiherr von der Heydt war seit 1862 preußischer Finanzminister.

## *Groß Glienicke*

Der Aufsatz, dessen Entstehungszeit nicht nachgewiesen werden kann, wurde am 22. Mai 1872 im »Wochenblatt der Johanniter-Ordens-Ballei Brandenburg«, Nr. 21, S. 125, vorabgedruckt.

Als Buchkapitel erschien »Groß Glienicke« zum erstenmal in der Erstausgabe des dritten »Wanderungen«-Bandes, »Ost-Havelland« (1873), der im Oktober 1872 ausgeliefert wurde.

214 *In dunkler Gruft ...* – Die Verse stammen wahrscheinlich von Fontane.
*Klein Glienicke mit seinen Schlössern* – Gemeint sind das Lustschloß (vgl. die fünfte Anm. zu S. 208) und das aus einem Jagdschloß des Kurfürsten Friedrich Wilhelm umgebaute Palais in Klein Glienicke, das während Fontanes »Wanderungen«-Zeit dem preußischen Prinzen Friedrich Karl gehörte.
*Brücke* – Vgl. die erste Anm. zu S. 192.
*Kirche* – Dorfkirche im Spätrenaissancestil (vollendet 1680) mit sehenswerter Stuckdecke. Der mit Ornamenten verzierte Altar wurde 1684 gestiftet. Die von Fontane erwähnten Epitaphe der beiden Hans Georg von Ribbeck (Vater und Sohn) sowie der Eva Katharina von Ribbeck (mit Büste) sind noch vorhanden. Die vor wenigen Jahren restaurierte Groß-Glienicker Kirche erhielt 1977 auch eine neue Orgel.
*Schwedenzeit* – Die Jahrzehnte um die Mitte des 17. Jahrhunderts, in denen Schweden, im Dreißigjährigen Krieg zur europäischen Großmacht geworden, die Vorherrschaft in Nordeuropa ausübte. Fontane meint wohl vor allem die Ereignisse des Holländischen Krieges (1672–1678/79), in dem die Schweden auf Veranlassung Ludwigs XIV. von Frankreich Teile Brandenburgs besetzten. Vgl. auch die vierte Anm. zu S. 8.

215 *Roquelaure* – (franz.) Überrock; Reisemantel.
*Sparr-Denkmal in unsrer Berliner Marienkirche* – Eine ausführliche Beschreibung des Sparrschen Erbbegräbnisses und des Grabdenkmals gibt Fontane in dem »Oderland«-Kapitel »Von Sparren-Land und Sparren-Glocken«, Abschnitt »Prenden«; vgl. Band 2 dieser Ausgabe, S. 465 (Fußnote).

216 *Donatoren* – Stifter.

## *Fahrland*
## *Die Fahrlander Chronik*

»Neue Wanderungen haben mich nach Uetz, Döb[e]ritz, vor allem nach Fahrland, dem Geburtsdorfe Schmidts von Werneuchen, geführt, und ich bin in der Lage, mich wieder mit meinem alten Liebling, an einigen Stellen auch mit seinen Versen, beschäftigen zu müssen«, schrieb Fontane am 18. August 1869 an den Schriftsteller und Historiker Otto Friedrich Gruppe, seinen Vorgänger im Amt des Ersten Sekretärs der Akademie der Künste in Berlin. »Hesekiel sagt mir, Sie, hochzuverehrender Herr Professor, wären glücklicher Besitzer der opera omnia [sämtlichen Werke] unsres märkischen Poeten, und so frage ich denn ganz ergebenst bei Ihnen an, ob Sie mir wohl auf einige Wochen das anvertrauen möchten, was Sie von ihm besitzen.« Ein Dreivierteljahr später, am 13. Mai 1870, teilte der Autor dann seiner Frau brieflich die Absicht mit, über Fahrland zu schreiben. Wann die beiden Aufsätze entstanden sind, ist allerdings nicht genau festzustellen. Ausgangspunkt war offenbar ein im »Evangelischen Verein« gehaltener Vortrag unter dem Titel »Pastor Moritz zu Fahrland. Ein märkisches Charakterbild«, der am 12. und 19. April 1871 im »Wochenblatt der Johanniter-Ordens-Ballei Brandenburg«, Nr. 15 und 16, S. 101–104 und 109–112, veröffentlicht wurde und den ersten Vorabdruck darstellt; vgl. Band 6 dieser Ausgabe. Ein zweiter Vorabdruck erfolgte viereinhalb Jahre später in der gleichen Zeitschrift: in Nr. 44, 46 und 48 vom 3. und 17. November sowie vom 1. Dezember 1875, S. 249 ff., 255–258 und 280 ff. Er war gegenüber dem ersten Vorabdruck wesentlich verändert, vor allem aber erweitert, was bereits aus der Überschrift »Fahrland und die Fahrlander Chronik« ersichtlich wird.

Erstmals in der Buchausgabe erschienen die Kapitel »Fahrland« und »Die Fahrlander Chronik« dann in der zweiten Auflage des »Havelland«-Bandes (1880), und zwar wiederum stark überarbeitet.

Zwei Skizzen zu Nedlitz und Fahrland finden sich in Fontanes Notizbuch A 15, Blatt 66–67.

217 *Oh, wie warst du so schön ...* – Friedrich Wilhelm August Schmidt, »An das Dorf Fahrland«, Vers 80–83 (83 zur Hälfte).

*Jahrhundertelang fuhr hier ein schlichter Kahn* – Die Nedlitzer Fähre existierte schon im Mittelalter. Sie wird 1323 erstmals urkundlich erwähnt.

218 *imposante Bogenbrücke* – Seit 1682 befand sich an dieser Stelle eine hölzerne Zugbrücke, an der Brückengeld und Zoll kassiert wurden. Auch die unter der Brücke hindurchfahrenden Kähne mußten einen Zins bezahlen. Nach Fertigstellung der neuen Chaussee Potsdam-Nauen (1844) wurde auch eine massive Steinbrücke geplant und in den Jahren 1852–1854 nach einem Entwurf von Ludwig Persius errichtet. Diese Brücke, die sich in zwei großen Bogen über das Wasser zieht, wird heute noch benutzt.

*liegende Gründe* – Liegenschaften; Grundstücke.

218 *Brückenpalast* – Ein unmittelbar neben der Steinbrücke gelegenes dreistöckiges burgartiges, mit Zinnen versehenes Gebäude aus gelben Klinkersteinen, das gut erhalten ist und heute noch genutzt wird.

*Königswall* – Der Königswall, im Volksmund »Römerschanze« genannt, ist ein ovaler Ringwall, der zu den größten Wehranlagen aus frühgeschichtlicher Zeit im nördlichen Mitteleuropa gehört. Der jetzt von hohen Bäumen umgebene, mit Gesträuch bewachsene Wall ist noch verhältnismäßig gut erhalten. Man kann auch noch erkennen, wo sich die Eingänge in die Schutzwehr befanden. Der innere Durchmesser des Ringwalles beträgt in der Länge von Nord nach Süd 175 Meter, in der Breite etwa 125 Meter. Die legendenumwobene »Römerschanze« hat die Nachwelt immer wieder beschäftigt; aber erst die 1908 und 1911 bis 1913 durch Professor C. Schuchardt vom Museum für Völkerkunde in Berlin vorgenommenen Ausgrabungen führten zu wissenschaftlich fundierten Erkenntnissen. Es wurde festgestellt, daß der jetzt etwa 3 Meter hohe Wall der Überrest einer 6 Meter hohen und etwa 3,5 Meter starken Erdmauer ist, die an der Vorder- und Rückseite durch eine Wand aus Holzbohlen und Flechtwerk gestützt wurde. Die Tore waren besonders stark gesichert und lassen einen bereits hohen Grad der Befestigungskunst erkennen. Sie waren ähnlich wie die hallenartigen Tore der späteren Ritterburgen angelegt, in denen eindringende Angreifer von allen Seiten her beschossen werden konnten. Innerhalb des Ringwalles standen Häuser, deren Grundrisse anhand der Pfahllöcher festgestellt werden konnten. Rings um die von einem breiten Sumpfgürtel umgebene Befestigung befanden sich mehrere Meter tiefe und sehr breite Hindernisgräben. Die Burganlage war in der späten Bronze- und frühen Eisenzeit entstanden, besiedelt und dann im 9./10. Jahrhundert noch einmal von den Slawen instand gesetzt und benutzt worden, worauf das bisher bekannt gewordene Fundmaterial hindeutet. Man erreicht die »Römerschanze«, die zu den geschützten Bodendenkmalen gehört, über die durch Krampnitz am nördlichen Ufer des Lehnitzsees verlaufende Straße.

*Jahrhundert ..., wo sich Christen- und Heidentum hier bekämpften* – Vgl. S. 13–18 sowie die dritte Anm. zu S. 7 und die vierte Anm. zu S. 13.

219 *Blick von den Müggelbergen* – Vgl. »Spreeland«, Kap. »Die Müggelsberge«; Band 4 dieser Ausgabe.

*Konjekturalhistorie* – Auf Vermutungen beruhende Geschichtsschreibung.

219 *Kapellenberg bei Blankensee* — Vgl. »Spreeland«, Kap. »Blankensee«; Band 4 dieser Ausgabe.

220 *Drüben Fahrlands Turm ...* — Friedrich Wilhelm August Schmidt, »Der Sipunt bei Fahrland«, Strophe 14, Vers 1—4, und Strophe 13, Vers 5—8 (zusammengezogen; in dieser Reihenfolge). Die Verse 5—8 (der Strophe 13) lauten bei Schmidt: »Jene Fichten, wo, trotz härner Schleifen, / Unbesorgt die Sommerdrosseln pfeifen! / Die Wacholdersträuche, rings zerstreut, / Wo der Sonne Glut die Beeren bläut!«

*Elsen* — Erlen.

*märkischer Poet par excellence* — Friedrich Wilhelm August Schmidt, genannt Schmidt von Werneuchen.

*Sipunt* — »Der Sipunt ist ein wüstes, romantisches Tal beim Dorfe Fahrland, ohnweit Potsdam.« (Anmerkung Schmidts zum Titel seines Gedichts.) Er wird schon 1704 im Erbregister als Teil der Gemarkung Fahrland genannt.

221 *Wolfsschlucht* — Anspielung auf Carl Maria von Webers Oper »Der Freischütz«.

*Wilder Jäger* — Anführer der Wilden Jagd; vgl. die Anm. zu S. 36.

*Wir sind da! ...* — »Der Sipunt bei Fahrland«, Strophe 4, Vers 1—4, und Strophe 5, Vers 1—4 (zusammengezogen).

*Amtshaus* — Das zweistöckige, um 1700 errichtete ehemalige Amtshaus (vgl. S. 223) beherbergt heute den Kindergarten des Ortes.

222 *Cadet* — Hier: Der jüngere Sohn einer adeligen Familie.

*seinen Auszug ... bekam* — auf Lebenszeit festgesetzte Zuwendungen erhielt.

*statu ecclesiastico* — status ecclesiasticus: (lat.) kirchlicher Stand.

*Domdechant* — In Domkapiteln (vgl. die erste Anm. zu S. 107) der zweite oder, wenn kein Propst vorhanden ist, der erste kirchliche Würdenträger.

*Lehngut* — Vgl. die zweite Anm. zu S. 96.

*alter Freiherrnstand des Königreichs Böhmen* — Böhmen erhielt bereits 1085 und 1158, als erstes der Lehnshoheit des römisch-deutschen Kaisers unterstelltes Herzogtum, vorübergehend den Status eines Königreiches. 1212 bestätigte die Sizilische Goldene Bulle Kaiser Friedrichs II. die Erblichkeit der böhmischen Königswürde. Der böhmische Freiherrnstand (im Mittelalter noch der erste Stand des Adels nach den Fürsten) besaß zahlreiche Privilegien und genoß auch nach der Annullierung seiner Vorrechte durch den habsburgischen Kaiser Ferdinand I. (1547) noch großes Ansehen. Christoph von

Stechow konnte nur deshalb böhmischer Freiherr werden, weil er Katholik war; denn die protestantische Opposition wurde seit dem gescheiterten antihabsburgischen Ständeaufstand von 1618 in Böhmen unterdrückt.

223 *Logament* – Logement: (franz.) Wohnung.

*Kirche ... Grabsteine* – Die Fahrlander Kirche ist wahrscheinlich im 13. Jahrhundert erbaut worden; 1554 und 1663 wurde sie erneuert, 1709 vollständig umgebaut (im Barockstil); 1740 erhielt sie einen neuen Turm und wurde seitdem mehrfach (1742, 1774, 1869, 1930/31 sowie seit 1977) renoviert. In die Außenwand der Kirche sind vier Grabsteine (sämtlich aus dem 18. Jahrhundert) eingelassen, darunter der von Fontane erwähnte für »Sophie Schmidtin«.

*Pfarrhaus* – Das alte Pfarrhaus, in dem Fontane zu Gast war, existiert nicht mehr. Ende des 19. Jahrhunderts wurde ein neues Pfarrhaus erbaut. Im Notizbuch A 15, Blatt 67, findet sich eine Skizze des alten Fahrlander Pfarrhauses.

224 *»Friede sei mit euch«* – Nach dem Neuen Testament, Lukas 24, 36.

*Ach, ich kenne dich noch ...* – »An das Dorf Fahrland«, Vers 4f., 7–11.

225 *»Fahrlander Chronik«* – Der Fahrlander Pfarrer Meyering, mit dem Fontane im August 1869 korrespondierte, hatte sie dem Autor für seine Arbeit zur Verfügung gestellt. Die Chronik ist noch vorhanden; sie wird im Archiv des Pfarrhauses aufbewahrt. Arno Schmidt, der die »Fahrlander Chronik« für seinen biographischen Versuch über »Fouqué und einige seiner Zeitgenossen« (Karlsruhe 1958, S. 32f.) heranzog, hat als erster auf Auslassungen und mildernde Veränderungen Fontanes gegenüber dem Original hingewiesen.

226 *Und eintrug er ...* – Die Verse stammen wahrscheinlich von Fontane.

*Kirchenbuchnotizen aus der Schwedenzeit* – Vgl. Fontanes Korrespondenz mit dem Pfarrer Schinkel in Barsikow über das Gottberger Kirchenbuch; »Die Grafschaft Ruppin«, Abschnitt »Gottberg«, im Anhang von Band 1 dieser Ausgabe. Schwedenzeit: Vgl. die fünfte Anm. zu S. 214.

*Quartband* – Großes Buchformat, bei dem eine Seite dem achten Teil eines Druckbogens entspricht.

*geistliche Frauen* – Die Ehefrauen der Pfarrer.

227 *Filialen* – Gemeinden ohne eigenen Geistlichen, die von dem Pfarrer eines Nachbarortes kirchlich betreut werden.

*alles tritt einem entgegen* – Fontane benutzte für seine Arbeit mit Vorliebe alte Chroniken, weil in ihnen eine »Welt von

Stoff« stecke. (Vgl. seinen Brief an Paul Heyse vom 25. Juni 1885.)

227 *Coterie* – (franz.) Partei, geschlossene Gesellschaft; hier (abschätzig): Sippschaft.

228 *das neue Gesangbuch* – Im 17. und 18. Jahrhundert gab die wechselnde religiöse Zeitströmung vielfach Anlaß zur Einführung neuer evangelischer Gesangbücher, die die alten poesievollen Lieder des Lutherischen Gesangbuches von 1545 oft in geschmackloser, moralisierender Weise veränderten. 1783 wurde das im Geiste der Aufklärungstheologie zusammengestellte »Gesangbuch zum gottesdienstlichen Gebrauch in den königlich preußischen Landen« (1780) gegen den Widerstand zahlreicher Geistlicher durch königlichen Befehl eingeführt. Später mußte die Verfügung wieder aufgehoben werden.

*Matrikel* – Pfarrmatrikel: Verzeichnis der einer Pfarrstelle zugewiesenen Einkünfte.

229 *Cadettencorps* – Gemeint ist die militärisch organisierte Kadettenanstalt in Berlin, die den preußischen Offiziersnachwuchs ausbildete.

*Kammer* – Den fürstlichen Haushalt leitende Behörde; sie verwaltete ursprünglich den privaten Grundbesitz eines Landesherrn (die Kammergüter), später auch die staatlichen Finanzen.

*Forst* – Die staatliche Forstverwaltungsbehörde.

*Woorte* – Wörde: (Hier) Ackerland um das Haus.

*Johanni* – Johannistag: 24. Juni (ursprünglich ein Johannes dem Täufer gewidmeter kirchlicher Feiertag).

*Michaeli* – Michaelisfest: 29. September (dem Erzengel Michael gewidmeter kirchlicher Feiertag).

230 *Plantation* – (franz.) Anpflanzung.

*à la main* – (franz.) in der Hand.

*sprach er vom Weinberge* – »... Es wird in allen Gassen Wehklagen sein, und auf allen Straßen wird man sagen: ›Wehe, wehe!‹ Und man wird den Ackermann zum Trauern rufen und zum Wehklagen, wer die Totenklage erheben kann. / In allen Weinbergen wird Wehklagen sein; denn ich will unter euch fahren, spricht der Herr.« (Altes Testament, Amos 5, 16f.) Gemeint sein kann aber auch die Erzählung »Die Arbeiter im Weinberg« (Neues Testament, Matthäus 20, 1–16), die von einem gerechten und »gütigen« Weinbergbesitzer handelt.

*aus »Hiob« die Weberspule* – »Meine Tage sind schneller dahingeflogen als ein Weberschiffchen und sind vergangen ohne Hoffnung. / Bedenke, daß mein Leben ein Hauch ist und meine Augen nicht wieder Gutes sehen werden. / Und kein lebendiges Auge wird mich mehr schauen; sehen deine Augen nach mir, so bin ich nicht mehr.« (Altes Testament, Hiob 7, 6ff.)

230 *Freylinghausen ... hallisches Waisenhaus ... Lateinische Schule* – Das Waisenhaus (1695) und die Lateinische Schule gehörten zu den von dem pietistischen Theologen und Pädagogen August Hermann Francke begründeten sogenannten Franckeschen Stiftungen in Halle, die außerdem eine Buchdruckerei und verschiedene Schulen umfaßten, darunter das »Pädagogium«, eine Lehrerbildungsanstalt, die einen guten Ruf genoß. Nach Franckes Tod (1727) übernahm sein Schwiegersohn, der Theologe und Kirchenlieddichter Johann Anastasius Freylinghausen, die Direktion des Pädagogiums und des Waisenhauses.

231 *Selecta* – (lat.) Die auserwählte (Klasse); an manchen höheren Lehranstalten eine besondere Klasse, in der die besten Schüler der obersten Klasse zusammengefaßt wurden.

*Universität zu Halle* – Die 1694 gegründete Universität in Halle, das seit 1680 zu Brandenburg-Preußen gehörte, war im 18. Jahrhundert die wichtigste Ausbildungsstätte für die (oft mittellosen) preußischen Theologiestudenten. Hier wirkten so namhafte Aufklärer wie Christian Thomasius, Christian Wolff und Johann Salomo Semler; gleichzeitig war Halle jedoch eine Hochburg des Pietismus, jener protestantischen Bewegung, die sich anfangs gegen die dogmatisch erstarrte Orthodoxie richtete und für ein »tätiges« Christentum engagierte, später jedoch zu religiöser Schwärmerei, Bekehrungseifer und Wissenschaftsverachtung führte.

*Ich informierte des Tisches wegen* – Ich unterrichtete des (kostenlosen) Essens wegen.

*ging ich in Condition* – nahm ich einen Dienst an (mit gegenseitigen Verbindlichkeiten und Bedingungen).

*Hofmeister* – Privater Hauslehrer und Erzieher in begüterten Familien, ein Amt, für das u. a. junge Theologen bevorzugt wurden.

*Ritterkollegium* – Gemeint ist wohl eine Ritterakademie, eine der Standesschulen, auf denen im 17. und 18. Jahrhundert junge Adlige für den Hof- und Militärdienst an Fürstenhöfen vorbereitet wurden. Eine solche Ritterakademie für den märkischen Landadel bestand seit 1705 auf der Dominsel in Brandenburg.

*Consistorii* – Konsistorium: Oberste staatliche Behörde zur Verwaltung und Leitung der Kirche. Die Konsistorien wurden im 16. Jahrhundert von den Landesfürsten eingesetzt, an die nach der Reformation in den protestantischen deutschen Ländern die kirchliche Oberhoheit übergegangen war.

231 *Examinandus* – (lat.) Prüfling.

*der lange Krieg* – Der Siebenjährige Krieg.

232 *einen Expressen* – einen besonderen Boten (geschickt).

*präkonisiert* – ausgerufen.

233 *Ich ging nach Worms, wie Luther* – Die Anspielung auf Luthers Auftreten vor dem Reichstag zu Worms (1521), wo der Reformator (angeblich mit den Worten »Hier steh ich, ich kann nicht anders, Gott helfe mir! Amen!«) den Widerruf seiner Lehren ablehnte, woraufhin Kaiser Karl V. über ihn und seine Anhänger die Reichsacht verhängte, ist hier in übertragenem Sinne zu verstehen: Sie soll die Schwere des Ganges, den für Moritz' berufliche Laufbahn entscheidenden Aspekt der Predigt ausdrücken.

*Vocation* – Berufung.

*das Gleichnis vom Samen* – Vgl. Neues Testament, Lukas 8, 11–15.

234 *großer König* – Friedrich II.

*Confituren* – Zuckerwerk.

*das Haus des von Fouqué in Brandenburg* – Das Haus des preußischen Generals Heinrich August Freiherr de la Motte Fouqué, der 1774 in Brandenburg gestorben war, wo ihm Friedrich II. nach dem Siebenjährigen Krieg eine Präbende als Dompropst verliehen hatte. Das Gebäude steht noch; es ist die Propstei auf dem Burghof der Brandenburger Dominsel.

235 *»Unechte« (Illegitimi)* – Gemeint sind die nicht während der Ehe geborenen Kinder.

*Eskadron* – Schwadron.

*berühmter Dichter* – Leopold Friedrich Günther von Goekingk.

*Sie marschieren ... nach Westfalen* – In Westfalen sammelte sich die 20000 Mann starke preußische Armee, die König Friedrich Wilhelm II. unter dem Oberbefehl des Herzogs Karl Wilhelm Ferdinand von Braunschweig im September 1787 in die niederländischen Generalstaaten (Holland) einmarschieren ließ, um mit Waffengewalt die Wiedereinsetzung des von der republikanischen Partei der »Patrioten« gestürzten oranischen Erbstatthalters Wilhelm V. (seines Schwagers) durchzusetzen.

*Louisdor* – Dem französischen Louis d'or nachgeahmte Goldmünze von hohem Wert (fünf Goldtalern entsprechend).

*Fräulein von Voß ... Entfernung der Encken* – Julie von Voß, Hofdame bei der Gemahlin Friedrichs II., wurde 1787 die Geliebte Friedrich Wilhelms II., der mit ihr im gleichen Jahr eine »Ehe zur linken Hand« einging und sie zur Gräfin Ingenheim ernannte. (Vgl. »Spreeland«, Kap. »Buch«, Abschnitt »Julie von Voß«; Band 4 dieser Ausgabe.) Gleichzeitig wurde Wilhelmine Encke (vgl. die zweite Anm. zu S. 186) aus ihrer Favoritenrolle verdrängt.

235 *Haus des Mylord Mareschal* – Gemeint ist das sogenannte Lordmarschallhaus am Ostende des Parks von Sanssouci, das Friedrich II. 1764–1766 für George Keith, Earl-Marishal of Scotland (genannt Lord Marshal), erbauen ließ, der (ebenso wie sein Bruder, der preußische Feldmarschall Jakob Keith) zum engsten Freundeskreis des Königs gehörte.

236 *nicht schämen darf* – nicht schämen muß.

*etwas lästern als ...* – etwas lästern wie ... (in der Art von ...).

*»Du bist ein Samariter und hast den Teufel«* – Anspielung auf Johannes 8, 48 im Neuen Testament. Das palästinensische Volk der Samariter oder Samaritaner wurde im Altertum wegen seines abweichenden religiösen Kultes von den israelischen Juden angefeindet.

*Gelobt sei Gott! Hosianna dem Sohne Davids* – Anspielung auf Matthäus 21, 9 im Neuen Testament.

*ein barmherziger Samariter* – Ein Mensch, der »Nächstenliebe« übt, d. h. seinen in Not geratenen Mitmenschen beisteht; nach dem Gleichnis vom Barmherzigen Samariter im Neuen Testament (Lukas 10, 25–37).

237 *Serenität* – Heiterkeit.

*»sie säen nicht, sie ernten nicht«* – Anspielung auf Matthäus 6, 25f. im Neuen Testament.

## *Sacrow*

Sacrow war Fontane gut bekannt, denn er hatte den Ort des öfteren besucht. Seit 1870 lebte hier ein alter Bekannter aus den Tagen des Berliner »Platen-Vereins« (1840) und des »Tunnels über der Spree«: der Schriftsteller und Publizist Werner Hahn (1816–1890) – ehedem (1850) Redakteur der »Deutschen Reform« (1851–1853 als »Preußische [Adler-] Zeitung« weitergeführt) –, der Fontane auf einigen seiner märkischen Reisen begleitete.

Der Aufsatz über Sacrow ist offenbar nach 1870 entstanden und wurde am 25. Dezember 1875 unter dem Titel »Aus dem Tagebuch eines havelländischen Landgeistlichen« in der »Vossischen Zeitung« vorabgedruckt.

Als Buchkapitel erschien »Sacrow« zum erstenmal in der zweiten Auflage des »Havelland«-Bandes (1880).

Für die Arbeit an dem Kapitel hat Fontane die 1869 in den »Mitteilungen des Vereins für die Geschichte Potsdams« abgedruckte Abhandlung über »Sacrow« (vgl. das Literaturverzeichnis, S. 664) von dem Potsdamer Garnisonschullehrer Wagener benutzt, über den er später im »Schlußwort« zu den »Wanderungen« (1881; vgl. Band 4 dieser Ausgabe) schreibt: »Unter seinem im Anfange sowohl ihm wie mir unbewußt bleibenden Einflusse war es, daß ich mich aus der historischen Vortragsweise ... in die genrehafte zurückfand und den ursprünglichen Plauderton in sein ihm zuständiges Recht wieder einsetzte. Die ganze Gruppe der Kapitel aus der Umgegend von Potsdam, also Bornstedt, Sacrow, Fahrland, Falkenrehde, Marquardt, Uetz und Paretz am Nordufer der Havel und ebenso Werder, Glindow, Petzow, Caputh etc. am Südrande hin, entstanden unter *seiner* Führung, und was von ernsten und heitren Geschichten unter all diesen Kapitelüberschriften enthalten ist, entnahm ich zu sehr wesentlichem Teile seinem immer frischen und anschaulichen, weil überall aus der Erlebnisfülle schöpfenden Unterwegs-Gespräche.«

239 *havelländischer Landgeistlicher* – Der Fahrlander Pfarrer Johann Andreas Moritz (vgl. S. 230–238), der die Sacrower Kirche als »Filiale« betreute.

*Erröten ließ er die bescheidne Schande ...* – Annette von Droste-Hülshoff, »Der Prediger«, Strophe 9, Vers 4ff.

*Accessit* – (lat.) Er hat sich (dem Ziel) genähert; Formel bei akademischen Preisverteilungen. Hier ist jedoch ein »Acceß« (eine Zulassung) gemeint.

*ecclesia vagans* – (lat.) Gastgemeinde; Filialkirche.

*Independenz* – Unabhängigkeit, Selbständigkeit. (Das heißt hier: der Sacrower Gutsherr hatte das »Patronatsrecht«, bei der Wahl des »Filial«-Pfarrers mitzuentscheiden.)

*Collation* – Verleihung (eines Amtes).

*Gnadenjahr* – Das Jahr nach dem Tod eines Pfarrers, während dem nach den Satzungen der evangelischen Kirche die Einkünfte der erledigten Pfarrstelle dessen Witwe und Kindern zugute kamen.

240 *Pietist* – Hier (abschätzig): Frömmler. Vgl. die zweite Anm. zu S. 231.

*Das Wort Schicksal, welches kein Hallenser verträgt* – Vgl. die zweite Anm. zu S. 231.

*p. trinitatis* – post (festum) trinitatis: (lat.) nach dem Trinitatisfest (»Fest der heiligen Dreieinigkeit«, der Sonntag nach

Pfingsten). In der evangelischen Kirche werden die Sonntage nach dem Trinitatisfest bis zum ersten Advent als Trinitatissonntage gezählt.

*Sonntagsepistel* – Der am Altar verlesene, der Sonntagspredigt zugrunde liegende (vorgeschriebene) Text aus den im Neuen Testament enthaltenen Briefen der Apostel. Am 11. Sonntag nach Trinitatis ist das: 1. Korinther 15, 1–10.

241 *sich ordinieren lassen* – sich in das Predigeramt einsetzen lassen.

*nicht plus, sondern minus* – nicht mehr, sondern weniger; hier soviel wie: keinen besseren Prediger, sondern einen schlechteren.

*der irrende Ritter* – Anspielung auf den umherziehenden Ritter Don Quixote im gleichnamigen Roman (1605/1615) von Miguel de Cervantes Saavedra. Der Theologe und Dichter Christian Wilhelm Kindleben wird als »irrender Ritter« bezeichnet, weil er ein verbummeltes, unstetes Leben geführt haben soll.

*Cassation* – Amtsentsetzung.

*comme en négligé* – (franz.) nachlässig gekleidet.

*»Jesus, meine Zuversicht«* – Evangelisches Kirchenlied (1653).

242 *König* – Friedrich II.

*Zufälle* – Anfälle.

*air de grandesse* – (franz.) Aussehen der vornehmen großen Dame.

*1778 ... zu Felde* – Im Bayerischen Erbfolgekrieg, einer militärischen Auseinandersetzung zwischen Preußen und Österreich (1778/79), die durch den Versuch Josephs II. ausgelöst worden war, nach dem Aussterben der bayrischen Wittelsbacher einen Teil Bayerns zu annektieren. Der Konflikt wurde durch Vermittlung Frankreichs und Rußlands beigelegt (Friede von Teschen, 15. März 1779).

*Freiregiment* – Meist aus Freiwilligen bestehendes Regiment, das von einem durch den Kriegsherrn dazu ermächtigten Offizier nur für die Dauer eines Krieges oder eines Feldzugs aufgestellt wurde.

243 *Meublement* – Möbel, Haus- und Zimmergerät.

*in statu quo* – (lat.) in unverändertem Zustand.

*Kirchenrechnung* – Bilanz über die Verwaltung des (gemeindeeigenen) Kirchengutes.

*avec pardon* – (franz.) mit Verlaub.

*Dès-lors règne la baronne* – (franz.) Seitdem herrscht die Baronin.

243 *Monsieur le comte de Schmettau ...* – (franz.) Der Herr Graf von Schmettau ist der Wirtschaftsbeistand und – im übrigen.

244 *das neue Gesangbuch* – Vgl. die erste Anm. zu S.228.

*Kolosser 3, 16* – »Lasset das Wort Christi reichlich wohnen in euch: lehret und vermahnet euch selbst in aller Weisheit mit Psalmen und Lobgesängen und geistlichen Liedern und singet Gott dankbar in euren Herzen.«

*Applikation* – Hier: Nutzanwendung, Veranschaulichung der Epistel (vgl. die vierte Anm. zu S.240) in der Predigt.

*Als König David ...* – Unter der Regierung des Königs David, dem nach zahlreichen Kriegen die Vereinigung von Juda und Israel zu *einem* Königreich gelungen war, erfolgte eine schöpferische Entwicklung der altjüdischen Kultur.

*dependieren* – abhängen.

245 *Spalding, Teller, Dietrich ... die drei Höllenbrände* – Die Oberkonsistorialräte Johann Joachim Spalding, Wilhelm Abraham Teller und Johann Samuel Dietrich gehörten der Berliner Gruppe der sogenannten Neologen an, die in der Aufklärungsphilosophie und -theologie des 18. Jahrhunderts eine gemäßigte Richtung vertraten. Sie bekämpften den kirchlichen Dogmatismus und die überlieferten Offenbarungslehren, hielten aber (im Gegensatz zu den Rationalisten; vgl. die zweite Anm. zu S. 323) am Begriff der Offenbarung fest, dem sie einen neuen, »vernünftigen« und »sittlichen« Inhalt zu geben suchten.

*im März 1766, als Spaldings Name zum ersten Male am Galgen stand* – Wahrscheinlich spielt Spalding auf diese Verleumdungskampagne gegen seine Person an, wenn er in seinen Memoiren (»Johann Joachim Spaldings Lebensbeschreibung, von ihm selbst aufgesetzt und herausgegeben mit einem Zusatze von dessen Sohne, Georg Ludewig Spalding«, Halle 1804, S. 81f.) schreibt: »In dem folgenden Jahre nach dem Antritt meines hiesigen [Berliner] Amtes (1765) ward der neue Anhang zu dem Porstischen Gesangbuche: ›Lieder für den öffentlichen Gottesdienst‹, zur Einführung autorisiert. Man hat, auch in gedruckten Schriften, mir die sehr unverdiente Ehre, vielleicht auch hie und da vermeinte Unehre erwiesen, mir einen Anteil an dieser Sammlung, der mir nicht zukam, zuzuschreiben und diese bisweilen sogar nach meinem Namen zu benennen. Alles, was ich dabei tat, bestand darin, daß ich die bloß von den damaligen Predigern bei der Marienkirche ... vollendete und mir mitgeteilte Arbeit dem Minister von Münchhausen, unserm Departementschef, bekannt machte, worauf dann, nach dem deshalb geschehenen gehörigen Antrage, der öffentliche Gebrauch bewilliget ward. Indessen bestanden doch, selbst bei unserer Nikolaikirche, drei von den Predigern auf dem verabredeten Entschluß, nie daraus singen zu lassen, und ebendas taten auch die Prediger der mehresten andern Kirchen.«

245 *Einsetzungsworte* – Worte, mit denen Jesus das heilige Abendmahl eingesetzt haben soll; Teil der Abendmahlsliturgie.

*Porst* – Gemeint ist das 1708 von dem Theologen Johann Porst veröffentlichte Gesangbuch, das sich großer Beliebtheit erfreute.

246 *»Ach Gott im Himmel, sieh darein ...«* – »Ach Gott, vom Himmel sieh darein und laß dich des erbarmen!«; evangelisches Kirchenlied (1524) von Martin Luther (nach einer Vorlage von 1410).

*chef de parti* – (franz.) Parteiführer.

247 *Sipunt* – Vgl. die vierte Anm. zu S. 220.

*homme de fortune* – (franz.) Mann des Glücks, Glückspilz.

*reformiert* – Der reformierten Kirche angehörend; vgl. die zweite Anm. zu S. 75.

*Kommunion* – Hier: Abendmahl.

*Herr von H.* – August Ferdinand von Haeseler.

*Regiment Gensdarmes* – Preußisches Kürassierregiment, das nach dem Vorbild der gleichnamigen Haustruppe der französischen Könige geschaffen worden war; es galt als »vornehme« Elitetruppe. 1807 wurde es bei der Reorganisation des preußischen Heeres aufgelöst.

*sechster Sonntag Trinitatis* – Vgl. die dritte Anm. zu S. 240.

248 *fragen dürfen* – fragen müssen.

*unter der Kirche* – während des Gottesdienstes.

*Sexagesima* – Der achte Sonntag vor Ostern.

*cum uxore* – (lat.) mit Gattin.

*cum amasia* – (lat.) mit der Geliebten.

*kommunizieren* – mitteilen.

*d'un comte suédois* – (franz.) eines schwedischen Grafen.

*Las d'espérer ...* – (franz.) Überdrüssig zu hoffen und mich zu beklagen / Über die Mächte der Erde und des Schicksals, / Erwarte ich hier den Tod, / Ohne ihn zu wünschen, ohne ihn zu fürchten.

249 *cum annexis* – (lat.) mit Angehörigen.

*Epistel* – Vgl. die vierte Anm. zu S. 240.

*Auch du, Sacrow, so klein du bist* – Variation der Wendung: »Und du, Bethlehem Ephratha, die du klein bist unter den Städten in Juda ...«; Altes Testament, Micha 5, 1.

249 *König* – Friedrich Wilhelm II.
*Roggenkranz* – Nach Abschluß der Roggenernte für die Gutsarbeiter ausgerichtete Vergnügung (mit Tanz und freier Bewirtung), wobei dem Gutsherrn ein Roggenkranz (Erntekranz) übergeben wurde.

250 *invitiert* – eingeladen.
*erster Epiphanias* – Der erste Sonntag nach dem Epiphaniasfest (»Erscheinungsfest«, Fest der Heiligen Drei Könige; 6. Januar).
*Sonntag Reminiscere* – Der fünfte Sonntag vor Ostern.
*haselieren* – sich possenhaft benehmen.
*eine Meile* – In Preußen etwa 7,5 Kilometer.

## *Bornstedt*

Fontane besuchte den Ort im Jahre 1869 oder 1870 – in Begleitung des Potsdamer Garnisonschullehrers Wagener (vgl. S. 577) –, und 1870 ist wohl auch der Aufsatz entstanden.

Der Vorabdruck erfolgte – als letzter Beitrag einer vierteiligen Aufsatzreihe unter dem Sammeltitel »Havel und Haveldörfer« – in der illustrierten Stuttgarter Wochenzeitschrift »Über Land und Meer«, Band 26, Jg. 13, 1871, Nr. 51, S. 15ff. Der Überschrift »4. Bornstedt« folgte hier der Zusatz: »(Bei Sanssouci)«.

Als Buchkapitel erschien »Bornstedt« zum erstenmal in der Erstausgabe des dritten »Wanderungen«-Bandes, »Ost-Havelland« (1873), der im Oktober 1872 ausgeliefert wurde.

Für die Arbeit an dem Kapitel hat Fontane – außer mündlichen Mitteilungen des Lehrers Wagener – folgende Literatur benutzt (die vollständigen Angaben finden sich jeweils im Literaturverzeichnis; vgl. S. 658): König, »Leben und Taten des ... Freiherrn von Gundling«. – Schneider, »Ist Gundling in einem Weinfasse begraben?«

252 *Nun weiß ich auf der Erde ...* – Wilhelm Waiblinger, »Der Kirchhof«, Strophe 3 (in der Bearbeitung von Eduard Mörike).
*Sanssouci* – Eingeschossiges Rokokoschloß mit elliptischem Kuppelbau in der Mitte der Gartenfront; errichtet 1745–1748 (im Auftrag Friedrichs II.) von Georg Wenzeslaus von Knobelsdorff.
*neue Orangeriehäuser* – Langgestrecktes Gewächshaus mit kurzen Flügelbauten (westlich von Schloß Sanssouci); errichtet 1851–1860 von Friedrich August Stüler nach Entwürfen

von Ludwig Persius (in der Art italienischer Renaissancepaläste). Die Orangerie beherbergt heute das Brandenburgische Landeshauptarchiv.

252 *pittoreske Kirche ... Campanile* – Die von Friedrich Wilhelm IV. gestiftete Bornstedter Kirche wurde 1855/56 nach einem Entwurf von Friedrich August Stüler in der Art einer frühchristlichen Basilika mit frei stehendem, durch einen Säulengang mit dem Kirchenschiff verbundenen Glockenturm (Campanile) erbaut. Der Teil des Kirchenraums, in dem sich heute der Altar befindet, wurde auf Veranlassung des Kronprinzen Friedrich Wilhelm, des späteren Kaisers Friedrich III., angebaut.

253 *coupiertes Terrain* – Von Gräben, Hecken usw. durchschnittenes Gelände.

*Porzellantürme Chinas* – Gemeint ist wohl speziell der 1853 zerstörte, 84 Meter hohe, neunstöckige, achteckige, mit Porzellan überkleidete und mit zahllosen Glocken und Lampen behangene Turm in Nanking.

*faute de mieux* – (franz.) in Ermangelung eines Besseren.

*Kirchhof* – Der berühmte Bornstedter Friedhof, auf dem zahlreiche Persönlichkeiten aus der brandenburgisch-preußischen Geschichte sowie aus der Kultur- und Kunstgeschichte (auch aus neuerer Zeit) begraben liegen, ist gut erhalten. Die gußeiserne Grabtafel für den Maler Samuel Rösel ist noch vorhanden, ebenso der von einer gewaltigen Ulme zum großen Teil überwachsene, mit einem Totenschädel geschmückte Grabstein des Potsdamer Kaufmanns Heinrich Wilhelm Wagenführer sowie die erwähnten Requisiten auf dem Selloschen Teil des Friedhofs: der Friedensengel (auf dem Grab von Illaire) und das Marmorkreuz (auf dem Grab von Lenné).

254 *Dependenzien* – Nebengebäude.

*reponiert* – in die ursprüngliche Lage gebracht; hier: abgedankt.

256 *Dornenantlitz ... auf dem Schweißtuche der heiligen Veronika* – Nach der christlichen Legende reichte die heilige Veronika dem von Schweiß und Blut überströmten Jesus auf seinem Gang zur Hinrichtung ein dreifach gefaltetes Tuch zum Abtrocknen, worin sich dreifach sein Gesicht abgedrückt habe. Die Abdrücke sollen nach Jerusalem, Rom und nach Spanien (oder Frankreich) gekommen sein.

*Satyrspiel* – Possenspiel; Schlußstück der altgriechischen tragischen Trilogie (drei Tragödien), in dem der Chor im Gewand der halbtierischen Satyrn auftrat und Motive der vorangegangenen Tragödien scherzhaft variierte.

256 *Grabdenkmal des ... von Gundling ... Epitaph* – Der Grabstein mit dem Epitaph für Jakob Paul von Gundling befindet sich nicht neben dem Altar der Bornstedter Kirche, sondern links neben dem Friedhofsseiten-Eingang.
*ein zeitgenössischer Bericht* – König, »Leben und Taten des ... Freiherrn von Gundling«; vgl. das Literaturverzeichnis, S. 660.
257 *Guéridon* – (franz.) Leuchtergestell, Kerzenhalter.
*Parentation* – Leichenrede.
259 *... wie ein errichtetes Denkmal* – In W III[1], S. 255, folgt der Zusatz: »Er zählt über 130 Jahre.«
*Oger* – Legendärer menschenfressender Riese.

## *Wer war er?*

Die im »Bornstedt«-Aufsatz von Fontane gestellte Frage »Wer war er?« fand eine unerwartete Resonanz. Sie löste eine Flut von Zuschriften »aus aller Welt« aus, die zahlreiche Informationen über den Fontane bislang unbekannten Maler Rösel zutage förderten, die der Autor, nun neugierig gemacht, durch persönliche Recherchen zu vervollständigen suchte. Die meisten Röseliana stellte ihm die Geheimrätin Zimmermann zur Verfügung (vgl. S. 265 und die Fußnote dazu).

Als Fontane zu Beginn des Jahres 1880 das Manuskript für die zweite Auflage des »Havelland«-Bandes vorbereitete, verarbeitete er das angesammelte umfangreiche Material zu einem neuen Kapitel, mit dem er das im Frühsommer 1880 erscheinende Buch bereicherte. Nicht alles konnte dabei berücksichtigt werden – sei es aus Qualitätsgründen oder weil es zu spät eintraf. Im Brief an Wilhelm Hertz vom 25. Mai 1880 heißt es dazu: »Besten Dank für die Röseliana. Hätt ich sie zwei Monate früher gehabt, hätt ich ein paar Zeilen davon, und namentlich Ihre freundliche Briefmitteilung über Zündhölzchen und Bratenschüssel (beides echt Röselsch), benutzen können. Nun bleibt es für eine neue Auflage, von der es zweifelhaft, ob ich sie noch erlebe. ›Das Heute und Gestern / Sind freundliche Schwestern‹ ist hübsch, sinnig, wohlklingend, ebenso kann das ›Der letzte vom Stamm der Rosen, / Der nicht hochstämmigen, doch dornenlosen‹ als kleine, liebenswürdige Niedlichkeit gelten – im ganzen aber hat mich der Einblick in die Massen-Röseliana, die mir vorlagen, doch traurig gestimmt, vielleicht weil ich selbst so viel Derartiges gemacht habe, und, wie ich leider, ohne jede falsche Bescheidenheit, hinzusetzen muß, *nicht* besser. Es ist so recht eine Beschäftigung für Kinder, Pucklige und ›immer Ausgebetene‹ (Bratenbarden); wer in der Kunst nicht das Höchste leistet, bleibt besser davon und klebt Tüten. Was ich beiläufig auch jahrelang getan habe.«

260 *»Oh, mein lieber Herr F. ...«* – Der Brieftext war bereits in W III[1], S. 250f., als Fußnote abgedruckt. Fontane hatte ihm dort die Bemerkung vorangestellt: »Dies einfache ›Wer war er?‹ hat mir eine Reprimande ›von jenseit des großen Wassers‹ zugezogen, die zu eigentümlich ist, als daß ich sie dem Leser vorenthalten sollte. Dies Bornstedt-Kapitel war vor seinem Erscheinen in diesem Buch in ›Über Land und Meer‹ abgedruckt und die betreffende Nummer auch in Quincy am Mississippi, Illinois, gelesen worden; wie es scheint, auch von einem Rösel-Freund. Dieser schrieb unterm 17. Oktober 1871 (Poststempel St. Louis, 21. Oktober): ›Oh, mein lieber Herr F. ...‹« Im Anschluß an das Zitat schrieb Fontane: »Es ist traurig; aber ich kenne den Professor Rösel (der gewiß ein vortrefflicher Herr war) immer noch nicht.«

*Ihre im letzten Kriege bewiesene Vaterlandsliebe* – Anspielung auf Fontanes Gefangenschaft in Frankreich (1870) bzw. auf deren Beschreibung im Erlebnisbuch »Kriegsgefangen«, das Anfang 1871 erschienen war.

*»National-Zeitung«* – 1848 gegründete nationalliberale Berliner Tageszeitung.

261 *Zelter ... in dem ... an Goethe berichtenden Briefe* – Vom 15. November 1804.

*zwei seiner anmutigen kleinen Gedichte* – Beide Gedichte tragen die Überschrift »An Samuel Rösel«; das eine entstand am 4. November 1828, das andere am 25. Januar 1829.

*zu dessen Geburtstage wiederholt mit sinnigen Zeichnungen ... beschenkt* – In den Jahren 1825–1827.

*Rösels Pinsel ...* – Goethe schrieb die Verse (ohne Überschrift!) am 30. August 1827 nieder und schickte sie am 1. September an Rösel.

*Näheres über die Beziehungen Rösels zu Goethe* – Im »Jahrbuch für brandenburgische Landesgeschichte«, Jg. 1954, S. 68ff., veröffentlichte Hermann Kügler einen Aufsatz darüber.

*vortreffliche Ausgabe Goethes* – Gemeint ist die von Gustav von Loeper, Friedrich Strehlke und Woldemar Freiherr von Biedermann besorgte, mit Lesarten und Erläuterungen versehene Edition »Goethes Werke. Nach den vorzüglichsten Quellen revidierte Ausgabe«, die 36 Bände umfaßt und

1867–1879 im Verlag von Gustav Hempel in Berlin im Rahmen der »Nationalbibliothek sämtlicher deutscher Klassiker« (Hempels Klassiker-Ausgaben) erschien.

262 *nach Charlottenhof* – Friedrich Wilhelm IV. bewohnte das Schloß Charlottenhof (vgl. die fünfte Anm. zu S. 205) während seiner Kronprinzenzeit.

*Königin* – Elisabeth, geborene Prinzessin von Bayern, seit 1823 Gemahlin Friedrich Wilhelms IV.

263 *Krügersches Huldigungsbild* – »Huldigung der Stände vor Friedrich Wilhelm IV. zu Berlin, 15. Oktober 1840« (1843), Gemälde von Franz Krüger, auf dem zahlreiche zeitgenössische Berliner Persönlichkeiten mit großer Porträtähnlichkeit dargestellt sind.

*Kupferstichcabinet* – Das Kupferstichkabinett, ursprünglich dem (kriegszerstörten, noch nicht wiederaufgebauten) Neuen Museum in Berlin zugehörig, befindet sich heute am Matthäikirchplatz im Bezirk Tiergarten. Es beherbergt neben zahlreichen Zeichnungen alter Meister und illustrierten Büchern etwa 120 000 Blätter europäischer Druckgraphik.

*»Düppel-Brigade«* – Die Truppen, die im preußisch-österreichischen Krieg gegen Dänemark am 18. April 1864 die Düppeler Schanzen, die stärkste dänische Befestigungsanlage, erstürmten.

*die auf Alsen landeten* – Die Eroberung der von den Dänen besetzten Insel Alsen im Kleinen Belt durch die Preußen erfolgte (auf Booten) am 29. Juni 1864.

*»Übergang nach Alsen«* – Das Gemälde entstand zwischen 1864 und 1866.

*Während meines Militärjahres ...* – Fontane absolvierte seinen einjährigen Pflichtmilitärdienst von Ostern 1844 bis Ostern 1845 im Kaiser-Franz-Regiment in Berlin. Vgl. »Von Zwanzig bis Dreißig«, Abschnitt »Bei ›Kaiser Franz‹ «.

*z. D.* – zur Disposition: zu künftiger Verfügung, d. h. einstweilen unbeschäftigt.

264 *Bei meinem Großvater Feilner ...* – Im (1829 von Schinkel entworfenen) Haus des seinerzeit namhaften Berliner Porzellankachel-Fabrikanten Feilner verkehrten viele Künstler.

*pompejanische Scherben* – Aus den Trümmern der im Jahre 79 durch einen Vesuv-Ausbruch verschütteten, seit der ersten Hälfte des 18. Jahrhunderts wieder ausgegrabenen hellenistisch-römischen Stadt Pompeji (Unteritalien) geborgene Fundstücke.

265 *H. W.* – Der Musikdirektor und Publizist Hermann Wichmann, der lange Zeit in Rom lebte; er war mit Fontane durch

die gemeinsame Mitgliedschaft im literarischen Verein »Der Tunnel über der Spree« bekannt.

265 *embarras de richesse* – (franz.) Verlegenheit aus Überfülle.

266 *heiliger Benedikt ... Kloster auf Monte Cassino* – Vgl. die erste Anm. zu S. 38.

*»Mittelort« ..., in welchem Martin Luther ... die gräflich Mansfeldsche Familie zur Eintracht ermahnte* – Das alte anhaltische Grafengeschlecht der Mansfeld hatte sich seit 1475 in eine »vorderortische«, eine »hinterortische« und eine »mittelortische« Linie gespalten (so benannt nach den von den einzelnen Familienzweigen bewohnten Abteilungen des Stammschlosses zu Mansfeld). Luther fungierte mehrere Male als Schiedsrichter bei den Mansfeldschen Familienzwistigkeiten (so auch in seinem Todesjahr 1546), weil er sich dem Grafen Albrecht III., einem eifrigen Anhänger der Reformation, verpflichtet fühlte.

268 *Duodezformat* – Altes (kleines) Buchformat, bei dem der Bogen in 12 Blätter gebrochen wurde, also 24 Seiten hatte.

*Sonntag Rogate* – Der fünfte Sonntag nach Ostern.

*Sonntag Quasimodo* – Quasimodogeniti: Der erste Sonntag nach Ostern.

*quasi modo* – (lat.) gleichsam jetzt.

*»Ruhe ist die erste Bürgerpflicht«* – Sprichwörtlich gewordene Parole nach dem Aufruf, den Friedrich Wilhelm Graf von der Schulenburg-Kehnert als Gouverneur von Berlin nach der preußischen Niederlage in der Schlacht bei Jena und Auerstedt (14. Oktober 1806) durch öffentliche Aushänge in der preußischen Hauptstadt bekanntmachen ließ: »Der König hat eine Bataille verloren. Jetzt ist Ruhe die erste Bürgerpflicht.« (Willibald Alexis wählte die Sentenz als Titel für seinen 1852 erschienenen historischen Roman.)

269 *modest* – mäßig, bescheiden.

*jugendlicher Autor* – Wahrscheinlich Heinrich von Kleist.

270 *Äskulap-Tempel in Pompeji* – Er gehört wahrscheinlich zu den Bauwerken, deren Überreste in der erfolgreichen Ausgrabungsperiode von 1763 bis 1775 zutage gefördert wurden.

*heiliger Stephanus, der erste Märtyrer* – Stephanus, nach dem Neuen Testament, Apostelgeschichte 6f., einer von den sieben Armenpflegern der Jerusalemer Urchristengemeinde, soll durch sein mutiges Auftreten die Verfolgung der griechischen Gemeindemitglieder ausgelöst haben und dabei selbst gesteinigt worden sein.

*»la Société du mercredi«* – (franz.) »Mittwochsgesellschaft«.

271 *meine teure Fanny* – Vgl. die Fußnote auf S. 265.

271 *Am Sankt-Johannis-Tage gehöre ich dem Orden an* – Rösel war Mitglied des in »Logen« bzw. »Johannislogen« (nach Johannes dem Täufer) organisierten Freimaurerordens, der den politischen und philanthropischen Zielen der Aufklärung verpflichtet war. Offenbar gehörte er der (1752 gestifteten) »Großen Loge von Preußen Royal York zur Freundschaft« an, die ihren Sitz in der Dorotheenstraße 27 hatte. – Am Gedenktag für Johannes den Täufer (Johannistag; 24. Juni) veranstalteten die Freimaurer sogenannte Festlogen.

*Methusalem oder Methusalah* – Nach dem Alten Testament einer der Urväter des Menschengeschlechts, der ein (sprichwörtlich gewordenes) Alter von 969 Jahren erreichte; vgl. 1. Mose 5, 25 ff.

272 *»Briefe eines Verstorbenen«* – Reiseliterarisches Werk von Hermann Fürst von Pückler-Muskau, das 1830–1832 in vier Bänden erschienen war und großes Aufsehen erregt hatte.

*Millionteilchen* – Ironische Anspielung auf die homöopathische Behandlungsmethode, die Kranke mit kleinsten Mengen desselben Mittels zu heilen versucht, das in größeren Mengen ein der Krankheit ähnliches Bild erzeugt. Die Wirkstoffe werden in Verdünnungen im Verhältnis 1:10, 1:100, 1:1000 usw. verabreicht.

273 *Die kleinen Diebe henkt man ...* – Altes, bereits im Mittelalter vielfach variiertes und zitiertes Sprichwort.

*A-Grippa* – Wortspiel mit Agrippa (römischer Feldherr und Staatsmann des 1. Jahrhunderts) und Grippe.

*»Die Welt ist so leer ...«* – Zitat aus Goethes Roman »Wilhelm Meisters Lehrjahre«, Siebentes Buch, Kap. 5. (Statt »Paradiesgärtlein« heißt es bei Goethe: »Garten«.)

*König* – Friedrich Wilhelm III.

*im arnsbergschen Regierungsbezirk ... Burg Karls des Großen* – Die historischen Reminiszenzen Rösels entsprechen nicht ganz den Tatsachen. In den Trümmern der im Siebenjährigen Krieg zerstörten Burg von Arnsberg (Westfalen), die (wie die Stadt selbst) erst 1077 gegründet worden war, fanden sich Reste des sogenannten Hauptfreistuhls der westfälischen Femgerichte (im Mittelalter königliche Gerichte zur Aburteilung mit der Todesstrafe bedrohter Verbrecher), deren Ursprung fälschlicherweise auf Karl den Großen zurückgeführt wurde. Reichstage hielt Karl der Große in den Jahren 777 und 799 in Paderborn (nordöstlich von Arnsberg) ab: 777 verschärfte er die Friedensbedingungen für die 776 besiegten Sachsen, die später (bis 804) endgültig unterworfen und gewaltsam zum Christentum gezwungen wurden; 799 empfing er den auf Grund einer Adelsverschwörung aus Rom geflohenen Papst Leo III. (der ihn 800 aus Dankbarkeit für seine Wiedereinsetzung zum römischen Kaiser krönte). Papst Hadrian I., der Vorgänger Leos III., war auf keinem Reichstag, sondern hatte Karl den Großen 773 gegen die Langobarden (in Italien) zu Hilfe gerufen.

273 *Zehntgericht* – Gericht, das die um den Zehnten (den abgabepflichtigen zehnten Teil vom Naturalertrag eines Grundstükkes) entstandenen Streitigkeiten schlichtete.

274 *»Hamburger Korrespondent«* – Gemeint ist die »Staats- und Gelehrte Zeitung des Hamburgischen unparteiischen Korrespondenten«, das zu Beginn des 19. Jahrhunderts in Europa am meisten gelesene Blatt (seit 1830 Tageszeitung). Der »Hamburgische Korrespondent« war hervorgegangen aus dem um 1710 von Hermann Heinrich Holle gegründeten »Schiffbecker Posthorn«, das der Hamburger Buchdrucker Georg Christian Grund 1731 übernommen und umbenannt hatte.

*mein alter Freund und Gönner ... Vincke* – Friedrich Wilhelm Ludwig Philipp Freiherr von Vincke war 1809/10 Regierungspräsident (oberster Beamter eines preußischen Regierungsbezirks) in Potsdam, woher ihn Rösel wahrscheinlich kannte.

*Schätzellchen* – Deckers Frau Pauline, geborene Schätzell, die vor ihrer Eheschließung (1832) Sängerin an der Berliner Königlichen Oper war.

*Musikfest in Düsseldorf* – Der seit 1818 bestehende Städtische Musikverein in Düsseldorf veranstaltete jährlich zu Pfingsten ein Musikfest. Der Leiter des Festes war 1833 Felix Mendelssohn Bartholdy.

*treffliche junge Künstler daselbst* – Gemeint sind die Maler der sogenannten Düsseldorfer Schule, einer von romantischen Auffassungen bestimmten Richtung in der Malerei, die in der Frühphase (bis um 1840) an der 1819 gegründeten Düsseldorfer Kunstakademie dominierte und vornehmlich Historienbilder von sentimentaler und heroischer Wirkung hervorbrachte.

*Akademie* – Die Königliche Akademie der Künste in Berlin. Das Gebäude befand sich an der Stelle, an der heute die Deutsche Staatsbibliothek steht (Unter den Linden).

275 *Bauschule* – Die Königliche Bauakademie in Berlin. Das Gebäude in der Nähe des Schlosses wurde 1945 stark beschädigt und nach dem Krieg abgetragen.

*Wilhelm Hensel* – Vgl. »Spreeland«, Kap. »Trebbin«; Band 4 dieser Ausgabe.

*Marquardt*

Fontane besuchte den Ort, in Begleitung des Potsdamer Garnisonschullehrers Wagener (vgl. S. 577), wahrscheinlich im Sommer 1869. Der Aufsatz entstand, im Zusammenhang mit dem Kapitel über die »Geheimen Gesellschaften im achtzehnten Jahrhundert«, zwischen Dezember 1869 und Mai 1870 (im Brief an seine Frau vom 13. Mai 1870 meldete der Autor den Abschluß der Arbeit).

Der Vorabdruck erfolgte im »Wochenblatt der Johanniter-Ordens-Ballei Brandenburg«, Nr. 27–29, 32 und 51 vom 6., 13. und 20. Juli, 10. August und 21. Dezember 1870, S. 159–162, 164ff., 172ff., 191ff., 343ff.

Als Buchkapitel erschien »Marquardt« zum erstenmal in der Erstausgabe des dritten »Wanderungen«-Bandes, »Ost-Havelland« (1873), der im Oktober 1872 ausgeliefert wurde. Fontane betrachtete es als eine Art Musterkapitel; denn bereits am 9. Mai 1872, während der Manuskriptvorbereitung, hatte er an seinen Verleger Wilhelm Hertz geschrieben: »Die zur Durchsicht gewünschten Blätter bringe ich morgen mittag oder schicke sie; es ist nahezu die Hälfte des Ganzen. Ich würde Ihnen vorschlagen, nur das lange Kapitel *›Marquardt‹* zu lesen, da haben Sie alle Züge des Buches vereinigt: Schloß-, Park- und Landschaftsbeschreibung, Historisches, Anekdotisches, Familienkram und Spukgeschichte. Mehr kann man am Ende nicht verlangen.«

Eine vollständige, vielfältig korrigierte Handschrift des Kapitels befindet sich im Märkischen Museum, Berlin. Verschiedene Bleistiftnotizen von fremder Hand, darunter Vermerke wie »Zu setzen« und »/: Fortsetzung folgt:/«, deuten darauf hin, daß das Manuskript als Satzvorlage für den Vorabdruck im »Wochenblatt der Johanniter-Ordens-Ballei Brandenburg« gedient hat.

Für die Arbeit am Kapitel »Marquardt« hat Fontane folgende Literatur benutzt (die vollständigen Angaben finden sich jeweils im Literaturverzeichnis; vgl. S. 658): Fidicin, »Die Territorien der Mark Brandenburg …« (Band »Osthavelland«). – Coelln, »Vertraute Briefe …«. – »Geheime *Briefe* über die preußische Staatsverfassung …«. – Mirabeau, »Histoire secrète …«. – Poellnitz, »Mémoires …«. – Massenbach, »Memoiren …«. – Feßler, »Rückblicke auf seine siebzigjährige Pilgerschaft«. – Lichtenau, »Mémoires …«. – Manso, »Geschichte des preußischen Staats …«. – Foerster, »Neure und neuste preußische Geschichte …«. – König, »Biographisches Lexikon …«. – Oettinger, »Moniteur des dates …«. – Pierer, »Universal-Lexikon«. – Wagener, »Staats- und Gesellschafts-Lexikon …«. – Brockhaus, »Allgemeine deutsche Real-Enzyklopädie …«. – »Mündliche und briefliche Mitteilungen des Herrn Tholuck in Marquardt und des Herrn Prediger Müller in Fürstenwalde« (laut Anmerkung am Schluß von »Ost-Havelland«).

276 *Des Hofes Glanz und Schimmer ...* — Fontane, »Sir Walter Raleighs letzte Nacht«, Strophe 4, Vers 1—4, und Strophe 3, Vers 5—8 (zusammengezogen; in dieser Reihenfolge).
*ein prächtiger Park* — Vgl. S.305 und die fünfte Anm. dazu.
*Etatsminister* — Staatsminister.
*König* — Friedrich I.
*medisant* — schmähsüchtig.
*Pöllnitz ... Memoiren* — Vgl. das Literaturverzeichnis, S.662.
277 *Meinders und Fuchs* — Franz von Meinders und Paul Freiherr von Fuchs, einflußreiche Staatsmänner und Diplomaten im Dienste der Kurfürsten Friedrich Wilhelm und Friedrich III. (als König seit 1701 Friedrich I.).
*Kronprinz* — Friedrich Wilhelm, der spätere König Friedrich Wilhelm I. (seit 1713).
*Lehnsbriefe* — Urkunden über die Vergabe von Lehngütern durch den Landesherrn. Die Originale gingen in den Wirren der Zeit größtenteils verloren; vielfach sind jedoch Abschriften in den Kopialbüchern der Landesarchive erhalten geblieben.
*reformiert* — Der reformierten Kirche angehörend; vgl. die zweite Anm. zu S.75.
*Abendmahl nach calvinistischem Ritus* — In der reformierten Kirche wird beim heiligen Abendmahl das Brot gebrochen und von den »Kommunikanten“ mit der Hand (nicht mit dem Mund) entgegengenommen. Der kalvinistische Abendmahlsritus, von der Lutherischen Lehrmeinung abweichend, wurde von den orthodoxen Lutheranern bis zum Ende des 18. Jahrhunderts heftig angefeindet.
278 *Villeggiatur* — Landaufenthalt zur Erholung.
*Rokokodenkmal mit ... Inschrift* — Der Grabstein für Anna Elisabeth von Münchow befindet sich heute in der Marquardter Dorfkirche (in die Wand eingelassen).
*Baseler Friede* — Vgl. die zweite Anm. zu S.283.
*König* — Friedrich Wilhelm II.
*Herrenhaus* — Vgl. S.305 und die sechste Anm. dazu.
279 *Dies Geburtsdatum festzustellen war schwierig* — In der Handschrift heißt es danach ausführlicher: »Um dem Leser ein Bild davon zu geben, wieviel Muße, und dann schließlich oft noch vergebliche, es macht, ein Geburtsjahr oder gar einen Geburts*tag* ausfindig zu machen, zitier ich ihm hier die Anga-

ben folgender Lexika und Nachschlagebücher. Bischofswerder wurde geboren:
nach *Brockhaus'* Lexikon (Ausgabe von 1827) unbestimmt;
nach *Brockhaus'* Lexikon (Ausgabe von 1864) 1737 zu Dresden;
nach *Pierers* Lexikon 1738 in Sachsen;
nach *Wageners* ›Staats-Lexikon‹ " " " ;
nach Oettingers ›Moniteur des dates‹
1741 zu Ostramünde (Thüringen);
nach Berghaus, Fr. Foerster und Vehse ebenso.
Ordensrat König, vielleicht weil immer zuverlässig, macht gar keine Angabe.«

279 *Marschall von Sachsen* – Moritz Graf von Sachsen, ein unehelicher Sohn Friedrich Augusts I. von Sachsen (Augusts II. von Polen), war von 1744 bis zu seinem Tode (1750) Marschall von Frankreich; er galt als hervorragender Stratege.

*Generalstaaten* – Von 1581 bis 1806 Bezeichnung für die Vereinigung der (kalvinistischen) nördlichen Provinzen der Niederlande (Holland), die sich im 16. Jahrhundert von der spanischen Unterdrückung befreiten.

*Regiment Carabiniers* – Zur Kavallerie gehörendes preußisches Eliteregiment. Carabinier: (franz.) Mit einem Karabiner bewaffneter leichter Reiter.

*Kurfürst* – Friedrich August III. von Sachsen.

280 *Schrepfer-Episode* – Vgl. S. 315–319.

*Foerster erzählt* – In »Neure und neuste preußische Geschichte ...«; vgl. das Literaturverzeichnis, S. 659.

281 *Bayerischer Erbfolgekrieg* – Vgl. die vierte Anm. zu S. 242.

*Wöllner* – Vgl. S. 326–330.

*Encke* – Vgl. die zweite Anm. zu S. 186.

*Prinz von Preußen* – Vgl. die zweite Anm. zu S. 150.

282 *Seine beiden Töchter erster Ehe* – Vgl. die Fußnote auf S. 296.

*dames d'atour* – (franz.) Schmuck-Damen; Kammerfrauen, die der Königin und den Prinzessinnen den Schmuck anlegten.

*Königin* – Luise von Hessen-Darmstadt, die zweite Gemahlin Friedrich Wilhelms II.

*Monbijou* – Das 1703 von Hofbaumeister Eosander von Göthe errichtete Berliner Lustschloß Monbijou (franz.: – mein Kleinod) wurde im Jahre 1877 »Hohenzollern-Museum«, nachdem es zuvor als »Museum vaterländischer Altertümer« gedient hatte. 1927 kam es als »Museum Schloß Monbijou« unter Staatsverwaltung. Im zweiten Weltkrieg wurde das Gebäude durch einen Luftangriff völlig zerstört. An Stelle der abgetragenen Ruine befanden sich seit 1958 Grünanlagen, die 1974 zu einem Naherholungs- und Freizeitzentrum umgestaltet wurden.

282 *seine Gemahlin* — Wilhelmine Katharine, die zweite Frau Bischofswerders (vgl. S.295–300).

*Complaisance* — (franz.) Gefälligkeit, Dienstbeflissenheit.

*Diavolini* — (ital.) Teufelchen; hier vermutlich: Drogen.

*Marmorpalais* — Residenz Friedrich Wilhelms II.; vgl. die erste Anm. zu S.186.

*Kongreß zu Svičtow* — Am 30.Dezember 1790 wurde in der bulgarischen Stadt Svičtow ein Kongreß eröffnet und am 4.August 1791 ein Friedensvertrag zwischen der Türkei und Österreich, dem Bündnispartner Rußlands in dem seit 1788 andauernden russisch-türkischen Krieg, abgeschlossen. Österreich gab seine Expansionsinteressen auf dem Balkan auf, um gemeinsam mit dem neu gewonnenen Bündnispartner Preußen eine Koalition gegen das revolutionäre Frankreich zustande zu bringen.

283 *Pillnitzer Konvention* — In der am 27.August 1791 in Pillnitz bei Dresden von Kaiser Leopold II. und König Friedrich Wilhelm II. erlassenen Pillnitzer Deklaration drohten Österreich und Preußen (unter der Voraussetzung, daß noch andere europäische Mächte der Koalition beiträten) dem revolutionären Frankreich mit militärischer Intervention zugunsten des französischen Königs. Der englische Diplomat Lord Elgin nahm als Beauftragter der britischen Regierung an der Zusammenkunft teil.

*Champagne-Feldzug ... Friedensschluß* — Zu Beginn des ersten Koalitionskrieges der europäischen Monarchien gegen das revolutionäre Frankreich (1792/93–1797) fielen preußische Truppen im Sommer 1792 in die Champagne ein. Nach der erfolglosen Kanonade von Valmy (20. September 1792) wurden sie zum Rückzug gezwungen. Bis 1795 gelang es der französischen Revolutionsarmee, nach erbitterten Gefechten mit unterschiedlichem Ausgang, das gesamte linksrheinische Gebiet an sich zu bringen. Preußen schied durch den Baseler Friedensvertrag vom 5. April 1795 aus der gegen Frankreich gerichteten Koalition aus.

*Schloß* — Vgl. die sechste Anm. zu S.305.

*Domherrnpräbende* — Kirchliche Pfründe, die an das Amt eines Domherrn (vgl. die erste Anm. zu S. 107) geknüpft waren. Mit dem Domherrntitel, der an Staatsmänner, Feldherrn oder Gelehrte verliehen wurde, waren in Preußen keinerlei kirchliche Verpflichtungen verbunden.

285 *rosenkreuzerisches Ritual* – Vgl. S. 321 ff.

*Neuer Garten* – Weiträumiger Landschaftspark im Norden von Potsdam, am Westufer des Heiligen Sees. Die ursprüngliche Anlage (1787–1791) von J. A. Eyserbeck dem Jüngeren wurde 1816–1824 von Peter Joseph Lenné völlig umgestaltet.

*Marmorpalais* – Vgl. die erste Anm. zu S. 186.

*Schwarzer Adlerorden* – Höchster preußischer Orden; gestiftet 1701 durch König Friedrich I.

*Es war im Dom* – Im Berliner Dom, wo die meisten Hohenzollern-Herrscher beigesetzt wurden.

*»Separation« ... gesetzlich erst zehn Jahre später* – Die sogenannte Separation oder Gemeinheitsteilung – die Aufteilung gemeinschaftlich genutzter, infolge unzusammenhängender Lage und Benachteiligung durch feudale Gesetze unrentabler Gemeindeländereien (besonders Weideland und Wald) – gehörte in den Wirkungsbereich des »Ediktes, den erleichterten Besitz und freien Gebrauch des Grundeigentums sowie die persönlichen Verhältnisse der Landbewohner betreffend« vom 9. Oktober 1807, mit dem die Regierung Stein ihr bürgerliches Reformprogramm einleitete, das in reaktionären Junkerkreisen auf heftigen Widerstand stieß.

286 *Bonhommie* – (franz.) Gutherzigkeit.

*Der Erbring mit dem weißen Milchstein* – In Fontanes Roman »Vor dem Sturm«, Dritter Band, Kap. 14, wird er während des geselligen Gesprächs im Hause Ladalinskis scherzhaft als »Geisterring« bezeichnet, »der die Lebendigen einschläferte und die Toten zitierte«.

*Swedenborg* – Der schwedische Naturforscher und Theosoph Emanuel Swedenborg galt als größter »Geisterseher« des 18. Jahrhunderts. Seine okkulten mystizistischen und spiritualistischen Ideen, angeblich auf »physikalischer Grundlage« beruhend, waren in zahlreichen Publikationen verbreitet.

287 *Gartengruft. Nur noch zweimal wurde sie geöffnet* – Vgl. S. 300–302.

*»Geheime Briefe«* – Vgl. das Literaturverzeichnis, S. 658.

*Garde-du-Corps-Erscheinung* – Garde du Corps: Eigentlich die (von Friedrich II. 1740 geschaffene) berittene Leibwache des Monarchen. Das Regiment Garde du Corps (Garde-Kürassierregiment) galt als preußische Elitetruppe und war wegen der dünkelhaften, reaktionären Gesinnung seiner Offiziere berüchtigt.

288 *»Vertraute Briefe«* — Von Friedrich van Coelln; vgl. das Literaturverzeichnis, S. 659.
*Briefe Mirabeaus* — »Histoire secrète …«; vgl. das Literaturverzeichnis, S. 662.
*»La fortune a quelquefois …«* — (franz.) »Das Schicksal hat manchmal Männer ohne große Fähigkeiten beim Verwalten der Staaten benutzt, aber selten hat es ein solch trauriges Subjekt wie diesen Bischofswerder gewählt: gewöhnliche Herkunft, traurige Figur, perfide Physiognomie, unbeholfene Redeweise; kennt weder das Land, das er verlassen hat, noch dasjenige, das ihn aufgenommen hat, noch diejenigen, an denen Preußen Interesse hat. Ist weder Militär noch Finanzmann, noch Politiker, noch Nationalökonom. Also einer jener Männer, welche die Natur verdammt hat, in der Obskurität zu bleiben und in der Menge zu vegetieren. Das ist der Mann, der in Preußen regiert.«
*Manso in seiner »Geschichte des preußischen Staates …«* — Vgl. das Literaturverzeichnis, S. 662.

290 *Zug gegen Holland* — Vgl. die vierte Anm. zu S. 235.
*Zug in die Champagne* — Vgl. die zweite Anm. zu S. 283.
*Zug gegen Polen* — Am 24. März 1794 hatten sich die Polen unter Führung des Generals Kościuszko zur Wiedererlangung ihrer nationalen Unabhängigkeit gegen die Fremdherrschaft erhoben. Im Juni 1794 rückten preußische Truppen in Polen ein und schlugen gemeinsam mit der russischen Armee den Aufstand nieder (Oktober/November 1794). Die polnische Niederlage hatte die dritte, endgültige Teilung des Landes durch Rußland, Österreich und Preußen (1795) zur Folge.
*Baseler Frieden* — Vgl. die zweite Anm. zu S. 283.
*des mœurs pures …* — (franz.) Sittenreinheit, große Aufrichtigkeit des Gefühls, eine vollkommene Uneigennützigkeit, eine große Liebe zur Arbeit.
*bon sens* — (franz.) gesunder Menschenverstand.
*Massenbach … »Memoiren …«* — Vgl. das Literaturverzeichnis, S. 662.

291 *Ich gebe hier eines dieser Gespräche* — In den Anmerkungen am Schluß von W III[1], S. 437–440, teilt Fontane unter der Überschrift »Oberst Massenbach und General von Bischofswerder« auszugsweise drei weitere Gespräche mit, die »keineswegs durch Reserviertheit, Dunkelheit und Zweideutigkeit, sondern umgekehrt durch Offenheit, Entgegenkommen und vielen bon sens« gekennzeichnet seien. Es heißt dort: »*Erste Unterredung im Januar 1794.* Der Herzog von Braunschweig, aufs höchste degoutiert, hatte seine Abberufung von der Ar-

mee am Rhein verlangt. Möllendorf sollte ihm im Oberkommando folgen, folgte ihm auch wirklich. Massenbach, der den Herzog für fähiger hielt, war bemüht, ihn der Armee zu erhalten. Er reiste vom Hauptquartier nach Berlin, suchte Bischofswerder auf und drang in ihn, der vom Herzog eingereichten Demission nicht Folge zu geben. / *Massenbach:* ›... Der Herzog wird das allein Richtige tun; Möllendorf nicht.‹ / *Bischofswerder:* ›Haben Sie den Auftrag vom Herzog, wegen seines *Verbleibens* offiziell zu sprechen?‹ / *Massenbach:* ›Nein.‹ / *Bischofswerder:* ›Was Sie mir über den Krieg und seine nachdrucksvolle Fortsetzung gesagt haben, will ich dem Könige vortragen. Hätte Ihnen der Herzog einen Wink gegeben, nur den Wunsch geäußert ...‹ / *Massenbach:* ›Den Wunsch hat er nicht mit Worten geäußert, aber ich gebe meinen Kopf zum Pfande: le duc ne demande pas mieux [der Herzog wünscht nichts anderes als das].‹ / *Bischofswerder:* ›Können Sie mir dafür gutsagen?‹ / *Massenbach:* ›Ja, Herr General! Der Herzog bereut es schon, seine Zurückberufung verlangt zu haben. Gesagt hat er das nicht mit Worten, aber seine Physiognomie sagt es.‹ / *Bischofswerder:* ›Wären Sie einen Tag früher gekommen. Möllendorf ist ernannt. Doch ich will einen Versuch machen.‹ / So die Unterredung. Der Versuch wurde wirklich gemacht, aber er glückte nicht. // *Zweite Unterredung im Februar 1795.* Sie betraf denselben Gegenstand: den *Herzog.* Die Dinge am Rhein waren schlecht gegangen, Holland war verloren. Massenbach war der Ansicht, nur der Herzog könne den Krieg zu einem glücklichen Ende führen. Er trug dies Bischofswerder vor. / *Massenbach:* ›... Ich sehe wohl die Scheidewand zwischen dem Könige und dem Herzog; aber ist es nicht möglich, diese beiden Herren wieder einander näherzubringen?‹ / *Bischofswerder:* ›Nein. Der König hält den Herzog für zu bedenklich, für zu unentschlossen.‹ / *Massenbach:* ›Beim Entwurfe der Operationen, ja, da ist der Herzog bedenklich; aber im entscheidenden Moment, im Gefecht, wer hätte da den Herzog je bedenklich und unentschlossen gesehn?‹ / *Bischofswerder:* ›Massenbach, sind Sie aufrichtig?‹ / *Massenbach:* ›Ich lege die Talente des Herzogs in die eine, die Talente anderer in die andere Waagschale, und die Schale des Herzogs sinkt. Der Herzog besitzt keine absolute Größe, aber in Vergleichung mit vielen seiner Zeitgenossen ist er doch ein großer Mann. Man geb ihm Spielraum; Manstein ist entfernt; mit Zastrow wird sich der Herzog verstehen.‹ / *Bischofswerder:* ›Glauben Sie? Sie irren sich in Zastrow, wenn Sie glauben: er lasse sich leiten. Er will leiten. Der Herzog wird also auch bei Zastrow auf Schwierigkeiten stoßen, die ihn bald wieder abschrecken werden. Der Herzog, bei all seinem Verstande und bei allen seinen großen Einsichten, ist doch ein *schwacher Mann.‹ // Dritte Unterredung um dieselbe Zeit ... Februar 1795.* Sie betraf dieselben Gedanken, die wir schon im Text ... mitgeteilt haben: *Bündnis mit Frankreich.* Noch war man im Kriege mit der Republik, stand aber dicht vor dem Friedensschluß (Basler Frieden), was Massenbach nicht wußte. In dem Augenblick, wo letztrer dies durchschimmern sah, gab er seinen Plan: *energische Fortsetzung* des Krieges gegen Frankreich, auf und proponierte, die neue Situation schnell erfassend: *Bündnis* mit Frankreich. Ein bloßer Friedensschluß war ihm etwas Halbes, entweder zuviel oder zuwenig. Bischofswerder befand sich diesem rapiden Andringen gegenüber, das von zwei verschiedenen Seiten her ihn faßte, in einer üblen Lage. Er zog sich diplomatisch-taktvoll und doch ohne alle Ausflüchte und Geheimniskrämerei aus der Situation heraus. / *Massenbach:* ›Das einzige Mittel, einen dauerhaften und ruhmvollen Frieden zu erlangen, besteht darin: den Krieg mit Nachdruck fortzusetzen und Holland wiederzuerobern.‹ / *Bischofswerder:* ›Wir haben keine *Mittel,* den Krieg gegen Frankreich fortzusetzen; der böse Wille der Östreicher ist offenbar; wir *müssen* Frieden machen.‹ / *Massenbach:* ›Ein partieller Friede mit Frankreich setzt uns großer Gefahr aus. Wir werden uns mit Rußland entzweien.‹ / *Bischofswerder:* ›Rußland ist ohnedies unser Freund nicht. Die polnische Campagne hat es sattsam bewiesen. Sie sollten Suworows Brief an den König sehn: »Praga raucht, Warschau zittert! Auf den Wällen von Praga. Suworow.« Was denken Sie von dieser Sprache?‹ / *Massenbach* (nach kurzem Schweigen): ›Liegen die Dinge *so,* ist Rußland unser Freund *nicht,* so mache man mit Frankreich nicht nur Frieden, sondern schließe eine Offensiv- und Defensivallianz mit den Fünf Männern.‹ / *Bischofswerder:* ›Das ist zu früh.‹ / *Massenbach:* ›Der Schritt vom Frieden zum Schutz- und Trutzbündnis ist in Wahrheit ein kleiner Schritt. Ich bin nicht für *halbe* Maßregeln. Entweder die nachdrucksvollste Fortsetzung des Krieges gegen Frankreich oder Allianz mit dem Direktorium. Der Frieden ist eine halbe Maßregel.‹ / *Bischofswerder:* ›Eine Allianz verbietet sich. Jedenfalls ist es zu früh. Man kann nicht wissen, welche Gestalt die Dinge in Frankreich annehmen werden.‹ / So schloß diese Unterhaltung. Am 5. April 1795 erfolgte der Basler Frieden. Aus allen diesen Gesprächen aber, wie man auch politisch zu den in ihnen angeregten Fragen stehen mag, geht wenigstens soviel hervor, daß Bischofswerder nicht der Mann war, der weiter nichts tat, ›als geheimnisvoll schweigen und, wenn er ein Gespräch nicht vermeiden konnte, in unartikulierten Tönen zu sprechen‹.«

291 *Direktorialregierung* — Directoire exécutif: Auf Grund der Direktorialverfassung gebildete, aus fünf Politikern bestehende großbürgerliche Regierung in Frankreich, die von Oktober 1795 bis zum Staatsstreich Napoleon Bonapartes am 9. November 1799 bestand. Sie bekämpfte sowohl die monarchistische Reaktion als auch die revolutionäre Volksbewegung.

*Tod ihres Königs* — Der französische König Ludwig XVI., im August 1792 wegen landesverräterischer Umtriebe vom Volk gestürzt und verhaftet, wurde am 14. Januar 1793 von der Konventsmehrheit zum Tode verurteilt und am 21. Januar hingerichtet.

*in Basel traktiert* — Vgl. die zweite Anm. zu S. 283.

*Mazarin ... Cromwell* — Der französische Staatsmann Mazarin setzte als Leitender Minister während der Minderjährigkeit Ludwigs XIV. (seit 1643) die von seinem Vorgänger Richelieu (unter Ludwig XIII.) eingeleitete Politik der Festigung des Absolutismus fort. Infolge eines »Angriffsbündnisses« (1657) mit dem englischen Lordprotektor Cromwell (der 1649, während der bürgerlichen Revolution, im Interesse der Bourgeoisie im Parlament für die Hinrichtung des englischen Königs Karl I. plädiert hatte) wurde die spanische Vorherrschaft ausgeschaltet und Frankreich — wie England zur führenden Seemacht — zur dominierenden europäischen Kontinentalmacht.

*negoziieren* — verhandeln.

*Heute ... Pitt, morgen ... ein Bute* — Anspielung auf den häufigen Wechsel an der Spitze des britischen Kabinetts in der Herrschaftszeit König Georgs III. (1760—1820), in der der preußische Hof intensive diplomatische Kontakte mit der englischen Regierung unterhielt. Friedrich II. hatte während des Siebenjährigen Krieges, auf englische Unterstützung angewiesen, zunächst mit William Pitt dem Älteren (1757—1761), dann mit Graf Bute (1761—1763) verhandelt (von denen der eine den Krieg auszuweiten, der andere ihn einzudämmen trachtete). Während der ersten antifranzösischen Koalitionskriege war William Pitt der Jüngere britischer Premierminister (seit 1783); er wurde in der Tat, wie im Gespräch zwischen Bischofswerder und Massenbach vermutet, wenig später abgelöst (1801).

292 *Grandison und Lovelace* — Gestalten aus den damals viel gelesenen englischen bürgerlichen Familienromanen »Sir Char-

les Grandison« (1753/54) und »Clarissa Harlowe« (1748) von Samuel Richardson.

293 *embrassieren* – umarmen.

*Feßler, ... »Rückblicke ...«* – Vgl. das Literaturverzeichnis, S. 659.

*Schlesien ... Konspiratorenverzeichnis* – In Fontanes Anmerkungen am Schluß von W III[1], S. 440f., findet sich dazu folgender Exkurs: »*Ignaz Aurelius Feßler*, katholischer Geistlicher, dann Freimaurer, dann protestantischer Konsistorialpräsident in Rußland, gründete in den neunziger Jahren in Carolath (Schlesien) den Evergeten-Bund. Diese Verbindung erstrebte ursprünglich nur gegenseitige sittliche und wissenschaftliche Ausbildung; später aber, nachdem Feßler bereits ausgetreten war, erhielt der Bund auch einen politischen Charakter, und drei unzufriedene Evergeten griffen den Grafen Hoym, Minister für Schlesien, heftig an. Nun erfolgten Nachforschungen, Verhaftungen, Beschlagnahmen; man fand auch Briefe von *Feßler* und setzte nunmehr diesen obenan auf die Liste der Konspiratoren. (Der König – wie [im Text] erzählt – strich eigenhändig Feßlers Namen von der Liste.) 1796 lebte F. in Berlin. Er befand sich damals in bedrückter Lage, und in dieser Lage nahm ihn Bischofswerder, der ihm wohlwollte, mit nach Marquardt hinaus. Feßler selbst schreibt: ›Der General tat das Mögliche; er nahm mich treuherzig auf, gab mir Gelegenheit, den rechtschaffenen Staatsmann (soweit es unter den verworrensten Umständen möglich war) in ihm zu verehren, den uneigennützigen Vater seiner Untertanen in ihm zu lieben. Er schien Vertrauen zu mir gefaßt zu haben.‹ Woran die Bemühungen Bischofswerders scheiterten, habe ich im Text ... erzählt. 1798 wurde Feßler Rechtskonsulent in geistlichen und Schulangelegenheiten für Neu-Ost- und Südpreußen. Später, von 1803 bis 1807, lebte er auf dem Freigut Kleinwall an dem ›mäandrischen Flüßchen Lökenitz‹, dann ein Jahr lang, bis 1808, in Niederschönhausen, dann etwa ein oder anderthalb Jahre in Buckow bei Beeskow, an allen drei Orten literarisch tätig. – Seine oben zitierte Selbstbiographie: ›Rückblicke auf meine siebzigjährige Pilgerschaft‹, bringt über seinen Aufenthalt an diesen kleinen märkischen Ortschaften interessante Mitteilungen.«

*»Marc Aurel«* – Historischer Roman (1790–1792) von Feßler.

295 *Sein Sohn* – In W III[1], S. 277, folgt der Name: »(Friedrich Franz)«.

*eine jüngere Tochter vermählte sich mit dem Marquis von*

*Lucchesini, die älteste ... wurde die Frau des Günstling-Generals* – In Fontanes Anmerkungen am Schluß von W III[1], S. 441, findet sich dazu die Bemerkung: »*Die Marquise Lucchesini*, so schreibt W. Alexis ..., haßte ihre Schwester, die Bischofswerder, auf Tod und Blut. Sie erklärte ihrem Gemahl (damals Gesandter in Paris), wenn sie mit ihr unter dem Himmel einer Stadt leben müßte, verginge sie an Krämpfen.«

295 *aus sardinischen Diensten* – In W III[1], S. 278, folgt der erläuternde Zusatz: »(die Familie stammte *ursprünglich* aus Portugal)«.

*Maréchal de logis de l'armée* – (franz.) Generalquartiermeister; vgl. die erste Anm. zu S. 406.

*Inkolat* – Zugehörigkeit zu den höheren Ständen eines Kronlandes (und damit Teilnahme an deren Privilegien).

*medisieren* – verleumden, lästern.

*Elle est belle ...* – (franz.) Sie ist schön, aber ihre Augen »gehen verquer«.

296 *Champagne-Feldzug* – Vgl. die zweite Anm. zu S. 283.

*Montagnard* – (franz.) Bergbewohner; Mitglied der revolutionär-demokratischen Bergpartei während der Französischen Revolution, die in der Gesetzgebenden Nationalversammlung und im Konvent die höchstgelegenen Plätze einnahm.

*an anderer Stelle* – Vgl. S. 301 f.

*Starostei* – Ein königliches Gut, das im ehemaligen Königreich Polen einem Landeswürdenträger (Edelmann) geschenkt, verkauft oder als Lehen übertragen wurde.

*»Vertraute Briefe«* – Von Friedrich van Coelln; vgl. das Literaturverzeichnis, S. 659.

*Libertin* – Zügelloser Mensch.

*Insurrektion* – Aufstand. Gemeint ist der polnische Aufstand von 1794; vgl. die dritte Anm. zu S. 290.

*»Geheime Briefe«* – Vgl. das Literaturverzeichnis, S. 658.

*»Les demoiselles Bischofswerder ...«* – (franz.) »Die Fräulein von Bischofswerder sind zwei schlecht erzogene Mädchen. Die ältere hat in ihren Augen die Fackel Hymens. Sie gelten als intrigant, zuweilen auch mißgünstig. Im übrigen muß man die Lächerlichkeiten von den Lastern unterscheiden und sagen, daß bis jetzt die Aufführung dieser Demoisellen unbescholten ist.«

297 *libellartige Schriften* – Libell: Klage-, Schmähschrift.

*Südpreußen* – Die bei der zweiten und dritten Teilung Polens (1793 und 1795) annektierten zentralpolnischen Gebiete, eingeteilt in die drei Departements Posen, Kalisch und Warschau.

*»Besitz ist Macht«* – Wahrscheinlich Variation des geflügelten

Worts »Wissen ist Macht«, das auf den englischen Philosophen Francis Bacon zurückgeht.

298 *Feßler … schreibt* – In »Rückblicke …«; vgl. das Literaturverzeichnis, S. 659.

*Kirche des Dorfes* – Die zu Fontanes Zeit noch vorhandene alte Marquardter Dorfkirche mußte wegen Baufälligkeit abgerissen werden. Von der Innenausstattung ist nur das Taufbekken erhalten geblieben, das in die neue, 1900/01 errichtete Kirche übernommen wurde.

*als die Franzosen ins Land kamen* – Vgl. die erste Anm. zu S. 204.

299 *Chasseurs* – (franz.) Jäger; leichte Reiter im französischen Heer.

*Herrenhaus* – Vgl. S. 305 und die sechste Anm. dazu.

*der Siegeswagen stand wieder auf dem Brandenburger Tor* – Die 1794 von Johann Gottfried Schadow geschaffene Quadriga mit der allegorischen Figur der antiken Siegesgöttin Viktoria auf dem Brandenburger Tor in Berlin wurde 1807, nach der Besetzung der Stadt durch Napoleonische Truppen, nach Frankreich gebracht, 1814 zurückgeholt und wieder am alten Platz aufgestellt. Das 1945 stark beschädigte Brandenburger Tor wurde nach dem Krieg wiederhergestellt, die Quadriga nach dem erhaltenen Gipsabguß des Holzmodells neu geformt.

*Meine Blanka …* – Wahrscheinlich Adaption der leitmotivischen Verse aus dem Volksmärchen »Schneewittchen«: »Spieglein, Spieglein an der Wand, / Wer ist die Schönste im ganzen Land?«

*Regiment Garde du Corps* – Vgl. die dritte Anm. zu S. 287.

300 *anstelle der Urne* – Vgl. S. 287.

301 *die Rundgruft im Park wieder geöffnet* – Vgl. S. 287.

302 *dame d'atour* – Vgl. die zweite Anm. zu S. 282.

*Gemahlin Friedrich Wilhelms II.* – Vgl. die dritte Anm. zu S. 282.

*Berliner Schloß* – Vgl. die dritte und die vierte Anm. zu S. 49.

*am 18. März … als die historischen drei Schüsse fielen* – Der 18. März 1848, an dem Berliner Arbeiter, Handwerker, Bürger und Studenten das preußische Militär, das in die auf dem Schloßplatz versammelte Volksmenge geschossen hatte, im Barrikadenkampf besiegten, war der Höhepunkt der bürgerlich-demokratischen Revolution von 1848/49 in Deutschland. Fontane hat die revolutionären Ereignisse als Augenzeuge miterlebt; vgl. »Von Zwanzig bis Dreißig«, Abschnitt »Der achtzehnte März«, Kap. 1.

302 *Remedur* – Abhilfe, Verbesserung.
*Désaveu* – (franz.) Verleugnung, Widerruf.

303 *das Preß- und das Religionsedikt* – Am 9. Juli 1788 erließ Friedrich Wilhelm II. ein von Johann Christoph Wöllner (seit 1788 preußischer Justizminister und Chef der geistlichen Angelegenheiten) verfaßtes, gegen die Aufklärung gerichtetes Religionsedikt, das die kirchliche Orthodoxie stärkte und die Reaktion unterstützte. (Es mußte 1797 von Friedrich Wilhelm III. wieder aufgehoben werden.) Dem Religionsedikt folgte am 19. Dezember 1788 ein Zensuredikt, das allen staatlichen Kollegien (Konsistorien, Kammergericht, Provinzialregierungen, Landesjustizkollegien, Medizinalkollegien, Departement des Auswärtigen) für ihre Amtsbereiche die Zensurpflicht auferlegte. (Die Zensur im Bereich der Literatur wurde von den Universitäten ausgeübt.)
*»Cliquot veuve«* – Berühmter französischer Sekt.

304 *kleiner Friedhof ... Kreuz* – Der Friedhof in Marquardt wurde im 20. Jahrhundert an eine andere Stelle verlegt. Das erwähnte Grabkreuz ist jedoch noch auf dem ehemaligen »kleinen Friedhof, der die Kirche einfaßt«, dem heutigen Kirchgarten, zu finden.
*Feuertod ... Omar* – Anspielung auf die Vernichtung der Alexandrinischen Bibliothek, der größten und berühmtesten Bibliothek des Altertums, die lange Zeit dem Kalifen Omar ibn al-Chattab zugeschrieben wurde, der 638–640 Ägypten erobert hat. (Der Hauptbestand der Bibliothek war bereits 48/47 v. u. Z. während Caesars Ägyptenfeldzug verbrannt, der Rest 391 durch eifernde Christen zerstört worden.)

305 *Herr Tholuck* – Der Rittergutsbesitzer Tholuck hatte Fontane Material über Marquardt zur Verfügung gestellt (vgl. S. 589). Fontane sandte ihm 1874 oder 1875 »verspätet« ein Exemplar des dritten »Wanderungen«-Bandes, »Ost-Havelland«, mit den Begleitversen: »Daß dies Buch Sie noch erfreue, / Über alles Hoffen geht, / Aber auch die spätste Reue / Kommt noch immer nicht *zu* spät.«
*berühmter Hallenser Theologe* – Gemeint ist der pietistische Hallenser Theologieprofessor (seit 1824) und Oberkonsistorialrat (seit 1867) August Tholuck, der sich als Vermittler zwischen kirchlichem Rationalismus und Orthodoxie sowie als Vorkämpfer einer protestantischen Union einen Namen gemacht hatte.
*devastiert* – verwüstet.
*glau* – (niederdeutsch) hell.
*Park* – Der nach einem Entwurf von Peter Joseph Lenné an-

gelegte, mit prächtigen alten Bäumen bestandene Landschaftspark um das Marquardter Herrenhaus ist noch vorhanden. Er wurde Anfang des 20. Jahrhunderts um fast das Doppelte erweitert und durch neue Anpflanzungen und Anlagen verändert.

305 *Herrenhaus* — An dem in den Jahren 1791—1795 errichteten Herrenhaus (Schloß Marquardt) wurden im 20. Jahrhundert umfangreiche Veränderungen vorgenommen. Das Gebäude wurde aufgestockt und durch einen neuen Flügel mit Saal, einen großen Erker und Terrassen erweitert. 1932 erfolgte der Umbau zu einem Hotel. In der Zeit der DDR beherbergte Schloß Marquardt ein Obstbau-Institut der Humboldt-Universität Berlin sowie die Zentralstelle für Sortenwesen. Zur Zeit steht es ungenutzt leer.

*König* — Friedrich Wilhelm II.

306 *Tage des ersten Empire* — Die Zeit des ersten Napoleonischen Kaiserreichs (1804—1815), in der eine Sonderform des Klassizismus (Empire) entwickelt wurde, die in ganz Europa Verbreitung fand.

*dem französischen Chasseur so verderblich* — Vgl. S. 298 f.

*griechisches Kreuz* — In der griechisch-orthodoxen Kirche gebräuchliches Kreuz; es hat vier gleichlange Arme (im Unterschied zum lateinischen Kreuz der römisch-katholischen und protestantischen Kirche, bei dem ein Arm verlängert ist).

*Grotte* — Eine Skizze dazu findet sich in Fontanes Notizbuch A 15, Blatt 68.

### *Geheime Gesellschaften im achtzehnten Jahrhundert*

Der Aufsatz entstand, zusammen mit dem Kapitel »Marquardt«, zwischen Dezember 1869 und Mai 1870. In diese Zeit fällt auch Fontanes Kontroverse mit dem Oberpräsidenten der Provinz Brandenburg, August Friedrich Wilhelm Werner von Meding, der — offenbar aus Familienrücksicht — jegliche literarische Beschäftigung mit der zwielichtigen Gestalt des ehemaligen preußischen Ministers Wöllner zu unterbinden trachtete. (Meding war, wie seinerzeit Wöllner, mit einer geborenen von Itzenplitz verheiratet, und die Familie Itzenplitz hatte den in Ungnade gefallenen Minister geächtet.) Im Brief an Meding vom 19. Januar 1870 heißt es: »Ew. Exzellenz geehrte Zuschrift, für die ich meinen gehorsamsten Dank ausspreche, hat mich in nicht geringe Verlegenheit gebracht. Seit einem Vierteljahre sammle und ordne ich das Material zu einem Wöllner-Aufsatz, und nun soll ich ihn nicht schreiben. Wozu ich mich mit dem größten Vergnügen verstehe, ist das, daß ich den ›heiklen Punkt‹ mit keiner Silbe berühre; ohnehin lag es nicht in meiner Absicht, bei diesem ›displeasing event‹ [unangenehme Begebenheit] irgendwie zu verweilen. Aber was den ganzen Aufsatz, den Rechtfertigungsprozeß eines nach meiner aufrichtigen Meinung viel zu hart beurteilten Mannes angeht, so kann ich davon nur abstehen, wenn die Familie Itzenplitz mir den Beweis an die Hand gibt: *dieser Mann taugt nichts.* / Ew. Exzellenz heben hervor, er sei mit ›unreinen Händen‹ an eine Aufgabe herangetreten, die reine Hände verlange. Aber — und ich bitte, in diesem Ausspruch weder Frivolität, noch Widerspruchsgeist, noch Mangel an gebührendem Respekt erblicken zu wollen — wer hat reine Hände?! Wie fein ist die Grenzlinie zwischen einem (menschlich gesprochen) tolerablen und intolerablen Sündenmaß, und wie schwer ist es — wenn die Dinge nicht eklatieren —, festzustellen, daß diese Grenzlinie überschritten sei. Soweit ich aus vielen Schriften — und zwar vorwiegend von *Gegnern* Wöllners herrührend — mich habe informieren können, ist seit 1769, wo er sich verheiratete, bis zu seinem Tode (1800), also in vollen dreißig Jahren, nichts *geschehen*, was diesen immerhin bedeutenden Mann sichtbarlich und vor aller Welt mit einem Makel behaftet hätte, und so bleibt denn nichts übrig, als ihn auf seine *Gesinnung* hin zu prüfen resp. zu verurteilen. Hier liegt der Punkt. Ich habe durch Studium alles dessen, was von ihm ausgegangen ist, durch alles, was Freund und Feind über ihn berichten, *nicht* die Überzeugung gewinnen können, daß diese Gesinnung eine niedre war. Im Gegenteil. Wenn er sein Teil Ehrgeiz hatte, so ist das verzeihlich; weit zurückliegende Jugendimmoralitäten stören mich noch weniger. So liegt denn die Frage kurz so: War Wöllner ein *Heuchler*? war er ein Karrieremacher à tout prix, der von Staatswohl und Christentum redete und Religionsedikte in die Welt schickte, nur um *sich* zu fördern und seiner Eitelkeit oder überhaupt seinem Egoismus zu dienen? Kann mir bewiesen werden (und ich gehöre nicht zu denen, die sich in vorgefaßten Meinungen versteifen), daß er ein Heuchler war, so will ich zerreißen, was ich gesammelt habe. Aber Ew. Exzellenz werden es verzeihlich finden, wenn ich auf diesen Beweis warte.«

Der Aufsatz »Geheime Gesellschaften ...« wurde am 29. März und 5. April 1871 im »Wochenblatt der Johanniter-Ordens-Ballei Brandenburg«, Nr. 13 und 14, S. 90—94 und 96—100, vorabgedruckt und erschien — wie »Marquardt« — 1872 zum erstenmal in der Erstausgabe des dritten »Wanderungen«-Bandes, »Ost-Havelland« (1873), als Buchkapitel.

Eine vollständige, verhältnismäßig wenig korrigierte Handschrift beider Teile des Kapitels befindet sich im Märkischen Museum,

Berlin. Vielfach sind Textteile aufgeklebt, und ein längeres Zitat im ersten Teil stammt von der Hand Emilie Fontanes. Bleistiftnotizen von fremder Hand (zum Beispiel »Zu setzen«) deuten darauf hin, daß das Manuskript als Satzvorlage für den Vorabdruck im »Wochenblatt der Johanniter-Ordens-Ballei Brandenburg« gedient hat.

Für die Arbeit an dem Kapitel hat Fontane folgende Literatur benutzt (die vollständigen Angaben finden sich jeweils im Literaturverzeichnis; vgl. S. 658): Massenbach, »Memoiren ...«. – Feßler, »Rückblicke auf seine siebzigjährige Pilgerschaft«. – Wilhelmine, Markgräfin von Bayreuth, »Mémoires ...«. – Lichtenau, »Mémoires ...«. – Reck, »Nachrichten von der Philidorschen Geisterbeschwörung«. – Nicolai, »Vorrede ...«.

308 *Was sagt sie uns ...* – Goethe, »Faust« I, Vers 2573–2576 (»Hexenküche«).
*nach dem Heiligen Grabe* – Anspielung auf die Kreuzzüge; vgl. die zweite Anm. zu S. 38.
*nach Wittenberg* – An die 1502 gegründete Universität Wittenberg, die durch ihre (vor allem durch Luther geprägte) antischolastische, humanistische Tendenz als Pflanzstätte der neuen bürgerlichen Ideologie große Anziehungskraft hatte.
*nach der Neuen Welt* – Nach Nordamerika. (Die ersten ständigen Ansiedelungen erfolgten erst im 17. Jahrhundert.)

309 *alte Reichstagsstadt* – Regensburg war (neben Worms, Augsburg, Nürnberg und Konstanz) im Mittelalter bevorzugter Tagungsort für den Reichstag, die vom römisch-deutschen Kaiser einberufene Versammlung der Reichsstände. Von 1663 bis zur Auflösung des Heiligen Römischen Reiches Deutscher Nation (1806) tagte der Reichstag permanent in Regensburg (Ewiger oder Immerwährender Reichstag).
*Stein der Weisen* – Vgl. die dritte Anm. zu S. 200.
*Loyolisten* – Anhänger des Ignatius von Loyola, der 1534 den (1540 vom Papst bestätigten) gegenreformatorischen und aufklärungsfeindlichen Jesuitenorden (»Gesellschaft Jesu«) gegründet hatte, der zwischen 1773 und 1814 vorübergehend aufgehoben war.
*im gestickten Kleid, im Chorgewand und im einfachen Kittel* – Metaphorische Umschreibung der drei Stände: Adel, Geistlichkeit und Bauer bzw. Handwerker.
*Gaßnerianer* – Anhänger des katholischen Geistlichen und Exorzisten Johann Joseph Gaßner, der in der zweiten Hälfte des 18. Jahrhunderts besonders in Österreich und in Süddeutschland großes Aufsehen erregte.

309 *Mesmerianer* – Anhänger des Theologen und Mediziners Franz Anton Mesmer, der mit seiner pseudowissenschaftlichen Lehre vom »animalischen Magnetismus« (einem angeblich dem menschlichen Organismus innewohnenden geheimnisvollen Fluidum) die romantische Naturphilosophie des ausgehenden 18. und frühen 19. Jahrhunderts nachhaltig beeinflußte. In der Medizin wurden dem Magnetismus als Heilverfahren Wunderkräfte zugeschrieben.
*Kabbalisten* – Kenner bzw. Ausübende der Kabbala, einer jüdisch-mystischen Geheimlehre des Mittelalters, die das auf göttlichen Ursprung zurückgeführte »Gesetz« (Talmud und Altes Testament) mittels Zahlen- und Buchstabensymbolik allegorisch auszulegen versuchten. In ihrer volkstümlichen Ausprägung betätigten sich die Kabbalisten als Magier, Zauberer und Geisterbeschwörer.
*Somnambulisten* – Hier: Magnetisten (z. B. ausübende Mesmerianer), die durch Hypnose die Willenskraft und den Organismus eines Menschen beeinflussen.
*Cagliostro-Anhänger* – Anhänger des italienischen Abenteurers Giuseppe Balsamo, der unter dem Namen eines Grafen Alessandro Cagliostro in den siebziger Jahren des 18. Jahrhunderts in ganz Europa als Verkünder von Geheimlehren und als Geisterseher auftrat, zahlreiche Anhänger fand und Logen gründete, in denen er sich mit »Wunderkuren« und Weissagungen »zum Heile der Menschheit« zur Schau stellte.
*schwarze und weiße Magie* – Die sogenannte schwarze Magie beschwört »böse Geister« (Schadenzauber), die weiße Magie »gute Geister« (Heil- und Abwehrzauber).
*Aufklärer* – Der Begriff »Aufklärung« umfaßt hier die gesamte auf die Vernunft gegründete, an den Renaissance-Humanismus und die Reformation anknüpfende frühbürgerliche geistige Bewegung, die den auf Aberglauben, Privilegien und despotischer Willkür beruhenden Feudalabsolutismus bekämpfte.
*Dunkelmänner* – Sammelbezeichnung für alle gegenreformatorischen, aufklärungs- und fortschrittsfeindlichen Kräfte. Der Begriff ist abgeleitet von den »Dunkelmännerbriefen« (»Epistolae obscurorum virorum«), einer von Humanisten verfaßten, 1515 und 1517 anonym erschienenen Sammlung fingierter Briefe, die die Borniertheit und moralische Verkommenheit der katholischen Geistlichkeit sowie die Rückständigkeit der mittelalterlichen Scholastik anprangerten.

311 *Harmonika* – Glocken- oder Glasharmonika, ein im späten 18. und frühen 19. Jahrhundert beliebtes Musikinstrument mit

großem Tonumfang (vier Oktaven) und zartem, »mystischem« Klang.

313 *Wir wenden uns nunmehr diesen Magiern ... zu* – In den Anmerkungen am Schluß von W III[1], S. 441 ff., findet sich unter der Überschrift »Geheime Gesellschaften« folgender Exkurs Fontanes über die »auf Lug und Trug gestellten« Geisterbeschwörungen jener Zeit: »*Das Geisterbeschwören* war, in den ersten Jahren der Regierung Friedrich Wilhelms II., in Berlin an der Tagesordnung. Die Verständigen lachten und deckten Mal auf Mal den Betrug auf, der oft von der gröbsten Art war; die Dinge hielten sich aber bis zum Thronwechsel. So erschien 1789 der Geisterbeschwörer Mr. St. Philidor, der, am 30. März, eine Gesellschaft von vierzehn Männern, natürlich gegen Erlegung ebenso vieler Friedrichsdore, zu einer ›Vorstellung‹ einlud. Der 13. Band der ›Berlinischen Monatsschrift‹, herausgegeben von F. Gedike und J. E. Biester, bringt darüber folgendes: ›Vor der Türe mußten die Geladenen Mäntel (namentlich Pelze) und *Stöcke* ablegen, welch letztere Entwaffnung in nur allzu begründeter Vorsicht ihren Grund haben mochte. Die Geladenen wurden darauf im zweiten Stockwerk in ein länglich-viereckiges Zimmer mit geweißten Mauern und mit zwei Fenstern und einer Tür und in demselben auf einen mit Latten abgesonderten engen Platz geführt, auf welchen an beiden Ecken eine metallne Hand hervorstand. Nahe an der Tür stand ein Gehülfe des Geisterbeschwörers. Im Zimmer war sonst nichts als, innerhalb einer auf dem Fußboden mit Kreide gezogenen Ellipse, ein zusammengeschlagenes schwarzes Tuch, eine brennende Lampe und ein Rauchfaß befindlich. Der Zauberer hielt überdem im Anfange ein brennendes Wachslicht in der Hand und war ohne irgendeine Auszeichnung schwarz gekleidet. Er fragte seine Gesellschaft im pathetischen Tone: »ob sie fest entschlossen wären, Geister zu sehen«, was allerseits bejaht wurde. Er erinnerte sie nunmehr, daß er nicht wie Schrepfer eine vierzehntägige Vorbereitung in der Diät zur Einweihung in diese Mysterien erfordert habe; daß er auch des sonst gewöhnlichen Hülfsmittels nicht bedürfe, zufolge dessen man sonst nur zwei oder drei Personen zuzulassen und solche den ganzen Tag über in demselben Zimmer einzusperren pflege. Er seinerseits verlange nur, daß niemand sich von der Stelle bewege, niemand etwas angreife, keiner während der Operation spreche, noch weniger einem andern *seine Gedanken über das Gesehene mitteile.* Sobald eines von diesen Gesetzen übertreten werde, stehe er nicht mehr für die *überaus*

*große Gefahr*, welcher sie sämtlich dadurch ausgesetzt würden. / Er legte nunmehr das schwarze Tuch, als zu der Feierlich[keit] wesentlich nötig, auseinander und bedeckte damit den Fußboden längs der Zauberwand. Licht und Lampe wurden ausgelöscht, und in der völligen Dunkelheit, die jetzt herrschte, benutzte er noch dazu das Rauchfaß auf eine für die Augen seiner Zuschauer sehr empfindliche Art. Mit väterlicher Sorgfalt erinnerte er sie nochmals in jeder Pause an die große Gefahr, in welcher sie sich befänden, empfahl ihnen, sich die Hände zu geben, und denen beiden, welche an den Ecken standen, die *metallne Hand* anzufassen, welche er in der Dunkelheit für eine abgestorbene Hand (main morte) ausgab. Die hierbei von einem der Zuschauer mit Nachdruck gegebene Versicherung, »daß der Zauberer, durch etwaige Anwendung eines zu empfindlichen elektrischen Schlages, sich einer *unangenehmen Erwiderung* aussetzen würde«, verstimmte zuerst den feierlichen mysteriösen Ernst, bei welchem allein eine Täuschung gedeihen kann. / Die Beschwörung nahm nun mit gebieterischer, aber dumpfer und unverständlicher Stimme, nach einem Hinundherschreiten im Kreise, mit dem Zauberstabe den Anfang. Es waren fast dieselben heiligen Worte (»Helion«, »Melion«, »Tetragrammaton«), denen Cagliostro übernatürliche Kräfte beimißte, mit »Jehova« und einigen französischen Formeln: »Parois, esprit terrible! Esprit terrible, epargne moi« [Erscheine, gewaltiger Geist! Gewaltiger Geist, verschone mich!], vermischt. Über dem Zimmer ertönte ein Donner, und das Lämpchen warf einige Funken von sich. Nach einigem Hinundherbewegen des Rauchfasses und nach einigen in Ekstase auf die Zuschauer geworfenen Blicken erschien auf ein lautes: »Esprit, parois!« an der von den Zuschauern etwa zwölf Fuß entfernten weißen Wand der Geist *Voltaires*, in weißem, langem Gewande, mit rundem Haar, fast in natürlicher Größe. Der Zauberer fragte, seines Verbots vom Stillschweigen selbst uneingedenk, die Gesellschaft: »ob sie den Geist erkennten«, und als man ihm antwortete, daß man die fast unkennbaren Gesichtszüge deutlicher zu sehen wünschte, entschuldigte er sich damit: daß er sich nicht anheischig gemacht habe, *Körper* zu zeigen. Das Phantom schien sich im Profil etwas rechts zu bewegen und würde ohne den dicken Rauch wie ein Schattenspiel ohne Farben oder wie eine vergrößerte, jedoch weiße ombre chinoise [chinesisches Schattenbild] geschienen haben. Es verschwand, nachdem der mitleidige Zauberer durch klägliche Beschwörungen und fast epileptische Verdrehungen die

Bestrafung der ungläubigen Zuschauer glücklich abgewandt hatte. / Der Geisterbeschwörer brachte hierauf *Friedrich den Großen* in Vorschlag, der auch sofort genehmigt wurde. Er erschien denn auch alsbald in Uniform, mit einem Federhut und völlig en face [von vorn]. / Nach kurzem Verweilen hieß es wie im »Hamlet«: »Exit ghost« [Verschwinde, Geist], und Herr Philidor zeigte sich nunmehr bereit, den schon am Abend vorher verabredeten Geist des Vaters eines in der Gesellschaft befindlichen Engländers erscheinen zu lassen. Der Geist erschien auch wirklich, in englischer Offiziersuniform, etwas unter Lebensgröße und mit sehr irdischen Fehlern im Bau und in der Proportion des Körpers ausgestattet. Da der Magier die Person des Verstorbenen nie gesehen, auch sein Bildnis weder vor den »Œuvres de Voltaire« noch vor den »Œuvres postumes de Frédéric II.« gefunden hatte, so waren, wie sich denken läßt, die Gesichtszüge völlig unkennbar. Auch verriet es wenig Feinheit, daß er nicht einmal den *Vornamen* des Verstorbenen vorher erforscht hatte, so daß man sich nicht hätte verwundern dürfen, wenn beim Aufrufen des Familiennamens das ganze *Geschlecht* mit allen Vettern und Namensverwandten erschienen wäre. / Das Augenscheinliche der Täuschung und die unangenehme Wirkung des immer dicker werdenden Rauches auf die Nerven hatten der Gesellschaft die Lust genommen, länger auszuhalten; einige forderten noch den *Teufel* zu sehn, worauf Herr Philidor jedoch aufs bestimmteste erklärte, daß seine Macht sich bloß auf *gute* Geister beschränke. / Es war ein totales Fiasko. Wahrscheinlich hatte er die Bilder aus der Laterna magica auf die Wand fallen lassen, welche wohl aus Pergament oder aus einem in Öl getränkten starken Papier bestand. Man fand nachher große Schnitzel von schwarzgefärbtem Papiere, woraus vermutlich die Hauptfiguren geschnitten waren. Das schwarze Tuch hatte zu besserer Zurückwerfung der Lichtstrahlen gedient; und zur Anbringung des optischen Werkzeuges war eine Türe ausgehoben, welche in eine an das Zimmer stoßende Kammer führte, wo ein Licht war. Bei einem bequemeren Lokal, bei genauerer Beobachtung des Rituals und bei Hinwegräumung alles dessen, was Verdacht erwecken mußte, würde die Täuschung erträglicher gewesen sein.‹ «

313 *»Der Zweck heiligt die Mittel«* – Das geflügelte Wort, das als Quintessenz der Jesuitenmoral gilt, geht wahrscheinlich zurück auf die Sentenz »Cum finis est licitus, etiam media sunt licita« (Wenn der Zweck erlaubt ist, sind auch die Mittel erlaubt), die sich in dem Werk »Medulla theologiae moralis«

(1650; Kern der Moraltheologie) des Jesuitenpaters Hermann Busembaum findet.

315 *dienende Brüder* – Niedrigster Grad (»Lehrling«) in der hierarchischen Struktur einer Freimaurerloge (vgl. die zweite Anm. zu S. 271). Die »dienenden Brüder« sind bei Beschlußfassungen (durch Wahl) nicht stimmberechtigt.

316 *Hôtel de Pologne* – In Leipzig.

*Briefwechsel zwischen ihm und dem Professor der Theologie Dr. Stark* – Stark war, wie aus seinem Brief hervorgeht, Mitglied einer Freimaurerloge (vgl. die zweite Anm. zu S. 271), deren intern verwendete Symbole sich offenbar u.a. auf die Zahlenmystik der »Offenbarung des Johannes« im Neuen Testament stützten (»heilige Zahl von Drei, Sieben und Zehn«, »sieben Geister Gottes«). Schrepfer hingegen kompiliert, um »Eingeweihtsein« vorzutäuschen, einige dilettantische Grundkenntnisse freimaurerischer Gepflogenheiten sowie einige Anspielungen auf landläufige Bibelzitate – z.B.: »die 7 Siegel tun sich auf« (vgl. Offenbarung 5–8), »Verflucht sei, der den Namen seines Gottes mißbraucht!« (vgl. 2. Mose 20, 7), »Der Herr ist heilig und gerecht« (vgl. Psalm 116, 5; Apostelgeschichte 3, 14) – mit absolutem Nonsens.

317 *Cafetier* – (franz.) Kaffeehausbesitzer, Wirt.

*strikte Observanz* – strenge Ordensregel.

318 *Effronterie* – Unverschämtheit, Frechheit.

319 *Rosental* – Damals beliebter Leipziger Ausflugs- und Vergnügungsort (nordwestlich vom Stadtzentrum).

320 *Ei, Possen ...* – Goethe, »Faust« I, Vers 2536ff. (»Hexenküche«).

*Natur- und kanonisches Recht* – Naturrecht: Rechtsphilosophische Lehre, die die ethischen bzw. Rechtsnormen aus der als unveränderlich aufgefaßten »Natur« des Menschen herleitet (im Unterschied zum »positiven« Recht, zu den staatlichen Rechtssatzungen). Kanonisches Recht: Katholisches Kirchenrecht.

322 *Frater* – (lat.) Ordens-, Klosterbruder.

323 *»Lux in cruce et crux in luce«* – (lat.) »Das Licht im Kreuz und das Kreuz im Licht«.

*Semler, der »Vater des Rationalismus«* – Johann Salomo Semler, seit 1752 Professor der Theologie an der Universität Halle (vgl. die zweite Anm. zu S. 231), war der Begründer der von der Aufklärungsphilosophie beeinflußten, sogenannten historisch-kritischen Theologie, die die Vernunft als oberstes religiöses Erkenntnisvermögen betrachtete und demzufolge den im kirchlichen Dogma verankerten übernatürlichen Offenbarungs- und Wunderglauben ablehnte.

323 *Neologen* – Vgl. die erste Anm. zu S. 245.

*Ideologen* – Hier (im ursprünglichen Sinn): Anhänger einer (in Frankreich begründeten) philosophischen Richtung, die durch die Analyse des Menschen Regeln für Moral, Recht und Politik finden wollte.

*Kammer* – Hier: Gewählte Volksvertretung (Reichstag oder Landtag).

324 *Chrysophiron* – Vgl. S. 326. Das Pseudonym enthält das griechische Wort chrysos (Gold).

325 *Fall Adams* – Anspielung auf die biblische Legende vom »Sündenfall«, der die Vertreibung Adams und Evas aus dem Paradies zur Folge hatte; vgl. Altes Testament, 1. Mose 3.

*Jesus Christus, der Schlangentreter* – Anspielung auf Lukas 10, 19 im Neuen Testament: »Sehet, ich [Jesus] habe euch Vollmacht gegeben, zu treten auf Schlangen und Skorpione, und über alle Gewalt des Feindes ; und nichts wird euch schaden.«

*Johannes 1, 12* – »Wie viele ihn [Jesus] aber aufnahmen, denen gab er Macht, Gottes Kinder zu werden, die an seinen Namen glauben [...]«

*Anathema maharam Motha* – Anathema sit, Maran Atha: (griech./aram.) Der sei verflucht; der Herr kommt!

326 *König* – Friedrich Wilhelm II.

*In Frankreich der Sieg des Voltairianismus* – Voltaire übte mit seinen aktuellen philosophischen und politischen Schriften, die maßgeblich zur Vorbereitung der bürgerlichen Revolution von 1789 beitrugen, bereits zu Lebzeiten einen immensen Einfluß auf die öffentliche Meinung in Frankreich aus.

*Philosoph von Sanssouci* – Vgl. die vierte Anm. zu S. 191.

*der Sarg ... in die Gruft des Domes niedergelassen* – Vgl. S. 285.

*»Neue Allgemeine Deutsche Bibliothek«* – Die von Christoph Friedrich Nicolai 1765–1792 herausgegebene »Allgemeine Deutsche Bibliothek«, eine literaturkritische und theoretische Zeitschrift der Aufklärung, war 1793 unter dem Titel »Neue Allgemeine Deutsche Bibliothek« fortgeführt worden (bis 1805). Nicolai hatte seit dem 56. Band der zweiten Folge (1801) wieder Redaktion und Verlag des Blattes übernommen.

*ein toter Percy* – Metapher für: ein toter Held; nach dem englischen Grafengeschlecht Percy von Northumberland, das in den kriegerischen Auseinandersetzungen der englisch-schottischen Geschichte eine wichtige Rolle spielte. Vgl. Fontanes

Balladen »Chevy-Chase oder Die Jagd im Chevy-Forst« und »Der Aufstand in Northumberland«.

327 *das Wöllnersche Religionsedikt* – Vgl. die erste Anm. zu S. 303. Das Edikt drohte jedem Geistlichen, der von der orthodoxen kirchlichen Lehre abweichen sollte, die Amtsenthebung an.

*Obskuranten* – Finsterlinge, Dunkelmänner; vgl. die zwölfte Anm. zu S. 309.

*Wir konstatieren* ... – In W III[1], S. 314, heißt es an dieser Stelle ausführlicher: »Wir gedenken hier keineswegs in eine Polemik gegen den Rationalismus einzutreten (er ist lange der ›Übel größtes *nicht*‹), wir konstatieren ...«

328 *Libertinage* – Zügellosigkeit, Liederlichkeit.

*dreieiniger Gott ... Deismus ... Pantheismus* – Das christliche Dogma von der göttlichen Dreieinigkeit (Trinität), wonach Gott die Einheit von Vater, Sohn und Heiligem Geist ist, wurde von der Aufklärungstheologie und -philosophie verworfen, abgeschwächt oder neu interpretiert. Zu den schärfsten Gegnern des dogmatischen Offenbarungsglaubens gehörte die in England begründete religionsphilosophische Strömung des Deismus, die Gott nur als abstraktes Urprinzip anerkennt, seinen Einfluß auf das Weltgeschehen jedoch bestreitet. (Der Deismus war das Vorbild des von Fontane oft erwähnten kirchlichen Rationalismus; vgl. die zweite Anm. zu S. 323.) Der Pantheismus hebt die Eigenständigkeit Gottes vollends auf und proklamiert die Identität von Gott und Welt; seine Anhänger wurden von der herrschenden Geistlichkeit als Gotteslästerer oder Atheisten bezichtigt und jahrhundertelang verfolgt.

*Hegel ... in einer besondern Schrift* – »Über die Differenz des Fichteschen und Schellingschen Systems« (Jena 1801), eine der ersten Schriften Hegels.

*das wahre Wissen vom Subjekt-Objekte* – Ironische Anspielung Nicolais auf Theoreme der idealistischen Philosophie Fichtes und Schellings. Während Fichte von einem Dualismus von »Ich« und »Nicht-Ich«, d.h. von Subjekt und Objekt, ausgeht (wobei er das »Nicht-Ich«, die Materie, als »Tathandlung« des »Ich« auffaßt), lehrt Schelling – anfänglich von Fichte beeinflußt – die Aufhebung der Gegensätze von Subjekt und Objekt, von Geist und Materie im »Absoluten«.

*So eifert Nicolai* – Nicolai, mit seinen theoretischen Bemühungen bis 1792 von Bedeutung für die Geschichte der deutschen Aufklärung, geriet in der letzten Phase seines Wirkens durch sein selbstgefälliges, zensorisches Auftreten in Gegensatz zur klassischen deutschen Literatur und Philosophie.

329 *perhorreszieren* – verabscheuen, verwerfen.
*Politik … gegen Polen und Schweden* – Im Schwedisch-Polnischen Krieg (1655–1660) verbündete sich Kurfürst Friedrich Wilhelm zunächst mit den Schweden. In der Schlacht bei Warschau (28.–30. Juli 1656) besiegte das schwedisch-brandenburgische Heer die Polen. Nach dem Eintritt Dänemarks in den Krieg gegen Schweden (1657) schloß Friedrich Wilhelm in der Hoffnung, das durch den Westfälischen Frieden (1648) an Schweden gefallene Vorpommern zurückzugewinnen, ein Bündnis mit Polen. Vgl. »Das Oderland«, Kap. »Gusow«, Abschnitt »Der alte Derfflinger«; Band 2 dieser Ausgabe.

330 *Verurteilung der Richtung Wöllners … Anerkennung seiner persönlichen Aufrichtigkeit* – Mit dieser Auffassung korrespondiert eine Bemerkung von Willibald Alexis, die Fontane in den Anmerkungen am Schluß von W III[1], S. 441, zitiert: »›Die Herrschaft gedankenloser Roués [Wüstlinge], zu Ende der achtziger Jahre, konnte nur dahin führen, den Boden zur Aufnahme einer andren Saat bereit zu machen. Ein Ekel mußte schließlich jede bessere Natur überkommen … Die Versuche der Wöllner und Bischofswerder, die jenen Verfall sehr wohl erkannten, kamen nur *zu früh, zu ungeschickt.*‹«

## *Uetz*

Fontane hat den Ort im Sommer 1869 besucht (vgl. den Brief an Otto Friedrich Gruppe vom 18. August 1869; S. 568f.) und den Aufsatz sicherlich nicht viel später verfaßt.

Der Vorabdruck erfolgte – als zweiter Beitrag einer vierteiligen Aufsatzreihe unter dem Sammeltitel »Havel und Haveldörfer« – in der illustrierten Stuttgarter Wochenzeitschrift »Über Land und Meer«, Band 26, Jg. 13, 1871, Nr. 47, S. 6f. Der Überschrift »2. Uetz« folgte hier der Zusatz: »(Ein havelländisches Idyll)«.

Als Buchkapitel erschien »Uetz« zum erstenmal in der Erstausgabe des dritten »Wanderungen«-Bandes, »Ost-Havelland« (1873), der im Oktober 1872 ausgeliefert wurde.

Brouillonartige Aufzeichnungen zu diesem Kapitel finden sich in Fontanes Notizbuch A 17, Blatt 1–9; auch im Notizbuch A 15, Blatt 69–70, gibt es einschlägige Hinweise und Skizzen.

331 *Paretz … in den Besitz König Friedrich Wilhelms III.* – Vgl. S. 336f.

333 *Camera obscura* – (lat.) Dunkle Kammer; Vorform der fotografischen Apparate, deren Mattscheibe ein schwach erleuchtetes, umgekehrtes Bild des äußeren Gegenstandes in natürlichen Farben liefert.

334 *die Meile sieben Viertel* – Soviel wie: ein großer Umweg.

## *Paretz*

Fontane hat den Ort mehrmals besucht, u. a. am 31. März und 1. April 1861 – »Morgen früh will ich nach Nauen, von da nach Ketzin und Etzin (zu Fuß), dann nach Paretz und über Potsdam zurück«; an Hertz, 30. März 1861 –, im August 1869, am 20. und 21. November 1869 sowie im Mai 1870. Im August 1869 hatte er im Hause des Paretzer Hofgärtners Wilken logiert, der manches Interessante zu berichten wußte und ihm auch fernerhin eine rührende Anhänglichkeit bewahrte. »Heute hatte ich auch einen Brief von meinem Paretzer Hofgärtner«, schrieb Fontane am 6. Mai 1870 an seine Frau. »Immer der alte, ein Nonplusultra von Artigkeit; Hesekiel nennt mich zwar jetzt auch ‚Prinz Fontane', aber was will dieser Scherz sagen gegen den blutigen Ernst der Hofgärtner-Devotion. Sonntag werde ich wieder mit einem langen Aufsatz fertig, schreibe in nächster Woche ›Paretz‹ und werde wohl am 15. oder 22. d. M. einen Sonntag dort zubringen.« Bereits eine Woche später, am 14. Mai, teilte der Autor seiner Frau Emilie mit: »Heute vormittag hab ich ›Paretz‹ beendigt, woran noch ein Stück fehlte.«

Der Vorabdruck erfolgte – als erster Beitrag einer vierteiligen Aufsatzreihe unter dem Sammeltitel »Havel und Haveldörfer« – in der illustrierten Stuttgarter Wochenzeitschrift »Über Land und Meer«, Band 26, Jg. 13, 1871, Nr. 39 und 45, S. 6f. und 17f.

Als Buchkapitel erschien »Paretz« zum erstenmal in der Erstausgabe des dritten »Wanderungen«-Bandes, »Ost-Havelland« (1873), der im Oktober 1872 ausgeliefert wurde.

Aufzeichnungen zu diesem Kapitel finden sich in Fontanes Notizbuch A 17, Blatt 10–15, sowie in A 15, Blatt 69–74.

Für die Arbeit an dem Kapitel hat Fontane folgende Literatur benutzt (die vollständigen Angaben finden sich jeweils im Literaturverzeichnis; vgl. S. 658): Adami, »Luise, Königin von Preußen«. – Eylert, »Charakterzüge und historische Fragmente ...«. – Lehnert, »Das Leben Friedrich Wilhelms III. ...«. – Schulz (Fritz), »Paretz ...«. – Schadow, »Kunstwerke und Kunst-Ansichten«. – »Mündliche und briefliche Mitteilungen des Hofgärtners Wilken« (laut Anmerkung am Schluß von »Ost-Havelland«).

Gußeiserne Pforte im Park von Paretz

335 *Die Stätte, die ein guter Mensch betrat ...* – Goethe, »Torquato Tasso« I, 1 (Vers 80ff.).
*Meile* – In Preußen etwa 7,5 Kilometer.
*Schloß* – Das 1796/97 nach einem Entwurf von David Gilly errichtete Schloß in Paretz existiert noch; allerdings wurde es stilwidrig verändert. Die ehemaligen Einrichtungsgegenstände sind seit 1945 verschollen. Einige der gemalten Tapeten befinden sich jetzt im Tempel der Römischen Bäder im Park von Charlottenhof. Vorgesehen ist, das Schloß nach der Restaurierung als Museum und als Fachhochschule zu nutzen. – Vgl. S.344–347.
*gotische Kirche* – Vgl. S. 347ff. und die dritte Anm. zu S.347.
*Hofgärtner* – Wilken; vgl. S.613.
336 *seine Vermählung* – Der Kronprinz vermählte sich am 24. Dezember 1793 mit der Prinzessin Luise Auguste Wilhelmine Amalie von Mecklenburg-Strelitz.
*Schloß Oranienburg* – Vgl. S.136–160.
*Parkanlagen* – Der 1795–1803 von David Garmatter angelegte Paretzer Schloßpark ist nicht in seinem ursprünglichen Zustand erhalten. Das Rohrhaus (japanisches Lusthaus; vgl. S.340) mit Grotte und Gruft (1799 von Gilly), die gußeiserne Pforte mit dem »L.« und der Inschrift (vgl. S.341) sowie auch der »Tempel« mit der Marmortafel (vgl. S. 350f.) wurden 1945 abgebrochen. Seit der Beseitigung des von vielen Bildern her bekannten Teiches (1954/55) sind im Park lediglich noch einige alte Bäume erhalten.
337 *Gärten von Klein-Trianon* – Das Lustschloß Petit Trianon im nördlichen Teil des Parkes von Versailles, im Auftrag Ludwigs XV. für die Gräfin Dubarry erbaut, war von einem mit Landhäusern versehenen englischen Garten umgeben.
*Stadt Werder* – Vgl. S.444–450.
*Wildpark* – Ausgedehntes Wildgehege in der sogenannten Pirschheide (südlich von Potsdam, in der Nähe des heutigen Hauptbahnhofs); angelegt 1841/42 nach einem Plan von Peter Joseph Lenné.
*Zauche ... Wälder des Klosters Lehnin* – Vgl. S.44.
*bowling-green* – (engl.) Geschlossener Rasenplatz für das Bowling-Spiel, ein englisches Kugelspiel; hier wahrscheinlich allgemein: gepflegter Rasen.
*Torflords* – Gemeint sind die Besitzer der Torfabbaugebiete, die sich (als unentbehrliche Brennstofflieferanten für die Städte) im 19. Jahrhundert durch intensivste Ausbeutung von Saisonarbeitern große Vermögen erwarben. Vgl. »Die Graf-

schaft Ruppin«, Kap. »Das Wustrauer Luch«; Band 1 dieser Ausgabe.

338 *Aufzeichnungen* – In Friedrich Adamis Buch »Luise, Königin von Preußen« (vgl. das Literaturverzeichnis, S. 658), dem auch die zitierten Äußerungen der Königin und des Generals von Köckritz entnommen sind. (Köckritz war bis 1810, dem Todesjahr der ihn begünstigenden Königin Luise, Generaladjutant Friedrich Wilhelms III.)

*bal champêtre* – (franz.) Tanz im Freien, ländliches Fest.

*Hautboisten* – Oboisten; Militärmusiker.

339 *divertiert* – ergötzt, vergnügt.

*»niemand ist verpflichtet, ein großer Mann zu sein«* – Diesen Ausspruch des liberalen Historikers Friedrich Christoph Dahlmann (1785–1860) zitiert Fontane mehrfach.

*insipide* – albern, abgeschmackt.

*Kronprinz* – Friedrich Wilhelm, der spätere König Friedrich Wilhelm IV.

340 *am 14. Oktober wurde das alte Preußen begraben* – Vgl. die erste Anm. zu S. 204.

*Wir finden darüber folgendes* – Ebenfalls in Adamis Buch; vgl. das Literaturverzeichnis, S. 658.

341 *Preußen war zweimal ... in die feindliche Hauptstadt eingezogen* – Ende März 1814 und Anfang Juli 1815 (nach Napoleons I. Niederlage bei Waterloo). Vgl. »Die Grafschaft Ruppin«, Kap. »Regiment Mecklenburg-Schwerin Nr. 24«; Band 1 dieser Ausgabe.

*Die Russen ooch?* – Friedrich Wilhelm III. war der Schwiegervater des russischen Zaren Nikolaus I.

342 *Großfürst* – Nikolai Alexandrowitsch, der spätere Zar Nikolai I.

*erzählt Eylert* – In »Charakterzüge und historische Fragmente ...«; vgl. das Literaturverzeichnis, S. 659.

343 *Schatullegüter* – Zum Privatbesitz des Königs gehörende Güter (im Unterschied zu den Domänen, den Staatsgütern).

*jetziger Kronprinz* – Friedrich Wilhelm, der spätere deutsche Kaiser Friedrich III.

*out-of-the-way-place* – (engl.) ungewöhnlicher Ort; Anspielung auf das Gedicht »Out-of-the-way-places« (1863) von George Hesekiel, aus dem Fontane mehrfach Mottos für seine »Wanderungen«-Kapitel ausgewählt hat.

344 *Tibetkleider* – Tibet: Feiner, weicher Stoff aus Kammwolle.

*Wo nun Gras und Staude beben ...* – Lenau, »Die Heidelberger Ruine«, Strophe 2 und 15.

345 *der »angebornen Farbe der Entschließung« die bekannte Ge-*

*dankenblässe angekränkelt* – Anspielung auf die oft zitierte Textstelle aus Shakespeares »Hamlet« (III, 1; Monolog Hamlets): »So macht Gewissen Feige aus uns allen; / Der angebornen Farbe der Entschließung / Wird des Gedankens Blässe angekränkelt ...« (Übersetzung von August Wilhelm Schlegel).

345 *Zitz* – Feiner, bunter Kattun.

*Grotte der Egeria* – Felsengrotte in der Nähe Roms, benannt nach der römischen Quellnymphe Egeria, der Gattin und klugen Beraterin des legendären Königs Numa Pompilius.

346 *Kaskaden von Tivoli* – Die Wasserfälle des Aniene-Flusses in der mittelitalienischen Stadt Tivoli (östlich von Rom) gelten heute wie damals als touristische Attraktion.

*einer Lordship oder Royal Highness respectfully devoted* – einer Lordschaft oder Königlichen Hoheit ehrerbietig gewidmet.

*Zusammenkunft ... in Memel, 1802* – Zar Alexander I. weilte vom 10. bis 16. Juni 1802 anläßlich eines preußischen Manövers als Gast Friedrich Wilhelms III. und der Königin Luise in Memel (Ostpreußen). Der junge, erst 1801 auf den Thron gelangte Monarch wollte sich, offenbar im Hinblick auf ein potentielles russisch-preußisches Bündnis gegen die in Europa bereits dominierende Militärmacht Napoleons, über die derzeitige Verfassung der preußischen Armee informieren.

347 *Die Räume des Schlosses* – Eine Aufstellung über die Schloßräume und ihr Inventar findet sich in Fontanes Notizbuch A 15, Blatt 71–74.

*Formen des ersten Kaiserreichs* – Empire-Stil; vgl. die erste Anm. zu S. 306.

*Kirche* – Ursprünglich gotische Dorfkirche; 1797 in neugotischem Stil erneuert. Das erwähnte Inventar ist noch vorhanden.

348 *Munifizenz* – Freigebigkeit, Großzügigkeit.

*Kurfürstenbibel* – Mit den Porträts von elf sächsischen Kurfürsten und zahlreichen Kupfertafeln ausgestattete Prunkbibel, die 1641 von der seinerzeit namhaften Nürnberger Buchhändler- und Buchdruckerfirma Endter herausgegeben worden und bis 1768 in vierzehn Auflagen erschienen war.

349 *Schadows: »Die Apotheose der Königin Luise«* – Flachrelief aus dem Jahre 1811.

*jene wirre Kunstepoche* – Gemeint ist die Frühperiode der eng mit dem theoretischen Programm der deutschen Romantik verbundenen sogenannten nazarenischen Kunst (1809 bis etwa 1840), die sich um die Erneuerung des mittelalterlichen

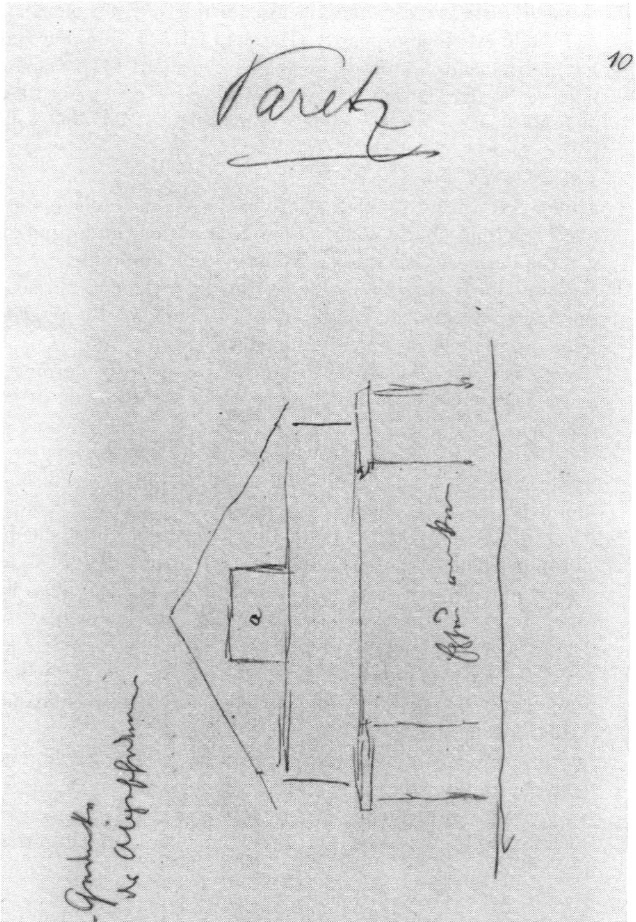


Der »Tempel« im Park von Paretz

Andachtsbildes sowie um die Darstellung der nationalen Geschichte und Legende bemühte.

349 *Brennus* – Latinisiertes keltisches Wort für »König«. (Bei den Römern Bezeichnung für den sagenumwobenen gallischen Heerführer, der im 4. Jahrhundert v. u. Z. in Italien einfiel und 387 v.u.Z. Rom bis auf das Kapitol zerstörte.)

*Borussia* – Neulateinische Bezeichnung für »Preußen«.

*heiliger Mauritius* – Legendärer christlicher Heerführer im Gefolge des römischen Feldherrn Maximianus Herculius; er soll, als er die angeordnete Christenverfolgung verweigerte, um 300 zusammen mit vielen seiner Soldaten auf dem Gebiet des heutigen Schweizer Kantons Wallis hingerichtet worden sein.

350 *griechische Kreuze* – Vgl. die dritte Anm. zu S. 306.

*Prinz Ludwig ..., der Bruder, zugleich der Schwager Friedrich Wilhelms III.* – Er war verheiratet mit Friederike von Mecklenburg-Strelitz, einer Schwester der Königin Luise.

*Parkgruft zu Charlottenburg* – Vgl. die zweite Anm. zu S. 184.

352 *Paretz ist eine Stätte der Erinnerung* – In den Anmerkungen am Schluß von W III[1], S. 444f., findet sich unter der Überschrift »Das Belvedère« ein Exkurs Fontanes über eine weitere Paretzer »Erinnerungsstätte«. Es heißt dort: »Eine Viertelmeile von Paretz entfernt befindet sich das ›Belvedère‹, das, als Aussichtspunkt, schon 1803 angelegt wurde. Es ist ein als gotische Ruine gedachter viereckiger Turm, der zunächst aus einem Erdgeschoß und darüber aus einem großen gewölbten Zimmer mit vier Spitzbogenfenstern besteht. Das Zimmer selbst einfach geweißt. Es gewährt einen freien Blick über die übrigens ziemlich monotone Landschaft. Inmitten des Zimmers steht ein großer runder Kaffeetisch; um diesen herum zwölf Stühle. Friedrich Wilhelm III. liebte es, bei gutem Wetter, hier die Kaffee- oder Teestunde zu verplaudern. / Die einzige Sehenswürdigkeit dieses Orts, richtiger ein Kuriosum, bilden dreißig größere und kleinere *Theater-* und *Zirkuszettel* aus allen Ländern Europas, die, bis zu erheblicher Höhe, die Wände bedecken. Die größere Hälfte davon hatte der König von seinen gelegentlichen Reisen mit heimgebracht; sie wirken deshalb wie Tagebuchblätter aus einem Reisejournal. ...«

*Etzin*

Der Aufsatz gehört zu den frühen märkischen Feuilletons Fontanes; er entstand bereits im April/Mai 1861 – im Anschluß an die Reise vom 31. März und 1. April dieses Jahres (vgl. die Bemerkung aus dem Brief an Wilhelm Hertz vom 30. März 1861, S. 613).

Der Vorabdruck erfolgte 1862 – unter der Überschrift »Etzin und sein heldenmütiger Pfarrer« – in der von Heinrich Pröhle herausgegebenen Zeitschrift »Unser Vaterland. Bilder aus der deutschen Geschichte, Kultur und Heimatkunde«, Band 2, S. 130–135.

Als Buchkapitel erschien »Etzin« zum erstenmal in der Erstausgabe des dritten »Wanderungen«-Bandes, »Ost-Havelland« (1873), der im Oktober 1872 ausgeliefert wurde. Fontane hat bei dieser späten Veröffentlichung die inzwischen eingetretenen Veränderungen in Etzin nicht berücksichtigt (vgl. das »Vorwort zur zweiten Auflage«, S. 5f).

Am 5. Januar 1873 übersandte Fontane dem Maler Adolf Menzel, seinem »Tunnel«-Kollegen, der sich offenbar für die Geschichte des Pastors Seegebart interessiert gezeigt hatte, ein Exemplar der Erstausgabe mit der Bemerkung: »Die süße Mandel ›Seegebart‹ kann ich Ihnen nicht gut anders bieten als in der dicken, dünnen Schale eines dritten Teiles meiner ›Wanderungen‹ (Kapitel ›Etzin‹). Erweisen Sie mir die Ehre, ihn freundlich entgegenzunehmen. Bitte, übersehen Sie nicht in den Anmerkungen die kurzen Auszüge aus Seegebarts Tagebuch.«

Aufzeichnungen über Ausstattungsstücke der Etziner Kirche finden sich in Fontanes Notizbuch A 3, Blatt 13–17; dort hat der Autor auch die Inschrift notiert, die er am Schluß des Kapitels (verkürzt) zitiert. Einen Hinweis auf Seegebart und die Gemälde in der Etziner Kirche trug Fontane im Notizbuch A 11, Blatt 17, ein.

Für die Arbeit am Kapitel »Etzin« benutzte Fontane neben Seegebarts »Tagebuch ...« (vgl. das Literaturverzeichnis; S. 664) »briefliche Mitteilungen des älteren Pastor Duchstein in Etzin« (laut Anmerkung am Schluß von »Ost-Havelland«).

353 *Es haben alle Stände ...* – Fontane, »Der alte Derffling«, Strophe 1, Vers 1f. Der hier abgewandelte Vers 2 lautet in der Ballade: »So ihren Degenwert«.

*Sei brav ...* – Der Spruch stammt wahrscheinlich ebenfalls von Fontane.

*eine kleine Spezialreise* – Vgl. S. 613.

*gelbklappige Ulanen* – Ulanen, deren Uniform mit einer gelben (latzförmigen) Brustklappe versehen war.

355 *Pensionstünche* – In Pensionaten erlernte »gute« Umgangsformen.
*Etziner Kirche* – Die schlichte Dorfkirche ist 1945 zerstört, 1948 und 1967/68 teilweise restauriert worden; die erwähnten Porträtbilder der Etziner Geistlichen sind noch vorhanden.
*Patronatskirche* – Von einem Patron (zumeist dem Gutsbesitzer) gestiftete und ausgestattete Kirche. (Mit dem Patronat waren bestimmte kirchliche und rechtliche Privilegien verbunden.)
356 *»Wort und Hort«* – Anspielung auf Psalm 71, 3 im Alten Testament: »Sei mir ein starker Hort, zu dem ich immer fliehen kann, / der du zugesagt hast, mir zu helfen; denn du bist mein Fels und meine Burg.«
*Brautkrone* – Vgl. die vierte Anm. zu S.427.
*Zeit der ersten beiden Könige* – Die ersten vierzig Jahre des 18.Jahrhunderts.
357 *»Geist Davids«* – Gemeint sind der Mut und die Tatkraft des Hirten David (vgl. Altes Testament, 1. Samuel 17), den Gott zum König von Israel und zum Besieger aller Feinde des Landes auserwählt hatte. Vgl. auch die vierte Anm. zu S. 244.
*Chotusitz* – Bei Chotusitz (Böhmen) errangen die Preußen am 17. Mai 1742, im Ersten Schlesischen Krieg, einen Sieg über die Österreicher.
*Spenersche Lehre* – Der protestantische Theologe Philipp Jakob Spener gilt als Begründer des Pietismus (vgl. die zweite Anm. zu S.231), dessen Grundgedanken er in der Schrift »Pia desideria oder Herzliches Verlangen nach gottgefälliger Besserung der wahren evangelischen Kirche« (1673) zusammengefaßt hat.
*11. März ... Erstürmung von Glogau* – Die von den Österreichern besetzte Festung Glogau wurde von den Preußen in der Nacht vom 9. zum 10.März 1741 erobert.
*Mollwitz* – Bei Mollwitz (nahe Brieg) siegten die Preußen am 10.April 1741 über die Österreicher.
*König* – Friedrich II.
358 *Kavalleriechargen* – Hier: Kavallerieangriffe.
359 *jug* – jagte.
*Roquelour* – Roquelaure: (franz.) Überrock, Reisemantel.
*repoussieren* – zurückschlagen.
*als ein Feldmarschall* – wie ein Feldmarschall.
*champ de bataille* – (franz.) Schlachtfeld.
360 *Jordan schrieb ... an den König* – Jordan, ein ehemaliger Prediger, gehörte bereits in der Rheinsberger Zeit (1734 bis

1740) zum Freundeskreis des damaligen Kronprinzen Friedrich; während des Ersten Schlesischen Krieges war er der bevorzugte Vertraute und Korrespondenzpartner des jungen Königs.

360 *Das Tagebuch ... in seinem Tone und seiner Schreibweise* – In den Anmerkungen am Schluß von W III[1], S. 451, schreibt Fontane: »Das Tagebuch macht in dem Ernst und der Milde seiner christlichen Gesinnung einen außerordentlich günstigen Eindruck. Mut und Frömmigkeit, Selbstbeherrschung und vornehmes Empfinden, vor allem Demut, Wachsamkeit und Strenge gegen sich selbst treten einem fast auf jeder Seite entgegen. Zugleich ist es ein vorzügliches Zeit- und Sittenbild, wie wir deren – in bezug auf *diese* Schicht der Gesellschaft – nicht allzu viele haben.« Um auch von »Ton« und »Schreibweise« Seegebarts einen Eindruck zu vermitteln, geben wir die Tagebuchnotizen, die Fontane in W III[1], S. 445–451 (Anmerkungen), aufführt, originalgetreu wieder: »*Dorf Werder bei Rüdersdorff.* Den 14. Februar marschirte das Regiment vor 9 Uhr aus Berlin auf Landsberg; allwo ich dito um 1 Uhr anlangte und mein Quartier bekam bey einem Schuster Namens Steinhorst. Auf dem Wege war ein kranker Bursch von des Obristlieutenant v. Schulenburg Compagnie Namens Thoren gestorben, der daselbst auf dem Kirchhofe begraben wurde. Unterwegs traf ich ein Commando Bürger an, die 300 weniger 1 Recruten nach Berlin gebracht hatten von kaiserlichen Deserteurs, wie mir denn auch kurz nachher noch ein dergleichen Commando begegnete, das 25 Mann dergleichen Recruten dorthin begleitete. / Ich sprach zu Alten Landsberg den Oberprediger Herrn Martini, und fand den Diaconum Herrn Kampen bey ihm, der erste schien ein conduisirter Mann zu seyn. / Aus Berlin fuhr ich mit einem in Gottes Willen gelaßenem Gemüthe. Der Herr gebe mir eine gläubige in ihm getroste und freudige Seele! / Den 15. um 7 Uhr marschirte das Regiment aus Landsberg, das zu den Zeiten, da es noch den Herrn von Schwerin zugehört, ein Sitz der Socinianer gewesen, und wurde in 5 Dörffern unterm Amte Rüderstorf einquartiert. Ich bekam mit den Obrist Wachtmeistern von Götz und Osten mein Quartier im Dorfe Werder, vor dem Ende bey einem Manne namens Fleischhauer, so ein klein Freiguth besaß, wo man mir alle Willfährigkeit erwieß. Der Prediger dieses Orts von Einem, ein Edelmann der Geburth nach, stund bei den Leuten in geringem Credit, weil er Narrentheidinge auf der Cantzel und andere Possen auf der Cantzel vorbringe, darüber nicht nur Zuhörer, sondern auch er selbst la-

chen müße. Des Abends ging ich zu ihm, und blieb bey ihm zum essen, wozu er mich auch den folgenden Tag bitten ließ. Er ist ein freier Mann, der doch vieles vom Glauben und Buße saget. Weil er ein hannöverisch-Göttingischer patricius, so nennet er die Bauer, denen er durchaus gram ist, nur den Pöbel und die Canaille. Mein hospes mag wol ein privat-Haß wider ihn haben, weil er seine Frau, die von einem Grenadier geschwächt 10 Wochen nach ihrer Hochzeit entbunden worden, zwar als Jungfer aufgeboten, aber es auch hernach öffentlich gerüget hat. / Herr Jesu sey Du meine Weisheit auch in der Führung meines Amts! / Den 16. ward vom Major v. d. Osten zum essen gebeten, weil es aber schon dem Prediger zugesaget, so refusirte es bey diesem, und zu jenem nahm Mr. Warnicke mit. Nachmittags ritte auf eine Viertheil-Meile von meinem Quartier nach Zindorff zum Prediger Hrn. Scheibler, einem Sohn des ehemaligen Inspectoris zu Lindo bey Ruppin. Die Frau ist ein kluges conduisirtes Weib, Er selbst nicht ohne wahre Gottesfurcht und gründliche Erkenntniß vieler Wahrheiten. Sein antecessor Kohlhart ist vor 14 Jahren ausgetreten mit etlichen 100 Thlrn. Kirchen-Geldern, weil er sammt seinem Vater mit seiner gehabten Magd in Unreinigkeit gelebt, und auch sonst nicht nur unanständige Handthierung getrieben, sondern auf alle mögliche Weise ein höchst ärgerliches Leben geführt. Der Hr Scheibler hat vielen Verdruß ausstehen müssen, weil er die Unordnung abgestellt wissen und unter das unbändig rohe Volk · Erkenntniß des Heils bringen wollen. / NB. Hier habe 3 rationes bekommen, da mir in dem ersten Nacht-Quartier nur 2 gereichet worden. / *Fürstenwalde* 17. Februar. Morgens um 7 Uhr reisete von Werder ab und kam um 11 Uhr in Fürstenwalde an, allwo ich mein Quartier bey einer Kunst-Pfeiffer-Wittwe, die Hörnichin genanndt, bekam. Sie hat 2 mannbare Töchter, die bey ihrer großen vorgeblichen und scheinbaren Dürfftigkeit der Galanterie ergeben zu seyn mir vorkamen. Der Herr gebe, daß ich mich irre. Auf dem Marsch stießen mir manche kleine widrige Zufälle auf, welche mir Gelegenheit gaben, die Nothwendigkeit der Wachsamkeit auch dabey zu erkennen. / Nachmittags machte Visite beym Archidiacono Herrn Baumann. Herr Baumann hat eine Lieberkühnia aus Berlin. Es gefiel mir nicht übel im Hause bey ihnen, wie sie denn auch nebst einem vorgesetzten Caffee auch das Abendessen mich bey ihnen einnehmen ließen. / Der Mann scheint ein gutes Gemüth zu haben. Sie ist ziemlich cholerisch. Er hat zuerst unter dem (ni fallor) Dewitzischen Regiment cavallerie in Preußen gestanden, nachdem er 2 Jahr zuvor beym vorigen Feld-Probst Gädicken im Hause gewesen. Hernach ist er Prediger zu *Bernäuchen* unter der Bernauischen Inspection geworden. Darauf zu Charlottenburg bey Berlin; von wo er auf Vorschlag des Feld-Probsts Carstedt nach Fürstenwalde gekommen. Multum in discordiis versatus est et apud Carolinaburgenses et ita esse dicitur apud Fürstenwaldenses. / *Frankfurt.* Am 18. ging ich nach Frankfurt, wo ich abends gegen 8 Uhr arrivirte. Ich fand daselbst beym Pastore der Unterkirche Herrn Hitzwedel den Herrn Feldprobst nebst einem Fähnrich Glasenapschen Regiments von Hart, welcher bekehret seyn soll. Man empfing mich mit complaisance. Ich nahm mein quartier samt dem Feld-Probst bey einem Kamm-Macher Herrn Wiesiger einem guten Freunde des Hrn. Hitzwedels. / d. 19. Weil es ein Sonntag war, *so hörte 3 Predigten*: Vormittags in der Oberkirche einen alten Candidaten nahmens Hortleder, so zur Probe predigte zur Pfarre in Kunersdorff, einem Dorfe so dem Magistrate in Frankfurt zugehörig. Eine so schlechte und magere Predigt habe lange nicht gehöret. Denn es war der Vortrag so indiscret, daß er nur lauter bekehrten Christen, deren er wol wenige vor sich haben mogte, predigte. / Die ganze Predigt war ein ausgedörrtes Sceleton, dessen Theile kaum aneinanderhingen. Er wollte das ganze Evangelium erklären, vergaß aber die Hauptsache und blieb bei den magern Umständen des Orts, der Zeit etc. ohne es durch porismata zu appliciren; begieng auch das falsum, daß Christus nachher niemals mehr vom Teufel versucht worden, da gleichwol einer der Evangelisten ausdrücklich meldet, daß der Teufel nur NB. eine Zeitlang von ihm abgelassen. Um die Mittagszeit hörte in der *Unter*-Kirche den Hrn. Ellinger, Archidiaconum daselbst. Der Mann mag nicht ohne Gnade seyn, steht aber in einer gar zu heftigen Gemüthsfaßung. Theilet aber sonst das Wort recht. Die Bitterkeit, so er gegen das auditorium zu haben scheint, mag vielen Segen hindern. Nachmittags hörete in der Oberkirchen (bey jetziger vacantz des diaconats, wozu Herr Hitzwedel gelangen wird) diesen Hrn. Hitzwedel. Er predigt noch so wie sonst zu Berlin i. e. biblisch, aber ohne specielle application an die herkömmlichen Bräuche, die Zuhörer zum Herrn Jesu zu ziehen. Der Herr lehre und beßere uns und gebe mir Gnade, die an euch bemerkten Fehler zu meiner Besserung anzuwenden. / In Frankfurt giebt es viel schöne Leute. / Die Universität war sehr schwach, so daß nach der Aussage Mr. Colbergs stud. theol. Luther. die Anzahl der Studenten nicht über 120 belaufen mögte. / In der Oberkirche war eine schöne Musique, weil ein Dankfest, daß Gott vor etwa 200 Jahren (anno 1565) die contagion und Wassers-Noth abgewandt, gefeiert wurde. 2 Paar Pauken, die Trompeten und schöne Orgel machten ein gewaltiges Gethöne. Die Leute haben unter der Music die Gewohnheit, daß sie ins gesammt ein Gebet oder sonst etwas lesen, weil, wie einer sagte, sie doch vom Text der music nichts verständen. Die Schule soll unter dem Rectorat des Hrn. Christgau mehr ab- als zunehmen. In prima classe sollen etwan 20 sein. Daß seine Frau sich in Schulsachen mischt, soll Schuld daran seyn. / Vormittags besuchte Hrn. Hitzwedel und Ellinger, der mir manches von dem irregulären Verhalten des Predigers Colberg's erzählte, item von seines Collegen Frauen, die auf einer Hochzeit in Mariti Gegenwart brav mitgetanzet, zuletzt auch mit den gemeinsten Bürgern; item ein andermal nicht nur dieses, sondern sich auch von mehrern Anwesenden, auch Studenten öffentlich küssen lassen. Er referirte mir auch manchen falschen Streich, den er ihm gespielt, item von so vielen Leiden, die er ausgestanden um des angelegten Waisenhauses willen, da er auch von den hospitaliten einmal sey geprügelt worden. / *Reppen.* Den 21. ging der Marsch auf Reppen. Ich fuhr aus morgens um 9 Uhr und langte mit dem Regiment um 1 Uhr daselbst an. Das quartier bekam beym Ober-Pfarrer Herr Klewer obgleich das billet auf den Diaconum gerichtet war. Denn aus Irrthum und vielleicht besonderer göttlicher direction wieß man uns dorthin. Reppen ist ein ebener Flecken, oder, weil es drei Bürgermeister hat, eine mäßige, aber pauvre Stadt. Herr pastor primarius Klewer ist 14 Tage lang unter dem jetzigen Glasenapschen, ehemals Wartenslebenschen Regiment musquetier gewesen. Auf Vorstellung der jetzt verwittweten Königlichen Frau Mutter aber wieder losgegeben worden; hernach auf recommendation höchst derselben in seinen jetzigen posten gekommen, der immer jährlich bis 600 Thlr. und darüber einträgt, aber auch mit vieler Arbeit verknüpft ist. Er ist ein ansehnlicher Mann. Schade daß er nicht fromm ist. Wenn sein natürliches Ehrgefühl und hospitalitas geheiliget wäre, würde er nutzbar und angenehm seyn. Er dünkt sich ein starker Wolffianer zu seyn. Da ihm aber auf die Zähne fühlte mit einem Paar dubiis, so sahe wohl, daß er etwas, aber nicht viel von der Philosophie wußte. / Hätte sein Weib Anleitung zur Gottseligkeit, sie würde Gott sehr treu seyn, da sie bey einem natürlichen Wesen so sehr viel artiges und gutes an sich finden lässet. Der Herr helfe ihr, und sey gelobt, daß er meine Seele nicht ohne Gnade in dieser Wüste gelassen. / Den 22. Febr. war Ruhetag, doch nicht für mich; denn ich reisete mit meinem Hrn. hospite und hospita, ich zu Pferde und sie im Wagen, nach Drentzig zum Hrn. Büttner Past. 1., weil er uns invitirte. Dieses Dorf liegt nach Frankfurt zu $^1/_2$ Meile von Reppen. Wir trafen daselbst den Amtmann von Neuendorf Hrn. Baier, der Hrn. Büttner die Kirchen-Rechnung abnahm. Meine Seele fand daselbst keine Ruhe und gefiel mir nichts, als daß Herr Büttner zu einem weggehenden Kirchen-Vater sagte: fürchtet Gott und betet fleißig. Gott lehre es euch recht! / *Sternberg.* Den 23. ging der Marsch nach Sternberg, einem etwas kleinern und geringern Ort als Reppen, und umliegende Dörfer. Ich sprach unterwegs zu Botscho beym Prediger Hrn. Pirscher ein, weil ich einen Brief von Hrn. Klewer an ihn zu bestellen bekommen. Dieser, ein ehrlicher, und wo nicht wahrhaft frommer, doch vom Reich Gottes nicht weit entfernter Mann, gab mir, meinen Leuten und Pferden zu essen und Futter und bewieß sich sonst in allen Stücken cordat. Er dimittirte mich mit vieler tendresse und Freundschaftsbezeugung, und ich kam in Sternberg um 4 Uhr an, da ich des Morgens $^3/_4$ auf 10 Uhr aus Reppen gereiset. Mein Quartier daselbst ward mir angewiesen bey dem Prediger Herrn Landvoigt, einem Manne der den Schein eines gottseligen Wesens, oder wenn dieses nicht, doch den Namen davon haben wollte: aber nichts von der Kraft der Gottseligkeit an sich hatte. Indes that er mir und den meinigen Gutes. / Das Land Sternberg heißt das Knödel-Land, weil viel Knödel-Bäume* [*Fußnote: wilde Obstbäume] auf dem Felde sowie bey mir die Eichbäume stehen. Und ist der Adel darin gleichsam gesäet. Allein in dem kleinen Flecken sollen nach Aussage des Herrn Landvoigts an die 60 adeliche Personen seyn. Zum Spaß, sagte mir Hr. Klewer zu Reppen nach seinem aufgeweckten Naturell, hat man daselbst das Sprüchwort: ›die Adelichen wären vom Teufel gesäet und als er über Sternberg gekommen, sey ihm der Sack aufgegangen‹. / *Züllichau.* Den 24. Februar marschirten wir in die Herrschaft des Grafen von Rottenburg. Ich wurde zur Compagnie des Major v. Rintorf und des Capitain v. Nekern gesellt und bekam auch Quartier in Driebitz, einem kleinen Dorfe. Ich bey dem Dorf-Schulmeister nahmens Elias Brose. Der Prediger dieses Orts wohnt zu Beutnitz, einem kleinen Städtchen: er heißet Schultze. Er hat 6 Dörffer, die zu ihm in die Kirche kommen müssen. In der Neumark haben die Prediger zum Theil schon viel Dörffer und müssen mehrere 3 mal, der Sternbergische 4 mal an einem Sonntage predigen. Die Leute reden hier schon sehr unverständlich, ob es gleich noch 4 Meilen dießeit Züllichau lieget. / NB. Gedachter Herr Graf ist ein Bruder des in französischen Diensten bisher gestandenen von unserm König zurückberufenen und zum Obristen über ein Regiment Cavallerie ernannten Grafen von Rottenburg.* [*Fußnote: Rothenburg. F.] / Den 25. Febr. war Ruhe-Tag zu Driebitz. Ich ließ mein Zelt aufschlagen und speisete des Mittags mit den Lieutenants von Heine und Katte beym Capitain von Nekern. / Den 26. Februar marschirten um 7 Uhr die 2 vorher in Driebitz gestandenen Compagnieen nach Blumberg, wo auch die vom Capitaine von Bandemer zu uns stieß. Dieses Dorff gehört der verwittweten Baronesse (oder vielmehr ihren noch unmündigen Kindern) v. Schmettau. Es ist außer 4 Häusern vor beynah 4 Jahren gantz abgebrannt und nun neu mit regulairen Straßen auf einem andern Orte aufgebauet. Es war beschlossen, daß ich sammt den Officiers auf dem Schlosse speisen sollte. Weil man aber aus vorgegebener Unwissenheit meines quartiers, mich nicht formellement invitirte, so blieb zurück und aß schon bey meinem Wirthe, als mir mein Knecht die von dem Amts-Schreiber committirte invitation brachte. Mein hospes war ein Schneider wie der zu Driebitz Nahmens Wotscheski; die Einwohner dieses Orts müssen nach Pommertzig, $^1/_4$ Meile davon nach Züllichau zu, in die Kirche gehen. Woselbst der Prediger Hr. Samuel Borchart etwa auf die 8 Jahr gestanden. / Eine starke Meile hinter Blumberg kam der Major von Goetz uns entgegen aus der blocquade von Glogau, der daselbst hart kranck gelegen, auf ausdrücklichen Befehl des Königs, der sich noch gestern bey seiner Abreise dort befunden. Glogau ist noch nicht an die unsrigen übergegangen gewesen. Auch sind damals eben noch nicht Anstalten gemacht worden, die Festung mit Gewalt anzugreiffen. / Den 27. ging das ganze Regiment nach Züllichau, wo wir um 11 Uhr anlangten. Mir wurde Quartier gegeben beym Bürgermeister Segenitz, dessen Ehefrau eine Schwester von dem unglücklichen zu Berlin ausgestäupten Geheimen Rath Wilken war. / NB. Zu Blumberg vernahm auch, daß der Prediger in Pommertzig Hr. Samuel Borchart ein redlicher Mann wär. Die Leute, bey denen mein Quartier bekam waren ungemein redlich, dienstfertig und gottesfürchtig. / In Züllichau verhielt sich der Lieutenant von Klöden und der Hr. Capitain sehr grob gegen mich und ließ mir sagen künftig noch gröber zu seyn, doch dieses mir nicht unmittelbar, sondern durch andere. Er praetendirte mein quartier, das mir durch ein billet, da ich noch eine Stunde eher ankam als er, war zugetheilet worden. Ich sprach des Abends Hrn. Cantor Kannengießer daselbst, der mich des Abends mit sich zum essen nahm wo ich Hrn. Diaconum Kampe nebst seiner Frau antraff. Ich wurde nicht wenig erquicket. / Den 28. war Ruhetag. Ich besuchte das Waisenhaus und dessen Buchladen. Hr. pastor Steinbart an demselben bewieß mir viel Liebe. Gott hat ihn reichlich begnadigt.« Fontane fügte hinzu: »Am 1. März marschierte das Prinz-Leopoldsche Regiment, samt seinem Prediger Seegebart, in *Schlesien* hinein. Seegebart setzte das Tagebuch bis zum Beginn der Winterquartiere (18. November 1741) fort. Dann gibt er uns noch – in einem Briefe an den Professor Michaelis in Halle – eine Beschreibung seiner Beteiligung an der Bataille von Chotusitz, aus der wir im Text die Hauptstelle bereits zitiert haben.«

361 *der achtzigjährige Pastor Duchstein* – Vgl. S. 620; er war seit 1815 Pfarrer in Etzin.

362 *Grabstein ... Inschrift* – Der Grabstein des Joachim Friedrich Seegebart, geboren 1714 (nicht 1712; 1714 ist übrigens auch in der erwähnten Notizbuch-Eintragung angegeben), steht noch heute an der Außenwand der Etziner Kirche. Daneben ist auch der Grabstein des von Fontane genannten Andreas Lentz (geboren 1639) zu finden.

## *Falkenrehde*

»Am Sonnabend und Sonntag [20. und 21. November] war ich in Paretz, Falkenrehde und Ketzin«, schrieb Fontane am 22. November 1869 an Wilhelm Hertz. »Die Krone, am Sonnabendabend, war Falkenrehde; ich mußte mit einer kleinen Laterne in eine halbverfallene Gruft hinunter, um dem Obersten von Weiler meinen Besuch zu machen, der daselbst (ähnlich wie Katte in Wust) enthauptet in einem einfachen Sarge ruht. Von Weiler lebte unterm Großen Kurfürsten. Es gibt da noch viel zu forschen; ich habe vor, mich an Droysen zu wenden.«

Der Aufsatz, an dem der Autor gleich im Anschluß an diese Reise gearbeitet hat, wurde am 30. Juli 1871 in der Sonntagsbeilage der »Vossischen Zeitung« vorabgedruckt. Am 29. Juni 1871 hatte Fontane Hermann Kletke, dem Chefredakteur des Blattes, das Manuskript mit den Worten zugeschickt: »Anbei habe ich die Ehre, noch einen Aufsatz, den *letzten* und eine Art Seitenstück zu dem Katte-Aufsatz, zu übersenden. Es ist, neben allerhand Beiwerk, ein Besuch in der Falkenrehder Gruft und Erörterung der Frage: ›Wurde Oberst Ernst von Weiler heimlich enthauptet oder nicht?‹

Ich glaube, es ist ein leidlich interessantes Thema. Ende gut, alles gut.«

Als Buchkapitel erschien »Falkenrehde« zum erstenmal in der zweiten Auflage des »Havelland«-Bandes (1880).

Für die Arbeit an dem Kapitel hat Fontane Paulis Werk »Leben großer Helden ...« (vgl. das Literaturverzeichnis, S. 662) benutzt.

363 *Die Sage gebiert ...* – Die Verse stammen wahrscheinlich von Fontane.
*königliche Schatulle* – Vgl. die erste Anm. zu S. 343.
*freiwilliger Jäger* – Vgl. die dritte Anm. zu S. 128.
*pastor loci* – (lat.) Ortspfarrer.

365 *Kirchhofsportal* – Das 1803 von Friedrich Wilhelm III. gestiftete schmiedeeiserne Gittertor existiert noch.
*Kirche ... Gruft* – Die Mitte des 18. Jahrhunderts errichtete Dorfkirche in Falkenrehde wurde 1910 im Neurenaissance-Stil umgebaut. Sie erhielt, nach Abbruch des alten Turms an der Westseite, einen neuen Turm an der Nordostecke, zwei Vorhallen an der Südseite sowie eine gewölbte Decke im Innenraum. Das Interieur wurde 1910 ebenfalls erneuert; von dem früheren Inventar ist lediglich das bemerkenswerte barocke schmiedeeiserne Taufgehänge erhalten. Die von Fontane beschriebene Gruft wurde beim Umbau der Kirche zugeschüttet.
*Brautkronen* – Vgl. die vierte Anm. zu S. 427.
*Toupet* – (franz.) Schopf; Modefrisur des ausgehenden 18. Jahrhunderts, bei der die Haare über der Stirn gekräuselt waren.

367 *1674 ... am Oberrhein* – Auf Grund eines Bündnisvertrages mit Österreich, den Generalstaaten (Holland), Spanien und Dänemark vom 1. Juli 1674 beteiligte sich Brandenburg gegen Zahlung von Subsidien am Reichskrieg gegen das expansive Frankreich.
*Schlacht von Warschau* – Vgl. die zweite Anm. zu S. 329.
*Oberstwachtmeister* – Alte Bezeichnung für Major.
*Schlacht bei Fehrbellin* – Vgl. die vierte Anm. zu S. 8.
*Belagerung von Stralsund* – Zwischen Juli und Oktober 1676 besetzte Kurfürst Friedrich Wilhelm Anklam, Demmin, Usedom und Wollin; im Januar 1678 das lange belagerte Stettin; im September Rügen; im Oktober Stralsund und im November 1678 Greifswald. Damit befand sich Vorpommern, das durch den Westfälischen Frieden (1648) an Schweden gefallen war, in brandenburgischem Besitz; es mußte allerdings auf Grund des Friedensvertrages von St-Germain-en-Laye

(29. Juni 1679) unter dem Druck Frankreichs an Schweden zurückgegeben werden. Vgl. auch »Das Oderland«, Kap. »Gusow«; Band 2 dieser Ausgabe.

367 *Paulis »Leben großer Helden«* – Vgl. das Literaturverzeichnis, S. 662.

368 *Stücke* – Geschütze.

*halbe Kartaunen* – Halbkartaunen: Kanonen, mit denen zwölfeinhalb Pfund schwere Kugeln abgeschossen wurden.

*1689 ... Belagerung von Bonn* – Infolge des Pfälzischen Erbfolgestreits (seit 1685) drangen 1688 zu wiederholtem Male französische Truppen in Deutschland ein. 1689 begann wiederum ein Reichskrieg gegen den Aggressor, der bis 1697 andauerte und an dem sich auch Brandenburg beteiligte. Dabei wurde auch Bonn belagert.

*Kaiser Leopold* – Leopold I.

*Kronprinzliches Palais* – Klassizistischer Bau Unter den Linden; geschaffen 1857 von Johann Heinrich Strack durch Umbau eines älteren Gebäudes (wahrscheinlich des Weilerschen Hauses). Das Palais wurde 1945 zerstört und 1969 wiederaufgebaut.

*sein Nachfolger* – Kurfürst Friedrich III. (seit 1701 als Friedrich I. König).

*Frundsberg* – Kaiserlicher Heerführer im ersten Viertel des 16. Jahrhunderts, der wegen seiner Kriegstaktik und Belagerungskunst berühmt war.

*salvum conductum* – salvus conductus: (lat.) Schutz-, Geleitbrief.

*Feldzeugamt* – Verwaltungsstelle im preußischen Kriegsministerium.

369 *die Norne in Walter Scotts »Piraten«* – Scott beschreibt im 5. Kapitel seines Romans »The Pirate« (1822; dt. 1829 »Der Seeräuber«) die (nach einer der drei Schicksalsgöttinnen der germanischen Mythologie benannte) schottische »Norne« von Fitful-Head, eine alte Frau, sowohl »auffallend durch das Äußere als hochfahrend in ihren Ansprüchen«, »edel und wohlgebildet«, aber durch die »Verheerungen der Zeit« gezeichnet, die als Seherin und Prophetin verehrt wurde.

*Tournure* – Haltung, Gewandtheit.

*Obertertia* – Die vierte Klasse eines Gymnasiums.

*Schlochau ... Deutsch-Krone* – Kleinstädte im ehemaligen Westpreußen.

371 *tic douloureux* – (franz.) nervöser Gesichtsschmerz.

## *Zwei »heimlich Enthauptete«*

Der Aufsatz, dessen Entstehungszeit nicht nachgewiesen werden kann, wurde am 27. Oktober 1875 im »Wochenblatt der Johanniter-Ordens-Ballei Brandenburg«, Nr. 43, S. 249ff., vorabgedruckt und erschien in der zweiten Auflage des »Havelland«-Bandes (1880) zum erstenmal als Buchkapitel.

372 *Auch Tröstliches ...* – Der Spruch stammt wahrscheinlich von Fontane.
*Weiße Frauen* – Vgl. die erste Anm. zu S. 75.
*Graf Adam Schwarzenberg* – Vgl. die zweite Anm. zu S. 80.
*Nikolaikirche ... Begräbnistafel* – Vgl. S. 101ff. sowie die erste Anm. zu S. 101 und die fünfte Anm. zu S. 101.
374 *Riesengarde* – Die sogenannten »langen Kerls« oder (nach ihrer Uniform) »großen Blauen«, meist mit Gewalt oder List zum Dienst gepreßte, sehr große Soldaten, bildeten die Leibgarde Friedrich Wilhelms I.
*Feldzug gegen die Schweden* – Preußen beteiligte sich in den Jahren 1715–1720 am Nordischen Krieg (1700–1721), den Dänemark, Polen, Sachsen und Rußland gegen Schweden führten, das eine Vormachtstellung im Ostseegebiet innehatte. Auf Grund des Stockholmer Friedensvertrages vom 1. Februar 1720 erhielt Preußen den größten Teil Vorpommerns, das Kurfürst Friedrich Wilhelm 1678 erobert und 1679 wieder an Schweden abgetreten hatte (vgl. die fünfte Anm. zu S. 367), zurück.
*Donationen* – Schenkungen.
375 *»Hotel Einsiedler«* – Seinerzeit vornehmstes Potsdamer Hotel (Schloßstraße 8); es wurde 1945 zerstört.
*Diogenes in der Tonne* – Der griechische Philosoph Diogenes von Sinope (4. Jahrhundert v. u. Z.) soll, seine Bedürfnislosigkeit und Kulturverachtung demonstrierend, in einer Tonne gehaust haben.
*Einnahme Prags* – Im Zweiten Schlesischen Krieg (1744/45) fiel die von den Österreichern besetzte Festung Prag im September 1744 durch Kapitulation an die Preußen.
376 *Garnisonkirche* – In Potsdam. Vgl. Band 6 dieser Ausgabe.
377 *Wiepersdorf* – Gottfried Emanuel von Einsiedel, damals preußischer Major, hatte das »Ländchen Bärwalde«, zu dem Wiepersdorf (bei Jüterbog) gehörte, 1734 für 79200 Taler gekauft. 1780 kam es als Mitgift in den Besitz des Kammerherrn Joachim Erdmann von Arnim, der es seinem Sohn Ludwig Achim vererbte. Für Achim und Bettina von Arnim war das

barocke Wiepersdorfer Herrenhaus (1731–1738; 1780 und 1878 umgebaut), das heute als »Künstlerheim Bettina von Arnim« (Stiftung Kulturfonds) genutzt wird, ein bevorzugter Aufenthaltsort.

*Wust*

Bunte Bilder in raschem Lauf
Steigen wechselnd vor mir auf:
Wust, der alte Kattesitz,
Im Sarge der Freund von Kronprinz Fritz.
Roter Abendschimmer umfloß
Die alte Linde vorm Bismarckschloß.
Und Mond und Wolken sah ich ziehn
Über Turm und Pappeln von Redekin.
Wünsche, die lang ich im Herzen getragen,
Wurden erfüllt in diesen drei Tagen,
Und ein dankbar Angedenken
Werd ich den Damen des Hauses schenken.

Dieses Dankgedicht schickte Fontane im Anschluß an seine Wust-Reise vom 16. August 1867 an Pauline von Katte, die Frau des derzeitigen Gutsbesitzers.

Der Aufsatz entstand im Frühsommer 1870 – vorwiegend auf der Grundlage des Materials, das Frau von Katte dem Autor zur Verfügung gestellt hatte (vgl. S. 389).

Der Vorabdruck erfolgte in der »Vossischen Zeitung« vom 2. und 9. April 1871 (Sonntagsbeilagen Nr. 14 und 15). Am 4. April schrieb Fontane an Hermann Kletke, den Chefredakteur des Blattes: »Die zweite Hälfte des Katte-Aufsatzes habe ich heute schon an den Faktor eingesandt; es fehlt noch etwa eine Spalte, die ihm bis morgen (Mittwoch) nachmittag zugehen wird.«

Der Schlußteil des Kapitels (ab S. 389: »Ein heller Augusttag ...«) wurde ferner – unter der Überschrift »Die von Kattesche Familiengruft in Wust bei Jerichow« – in der Zeitschrift »Der Bär«, Jg. 2, Nr. 19 vom 1. Oktober 1876, S. 180 ff., veröffentlicht. Diesem zweiten Vorabdruck hat der Autor folgende kurze Einleitung vorangestellt: »Die preußisch-brandenburgische Geschichte, vielleicht mit alleiniger Ausnahme der Schlacht bei Fehrbellin, weist kein Ereignis auf, das von seiten der Spezialhistoriker mit größerer Vorliebe behandelt worden wäre als das Trauerspiel auf Bastion Brandenburg in Küstrin: die Hinrichtung Hans Hermanns von Katte. Aber so eingehend und umfangreich jene No-

*Kirche in Wust*

vembertage 1730 dargestellt worden sind, jene Stätte, wo der unglückliche Freund des großen Königs geboren, und jene andere, wo er beigesetzt wurde: der Herrensitz zu Wust und die Familiengruft der Kattes ebendaselbst, sie sind unbeschrieben, vielleicht sogar – wenn wir diejenigen, die durch bloße Neugierde herbeigelockt wurden, außer Betracht lassen – auch unbesucht geblieben.«

Als Buchkapitel erschien »Wust« zum erstenmal in der zweiten Auflage des »Havelland«-Bandes (1880). Dabei ist das im Vorabdruck zitierte Briefmaterial (bis auf den Brief von Kattes Vater an seinen Bruder vom 25. August 1730; vgl. S. 382) entfallen; Fontane hatte es im März 1879 in das Manuskript für die dritte Auflage des »Oderland«-Bandes (Kap. »Küstrin«, Abschnitt »Die Katte-Tragödie«; vgl. Band 2 dieser Ausgabe, S. 295–335 und die Vorbemerkung zu diesem Kapitel im Anhang) eingearbeitet, die im Dezember 1879 erschienen war. (Auf dieses Katte-Kapitel in »Oderland« – nicht auf das »Wust«-Kapitel in »Havelland« – bezieht sich übrigens auch die Bemerkung des Autors im Brief an seine Tochter vom 16. Oktober 1879: »Damit Deine diesjährige Mecklenburger ›Saison‹ nicht ganz ohne Lebenszeichen von meiner Seite verläuft, raff ich mich aus einem Wust von Korrekturbogen – die beiläufig Wust behandelten – auf, um Dir mit der bekannten dikken Feder einen kl. Brief zu stiften.«)

Ausführliche Aufzeichnungen über Wust und die Familie von Katte, zum Teil schon mit Brouillon-Charakter, finden sich in Fontanes Notizbuch A 18, Blatt 1–26.

378 *Und so schreiten …* – Das Motto stammt wahrscheinlich von Fontane.

*alter Sitz der Familie von Katte* – In den Besitz von Wust (zwischen Tangermünde und Rathenow, im Elb-Havel-Winkel) teilten sich seit 1376 die Familien von Katte und von Britzke; erst seit 1608 gehörte das Dorf den Kattes allein. Da die Familie noch weitere Dörfer in der Umgebung von Wust besaß, wird diese Gegend der »Kattenwinkel« genannt.

379 *Herrenhaus* – Das Wuster Herrenhaus, ein einfacher, schmuckloser Bau aus dem Jahre 1726, ist gut erhalten; lediglich die später angebauten Seitenflügel sind (bis auf einen) 1945 abgerissen worden. Das 1977 renovierte Gebäude beherbergt die Schule des Dorfes.

*König* – Friedrich I.

*Niederlande … Schlacht bei Ramillies* – Die Niederlande zählten zu den Hauptkriegsschauplätzen im Spanischen Erbfolgekrieg (1701–1714), einer militärischen Auseinandersetzung um das Erbe des 1700 gestorbenen letzten spanischen

Habsburgers, Karls II. Um die drohende Hegemonie Frankreichs auf dem europäischen Kontinent wirksam zu bekämpfen, hatten England, die niederländischen Generalstaaten, Österreich, Preußen, Savoyen und Portugal die »Große Allianz« gebildet. In der Schlacht bei Ramillies (nördlich von Cambrai) besiegten die Alliierten unter dem Herzog von Marlborough am 23. Mai 1706 die französischen Truppen unter François de Neufville, Herzog von Villeroi; Frankreich verlor dadurch den größten Teil der spanischen Niederlande.

380 *Kirche* — Einschiffige romanische Backsteinkirche, errichtet und geweiht zwischen 1191 und 1206. Der Turm, ein Fachwerkbau mit Schindeldach, stammt wahrscheinlich aus dem 18. Jahrhundert. Das Kircheninnere enthält ein bemerkenswertes barockes Inventar: Tafelmalerei an Decke und Wänden, reich verzierte Holzkanzel mit Inschriften, Sandsteinepitaph (1706) und Hochrelief-Porträt (mit Familienwappen) des sächsischen Geheimen Rats und Hofmarschalls Hans von Katte. An der Außenwand der Kirche, deren Dach 1976 erneuert wurde, befinden sich drei (zum Teil beschädigte) mit Reliefs versehene Grabplatten der Kattes (wahrscheinlich aus dem 16. und 17. Jahrhundert); ihre Inschriften sind nur noch teilweise zu entziffern. — Aufzeichnungen über die Sehenswürdigkeiten der Wuster Kirche finden sich in Fontanes Notizbuch A 18, Blatt 1–3.

381 *Gruft* — Die Familiengruft, über deren Eingang die Inschrift »Ruhestätte derer von Katte« angebracht ist, enthält insgesamt vierzehn Särge, darunter den Marmorsarkophag des Feldmarschalls Hans Heinrich von Katte, den einfachen Holzsarg von Hans Hermann von Katte sowie zwei Kindersärge.

382 *Euer Sohn* — Ludolf August von Katte.
*abandonnieren* — aufgeben, preisgeben.
*König* — Friedrich Wilhelm I.
*Estafette* — (franz.) Meldereiter.
*Dessein* — (franz.) Vorhaben, Vorsatz.
*reussieret* — seinen Zweck erreicht.

383 *»... als daß die Justiz aus der Welt käme«* — Die von Fontane oft zitierte Sentenz Friedrich Wilhelms I. geht wahrscheinlich zurück auf den Wahlspruch Kaiser Ferdinands I. (1556–1564): »Fiat justitia et pereat mundus« (Die Gerechtigkeit nehme ihren Lauf, wenn auch die Welt dabei zugrunde geht).
*Haspen* — Hier: Schließhaken.

385 *Der König* — Friedrich II.
*Thronbesteigung* — 1740.

386 *fait accompli* – (franz.) vollendete Tatsache.
*großer Park* – Der hinter dem Wuster Herrenhaus gelegene weiträumige Park mit Überresten künstlich angelegter Gewässer wurde zum Landschaftsschutzgebiet erklärt.
*das Rheinsberger Leben das Vorbild* – Vgl. »Die Grafschaft Ruppin«, Kap. »Zwischen Boberow-Wald und Huwenow-See oder Der Rheinsberger Hof von 1786 bis 1802«; Band 1 dieser Ausgabe.
*das Leben in Tamsel* – Vgl. »Das Oderland«, Kap. »Tamsel« II; Band 2 dieser Ausgabe.
*in Schwedt* – Schwedt an der Oder, die Residenz der Markgrafen von Brandenburg-Schwedt, wird von Fontane in den »Wanderungen« nicht behandelt. Lediglich am Schluß des »Oderland«-Kapitels »Von Frankfurt bis Schwedt« (Band 2 dieser Ausgabe, S. 21) wird das barocke Schwedter Schloß erwähnt.
*Friedrichsfelde* – Vgl. »Spreeland«, Kap. »Friedrichsfelde«, Abschnitt 1; Band 4 dieser Ausgabe.
*divertieren* – vergnügen.
387 *Die Elle ward ... länger als der Kram* – Berliner Redensart; soviel wie: Die Kosten wurden größer, als die Sache wert war.
*devastiert* – verwüstet; hier: heruntergewirtschaftet.
388 *der gegenwärtige Besitzer* – Hans Emil von Katte.
389 *Frau von Katte* – Pauline von Katte, geborene von Klützow; vgl. S. 632.
*Erinnerungsstücke* – Fontane verzeichnete und beschrieb die Gemälde in seinem Notizbuch A 18, Blatt 13–15.
*Regiment Gensdarmes* – Vgl. die sechste Anm. zu S. 247.
391 *wie es in Gusow den Überresten des alten Derfflinger erging* – Vgl. »Das Oderland«, Band 2 dieser Ausgabe, S. 211 f.

## *Der Schwielow*

Fontane hat den Schwielow-See und die in seiner Nähe gelegenen Ortschaften im Sommer 1869 gemeinsam mit dem Potsdamer Garnisonschullehrer Wagener besucht (vgl. S. 577).

Der Aufsatz entstand im August 1869 während des Sommerurlaubs in Hermsdorf (Schlesien). Am 22. April 1870 schrieb der Autor an seine Schwester Elise: »Vielen Dank für Deine freundlichen Worte über den Schwielow-Aufsatz, den ich mit besondrer Liebe in Hermsdorf schrieb und dann hier vielfach gefeilt habe. Es ist alles mit dem Haarpinsel gemalt; die meisten aber (meine Ruppiner Freundinnen natürlich ausgenommen) sind für Maurerpinsel und verstehen sich nicht auf den Unterschied zwischen malen und anstreichen. Ich mache den Unterschied; aber — *mir* wird's angestrichen! Ich muß dafür bluten.«

Der Vorabdruck erfolgte — als erster Beitrag einer vierteiligen Aufsatzreihe unter dem Sammeltitel »Der Schwielow und seine Umgebungen« — am 17. April 1870 in der »Neuen Preußischen (Kreuz-) Zeitung«, Nr. 90.

Als Buchkapitel erschien »Der Schwielow« zum erstenmal in der Erstausgabe des dritten »Wanderungen«-Bandes, »Ost-Havelland« (1873), der im Oktober 1872 ausgeliefert wurde.

Ein (bis auf die Mottos) vollständiges, aber im Detail noch erheblich vom endgültigen Text abweichendes, vielfältig korrigiertes Manuskript des Kapitels befindet sich im Märkischen Museum, Berlin; es bildete vermutlich die Grundlage für die Abschrift, die, von Fontane erneut korrigiert, als Satzvorlage diente.

Für die Arbeit an dem Kapitel hat Fontane Reinhards »Sagen und Märchen aus Potsdams Vorzeit« (vgl. das Literaturverzeichnis, S. 663) benutzt.

395 *Mit der Wasser Steigen* ... — Fontane, »Der Wenersee«, Strophe 3, Vers 3 (= erster Vers des Mottos); der zweite Mottovers ist aus Bestandteilen des Gedichts neu formuliert.
*Wenersee* — Größter Binnensee Schwedens.
*Sieh den Schwan* ... — Ewald von Kleist, »Irin«, Vers 12 (zur Hälfte), 13—17.
*konjekturieren* — mutmaßen, raten.

396 *leben und leben lassen* — Sprichwörtlich verwendetes Zitat aus Schillers Drama »Wallensteins Lager« (6. Auftritt).
*Midshipman* — (engl.) Seekadett.
*der Peipus die Hohe Schule ... für die werdende russische Flotte* — Um die wirtschaftliche und militärische Rückständigkeit Rußlands zu überwinden und Zugang zu den Weltmeeren zu finden, entwickelte Zar Peter I., der 1697/98 auf seinen Reisen nach Mittel- und Westeuropa u. a. den Schiffbau studiert hatte, die erste russische Hochseeflotte. Der sehr flache, aber ausgedehnte Peipussee im Nordwesten des Landes stellte dabei ein ideales Ausbildungs- und Versuchsgelände dar.

398 *Drehbassen* — Drehbare Hebebäume.
*Ziegelbetrieb* — Vgl. S. 463—471.
*Maulbeerbäume und Seidenzucht* — Die Blätter des Maulbeerbaums dienen als Futter für die Seidenraupen, deren Zucht in Preußen seit Friedrich II. gefördert wurde, um den Seidenimport einzuschränken. Die Erträge waren, hauptsächlich wegen der klimatischen Bedingungen, minimal.

398 *Weinbau* – Die Weinernten waren in Preußen nie sehr ertragreich, der Wein von schlechter Qualität. Mitte des 18. Jahrhunderts wurden fast die gesamten Weinstöcke durch Frosteinwirkung vernichtet.

399 *Es ist ein eigen Ding um Menschenblut* – Anklang an die Worte des Mephistopheles in Goethes »Faust« I, Vers 1740: »Blut ist ein ganz besondrer Saft.«

## *Caputh*

Zu Fontanes Reise vgl. S. 636.

Der Aufsatz entstand wahrscheinlich im Spätsommer 1869 und wurde – als zweiter Beitrag einer vierteiligen Feuilletonreihe unter dem Sammeltitel »Der Schwielow und seine Umgebungen« – am 24. April und am 1. Mai 1870 in der »Neuen Preußischen (Kreuz-) Zeitung«, Nr. 95 und 101, vorabgedruckt.

Als Buchkapitel erschien »Caputh« zum erstenmal in der Erstausgabe des dritten »Wanderungen«-Bandes, »Ost-Havelland« (1873), der im Oktober 1872 ausgeliefert wurde.

Ein (bis auf die Mottos) vollständiges, aber im Detail noch erheblich vom endgültigen Text abweichendes, vielfältig korrigiertes Manuskript des Kapitels befindet sich im Märkischen Museum, Berlin; es bildete vermutlich die Grundlage für die Abschrift, die, von Fontane erneut korrigiert, als Satzvorlage diente. Frühe Aufzeichnungen finden sich auch in Fontanes Notizbuch A 15, Blatt 32 bis 38.

Für die Arbeit an dem Kapitel hat Fontane folgende Literatur benutzt (die vollständigen Angaben finden sich jeweils im Literaturverzeichnis; vgl. S. 663f.): Reinhard, »Sagen und Märchen aus Potsdams Vorzeit«. – Wagener (Garnisonschullehrer), »Caputh«. – Schneider, »Caputher Urkunden«.

400 *Als Dorothea sich … das Schloß … zum Witwensitz erlas* – Vgl. S. 407f.

*Bellamintes: »Das itzt-blühende Potsdam«* – »1727 erschien hier beim Buchhändler Rüdiger ein ausschließlich von unserer Stadt handelndes Buch in gebundener Sprache: ›Das itzt-blühende Potsdam‹ von Bellamintes. Hinter diesem Namen verbarg sich Georg Belitz, welcher damals Informator der Kinder des Herrn von Hacke auf Uetz und später Diakonus in Niemegk war. Die Dichtung atmet große Heimatliebe und ist von hohem Wert für die Stadtgeschichte, weil der Verfasser nach eigner Anschauung erzählt und schildert, was zu seiner Zeit vorhanden und im Entstehen begriffen war.« (Julius Haeckel,

Das »Schloß« in Caputh

»Geschichte der Stadt Potsdam«, Potsdam 1912, S. 215.) Fontane hat in seinen Reisebeschreibungen mehrfach aus Bellamintes' Buch zitiert.

400 *das Schiff ..., mit dem Kleopatra ... zu dem Antonius ... fuhr* – Der römische Feldherr Marcus Antonius berief die ägyptische Königin Kleopatra im Jahre 42 v. u. Z. von Alexandria nach Tarsus (Kleinasien), um von ihr Rechenschaft über ihre Haltung in dem nach Caesars Ermordung (44 v. u. Z.) ausgebrochenen römischen Bürgerkrieg zu fordern. Kleopatra soll, als Aphrodite geschmückt, auf einem prächtigen Schiff erschienen sein und dadurch die Liebe des Antonius errungen haben. Vgl. auch die dritte Anm. zu S. 186.

*Cydnus* – Kydnos: Kleiner Fluß (heute Türkei), der durch Tarsus fließt.

*coûte que coûte* – (franz.) koste es, was es wolle.

402 *Ponceau* – (franz.) Dunkelrot.

*allerneuste Torf- und Ziegelaristokratie* – Vgl. die sechste Anm. zu S. 337 sowie S. 464–468.

*Rosa Bonheur* – Französische Tier- und Landschaftsmalerin des 19. Jahrhunderts.

403 *Kulmbacher* – Bier aus der oberfränkischen Stadt Kulmbach, das wegen seiner Qualität sehr geschätzt wurde.

*Werdersche* – Vgl. S. 458 f.

*Entrepreneur* – (franz.) Unternehmer, Veranstalter.

*»Territorien der Mark Brandenburg«* – Von Fidicin; vgl. das Literaturverzeichnis, S. 659.

404 *Eine Abkürzung des Weges durch einen Nordkanal* – Gemeint ist der Sacrow-Paretzer Kanal, der in den Jahren 1889–1891 fertiggestellt wurde.

405 *Schloß* – Eingeschossiger Barockbau mit hohem Kellergeschoß; errichtet 1662 von Philipp de la Chieze, 1673 und 1700 umgebaut, erweitert und neu ausgestattet. 1808/09 wurde an der Nordseite ein eingeschossiger Flügel angebaut. Der Festsaal und mehrere Wohnräume, sämtlich mit reichen Stuckdekorationen und Deckengemälden versehen, sowie das berühmte ehemalige Porzellankabinett und der mit handgemalten Delfter Kacheln ausgelegte Sommersaal im Kellergeschoß sind erhalten geblieben; sie zählen zu den besten noch existierenden Zeugnissen des Berliner Frühbarock. Das Schlößchen Caputh, umgeben von einem kleinen Landschaftspark, wird als Schloßmuseum wiederhergestellt. – Ein Inventarverzeichnis findet sich in Fontanes Notizbuch A 15, Blatt 32–38.

*Tegel ... Schlößchen* – Vgl. die zweite Anm. zu S. 163.

406 *Generalquartiermeister* – Mit besonderen Aufgaben betrauter (ursprünglich hauptsächlich für die Unterbringung der Truppen verantwortlicher) hoher Offizier des Generalstabes.
*Potsdamer Stadtschloß* – Vgl. die erste Anm. zu S. 194.
*Berliner Schloßbau* – Vgl. die dritte und vierte Anm. zu S. 49.
*Ausführung des Friedrich-Wilhelms-Kanals* – Der Friedrich-Wilhelms- oder Müllroser Kanal, gebaut zwischen 1662 und 1668, stellte seinerzeit die einzige Verbindung zwischen Oder und Spree dar. Er wurde 1887–1891 durch den leistungsfähigeren Oder-Spree-Kanal ersetzt.
407 *Dorothea* – Vgl. die fünfte Anm. zu S. 145.
*ein »treu-holländisch Herz«* – Vgl. die zweite Anm. zu S. 107.
*Plafondschildereien* – Tafelgemälde an der Decke.
408 *Caliban* – Vgl. die vierte Anm. zu S. 199.
409 *Charlottenburg* – Vgl. die dritte Anm. zu S. 101.
*wie Afrika der Borussia huldigt* – Das Gemälde bezieht sich auf die brandenburgische Kolonialgründung in Westafrika (vgl. die zweite Anm. zu S. 201); die Genien und ihre Requisiten symbolisieren den Überseehandel des (1701 proklamierten) *Königreiches* Preußen.
*... sich zurechtzufinden* – In W III[1], S. 179, folgt der Zusatz: »Denn nicht bloß, daß schwer abzusehen ist, weshalb *schwarze* Genien dazu auserkoren wurden, den Tee zu servieren oder porzellanene Vasen durch die Lüfte zu tragen, so scheinen auch aufgespeicherte Chronikenbündel, auf denen der *Kurhut* liegt, solange nicht Geschichte ein leerer Wahn ist, notwendig auf kurfürstliche Zeiten zurückzudeuten. Man darf es aber freilich mit diesen Dingen nicht allzu genau nehmen. Gedankliche oder historische Korrektheit war niemals das, worin die großen Koloristen sich gefielen. Es lag ihnen an der sinnlichen Gesamtwirkung. Bis auf weiteres ist die *Königskrone* der Borussia das Entscheidende, die das Bild, als ob es eine Jahreszahl trüge, in den Anfang des 18. Jahrhunderts verweist.«
*Villeggiatur* – Landaufenthalt zur Erholung.
*großes Staatsbild im Charlottenburger Schlosse* – In den Anmerkungen am Schluß von W III[1], S. 436f., findet sich dazu folgende Notiz Fontanes: »*Die Begegnung der drei Friedriche*, nämlich Friedrichs IV. von Dänemark, Friedrich Augusts von Sachsen und Friedrichs I. von Preußen ... ist auf einem großen Staatsbilde im Charlottenburger Schlosse dargestellt. Alle drei sind in rote Königsmäntel gekleidet, tragen mächtige Allongeperücken und reichen sich die Hand zur Besieglung ihres Bündnisses gegen Frankreich. Dies Bündnis wurde zu

Berlin geschlossen, wohin sich die dänische und die sächsische Majestät begeben hatten, und gab Veranlassung zu einer der blasphemistischsten Schmeicheleien, die jemals vorgekommen sind. Um dieselbe Zeit nämlich wurde dem Berliner Hofe ein Prinz geboren, der nun – in einer Dichtung jener Epoche –, unter glücklicher Ausnutzung der Situation, ohne weitres mit dem *Christuskinde* und die anwesenden drei Könige mit den Drei Königen aus Morgenland verglichen wurden. Der König Friedrich I. war so entzückt von diesem Vergleiche, daß er 10000 Taler an den talentvollen Dichter auszuzahlen befahl. Was will die ›Wacht am Rhein‹ und Max Schneckenburger daneben sagen!«

410 *Bassin* – In Potsdam; vgl. die zweite Anm. zu S. 194.
*Sparsamkeitskönig* – Friedrich Wilhelm I.
*Riesen* – Vgl. die erste Anm. zu S. 374.
*Zar Peter* – Peter I.
*die ... Schlösser zu Köpenick und Oranienburg ... wurden vom Etat gestrichen* – Vgl. S. 149 sowie das Kap. »Schloß Köpenick« in »Spreeland«; Band 4 dieser Ausgabe.

413 *Garnisonkirche von Potsdam* – Flachgedeckter Saalbau mit 87 Meter hohem Turm und Glockenspiel; errichtet 1731–1735 nach Plänen von Philipp Gerlach, 1898 umgebaut. Unter der prunkvollen Marmorkanzel (1737) befand sich die Gruft, in der Friedrich Wilhelm I. und Friedrich II. beigesetzt waren. 1945 wurde die Kirche durch einen britischen Luftangriff zerstört, die Ruine im Juni 1968 abgetragen. Vgl. Band 6 dieser Ausgabe.

## *Petzow*

Zu Fontanes Reise vgl. S. 636.

Der Aufsatz entstand wahrscheinlich im Spätsommer 1869 und wurde – als dritter Beitrag einer vierteiligen Feuilletonreihe unter dem Sammeltitel »Der Schwielow und seine Umgebungen« – am 8. Mai 1870 in der »Neuen Preußischen (Kreuz-) Zeitung«, Nr. 107, vorabgedruckt.

Als Buchkapitel erschien »Petzow« zum erstenmal in der Erstausgabe des dritten »Wanderungen«-Bandes, »Ost-Havelland« (1873), der im Oktober 1872 ausgeliefert wurde.

Ein (bis auf das Motto) vollständiges, aber im Detail noch erheblich vom endgültigen Text abweichendes, vielfältig korrigiertes Manuskript des Kapitels befindet sich im Märkischen Museum, Berlin; es bildete vermutlich die Grundlage für die Abschrift, die, von Fontane erneut korrigiert, als Satzvorlage diente. Frühe Aufzeichnungen finden sich auch in Fontanes Notizbuch A 15, Blatt 50 bis 51.

Für die Arbeit an dem Kapitel hat Fontane das »Landbuch der Mark Brandenburg ...« von Berghaus (vgl. das Literaturverzeichnis, S. 658) benutzt.

414 *Auf der Fortuna ihrem Schiff* ... — Schiller, »Wallensteins Lager«; die Verse 1 und 2 stammen aus dem 7. Auftritt, die Verse 3 und 4 aus dem 11. Auftritt.

*Buda-Pest ... Köln und Deutz* — Buda und Pest (getrennt durch die Donau) waren bis 1872, Köln und Deutz (getrennt durch den Rhein) bis 1888 selbständige Städte.

*Caputh und Petzow* — Petzow, bis zur Reformation Klostergut von Lehnin, gehört verwaltungsmäßig zu Werder, ist aber kein Stadtteil von Werder, sondern ein mehrere Kilometer entferntes Dorf.

*Die genannte Familie* — Die Kaehnes wurden erst 1840 in den Adelsstand erhoben. Die Erhebung des Besitzes zum landtagsfähigen Rittergut erfolgte 1845.

*Lehnschulzengut* — Ein vom Landesherrn dem Dorfschulzen (Gemeindevorsteher) überantwortetes Lehngut (vgl. die zweite Anm. zu S. 96).

415 *kreistagsfähiges Rittergut* — Ein Rittergut von einer bestimmten Mindestgröße, dessen Eigentümer das Recht hatte, den Verband der ländlichen Grundbesitzer im Kreistag zu vertreten. Rittergut: Aus dem Lehen entstandener feudaler Grundbesitz. Bis ins 19. Jahrhundert waren die adligen Rittergutsbesitzer mit verschiedenen Privilegien (Gerichtsbarkeit, Jagdrechte, Steuervergünstigungen) ausgestattet, die sie einbüßten, als sich die kapitalistische Produktionsweise auch auf dem Lande durchsetzte.

*Das Schloß* ... — Das um 1828 (vermutlich nach Plänen von Karl Friedrich Schinkel) errichtete neugotische Schloß in Petzow, in jüngerer Zeit durch zwei Flügelanbauten erweitert, beherbergte in der Zeit der DDR Einrichtungen der Gewerkschaft und wird jetzt als Hotel genutzt.

*Tudorstil* — Baustil der englischen Spätgotik, benannt nach dem Königsgeschlecht der Tudors, das ihn während seiner Herrschaftszeit (1485—1603) pflegte. Der Tudorstil wurde seit dem 18. Jahrhundert, als die englischen Gärten in Mode kamen, an Gartenhäusern, Villen und Schlössern in vielen Ländern nachgeahmt.

*Gotik ... Wiederbelebung dieses Stils* ... — Vgl. auch Fontanes Ausführungen zu diesem Thema in »Die Grafschaft Ruppin«, Kap. »Neuruppin«, Abschnitt 7: »Karl Friedrich Schinkel«; Band 1 dieser Ausgabe.

416 *Dependenzien* – Zubehör.

417 *Park ... Parksee* – Der Park vor dem ehemaligen Herrenhaus in Petzow, der sich bis zum Schwielowsee hinunterzieht, gehört zu den schönsten Schöpfungen Peter Joseph Lennés. Der von der Anlage eingeschlossene Haussee war ursprünglich eine Bucht des Schwielowsees, von dem er durch einen Damm getrennt wurde.

*Sanssouci ... Terrassencharakter* – Vgl. S. 252.

*neue Kirche* – Die romanische Dorfkirche ist noch erhalten. Von ihrem Turm aus hat man einen eindrucksvollen Ausblick über die Havellandschaft westlich des Schwielowsees, über Glindow und den Glindower See, Werder und Geltow. – Auf der Rückseite eines (Notizbuch-)Zettels, der auf die letzte Seite der Handschrift im Märkischen Museum eingeklebt ist, hat sich eine vorbereitende Notiz zur vorliegenden Textstelle erhalten, die die von Friedrich Wilhelm IV. veranlaßten Kirchenbauten wesentlich kritischer sieht: »Die Kirche. Auf einem kahlen Wolfsmilchhügel. Hübsch. Aber sie sind alle, die Fr. W. IV. gebaut hat, uninteressant; sie wirken wie eine Landschafts-Dekoration, aber sie haben keine Geschichte.«

*Patronat* – Vgl. die dritte Anm. zu S. 355.

*Stüler entwarf die Zeichnungen* – Die Entwürfe stammen noch von Schinkel; Stüler übernahm die Bauleitung.

418 *nichts zu befahren* – nichts zu befürchten.

*... einen Besuch zu machen* – Zur Erinnerung an den Besuch Fontanes in Petzow im Jahre 1869 wurde im Herbst 1975 im rekonstruierten ehemaligen Dorfwirtshaus am Schwielowsee eine »Fontane-Klause« eröffnet. Die Gaststätte ist seit 1977 u. a. mit zwei Porträtfotos des Dichters und Handschriften-Reproduktionen ausgestattet, die vom Theodor-Fontane-Archiv zur Verfügung gestellt worden sind.

419 *Triumphbogen* – Gemeint ist das Brandenburger Tor (1770) in Potsdam, das einem römischen Triumphbogen nachgebildet ist.

*Jade* – Küstenfluß in Oldenburg. Gemeint ist hier wahrscheinlich der Jadebusen der Nordsee, an dessen Ausgang sich seit dem Jahre 1869 der Kriegshafen Wilhelmshaven befindet.

420 *Ziegelofen ... Häuser ... kümmerlich genug* – Vgl. S. 463–471. Die in den drei Petzower Ziegeleien hergestellten

Ziegel trugen als Herkunftszeichen ein Wappenschild mit drei Schiffchen.

420 *»Hier ward Zelter geboren …«* – Das Zelter-Haus mit der von Schinkel geschaffenen Tafel »Zelter ward hier geboren, am 11. Dezember 1758« wurde in den siebziger Jahren unseres Jahrhunderts wegen Baufälligkeit abgerissen. Die Inschrift der Tafel (heute im Museum in Potsdam aufbewahrt) beruht auf einem Irrtum: Karl Friedrich Zelter, der Freund Goethes, Musikprofessor und einstiger Direktor der Berliner Singakademie, wurde in Berlin geboren. Erst geraume Zeit nach seiner Geburt pachtete sein Vater die damalige Petzower Ziegelei. Der Junge hat dann aber einen großen Teil seiner Kindheit in Petzow verlebt. Zelter hat später in seinen Erinnerungen darüber ausführlich berichtet.

*Grell* – Der Komponist und Musikschriftsteller August Grell, ein Schüler Zelters.

## *Baumgartenbrück*

Zu Fontanes Reise vgl. S. 636.

Der Aufsatz entstand wahrscheinlich im Spätsommer 1869 und wurde – als letzter Beitrag einer vierteiligen Feuilletonreihe unter dem Sammeltitel »Der Schwielow und seine Umgebungen« – am 13. Mai 1870 in der »Neuen Preußischen (Kreuz-) Zeitung«, Nr. 112, vorabgedruckt.

Als Buchkapitel erschien »Baumgartenbrück« zum erstenmal in der Erstausgabe des dritten »Wanderungen«-Bandes, »Ost-Havelland« (1873), der im Oktober 1872 ausgeliefert wurde.

Ein stark korrigiertes Brouillon zu diesem Kapitel befindet sich im Märkischen Museum, Berlin. Diese Handschrift, die die ersten fünf Absätze umfaßt, bildete vermutlich die Grundlage für die Abschrift, die, von Fontane erneut korrigiert, als Satzvorlage diente. Frühe Aufzeichnungen finden sich auch in Fontanes Notizbuch A 15, Blatt 61–62.

421 *And thus an airy point …* – Scott, »The Lady of the Lake« (Die Jungfrau vom See), Canto First (Erster Gesang): »Die Jagd« XIV, Vers 7–10. Die Verse lauten in der Übersetzung von Emma Ernst: »Bis auf freien Punkt gelangt, / Wo unter ihm Loch-Katrin prangt. / Beglänzt vom Abendsonnenglühn, / Wie strömend Gold die Wogen ziehn.«

*Loch-Katrine* – Katharinen-See, einer der schönsten Gebirgsseen in Schottland.

422 *Und so ist es noch* — Die Holzbrücke ist 1909 durch eine Eisenbrücke ersetzt worden, die 1945 zerstört und bis zum Jahre 1950 wiederaufgebaut wurde.

*Gasthaus ..., ein Vergnügungsort für die Potsdamer schöne Welt* — Das beliebte Gasthaus an der Baumgartenbrücke (auf der Geltower Seite), wo Fontane 1869 selbst eingekehrt ist, beherbergt seit 1959 den Kindergarten des Ortes. Im oberen Stockwerk wurde 1974 die »Geltower Heimatstube« eröffnet, zu deren Exponaten zahlreiche Fotokopien von Aufzeichnungen aus Fontanes Notizbüchern zählen, die das Theodor-Fontane-Archiv zur Verfügung gestellt hat.

*Brauhausberg ...* — Der Brauhausberg im Süden und der Pfingstberg im Norden von Potsdam, damals beide noch außerhalb des Stadtgebietes gelegen, waren beliebte Ausflugsziele.

*Werdersche* — Vgl. S. 458 f.

423 *»Il Bacio«* — (ital.) »Der Kuß«. Gemeint ist der »Kußwalzer«, das populärste Musikstück des italienischen Komponisten Luigi Arditi (1822—1903).

424 *die »Lustigen Weiber von Windsor« sich ... zanken* — Anspielung auf die komische Oper »Die lustigen Weiber von Windsor« (1849; nach Shakespeare) von Otto Nicolai.

*die Prinzessin Isabella ... um »Gnade« rufen hören* — Anspielung auf die »Gnaden-Arie« aus dem vierten Akt von Giacomo Meyerbeers Oper »Robert der Teufel« (1831).

*»Brühlsche Terrasse« am Schwielow-See* — Anspielung auf die am Elbufer gelegene, barocke Brühlsche Terrasse (1738) in Dresden, die zu den berühmtesten Sehenswürdigkeiten der Stadt zählt.

## *Alt Geltow*

Zu Fontanes Reise vgl. S. 636.

Der Aufsatz, dessen Entstehungszeit nicht nachgewiesen werden kann, wurde am 21. Februar 1872 im »Wochenblatt der Johanniter-Ordens-Ballei Brandenburg«, Nr. 8, S. 44—48, vorabgedruckt.

Als Buchkapitel erschien »Alt Geltow« zum erstenmal in der Erstausgabe des dritten »Wanderungen«-Bandes, »Ost-Havelland« (1873), der im Oktober 1872 ausgeliefert wurde.

Ein vollständiges, aber im Detail noch erheblich vom endgültigen Text abweichendes, vielfältig korrigiertes Manuskript des Kapitels befindet sich im Märkischen Museum, Berlin; es bildete vermutlich die Grundlage für die Abschrift, die, von Fontane erneut korrigiert, als Satzvorlage diente. Frühe Aufzeichnungen finden sich auch in Fontanes Notizbuch A 15, Blatt 30–31 und 63–65.

Für die Arbeit an dem Kapitel hat Fontane die Memoiren von Hoffmann von Fallersleben, »Mein Leben« (vgl. das Literaturverzeichnis, S. 660), benutzt.

426 *Alt Geltow* – Alt Geltow ist das an der Havel gelegene alte Dorf Geltow, dessen Existenz seit etwa tausend Jahren nachzuweisen ist. Es wird bereits im Jahre 993 urkundlich erwähnt, als Kaiser Otto III. seiner Tante, der Äbtissin Mathilde von Quedlinburg, die beiden Orte Poztupimi (Potsdam) und Geliti (Geltow) übereignete. (Die Urkunde ist im Staatsarchiv Magdeburg aufbewahrt.) Neu Geltow (vgl. S. 436) ist eine 1776–1778 von Friedrich II. angelegte Siedlung an der Straße nach Potsdam. Sechzehn aus dem Militärdienst entlassene Kriegsinvaliden wurden hier »zur besseren Kultur der Baumzucht« seßhaft gemacht. Man baute ihnen Wohn- und Stallgebäude, und jeder erhielt zwei Morgen Gartenland, zwei Morgen Wiese, dreißig Obstbäume nebst »Baumstangen« sowie eine Kuh und das nötige Inventar. Heute sind beide Ortsteile längst zu einem einheitlichen großen Dorf zusammengewachsen; die Bezeichnung »Alt« und »Neu« vor dem Ortsnamen ist entfallen.

*I do not set my life ...* – Shakespeare, »Hamlet« I, 4. Die Verse lauten in der Übersetzung von August Wilhelm Schlegel: »Mein Leben acht ich keine Nadel wert; / ... Beim Himmel, / Den mach ich zum Gespenst, der mich zurückhält! – / Ich sage, fort! ...«

*Wildpark* – Vgl. die dritte Anm. zu S. 337.

*Kirche* – Die alte Geltower Dorfkirche, wie sie Fontane gesehen hat und wie sie von vielen Bildern her bekannt ist (ein solches Gemälde, von dem Impressionisten Karl Hagemeister geschaffen, befindet sich in der »Heimatstube« in Geltow), existiert nicht mehr. An ihrer Stelle wurde 1886/87 eine neue Kirche erbaut.

427 *er ward geboren ...* – Zitat nach Christian Fürchtegott Gellerts Gedicht »Der Greis«, Strophe 5, Vers 3 (zur Hälfte) und 4. Der Satz lautet bei Gellert: »... Er ward geboren, / Er lebte, nahm ein Weib und starb.«

*Schildereien* – Tafelgemälde.

*verfierten sich* – fürchteten, ängstigten sich.

*Braut- und Totenkronen* – Mit Perlen, farbigen Steinen und Flittern besetzte Kronen. Toten- bzw. Brautkronen wurden

Kindern und ledig gestorbenen Frauen auf den Sarg gesetzt und dann in der Kirche aufbewahrt.

427 *Lehnert ... erzählt* – In »Das Leben Friedrich Wilhelms III. ...«; vgl. das Literaturverzeichnis, S. 661.

428 *Kriegsdenkmünzen* – Zur Erinnerung an bestimmte militärische Ereignisse gestiftete Medaillen. In Preußen gab es zum Beispiel Kriegsdenkmünzen für die Befreiungskriege (1813–1815) sowie für die Kriege gegen Dänemark (1864), Österreich (1866) und Frankreich (1870/71).

*Befreiungskrieg ... in Schleswig-Holstein* – Gemeint ist der preußisch-österreichische Krieg gegen Dänemark (1864). In der Handschrift im Märkischen Museum ist nach dem Satz »Vergiß die treuen Toten nicht« gestrichen: »Es stieg mir das Blut zu Gesicht, als ich diese schlichten Worte las. So empfand man in Alt Geltow. Und die Schleswig-Holsteiner antworten: ›Wir haben euch nicht gerufen.‹ «

*Aber jetzt!* – Gemeint ist der Deutsch-Französische Krieg von 1870/71. (Fontane hat den Aufsatz über Alt Geltow, der Anfang 1872 vorabgedruckt wurde, vermutlich im Jahre 1871 geschrieben.)

*Meusebachsche Begräbnisstätte* – Beim Neubau der Kirche in Geltow (1886/87) wurde die Begräbnisstätte der Familie Meusebach eingeebnet. Das Grabkreuz des Freiherrn von Meusebach sowie die Grabsteine seiner Frau und seines Sohnes wurden nun an der Außenwand der neuen Kirche aufgestellt, wo sie auch heute noch zu finden sind.

*Convolvulus* – Winde (Pflanze).

429 *Die letzten ihres Namens* – Der Geheime Oberregierungsrat Ludwig Wiese, dem Wilhelm Hertz ein Exemplar von »Ost-Havelland« geschenkt hatte, machte den Verleger in einem Brief vom 16. November 1872 darauf aufmerksam, daß in den USA noch Nachkommen der Meusebachs lebten.

*Kassations- und Revisionshof* – Oberster Gerichtshof eines Staates, dem die Überprüfung (Revision) von angefochtenen Entscheidungen der Instanzengerichte obliegt und der gegebenenfalls die Aufhebung (Kassation) des Urteils verfügt.

*bei dem Neuen-Museums-Bau* – Das Neue Museum wurde (von Friedrich August Stüler) in den Jahren 1843 bis 1855 errichtet. Das im zweiten Weltkrieg zerstörte Bauwerk (nördlich des Alten Museums) ist noch nicht wiederhergestellt.

*Hoffmann von Fallersleben ... »Aufzeichnungen und Erinnerungen«* – Vgl. das Literaturverzeichnis, S. 660.

430 *Luthersches Gesangbuch* – Vgl. die erste Anm. zu S. 228.

*Fischartiana* – Bücher von und über den Schriftsteller Johann Fischart, den bedeutendsten protestantischen Satiriker des 16. Jahrhunderts.

431 *»Liederhandschrift«* – Hoffmann von Fallersleben war seit seiner Studentenzeit (1819–1821) ein leidenschaftlicher Sammler alter Handschriften (besonders Liederhandschriften); er publizierte u. a. »Fundgruben für Geschichte deutscher Sprache und Literatur« (1830–1837), eine »Handschriftenkunde für Deutschland« (1831), »Altdeutsche Blätter« (1836–1840) sowie zahlreiche Liedersammlungen, die auf seinen volkskundlichen Forschungen basieren.

*funfzehntehalb* – vierzehneinhalb.

*Berliner Bibliothek* – Die Königliche Bibliothek am Opernplatz (1774–1780).

*Markt des Lebens* – Vermutlich Anspielung auf den Roman »Jahrmarkt der Eitelkeit« (»Vanity Fair«, 1848) von William Makepeace Thackeray.

*Märzereignisse* – 1848; vgl. die vierte Anm. zu S. 302.

*»Ich rieche Leichen« ... in den Oktobertagen* – Die zynische Äußerung des reaktionären Junkers Karl von Meusebach, der 1848 Abgeordneter des rechten Flügels der preußischen Nationalversammlung war, bezieht sich wahrscheinlich auf die Volkserhebung in Wien im Oktober 1848, die in der letzten Oktoberwoche von der Konterrevolution blutig niedergeschlagen wurde. Meusebach »prophezeite« damit offensichtlich den revolutionären Kräften in Preußen das gleiche »Schicksal«.

*Donaufürstentümer* – Frühere Bezeichnung für die Fürstentümer Moldova (Moldau) und Walachei, die sich 1862 zum Fürstentum, 1881 (nach der endgültigen Befreiung von der vierhundertfünfzigjährigen türkischen Okkupation, 1878) zum Königreich Rumänien zusammenschlossen.

*1854 in Giurgevo* – In der südrumänischen Stadt Giurgiu (früher auch: Giurgevo) erlitten die russischen Truppen (während des Krimkrieges, 1853–1856) am 7. Juli 1854 eine Niederlage gegen die Türken.

*Rattenfänger* – Eine Hunderasse.

432 *Geltower Kirchhof* – Der alte Kirchhof um die Dorfkirche ist zum großen Teil noch erhalten, obwohl heute hier niemand mehr beigesetzt wird. Das Grab des von Fontane erwähnten Johann Schupke ist nicht mehr vorhanden (beim Neubau der Kirche wurde es wahrscheinlich eingeebnet); wohl aber ist neben der Kirche noch eine Familiengrabstätte der Schupkes zu finden, wo die Frau des Johann Schupke, sein Sohn und dessen Töchter begraben liegen.

432 *Wen Gott liebhat, den züchtigt er* – Anspielung auf den Bibelvers: »Denn welchen der Herr liebhat, den züchtigt er, und er straft einen jeglichen Sohn, den er aufnimmt« (Neues Testament, Hebräer 12, 6).

433 *Rübezahl-Deutsch* – Anspielung auf die schlesische Mundart.
*Grün geht noch über Blau* – Blau waren (vor dem ersten Weltkrieg) die Uniformröcke der meisten preußischen Waffengattungen.

## *Neu Geltow*

Zu Fontanes Reise vgl. S. 636.

Der Aufsatz, dessen Entstehungszeit nicht nachgewiesen werden kann, wurde am 28. Februar 1872 im »Wochenblatt der Johanniter-Ordens-Ballei Brandenburg«, Nr. 9, S. 52 ff., vorabgedruckt.

Als Buchkapitel erschien »Neu Geltow« zum erstenmal in der Erstausgabe des dritten »Wanderungen«-Bandes, »Ost-Havelland« (1873), der im Oktober 1872 ausgeliefert wurde.

Ein vollständiges, aber im Detail noch erheblich vom endgültigen Text abweichendes, vielfältig korrigiertes Manuskript des Kapitels befindet sich im Märkischen Museum, Berlin; es bildete vermutlich die Grundlage für die Abschrift, die, von Fontane erneut korrigiert, als Satzvorlage diente.

436 *Seit drei Menschenaltern ...* – Scherenberg, »Abu Abdallah el Zogoibi, der letzte Maurenkönig«, Vers 32–36 (frei variiert). Die Verse lauten bei Scherenberg: » ›Seit drei Menschenaltern‹, spricht der / Ruhelose König, ›schöpft ihr / Aus dem Bronnen tiefer Sterne: / Habt für mich ihr keinen Tropfen? / Denn mich dürstet.‹ ...« Vgl. auch Fontanes Buch »Christian Friedrich Scherenberg und das literarische Berlin von 1840 bis 1860« (erschienen 1884).
*Caprifolium* – Geißblatt.
*Cabaret* – (franz.) Kaffee- oder Teegeschirr.

437 *erinnerte mich ... an kleine Ostsee-Badeörter ...* – Reminiszenz an Fontanes Kinderjahre in Swinemünde; vgl. »Meine Kinderjahre«.
*Benediktiner ... Studiermönche* – Die Benediktinermönche (vgl. die erste Anm. zu S. 38) widmeten sich neben ihrer seelsorgerischen und missionarischen Tätigkeit auch dem Studium und der Verbreitung der Wissenschaft. Große Verdienste erwarben sie sich z. B. um die Erhaltung der Kulturschätze des klassischen Altertums.

437 *In Preußen … ist nichts ohne Examen!* – Fontane benutzte oft die ironische Wendung von dem »durch sieben Examina gegangenen Patentpreußen«, die seine Kritik am praxisfernen Bildungsdrill in Preußen ausdrückte. »Einer wird dreimal oder siebenmal examiniert, und nun weiß er nicht bloß alles, nun *kann* er auch alles«, heißt es im Brief an seine Frau vom 8. Juni 1878. »Wissen ist gut, als Unterstützung, Förderung und Aufklärung im Praktischen; wenn es aber die Praxis ersetzen soll, ist es keinen Schuß Pulver wert.«

*Needles* – (engl.) Nadeln; Kreidefelsen an der Westspitze der britischen Insel Wight im Ärmelkanal.

*Goodwin-Sands* – Große Sandbank vor der Südostküste Englands, die (trotz Leuchtfeueranlagen) zahlreiche Schiffskatastrophen verursacht hat. Vgl. Fontanes Gedicht »Goodwin-Sand«.

438 *keins der drei großen* – Gemeint sind die drei Klostergelübde: der Armut, der Keuschheit und des Gehorsams.

*Codex argenteus* – (lat.) Silberner Kodex; in Silberschrift auf purpurfarbenem Pergament verfaßte Handschrift der westgotischen Bibelübersetzung des Bischofs Ulfilas (6. Jahrhundert), deren Fragment seit 1669 in der Universität Up(p)sala (Schweden) aufbewahrt wird.

*in London die Tischendorfsche Bibel* – Gemeint ist der Codex Sinaiticus, die älteste griechische Bibelhandschrift, die der deutsche Theologe Konstantin Tischendorf von seiner 1859 auf Kosten der russischen Regierung unternommenen Forschungsreise nach Vorderasien von der Halbinsel Sinai nach Petersburg mitbrachte. Fontane verwechselt offenbar diese »Tischendorfsche Bibel« mit dem Codex Alexandrinus (5. Jahrhundert), einem der wertvollsten Stücke in der Handschriftensammlung des Britischen Museums in London.

*Codex aureus* – (lat.) Goldenes Buch.

*Koran des Omar* – Der Koran, die »Heilige Schrift« des Islam und dessen Glaubens- und Rechtsgrundlage (die als Offenbarung Allahs an den Propheten Mohammed gilt), wurde im 7. Jahrhundert auf Anregung des (späteren zweiten Kalifen) Omar ibn al-Chattab (vgl. auch die zweite Anm. zu S. 304) von Mohammeds erstem Nachfolger Abu Bakr aus mündlicher und schriftlicher Überlieferung zusammengestellt. (Die endgültige Fassung erhielt der Koran erst unter dem dritten Kalifen, Othman.)

*Wie die Welt auf der Schildkröte ruht* – Allegorie aus der indianischen Mythologie, die die Entstehung der Welt aus dem Übergang vom »Feuchten« zum »Festen« erklärt.

438 *den Wald vor Bäumen nicht … sehen* — Die Redensart geht zurück auf Christoph Martin Wieland, in dessen »Musarion« (1768), Buch 2, Vers 142, es heißt: »Die Herren dieser Art blend't oft zu vieles Licht; / Sie sehn den Wald vor lauter Bäumen nicht.«

*bemooste Häupter* — Ausdruck aus dem Studentenjargon; Bezeichnung für ältere Studenten, deren Examen längst überfällig ist.

439 *»L'État c'est nous!«* — (franz.) »Der Staat sind wir!«; Adaption des Ausspruchs »L'État c'est moi!« (Der Staat bin ich!), mit dem der französische König Ludwig XIV. seine absolutistische Herrschaft manifestierte.

*Das Ei des Kolumbus!* — Sprichwörtlich für die verblüffend einfache Lösung eines scheinbar schwierigen Problems. (Die Aufgabe, ein Ei aufrecht hinzustellen, soll Kolumbus durch Eindrücken der Eispitze gelöst haben.)

*eine Szene wie auf der Rütliwiese … freie Schweiz* — Anspielung auf den »Rütlischwur« in Schillers Drama »Wilhelm Tell« II, 2. Das Rütli, eine Bergwiese über dem Vierwaldstätter See, gilt als Gründungsstätte der Schweizerischen Eidgenossenschaft und Symbol für den erfolgreichen antifeudalen Kampf der Schweizer.

*exodus referendariorum* — (lat.) Auszug der Referendare.

440 *aide-toi-même* — (franz.) hilf dir selbst.

*das Nützliche mit dem Angenehmen … verbinden* — Das geflügelte Wort geht auf mehrere antike römische Quellen zurück (Horaz, Plutarch u.a.).

*Tartan* — Bunt gewürfelter Wollstoff.

*to do the honours for all Scotland* — (engl.) für Schottland Ehre einzulegen.

*»Jeder Zoll ein William«* — Adaption des Ausspruchs »Ja, jeder Zoll ein König« aus William Shakespeares Tragödie »König Lear« IV, 6.

441 *Tage des »letzten Mohikaners« … Falkenauge … Unkas und Chingachgook* — Anspielung auf den Roman »The Last of the Mohicans« (1826; Der letzte der Mohikaner) aus der fünfbändigen Sammlung »Leather-Stocking Tales« (Lederstrumpferzählungen) von James Fenimore Cooper.

442 *Silbergroschen* — Preußische Silbermünze ($^{1}/_{30}$ Taler bzw. 12 Pfennige), die von 1821 bis zur Einführung der Markwährung (1876) im Umlauf war.

*Straßenkommunikation* — Verkehrsfluß.

443 *à deux mains* — (franz.) mit beiden Händen; doppelt, auf zwei Arten (hier: zum Speckschneiden und Zustechen).

## *Werder*
## *Die Werderschen*

Zu Fontanes Reise vgl. S. 636.

Die beiden Aufsätze, deren Entstehungszeit nicht nachgewiesen werden kann, wurden am 25. Juni und 2. Juli 1871 in der »Vossischen Zeitung« (Sonntagsbeilage) vorabgedruckt, und zwar unter dem Titel »Werder und die Werderschen. 1. Die Insel und ihre Bevölkerung. Stadt und Kirche. ›Christus als Apotheker‹. 2. Die Werderschen. ›Die Werdersche‹. Ein Intermezzo«. Unmittelbar nach der Veröffentlichung vom 25. Juni erhielten sowohl die Redaktion als auch Fontane persönlich je eine Zuschrift aus Werder. Fontane bemerkte dazu im Brief an Chefredakteur Hermann Kletke vom 29. Juni 1871: »Den Brief aus Werder beantworte ich heute noch; ich habe außerdem einen langen, enggeschriebnen Brief (sechs Quartseiten), wahrscheinlich vom dortigen Pastor, erhalten, der manches Gute enthält, das ich nun aber nicht mehr brauchen kann. Auch fühl ich wenig Beruf, als ›Sittenverbeßrer‹ der Werderaner eine Gastrolle zu geben.«

Ein Teil des Aufsatzes »Die Werderschen«, das »Intermezzo« »Die Werdersche«, wurde zehn Jahre nach dem Vorabdruck in der Zeitschrift »Der Bär«, Jg. 7, 1881, S. 369 f., nachgedruckt.

Als Buchkapitel erschienen »Werder« und »Die Werderschen« zum erstenmal in der Erstausgabe des dritten »Wanderungen«-Bandes, »Ost-Havelland« (1873), der im Oktober 1872 ausgeliefert wurde.

Aufzeichnungen zum Kapitel »Die Werderschen«, teilweise mit Brouillon-Charakter, finden sich in Fontanes Notizbuch A 15, Blatt 54 bis 58 (unter der Überschrift »An der Brükke«).

Für die Arbeit am Kapitel »Werder« hat Fontane das Werk »Diplomatische und topographische Geschichts-Beschreibung ...« von Schönemann (vgl. das Literaturverzeichnis, S. 664) benutzt.

444 *Es möchte sich niederneigen ...* – Uhland, »Das Schloß am Meere«, Strophe 2.

*I do remember ...* – Shakespeare, »Romeo und Julia« V, 1. Die Textstelle lautet in der Übersetzung von August Wilhelm Schlegel: »Mir fällt ein Apotheker ein; er wohnt / Hier irgendwo herum ... / ... / Und grüne Töpfe ... / ... / Das alles dünn verteilt, zur Schau zu dienen.«

*Schloß Babelsberg* – Vgl. die siebente Anm. zu S. 7.

*Pfingstberg* – Vgl. die dritte Anm. zu S. 422.

444 *Pirschheide* – Der Wildpark bei Potsdam; vgl. die dritte Anm. zu S. 337.
*Golmer Bruch* – Eigentlich Golmer Luch, eine ausgedehnte Niederung am Ostufer des Großen Zernsees (westlich von Potsdam, südlich von Golm). Teile des Luchs, in dem sich eine reiche Vegetation und eine interessante Vogelwelt vorfinden, sind heute Landschaftsschutzgebiet.
*gotische Kirche* – Vgl. S. 449.
*Schönemann in einem … Buche* – »Diplomatische und topographische Geschichts-Beschreibung …«; vgl. das Literaturverzeichnis, S. 664.
445 *der »schwarze Tod«* – Die Pest.
446 *Aufzeichnungen aus jener Zeit* – Von Stadtrichter Irmisch; Schönemann hat sie in sein Buch aufgenommen.
447 *Weinberge* – Vgl. die vierte Anm. zu S. 398.
*Lehniner Mönche* – Vgl. die erste Anm. zu S. 449.
448 *gestakte Wände* – Die Wände der Lehm-Fachwerkbauten. (Staken sind die Hölzer, die mit Strohgeflecht umgeben und mit Lehm verstrichen wurden.)
*König* – Friedrich Wilhelm I.
*Schatullengelder* – Vgl. die erste Anm. zu S. 343.
*Blaue* – Vgl. die erste Anm. zu S. 374.
449 *Kirche »Zum heiligen Geist«* – Die 1250 von Zisterziensermönchen aus dem Kloster Lehnin errichtete Kirche wurde, inzwischen baufällig geworden, 1734–1736 unter Verwendung des alten Turmfundaments völlig umgebaut. Auf dem Fundament dieses Bauwerks entstand 1856–1858, in neugotischem Stil, abermals eine neue Kirche, die heute noch so erhalten ist, wie sie Fontane beschreibt. Auch das kuriose Altarbild »Christus als Apotheker« ist noch vorhanden.
*Munifizenz* – Freigebigkeit, Großzügigkeit.
*Dispensiertisch* – Tisch, an dem die Arzeneien zubereitet werden.
450 *Zweite Schlesische Dichterschule* – Bezeichnung für den zweiten von Schlesien aus wirkenden, schulebildenden Dichterkreis des 17. Jahrhunderts, in dem feudal-höfisch gesinnte Beamte (meist bürgerlicher Herkunft) wie Christian Hofmann von Hofmannswaldau und Daniel Casper von Lohenstein den Ton angaben. Die von der Zweiten Schlesischen Schule hervorgebrachten Werke sind gekennzeichnet durch artistische Wort- und Gedankenspielerei sowie durch eine schwülstige Sprache; Metaphern und Arabesken werden in solcher Häufung gebraucht, daß sie oft den Sinngehalt verdecken. (Zur Ersten Schlesischen Schule wurden für die Entwicklung der bür-

gerlichen deutschen Nationalliteratur so verdienstvolle Dichter wie Martin Opitz, Paul Fleming, Friedrich von Logau und Andreas Gryphius gezählt.)

450 *Donator* – Stifter.

451 *Blaue Havel …* – Die Verse stammen wahrscheinlich von Fontane.

*Schulweg* – Fontane hatte von Oktober 1833 bis März 1836 die Friedrichwerdersche Gewerbeschule Karl Friedrich Klödens in der Niederwallstraße in Berlin besucht. Seine Wohnung befand sich damals in der Großen Hamburger Straße, so daß der Schulweg ihn über die Friedrichsbrücke (östlich vom Neuen Museum) führte.

*»zweites Treffen«* – Scherzhafte Anspielung auf die klassische Schlachtordnung, bei der die Truppen in hintereinander stehenden Linien (Treffen) formiert waren.

*Unterbaum* – Gemeint ist die (später in Kronprinzenbrücke umbenannte) Unterbaumbrücke zwischen Charité und Reichstagsgebäude.

*Tienen* – Henkellose Obstkörbe.

*ein Schauspiel, aber ach, »ein Schauspiel nur«* – Anspielung auf Goethes »Faust« I, Vers 454 (»Welch Schauspiel! aber ach! ein Schauspiel nur!«).

*Monbijou … Neues Museum* – Vgl. die vierte Anm. zu S. 282 und die dritte Anm. zu S. 429. Beide Bauwerke befanden sich in der Nähe der Friedrichsbrücke, wo der beschriebene Obstmarkt stattfand.

452 *»wo tief im Laub die Knupperkirschen glühn«* – Adaption des Anfanges vom Lied der Mignon in Goethes Roman »Wilhelm Meisters Lehrjahre«: »Kennst du das Land, wo die Zitronen blühn, / Im dunklen Laub die Goldorangen glühn, / …« Knupperkirsche: Knorpelkirsche, eine Süßkirschensorte.

453 *Einwanderung … Franzosen … Holländer* – Vgl. die dritte Anm. zu S. 191 und die zweite Anm. zu S. 107.

*Tage Luise Henriettens … Gründung Oranienburgs* – Vgl. dazu S. 141 ff.

*Auftreten der … Familie Hertefeld* – Über den hervorragenden Beitrag, den die Mitte des 17. Jahrhunderts aus dem Herzogtum Kleve nach Kurbrandenburg übergesiedelte Familie Hertefeld für die Verbesserung der Bodenkultur (Entwässerung und Urbarmachung des Havelländischen Luches) sowie für die Entwicklung einer rentablen Landwirtschaft (Schaffung der Musterkolonie »Neu-Holland«) in der Mark geleistet hat, berichtet Fontane in »Fünf Schlösser«, Teil »Liebenberg«, Kap. 2; vgl. Band 5 dieser Ausgabe.

455 *Metze* – Altes Hohlmaß für trockene Güter; in Preußen entsprach eine Metze etwa 3,5 Litern.
*Dependenzien* – Hier: dazugehörende Grundstücke.

456 *All Großes …* – Die Verse stammen wahrscheinlich von Fontane.
*Bayrische* – Bayrisches Weißbier.
*Ihr Leben war ein Traum* – Anspielung auf den Titel des Lustspiels »La vida es sueño« (Das Leben ein Traum) von Pedro Calderón de la Barca, der seit der Entdeckung des spanischen Dramatikers für die deutsche Bühne (Anfang des 19. Jahrhunderts), nicht zuletzt aber auch durch Franz Grillparzers Gegenstück »Der Traum ein Leben« (1834) zum geflügelten Wort geworden ist.

457 *Stange* – Schmales zylinderförmiges Bierglas.
*Franzosenzeit* – Vgl. die fünfte Anm. zu S. 191.
*Befreiungsjahre* – 1813–1815.

458 *Seidel* – Nach einem alten bayrischen Flüssigkeitsmaß (0,535 Liter) benanntes (großes) Bierglas.
*Kulmbacher von der milderen Observanz* – Das Kulmbacher Bier war stärker als die Berliner und Potsdamer Biere.

459 *Sieh nur, sieh …* – Goethe, »Faust« I, Vers 929–934 (»Vor dem Tor«). Statt »Nachen trägt« heißt es bei Goethe: »Nachen bewegt« (Vers 932).

460 *Vorstadt-Rappos* – Rappo: Name eines bekannten Artisten dieser Zeit.

461 *wie die wilden Männer im Wappen …* – Anspielung auf das sogenannte mittlere Wappen des Königreichs Preußen, das zwei langbärtige, nur mit Lorbeerkränzen und -schurzen versehene »wilde« Männer zeigt, die sich auf mächtige Keulen stützen.
*Bunzlauer Kaffeekannen* – Seinerzeit bekanntes, braun glasiertes Steingutgeschirr, das seit dem 16. Jahrhundert in Bunzlau (Schlesien; heute Bolesławiec) hergestellt wurde.

462 *Marienkirchturm* – Der Turm der gotischen Marienkirche in Berlin (13./15. Jahrhundert) mit dem neugotischen Turmhelm (1789/90) von Carl Gotthard Langhans dem Älteren. (Die Kirche wurde im zweiten Weltkrieg beschädigt, inzwischen aber wiederhergestellt.)

## *Glindow*

Zu Fontanes Reise vgl. S. 636.

»Dieser Aufsatz wurde 1870 geschrieben«, bemerkt Fontane in der Fußnote auf S. 468. Nachweislich hat sich der Autor jedoch bereits im September und Oktober 1869 damit beschäftigt; denn im Brief an seine Frau vom 19. Oktober 1869 heißt es: »Am Sonntage arbeitete ich fleißig an meinem ›Glindow‹-Kapitel ...«

Der Vorabdruck erfolgte am 16. Juli 1871 in der Sonntagsbeilage der »Vossischen Zeitung«.

Als Buchkapitel erschien »Glindow« zum erstenmal in der Erstausgabe des dritten »Wanderungen«-Bandes, »Ost-Havelland« (1873), der im Oktober 1872 ausgeliefert wurde.

Aufzeichnungen zu diesem Kapitel finden sich in Fontanes Notizbuch A 15, Blatt 59–60.

463 *Hier nährten früh und spat den Brand ...* – Schiller, »Der Gang nach dem Eisenhammer«, Strophe 11, Vers 5–8.
*Revers der Medaille* – Rückseite, Kehrseite der Medaille.

464 *Tag siegreicher Sezession* – Anspielung auf den Austritt der elf sklavenhaltenden Südstaaten aus dem Staatenbund USA (1860/61) und den dadurch ausgelösten Sezessionskrieg (nordamerikanischer Bürgerkrieg, 1861–1865), in dem die Nordstaaten siegten.
*»Geheimratsviertel«* – Bezeichnung für das Villenviertel am Südrande des Tiergartens, das als vornehmste Berliner Wohngegend galt.
*Invalidenhaus* – Gemeint ist das 1747/48 von Friedrich II. gegründete Invalidenhaus in der Scharnhorststraße in Berlin, eine militärisch geführte Pflegeanstalt für verdiente kriegsinvalide Offiziere und Soldaten.

469 *Pariser Ausstellungsgebäude* – Gemeint ist das von dem Ingenieur Leplay geschaffene Gebäude für die Pariser Weltausstellung von 1867, ein Zentralbau von ovaler Grundform.

471 *Aristolochia* – Aristolochia sipho L'Herit.: Pfeifenstrauch, ein Holzgewächs mit großen Blättern und grünlichgelben Blüten.

## Verzeichnis der Literatur,
die Fontane bei der Arbeit am vorliegenden Band benutzt hat

*Adam von Bremen*: Mag. Adami gesta Hammaburgensis ecclesiae pontificum edente Jo. M. Lappenberg (Des Magister Adam Geschichte der hamburgischen Kirchenfürsten, herausgegeben von Jo. M. Lappenberg) = Monumenta Germaniae historica. Scriptorum tomus VII (Historische Denkmäler Deutschlands. Band VII der Schriftsteller). Hannover 1846, S. 267–389. [Deutsche Übersetzung in: Geschichtschreiber der deutschen Vorzeit ... Band 7. Berlin 1850]

*Adami*, Friedrich: Luise, Königin von Preußen. Berlin 1851

*Ahlefeldt*, Baron von: Hans Kohlhase. Mitteilungen des Vereins für die Geschichte Potsdams, Teil 3, 1867, Nr. 128, S. 458

[*Althaus*, Friedrich:] Briefwechsel und Gespräche Alexander von Humboldts mit einem jungen Freunde. Aus den Jahren 1848 bis 1856. Berlin 1861

*Ballhorn*, Friedrich: Geschichte der Stadt Oranienburg. Berlin 1850

*Bellermann*, Johann Joachim: Neustadt-Eberswalde mit seinen Fabriken, Altertümern, Heilquellen, Umgebungen und seltenen Pflanzen, mit der Beschreibung des Klosters Chorin, des Zisterzienserordens und der vorhandenen Urkunden. Berlin 1829

*Berghaus*, Heinrich Carl: Landbuch der Mark Brandenburg und des Markgrafentums Niederlausitz in der Mitte des 19. Jahrhunderts oder Geographisch-historisch-statistische Beschreibung der Provinz Brandenburg. 3 Bände. Brandenburg 1854–1856

*Bielfeld*, Freiherr von: Friedrich der Große und sein Hof oder So war es vor 100 Jahren. In vertrauten Briefen ... geschrieben von 1738 bis 1760. 2 Teile. Breslau 1838

Geheime *Briefe* über die preußische Staatsverfassung seit der Thronbesteigung Friedrich Wilhelm des Zweiten. Utrecht 1787. – Correspondance secrète concernant la constitution de la Prusse depuis le règne de Frédéric-Guillaume II. Trad. de l'Allemand, avec des notes du traducteur (... Aus dem Deutschen übersetzt, mit Bemerkungen des Übersetzers). Potsdam 1788

*Brockhaus*: Allgemeine deutsche Real-Enzyklopädie für die gebildeten Stände. Konversations-Lexikon. Leipzig: Brockhaus. 7. Auflage 1827. 11. Auflage 1864–1868

*Büdinger,* Max: Österreichische Geschichte bis zum Ausgang des dreizehnten Jahrhunderts. Band 1 [mehr nicht erschienen]. Leipzig 1858

*Coelln,* Friedrich van: Vertraute Briefe über die inneren Verhältnisse am preußischen Hofe seit dem Tod Friedrichs II. 6 Bände. Amsterdam und Köln 1807–1809. – Band 2–6 = Beitrag zur Geschichte des Krieges in Preußen, Schlesien und Polen in den Jahren 1806 und 1807 von dem Verfasser der Schrift: Vertraute Briefe …

[*Cybulski,* Dr.]: Die slawischen Ortsnamen der Insel Potsdam und der allernächsten Umgegend. Siehe *Fidicin*: Die Territorien der Mark Brandenburg, Teil 2, S. 153–168.

*Eylert,* Bulemann Friedrich: Charakterzüge und historische Fragmente aus dem Leben des Königs Friedrich Wilhelm III. 3 Teile. Magdeburg 1842–1846

*Fehr,* Joseph: Allgemeine Geschichte der Mönchsorden, frei bearbeitet und beträchtlich vermehrt. Mit einer Vorrede von Hofele. 2 Bände. Tübingen 1845

*Feßler,* Ignaz Aurelius: Rückblicke auf seine siebzigjährige Pilgerschaft. Breslau 1824

*Fidicin,* E.: Die Territorien der Mark Brandenburg oder Geschichte der einzelnen Kreise, Städte, Rittergüter, Stiftungen und Dörfer in derselben, als Fortsetzung des Landbuchs Kaiser Karls IV. bearbeitet. Band 1–4. Berlin 1857–1864

*Foerster,* Friedrich: Neure und neuste preußische Geschichte … Lieferung 1–3. Berlin 1849

*Frédéric le Grand*: Œuvres. Tome 21 (Werke. Band 21). Berlin 1853 = Correspondance de Frédéric II, roi de Prusse. Tome 6 (Briefwechsel Friedrichs II., König von Preußen. Band 6)

Erzählung einer neulichen *Geisterzitation* in Berlin. Von einem Augenzeugen. Berlinische Monatsschrift. Herausgegeben von F. Gedike und J. E. Biester. Band 13, Januar bis Junius 1789. Mai, Nr. 5, S. 474–484

*Giesebrecht,* Ludwig: Wendische Geschichten aus den Jahren 780 bis 1182. 3 Bände. Berlin 1843

*Giesebrecht,* W.: Die Weissagung von Lehnin und Christoph Heinrich Oelven. Ein Beitrag zur Literaturgeschichte Berlins. Allgemeine Zeitschrift für Geschichte. Herausgegeben von W. Adolf Schmidt. Band 6, Berlin 1846, S. 433–478

*Guhrauer,* G. E.: Die Weissagung von Lehnin. Breslau 1850

*Heffter,* Carl Christian: Urkundliche Chronik der alten Kreisstadt Jüterbog und ihrer Umgebungen … Jüterbog 1851

*Heffter,* Moritz Wilhelm: Die Geschichte des Klosters Lehnin. Brandenburg 1851

*Heffter*, Moritz Wilhelm: Geschichte der Kur- und Hauptstadt Brandenburg. Potsdam 1840

*Hensel*, Sebastian: Die Familie Mendelssohn. 1729–1847. Nach Briefen und Tagebüchern. 3 Bände. Berlin 1879

*Hoffmann von Fallersleben*, August Heinrich: Mein Leben. Aufzeichnungen und Erinnerungen. 6 Bände. Hannover 1868

*Horn*, Georg: Ein Stilleben in der Havel. Die Gartenlaube, Jg. 1872, S. 6–9, 27ff.

Briefe von Alexander von *Humboldt* an Varnhagen von Ense aus den Jahren 1827 bis 1858. Nebst Auszügen aus Varnhagens Tagebüchern und Briefen von Varnhagen und andern an Humboldt. (Herausgegeben von Ludmilla Assing.) Leipzig 1860

*Humboldt*, Wilhelm von: Sonette. Berlin 1853

*Irmisch* [Stadtrichter, Werder]: siehe *Schönemann*: Diplomatische und topographische Geschichts-Beschreibung ..., S. 63f.

*Kantzow*, Thomas: Pommerania oder Ursprung, Altheit und Geschicht' der Völker und Lande Pommern, Kassuben, Wenden, Stettin, Rügen in 14 Büchern, aus dessen Handschrift herausgegeben von H. G. L. Kosegarten. 2 Bände. Greifswald 1816

*Klöden*, Karl Friedrich: Beiträge zur mineralogischen und geognostischen Kenntnis der Mark Brandenburg. 5. und 8. Stück. Programm zur Prüfung der Zöglinge der Gewerbeschule am 31. März 1832 und 1. April 1835 ... Berlin

*Klöden*, Karl Friedrich: Diplomatische Geschichte des Markgrafen Waldemar von Brandenburg. Vom Jahre 1295 bis 1323. 4 Teile. Berlin 1844

*König*, Anthon Balthasar: Biographisches Lexikon aller Helden und Militär-Personen, welche sich in preußischen Diensten berühmt gemacht haben. 4 Teile. Berlin 1788–1791

*König*, Anthon Balthasar: Leben und Taten des Jakob Paul Freiherrn von Gundling. Berlin 1745

*König*, Anthon Balthasar: Versuch einer historischen Schilderung der Hauptveränderungen der Religion, Sitten, Gewohnheiten, Künste, Wissenschaften etc. der Stadt Berlin. Teil 1.2.3.4, [Abschnitt] 1.2; Teil 5, [Abschnitt] 1.2. Berlin 1792–1799. (Teil 5, [Abschnitt] 2: Relation du voyage de Sa Majesté la reine mère à Orangebourg et Reinsberg 1745 [Bericht über die Reise Ihrer Majestät der Königinmutter nach Oranienburg und Rheinsberg 1745]. Wahrscheinlich von Pöllnitz)

*Kopisch*, August: Die königlichen Schlösser und Gärten zu Potsdam. Berlin 1854

*Krantz*, Albertus: Chronica Daniae, Sveciae et Norvegiae. Argentor[atum] 1546 (Chronik Dänemarks, Schwedens und Norwegens. Straßburg 1546)

*Krüger,* A.: Chronik der Stadt und Festung Spandau. Spandau 1867

*Küster,* Georg Gottfried: Vaticinii Lehninensis auctorem detegens (Enthüllungen über den Verfasser der Lehninschen Weissagung). 1759

*Landbuch* des Kurfürstentums und der Mark Brandenburg, welches Kaiser Karl IV., König von Böhmen und Markgraf zu Brandenburg, im Jahr 1375 anfertigen lassen ... aus den in den brandenburgischen Landesarchiven befindlichen Originalien herausgegeben und mit Anmerkungen erläutert. Berlin und Leipzig 1781

*Ledebur,* Leopold Freiherr von: Die Altertümerfunde bei Kohlhasenbrück. Mitteilungen des Vereins für die Geschichte Potsdams, Teil 2, 1866, Nr. 47

*Ledebur,* Leopold Freiherr von: Die heidnischen Altertümer des Regierungsbezirks Potsdam. Berlin 1852

*Lehnert,* J. H.: Das Leben Friedrich Wilhelms III., Königs von Preußen, in Paretz. Nach eigener Anschauung und Erfahrung dargestellt. Potsdam 1845

Das Zisterzienserkloster *Lehnin.* Schlesisches Kirchenblatt. Jg. 20, Breslau 1854, 22. Juli bis 12. August, Nr. 29–32, S. 361 ff., 377 ff., 389 ff., 401 ff.

Historische Notizen über Kloster *Lehnin.* Märkisches Kirchenblatt. Jg. 1860, 25. März und 1. April, Nr. 13 f., S. 97–100, 105–109

*Leitritz,* Wilhelm: Beiträge zu einer fruchtbaren Behandlung der durch die preußischen Regulative bestimmten evangelischen Kirchenlieder. Zeitz 1856

*Leuthinger,* Nicolaus: Scriptorum de rebus Marchiae Brandenburgensis maxime celebrium Nicolai Leuthingeri de Marchia et rebus brandenburgicis commentarii hucusque desideratissimi ac opuscula reliqua adhuc rarissima nec non Zachariae Garcaei successiones familiarum atque res gestae illustrissimorum praesidum Marchiae Brandenburgensis ab anno DCCCCXXVII ad annum MDLXXXII ... cum praefatione Joh. Gottlib Krausii. Francofurti et Lipsiae 1729 (Bis dahin [dringend] vermißter Abriß der Schriften über die Geschichte der Mark Brandenburg, vorzüglich der zahlreichen des Nicolaus Leuthinger über die Mark und die brandenburgische Geschichte, sowie die bislang äußerst seltenen übrigen Abhandlungen, ebenso des Zacharias Garcaeus Abfolge der Familien und Taten der berühmtesten Statthalter der Mark Brandenburg vom Jahre 927 bis zum Jahre 1582 ... mit einer Vorrede von Joh. Gottlieb Krause. Frankfurt und Leipzig 1729)

*Lichtenau,* Comtesse de: Mémoires ... écrits par elle-même en 1808; suivis d'une correspondance relative à ses mémoires et tirée de son portefeuille. Traduits de l'Allemand, par J. F. G. P. (Memoiren ... von ihr selbst verfaßt im Jahre 1808; fortgesetzt durch eine ihren hinterlassenen Papieren entnommene Korrespondenz, die sich auf ihre Memoiren bezieht. Aus dem Deutschen übersetzt von J. F. G. P.). Paris 1809

*Manso*, Joh[ann] Casp[ar] Friedr[ich]: Geschichte des preußischen Staats vom Frieden zu Hubertusburg bis zur zweiten Pariser Abkunft. 3 Bände. Frankfurt a. M. 1819/20

*Massenbach*, August Ludwig von: Memoiren zur Geschichte des preußischen Staates unter den Regierungen Friedrich Wilhelms II. und Friedrich Wilhelms III. 3 Bände. Amsterdam 1809

*Meinhold*, Wilhelm: Weissagung des Abtes Hermann von Lehnin ums Jahr 1234. ... Vorausgehend eine religionsphilosophische Einleitung ... Leipzig 1849

*Mirabeau*, Honoré Gabriel Victor de Riquette [Comte de]: Histoire secrète de la cour de Berlin ou Correspondance d'un voyageur françois, depuis le mois de juillet 1786 jusqu'au 19 janvier 1787 (Geheime Geschichte des Berliner Hofes oder Briefwechsel eines französischen Reisenden von Juli 1786 bis zum 19. Januar 1787). 2 Bände. 1789 [Deutsche Übersetzung, 1789]

*Nicolai*, Friedrich: Vorrede zum 56. Band der »Neuen Allgemeinen Deutschen Bibliothek«, S. 5–40. Berlin und Stettin 1801

*Oettinger*, Eduard-Marie: Moniteur des dates, contenant un million de renseignement biographiques, généalogiques et historiques, publié sous le patronage de Sa Majesté le roi de Prusse. Tome 1–6. Dresde 1866–1868 (Daten-Anzeiger, enthaltend eine Million biographischer, genealogischer und historischer Auskünfte, veröffentlicht unter der Schirmherrschaft Seiner Majestät des Königs von Preußen. Teil 1–6. Dresden 1866–1868). [Teil 7–9 = Supplément, Teil 1–3. Leipzig 1873–1882]

*Pauli*, Carl Friedrich: Leben großer Helden des gegenwärtigen Krieges. 9 Teile. Halle 1758–1766

*Pierer*, H. A.: Universal-Lexikon

*Poellnitz*, Charles Louis Baron de [d. i. Karl Ludwig Freiherr von Pöllnitz]: Mémoires pour servir à l'histoire des quatres derniers souverains de la maison de Brandebourg royale de Prusse (Memoiren zum Nutzen der Geschichte der vier letzten Herrscher des brandenburgisch-preußischen Königshauses). 2 Bände. Berlin 1791 [Deutsche Übersetzung, Berlin 1791]

*Poellnitz*, Charles Louis Baron de: Relation du voyage de Sa Majesté la reine mère à Orangebourg et Reinsberg 1745 (Bericht über die Reise Ihrer Majestät der Königinmutter nach Oranienburg und Rheinsberg 1745). Siehe *König*: Versuch einer historischen Schilderung ... der Stadt Berlin

*Pulkava*: Chronicon. Siehe *Riedel*: Codex diplomaticus Brandenburgensis. 4. Hauptteil, Band 1

*Ratisbonne*, Marie Théodore: Histoire de Saint Bernard et de son siècle. 5e éd. (Geschichte des heiligen Bernhard und seines Jahrhunderts. 5. Auflage). 2 Teile. Paris 1864 [Deutsche Übersetzung, München 1865]

*Raumer*, Friedrich von: Europa vom Ende des Siebenjährigen bis zum Ende des Amerikanischen Krieges (1763—1783). Nach den Quellen im britischen und französischen Reichsarchive. Band 3. Leipzig 1839 = Beiträge zur neueren Geschichte aus dem britischen und französischen Reichsarchive, Teil 5

*Reck*, von der, Kammerherr: Nachrichten von der Philidorschen Geisterbeschwörung. Berlinische Monatsschrift. Herausgegeben von F. Gedike und J. E. Biester. Band 13, Januar bis Junius 1789. Mai, Nr. 5, S. 456—473

*Reinhard*, Carl von: Sagen und Märchen aus Potsdams Vorzeit. Potsdam 1837

*Riedel*, Adolph Friedrich: Codex diplomaticus Brandenburgensis (Brandenburgisches Urkundenverzeichnis). Herausgegeben. 41 Bände. Berlin 1838—1869

*Riedel*, Adolph Friedrich: Die Mark Brandenburg im Jahre 1250 oder Historische Beschreibung der brandenburgischen Lande und ihrer politischen und kirchlichen Verhältnisse um diese Zeit. Preisschrift. 2 Teile. Berlin 1831/32

*Schadow*, Johann Gottfried: Kunstwerke und Kunst-Ansichten. Berlin 1849

*Schafarik*, Paul Joseph: Slawische Altertümer. Deutsch von Mosig von Aehrenfeld, herausgegeben von Heinrich Wuttke. 2 Bände. Leipzig 1843/44

*Schlözer*, Kurd von: General Graf Chazot. Berlin 1856

*Schmidt [von Werneuchen]*, Friedrich Wilhelm August: Kalender der Musen und Grazien für das Jahr 1796. Leipzig

*Schneider*, L[ouis]: Caputher Urkunden. Mitteilungen des Vereins für die Geschichte Potsdams, Teil 4, 1869, Nr. 150, S. 233—236

*Schneider*, L[ouis]: Die Schwanenfütterung bei Potsdam. Mitteilungen des Vereins für die Geschichte Potsdams, Teil 1, 1864, Nr. 31

*Schneider*, L[ouis]: Ist Gundling in einem Weinfasse begraben? Mitteilungen des Vereins für die Geschichte Potsdams, Teil 3, 1867, Nr. 124, S. 428—435

*Schneider*, L[ouis]: Kunckel von Löwenstern, Geheimer Kammerdiener und Alchimist des Großen Kurfürsten, auf der Pfaueninsel. Mitteilungen des Vereins für die Geschichte Potsdams, Teil 2, 1866, Nr. 74

*Schönemann*, Ferdinand Ludewig: Diplomatische und topographische Geschichts-Beschreibung der kurmärkischen Mediat-Stadt Werder. Potsdam 1784

*Schulz*, Fritz: Paretz. Eine historische Skizze. Mitteilungen des Vereins für die Geschichte Potsdams, Teil 5, 1872, Nr. 177, S. 42–54

*Schulz*, Otto: Die Lehninische Weissagung. Schulblatt für die Provinz Brandenburg, Jg. 11, 1846, Heft 3, S. 348–357

*Schwartz*, W[ilhelm Friedrich Lebrecht]: Sagen und alte Geschichten der Mark Brandenburg. Berlin 1871

*Schwebel*, Oskar: Schloß und Nikolaikirche zu Spandau. Neue Preußische (Kreuz-) Zeitung, Nr. 219, 19. September 1869, Beilage

*Seegebart*, J. F.: Tagebuch des Feldpredigers J. F. S. und sein Brief an J. D. Michaelis, ein Beitrag zur Geschichte des Ersten Schlesischen Krieges, herausgegeben von K. R. Fickert. (Programm des Elisabeth-Gymnasiums zu Breslau) 1849

*Stich*, Heinrich: Des Abtes Heinrich Stich zu Lehnin im Jahre 1419 angelegtes Gedenkbuch über die Streitigkeiten des Klosters mit seinen Nachbaren. Siehe *Riedel*: Codex diplomaticus Brandenburgensis, 1. Hauptteil, Band 10, S. 413–446

*Thietmar:* Thietmari chronicon edente V. Cl. Joh. M. Lappenberg (Thietmars Chronik, herausgegeben von ... Joh. M. Lappenberg) = Monumenta Germaniae historica. Scriptorum tomus III (Historische Denkmäler Deutschlands. Band III der Schriftsteller). Hannover 1839, S. 723–871. [Deutsche Übersetzung von J. M. Laurent in: Geschichtschreiber der deutschen Vorzeit. XI. Jahrhundert. Band 1. Berlin 1849]

*Trahndorff*: [Entgegnung in der Kontroverse über die Lehninsche Weissagung.] Neue Preußische (Kreuz-) Zeitung, Nr. 65, 18. März 1849, S. 525

*Varnhagen von Ense*, Karl August: Aus dem Nachlaß V. s. v. E. Tagebücher von K. A. V. v. E. Leipzig 1861 ff. Band 2

*Varnhagen von Ense*, Karl August: Leben des Generals Hans Carl von Winterfeldt. Berlin 1836

*Waagen*, Gustav Friedrich: Das Schloß Tegel und seine Kunstwerke. Berlin 1859

*Wagener* [Garnisonschullehrer, Potsdam]: Caputh. Mitteilungen des Vereins für die Geschichte Potsdams, Teil 4, 1869, Nr. 152, S. 249–263

*Wagener* [Garnisonschullehrer, Potsdam]: Das Plateau von Stolpe und Kohlhasenbrück. Mitteilungen des Vereins für die Geschichte Potsdams, Teil 3, 1867, Nr. 127, S. 452–457

*Wagener* [Garnisonschullehrer, Potsdam]: Sacrow. Mitteilungen des Vereins für die Geschichte Potsdams, Teil 4, 1869, Nr. 129, S. 1–27

*Wagener*, Herrmann: Staats- und Gesellschafts-Lexikon. In Verbindung mit deutschen Gelehrten und Staatsmännern herausgegeben. 23 Bände. Berlin 1859–1867

*Wetzer*, Heinrich Joseph, und Benedikt *Welte*: Kirchen-Lexikon oder Enzyklopädie der katholischen Theologie und ihrer Hilfswissenschaften. Herausgegeben. 13 Bände. Freiburg i. B. 1847–1860

*Widukind*: Res gestae Saxonicae edente D. Georgio Waitz (Sächsische Geschichte, herausgegeben von Dr. Georg Waitz) = Monumenta Germaniae historica. Scriptorum tomus III (Historische Denkmäler Deutschlands. Band III der Schriftsteller). Hannover 1839, S. 408–467

*Wilcken*, Friedrich: Über das sogenannte Vaticinium Lehninense (Lehninsche Weissagung). (Aus dem handschriftlichen Nachlasse des Verfassers mitgeteilt von dessen Sohne Fr. F. A. Wilcken.) Allgemeine Zeitschrift für Geschichte. Herausgegeben von W. Adolf Schmidt. Band 6, 1846, S. 176–191

*Wilhelmine, Markgräfin von Bayreuth*: Mémoires de Frédérique Sophie Wilhelmine, margrave de Bareith, sœur de Frédéric le Grand. Depuis l'année 1706 jusqu'à 1742. Écrits de sa main (Memoiren der Friederike Sophie Wilhelmine, Markgräfin von Bayreuth, Schwester Friedrichs des Großen. Von 1706 bis 1742. Von ihr aufgezeichnet). 2 Bände. Braunschweig 1810. [Deutsche Übersetzung, Tübingen 1810]

*Winter*, Franz: Die Prämonstratenser des 12. Jahrhunderts und ihre Bedeutung. ... Berlin 1865

*Winter*, Franz: Die Zisterzienser des nordöstlichen Deutschlands. ... 3 Teile. Gotha 1868–1891

# INHALTSVERZEICHNIS


Vorwort zur zweiten Auflage . . . . . . . . . . . . 5
Havelland . . . . . . . . . . . . . . . . . . . . 7

Die Wenden und die Kolonisation der Mark durch die Zisterzienser

Die Wenden in der Mark . . . . . . . . . . . . . . 13
1. Geographisch-Historisches . . . . . . . . . . 13
2. Lebensweise. Sitten. Tracht . . . . . . . . . 19
3. Charakter. Begabung. Kultus . . . . . . . . . 23
4. Rethra. Arkona. »Was ward aus den Wenden?« . . . 28
Die Zisterzienser in der Mark . . . . . . . . . . 37
Kloster Lehnin . . . . . . . . . . . . . . . . . 44
1. Die Gründung des Klosters . . . . . . . . . . 44
2. Die Äbte von Lehnin . . . . . . . . . . . . . 46
Abt Sibold, von 1180 bis 1190 . . . . . . . . 50
Abt Hermann, von 1330 bis 1340 . . . . . . . . 55
Abt Heinrich Stich (etwa von 1399 bis 1430) . . . . 60
Abt Arnold (etwa von 1456 bis 1467) . . . . . . 63
Abt Valentin (etwa von 1509 bis 1542) . . . . . . 66
3. Kloster Lehnin, wie es war und wie es ist . . . . . 71
Die Lehninsche Weissagung . . . . . . . . . . . . 76
Kloster Chorin . . . . . . . . . . . . . . . . . 86
Kloster Mariensee . . . . . . . . . . . . . . 87
Kloster Chorin von 1272 bis 1542 . . . . . . . . 90
Kloster Chorin, wie es ist . . . . . . . . . . 97

Spandau und Umgebung

Sankt Nikolai zu Spandau . . . . . . . . . . . . 101
Das Havelländische Luch . . . . . . . . . . . . 104
Der Brieselang . . . . . . . . . . . . . . . . . 110
1. Finkenkrug . . . . . . . . . . . . . . . . . 111
2. Försterei Brieselang . . . . . . . . . . . . 119
3. Die Königseiche . . . . . . . . . . . . . . 123
Der Eibenbaum im Parkgarten des Herrenhauses . . . . 127
Schloss Oranienburg . . . . . . . . . . . . . . 136
Burg und Jagdhaus Bötzow von 1200 bis 1650 . . . . 138
Schloß Oranienburg . . . . . . . . . . . . . . 140
Die Zeit Luise Henriettens, von 1650 bis 1667 . . . 141

Die Zeit Friedrichs III., von 1688 bis 1713 . . . . . 145
Die Zeit des Prinzen August Wilhelm, von 1744 bis 1758 . . . . . . . . . . . . . . . . . 149
Tegel . . . . . . . . . . . . . . . . . . . 161
Die Seeschlacht in der Malche . . . . . . . . . 176
Das Belvedère im Schlossgarten zu Charlottenburg . . . 183

Potsdam und Umgebung

Die Havelschwäne . . . . . . . . . . . . . . 191
Die Pfaueninsel . . . . . . . . . . . . . . . 199
1. Die Pfaueninsel bis 1685 . . . . . . . . . . 199
2. Die Pfaueninsel von 1685 bis 1692. Johann Kunckel . . 200
3. Die Pfaueninsel unter Friedrich Wilhelm III. 1797 bis 1840 . . . . . . . . . . . . . . 202
4. Die Pfaueninsel 15. Juli 1852 . . . . . . . . 205
5. Frau Friedrich . . . . . . . . . . . . . 209
Gross Glienicke . . . . . . . . . . . . . . 214
Fahrland . . . . . . . . . . . . . . . . . 217
Die Nedlitzer Fähre . . . . . . . . . . . . 217
Der Königswall . . . . . . . . . . . . . . 218
Das Hainholz und der Kirchberg . . . . . . . . 219
Dorf Fahrland, sein Amtshaus, seine Kirche und Pfarre . . 220
Die Fahrlander Chronik . . . . . . . . . . . 226
Bernhard Daniel Schmidt, Pastor zu Fahrland 1751 bis 1774 . . . . . . . . . . . . . . 229
Johann Andreas Moritz, Pastor zu Fahrland 1774 bis 1794 230
Sacrow. Nach den Tagebuchaufzeichnungen eines havelländischen Landgeistlichen . . . . . . . . . . . 239
Sacrow unter dem Grafen Hordt von 1774 bis 1779 . . . 239
Sacrow unter Baron Fouqué von 1779 bis 1787 . . . . 243
Sacrow von 1787 bis 1794 . . . . . . . . . . 247
Bornstedt . . . . . . . . . . . . . . . . 252
Wer war er? Ein Kapitel in Briefen aus aller Welt Enden . 260
Marquardt . . . . . . . . . . . . . . . . 276
Marquardt von 1795 bis 1803. General von Bischofswerder 278
Marquardt von 1803 bis 1833. Frau von Bischofswerder, geborne von Tarrach, verwitwete Gräfin Pinto . . . . 295
Marquardt von 1833 bis 1858. General von Bischofswerder II. . . . . . . . . . . . . . . . . 301
Marquardt seit 1858 . . . . . . . . . . . . 304
Geheime Gesellschaften im achtzehnten Jahrhundert . . . 308
1. Schwindelorden . . . . . . . . . . . . . 308
2. Illuminaten und Rosenkreuzer . . . . . . . . 320
Uetz . . . . . . . . . . . . . . . . . . 331

Paretz I . . . 335
Paretz von 1796 bis 1806 . . . 336
Paretz 20. Mai 1810 . . . 340
Paretz von 1815 bis 1840 . . . 341
Paretz seit 1840 . . . 343
Paretz II . . . 344
Das Schloß in Paretz . . . 344
Die Kirche . . . 347
Der »Tempel« . . . 350
Der »tote Kirchhof« . . . 351
Etzin . . . 353
Falkenrehde . . . 363
Zwei »heimlich Enthauptete« . . . 372
1. Graf Adam Schwarzenberg . . . 372
2. General von Einsiedel . . . 374
Wust. Das Geburtsdorf des Hans Hermann von Katte . . . 378
Wust 1707 . . . 378
Wust 1730 . . . 382
Wust 1748 . . . 384
Wust 1775 . . . 385
Wust 1820 . . . 387
Wust seit 1850 . . . 388

## Der Schwielow und seine Umgebungen

Der Schwielow . . . 395
Caputh . . . 400
General de Chieze, von 1662 bis 1671 . . . 406
Kurfürstin Dorothea, von 1671 bis 1689 . . . 407
Sophie Charlotte und König Friedrich I., bis 1713 . . . 408
Petzow . . . 414
Baumgartenbrück . . . 421
Alt Geltow . . . 426
Neu Geltow . . . 436
Werder . . . 444
Die Insel und ihre Bevölkerung. Stadt und Kirche. »Christus als Apotheker« . . . 444
Die Werderschen . . . 451
»Die Werdersche«. Ein Intermezzo . . . 456
Glindow . . . 463

## Anhang

Zu dieser Ausgabe . . . 475
Havelland. Entstehung und Überlieferung . . . 481
Entstehung und Auflagen im Überblick 481 Langwierige

Entstehungsgeschichte 481 Die erste Buchausgabe (1873) 489 Die zweite Auflage (1880) 491 Die dritte und vierte Auflage (1889 und 1892) 493 Zeitgenössische Resonanz 493
ANMERKUNGEN . . . . . . . . . . . . . . . . . 499
Vorwort zur zweiten Auflage 499 Havelland 499 Die Wenden in der Mark 502 Die Zisterzienser in der Mark 509 Kloster Lehnin 511 Die Lehninsche Weissagung 520 Kloster Chorin 523 Sankt Nikolai zu Spandau 528 Das Havelländische Luch 532 Der Brieselang 534 Der Eibenbaum im Parkgarten des Herrenhauses 539 Schloß Oranienburg 543 Tegel 552 Die Seeschlacht in der Malche 557 Das Belvedère im Schloßgarten zu Charlottenburg 558 Die Havelschwäne 561 Die Pfaueninsel 563 Groß Glienicke 567 Fahrland. Die Fahrlander Chronik 568 Sacrow 576 Bornstedt 581 Wer war er? 583 Marquardt 589 Geheime Gesellschaften im achtzehnten Jahrhundert 602 Uetz 612 Paretz 613 Etzin 620 Falkenrehde 628 Zwei »heimlich Enthauptete« 631 Wust 632 Der Schwielow 636 Caputh 638 Petzow 642 Baumgartenbrück 645 Alt Geltow 646 Neu Geltow 650 Werder. Die Werderschen 653 Glindow 657
LITERATURVERZEICHNIS . . . . . . . . . . . . . 658